古西域行记十一种

杨建新　张　毅　周连宽等　编注

新 疆 美 术 摄 影 出 版 社

图书在版编目(CIP)数据

古西域行记十一种 / 杨建新等整理. –– 乌鲁木齐 : 新疆美术
摄影出版社 ,2013.11
（新疆文库）
ISBN 978-7-5469-4722-8

Ⅰ. ①古… Ⅱ. ①杨… Ⅲ. ①游记－作品集－中国－古代
Ⅳ. ①I262

中国版本图书馆 CIP 数据核字(2013)第 285762 号

责任编辑 : 王 琴　　　　责任复审 : 王英强
责任校对 : 王 琴　　　　责任决审 : 库里达
书籍设计 : 党 红　　　　责任印制 : 刘伟煜

书　　名　古西域行记十一种
编　　注　杨建新　张　毅　周连宽等
出　　版　新疆美术摄影出版社（www.xjdzyx.com）
地　　址　乌鲁木齐市经济技术开发区科技园路 5 号（邮编 830026）
发　　行　全国新华书店
网　　购　当当网、京东商城、亚马逊、淘宝网、天猫、读读网、淘宝网·新疆旅游书店
印　　刷　北京新华印刷有限公司
开　　本　880 mm × 1 230 mm　　1/16
印　　张　32
字　　数　500 千字
版　　次　2016 年 5 月第 2 版
印　　次　2016 年 5 月第 1 次印刷
书　　号　ISBN 978-7-5469-4722-8
定　　价　380.00 元

网络出版　读读精品出版网（www.dudu-book365.com）
网络书店　淘宝网·新疆旅游书店（http://shop67841187.taobao.com）

总 目 录

宋云行纪

著者　北魏·宋云

校注　杨建新

编 选 说 明

《宋云行纪》为记录西域和南亚诸地的重要史籍，因主要内容录自北魏佛僧宋云所撰行纪，故曰此名。

北魏是南北朝时期我国鲜卑人建立的政权之一，由于统治者的竭力提倡，期间佛教有了很大发展。北魏末孝明帝在位时，其母胡充华以太后身份临朝称制，大力倡导佛教，遂为一时之盛。《魏书·释老志》称，正光以后，僧尼有二百万之多，佛寺有三万余所。为了佛教经律的正统解读，同时宣扬国威，招徕周邻各国，胡太后选派宋云、惠生等人往西天取经。

神龟元年（518 年），宋云一行从京师洛阳出发，经行西域南道西行，历吐谷浑辖地，途经今若羌、且末、于阗、叶城和塔什库尔干等地，逾帕米尔高原后，入佛教发源地天竺国（今印度）巡礼取经。沿途赐赉各地，以宣示朝廷德政。这种官方背景显示了宋云、惠生等人西行同之前的法显及而后玄奘取经目的和方式的区别。正光三年（522 年）年返回洛阳，前后历时五载，取得大乘经典一百七十部。

宋云、惠生一行返回洛阳后，都曾留下记录此行的著作。如宋云撰有《宋云家纪》（《旧唐书·经籍志》和《新唐书·艺文志》记作《宋云魏国以西十一国事一卷》），惠生所撰《行纪》以及《道荣传》，但是这些著述都已经散佚。幸有宋云同时代的文人杨衒之撰写一部《洛阳伽蓝记》，收录了宋云一行天竺国取经的神奇经历，自述该书虽收集惠生书中内容，但是"按惠生行记事，多不尽录，今依《道荣传》《宋云家记》，故并载之，以备缺文。"方使这段史料流传至今，同时也标明了该书内容的资料来源。

作为一部北魏时期形成的典籍文献，《宋云行纪》详录这一时期我国西北诸多地区，以及今天阿富汗、巴基斯坦等地政治经济和社会文化情况，特别是对天山南部地区的社会变化、佛教文化和民俗风情的记述，同法显、玄奘著作一道构成了晋唐以来，中原佛僧西行取经的整体历程的重要内容，为研究古代西域、中亚地理历史和中外文化交流的珍贵史料。该书内容还可补同时期正史之缺略，例如作者路经左末城（今且末县）时，发现该城居民百家，"城中图佛与菩萨，乃无胡貌，访古老，云是吕光伐胡时所作"。突出揭示了魏晋时期中原地区经济文化对西域地区的影响。再如书中记载于阗风俗"妇女袴衫束带，乘马驰走，与丈夫无异；死者以火焚烧，收骨葬之，上起浮图，居丧者剪发劈面为哀戚，发长四寸，即就平常。"具体生动地描述了魏晋时期该地当时妇女的地位，以及具有民族和地域特色的丧葬习俗。再如路经汉盘陀国（今塔什库尔干）时，但见该地"人民决水以种，闻中国田待雨而种，笑曰：天何由可共期也，"这种认识上的相异折射了该地与中原之间因为自然环境和生产方式不同所导致的人们观念上的差异性，对我们探索和了解这一时期天山南部诸族独特的社会经济和文化状况极有帮助。

《洛阳伽蓝记》系北魏时流传至今的一部古籍。作者杨衒之，史书无传，其简历略见于唐代释道宣《广弘明集》中，尚知其系北平人，魏末时任秘书监。北魏统治者崇尚佛教，所以洛阳城佛寺之多前所未有，至杨衒之时，洛阳城历经战乱盛况不见，作者"见寺宇壮丽，损费金碧，王公相竞侵鱼百姓，乃撰洛阳伽蓝记，言不体恤众庶也。"故此该书向为著者关注。是书内容虽然以记载洛阳的佛寺为题，实际上包含的内容非常广泛，诸凡当时洛阳城之地理环境、政治社会、重要人物，以及文化风俗皆所涉及，不仅是人们了解北魏时期洛阳都城建制、佛教流传等情况的资料来源，还是认识北魏时期政治经济和社会生活的珍贵文献。流传刻本很多，主要为明清时期的刻本，其中明代的如隐堂本和古今逸史本一般认为是各本之底本，另外从宋至明诸多古籍里引述该书内容之著作也不少。后人校释版本也很多，近人多用周祖谟校释本（中华书局 1963 年版）和范祥雍先生校注本（中华书局 1958 年第一版、1978 年新一版），该校注根据历代诸本进行细致校勘，同时吸收今人诸多成果，今《新疆文库》所收《宋云行纪》系杨建新先生主编校注本（《古西行记选注》，宁夏人民出版社 1987 年版）。该本以前人校本为基础，参考相关资料对此重新进行校注。

田卫疆

《宋云行纪》及其作者简介

宋云，敦煌人，生卒年及其生平事迹，均无记载。关于他西行求经的事，《北史·西域传》记载："熙平中，明帝遣腾伏子统宋云、沙门法力等使西域，访求佛经。时有沙门慧生者，亦与俱行。正光中还。"从这段记载中我们可以知道，宋云在北魏明帝时曾为僧统之一，即管理某系统或某部分僧侣的僧官。与他同行的有法力、惠生（或慧生）等人，他们于公元518年出发前往天竺，公元522年返回洛阳，前后历时五载。他们西行的路线大约是：从北魏首都洛阳西行，经陕西、陇东，由当时的河州（包括今甘肃兰州的南部和临夏回族自治州）渡河，经青海柴达木盆地，过若羌，沿昆仑山北麓越帕米尔、兴都库什山，经今阿富汗到巴基斯坦白沙瓦一带。其归程无记载，很可能是基本循原路而归。

宋云是在怎样的情况下，以及为什么到天竺去呢？这与北魏的社会历史有直接的关系。

北魏是南北朝时我国鲜卑族建立的政权之一。早在东汉末年，鲜卑族的拓跋部即由漠北逐渐南迁，定居于盛乐（今呼和浩特以南）一带，至西晋末十六国初建立代国，公元376年，为前秦苻坚所灭，其统治者投降前秦。苻坚优待其统治者，并使他们保留了自己的武装力量。淝水之战，前秦为东晋战败，受到很大打击，原代国贵族拓跋珪乘乱拥兵反叛，公元386年重建代国，恢复了拓跋鲜卑的政权，不久改国号为魏，史称北魏。公元398年建都于平城（今山西大同），次年，拓跋珪称帝，逐步吞并了北燕、北凉，到公元439年完全统一了我国北方，公元393年又迁都到洛阳，其疆域西达新疆东部，东北至辽西，南部达到淮河与秦岭，同南朝隔长江对峙。

北魏在中国历史上，是一个很有特色并对中国社会发展作出过一些贡献的少数民族政权。这个政权的统治者采取一系列汉化政策，促进了当时各民族的同化和接近；创造了均田制、府兵制，对以后隋唐时期的历史，也有一定的影响。此外，北魏统治者提倡佛教的活动，也对中国佛教的发展，有重大的影响。

佛教在西晋时期已有了较大发展。十六国时期的几个有影响的政权，如后赵、前秦、后秦、后凉等都大力提倡佛教。在江南的东晋王朝，虽然士族们更沉湎于诗词书赋，十分崇尚玄学清谈，但对佛教的发展，亦十分重视。因此，在十六国时期，佛教成为对大江南北都有很大影响的宗教。北魏政权建立后，拓跋鲜卑贵族们，为了争取更多群众的拥护，巩固自己刚建立起来的政权，于是由过去"闻而未信"，转变到对佛教"禁军旅无有所犯"，迷耽于佛事，竟至"连夜忘疲"的程度。在北魏政权历史中，虽曾有过短暂的太武帝拓跋焘等人的禁佛活动，但总的看来北魏一朝，在统治者的支持、倡导下，在其政治日益腐败的同时，佛教却日益兴盛，随着其社会经日益凋敝，佛事的费用却日益浩大。文成帝和平元年（460年），开始在当时的京城大同西武州塞开山凿窟，历时三十多年，修成了灵岩寺石窟，即今著名的云冈石窟；宣武帝元恪景明初（500年），又下诏，仿灵岩寺石窟，在当时的京城洛阳南伊阙山，修造佛窟三所，历时二十多年，用工八十多万，建成了著名的龙门石窟。此外，我国著名的麦积山石窟也开凿于北魏景明年间。我国四大著名佛教石窟中的三座均开凿于北魏，这就十分明白地说明了北魏时期佛教的兴盛及其在中国佛教发展中的重要作用和地位。

北魏末期孝明帝元诩在位时，由于年幼，其母胡充华以皇太后身份临朝称制，总揽朝政。胡充华的姑母是尼姑，她自己从小受佛教影响很深，后来其姑母托人说项，胡充华终于进入宫门，得幸于宣武帝元恪。胡充华执政期间，变本加厉地提倡佛教，她亲自奠基的洛阳永宁寺，"佛图九层高四十余丈，其诸费用不可胜计"（《魏书·释老志》）。据《洛阳伽蓝记》记载，这座寺院"殚土木之功，穷造形之巧"，"绣柱金铺，骇人心目"。当时有一位从波斯来的和尚菩提达摩，游历了永宁寺后说："历涉诸国，靡不周遍，而此寺精丽，阎浮（即佛教所说四大部洲中的南赡部洲）所无也。"在这座无与伦比的华丽宏伟建筑面前，他"口唱南无，合掌连日"。由于胡太后的提倡，到神龟元年（518年），仅在洛阳的寺院就达五百所。随着佛教的广泛传播，对佛教经、律的研究也就随之而加强。由于佛教派别众多，西来僧侣也带来许多新说，于是众教派各取所需，以自己派别的主张解释经律，甚至到了随心所欲的地步，而且各说都以正统自居，莫衷一是。这就需要到佛教经律的发源地，找来正统的说法，即所谓到西天求真经。此外，这种到西天求真经的活动，也是一桩博取佛教信徒拥戴的盛事，更是确立自己在佛教界正宗地位的重要措施。正是在这种情况下，为了巩固自己的统治，胡太后选中了宋云、惠生等，命他们前往天竺求取真经。

此外，胡太后派宋云西去求经，也有宣扬国威，结好与国的目的。北魏前期，国势雄厚，曾多次派使臣前往西域各地，如拓跋焘太延年间（432—434 年）派王恩生、许纲等出使西域，不久又派董琬、高明出使西域，远达破洛那（今费尔干纳一带）。太平真君年间（440—450 年），还派韩羊皮出使波斯。西方许多国家、地区的使臣也经常来到洛阳。但北魏后期，政治腐败，国力衰微，对外已很久未曾派出使臣，西方使者到魏都洛阳来的，也大为减少。这对以母后身份总揽大权，而总感自己地位不稳的胡太后来说，显然是政治上的一个不利因素。因此，向各国宣扬她母仪天下的声威，更多地招徕外国和西域地区的使臣前来洛阳，向国内外显示她的德政和人心所归，也就成了她派遣宋云等西行的一个重要原因。在宋云等西行时，"皇太后敕付五色百尺幡千口，锦香袋五百枚，王公卿士幡二千口"，向沿途各地赠送，并且还有胡太后给各国的公文，其中包括给哒哒王、乌苌国王、乾陀罗国王的"诏书"。就这一点来说，也是宋云西行与在他之前的法显，和在他以后的玄奘西行的一个根本不同之处。

宋云、惠生等西行求经回洛阳后，都撰写过记述此行的著作。宋云撰有《宋云家纪》，惠生撰有《行纪》，还有一个与他们同行或先后西行的道荣，也有这方面的记载。可惜这些著作已全部佚散。幸好有与宋云同时代（北魏末、西魏初）的人杨衒之撰写了一部《洛阳伽蓝记》，其中根据上述各种记述，以宋云为主线，记述了他们这次西行的情况，才使我们对宋云的西行有个比较具体的了解。清末民初，浙江杭州人丁谦将《洛阳伽蓝记》中关于宋云西行这一部分所记地理、路程加以考证，并以《宋云西域求经记地理考证》一名，别为一册，收入其《浙江图书馆丛书》（又称《蓬莱轩舆地学丛书》）第二集。

在国外，对《洛阳伽蓝记》中宋云西行一段，也十分重视。早在 19 世纪 30 年代即有部分译本，到 19 世纪末，著名法国学者沙畹对《洛阳伽蓝记》中的这一段文字作了笺证，以后我国学者冯承钧将其译为汉文，并标以《宋云行纪笺证》，从此这一段文字就被称为《宋云行纪》。

本书所收《宋云行纪》是依据 1978 年上海古籍出版社所出范祥雍先生的《洛阳伽蓝记校注》本。范先生对《洛阳伽蓝记》全书，当然包括本书所收《宋云行纪》，根据历代诸本进行了细致的校勘，引证了解放前后诸家的研究、笺证和注释成果，对这段文字进行了全面、深入的校注。本书所收《宋云行纪》，就是根据范先生的本子，编辑而成。

《宋云行纪》是一本十分有价值的历史文献。它的价值不仅在于使宋云等人的这次西行情况流传于世，而且留下了了解这一时期我国西北许多地区以及阿富汗、巴基斯坦许多地区的政治、经济、文化情况的宝贵资料。由于有了这份珍贵文献，我们就可以从《佛国记》《大唐西域记》和《宋云行纪》这三部在时间和内容上相连续的记载中，系统地、比较完整地了解我国西北地区、中亚和印巴许多地区的历史及其发展变化。因此，《宋云行纪》是我国历史文化遗产中的一份宝贵遗产。而《宋云行纪》所依据的，主要是《宋云家纪》，所以也可以说，《宋云行纪》是宋云对我国文化发展的一个重大贡献。

宋 云 行 纪

闻义里有燉煌人宋云宅，云与惠生俱使西域也。神龟元年（518 年）十一月冬①，太后遣崇立寺比丘慧生向西域取经，凡得一百七十部，皆大乘妙典。

初发京师，西行四十日至赤岭②，即国之西疆也，皇魏关防正在于此。赤岭者，不生草木，因以为名。其山有鸟鼠同穴③，异种共类，鸟雄鼠雌，共为阴阳，

校注

① 有关宋云西行往返年代，记载颇不一致。本《行纪》《释迦方志》以宋云自神龟元年（518 年）由洛阳出发，正光三年（522 年）返回洛阳。《魏书·释老传》记熙平元年（516 年）诏遣惠生等西行，正光三年还京师。《北史·西域传》呋哒条（《魏书·西域传》亦来自《北史》）以宋云等西行为熙平中。熙平只有三年（516—518 年），熙平中应为公元 517 年，返回时间为正光中。《佛祖统纪》卷三十八记正光二年（521 年）西行，正光四年（523 年）返回。记载虽不一致，然《行纪》为最早，且属第一手资料，应以《行纪》所记为是。

又，《魏书·西域传》称宋云为"王伏子统"，《北史·西域传》称宋云为"膡伏子统"，而《通典》则作"伏子统"。"统"自北魏时即为僧官之称。北魏皇始中，赵郡有沙门法果，为拓跋珪任命为"道人统"。太和十七年（493 年），元宏立僧制四十七条，又设"昭玄"，备有官属，以断僧务，当有各种类型的统官。其中即有"州统""维那"等僧官。"膡伏子统"，当为僧官名。

② 即今青海湖东之日月山。

宋云西行时，正值秦州（即今甘肃天水一带）人莫折念生起兵反魏，声势浩大，凉州（北魏凉州包括今张掖、武威）人万于菩提等率众响应，北魏失去了对河西地区的控制，传统的通过河西的丝绸之路断绝，宋云等只好通过臣属于北魏的吐谷浑西行。当时北魏与吐谷浑以赤岭为界。

③ 《禹贡》《水经注》有鸟鼠同穴山；或鸟鼠山，在今甘肃渭源西南，又称青雀山、首

即所谓鸟鼠同穴。

发赤岭西行二十三日，渡流沙①，至土谷浑国。路中甚寒，多饶风雪，飞沙走砾，举目皆满，唯土谷浑城②左右暖于余处。其国有文字，况同魏。风俗政治多为夷法。

从土谷浑西行三千五百里，至鄯善城③。其城自立王为土谷浑所吞④，今城内主是土谷浑第二息宁西将军⑤，总部落三千以御西胡。

从鄯善西行一千六百四十里，至左末城⑥。城中居民可有百家，土地无雨，

校注

阳山，渭水上游经其下。本记所说鸟鼠同穴，系指赤岭。在半干旱荒漠地区，此乃较普遍的一种共生现象。姚莹《康𬨎纪行》记襄塘、巴塘至察木多一带，鸟鼠皆同穴。然"鸟雄，鼠雌，共为阴阳"则显然为不实之词。范氏引王芑荪之言："鼠之穴地，其常也。西北风土高寒，其穴加深，而有三四尺，皆无足怪。盖此鸟不能为巢，故借鼠穴以寄焉，鼠在内，鸟在外，犹之鹊巢鸠居而已，鼠突（即鼠）自牝牡而生鼠突，鸰自雌雄而生鸰。"

① 从宋云所行路线看，此流沙当指今青海共和县境内南部之沙漠。青海湖南更无其他沙漠可与之相比。

② 丁谦、沙畹、张星烺皆以在今青海湖西十五里处之伏俟城为此吐谷浑城。黄文弼亦以伏俟城当之，但认为伏俟城在今都兰（《罗布淖尔考古记·绪论》）。据《北史·吐谷浑传》载，宋云出行之时，正当伏连筹任吐谷浑王，其都城在伏罗川，即今都兰一带。所谓吐谷浑城，即指当时吐谷浑之国都。伏连筹死，其子夸吕继位，始建伏俟城，并迁都于此。宋云所行路线，当从青海南山以南一直西行，如果宋云经过伏俟城，则此城距青海湖只有十五里，宋云不可能不往青海湖一游，则其记行中亦不可能不留下一点青海湖的记述。

③ 汉元凤四年，汉遣傅介子杀楼兰王，改楼兰国为鄯善国。此鄯善城，当为其国都。《北史·西域传》："鄯善国，都扜泥城，古楼兰国也。"扜泥的具体位置，当在今新疆若羌。

④ 据黄文弼考，疑在魏文成帝兴安元年（453年）以后，鄯善且末始为吐谷浑兼并（《罗布淖尔考古记·绪论》）。然从其他文献记载看，宋云所记当为发生于他路过此地前不久，即6世纪头十年左右之事。此时吐谷浑伏连筹"内修职贡，外并戎狄，塞表之中，号为强富"，"树置官司，称制诸国"（《北史·吐谷浑》）。北魏封他为"领护西戎中郎将"。从这些情况来看，吐谷浑吞并鄯善国应在此时。

⑤ 息谓子息之义。宁西为魏封官号。沙畹以为系自立之官号。

⑥ 左末城即《汉书》及《北史》之且末国，唐代称播先镇，清代称车尔臣。其故城遗址

决水种麦，不知用牛，未耜而田。城中图佛与菩萨，乃无胡貌。访古老，云是吕光伐胡所作。

从左末城西行一千二百七十五里至末城①。城傍花果似洛阳，惟土屋平头为异也。

从末城西行二十二里至捍䗬城。南十五里有一大寺，三百余众僧，有金像一躯，举高丈六，仪容超绝，相好炳然，面恒东立，不肯西顾。父老传云："此像本从南方腾空而来，于阗国王亲见礼拜，载像归。中路夜宿，忽然不见。遣人寻之，还来本处。即起塔，封四百户，供洒扫户。人有患，以金箔贴像所患处，即得阴愈。"后人于像旁造丈六像者，及诸宫塔，乃至数千，悬彩幡盖亦有万计，魏国之幡过半矣。幡上隶书云太和十九年、景明二年、延昌二年，唯有一幅，观其年号，是姚秦时幡。

从捍䗬城西行八百七十八里，至于阗国②。王头著金冠似鸡帻，头后垂二尺生绢，广五寸以为饰。威仪有鼓角金钲，弓箭一具，戟二枝，矟五张。左右带刀不过百人。其俗，妇人袴衫束带，乘马驰走，与丈夫无异；死者以火焚烧，收骨葬之，上起浮图，居丧者翦发剺面为哀戚，发长四寸，即就平常；唯王死不烧，置之棺中，远葬于野，立庙祭祀，以时思之。

于阗王不信佛法，有商将一比丘，名毗卢旃③，在城南杏树下，向王伏罪云："今辄将异国沙门来在城南杏树下。"王闻忽怒，即往看毗卢旃，旃语王曰："如来遣我来，令王造覆盆浮图一躯，使王祚永隆。"王言："令我见佛，当

校注

在今且末城西南六七公里处。

① 丁谦以为末城即《梁书》末国，在且末西南千余里，乃汉精绝国地。末城为且末国，已为多数学者所确认，丁氏此说有误。冯承钧以为应在今策勒县北乌宗塔迪附近。从宋云所行路线看，末城西距捍䗬只有二十二里，当在捍䗬附近。捍䗬地望虽有争论，然多以唐代坎城守捉，即今策勒县北乌宗塔迪为捍䗬，其东二十多里处应为末城。

② 此时于阗国在今和田县一带，其国都城据德国人格伦威德尔及英国人斯坦因等考定，故址在清代额里齐城（今和田县城）西七英里之约特干村，即今县城西十几公里处拉依苏附近。

③ 据沙畹考定，此人即《大唐西城记》卷十二之毗卢折那（普照之义），是将佛教传入和阗国之人。

即从命。"毗卢旃鸣钟告佛，即遣罗睺罗①变形为佛，从空而现真容。王五体投地，即于杏树下置立寺舍，画作罗睺罗像，忽然自灭。于阗王更作精舍笼之，令覆瓮之影恒出屋外，见之者无不回向。其中有辟支佛靴，于今不烂，非皮非缯莫能审之。

案于阗境东西不过三千余里。

神龟二年（519年）七月二十九日入朱驹波国②。人民山居，五谷甚丰。食则面麦，不立屠煞。食肉者以自死肉。风俗言音与于阗相似；文字与婆罗门同③。其国疆界可五日行遍。

八月初入汉盘陀国④界。西行六日，登葱岭山。复西行三日，至钵盂城⑤，三日至不可依山⑥，其处甚寒，冬夏积雪。山中有池，毒龙居之。昔有商人止宿池侧，值龙忿怒，咒煞商人。盘陀王闻之，舍位与子，向乌场国学婆罗门咒。四年之中，尽得其术。还复王位，复咒池龙。龙变为人，悔过向王，即徙之葱岭山，去此池二千余里。今日国王十三世祖。自此以西，山路欹侧，长坂千里，

校注

① 为释迦牟尼在俗时之子。释迦得道归乡时,他跟随出家为沙弥,为佛教有沙弥之始。后成为释迦十大弟子之一。义为"障月""执月"。

② 《魏书》作朱居波,又作悉居半、朱久半,一般认为即《后汉书》《佛国记》)中的子合国,《大唐西域记》中的斫句迦。沙畹、斯坦因皆以为在哈尔噶里克,即今叶城县。

③ 梵文"净行""承习"之义。本指居于印度四种姓之首的僧侣贵族,后来即以此称呼古代印度。

④ 又作渴盘陀,竭盘陀等,即今塔什库尔干。此处所说进入汉盘陀国界,尚在塔什库尔干以东,时汉盘陀国辖地达葱岭以西。

⑤ 《汉魏丛书》本盂作猛。

⑥ 进入汉盘陀国境后,至此所经诸地,据丁谦考,钵盂为今莎车之博尔根村,不可依山为今铁干里克山口,毒龙池为帕米尔上的萨雷库里,今称佐尔库里湖,汉盘陀国始为塔什库尔干城。此说矛盾甚多,已为许多学者所驳。由宋云此段行程考之,钵盂很可能为叶尔羌(莎车)至阿克陶之间的一城填,不可依山,即帕米尔北山的喀什噶尔山脉的一山口,很可能即公格尔山峰西北之布伦口;毒龙池为其以南阿克陶境内之卡拉库尔湖;然后南行至塔什库尔干。此一路线,至今仍为由此至塔什库尔干之线路。

悬崖万仞，极天之阻，实在于斯。太行、孟门①，匹兹非险；崤关、陇坂②，方此则夷。

自发葱岭，步步渐高。如此四日，乃得至岭；依约中下，实半天矣！汉盘陀国正在山顶。自葱岭已西，水皆西流。世人云是天地之中。人民决水以种，闻中国田待雨而种，笑曰："天何由可共期也？"城东有孟津河③，东北流向沙勒④。葱岭高峻，不生草木。是时八月，天气已冷，北风驱雁，飞雪千里。

九月中旬入钵和国⑤。高山深谷，崄道如常。国王所住，因山为城。人民服饰，惟有毡衣。地土甚寒，窟穴而居。风雪劲切，人畜相依。国之南界，有大雪山⑥，朝融夕结，望若玉峰。

十月之初至嚈哒国。土田庶衍，山泽弥望。居无城郭，游军而治。以毡为屋，随逐水草，夏则随凉，冬则就温。乡土不识文字，礼教俱阙。阴阳运转，莫知其度。年无盈闰，月无大小，用十二月为一岁。受诸国贡献，南至牒罗，北尽勅懃⑦，东被于阗，西及波斯，四十余国皆来朝贺。王张大毡帐，方四十步，周回以氍毹为壁。王著锦衣，坐金床，以四金凤凰为床脚。见大魏使人，再拜跪受诏书。至于设会，一人唱，则客前，后唱则罢会。惟有此法，不见音乐。嚈哒国王妃亦著锦衣，垂地三尺，使人擎之。头带一角，长八尺，奇长三尺，以玫瑰五色装饰其上。王妃出则舆之，入坐金床，以六牙白象四狮子为床。自余大臣妻皆随伞，头亦似有角，团圆垂下，状似宝盖。观其贵贱，亦有服章。四夷之中，最为强大。不信佛法，多事外神，煞生血食，器用七宝。诸国奉献，甚饶珍异。按嚈哒国去京师二万余里。

十一月初入波斯国⑧。境土甚狭，七日行过。人民山居，资业穷煎。风俗凶

校注

① 太行即跨河南、河北、山西三省之太行山；孟门在河南辉县西，位于太行之东。为中原之险要。

② 崤关即崤山，在函谷关之东端，故称崤关。陇即陕、甘交界之陇山。

③ 即今塔什库尔干河，为叶尔羌河之西源。

④ 沙勒又称疏勒国，其都城在今喀什，当时力量强大，所统治地区，扩及今莎车一带。

⑤ 又称休密、和墨城，《大唐西域记》）称达摩悉铁帝，《新唐书》称护密，位于今瓦罕谷地。

⑥ 丁谦以为是喜马拉雅山。但从地形看，应为兴都库什山。

⑦ 沙畹以为即敕勒或铁勒。

⑧ 此波斯国非西亚之波斯。据沙畹等考，此即《北史·西城传》的波知国。"波知国在钵和西南，土狭人贫，依托山谷，其王不能总摄。"即今阿富汗东北境瓦罕谷口西

慢，见王无礼。国王出入，从者数人。其国有水，昔日甚浅，后山崩截流，变为二池。毒龙居之，多有灾异。夏喜暴雨，冬则积雪，行人由之多致艰难。雪有白光，照耀人眼，令人闭目，茫然无见。祭祀龙王，然后平复。

十一月中旬，入赊弥国①。此国渐出葱岭，土田硗峭，民多贫困。峻路危道，人马仅通，一直一道。从钵卢勒国②向乌场国，铁锁为桥，悬虚为渡，下不见底，旁无挽捉，倏忽之间，投躯万仞。是以行者望风谢路耳！

十二月初，入乌场国③。北接葱岭，南连天竺，土气和暖，地方数千。民物殷阜，匹临淄之神州，原田肵肵，等咸阳之上土。鞞罗施儿之所，萨埵投身之地，旧俗虽远，土风犹存。国王精食，菜食长斋，晨夜礼佛。击鼓吹贝，琵琶箜篌，笙箫备有。日中已后，始治国事。假有死罪，不立煞刑。唯徙空山，任其饮啄。事涉疑似，以药服之，清浊则验；随事轻重，当时即决。土地肥美，人物丰饶，百谷尽登，五果繁熟，夜闻钟声，遍满世界。土饶异花，冬夏相接，道俗采之，上佛供养。国王见宋云，云大魏使来，膜拜受诏书。闻太后崇奉佛法，即面东合掌，遥心顶礼。遣解魏语人问宋云曰："卿是日出人也？"宋云答曰："我国东界有大海水，日出其中，实如来旨。"王又问曰："彼国出圣人否？"宋云具说周、孔、庄、老之德，次序蓬莱山上银阙金堂，神仙圣人并在其上；说管辂善卜，华佗治病，左慈方术，如此之事，分别说之。王曰："若如卿言，即是佛国。我当命终，愿生彼国。"

宋云于是与惠生出城外，寻如来教迹。水东有佛晒衣处。初，如来在乌场国行化，龙王嗔怒，兴大风雨，佛僧迦梨表里通湿。雨止，佛在石下，东面而坐，晒袈裟。年岁虽久，彪炳若新，非直条缝明见，至于细缕亦彰。乍往观之，如似未彻，假令刮削，其文转明。佛坐处及晒衣所，并有塔记。水西有池，龙王居之。池边有一寺，五十余僧。龙王每作神变，国王祈请，以金玉珍宝投之池中；

校注

头阔克恰河下游的泽巴克。

① 即《汉书·西域传》之双靡，《北史·西域传》作舍弥，《大唐西域记》作商弥。《北史·西域传》以商弥在波知之南。丁谦以为在巴基斯坦北部斯瓦特河上游。沙畹、张星□、藤田丰八等以为是今巴基斯坦西北之奇特拉尔一带。斯坦因则认为是今奇特拉尔东北的玛斯土奇。

② 清代称博罗尔，即今克什米尔巴基斯坦实际控制区境内吉尔吉特河流域。

③ 《北史·西域传》作乌苌国，《大唐西域记》作乌仗那国，又有称乌荼、邬荼等。据张星□考，乌场国疆域随时而移，今巴基斯坦北部斯瓦特河流域为其中心地区。

在后涌出，令僧取之。此寺衣食，待龙而济，世人名曰龙王寺。

王城北八十里，有如来履石之迹，起塔笼之。履石之处，若水践泥，量之不定，或长或短。今立寺，可七十余僧。塔南二十步有泉石。佛本清净，嚼杨枝植地即生；今成大树，胡名曰婆楼。城北有陀罗寺，佛事最多。浮图高大，僧房逼侧，周匝金像六千躯。王年常大会，皆在此寺，国内沙门，咸来云集。宋云、惠生见彼比丘戒行精苦，观其风范，特加恭敬，遂舍奴婢二人，以供洒扫。

去王城东南，山行八日，如来苦行投身饿虎之处。高山岧岌，危岫入云，嘉木灵芝，丛生其上。林泉婉丽，花彩曜目。宋云与惠生割舍行资，于山顶造浮图一所，刻石隶书，铭魏功德。山有收骨寺，三百余僧。

王城南一百余里，有如来昔作摩休国①，剥皮为纸，折骨为笔处，阿育王起塔笼之，举高十丈。折骨之处，髓流着石，观其脂色，肥腻若新。王城西南五百里有善持山，甘泉美果，见于经记。山谷和暖，草木冬青。当时太簇御辰，温炽已扇，鸟鸣春树，蝶舞花丛。宋云远在绝域，因瞩此芳景，归怀之思，独轸中肠，遂动旧疹，缠绵经月，得婆罗门咒，然后平善。山顶东南有太子石室，一口两房。太子室前十步有大方石，云太子常坐其上，阿育王起塔记之。塔南一里，太子草庵处。去塔一里，东北下山五十步，有太子男女绕树不去，婆罗门以杖鞭之，流血洒地处。其树犹存，洒血之处，今为泉水。室西三里，天帝释化为狮子，当路蹲坐，遮媻�之处。石上毛尾爪迹，今悉炳然，阿周陀窟及门子供养盲父母处，皆有塔记。山中有昔五百罗汉床，南北两行，相向坐处，其次第相对。有大寺，僧徒二百人。太子所食，泉水北有寺，恒以驴数头运粮上山，无人驱逐，自然往还，寅发午至，每及中餐。此是护塔神渥婆仙使之然。此寺昔日有沙弥常除灰，因入神定，维那挽之，不觉皮连骨离，渥婆仙代沙弥除灰处。国王与渥婆仙立庙，图其形像，以金傅之。隔山岭有婆虸寺，夜叉所造，僧徒八十人。云罗汉夜叉常来供养，洒扫取薪，凡俗比丘不得在寺。大魏沙门道荣至此礼拜而去，不敢留停。

至正光元年（520年）四月中旬②入乾陀罗国③，土地亦与乌场国相似，本名

校注

① 据沙畹考，上文明显有脱误。此摩休应为《大唐西域记》之摩愉（愉字此处代输）伽蓝。

② 沙畹考："行纪于此处颇欠联络，后此尤甚。盖宋云离檀特山后，即志与乾陀罗国王之问答，檀特山在乾陀罗国中，则宋云早入乾陀罗国矣。余意以为所记檀特山事，应位于其乾陀罗王问答之后，记述佛沙伏城之前。"范氏以为沙畹此说不足为据。

③ 《北史·西域传》作乾陀国，《大唐西域记》作健驮逻国，《佛国记》作犍陀卫，又作

业波罗国，为嚈（《汉魏丛书》本作哌）哒所灭，遂立勑懃①为王，治国以来，已经二世②。立性凶暴，多行杀戮；不信佛法，好祀鬼神。国中人民悉是婆罗门种，崇奉佛教，好读经典，忽得此王，深非情愿，自恃勇力，与罽宾③争境，连兵战斗；已历三年。王有斗象七百头，一负十人，手持刀槊；象鼻缚刀，与敌相击。王常停境上，终日不归；师老民劳，百姓嗟怨。宋云诣军，通诏书。王凶慢无礼，坐受诏书。宋云见其远夷不可制，任其倨傲，莫能责之。王遣传事谓宋云曰："卿涉诸国，经过险路，得无劳苦也？"宋云答曰："我皇帝深味大乘，远求经典，道路虽险，未敢言疲。大王亲总三军，远临边境，寒暑骤移，不无顿弊？"王答曰："不能降服小国，愧卿此问。"宋云初谓王是夷人，不可以礼责，任其坐守诏书；及亲往复，乃有人情。遂责之曰："山有高下，水有大小，人处世间，亦有尊卑。哌哒、乌场王并拜受诏书，大王何独不拜？"王答曰："我见魏主则拜，得书坐读，有何可怪？世人得父母书，犹自坐读。大魏如我父母，我一坐读书，于理无失。"云无以屈之。遂将云至一寺，供给甚薄。时跋提国④送狮子儿两头与乾陀罗王，云等见之，观其意气雄猛，中国所画，莫参其仪。

　　于是西行五日，至如来舍头施人处。亦有塔寺。二十余僧。复西行三日，至辛头大河⑤，河西岸有如来作摩竭大鱼，从河而出。十二年中以肉济人处，起塔为

校注

犍陀越者。张星烺以为"梵语乾陀，香也。唐《高僧传》卷一译其义曰香行国，慧苑之《一切经义》作香遍国，其他有作香风国或香洁国者。"其地，一般均认为在喀布尔河（又称伽布罗河）流域，东至拉瓦尔品第一带，都城布路沙布罗，即今巴基斯坦白沙瓦。

① 《汉魏丛书》本作"懃"，吴琯《古今逸史》本亦作"懃"。沙畹考：勑懃似皆为突厥变号特勤之讹。顾炎武《金石文字记》以为"凉国公契苾明碑""神策军碑"等刻文中之特勤，皆书者误"特勒"为"特勤"，钱大昕《十驾斋养心录》六，以为前碑为宰相娄师德所撰，后碑为柳公权奉敕所书，"断无伪误"。古人读敕如忒，敕勤即特勤。突厥以可汗子弟为特勤。近亦有特勒、特勤均是之说（见《西北史地》1984年第4期）。

② 沙畹曰："此可考哌哒侵略乾陀罗，约在5世纪下半叶中。"

③ 《汉书·西域传》之罽宾为今克什米尔，《新唐书·西域传》罽宾为迦毕试，在今喀布尔河北，阿富汗、巴基斯坦之间。南北朝时之罽宾，据沙畹考，仍为汉时罽宾之地，即今克什米尔地区。

④ 丁谦以为即《梁书》中的白题，为葱岭西边小国。张星烺以为即波知。沙畹以为是哌哒之都拔底延，即阿富汗北部之巴尔赫，今称瓦兹拉巴德。

⑤ 即印度河。

记，石上犹有鱼鳞纹。复西行十三日，至佛沙伏城①。川原沃壤，城郭端直，民户殷多，林泉茂盛。土饶珍宝，风俗淳善。其城内外，凡有古寺，名僧德众，道行高奇。城北一里有白象宫。寺内佛事皆是石像，装严极丽，头数甚多，通身金箔，眩耀人目。寺前系白象树，此寺之兴，实由兹焉。花叶似枣，季冬始熟。父老传云："此树灭，佛法亦灭。"寺内图太子夫妻以男女乞婆罗门像，胡人见之，莫不悲泣。

复西行一日，至如来挑眼施人处。亦有塔寺，寺石上有伽叶佛迹。复西行一日，乘船渡一深水，三百余步。复西南行六十里，至乾陀罗城②。东南七里有雀离浮图。《道荣传》云："城东四里。"推其本源，乃是如来在世之时，与弟子游化此土，指城东曰："我入涅槃后三百年（《法苑珠林》作二百年。《大唐西域记》作四百年)，有国王名伽尼色迦，此处起浮图。"佛入涅槃后二（或作三）百年来，果有国王伽尼色伽，出游城东，见四童子垒牛粪为塔，可高三尺，俄然即失。《道荣传》云："童子在虚空中向王说偈。"王怪此童子，即作塔笼之。粪塔渐高，挺出于外，去地四百尺然后止。王始更广塔基三百余步。《道荣传》云："三百九十步。"从此构木，始得齐等。《道荣传》云："其高三丈，悉用文石为陛，阶砌栌拱，上构众木，凡十三级。"上有铁柱，高三百尺，金盘十三重，合去地七百尺。《道荣传》云："铁柱八十八尺，八十围，金盘十五重，去地六十三丈二尺。"施工既讫，粪塔如初，在大塔南三步(《法苑珠林》作"三百步"）。婆罗门不信是粪，以手探看，遂作一孔。年岁虽久，粪犹不烂，以香泥填孔，不可充满，今有天宫笼盖之。雀离浮图自作以来，三经天火所烧，国王修之，还复如故。父老云："此浮图天火七烧，佛法当灭。"《遭荣传》云："王修浮图，木工既讫，犹有铁柱，无有能上者。王于四角起大高楼，多置金银及诸宝物，王与夫人及诸王子悉在上烧香散花，至心精神，然后辘轳绞索，一举便到，故胡人皆云四天王助之。若其不尔，实非人力所能举。"塔内佛事，悉是金玉，千变万化，难得而称。旭日始升，则金盘晃朗；微风渐发，则宝铎和鸣，西

校注

① 丁谦以为，应是"佛伏沙"，即(《佛国记》之佛搂沙。据此，则应在巴基斯坦白沙瓦。沙畹、冯承钧、张星烺等均以为丁谦所说谬误。原书佛沙伏不误。佛沙伏即《大唐西域记》之跋虏沙城，"伏"为梵文城字之义。其地在今巴基斯坦北境。
② 即今巴基斯坦白沙瓦。

域浮图，最为第一。此塔初成，用真珠为罗网，覆于其上。后数年，王乃思量，此珠网价值万金，我崩之后，恐人侵夺；复虑大塔破坏，无人修补，即解珠网，以铜镬盛之。在塔西北一百步，掘地埋之，上种树，树名菩提，枝条四布，密叶蔽天。树下四面坐像，各高丈五，恒有四龙典掌此珠。若兴心欲取，则有祸变。刻石为铭，嘱语将来，若此塔坏，劳烦后贤，出珠修治。

雀离浮图南五十步有一石塔，其形正圆，高二丈，甚有神变，能与世人表吉凶。触之，若吉者，金铃鸣应；若凶者，假令人摇撼，亦不肯鸣。惠生既在远国，恐不吉反，遂礼神塔，乞求一验，于是以指触之，铃即鸣应。得此验，用慰私心，后果得吉反。

惠生初发京师之日，皇太后敕付五色百尺幡千口、锦香袋五百枚，王公卿士幡二千口。惠生从于阗至乾陀，所有佛处，悉皆流布，至此顿尽，惟留太后百尺幡一口，拟奉尸毗王塔。宋云以奴婢二人奉雀离浮图，永充洒扫。惠生遂减割行资，妙简良匠，以铜幕写雀离浮图仪一躯及释迦四塔变。

于是西北行七日，渡一大水，至如来为尸毗王救鸽之处，亦起塔寺。昔尸毗王仓库为火所烧，其中粳米燋然，至今犹在。若服一粒，永无疟患。彼国人民须禁日取之。《道荣传》云："至那伽罗阿国，有佛顶骨，方圆四寸，黄白色；下有孔，受人手指，闪然似仰蜂窝。至耆贺滥寺，有佛架裟十三条，以尺量之，或短或长。复有佛锡杖，长丈七，以水筒盛之，金箔其上。此杖轻重不定，值有重时百人不举；值有轻时，二人胜之。那竭城中有佛牙、佛发，并作宝函盛之，朝夕供养。至瞿罗罗鹿见佛影，入山窟十五步，四面向户，遥望则众相炳然，近看暝然不见。以手摩之，唯有石壁，渐渐却行，始见其相。容颜挺特，世所希有。窟前有方石，石上有佛迹。窟西南百步，有佛浣衣处。窟北一里有目连窟。窟北有山，山下有六（或作大）佛手作浮图，高十丈，云此浮图陷入地，佛法当灭。并为七（或作大）塔，七（或作大）塔南石铭，云如来手书。胡字分明，于今可识焉。"

惠生在乌场国二年，西胡风俗，大同小异，不能具录。至正光三年（522 年）二月，始还天阙。

往五天竺国传
笺释

著者 唐·慧超

笺释 张毅

编 选 说 明

《往五天竺国传》是唐朝中期形成的一部重要地理学著作。新罗(朝鲜古国)佛僧慧超用汉文撰写。

慧超生平事迹不甚详,大致出生于公元700—704年之间。约唐朝开元十一年(723年)经海路前往印度等地巡礼取经,曾遍游五天竺各地。后经陆路,途中经过西域返回中原地区。后曾在长安、五台山等地从事译经。此间根据其在南亚、中亚和西域各地经历撰述是书。作者拟卒于建中年间(780—783年)。

慧超西行期间恰逢唐朝政局大变革的重要阶段,唐朝、突厥、大食和吐蕃几大势力先后在西域地区进行角逐,天山南北各地局势动荡不定,政治形势变化莫测,慧超亲临其境,目睹这种社会变动,并进行了实录性记载;其次,慧超的著作还填补了这一时期东西交通进展方面的文献材料不足,公元7世纪中原地区经西域通往印度的交通概貌,因有玄奘《大唐西域记》等众僧徒的行纪存世,基本情况清晰,但之后的情况则有所不同,尤其是随着西亚大食帝国的兴起,以及向中亚诸地的东向扩张,传统的陆上丝绸之路通道遭阻,加上宗教隔膜,从西域到印度的朝觐取经路线困难重重,慧超行纪的记载恰好补充了这一时期中印间陆路交通的情况,所以尤显宝贵;再次,慧超佛教徒的特殊身份,使其书里对西域各地居民不同的宗教信仰状况给予足够的重视和细致的记述,例如他对于当时进入中亚各地突厥人改信佛教的情况,以及突厥汗国内部诸部族文化面貌差异性的著录,就很有学术价值。

在《往五天竺国传》中,慧超不仅对自己在印度境内的游历经过及沿途见闻进行比较概要的著录,且于开元十五年(727年)抵安西都护府所在地龟兹城(今库车县)停留,记载:"至龟兹国,即是安西大都府,汉军兵马大都集处"。明确著录"安西四镇名数,一安西,二于阗,三疏勒,四焉耆。"这些珍贵资料可补正史记录之缺略。该书对唐朝中期西域政局和佛教传播情况的相关记载应属第一手资料,其中对安西大都护府所在地龟兹城佛教寺院僧侣状况的记录尤为详细,不仅著录该地大云寺、龙兴寺的情况,还附有这些寺院住持的名称和来源,如"龙兴寺主,名法海,虽是汉儿生安西,学识人风,不殊华夏"。关于古代北方游牧部族突厥人进入西域及以西各地后对"胡人"社会带来变化的记载同样弥足珍贵,例如文中记载所经多处城镇居民族属"土人是胡,王及兵马,即是突厥"等民族志方面的资料,真实地提供了一幅晋唐时期北方草原上的操突厥语族群、部落进入西域农耕区后所引发的当地族群分布格局和社会习俗变动的生动图景。给人们准确认识当时西域地区社会族群分布格局变动情况,提供了一幅真实图景。

慧超行记具有言简意赅、朴实具体的显著特点,经研究,该书撰成后,由于著者社会地位不高,汉文基本功较弱,所以在社会各界的流传范围极为有限。当时人评论其书"言之无文,行而不远",皆相对于他同时代的高僧玄奘、义净等人行记中的文辞灿烂相比较。但是恰恰是慧超的这种草根性僧徒身份特点,虽使他的文字少了些华丽和谨严,但却更多了些率真和具体,故其记录对于探索西域历史细节方面具有很大帮助。除此他的族别和文化背景,还使其著录多了些从另外一个族群观察世间问题的角度和视野,如作者记载印度风俗:"衣著言音,人风法用。五天相似,唯南天村草百姓,语有差别。"此即一例。这些都给予后人从另一个角度认识这些问题提供了重要参考。

《往五天竺国传》成书后一度流传,如唐朝和尚慧琳所著《一切经音义》卷一百里曾提及该书,名即《往五天竺国传》,记载其为三卷。但是原书后来散佚。直到20世纪初方才重现人世间。1908年,法人伯希和在我国西北地区探险期间,于敦煌藏经洞中发现了此书的一个抄写本残卷,首尾不全,窃往法国,现藏巴黎法国国家图书馆,编号为"伯3532号"。后经罗振玉、藤田丰八等中外学者研究,初步定为唐朝慧超著作节录本。国内现有王仲荦、张毅等考证校注本。《新疆文库》选收版本为张毅《往五天竺国传笺释》(中华书局2000年版)。

田卫疆

前　言

　　楮纸写本《慧超往五天竺国传》原藏敦煌石室，1905 年为伯希和夺去。现存巴黎法国国家图书馆，编号为"伯 3532"。同年伯希和将此消息公布于《法兰西远东学校校刊》（Bulletin de L'Ecole Francaise de l'Extreme Orient）。遂引起各国学者重视。

　　此卷因首尾残缺，最初不知其题名及作者。伯氏曾指出慧琳《一切经音义》卷一〇〇所载《慧超往五天竺国传》即此书。其后上虞罗振玉曾对这一残卷进行研究。写成《慧超往五天竺国传校录札记》一文。罗氏以残卷与慧琳《音义》所载对证，相合的有十五条，其次第也一一吻合，足以证明这一残卷即慧超书。又慧琳所载慧超书凡三卷，如所引阁蔑、昆仑、裸形国等在上卷，波罗尼斯等三条在中卷，娑簸慈以下十余条在下卷。而此卷首尾相连，并无裁割粘合痕迹。且慧琳所引还有超出此卷内容之外的文字，可知此残卷为一节录本，即唐人所谓略出本。

　　此后研究者日益增多，首先是日本学者，如藤田丰八撰写《慧超往五天竺国传笺释》；羽田亨把残卷影印出版；高楠顺次郎最初把慧超书收入《游方传丛书》，继后又收入《大日本佛教全书》及《大正新修大藏经》中，高楠氏也为此书作过笺注。

　　1938 年德国学者福克司（Walter Fuchs）把《慧超往五天竺国传》汉文刊布于柏林，并译为德文：Huei-Ch'ao's Pilgerreise durch Nord-West-Indien und Zentral-Asien um 726。1938。捷克学者史兰也出过此书的部分英译文。近年又有冉云华及梁翰承合译的英译本出现（Yang, Han-Sung and Jan, Yun-Hua: The Hye Ch'o Diary: Memoir of The Pilgrimage to the Five Regions of India）。

　　第二次大战后，朝鲜对慧超著作颇为重视。1959 年韩国汉城大学高炳翊发表过《慧超往五天竺国传研究史略》，朝鲜民主主义人民共和国平壤郑烈模又将《慧超传》译为现代朝鲜语。

我国以往仅有 1931 年钱稻孙译藤田丰八的《笺释》本，和王重民先生在其《敦煌古籍叙录》中对慧超书所作的介绍。

《高僧传》中慧超无传，因此其生平事迹不详。仅知慧超为新罗人，其出生年月与地点（是汉地或原籍新罗），何时入唐，均无法确知。目前只能根据若干不完全的资料作一些近似的推测。他可能出生于唐武则天圣历三年（700 年），也有人认为生于长安四年（704 年），其理由是密教大师金刚智（Vajrabodhi 671—741 年）于玄宗开元七年（719 年）抵广州，慧超在此与他相会受为弟子时年方十六岁。此后约于开元十一年（723 年）慧超即往天竺并被巡礼。

由于残卷首尾不全，无法确定其出发年月，可能去时取海道，因慧琳《音义》所引本书上卷中的阁蔑（Khmer）、裸形国等都是南海中国家，又从现存本书中所载各国顺序，也不难窥见其行程是先在东天竺诸国巡礼，然后再巡礼中天竺、南天竺、西天竺及北天竺诸国，最后辗转经中亚各地，于开元十五年（727 年）十一月上旬行抵安西。

慧超回归汉地之后，曾在长安大荐福寺继续在金刚智门下受业，兼为其助手，据《大乘瑜珈金刚性海曼殊室利千臂千钵大教王经》序言称，慧超于开元二十一年（733 年）开始学习此经达八年之久。此后，开元二十九年（741 年）元月六日由金刚智主译，慧超"笔受"。天宝元年，译事因金刚智去世而中辍，此后慧超又在不空（Amogha，705—774 年）教导下，研究此经后半部。最后，德宗建中元年（780 年），慧超于五台山将此经录出。这篇序言虽是有关慧超师承的唯一记载，但序言中矛盾之处不少。因此关于此经译文及序言的真实性学者颇有争议。这些繁琐考证对佛教史或许有相当价值，而对中外关系史则意义不大，故从略。超似卒于建中（780—783 年）年间，因建中二年之后无任何关于他的记载。

如前所述，慧超书仅见于慧琳《一切经音义》，圆照《贞元释教录》未见著录，有人认为是因超书文辞欠佳的缘故。这种看法有一定道理。我们固然不应苛求一个新罗人，行文应像汉地高僧和士人那样文彩斐然。平心而论，他的汉文水平确乎不算高明。不仅不能与玄奘、义净诸师相提并论，比慧立、道宣诸人也大有逊色。"言之无文，行而不远"。文辞不工，可能是慧超书流传不广的原因。

其次，书中对五天竺各国的王名和都城名均未记载。有人认为是由于慧超的梵文素养比汉文还差的缘故，我们认为未必如此。现存这一残卷是原书的略出本，很可能是节录的人把原书中的专有名词省略去的缘故。因为即使慧超的梵文再差，对他亲身巡礼过的国家，绝不至于连国王名和都城名称也不知道，而且汉地高僧如法显、玄奘等人对五天竺各国都有记载，唐代往来于中印之间的使者和僧侣之多，大大逾于前代，慧超在长安住过多年，对此也不会一无所知。

尽管有着上述文辞上的缺点，但慧超书仍有着相当大的史学价值。

我国高僧所撰的行纪是研究中世纪西域南海诸国历史的珍贵文献。唐代西行求法的人很多，留下的行纪也不少，其中最重要的当然首推玄奘的《大唐西域记》及慧立、彦悰所撰的《慈恩传》。这是研究7世纪上半叶，中亚及印度各国历史的极其宝贵的著作。其次一个重要人物要算义净。他经历南海，巡礼天竺，先后达二十五年。武后证圣元年（695年）才远至洛阳。他所著的《大唐西域求法高僧传》《南海寄归内法传》等，都是研究7世纪下半叶印度及南海诸国社会历史的重要资料。但8世纪上半叶却以新罗高僧慧超的这部书为最重要了。

8世纪上半叶是亚洲几个强大的政治军事力量在西域剧烈斗争的时期。唐王朝、吐蕃、突厥和大食，先后都曾逐鹿中亚。单是为了安西四镇的争夺，自咸亨元年（670年）起，唐王朝与吐蕃之间就斗争了半个多世纪之久。其间，开元五年（717年）西突厥部的突骑施引大食、吐蕃谋取四镇，围钵换及大石城，已发三姓葛逻禄兵与阿史那献击之。仅此一事就足以说明当时中亚地区的斗争的激烈与复杂了。至于乌浒水（Oxus）与印度河间诸小国更随时面临被卷入大国之间斗争漩涡的危险。因为8世纪上半叶唐王朝在西域的外交与军事活动，都为了西御大食，南拒吐蕃这一目的。因此不能不牵涉各国。

704年屈底波被任命为呼罗珊长官之后，大食人多次向中亚进军，705年攻克吐火罗斯坦。706—709年征服粟特，710—712年征服撒马尔罕及其以西的花拉子模，713—715年间大食远征军还深入药杀河流域各地。715年屈底波的部队甚至到达我国西部边境，738—740年间，奈斯尔又再次进军屈底波征服过的地方。751年大食人占领了塔什干，同年有恒罗斯之役，高仙芝兵败。

在这种战乱的情况下，中国僧侣要取西域陆道而往天竺的确困难重重。7世纪中叶玄照法师就因此而无法归国。"泥波罗道，吐蕃拥塞不通，迦毕试途，多氏（大食）捉而难度。"——义净赴天竺往返都取海道，这可能是其原因之一。8世纪时通过上述陆道的困难必然更多。悟空是作为唐朝的使者而去印度，后来虽然随着使者才能回归汉地，但取道回鹘路时，因单于不信佛法而不敢带回梵本。通过这条路线之难由此可见。因此关于这段时间西域情况的高僧行纪很少，除《悟空入竺记》而外，要研究突厥各部及中亚各国的情况，慧超此书是一部十分珍贵的文献。慧超还有胜过悟空之处，就是关于大食人侵略印度西北部的记载。

当屈底波进军中亚时，另一支大食部队也指向印度。

早在7世纪中叶，大食的海军就曾袭击过印度河口的德巴尔（Debal，即贾耽书中的提飓），但未取得多大效果，终于使哈里发翁玛尔放弃了继续远征的打算。此后两国一直相安无事，708年由于一艘连载穆斯林妇女的船只在德巴尔为附近海盗劫掠，给哈查只（Hajàj）以借口，不久即任命他的侄儿，大将卡西姆率领一支大军远征印度。710年征服马克兰后，即越过俾路支。711—712年进军信德，占领了印度河口三角洲一带地方，如信德巴尔、奈伦（Nerun，即现代的海德拉巴德），713年他征服的领域远到旁遮普南部的木尔坦（Multan），即《西域记》中的茂罗三部卢）。按波斯《王书》（Shah Nama）记载，卡西姆的大军还由此抵克什米尔边境，其分遣部队还进攻过曲女城。714年后虽因哈查只死亡，卡西姆为前者的仇人，哈里发瓦立德召回并杀害，大食人的军事行动暂停。此后724—738年间，大食人所任命的信德总督贾奈德又继续用兵，先后征服过摩腊婆（Mālwa）、邬阇衍那（Ujjayini）、拔飓（Baroach）、苏剌侘（Surāstra）、伐腊毗（Vallabhi）等地，这段时期慧超正巡礼西天竺，是这一事件的目击者，他的记载足以补印度史料的不足。

众所周知，印度古代历史资料十分缺乏，关于大食人入侵西印度的史实，主要得依靠穆斯林作家的记载与当地的少量铭文。慧超所记载虽简短，然而却真实地记载了当时的情况，给8世纪上叶的印度史和中亚史都增添了一份珍贵史料。如他提到西天竺国（信德）时说："今被大食来侵，半国已损。"就是大食人占领了整个印度河下流河谷和三角洲的忠实记录。又新头故罗国"见今大食侵，半国损也"。这表明他到达这一地区时，正当贾奈德的大军横扫瞿折罗国境，并占领伐腊毗、苏剌侘及吃社国西部的情况。慧超虽然也有对佛陀的故国印度失实的地方，如说"五天（竺）不卖人，无有奴婢"（这也可能由于语言上的隔阂所造成的误解），但他对当时印度各国的物产和社会风俗等的记载都是基本确实的，如他谈到人民的生活情况："中天竺（葛那及）……彼土百姓，贫多富少，王者屋里，乃富有者着氎一双，目□（外）一只，贫者半片，女人亦然。"迦（湿）弥罗国"人民极众，贫多富少，王及首领，诸富有者，衣着与中天不殊，自外百姓，悉被毛毯，覆其形丑"。寥寥数笔勾勒出了广大劳动人民的贫困状况。王公首领及富有的人，按照印度的习惯披两块布作为上衣下裳，一般百姓还能披一片布被体，贫苦大众，包括妇女，就只能用半片布来遮羞了。住处的情况也是同样悬殊："夺取王宅，并皆三重作楼，从下第一重作库，上二重人住，诸大首领等亦然，屋皆平头，砖木所造。自外□并皆草屋……又是一重。"大多数的穷苦百姓只有一间矮小的茅屋，以蔽风日，不敢望重楼峻阁了。尤其值得特别指出的是慧超对当时五天竺各国的军事实力，也有具体的记载，如他说中天竺国"王有九百头象，余大首领各有二三百头。"象在古代印度有很重要的作用，既是运载工具，又是战争工具，象军是所谓"步、马、车、象"四兵种之一。象军尤为战斗力的中坚，"象则被以坚甲，牙施利距，一将安乘，授其节度，两卒左右为之驾驭。"（《大唐西域记》卷二）《利论》第二卷中有两章专门讨论象的管理与训练问题，故从象的数目可以窥见该国实力。慧超时的中天竺虽然不能与戒日王时的"象军六万，马军十万"相比，但较其他各国还是强大的。因据慧超的记载，南天竺："王有八百头象。"西天竺："王亦有六百头象。"北天竺："王有三百头象。"迦（湿）弥罗："王有三百头象。"像这样具体的记载是其他印度史料中所没有的，所以弥足珍贵。

慧超书目前国内一般使用的似乎只有藤田丰八《慧超往五天竺国传笺释》的钱稻孙译本（1931年，北平）。藤田虽然学识渊博，但此书写成于本世纪初，半个多世纪以来，无论敦煌学与中亚及南亚各国历史的研究，都有了很大的进步，藤田《笺释》已经不能与当代的学术发展相适应。

慧超书残卷，也如其他许多敦煌卷子一样，有很多敦煌俗字。而敦煌俗写字形极为混乱，再加上其中还有不少的错字衍文，更给残卷的校释增加困难。藤田校刊方面的错误，有时也引起对原文的曲解。如大寔国小佛临国条，有一句"为打得彼国彼国复居山岛所处极罕（即牢）"。其中第二个"彼国"显然是衍字，可是藤田并未将这两字删去，仅用逗号分为二句，并把最后一字改为"罕"字。于是就成了"为打得彼国，彼国复居山岛，所处极罕。"福克司也有相同的看法，只是把最后一字改为"窄"字，笔者认为，此句应为："为打得彼国，复居山岛，所处极牢。"山是指大食人进攻拜占庭时的前进基地陶鲁斯（Taurus）山而言。这一前哨线上堡垒林立，大食人称内线堡垒为关隘（awa-sim），外线堡垒为要塞（thughur）陶鲁斯山的隘口更是有名的"西里西亚之门"。这些都是防卫坚固的军事要塞，原卷所用"极牢"二字形容并未错误。但改为"窄"与"罕"均十分不妥，因为大食国王所处之地既非"极罕"，更非"极窄"，就是小拂临（A1-rum，即小亚细亚）也非极狭小的地方。

藤田的注释中的欠妥之处，现亦姑举一例。如他对本书吐蕃国条"国王百姓等，总不识佛法，无有寺舍"，这条所作的注释中，只根据《新唐书·吐蕃传》中："喜浮图法，习咒诅，国之政事，必以桑门参决"及弄赞赞普（即松赞干布）派遣大臣游学天竺，创造文字这一史事，就说："始制文字，有书记。佛教亦传入，开元间信奉已久，此传（指慧超书）误矣！"事实上慧超所记并未错误，而是藤田对藏族历史只知其一，不知其二，作出了轻率的论断。为了削弱支持旧贵族的西藏本土宗教的势力，松赞干布曾对佛教采取过欢迎的态度，他所娶的文成公主和尼泊尔的赤尊公主也都是佛教徒。文成公主入藏后松赞干布还下令修建过大昭寺、小昭寺，这是事实，但当时佛教在西藏影响极微，信徒大都是随公主入藏的汉族侍从。藏族大众仍然信奉苯教这种原始巫教。上述的大昭、小昭二寺，也只是私人拜佛和供奉佛像、佛经的殿堂，并无常住僧人，也没有合乎佛教戒律的仪式活动。因为苯教的势力根深蒂固，又有旧贵族为其后台，对外来的佛教百般阻挠，甚至迫害，如与金城公主联姻的赞普赤德祖赞（704—755 年），意欲弘扬佛法，并采取了若干措施，结果就被旧贵族巴氏和郎氏害死。所以 8 世纪中叶以前佛教在西藏并未得到真正的传播，也没有藏族人出家为僧的。

在西藏真正弘扬佛法的人是赤松德赞（Khrisrong-1de-b-tsan742—797 年），这位强有力的赞普，他于 755—797 年在位期间，为了巩固王权，打击旧贵族势力，采取了一系列果断措施，大力宣扬佛法就是其一。他从印度迎来了莲华生大师和汉地迎请了和尚摩诃衍等人来西藏弘扬佛法。在莲华生主持之下，历时十二年（775—787 年）修建成的桑耶寺，才是西藏第一个具有佛、法、僧三宝的寺院。该寺建成后，他又从印度超岩寺（Vikramas'ila）迎来了十二位说一切有部僧人为仪轨师，以菩提萨埵为亲教师，在桑耶寺剃度毗如遮那等七名藏族青年为僧，号称为"七觉士"（Sad-mini-bdung）。这才是藏族人出家的开始。同年赤松德赞的妃子没卢氏（Vbro-bzav-khri-rgyal-mo-btsan）于桑耶寺从汉僧摩诃衍受戒为尼，法名菩提主（byan-c-hub-rje），另有贵族妇女三十人与她同时出家，这时西藏才开始有比丘尼。此事也见于敦煌卷子《顿悟大乘正理决》。"我赞普夙植善本，顿悟真筌，愍万姓以长迷，演三乘之奥旨……于五天竺国请诸婆罗门僧等卅人，于大唐国请汉僧大禅师摩诃衍等三人同会净城，手说真宗，我大师密援禅门，明标法印，皇后没卢氏一自虔诚，划然开悟，剃除鬒发，披挂缁衣，朗戒珠于情田，洞禅宗于定水，虽莲花不染，犹未足为论也。赞普姨母希囊南氏及诸大臣夫人卅余人，说大乘法，皆一时出家矣。"此后藏人陆续出家为僧的乃增加至三百余人，但这都是慧超 727 年回到安西之后六十余年的事了。由此可知慧超书中所记并非错误。

8 世纪中叶以前记载吐蕃不信佛法的，还不只是慧超一人，如义净（635—713 年）在其《南海寄归内法传》卷二衣食所须条也称，"唯波剌斯及裸国、吐蕃、突厥元无佛法。"又，《册府元龟》卷 981 外臣部明誓："肃宗元年建寅月，吐蕃使者来朝请和……使者曰：蕃法盟誓，取三牲插之，无向佛寺之事。"

现笔者除根据敦煌残卷原件照片作出断句，加上小标题外，并就半世纪来海内外对敦煌卷子中俗字别字的研究，订正了历来对原文释读中的谬误。此外笔者也注意利用学术界研究南亚和中亚的较新成果，对藤田笺释中的不足或欠妥之处进行补充与订正。

此书能写成，我首先得感谢孙毓棠先生。承他惠借钱稻孙译本藤田《笺释》。其次应感谢我的一位忘年友，西德的法洛泰博士（Dr. Lother von Falkenhausen），承他费神代为复印福克司德译本，并惠赠冉梁二氏英译本。在整个撰写过程中，谢方同志给予多方的关怀与惠助，否则此编恐怕很难问世。此外内子扶铭同志在百忙中为我抄写全稿，我应表示谢意！

张毅汶江

1988 年秋于浣花溪畔

四川省社科院历史所

一、吠舍厘国

（上缺）

宝。赤足裸形外道不著一　（下缺）

辶食即吃。亦不斋也。地皆平　（下缺）

有奴婢。将卖人罪。与煞人罪不殊。　（下缺）

原件残缺。"宝"字上似为"不敬三宝"。"不著'之下一字缺笔，应为衣字。其下约缺十六字，似为同书彼（波）罗尼斯国条下"外道不著衣服，身上涂灰"之类句子。"辶"可能为遇或逢字之缺。"煞"即"杀"字。

此处似为吠舍厘国。该国为耆那教发祥之地。玄奘《大唐西域记》称吠舍厘国"……天祠数十，异道杂居，露形之徒，实繁其党"。《释迦方志》卷上，遗迹篇第四，吠舍厘国条也说"天祠数十，露形多矣"。

吠舍厘（Vaīśali）是古代东印度强大的部族梨车毗（Līcchavi）的国都，弗栗恃（Vrìjji）联邦的首府。旧译作毗舍离、薛舍离、维耶离、鞞奢赊夜等，或意译作广博、广严。其地望据康宁汉比订为甘达克（Gandak）河左岸，哈吉普尔（Hāj-īpur——在今比哈尔邦）以北十八英里穆扎法普尔（Muzzafarpur）地方的巴莎尔村（Basarh——在北纬 25 度 58 分、东经 85 度 11 分）。（A.Cunningham：Ancienf Geography of India, pp.373—4）圣马丁（Vivīen de Saint Martin）同意这一比定。此后戴维支（Rhys Davids），霍艾（W.Hoey）提出异议。前者认为应在蒂鲁特（Tirhut）附近，后者认为在查普拉（Chapra）区的切兰德（Cherand），再后文逊·史密斯（Vicient Smith）撰文论毗舍厘，为康宁汉辩护。近代考古发掘也证明康氏的说法正确。本世纪初，布洛赫（T.Bloch）曾在该地发掘一城堡遗址，名为 Raja Visarka garh（广博王之堡），共有三个文化层，最上层属 10 世纪后伊斯兰教统治时代，第二层属笈多王朝（Gupta——公元 4 至 5 世纪），第三层更为古老。第二层一个小室内出土有泥封七百余枚。某些泥封上有"吠舍离××家主之印"字样，足以证明该地确系吠舍厘遗址。（A.S.I.Annual RePort，1903—4，pp.74,110）。

佛教及耆那教徒均视吠舍厘为圣地。佛陀曾在此地作过多次重要说教。《长阿含》《增壹阿含》及《大般涅槃》经等对此均有详细记载。佛涅槃后有名的七百结集是在吠舍厘举行的。

慧超之前，我国高僧法显、玄奘均曾到此巡礼。又据《释迦方志》卷上记载，唐朝使者王玄策也到过此地，并亲自用朝笏量过净名（Vimalakirti——维摩诘）的故宅遗基，仅止一丈。佛家术语中之"方丈"一词即由此而来。

耆那教创始人之一，大雄（Mahāvira）因诞生于吠舍厘，故称为"吠舍厘人"（Vai alika）。

裸形外道是耆那教的一派，又称天衣派（Digambara，即以天地四方为衣之意）。佛典称为尼乾子（Nirgantha，无系外道）为六师外道之一。

耆那教的渊源颇难稽考。其信徒自称该教与《吠陀》同样古老。大雄仅系其最后一位祖师（Tirthankara，救度者之意），即第二十四祖。据近代学者如雅可比（Jacobi）等人的考证，仅大雄及二十三祖胁尊者（Par va natha）为历史人物，其余的均为神话式人物，难以相信。如该教传说胁尊者的前辈阿利希德奈密（Ariś-thanemi）死于大雄之前八万四千年，而其前辈纳密（Nami）又死于他之前五十万年等等。

胁尊者本迦尸（Kaśi）王马军（Aśvasena）之子。三十岁时成苦行者。苦行沉思八十四日之后始行顿悟。相传他高寿达一百岁，传播该教达七十年之久。胁尊者反对《吠陀》及婆罗门繁文缛节的祭祀，也反对种姓制与杀牲，并主张给予妇女以平等地位。认为任何人不问其种姓如何，皆得解脱。他创立四大戒，即不杀、不诳、不盗、不有私财（以后大雄又加上净行不淫），而成为该教的五戒。

大雄本名增胜（Vardhana māna），公元前539年生于吠舍厘国茉莉村（Kundagrama）。父本刹帝力种，是若提（Jñatrika）族首领，摩揭陀国王姻亲。大雄少年时本一王孙公子，曾娶耶输陀罗（Yā oda, Yasodhara）为妻。三十岁时摒弃富贵荣华，出家求道，游方乞食，达十三年之久。四十三岁时获得圣智，信徒尊号之为胜者大雄。耆那一词即由"胜者"（Jaina）而来。佛家则称之为尼犍陀若提子（梵文 Nirgantha Jñatriputra，巴利文 Niggantha nātaputto，离系亲子之意）。大雄顿悟后继续前往各国游行教化。故乡吠舍厘国更是他经常往来之地，他在此至少度过十二个雨安居。大雄在布道活动中，虽曾遇过不少周折与困难。如在罗陀（Ladha）地方，就曾为当地人纵犬咬伤，以示敌意。他也受到某些王室保护，如摩揭陀国王频毗娑罗（Bimbisara），瞻波国（Champa）光明王（Pradyota），阿梵谛

（Avanti）国王乳增（Dadhivardhana）等人都庇护过大雄。因此收得信徒不少。公元前468年大雄涅槃于华氏城波婆村（Pava），终年七十二岁。

大雄死后子弟分为两大派，一为白衣派（Svetāmbara），即佛教徒所谓白衣外道，穿着白衣，象征廉洁，重修苦行，主张男女平等。一为天衣派，即裸（露）形外道、不穿衣服，仅系一腰带，并有一孔雀毛或牛尾小帚，以清除路上小虫，以免伤生。这派十分歧视妇女，不许女人参加社会活动。分裂原因，一说因胁尊者与大雄的信徒之间意见分歧所致。即前者为白衣派，后者为天衣派。但多数人认为因公元前3世纪初摩揭陀国发生大饥馑，僧长跋陀罗巴忽（Bhadrabāhu）率领一部分信徒迁徙南印度逃荒，另一部分仍留摩揭陀国，由巨贤（Stulabhadra）领导。后来前者自南印度逃荒归来，发现留居摩揭陀国信徒戒律松弛，行多不义，于是在华氏城举行盛大结集，以整理该教圣典。当时唯有跋陀罗巴忽一人熟知古老经典《十四前篇》（Parva）全文。巨贤奉命前往尼波罗国学习。他虽学完全部圣典《十四前篇》，但只许传授十部。迁徙南印度僧徒因未能参与此次结集，于是成为天衣派前驱。该派认为白衣派所奉经典《十一支》（Anga）。均非真传，全是伪经，系由胜月（Jinacandra）后来在伐腊毗（Vallabi）编纂而成。反之，白衣派则声称《十一支》全系真传，并非伪经。但在公元1世纪时，两派始正式完全分裂。白衣派主要流行于西印度。天衣派则盛行于吠舍厘。孟加拉国、中印度及南印度哥塔瓦里（Godavari）河以南各地。

玄奘在《大唐西域记》中对当时耆那教两派情况均有记载，见该书卷三僧诃补罗国、卷十三摩咀吒国等。可参看。

除耆那教的天衣派之外，印度教的苦行者也有裸形的。

又，热带地区由于气候关系，裸袒是常见的现象，但，这与裸形外道是完全不同的两回事。藤田旧注中却把与耆那教无关的公元3世纪前的扶南，以及义净所记的裸人国（Nicobar群岛）引入，未免牵强附会。

二、拘尸那国

一月至拘尸郍国。仏入涅槃处。其城荒废。无人住也。仏入涅槃处置塔。有禅师在彼扫洒。每年八月八日。僧尼道俗。就彼大设供养。于其空中有幡现。不知其数。众人同见。当此之日发心非一。

仏，即佛字古写。

拘尸郍（Kuṣinagara，Kusinàrā），或译拘私那竭国（僧支载《外国事》）、拘夷国、拘尸城（《增壹阿舍》）、拘夷那竭城，拘尸那竭城（《长阿舍》）、拘尸那揭罗国（玄奘）、俱尸国（义净）等。

其地望威尔逊比定为戈拉克浦尔（Gorakhpur）以东三十五英里处的迦西亚（Kāsiā）村。但文逊，史密斯认为此城应在尼泊尔境内，加德满都以東三十英里小拉普特河与甘达克（希连禅河）汇流处。（T. Watters：On Yuan Chwang's Travelṁ India，Vol，Ⅱ pp.339—340）近代曾在迦西亚村附近湟槃寺后一古塔内出土一铜盘，上有铭文：Parin rvāna-Caifyatāmra-Patta（大般涅涅槃支提之铜盘），足以证明前者的比定正确。（B.C.Law: Historical Geography of Ancient India,pp.102—103）。

此城原名 Kasāvati，本为摩逻（Malla）族人国都。当时相当繁荣富庶，人口众多，布施易得。佛陀时代此国政体已由君主制改为共和国，其都城也改名为 Kuśinagara，原始佛典如《长阿舍》中就曾明确记载拘尸那竭为 Kuśavati，国都本名 Ayam Kuśinārā Kuśāvati nāma rajadhani ahosi（Digha Ⅱ 146—147），其范围东西长十二由延，南北广七由延。在《摩诃须达沙那经》、《摩诃须达沙那本生经》中，佛陀曾叙述过此城昔日的宏伟。当时是摩诃须达沙那王的首都，有城堡七所，城门四个，广阔林荫大道六条（Digha Ⅱ pp. 170—171）。佛陀在世时，此城业已式微，阿难就很不乐意世尊在这山野莽丛之间的小城涅槃。

在慧超之前约一百年，玄奘到达时，此地已"城郭颓毁，邑里萧条，故城砖基周十余里。居人稀旷，闾巷荒芜。"（《西域记》卷六，拘尸那揭罗国）玄奘后义净也曾到过此地。北宋时继业又曾来此巡礼。

关于佛陀的死因，东西方有不同解释。即在佛涅槃前曾接受铁匠准陀（Cunda，须陀）所供香饭，因而得病致死。准陀所献的那碟菜，在巴利文《大般涅槃经》（Mahā-parinibhanasutta）中称为 Sūkaramaddava，其中 Sūraka 确有猪的含义。西方的佛学权威人士如戴维支即译为"干猪肉"或"嫩猪肉"（见其所译 Buddhist Suttas, p.7a, Questions of King Milinda, Vol, I, p.243，在西方这种佛陀因食猪肉而生病致死的说法引起过不少争议。我们认为德国人诺依曼（K.E.Neumann）所作 Die Reden Gotamo Budhas, Vol, I、p.xix 一书中的说法更为合理。他说此字并非猪肉，乃指一种食用菌类，如香姑、木耳之类，因为不仅吃猪肉不合佛教的习惯，而且汉文与藏文译的佛经中，均未译成猪肉——如汉译《长阿舍》中的《游行经》即译 Sukaramaddava 为"栴檀树耳"，我国民间木耳也有"和尚肉"的别名。佛陀到达拘尸那时，当时正发生饥荒，准陀采集菌类佐食，因不慎误食毒菌而生病致死，是十分可能的。

此塔西有一河。伊罗钵底水。南流二千里外。方入恒河。

　　案，首一河字下似脱"曰阿"二字。

————————

阿伊罗钵底（Airavati）河即《长阿含经》中的阿夷罗婆（跋）提河，《婆娑论》中的阿氏罗筏底河。又，此河玄奘作阿恃多伐底（Ajitavati）法显作希连（禅）河（Hiranyavati），玄应《一切经音义》卷二二"阿利（夷）罗跋提河，《泥洹经》作熙连河，皆讹也。正言呬刺拏伐底河。呬刺拏此译云金，伐底此言有，名为有金河，嘱音许梨反，刺音力曷反。"

呬刺拏伐底、尸赖拏伐底、希连（禅）均为 Hiranyavati 的音译，比尔（S.Beal）认为此河即小甘达克河或其支流。

又据慧超此处记载，此河在佛涅槃处塔以西，而玄奘记载则河在塔以东（见前引《大唐西域记》）。两者显然不同。藤田旧注认为是抄录者误写所致。我们则认为可能是由于河流改道的缘故。

彼塔四绝。无人住也。极荒林木。往彼礼拜者。□　　　　黾
东南卅里。有一寺。名娑般檀寺。有卅余之村庄三五所，常供养彼禅师衣食。令在塔所供养（下缺）

案，犀牛上所缺一字，似为一"为"或"被"字。其下九字右半残缺，似为"有卅余之村庄三五所"。

般檀寺，又译缚陀般陀那寺，或义译为天冠寺（《长阿含经》卷四）天冠支提梵名 Makuta-bandhana-caitya，其中 Makuta（makuta）义为王冠，bandha 义为系带，Caitya（支提）义为寺。此即佛陀涅槃后火化处。

佛陀焚身处各种记载不一，《长阿含·游行经》及玄奘均谓在拘尸那城北。巴利文、藏译佛典及汉译《大般涅槃经》谓在该城东门外。

三、波罗尼斯国

日。至彼（波）罗尼斯国。此国亦废无王。即□（下缺）

案，"彼"当为"波"字之误。

由拘尸那至此处约五百余里，非三五日所能达到，慧超行程日数上缺，可能为"十"字。

此国梵名 Bārānasi，Vārānasi，巴利文 Bārānasi 旧译多作波罗奈，又译婆罗那国，波罗捺斯、波罗拿斯、波罗那斯，玄奘作婆罗尼斯。印度独立前通称贝拿勒斯（Banares），现名瓦腊纳西（Vārānasi），在北方邦阿拉哈巴德河（Alahabad）下游八十英里，位于恒河左岸。

据说因此城位于波罗拿（Vārāna）与阿斯（Asi）两河之间而得名，为古代印度十六大国之一，迦尸（kasī）国的首都，故又称迦尸城（Kāsinagara，Kāsipura），在不同历史时期还有 Surumdhana，Sudarśana，Brahmavaddhana，Puppavati，Rāmma 及 Molini……等异名，玄应《一切经音义》也称其："旧译云江绕城。"

古代迦尸与波罗尼斯可以交替使用，或联合使用，如 Kasi-Bārānasi，但后来（特别是佛典中）多用前者作国名，后者作首都名。如《摩诃僧祇律》所谓："有城名波罗奈，国名伽尸。"法显也作"迦尸国，波罗捺城"。

这是印度古代名城，梵文古籍，如《阿达婆吠陀》，史诗《摩诃婆罗多》《罗摩衍那》，波尼尼《八部书》等对此称有所记载。印度各派宗教均视此城为圣地。

7世纪上半叶玄奘到达时，此城"西临克伽河，长十八九里，广五六里。闾阎栉比，居人殷盛，家积巨万，室盈奇货"。仍是一片繁荣景象。可是玄奘之后不过百年，8世纪上叶慧超的笔下却是："此国亦废，无王……"有如此重大差异的原因，无文献可考，不知是由于抄写时的讹误或手稿的残缺所致，也可能是这期间该地发生自然灾害之类巨变——后一种可能性并不能完全排除，因为10世纪中叶，继业来此时，"波罗奈国，两城相距五里，南临洹河"。不仅城市分裂为两个，地址也移至洹河北岸。

彼五俱轮。见素形像在于塔中。（下缺）
上有师子。彼幢极麁。五人合抱。文里细（下缺）
塔时。并造此幢。寺名达磨斫葛罗。僧（下缺）

"素"同塑。"麁"即麤。"文里"即纹理。

————————

俱轮、拘邻，均为巴利文 Kondiñña，或梵文 Kaundinga 对音，又译侨陈如。佛陀最早所收的五弟子之一。这里是指鹿野苑中佛陀成道后第一次说教，并收他原来的随从侨陈如为比丘的地方。陈侨如等五人的传说，《佛国记》《大唐西域记》卷七均有记载，兹不具引。

第二行所记石幢，玄奘也有所记载，"精舍西南，有石窣堵波（Stupa，塔），无忧王（Aśoka，阿育王）建也。其虽倾陷，尚余百尺，前建石柱，高七十余丈，石含玉润，鉴照映彻，殷情祈请，影见众像，善恶之相，时有见者，是如来成正觉已，初转法轮处也。"

第三行末，似缺"伽蓝"二字，达磨斫葛罗僧伽蓝（Dharma-Cakra-Samgha-rāmā），意即"法轮寺"。

慧超之后二百余年，继业也曾来此巡礼，还专门写过游记："……又西北十里许，至鹿野苑塔庙，佛迹最夥。业自云，别有传记，今不传矣！"

继业之后约二百年穆斯林大举侵入该地。这些辉煌的寺院，宏伟的佛塔均付之一炬，近代经考古学家的发掘，遗址及文物陆续有所出土。有名的达麦克（Dhamek）大塔（可能即慧超所记的法轮寺塔），就是其一。该处遗址残存的基础部分还高达一百四十三英尺，直径九十三英尺，基部用巨大石像建成。上部砖筑，即玄奘所谓"石阶砖龛"。塔身呈圆柱形，基部有八个凸出的神龛，其中有几何图案及蔓藤状花纹的云带围绕塔身。根据这些雕刻的风格，可确定为笈多王朝（Gupta，公元4至5世纪，至迟不得晚于6世纪），塔址附近发掘出有七个宏大建筑物遗址。其墙均厚约十英尺，四周砖基相连，密如蜂房。

慧超在这里所记的石幢现已出土。柱身已碎为五段，最下一层石基仍留原处，其余四段散在四周。最下段高十六英尺八寸，底部直径二英尺六寸。石柱下段刻有阿育王敕铭，禁止僧尼搞派系相互倾轧，违者逐出寺院。柱头高约七英尺，上刻踞坐狮子像四个，面向四方，身连一处，神采奕奕，雄姿英发。柱上雕有四法轮。雕刻之精良优美，令人赏叹不已。柱身石质极细，呈青灰色，滑腻如镜，光泽如玉。此柱头现已移至鹿野苑印度考古学博物院内。

外道不着衣服。身上涂灰。事于大天。

大天（Mahādeva），即大自在天（Mahesvara）均为湿婆（Śiva）的称号。

———————

湿婆本非亚利安神祇。《吠陀》中并无此名，仅有其异名之一楼陀罗（Rudra），有时此名还以复数形式出现。据信湿婆的神话系由此发展而成——在《梨俱吠陀》中楼陀罗一名本指火神阿耆尼（Agni），此名逐渐成为湿婆别名。在《奥义书》（Upanisàds）中湿婆的地位虽有所发展，但在史诗《罗摩衍那》中其地位仍不如偏入天（Visnu 毗湿奴）崇高。《摩诃婆罗多》中偏入天还是居于主宰地位，但已有许多篇章中湿婆已成为至高尊神。到《往世书》（Purana）中又有进一步的发展。自在天湿婆与梵天（Brahma）及偏入天共同成为印度教的至高无上的三大主神。

传说中的自在天湿婆法力无边，既是破坏之神，也是创造之神。关于他的神话很多，名号也不少，其神像也有多种多样。最常见的一种是沉思默坐，作禅定状。头上有三眼，第三眼在前额正中。发髻作角状，头上有一弯新月为饰，颈呈青色（因吞食了毁灭世界的毒物所致）。颈上围绕一条蛇，并有人头骨串成的颈圈（Mundamālā）衣服是虎、鹿及大象皮，有时也作跨骑白牛，手执三叉戟的神像。

自在天湿婆是波罗尼斯的保护神。自在天派以此城为根据地。为了争夺这一地盘，这派与偏入天派曾进行过多次激烈的斗争。《往事书》中，偏入天的化身，黑天（Krisna）多次焚毁波罗尼斯城的神话，就是这些剧烈斗争的暗示。斗争虽以双方妥协而收场，但自在天派在这里仍占优势。城中供奉大自在天的世主庙（Visvanatha）十分有名。此地是印度教的七大灵场之一。《释迦方志》就说此国有"天祠百余，外道万余，多事大自在天根也。大城中天祠二十所，（天）根高百余尺"。天根即男根（linga）是大自在天的象征，教徒们朝拜的对象。在哈拉巴（Harapa）出土的文物中即有男根象多枚。摩亨殊达鲁（Moheujodaro）也出土有雏形的自在天神象——头上长角，男根四周，走兽环绕，象征着湿婆的另一形象"兽主"（Paśupati），这些均说明自在天是来源于印度河流域的前亚利安文明的神祇。玄奘到达此国时，佛教只有"伽蓝三十余所，僧徒三千余人，并学小乘正量部法。"（《慈恩传》作"僧三千余人，学小乘一切有部"。）相比之下，足以说明自在天派势力之大了。

　　"不着衣服，身上涂灰"，所谓涂灰外道，即大自在天派。神话中的大自在天的形象之一是一裸体苦行者，身上涂灰。玄奘也记载这一情况："外道万余人，并多宗事大自在天，或断发，或椎髻，露形无服，涂身以灰，精勤苦行，求出生死。"

四、摩揭陁国

此寺中有一金铜像。五百□□□。是摩揭陁国。旧有一王名尸罗粟底。造此像也。兼造一金铜□□辐团圆正等卅余步。此城俯临恒河北岸置也。

粟，羽田亨，《慧超往五天竺国传移录》作票，不妥。等卅余，原件"等"作"寸"，为"等"的俗字。

摩揭陁（Magadha，Māgadha）又译摩揭它、摩揭陀、摩伽陀、摩诃佗、摩伽陁、摩竭、摩竭提、墨竭提，或义译为无害、无恼害、善胜、聪惠等。为印度古代的十六大国之一。其领域在今北方邦的巴特那（Patna）和比哈尔邦的伽耶（Gaya）一带。

摩揭陁的种族相当复杂。该国民族成分中非亚利安血统占有相当大的比重。如有名的阿阇世王（Ajataśatra，未生怨王）的母亲就是出于黄种的梨车昆（Licchavi）族的公主。喜马拉雅山南麓各部落以及外地逃亡的奴隶，亡命之徒移植此地的甚多，更增加其种族及种姓的复杂，所以古代婆罗门作家蔑视摩揭陁人为半亚利安半野蛮的劣等种族，但摩揭陁国却是佛教圣地。摩揭陁人也是优秀的人民。印度古代史上几位雄才大略的统治者都产生于该国，国祚也特别长久。

公元前 7 世纪摩揭陁国已经相当强大。6 世纪时开始称雄于印度各邦。婆逻门教、佛教和耆那教典籍对此有一致的记载。该国先后经历了八代君王。首代国君是频毘娑罗（Binbisara 544—493 B.C.）称为"王中狮子"。他征服鸯伽，合并伽尸，扩张领土。境内管辖村庄八万余个，国都王舍城（Rayāgriha），又称上茅宫城（Kuśāgarapura），旧城被毁于大火后，又另建新王舍城。城址雄伟，共有十四个（一说三十二个）城门，六十四个望楼。当初修建该城时意在防御吠舍厘人进攻，所以结构坚固宏大。其子阿阇世弑父而登王位，此后他出兵东征西讨，成为东印度三十六小邦盟主，使摩揭陁国领土更为扩张，广达五百里格（league）。成为与侨萨罗对峙的北印度大国。公元前 4 世纪上叶频毗婆罗所建立的这一王朝为难陀王朝（Nauda）推翻。

公元前 4 世纪末叶亚历山大大帝侵入印度。当时摩揭陁国有月护（Candragupta—旃陀罗笈多）崛起。在婆罗门侨底利耶（Kaundiṇya）——亦名阇那伽（Chanaka）辅佐之下，捭阖纵横。始而借希腊兵力以扩充自己力量。亚历山大一死，立即驱逐希腊人于五河地区之外，回师摩揭陁，废黜难陀王，定都于华氏城（Pataliputra，婆咤厘子城），并迅速荡平各邦，统一北印度，建立印度史上空前强大的孔雀王朝（Maurya）。有名的梵剧《指环印》（Mudraraksass 其宰相侨底利耶的政治手腕的写照。月护死后其子频堵婆罗（约 300—273B.C.）继位。其后继位的即有名的阿育王。他登位不久就开始南征北伐，征服羯陵伽之役战斗尤为激烈。据他的十三号摩崖敕铭记载："俘虏十五万人，杀戮十万人，死亡者数倍于此。"目睹战争惨状，激起阿育王恻隐之心，于是皈依佛教，成为佛教的强大保护者。他不仅在国内大力弘扬佛法，而且派出高僧多人，远到四邻各国传教，使佛教得到进一步的广泛传播。阿育王时版图西起喀布尔河谷的犍陀罗，东至阿萨姆，北抵喜马拉雅山麓，南至哥达瓦里——克里昔纳河平原。首都华氏城是当时印度的政治、经济、文化中心。有名的佛典的第三次结集就是在这里举行的。

公元前 2 世纪末叶，孔雀王朝为华友（Pusyamitra，约 187—151 B.C.）所建立的巽伽（Sunga）王朝所推翻。该朝统治摩揭陁国约一百二十年。以后出现过一个短暂的甘婆（Kānva）王朝，仅统治了四十五年（73—28 B.C.）。在这期间，原先为阿育王所征服的南印度各邦相继独立，其中案达罗（Andhra）国日趋强盛。公元前 1 世纪末几乎统治了整个北印度。等乘（Satavahana）王朝结束了甘婆王朝的统治，使摩揭陁国沦为安达罗国的藩属，等乘诸王统治了约三百余年之久。公元后 3 世纪中叶才开始衰微。大约与此同时，塞种人所建立的贵霜（Kushana）帝国崛起于印度西北，其强大的统治者迦腻色迦（Kaniska）在向中亚扩张时曾与我国汉朝的西域都护班超父子兵戎相见。他极盛时的领域兼有印度北方邦东至瓦腊纳斯（波罗奈斯）一带地方。公元后 3 世纪时，强大的迦腻色迦帝国在分崩离析中衰亡。公元 320 年旃陀罗笈多（与孔雀王朝的创始者同名）兴起于华氏城。原先他可能是贵霜帝国驻华氏城的诸侯。通过与梨车毗族联姻等等方式加强其实力后，即独立自主，并取得"摩诃罗阇迪罗阁"（Mahārājādhirāja——至上大王，万王之王）的尊号而建立笈多王朝。4 世纪中叶他死后由其子沙摩陁罗笈多（Samudragupta），即《法苑珠林》中的三谟陁罗崛多，继承王位。这也是一位雄才大略的君主。他举行过马祭以显示其威力，不仅臣服了恒河流域各邦，兵力远达西印度旁遮普中部地区以及廓寥尔半岛上的摩腊婆国，东印度的三摩呾咤、迦摩缕波也称臣纳贡。他还击败过中印度的南侨萨罗国，并远征文地耶山区，直达南印度的建志补罗城。这时摩揭陀国之强盛可与孔雀王朝先后比美。沙摩陀罗笈多的文治也值得称道，他保护学者与诗人，本人也多才多艺，长于诗歌和音乐。获得"诗王"（Kaviraja）的称号。虽然他自己信奉婆罗门教，但对其他宗教也很宽容。佛教大师世亲曾任他的大臣，据唐朝使者王玄策记载，狮子国（斯里兰卡）王功德云（Śrimeghavarma）也曾派遣僧人到摩揭陀国菩提伽耶金刚座礼佛造寺。

此后继承王位的旃陀罗二世，即印度传说中有名的超日王（Vikramāditya）。武功方面，他战胜了多次入侵西印度的塞种人，文治方面，他鼓励文学艺术。他宫庭中有所谓"九宝"。大诗人迦梨陀娑就是其一。他在位这段时间（380—413A.D.）可说是笈多王朝的黄金时代。经济文化都十分繁荣，人材辈出。除了上述的迦梨陀娑之外，如《指环印》的作者毗舍佉达多（Viśākhadatta），《小泥车》的作者首陀罗伽（Sudraka），佛学大师世亲、陈那等等都是这一朝代的人。我国的高僧法显就是在这时到达摩揭陀国，并在华氏城（《佛国记》称为巴连弗邑）住过三年，学习梵书，梵语，抄写经律。他称赞此国："是阿育王所治……凡诸国中，唯以此国邑为最大。民人富盛，竞行仁义。"又说"人民殷乐，无户籍官法，惟耕王田，乃输地利。"

超日王的儿子鸠摩罗笈多（Kumārāgupta），孙子塞健陀笈多（Skandagupta），还能继承祖业，由于史料缺乏，此后该朝历史不祥。

5 世纪末白匈奴（Ephatalita），即我国史书中的嚈哒人，由西北侵入印度，并多次进攻笈多帝国。该朝日益衰微，政令仅及于摩揭陀境内，以后国王耶输达摩（Yasodharma）虽曾奋起反抗，联合北印度诸国兵力，大败北匈奴于柯鲁尔（Kohrur），但国势已大不如昔，此后虽有所谓后笈多王朝，其创始人大都是笈多帝国的藩臣，尔后独立称王的。6 世纪末，笈多王朝衰亡。

尸罗粟底，即《大唐西域记》中的戒日王（Śilāditya，尸罗阿达多）。本名曷利沙伐弹那（Harṣavardhana，喜增）。他实际上是曲女城（Kanyakubja）的国王，其祖先是笈多王朝的封臣。他的祖母也是笈多王朝的公主。其领域也包括摩揭陀国，所以他自称摩伽陀王。《新唐书·天竺国传》也以摩伽陀为印度别名。玄奘法师访问印度时曾受到戒日王的十分优待，并与迦摩缕波国王共同在曲女城边克伽河畔为玄奘设过盛大法会。《大唐西域记》卷五对此有详尽记载。

唐太宗贞观十五年（641 年）戒日王曾遣使上书中国，太宗也派梁怀璥回访慰抚。此后戒日王又再次遣使来华，太宗又命李义表为正使，王玄策为副使，送戒日王使者回国。贞观十七年（643年）十二月中国使团到达摩伽陀国。王玄策奉使该国先后共三次。据《新唐书·摩伽陀国传》记载熬蔗糖的方法就是中国使者从该国学来的。戒日王死后国内大乱，叛臣帝那伏帝（Tirabhuti）篡夺王位，并袭击中国使者，王玄策曾调动吐蕃和泥波罗兵力，协助讨平其国内乱。

五、四大灵塔

即此鹿野苑。拘尸郍。舍城。摩诃菩提等四大灵塔。在摩揭陁国王界。

"舍城"上夺一"王"字。"摩诃菩提"下夺一"寺"字，或"等"为"寺"字之讹。

佛陀一生中大部分时间在摩揭陁国度过。所以该国内佛教圣迹较多。佛教的两次结集和有名的那烂陀寺都在该国境内。所谓四大灵塔有不同的传说，按法显记载是在佛诞生处、成道处、转法轮处及般泥恒处，与慧超此处所记显然不同。

拘尸郍，即拘尸那揭罗国，是佛入般涅槃处，已见前注。

鹿野苑（梵文Mrgadāva，巴利文 Migadaya），此译名早见于《四十二章经》，省称鹿苑或鹿野。又名仙人鹿野苑（I'sipatana，R'sipatana Mrgadāva），现名 Sarnāth（系 Sāranganātha，"鹿主"之略），在北方邦距瓦腊纳斯城约七英里。是佛陀初转法轮（即首次说法传教）的地方。在波罗尼斯国，并不在摩揭陁国内（转法轮处的大塔和寺院已见前注）。

我国赴印度的高僧大都曾到此地巡礼，其中知名的有法显、玄奘（《大唐西域记》卷七，对鹿野苑的伽蓝有生动绘述）、义净、智弘、悟空、慧超以及宋朝的继业。

王舍城有新旧二城。旧王舍城即摩揭陁国的故都上茅宫城（Kuśāgarapura，矩奢揭罗补罗城）。据说由于该地盛产 Kuśā（吉祥草，香茅草）而得名。又因该城位于群山环绕之中亦名群峰城（Girivraja）。《大智度论》卷三对这一环境有所描绘："有五山周帀峻固，其地平正，生草细软，好华遍地，种种林木，华果茂盛，温泉浴池，皆悉清净。"玄奘也说："崇山四周，以为外郭。"并说内城余址"迦尼迦树，遍诸蹊径，花含香馥，色烂黄金。暮春之月，林皆金色"。这五山中毘布罗山（Vaibharagiri——又名南山），鹫峰山（Grdhrakūta 灵鹫山）尤其有名。

佛陀在世时曾率领弟子一千二百人游化到王舍城，使频毗娑罗王信仰佛教。两个有名的佛弟子舍利佛（Sāriputra），没特伽罗子（Maudgolaputra）也是在此地所收的。因此王舍城附近佛教的圣迹特别多。如佛陀涅槃后不久。以大迦叶（Mahākasyapa）为首的五百佛弟子，就曾在毗布罗山的七叶石窟（Saptapatragṛha）举行第一次结集（编纂佛典）。由阿难（Ananda）结集经藏，优波厘（Upali）结集律藏。佛陀本人在鹫峰山中作过长时期的说教。玄奘所谓："如来御世，垂五十年，多居此山，广说妙法。"据说《大般若》《楞严经》及《法华经》等都是佛陀在此山中宣讲的。耆那教主大雄也曾在王舍城住过十四个雨安居。所以这两教都视此为圣地。

新王舍城（Rajagṛha）距旧城约四里，在环绕旧城的五山之北，是在旧城遭受重大火灾之后为频毗娑罗王所建造（但据法显记载："新城者是阿阇世王所建"）。此城得名有两种说法。一说是由于此城房舍均富丽堂皇，有如王（Raja）舍（gṛha）；一说是频毗娑罗王在此地建城的目的是抵御吠舍厘（Vaiśali）人的进攻，因此在城市还未建成以前，自己就先住在此地。玄奘谓："以王先舍于此，故称王舍城也。"

王舍城遗址现名拉杰吉尔（Rājgir）——是比哈尔邦巴特那（Patna）以北的一个山村。

早在东晋义熙二年（406年）前后法显就曾来此地巡礼。他写道："出城（王舍新城）南四里，南向去谷，至五山里，五山周围，状如城郭，即是并沙王（即频毗娑罗王）旧城。"他还攀登鹫峰山，瞻仰佛迹，并留宿一夜才回新城。玄奘对王舍城一带胜迹都有所记述。贞观十九年（645年）初唐朝使者王玄策也到过王舍城，他登上耆阇崛山（即鹫峰山）并在山上立碑刻铭以资留念。五段铭文是：

"大唐出震，膺图龙飞，光泽率土，恩覃四夷，化高三五，德迈轩羲，高悬玉镜，垂拱无为。道法自然，儒宗随世，安上作礼，移风乐制。发于中土，不同叶裔，释教移山，运于无际。神力自在，应化无边，或涌于地，或降与天，百忆日月，三千大千，法云共扇，妙理宣宣。郁乎此山，奇状增多，上飞香云，下临澄波，灵圣之所降集，贤懿之所经过，存圣迹于危峰，亿遗趾于岩阿。参差岭嶂，重叠岩廊，铿锵宝铎，氛氲异香，览华山之神踪，勒贞碑于崇岗。弘大唐之泽化，齐天地之久长。"

摩诃菩提寺在佛陀伽耶（Buddha Gaya）。是佛陀成道的地方。有名的菩提树和金刚座都在此地，现名摩诃菩提（Mahābodhi）距伽耶城约六英里。

唐太宗贞观十九年（645年），王玄策出使摩揭陁国时曾奉命来摩诃菩提寺瞻仰并立碑，碑文是典司门令使魏才所书，铭文是："大唐抚运，膺图寿昌，行化六合，威棱八方，身毒稽桑，道俗来王，爰发明史，瞻斯道场。金刚之座，千佛代居，尊容相好，弥勒规模，灵塔壮丽，道树扶疏，历劫不朽，神力焉如。"迟至宋代我国还有僧人来此地巡礼，也立有汉文石碑，现已出土。

此国大小乘俱行。□□
愚志。

　五言　不虑菩提远。焉将鹿苑遥。只愁悬路险。非意业风飘。八塔诚难见。参者经劫烧。何其人愿满。目睹在今朝。

　"俱行"后二字，可能是"于时"。

六、中天竺国葛那及

又即从此彼罗尼斯国西行□月至中天竺国王住城。名葛郁及。

"彼"，为"波"之讹。

葛郁及（Kanauj），法显作罽饶夷。玄奘作羯若鞠阇国（Kanyakubja 曲女城），《续高僧传·达摩籍多传》作鞑拿究拔阇，又名高歌城（Godhipura）、香茅原（Kuś-asthala），大慈城（Manādaya），又名花城（Kusumapura）。

此城建立甚早，《罗摩衍那·童年篇》（Rāmāyana, Bālakanda）中称它是众友仙人（Uisvamitra）的诞生之地。《摩诃婆罗多》和南传佛典的《律藏》（Vinayap-itaka.Vol. II，p.299）也提到此地。此城原在般遮罗（Pañcala）国境内。地处恒河上流阁牟那（Jumna）河之间地区。自 7 世纪上叶戒日王迁都到此地后，葛那及遂代替恒河下游的华氏城而为北印度的政治中心。据玄奘记载此城"西临克伽河（恒河）"，康宁汉改为恒河之东，华德氏（T.Watters: On Yuan Chwang's Travelin India, vol, I, p.342）已指出其非，比尔英译本《西域记》解释作滨临恒河西岸，也是曲解原义。法显《佛国记》虽然只说"此城接恒水"未说明其在东岸或西岸，但在此句话后却记载城西六七里处，恒河北岸有佛陀说法处，也表明当时恒河在此城之西。现在恒河的确在城东，可能是由于河流改道的缘故。因为北宋高僧继业到此巡礼时，已记载："大曲女城，南临陷牟那河，北背洹河。"足以说明此点。玄奘在此城与戒日王盛会的情况，详见《大唐西域记》卷五，兹不赘述。葛那及今名卡瑙吉（Kanauj），在北方邦恒河与卡里河汇合处。

自此中天王境。界极宽。百姓繁闹。王有九百头象。余大首领各有三二百头。其王每自领兵马斗战。常与余四天战也。天中王常胜。彼国法。自知象少兵少。即请和。每年输税。不交阵相煞也。

"百姓繁闹"原卷作"百姓繁闲"，"闲"恐系讹误。羽田亨：《慧超往五天竺国传移录》改作闹，似较可取。"余四天"指其余四天竺。

"天中"二字是"中天"倒文，即中天竺省称。

———————————————

如前所述，戒日王在位时东征西讨，统一印度北部广大地区。葛那及（曲女城）也取代华氏城而为政治中心。8世纪时占有全印度瞩目的葛那及就是意欲称帝的表示，因之，对此城的控制遂成为各个封建君王的争夺中心。戒日王死后，帝国瓦解，北印度呈现一片群雄割据的混乱局面。自他死后到8世纪上叶，约七十年之间，由于史料的缺乏，无法确知当时的详细的政治情况。直至公元725—750年间，也即慧超到达此地时，才有某些史料可考。这时统治葛那及的是耶输伐摩（Yasovarman）即《册府元龟》中的伊沙伏磨。他曾遣使来中国："开元十九年（731年）十月，中天竺国王伊沙伏磨遣其臣，大德僧勃达信（Buddhasena）——师觉月还原为（Samghabhadra）来朝，且献方物。"（《册府元龟》卷971）。

诗人辞主（Vakpati）在其俗语长诗《征伐憍达记》（Gaudavaho）中，歌颂过耶输伐摩的武功。称其兵威远达摩揭陀、孟加拉和南印度，但史家认为这只是御用诗人歌功颂德的作品，溢美之辞多，而确凿的史实少，不可征信。据慧超此处所记也说明这点："王有九百头象　大首领各有二三百头"，与戒日王出征时的"象军五千，马军二万，步兵二万"。已不可同日而语，更不能比拟戒日王征服五印度之后的"象军六万，马军十万"的盛况，但慧超所记也并非如旧注中罗氏札记所说的"夸张之辞"。

耶输伐摩与他早年的盟友，日后的死敌，克什米尔的丽日王（Lalitāditya）连年战争，终于兵败而死。诗人迦尔诃那的长诗《王河》（Kalhana:Rājatarangini）第四章144—46颂，对此有所记载。丽日王即《新唐书》中的木多笔。他曾于开元廿一年（733年）遣使来华，并受唐朝册封为个失密国王。事见《册府元龟》卷964。

七、五天竺风俗

衣着言音。人风法用。五天相似。唯南天村草百姓。语有差别。仕□
中天不殊。

> "语"下疑为"有"字，"仕"下疑缺"宦"字，末句之"中天"乃"五天（竺）"之讹。

印度北部、西部、中部、东部语言均属亚利安语系，方言间虽有不同程度差
别，但基本词汇及语法规律大同小异，能彼此通晓。唯南印度语言属于达罗维荼
（Dravidan）语系，无论语法、词汇都和亚利安语系完全不同。南天竺上层社会，
如王公、贵族及僧侣等大都通晓梵雅语（Sanskrit）及俗语（Prakriti——如巴利
文），还可用来与印度其他地区交谈。一般群众，即慧超此处所谓"村草百姓"所
操各种达罗维荼语，如泰米尔语、特鲁古语、马来亚拉姆语，与印度其余部分的
语言差别甚大，彼此均无法通晓。

印度次大陆尽管语言千差万别，但文化基本相同，政治、法律制度、宗教及
社会结构（如种姓制）等，五印度彼此相同。

五天国法。无有枷棒牢狱。有罪之者。据轻重罚钱。亦无形戮。上至国王。
下及黎庶。不见游猎放鹰走犬等事。道路虽有足贼。取物即放。亦不殇煞。
如若恡物。即有损也。

> 末句原件作"悋"，不清，从潘重规先生说作"恡"， 即"吝"的俗字。

慧超，以及其他虔诚的佛教徒，如法显在《佛国记》中说："王治不用刑罔，
有罪者，但罚其钱，随事轻重，虽复为恶逆，不过截右手而已。"但印度现实并非
如此。

50

印度古代，尤其是孔雀王朝初期，是执行严刑峻法的。阿育王之后，刑罚虽有所减轻，对高级种姓或一般自由民较为宽大，但对低级种姓和奴隶仍然十分严厉。《摩奴法论》就是一明证。该《法论》第八卷，刑罚部分，第337条规定，首陀罗不论偷窃何物，其罚金应比寻常处分重八倍（338条）。该《法论》上也规定有死刑，如323条规定："抢劫名门世家，尤其是抢窃妇女，和价值高昂的珠宝，如钻石等，盗匪要判处死刑。"372条甚至规定："把男犯置于烧红的铁床上烧，再把木柴放在他身上，以致那罪人被烧尽。"又359条，"首陀罗侵犯婆罗门妇女应处死刑。"379条，其他种姓通奸应处死刑，而对婆罗门奸夫则仅处以侮辱性的剃发来代替死刑。至于首陀罗冒犯高级种姓，那处罚就更为严酷了。如该《法论》同卷270、271、272条规定，首陀罗诽谤高级种姓时，要割他的舌或用十指长的铁条烧红，刺进他的口内，诽谤婆罗门时，要把煮沸的油灌进他的口内和耳内。

慧超或许由于对印度民间情况了解不深，所以他的溢美之辞更多。深入了解印度的人，如玄奘，在其《大唐西域记》卷二，刑法一条中就曾列举了印度有劓鼻、截耳、断手、刖足等肉刑。还列举了种种残酷的神判方法，即所谓水、火、称、毒等骇人听闻的审判方法。

当然，佛教徒是戒杀生的，不遇慧超所说的"……不见有游猎、放鹰、走犬等事"也非事实，因为《摩奴法论》卷八、260条就提到印度有猎人、捕鸟人、捕蛇人等。

上文中"道路中虽有足贼"，"足"疑为盗之讹，殇乃伤字之讹。但印度盗贼也并非不伤害人，玄奘和义净都差点遇贼丧命。

土地甚暖。百卉恒青。无有霜雪。食唯粳粮饼麨苏乳酪等。无酱有盐。惣用土锅煮飰而食。无铁釜等也。）

"苏"即酥。"煮"即煮。飰即饭。

整个南亚次大陆在北纬8度至37度之间，即大部分处于热带，是世界上最热的地区之一。除极北部的喜玛拉雅山麓与西北边境的山岳地带以外，都无霜雪。即使在最冷的元月份，南亚许多地方也比我国同一纬度的地方温度为高，如白沙瓦（巴基斯坦）元月平均温度为华氏49度，比同纬度的西安高华氏18度。瓦腊纳公元月平均温度为华氏60度，比同纬度的桂林高15度，加尔各答元月平均温度为华氏65度，也比同纬度的香港高6度，所以慧超所说"土地甚暖"一语

是确切的。每年依印度传统分法有六季：即夏季（grisma），雨季（prāvṛtkāla），秋季（śaratkāla），初冬（hemauta），冬季（śiśira），春季（vasanta）。按玄奘记载则为："正月十六日至三月十五日，渐热也；三月十六日至五月十五日，盛热也；五月十六日至七月十五日，雨时也；七月十六日至九月十五日，茂时也；九月十六日至十一月十五日，渐寒也；十一月十六日至正月十五日，盛寒也"（详见《大唐西域记》卷二岁时条。两者仅顺序不同，玄奘所记盛热，即前者之夏，渐热，即前者之春季）。

百姓无别庸税。但抽田子一石与王。王自遣人运将。田主□

末句"田主"之下脱文，羽田亨作"劳"字。

_____

印度古代赋税较轻，田赋一般为收成的六分之一，即玄奘所谓"假种王田，六税其一"。有时甚至低到八分之一或十二分之一。（《摩奴法论》卷七·131 条及卷十·120 条）。在有困难时也仅仅微收四分之一（同书卷十·118 条），手工业品也只微其收益的六分之一（同书卷七·131、132 条）。"但抽田子一石与王"一句颇费解，含义似为抽税五分之一，原文似为"五一石"。

彼土百姓。贫多富少。王官屋里。及富有者。着氎一双。自□
半片。女人亦然。

"自"字下的缺文疑是"外"字。

_____

印度气候炎热，衣服一般比较简单，仅是一片布。义净所谓："西方暖地，单布自可终年。"通常人是用一幅丈多长的阔布，绕过腰部，一端向下抹过胯间，然后向上经过右腋，覆盖左肩，右肩袒露或缠绕头上。腰间也可以系带。玄奘对此有所记载："男则绕腰，络腋，横布右袒，女则襜衣下垂，通肩总覆。"（《大唐西域记》卷二·衣饰）。义净也记载说："西方俗侣，官人贵胜，所着衣服，唯有白氎一双，贫贱之流，只有一布。"（《南海寄归内法传，卷二·十·衣食所须）。僧侣的衣服较复杂，佛教徒有三衣，即一、僧伽胝（Samghati）是一种大衣，又译腹衣，是佛教徒入王宫或说法时必须穿着的衣服。二，郁多罗僧（Uttarasanga），又译嗢呾罗僧伽，即上衣，是一种常服。三、安呾婆娑（antaravāsaka），即内衣。此外还有僧却崎（梵 Samkaksita 巴利 Samkaccika），又译僧祇支，即掩腋衣，呢缚些那（nivāsana）即裙。三衣的裁制方法，佛教各派有所不同。"外道"

的衣服更复杂，《西域记》卷二所谓："外道服饰，纷染异制，或衣孔雀尾，或饰髑髅璎珞，或无服露形，或草板掩体。"其中"饰孔雀尾"即印度教徒中的偏入天派，又称"孔雀行者"（mauyuravratin），"饰髑髅璎珞者"（Kapālamalin），即大自在天（湿婆）的名号。露形外道即耆那教徒中的"天衣派"（cligambara），已见前述。

其王每坐衙处。首领百姓。惣来绕王四面而坐。各诤道理。诉讼纷纭。非常乱闹。王听不嗔。缓缓报云。汝是汝不是。彼百姓等。取王一口语为定。更不再言。其王首领等。甚敬信三宝。若对师僧前。王及首领等。在地而坐。不肯坐床。王及首领。行坐来去处。自将床子随身。到处即坐。他床不坐。寺及王宅。并皆三重作楼。从下第一重作库。上二重人住。诸大首领等亦然。屋皆平头。砖木所造。自外□
又是一重。

　　冉荣华等英译本《慧超往五天竺国传》88 页 5 行将首句中"坐衙"二字，误作为一字，"王每卫处"，不妥。
　　末句原稿"似于漠屋雨下作也"，"漠"当作"汉"，"雨"当作"两"。
　　"自外"二字下的缺文，疑是"人"字。

────────────

　　古代印度坐具，一般用绳床。床高约七寸，方一尺，内织藤绳。王公贵族与一般平民的座床，各有不同的装饰。《西域记》所谓"庄饰有殊，规矩无异"，国王所坐的床较为高大，装饰尤为华丽，满布珠玑并铺上细氍，称为狮子床（simhāsana）。在种姓制度的支配下，低级种姓的人不许坐高级种姓的座席，首陀罗如果敢于坐了婆罗门的席位，甚至要他在臀部打了烙印，然后驱逐，或者由国王令人割伤其臀部（《摩奴法论》卷八·281 条）。

土地所出。唯有氍布象马万物。当土不出金银。并从外国来也。亦不养驼骡驴猪等畜。其牛惣白。万头之内。希有一头赤黑之者。羊马全少。唯王有三二百口六七十头。自外首领百姓。惣不养畜。唯爱养牛。取奶酪苏也。土地人善。不多爱煞。□

　　"万物"之"万"，乃"等"字之讹。
　　"□市店间"中所缺之字，应是"城"或"于"字。

这段说印度不出金银却非事实。金是印度比较重要的矿产，但多为沙金。很古印度人就知利用水淘沙金。在印度古代金被列为"七宝"（Saptaratna）之一。《佛说阿弥陀经》所谓"七宝即金、银、吠琉璃、玻璃、赤珠、玛瑙及珊瑚"。又《大唐西域记》卷二物产，也说"若其金、银、瑜石、白玉、火珠、风土所产，弥复盈积"。

八、中天竺四大塔

此中天大小乘俱行。即此中天界内有四大塔。恒河在北岸有三大塔。

"恒河在北岸"应改为"在恒河北岸"。或"在"字为衍文。

————————

中天，即中天竺，梵文所谓（Madhyade'sa）指喜马拉雅山以南，文底耶（Vindhya）山以北，昆那莎那（Vinasana）以东，普罗耶伽（Pragaya）以西的广大地区。

四大塔据法显《佛国记》："四大塔者，佛生处，得道处，转法轮处，般泥洹处。"

佛生处在劫比罗伐窣堵（Kapilavastu），有佛本生处塔。佛得道处，即摩揭陀国伽耶城（Gaya）。转法轮处，在波罗尼斯（Vārānasi）国鹿野苑（Mrgavana）。佛般泥洹处，在拘尸那揭罗（Kusinagara）国娑罗（Sālā）林。均见前述。

除三道实阶塔在恒河南岸外，其他三塔均在恒河北岸，详下。

九、舍卫国塔

一。舍卫国给孤薗中。见有寺有僧。

"孤"字下夺一"独"字，"薗"即园的别字。

————————

舍卫国（梵文Śravasti，巴利文 Sāvatthi）法显作拘萨罗（Kasala）国舍卫城，玄奘作室罗伐悉底国。玄应《一切经音义》作拾罗婆悉帝夜城。又作室罗伐国。旧译又作舍婆提，舍罗婆悉帝城（《起世因本经》），无物不有国（《十二游经》）等。

舍卫国的地望各家有不同的考证，为大多数人接受的是康宁汉的比定，认为即是拉普提（Rapti）河南岸的庞大的古城遗址，现名为沙赫特马赫特（Sahet-Ma-het）的地方（A.Cunningham：Ancient Geography of India pp.344—346）。该遗址中曾出土有一硕大无比的佛像，上有铭文Śravasti，足以为证。此地在印度北方邦奥德（Oudh）的贡达（Gonda）和巴赖奇（Bahraich）地区的边境上，距后者约二十六英里。这一比定的缺点是该地位于劫比罗伐窣堵（Kapita-vastu）国的西南，但据玄奘记载，应在其西北方。文逊·史密斯经过仔细研究与亲身考查，认为舍卫城遗址在尼泊尔的卡朱拉（Khajura）区，在巴拉普尔（Bālāpur）以北，距尼泊尔甘吉（Nepal garj）北北东方向仅仅数里。（T.Watters：on Yuan Chwan's Tvavel in India p.379）这一比定里程虽与法显所记更为接近，但终不足以否定沙赫特马赫特陆继出土的碑铭及大量佛像等文物所提供的证据。因此关于舍卫国遗址的确切地望还有待于进一步研究（B.C.Law:Historical Geography of Ancient India，pp.124—126）。

关于舍卫国的起源，佛教徒与婆罗门教徒各有不同的传说。佛教大注疏家觉音（Buddhaghosa）称，此地因其为贤者舍卫它（Savattha）的住地而得名。最初只是宗教活动场所，后来才发展为一城市。婆罗门典籍如《毗湿奴往世书》（Visnupurāna）则认为此城系由室罗伐悉多（Sravasttha，Sravastaka）王所建立而得名。《梵天往世书》（Brahmapurāna）及《鱼往世书》（Matsyapurāna，均记载室罗伐悉多王是幼马（Yuvanāśva）王之子，但史诗《摩诃婆罗多》则称他是室罗伐（Śrāva＝Śravattha）之子，幼马王之孙。所有佛典中均记载舍卫城是枸萨罗国。（非《西域记》卷十的〔南〕侨萨罗国）的首都。

舍卫国位于阿支罗伐帝（Aciravati）河畔，是三条大河的会合点。有大道东起王舍城，西至阿罗伽（Alaka）等地。交通发达，商业繁盛。据近代出土的舍卫国摩诃婆特罗（Mahāmatra）铜盘上铭文记载，舍卫国沿途商栈林立，货物山积。《方广大庄严经》（Lalitavistara——《神通游戏经》）也称舍卫国是冠盖云集之地，有五万七千户。

舍卫国既是商业要地，也是重要的宗教和文化中心。佛陀在此地居住过二十五年，进行过多次重要的讲经说法，有名的祇洹精舍（Jetavana Vihara）就在此地。其他的佛教胜迹也不少。详见《大唐西域记》卷六。我国高僧如法显、玄奘、义净、悟空等人都曾来此地巡礼。

舍卫国也是婆罗门教和研习《吠陀》的重要场所。阇奴娑尼（Janusani）曾在此地主办过一所重要的婆罗门书院（巴利文·长部，1·235），又据佛典《菩提萨埵缘·仪轨蔓》（Bodhisattvāvadānakalpalatā）记载，舍卫国有一名为万字（Svastika）的婆罗门就以广收众徒为生。

耆那教徒称舍卫国为月光城（Candrapuri）。该教两位祖师都降生于此地，教主大雄也多次来此巡游，并度过一次雨安居。该教的圣徒如迦毗罗（Kapila），跋多罗（Bhadra）也曾来此地出家，求法，或成正果。

此后舍卫国趋于衰微，日益失去其商业与政治上的重要性。这与阿支罗伐帝河的泛滥成灾有关。法显到达此地时，城内人民稀旷，"都有二百余家"，但是围绕祇洹精舍，逦"有九十八僧伽蓝，尽有僧住处，唯一处空"。并有九十六处外道"于旷路侧立福德舍，屋宇、床卧、饮食，供给行路人及出家人来去客。"玄奘巡礼该国时，却"都城荒颓，疆场无纪……伽蓝数百，圮坏良多，僧徒寡少，学正量部，天祠百所，外道甚多"。舍卫国虽历经盛衰，但继续成为佛教中心仍达一千八百年之久。印度学者洛氏在其《印度文学中的舍卫国》（B.C.Law：Srávasti in Indian Literature）一书中有详尽论述可资参考。

给孤独园，即祇洹精舍。法显《佛国记》："出城南门千二百步。道西长者须达（Sudatta）起精舍。精舍东向开门，门户两厢有二石柱。左柱上作轮形，右柱上作牛形。池流清净，林木向茂，众华异色，蔚然可观。即所谓祇洹精舍也。"玄奘作逝多林给孤独园。《大唐西域记》卷六："城南五六里，有逝多林

（奘自注'唐言胜林，旧曰祇陀，讹也。'）是给孤独园。"逝多林（Jeatvana,本为太子逝多的林园。相传苏达多（Sudatta——善施·须达）长者，"拯乏济贫，哀孤恤老"。当时人美称之为"给孤独"（Anāthapindada）。他十分尊敬佛陀，愿为佛陀修造精舍，不惜用重金买下这一地址，以供兴建。尔后此地遂被称为逝多林给孤独园（Anāthapindadārama）——详见上引《西域记》卷六。佛典中还有几种不同的传说，兹不具引。佛陀居住此间达二十五年之久，并在此多次为诸弟子说法论道。所以佛典中常有"一时佛在舍卫城祇树给孤独园……"之类句子。祇树即逝多林的异译。玄应《一切经音义》三"祇树或言祇陀，或云祇洹，皆讹也。应言逝多，此译云胜氏，即侨萨罗国，波斯匿王之子也。婆那（Vana）此云林，正言饭那，以树代之耳。"

一〇、毗耶离城塔

二。毗耶离城庵罗薗中。有塔见在。其寺荒废无僧。

毗耶离，法显作毗舍离，玄奘作吠舍厘（梵文 Vaiśali，巴利文 Veśali）是印度古代梨车毗族的首都，其地望已见前述。

史诗《罗摩衍那》及《毗湿奴往世书》对此地均记载，相传此城系天女阿蓝浦霞（Alambusa）之子吠舍罗（Viśala）所建立，因而得名。梵文"吠舍罗"有广阔、宏大之意，因此悟空译为广严城。公元前若干世纪吠舍厘城的确是一个繁荣富庶的大城市。《罗摩衍那》称之为"上都"（Uttamapuri）。佛典如《方广大庄严经》《毗奈耶杂事》对此城均有所描绘。《本生经》载吠舍离城有城垣三重。藏文律藏也称此城共分三区，第一区有七千户，建有金塔，中区有一万四千户，建有银塔，外城有二万一千户，建有铜塔。

耆那教徒与佛教徒均视吠舍厘城为圣地。大雄即降生于此地的茉莉村（Kundagrama）。佛教的第二次结集就在此举行，故称为"吠舍厘结集"。佛陀的许多重要教义都是在此地宣示的。《中阿含》《杂阿含》《增壹阿含》《大般涅槃经》对此均有详细记载。佛教的许多神话故事也发生在这里，如说一次群猴拿走了佛钵，上树取蜜，奉献给佛陀。就是佛教艺术中常见的题材之一。玄奘到此地巡礼时，群猕猴奉蜜处建有窣堵波，上面就刻有群猴形象，今天加尔各答的印度博物院内还藏有公元前 2 世纪的这一题材的石刻。

佛陀是应梨车毗人的恭请而来此城居住的，因此留有遗迹很多。《大唐西域记》卷七曾说"吠舍厘城内外周隍，圣迹繁多，难以具毕。"慧超所记的"庵罗园（Āmrapativana），玄奘作庵没罗女园。法显作庵婆罗女园，就是众多的圣迹之一。园在吠舍罗城南不远处，相传是庵没罗女（梵文 Āmrapati，巴利文 Āmbapati）布施给佛陀的住处。梵语庵没罗，即芒果，又译阿末罗、阿摩勒。吠舍厘城盛产芒果，庵没罗女意即芒果园的主人。庵没罗女园，精舍之前建有窣堵波，是有名的中印度八塔之一。此外吠舍厘城内名塔还多。如佛告涅槃处，最后观吠舍厘城处以及弓仗塔等等。

玄奘巡礼此地时，"吠舍厘城已甚倾颓，其城故基周六七十里，宫城周四五里，少有居人"。几百所佛教寺院也"多已圮坏，存者三五，僧徒稀少"。慧超来此巡礼时，寺废无僧，那就更为荒凉了。

一一、迦毗罗国塔

三。迦毗罗国。即仏本生城。无忧树见在。彼城已废。有塔无僧。亦无百姓。此城最居比。林木荒多。道路足贼。往彼礼拜者。甚难方迷。

"毗耶罗"，原卷子作"迦毗耶罗"，"耶"是衍文。

"此城最居比"，"比"似为"北"之误。

"甚难方迷"，藤田认为"迷"乃"途"字之误。弗克斯德译本仍作"迷"字解，故译此句为："Da man sich in Richtung leichtirrt."笔者认为上述两种解释均属不妥，"迷"字应为"达"字之讹。

迦毗罗，法显作迦维罗卫城。玄奘作劫比罗伐窣堵国。梵文作 Kapilavastu，并有 Kapilapura，Kapilāhvapura，（《方广大庄严经》）Kapilasyavastu，（《佛本行赞经》）又意译为苍城、黄赤城等等异名。

此城地望最初异说颇多，康宁汉始而比定迦毗罗国遗址应在尼泊尔境内，巴斯底（Basti）区南部的纳迦尔喀斯（NagarKhas）地方。继而又放弃此说，认为在印度北方邦布低拉（Buila）湖畔，法伊扎巴德（Faizabad）、东北 25 英里，巴斯底西北西方向 15 英里处。文逊·史密斯则赞同比定迦毗罗城为巴斯底北部的毕普拉瓦（Piprava）地方。1896 年在尼泊尔境内的尼格里伐村（Nigliva）西南方十三英里处发现一石柱，上刻铭文："天喜爱见（Devanam priya priyadarśin）王陛下于即位之二十年，因释迦牟尼佛诞生于此间，亲来敬礼，王命刻石，上作一马（?），又命树一石柱（昭示）我佛生处，王复命减论民园（Lumbini）赋税，（仅）为其（收获）八分之一。"在附近还发现有摩耶夫人产佛石像，大小与真人相等。经研究，"天喜爱见"即阿育王名号，此地即佛诞生处论民园（蓝毗尼园）。迦毗罗城应在其西若干里处。此后各家意见较为一致，认定迦毗罗城故地为现今底劳拉（Tilaura）。该地距塔赖（Tarai）首府陶里伐（Taulirra）以北两英里，在廊拉喀浦罗（Garakhapura）以北，尼格里伐村西南约三英里半，虽然对石柱及其铭文仍有人持不同意见,认为《阿育王传》梵本及三种汉译本中均未提到石柱上所刻铭文及减收论民园赋税一事。但这一出土文物究竟是一不容否认的物证,而且《西域记》及《释迦方志》等都提到阿育王在此建立石柱一事也可以印证。

迦毗罗城虽是佛陀诞生之处,此地佛教似乎不太兴盛。法显巡礼此地时写道"迦维罗卫城,城中都无王民,甚如荒邱,只有众僧民户数十家而已……迦维罗卫,国大空荒,人民稀疏,道路怖畏,白象狮子,不可妄行"。玄奘到达时该国"空城数十,荒芜已甚,王城颓圮,周量不详,其内城周十四里,垒砖而成,其址峻固,空荒久远,人里稀旷,无大君长,城各立主。……而宫城之侧,有一伽蓝,僧徒三十余人,习小乘正量部教,天祠两所,异道杂居"。均呈衰微残破景象。

一二、中天竺塔

四。三道宝阶塔。在中天王住城西七日程。在两恒河间。仏当从刀利天变成三道宝阶。下阎浮提地处。左金右银。中吠瑠璃。仏于中道。梵王左路。帝释右阶。侍仏下来。即于此处置塔。见有寺僧有。

"刀利天"当作"忉利天"。

末句"僧有"二字倒置，应为"有僧"。

———————

这里指一段佛教神话中传说，佛陀上三十三天为他的母亲摩耶夫人说法后，帝释以神力作三道宝阶以供如来自兜率天下降到人间地方。此事见于佛典如《阿育王传》及《增一阿含经》等。有名的山奇石刻的浮雕上也刻有这一神话。法显和玄奘对此也有所记载。《佛国记》："有国名僧伽施（Sānkaśya），佛上忉利天三日，为母说法来下处……佛从忉利天上来向下，下时化成三道宝阶。佛在中道七宝阶上行。梵天亦化作白银阶，在右边执白拂而侍。天帝释化作紫金阶，在左边执七宝盖而侍。"僧伽施，玄奘作劫比他（Kapita）。《西域记》卷四："劫比他国……城东二十余里有大伽蓝……伽蓝大垣内有三宝阶，南北列，东西下，是如来自三十三天降还也。昔如来起自胜林（Jetavana）上升天宫，居善法堂，为母说法。过三月已，将欲下降。天帝释乃纵神力，建立宝阶，中阶黄金，左水精，右白银。如来起善法堂，从诸天众，履中阶而下：大梵王执白拂，履银阶右侍。天帝释宝盖，蹈水精阶而左侍。天众凌虚，散花赞德。数百年前，犹有阶级，逮至今时，陷没已尽。"可见二人所记与慧超颇有出入。劫比他即僧伽施，据康宁汉比定，相当于现今桑结莎（Sankisa）地处恒河与朱牟那河之间，即慧超所谓"在两恒河间"（见前引 Cunningham 书 311—314 页）。

藤田氏旧注谓"自葛奴治（Kanauj）至僧给萨（Sankisa）实东南行五十英里。"是仍然沿用旧说的谬误。应改为"自僧给萨至葛奴治，实东南约五十英里。"

葛奴治即曲女城（Kanyakubja），羼饶夷城，羯若鞠阇国，在僧给萨的东南，而不在其西北。这点今本《西域记》均已改正。

又四大塔《悟空入竺记》作八塔，即"迦毘罗伐窣睹城，佛降生处塔。次摩竭提国（Magadha）菩提道场成佛处塔。……次波罗尼斯城，仙人鹿野苑中转法轮处塔，次鹫峰山，说法华等经处塔。次广严城（Vaisali）现不思议处塔。次泥嚩袜多城（Devāvatara）从天降下三道宝阶塔（自注亦云宝桥）。次室罗伐城，逝多林给孤独园，说摩诃般答波罗密多，度诸外道处塔。次拘尸那城，娑罗双林，入涅槃处塔"。

中天王住城指葛那及，即曲女城，已见前述。

刀利天，刀为"忉"之别字，忉利天（Trayatrimsa）即梵语三十三天，为佛教的六欲天中的第二天。

阎浮提地，即阎浮提（Jambudrripa），又译作瞻部洲，指妙高山（Sumeru）以南的大洲，泛指世界而言。

吠琉璃（梵文 Vaidurya，巴利文 Veluriya）又译毗瑠璃，鞞瑠璃，鞞稠利夜，鞞头梨等。指青玉或猫眼石，玄应《一切经音义》卷二四，吠瑠璃："……皆梵音讹转也。从山为名，鞞头梨（Vidura）山出此宝，青色。一切宝不可坏，亦非烟焰所能熔铸。"又同书，《摄大乘论》琉璃条："吠琉璃也，亦云毗琉璃，又言鞞头梨，以山为名，谓远山（Vidura）也，远山即须弥（Sumera）山也。"不过应注意，琉璃一般指人工烧制的玻璃而言，与天然生的琉璃（青玉）并非一物。

梵王（Brahma），印度教神话中的至高无上主神，宇宙万物的创造者。被描绘为红色，有四手四面，其妻为吉祥天女（Saravasti）。乃学问智慧之神。佛教也采纳了这一神话。不过其地位已退居于佛陀之后。又在印度传统哲学中"梵"（Brahma，Brahman）有指宇宙之根本的意义。

帝释天（Sakra）即因陀罗（Indra），在《吠陀》中因陀罗神居于首要地位。《吠陀》中赞颂他的诗歌比其余各神都多。神话中的因陀罗虽是父母所生，但变化无穷，法力无边。他既是战神，被描绘成金身、长臂，御着驾双马的战车，手执金刚杵及箭，征服一切仇敌。又是恩惠之神，司降雨及肥沃丰收，又管暴风雨及雷电。《吠陀》之后的神话中，因陀罗却退而居其次，列于所谓印度教的三大主神，梵天，偏入天（Visnu）自在天（Śiva）之后。在佛教神话中他却成为皈依佛教诸人的保护者，并管辖四千国王及三十二天。

一三、南天竺国

即从中天国南行三个余月。至南天竺国王所住。王有八百头象。境土极宽。
南至南海。东至东海。西至西海。北至中天西天东天等国接界。

"至南天竺国王所住"之后，似脱一"城"字。

———————————————

由于慧超这段文字过于简略，颇难确定其所指是南印度哪一国，如根据下段中
所记龙树创立的"三重作楼"的大寺来判断，可比定此寺为《大唐西域记》中的跋
逻末罗耆厘山（详后），则此处应指南侨萨罗（Kosala）国，而且侨萨罗也正是指南
印度，如《高僧传·玄奘传》："……一万五千里，至侨萨罗国，南天竺之正境也
……王都西南三百余里，有黑蜂山，昔古大王，为龙猛菩萨建立斯寺，即龙树
也。"也有人比定此寺为贝兹瓦达（Bezwada）附近的翁达维里山（Undavilli）中的
石窟寺，则此处所指为案达罗国的东遮娄其。也有人比定此寺为艾罗拉（Ellora）
的"东塔尔"（Don-Thal）或"丁塔尔"（Tin-Thal）寺，并根据慧超这段文字中
所记载的情况，此处又似指西遮娄其（Chalukya）。公元6世纪中叶，遮娄其为南
印度的一个强大王国，其所在地即《大唐西域记》中的摩诃剌侘（Mahārastra）
国。7世纪为其极盛时期。玄奘就在这期间到达该国。当时在位的国王是有名的补罗稽
舍二世（Pulekesiu Ⅱ.610—642 A.D.）。他用赞扬的言辞描述此国："周六千余里。
国大都城，西临大河，周三十余里。土地壤沃，稼穑殷盛，气序湿和，风俗淳质，
其形伟大，其性傲逸……国养勇士，有数百人，每将决战，饮酒醅醉，一人摧锋，
万夫挫锐……复饲暴象，凡数百头，每欲阵战，亦先饮酒，群驰蹈践，前无坚敌，
王持此人象，轻凌邻国。王，刹帝力种，名补罗稽舍，谋猷弘远，仁慈广被……
今戒日王东征西伐，远宾迩肃，惟此国人，独不臣伏，屡率五印度甲兵，及募诸
国烈将，躬往讨伐，犹未克胜，其兵也如此！其俗也如彼！"玄奘去后不久，公元

624 年，补罗稽舍二世为拔罗婆国王，摩醯因陀罗（Mahendra）之子那罗辛诃伐摩（Narasimhavarm）所战败并杀死。此后遮娄其人虽一度衰微，但他的儿子超日王一世（Vikramāditya I.655—680），又从拔罗婆人手中夺回其失地，并逐渐恢复遮娄其的军事力量，他的继承人，律日王（Vinayāditya 680—696）和胜日王（Vijayāditya 696—723），都是强有力的统治者。据传说前者曾战胜过北印度各君王。慧超到达该国时，正当后者在位时期。又玄奘巡礼摩诃剌侘国时，其首都在伐他毗（Vatāpi——亦称波陀密 Bādāmi）。慧超到达时似已迁都至纳昔克（Nasik）城。藤田旧注认为慧超于超日王（毗讫罗摩阿多一世）在位时到达该国这一说法是十分错误的，因为本书末慧超明确记载他于开元十五年（727 年）十一月到达安西，他巡礼五印度应在公元 720—727 年这段时间。而超日王一世在位时，慧超还未出世。

衣着饮食人风。与中天相似。唯言音稍别。土地热于中天。土地所出。氎布象水牛黄牛。亦少有羊。无驼骡驴等。有稻田。无黍粟等。至于绵绢之属。五天惣无。

———————

印度的种族和语言虽千差万别，但文化基本上是统一的，故各地风俗习惯大都相似。不过南印度语言属于达罗维荼（Dravida）语系，在基本语法、词汇方面，和北印度及中印度的亚利安语系都有相当大的差别。虽然由于文化上的关系，南印度各语言中都吸收了大量的梵文词汇。

南印度都处于北回归线以南，气候完全是热带性的，不过半岛部分由于受到海洋的影响，并不是印度最热的地区，即使在最热的四至五月，也很少超过 38 摄氏度。印度西北部在同一月份，气温一般都在 40 摄氏度以上。

王及领首百姓等。极敬三宝。足寺足僧。大小乘俱行。于彼山中。有一大寺。是龙树菩萨便夜叉神造。非人所作。并凿山为柱。三重作楼。四面方圆三百余步。龙树在日。寺有三千僧。独供养以十五石米。每日供三千僧。其米不竭。取却还生。元不减少。然今此寺废。无僧也。龙树寿年七百。方始亡也。

首句"领首"二字倒文，应作"首领"。"便"，应为"使"之讹。

———————

关于这一大寺，法显和玄奘都有记载。《佛国记》："由此（枸睒弥国）南行二百由延有国名达儯（Daksina）是过去迦叶佛（Kasyapa）僧伽蓝，穿大石山作之，凡有五重。最下重作象形，有五百间石室，第二层作狮子形，有四百间。第三层作马形，有三百间，第四层作牛形，有二百间，第五层作鸽形，有百间……因名此寺为波罗越（Parvata），波罗越者，天竺名鸽也。……达儯国幽险，道路艰险……显竟不得往，承彼土人言，故记之耳。"《西域记》卷十侨萨罗国："国西南三百余里，至跋逻末罗耆厘山（Bhrāmaragiri），岌然特起，峰岩峭险，既无崖谷，宛如金石，引正王（Sātavāhana）为龙猛（Nagārjuna）菩萨凿此山中，建立伽蓝，……崇台重阁，阁有五层，层有四院。"

法显所记得自传闻，与玄奘及慧超的记载有出入，是可理解的。如法显称此寺名为波罗越（Paravata），显然是 Parvata（山）一名的讹误。西藏多罗那达《印度佛教史》中对此山也有记载，称龙树（即龙猛）所住过的这座山为吉祥山（Śriparvata）。

玄奘称此山为跋逻罗末耆厘，意即"黑蜂山"。"黑蜂"（Bhrāmara）本为湿婆的妻子，雪山神女（Parvati）的别名。

法显与玄奘都记此寺有楼五重，慧超却说"三重作楼"，藤田旧注认为三是五之误。另外也可能是得自不同的传闻。这座传说中的大寺他们三人都未曾亲见。《西域记》上明确记载："自尔已来，无复僧众，远瞩山岩，莫知门径。"慧超也说："然今此寺废，无僧也。"

关于此山所在，也有各种不同的比定，其中较为合理的是布吉斯（Burges）的意见，认为是马尼克杜格（Manikdurg）以南二百五十英里处，雄据克里希那（Krisna）河南岸的峻岭，上有古老的印度教寺院也称为吉祥山（Śriparvata，俗称Śriśailam），不仅山名与西藏的记载一致，而且山形与寺院遗址也与玄奘所记相符。但近年也有人比定为克里希那河右岸的龙树山（Nāgārjunakonda）及其古寺遗址。又，如前所述，有人比定此寺为贝兹瓦达附近的翁达维里山中的石窟寺，或比定为艾罗拉的"东塔尔"寺或"丁塔尔"寺。因为这两所寺院都是三重的石窟寺，但我们认为其理由并不充足。

龙树（Nāgārjuna），或译龙猛，又译龙胜，是大乘佛教大师。约在公元后二三世纪生于南印度毗达罗国婆罗门家族，幼时即熟悉四《吠陀》等婆罗门典籍。青年时期又学习天文、地理、医学、历数等学识。当时生活放纵，后来皈依佛教，最初学小乘三载，尔后研习大乘。三藏奥义，无不通晓，制作过不少大乘论释，有"千部论主"之称。以《中论》及《十二门论》为其代表作，又作《大智废论》释《摩诃般若波罗密经》《十位毗婆沙论》释《华严经》，后来又从南天竺金刚萨埵面授《大日经》，遂通持明藏（咒文）。汉地与西藏皆尊他为大乘佛教的祖师，大藏经中有鸠摩罗什译《龙树菩萨传》及多罗那陀《印度佛教史》第十五章（张建木译本 82—92 页）均可资参考。

夜叉（yaksa），又译药叉，或译阅叉，印度神话中的小神。在印度教神话与佛教神话中的夜叉，性质有所不同。在印度教神话中的夜叉是财神矩费罗（Kuvera）的侍从，是不害人的，故称为 punya-jana（好人），虽然有时也被描绘成爱捣蛋的小鬼。迦梨陀莎的名作《云使》（Meghadutta）的主人翁，就可说是一个多情的夜叉。在佛教神话中的"夜叉"一词有勇健、暴恶等义，并分为三种，一在地，二在虚空，三为夜叉。地夜叉不能飞空。天夜叉则能飞行，居下二天，负责守卫天府城池斗阁。

于时在南天路。为言曰。五言。月夜瞻乡路。浮云飒飒归。减书忝去便。风急不听回。我国天岸北。他邦地角西。日南无有雁。谁为向林飞。

末句"向林飞"，钱稻孙刊藤田本作"向床飞"，显误。

———————

现存这份敦煌卷子，虽然卷首残缺，无法明确慧超出发的年月与地点，但根据所记行程与本诗中"日南无有雁"这句可以推定他是取海道赴印度的。我国古代南海航线，往往以日南（今越南中部）为出发港。由海道来华的外国使者商人也先在日南登陆。不仅在汉代如此，隋唐时代的交州也仍然是南海航线上的重要港口，其地位仅次于广州。

一四、西天竺国

又从南天北行两月。至西天国王住城。此西天王亦五六百头象。土地所出。
氎布及银象马羊牛。多出大小二麦及诸豆等。稻谷全少。食多饼麨奶酪苏
油。市买用银钱氎布之属。王及首领百姓等。极敬信三宝。足寺足僧。大
小乘俱行。土地甚宽。西至西海，国人多善唱歌。余四天国不如此国。又
无枷棒牢狱形戮等事。见今被大寔来侵。半国已损。又五天法。出外去者。
不将粮食。到处即便乞得食也。唯王首领等出。自赍粮。不食百姓祗糇。

"形戮"之"形"，乃"刑"字之讹。祗糇，或谓为"祗拟"。
大寔即大食，寔空乃寔之别字。

慧超这段记载虽然十分简略，未举都城，也未记方位，但从"大寔来侵，半
国已损"可确知其所指是信德（Sindh），即《西域记》中的信度国。

早在白衣大食兴起之初，阿拉伯就曾向东方进军。公元 636—637 年其远征军
曾到达孟买附近的塔那（Thana）。以后还进军到巴洛奇（Baroach）即贾耽书中的
拔飓，（《大唐西域记》中的跋禄羯呫婆国。）和德巴尔（Debal，即贾耽书中的提
飓），7 世纪中叶，阿富汗南部为阿拉伯人占领后，他们的远征军还攻打过俾路支
的马克兰（Makran）。当时阿拉伯人虽然取得一些军事上的胜利，但还未占领印度
领土。

8 世纪初阿拉伯人派遣远征军讨伐德巴尔港海盗。因为他们抢劫了锡兰国王
赠送哈里发的礼物，并劫走该船上的穆斯林妇女，但这次以失败而告终。不久，
公元 710 年伊拉克总督又派他的侄儿大将穆罕默德·伊本·卡西姆
（Muham-mad-Ibn-Kasim）率领大军攻占马克兰，越过俾路支，直逼信德。先后攻
下德巴尔、奈龙（Nerun，在现今的海德拉巴德），挺进到印度河西岸。当时信德

国王达希尔（Dāhir）曾英勇顽抗。但不幸国内有叛徒与阿拉伯人勾结。公元712年，在拉奥尔堡附近一场激战之后，达希尔兵败被杀。其残部一万五千人还保卫着王后，据守堡垒，誓死抵抗。城陷后王后宫女，坚贞不屈，自焚而死。此后阿拉伯人继演进军，先后攻下巴赫曼纳巴德和阿洛尔。713年攻下木耳坦（Multan，即《西域记》中的茂罗三部卢国）。此后由于白衣大食宫庭中的倾轧，穆罕默德·伊本·卡西姆在哈里发瓦利德（Valid 705—715）的指示下被折磨而死。大规模的远征因之中断。慧超就是在这一事件之后巡礼西印度的。他巡礼信德应在725—726年间。当时整个印度河下游的河谷与三角洲均为阿拉伯人所征服，所以他说"半国已损"。

慧超所记的西天国王住城固然十分简略，《大唐西域记》中的信度国的地望也争议颇多，因此颇难考定其确切地址。康宁汉认为《西域记》中的信度国为上信德（Upper Sindh），即现今巴基斯坦信德省北部地区，海格（Haig）不同意这种看法，他认为根据义净《大唐西域求法高僧传·玄照传》的记载，玄照是由迦毕试经过信度才到达罗荼国的。（罗荼在古吉拉特中部），因此《西域记》中的信度国应在迦毕试与罗荼之间。即巴哈瓦浦尔（Bahavapur）与昔卡尔浦尔（Shikarpur）之间的地区。即现今巴基斯坦旁遮布省南部。这也不能说是很满意的比定。

《西域记》中信度国的都城号毗占婆补罗。各家对这一地名也有不同的还原法，如：Viccharapura（Julien），Vichālapura（St.Martin），Bichwapura（Cunningham）、Vaśmapara（S.Beal），Vijñapura（Majumdar）等等。一般比定此城为苏库尔地方的阿洛尔（Alor，Aror），即现今阿洛尔以东五英里处的古城武奇（Uch）。

一五、阇兰达罗国

又从西天北行三个余月。至北天国也。名阇兰达罗国。王有三百头象。依山作城而住。从兹巳北。渐渐有山。为国狭小。兵马不多。常被中天及迦叶弥罗国屡屡所吞。所以依山而住。人风衣着言音。与中天不殊。土地稍冷于中天等也。亦无霜雪。但有风冷。土地所有出象氎布稻麦。驴骡少有。其王有马百匹。首领三五匹。百姓并无。西是平川。东近雪山。国内足寺足僧。大小乘俱行。

"有出"二字疑是"出有"倒置。

阇兰达罗 (Jalandara)，《西域记》作阇烂达罗。《慈恩传》作阇兰达，《释迦方志》作阇烂达那，《继业行程》作左蓝陀罗，敦煌写本《天西路竟》作左蓝达罗。在今印度旁遮普邦北部阿姆利则东南的贾朗达尔。《莲花往世书》(Padmapurāna) 称此城为德江丹国王阇达的首都，因而得名，此名也见于《瑜珈女行者怛多罗》(Yoginitantra)，包括北部的瞻巴 (Chamba)，东部的曼地 (Mandi)，苏克特 (Sukhet)，和东南方的莎塔德鲁 (Satadru) 等地方。《西域记》称该国东西千余里，南北八百余里。慧超则称其"为国狭小"，是 7 世纪下叶为邻国如迦湿弥罗及大食人等兼并的结果。《西域记》和慧超都称此国大小乘俱行。

雪山指喜马拉雅山。

十六、苏跋那具怛罗国

又一月程过雪山。东有一小国。名苏跋那具怛罗。属土蕃国所管。衣着共北天相似。言音即别。土地极寒也。

苏跋那具怛罗（Suvarnagotra）国，玄奘《西域记》卷四婆罗吸摩补罗国条有记载。

婆罗吸摩补罗经儒莲（Julien）还原为 Brahmapura 这一还原已为学者所接受，不过在《广博本集》（Brihat-Samhita）中只是东北部的一城市名，为瞻巴国的古都。《西域记》中却是一国名。康宁汉认为这是吠罗荼巴弹那（Vairtapattana）的别名，并比定其为现今旁遮普北部的嘉尔瓦尔和古玛昂（Garhwal and Kumaon）地区。位于该国以北的苏跋那具怛罗，或东女国的疆域，难以确定。我国古籍中对于这个传说中的女国，记载相当纷歧，除《西域记》外，还见于《隋书·附国传》："附国南有薄缘夷，西有女国，甚东北连山绵亘敷千国，接于党项，……其风俗略同于党项，或役属于吐谷浑，或属附国。"此外《隋书》又记载："女国，在葱岭之南，其国代以女为王，王姓苏毗，字末羯，在位二十年。女王之夫，号曰金聚，不知政事，国内丈夫，唯以征伐为务。……出鍮石，朱砂，麝香，牦牛，骏马，蜀马，尤多盐，恒将盐向天竺兴贩，其利数倍，亦数与玉竺及党项战争……开皇六年（586 年），遣使来朝，其后遂绝。"据此，女国似在西藏西部阿里地区。但《旧唐书》卷一九七："东女亦曰苏伐剌拏俱怛罗。羌别种也，西海亦有女自王。故称东别之，东与吐蕃、党项、茂州接，西属三波诃，北距于阗，东南属雅州罗女蛮、白狼夷，东西行尽九日，南北行尽二十日，有八十城，以女为君，居康延川……"由此可见三者间相互矛盾之大，不仅该圈东境模糊不清，如果东南接雅州，则此国几乎包括西藏全境，其西界的三波诃的领域也相当广大，而且有过变化。

三波诃，又称孙波（Sumpo）、苏毗（Supi）、索皮（藏文 Sobyi，或 Sumpo）。

《新唐书》卷二二一下："苏毗，本西羌种，为吐蕃所并，号孙波，在诸部中最大，东与多弥接，西距鹘莽峡，户三万，天宝中（742—756年），王没陵赞欲举国内附，为吐蕃所杀，子悉诺率首领奔陇右，节度使哥舒翰护送阙下，玄宗厚礼之。"又《通鉴》："天宝十四载（755年），春，正月，苏毗王子悉诺逻去吐蕃来降，（《新书》曰，苏毗，吐蕃强邻也。）四月，癸巳，以苏毗王子悉诺逻为怀义王，赐姓名李忠信。"哥舒翰在天宝十四年上玄宗的奏疏中说"苏毗一部，最近河北，吐译（浑）部落，数倍居人，盖是吐蕃举国强授（援），军粮马匹，半出其中"。苏毗原先相当强大，其最盛时的领域在新疆南部，西抵印度，东北伸入青海玉树一带，南接吐蕃。王都最初在年楚河流域。尔后苏毗中心逐渐南移，与吐蕃东西为邻，并与吐蕃结盟。吐蕃早期的首领达布聂西的妹妹还做过苏毗女王的侍女，但后来在6世纪末，为吐蕃所灭。据敦煌《吐蕃历史文书》："松赞干布赞普之时，父王所属民庶心怀愿望，母后所属民庶公开叛离，外戚如象雄（羊同）、牦牛、苏毗、聂尼达布、工布、娘布等均公开叛变。父王囊日伦赞被进毒遇弑而薨逝。王子松赞幼年亲政，对进毒为首诸人等断然尽行斩灭，令其绝嗣。其后，叛离之民庶，复归辖治之下。"（王尧译本）。此后，苏毗退居西藏高原东北部，但仍有相当势力。不过吐蕃对其控制颇严，不许其西向恢复故土，因而引起苏毗反抗，准备归顺唐朝。不幸"临行事泄，还遭掩擎"。即上引《新唐书》中所指。可知苏毗在唐初已经移居吐蕃东北，不能以此来确定东女国的地望。即使苏毗的故土一度曾在吐蕃以西，于阗以南。仍然不足以解决这一问题，如《大唐西域记》卷四屈露多国条称："此（屈露多）路千八九百里，道路危险，逾山越谷，至洛护罗国。此北二千余里，经途艰阻，寒风飞雪，至秣罗娑国（自注亦谓三波诃国）。"屈露多（Kuluta），康宁汉认为即Kullu，在毗亚斯（Bias）河上游。他又认为洛护罗即藏文的洛瑜（Lho-yul——南方地区之意，或屈露多人的Lahul。秣罗娑，康氏认为娑为婆之误。并还原为藏文的Marpo（红色），指拉达克而言。遣种解释虽然对音与《西域记》较为切合，但也只能是姑借一说。同样不能用来确定东女国的位置。因为拉达克与吐蕃之间只有阿里地区，各种藏文典籍都不曾记载此地有过一个女国的存在。我们认为隋、唐古籍中的东女国，只是当时关于藏族（或羌族）母系社会的泛称，并附会有种种传闻。唐人似未曾亲履其地，故不可能明确记载出其确切地位与领域。因此关于该国领域的记载相当模糊而且矛盾，有以女国即苏毗，也有的说女国即羊同。印度人对此也同样说得含混笼统。我们固然不同意杜奇（Tucci）那样把苏伐剌瞿恒罗国与象雄视为同一地方，并把苏伐剌瞿恒罗与印度古籍中的女国（Strirajya）等同起来。但他论象雄中的一段话却是颇为有理的："在吐蕃帝国建立之前，象雄是一个大国（或者宁可称为部落联盟）。但当吐蕃向外扩张时，它便注定的屈服了。象雄与喜马拉雅接界，很可能控制了拉达克，向西延伸到大勃律和于阗，并把势力扩展到羌塘高原。总之，包括了西藏的西部、北部和东北部，当他受到吐蕃新兴力量的统治时，他们的南部各地笼统的被印度人称为苏伐那护米（Savrnahumi）、女国（Stri-rajya），而且主要称为秦那（Cina）。"（杜奇《尼泊尔两次科学考察报告》第 105 页）。《高僧传·玄奘传》："……入大雪山，至尼波罗国……其境北界，即东女国，与吐蕃接境。"也与这一说法相似，由此可知东女国（或苏跋那具怛罗）是泛指古代象雄南部的藏族部落联盟而言，因而无法指出其明确疆界。又《释迦方志》也说"东女国，非印度摄，又即名大羊同国，东接土番，西接三波诃，北接于阗"。也仅说明该国在西藏境内。

一七、吒社国

又从此阇兰达罗国西行。经一月。至一社吒国。言音稍别。大分相似。衣着人风。土地所出。节气寒暖。与北天相似。亦足寺足僧。大小乘俱行。王及首领百姓等。大敬信三宝。

"社吒"二字系倒置，应作"吒社"。

吒社国即《西域记》中的磔迦国，此国"周余万里，东据毗播奢河，西邻印度河，国大都城周二十余里……大城西南十四五里，至奢羯罗（Sákala）故城，垣堵虽坏，基址尚固，周二十余里，其中更筑小城，周六七里……此国之故都也"。又据《慈恩传》："从此（遏逻阇补罗国）东南下山渡水七百余里，至磔迦国……自出遏逻阇补罗，经二日，渡旃达罗婆伽河（Candrabhojà 即今 Chenab 河），到阇耶补罗城……后日进到奢羯罗城。"可知磔迦国在奇纳布河与拉维河，（Ravi-Aravati）之间，即现今巴基斯坦的旁遮普省地方，北起喜马拉雅山麓，南至木尔坦以下五河合流处的广大地区。康宁汉曾比定磔迦国的新都城为距遏逻阇补罗国（Rajapura 即 Rajaori）东南一百一十二英里的阿萨卢尔（Asarur）（上引 Cunningham 书 130—134 页）。这显然与《西域记》及《慈恩传》记载不合，但还原磔迦为 Tehe-ka- Takka- ᴙaki 则是合理的。Taki 阿拉伯人称为 Takin，又称 Tafan，或 Kakshar 均指旁遮普。

一八、新头故罗国

又从此吒国西行一月。至新头故罗国。衣着风俗。节气寒暖。与北天相似。言音稍别。此国极足骆驼。国人取乳酪吃也。王及百姓等大敬三宝。足寺足僧。即造顺正理论。众贤论师。是此国人也。此国大小乘俱行。见今大寔侵半国损也。即从此国乃至五天。不多饮酒。遍历五天。不见有醉人相打之者。纵有饮者。得色得力而已。不见有歌舞作剧饮宴之者。

"吒"下脱一"社"字。"得色得力"中"色"乃"气"之讹。

新头故罗国，福克司（Water Fuchs）还原为 Sindn-Gujjara，并说"或许即拉吉普坦那（Rajaputana），玄奘称之为瞿折罗国的地方，古罗即其俗称。"（见 W. Fuchs：Huei-Chao's Pil-gerreise, p.440，注一。）这一意见是中肯的。《西域记》卷十一称："瞿折罗国，周五千余里……上宜风俗，同苏剌侘国。"苏剌侘国是"土地咸卤，花果稀少，寒暑虽均，风飘不静"。说明是多沙漠地带。这正与慧超所记"此国极足骆驼"情况相符。

瞿折罗国是古吉拉人所建立的国家。关于古吉拉人的来源至今还是印度史上争论激烈的问题。该族人究竟是土著还是外来民族迄今尚无定论。公元 6 世纪下半叶，古吉拉人以异军突起的姿态出现于印度历史舞台之上，趁笈多王朝衰弱之际而独立。其国土以拉吉普坦那为中心，定都于曼达维亚普罗（Mandavyapur）。这一地区因此而被称为古吉拉特那（Gujaratra），即现代 Gujarat 一字的来源。该国的创立者为诃里旃陀罗（Haricandra）。后由其子那罗跋吒（Narabhata）其孙那伽跋吒（Nagabhata）继位。玄奘巡礼瞿折罗国时，正当后者的儿子达塔（Táta）即位之初。玄奘之后，古吉拉人继续向南扩张，直至卡提瓦尔（Kathiawar）半岛。瞿折罗国先后共历九代十王，统治约二百年之久。

"见今大寔侵"，指穆罕默德·伊本·卡西姆征服信德之后的事。当时阿拉伯人虽无大规模的军事行动，但他们所任命的信德总督贾奈德（Janaid）仍然袭击西印度各地，先后攻占了 Malibah（即 Malava，摩腊婆）、Ujain（即 Ujjayini，邬阇衍那）、Barwas（Barukacca，跋禄羯呫婆，即今巴洛奇）以及苏剌侘，伐腊毗等地。阿剌伯人这几次远征是在公元 724—738 年间，即正当慧超巡礼西印度这段时间。吒社国西部被侵占，阿剌伯进军往往要经过该国，所以他说"半国损也"。

"造《顺正理论》"之众贤（Sanghabhadra）论师，众贤又译僧伽跋陀罗。据玄奘记载却是迦湿弥罗（Kasmṛra）国人。《大唐西域记》卷三迦湿弥罗国条："（佛牙）伽蓝南十四五里，有小伽蓝……小伽蓝东南三十余里，有故伽蓝，形制宏壮，芜漫良盛，今唯一隅……昔僧伽跋陁罗（唐言众贤）论师于此制《顺正理论》。"又同书卷四秣底补罗国条，对制作此论的前因后果也有较详记载："德光伽蓝北三四里，有大伽蓝是众贤论师寿终之处，论师迦湿弥罗国人也。聪敏博达，幼传雅誉，特深研究说一切有部《毗婆娑论》。时有世亲菩萨，一心玄道，求解言外。破毗婆娑师所执，作《阿毗达摩俱舍论》，辞义善巧，理致精高，众贤循览，遂有心焉，于是沈研钻极十有二岁，作《俱舍雹论》二万五千颂。"众贤还亲自去碟迦国，打算与世亲辩论，世亲避而不见以锉其锋，后来众贤自悔其狂妄，临终致书世亲谢罪并请代为保存其遗著《俱舍雹论》。世亲反复考虑后，接受了他的委托，并将此书改名为《顺正理论》。

又从北天国。有一寺。名多摩三磨娜。仏在之日。来此说法。广度人天。此寺东涧裏。于泉水边有一塔。而仏所剃头及剪爪甲。在此塔中。此见有三百余僧。寺有大辟支仏牙及骨舍利等。更有七八所寺。各五六百人。大好住持。王及百姓等。非常敬信。

"又从北天国"下有脱文，以致缺少从北天竺阇蓝达罗至此地的方向和行程。

————————

多摩三磨娜，玄奘作答秣苏伐那（Tama-sāvana，唐言阇林）。《西域记》卷四："至那仆底（Cinabukti）国，周二千余里，国大都城周十四五里……大城东南行五百余里，至答秣苏伐那僧伽蓝……。"康宁汉比定该国都城为现今的帕蒂（Patti）是一大而古老的城市，位于距卡苏尔（Kasūr）27 英里，比亚斯河西岸 10 英里处。玄奘曾在该国突舍萨那寺住过十四个月，从大德毗腻多钵腊婆（调虎先）学习《对法论》《显宗论》《理门论》等。上述这位大德自己还作过《五蕴论释》《唯识三十论释》。又，多摩三磨娜（答秣苏伐那），《阿育王传》作 Dira-Tama-sāvana，汉译为"昼夜无畏"。其中有迦多衍那（Katgāyana）论师作过《发智论》。此论有两种汉译本，其一即为玄奘所译。

又山中有一寺。名那揭罗驮娜。有一汉僧。于此寺身亡。彼大德说。从中天来。明闲三藏圣教。将欲还乡。忽然违和。便即化矣。于时闻说。莫不伤心。便题四韵。以悲冥路。五言。故里灯无主。他方宝树摧。神灵去何处。玉儿已成灰。忆想哀情切。悲君愿不随。孰知乡国路。空见白云归。

"违和"原件作"遗和"，遗是俗字，今改。
"玉儿"即"玉貌"。

那揭罗驮娜（Nagaradhana），此言城宝，玄奘作那伽罗驮那，《慈恩传》卷二"……至阇烂达那国。入其国，诣那伽罗驮那寺，有大德旃达罗伐摩（Candravarman）善究三藏。"

一九、迦叶弥罗国

又从此北行十五日。入山至迦罗国。此迦弥罗。亦是北天数。此国稍大。王有三百头象。住在山中。道路险恶。不被外国所侵。人民极众。贫多富少。王及首领诸富有者。衣着与中天不殊。自外百姓。悉被毛毯。覆其形丑。

迦罗，迦弥罗，证诸下文均为迦叶弥罗之脱落。

此国玄奘作迦湿弥罗（Kaśmira），《南海寄归传》作羯湿弥罗，《新唐书·西域传》及《册府元龟》作个失密。

迦湿弥罗国在佛教史上有十分重要的地位。有名的佛教史上的第四次结集，就是在贵霜王朝迦腻色迦王（Kaniska）的庇护与胁尊者（Parśva）的倡导下，在迦湿弥罗国耳环林精舍举行的。胁尊者是著名的佛教大哲学家、大诗人马鸣（As-vaghosa）的师尊，迦腻色迦王也是马鸣的保护者。

迦湿弥罗国地势的险峻。玄奘、慧超和悟空均有所记载。如《西域记》："迦湿弥罗国，周七千里，四境负山，山极峭峻，虽有门径，而复隘狭，自古邻敌，无能攻伐。"《悟空行纪》上也说："其国四周，山为外郭，总开三路，以设关防，东接吐蕃，北通勃律，西门一路，通干陀罗，复有一途，常时禁断，天军行幸，方得暂开。"这些易守难攻的地理环境，的确是该国保持安定，繁荣学术的优越条件。

土地出铜铁氍布毛毯牛羊。有象少马粳米蒲桃之类。土地极寒。不同已前诸国。秋霜冬雪。夏足霜雨，百卉亘青。叶凋。冬草悉枯。

"夏足霜雨"中"霜"字疑为"霖"之讹。

"百卉亘青叶凋"，此句"叶凋"二字上疑脱文，可能为"经秋"二字。

川谷狭小。南北五日程。东西一日行。土地即尽。余并荫山。屋并板木覆。亦不用草瓦。王及首领百姓等。甚敬三宝。国内有一龙池。彼龙王每日供养千一罗汉僧。虽无人见彼圣僧食。亦过斋已。即见饼饭从水下纷纷乱上。以此得知。迄今供养不绝。

"龙王每日供餐千一罗汉僧"句中，"千一"应作"不一"，而且应在罗汉僧之下。这里所提到的罗汉僧指阿难（Ananda）的弟子，末田底迦罗汉（Madhyāni-ka Arhat）。《西域记》卷四迦湿弥罗国条对此有所记载，兹不具引。又原稿上"不"字形似"千"字，德译本遂改为"一千罗汉僧"，这十分不妥。因为佛教传说中只有五百阿罗汉，而无一千阿罗汉之说。

王及大首领出外乘象。小官乘马。百姓并皆途步。国内足寺足僧。大小乘俱行。

"百姓并皆途步"中，"途"当为"徒"之讹。

佛教在迦湿弥罗流传相当长久，迄至十三世纪中叶刘郁所撰《西使记》一书中还提到该国佛教流行的情况："有佛国名迄石密西，在印度西北。盖传释迦氏衣钵者。其人仪状甚古，如世所谓达磨像。不茹荤酒，日啖粳一合，所谈皆佛法。禅定至暮方语。"——《西使记》所载均系当时旭烈兀降西域三十余国后的情况。

五天国法。上至国王至国王王妃王子。下至首领及妻。随其力能各自造寺也。还别作。不共修营。彼云。各自功德。何须共造。此既如然。余王子等亦尔。

"上至国王至国王"句末"至国王"三字是衍字。

凡造寺供养。即施村庄百姓供养三宝。无有空造寺不施百姓者。为外国法。王及妃姤。各别村庄百姓。王子首领。各有百姓。布施自由，不王也。

"荘"即"庄"字。
"王及妃姤"中"姤"乃"后"的别字。
末句"不王也"，当作"不问王也"。

"外国法"，此指天竺国法，慧超对自身而言，故称外国。

造寺亦然。须造即造。亦不问王。王亦不敢遮。怕招罪也。若富有百姓。
虽无村庄布施。亦励力造寺。以自经纪。得物供养三宝。为五天不卖人。
无有奴婢。要须布施百姓村薗也。

慧超作为一个佛教徒，或许由于宗教虔诚，有意无意之间地美化印度，或许
由于他作为一个巡礼者、游方僧，来去匆匆，对印度社会，尤其是对世俗社会了
解不深，记载不免有失实之处。前面他对印度的法律是一例，这里对印度社会中
的奴隶问题又是一例。

古代印度既有奴（dāsa），又有婢（dāsi），也有贩卖人口的事。对此，佛教和
婆罗门教的典籍都有记载。佛典如《本生经》就多次提到奴隶，也提到强盗绑票
抢人，如果勒索不遂就把抢到的人卖为奴隶。巴利文的律藏中曾提到有三种奴隶：
即 anto-jalako（奴隶所生的），dhakkito（用钱买来的），kara-mara-nito（外国带来
的）。《长部经典》（Digha-nikaya）还增添了第四种 Saman dasavayam（志愿为奴
的）。佛典还有禁止接受奴隶为僧的规定。

婆罗门教的典籍，如《摩奴法论》第八卷 415 条上提到有七种奴隶，《利论》
（Arthaśastra）书中所提到的奴隶共有十四种，《那罗陀法典》（Naroda-Smṛti）上
提到十五种，上述三种古籍中都提到有一种是 Kritah 即买来的奴隶。《利论》中
还有对贩卖人口的规定与限制。

关于印度古代的奴隶问题，有不少的论文与专书可资参考，钱纳的《印度古
代的奴隶》（Channat：Slavery in Ancient India）一书是常见而又颇有价值的一种。

二〇、大勃律国,杨同国,娑播慈国

又迦叶弥罗国东北。隔山十五日程。即是大勃律国。杨同国。娑播慈国。此三国并属吐蕃所管。衣着言音人风并别。着皮裘氎衫靴袴等也。地狭小。山川极险。亦有寺有僧。敬信三宝。若是已东吐蕃。总无寺舍。不识仏法。当土是胡。所以信也。

"勃律"是勃律之讹。

大勃律（Bolor），即现今的巴尔提斯坦（Baltistan）。5世纪初宋云惠生西行时曾经过此地，法显也曾经过，《佛国记》中虽未明确记载，但从其行程可以推知："度（葱）岭已，到北天竺，始入其境，有一小国名陀历（Darel）亦有僧众，皆小乘学……于此顺岭西南行十五日，其道艰阻，崖岸险绝，其山唯石……下有水，名新头河，……度河便到乌苌国。"《宋云行纪》："……渐出葱岭，土田嶢崅，民多贫困，峻路危道，人马仅通。一直一道，从钵卢勒国向乌苌国。铁锁为桥，悬虚为度，下不见底，旁无挽捉，倏忽之间，投躯万仞，是以行者，望风谢路，十二月初，入乌场国。"上文中的钵卢勒即勃律。《魏书》作波路，《高僧传·智猛传》作波仑（沦）。玄奘作钵露罗。《大唐西域记》卷三："钵露罗国，周四千余里，在大雪山间，东西长，南北狭，多麦、豆，出金银，资金之利，国用富饶，时惟寒烈，人性犷暴，薄于仁义，无闻礼节，行多粗弊，衣服毛褐，文字大同印度，言语异于诸国，伽蓝数百所，僧徒数千人，学无专习，戒行多滥。"慧超之后，宋代僧人继业也经过此地，他的《行程》中作布路州国。

正史上对此国也有记载，《新唐书》卷二二一下《大勃律传》；"大勃律或曰布露，直吐蕃西，与小勃律接，西邻北天竺乌场国。地宜郁金，役属吐蕃。万岁通天（696—697年）逮开元（713—774年）时，三遣使者朝。故册其君苏弗舍利支离泥为王。死，又册苏麟陀逸（Surendrāditya）之子，凡再遣大首领贡方物。"《册府元龟》卷 796 中还载有开元五年（717 年），册封前者为勃律国王文。唐朝之所以册封葱岭以南的迦湿弥罗以及勃律等国，不仅是为了保持中印通道的畅通，为了要西距大食，南御吐蕃也不能不加强与这些国家的联系。唐王朝和丝绸之路南道各国，从安西四镇入葱岭后必需经过勃律等国才能进入印度。吐蕃要进入安西四镇，也得经过这条天然通道。所以吐蕃一直力图役属勃律，而唐朝也多次帮助勃律抵御吐蕃，如 722 年助小勃律破吐蕃，737 年吐蕃西系勃律，勃律告急，唐王朝就发兵破吐蕃于青海。再后，天宝八载（749 年），吐火罗国叶护所上的表中对此说得十分清楚："若得开大勃律以东，直至于阗、焉耆、沙、凉、爪、肃、已来，吐蕃便不敢停住。"唐蕃之间对勃律的争夺详下段小勃律注。

杨同，两《唐书》作羊同，即藏语中的象雄。羊同又有大小之分。《通典·边防典》："大羊同东接吐蕃，西接小羊同，北直于阗。"《唐会要》卷九九大羊同国条："大羊同，东接吐蕃，西接小羊同，北直于阗，东西千里，胜兵八九万，辫发毡裘畜牧为业……其王姓姜焉。有四大臣分掌国事。贞观五年十二月，朝贡使至，十五年，闻中国威仪之盛，乃遣使朝贡，太宗嘉其远来，以礼答慰焉。至贞观末，为吐蕃所灭，与其部众，散之隙也。"可知早在贞观五年（631年），即吐蕃尚未通使于唐之前，羊同就已和唐朝交往。羊同在日喀则以西，直至阿里的广大区域内，人口也相当众多。它在吐蕃的十二小邦中名列第一。苯教古代传说中把吐谷浑、党项、苏毗、羊同列为内四族，孟族、突厥、吐蕃、汉族列为外四族。这说明吐蕃与起之先羊同在古代西藏的重要性。羊同不仅人口众多，藏文有所谓"一切象雄部落"之称，又处于西藏西部的高峻地带，与后藏仅有玛法木湖一水之隔，对吐蕃有居高临下之势。吐蕃兴起向外扩张时，为了除去后顾之忧，首先就征服羊同。6 世纪末羊同和苏毗已和吐蕃联盟，成为其外戚。郎日论赞被弑后，他们叛变，后来在 644 年前后为继位的松赞干布所征服。《敦煌吐蕃历史文书》编年部分曾记载："此后三年（641—643 年）墀松赞普之世，杀李聂秀，将一切象雄（羊同）部落均收下治下，列编氓。"《旧唐书·吐蕃传》也称："其邻国羊同及诸羌并宾服之"。松赞干布征服羊同后曾调动其兵力共同进攻吐谷浑。松赞死后羊同虽曾多次反抗，但仍然为吐蕃所征服。但至今藏族中仍有人的姓名之前冠以"象雄"二字，表明其祖籍为象雄。

娑播慈，《一切经音义》作婆簸慈，有人认为是藏文 hbrasspung 的对音，即尼波罗国。这一比定在对音上虽然还说得过去，但还有待进一步的研究。尼波罗国是唐人相当熟知的国家。早在 7 世纪中叶，玄照法师归国时就曾取道尼波罗国。道宣的《释迦方志·遗迹编》上也有从大唐经吐蕃，尼波罗至北印度道路的记载。使者王玄策在中印度受到攻击后，只身去吐蕃，调动过尼波罗国七千骑助战，更是唐初的一件大事。这些人和事慧超不会一无所知，不用熟知的尼波罗国名，却用藏文称呼此国，颇令人难解。当然唐时尼波罗是为吐蕃所役属的。上引《敦煌历史文书》一开始就提到："杀死泥波罗之宇那孤地立那日巴巴为王。"并曾多次提到"赞普驻于尼波罗"，均足以说明当时吐蕃在该国力量之大，但仅此"三国并属吐蕃所管"一句来论证，似嫌薄弱。

"吐蕃总无寺舍，不识佛法"。慧超所记是当时吐蕃的实际情况。藤田旧注说慧超"此传误矣"。这一说法不妥。

虽然早在7世纪上半叶，松赞干布时，佛教就已随文成公主和尼波罗国的赤尊公主而传入西藏，但信仰者只是公主随从人员及少数人士，当时苯教势力根深蒂固，一般藏族人民并不信仰佛教。迟至8世纪中叶，藏文的《兴佛证盟碑》上还说："父王赞普弃隶缩赞之时（704—755年），于扎玛的噶举建寺。父王去世，少数大臣魔迷心窍，祖先对佛教的敬信，既已寝息，又宣布佛法不善，内外臣民不许信奉。"佛教在西藏普遍传播是在慧超之后的赤松德赞（755—797年）在位时期事，即使他，在位初期也禁止佛教在民间流传，但不久他转而大力扶持佛教，建立桑耶寺，并允许贵族和聪明庶人子弟七人出家，即所谓"七觉士"（Sad-mini-bdung），才是西藏人出家之始。

记载吐蕃无佛法的不仅慧超一人。如义净（635—713年）在其《南海寄归传》卷二衣食所须条，也称"唯波刺斯及裸国、吐蕃、突厥元无佛法"。又《册府元龟》卷九八一外臣部：盟誓："肃宗（757—761年）元年建寅月，吐蕃使者来朝请和……使者曰'蕃法盟誓，取三牲血歃之。'无向佛寺之事。"均可以为证。

二一、吐 蕃 国

已东吐蕃国。纯住冰山雪山川谷之间。以毡帐而居。无有城墎屋舍。处所
与突厥相似。随逐水草。其王虽在一处。亦无城。但依毡帐以为居业。土
地出羊马猫牛毡褐之类。衣着毛褐皮裘。女人亦尔。

土地极寒。不同余国。家常食麨。少有饼饦。国王百姓等。惣不识仏法。无
有寺舍。国人悉皆穿地作坑而卧。无有床席。人民极黑。白者全希。言音与
诸国不同。多爱吃虱。为着毛褐。甚饶虮虱。捉得便抛口里。终不弃也。

"墎"即"郭"字。"毡"乃"毯"之讹。"坑"，原稿作"抗"，讹，今改。

慧超此处所记与两《唐书》略有差异，无城郭，可能只是当时吐蕃西部情况。
《旧唐书·吐蕃传》："其人或逐畜牧，不常厥居，然颇有城郭。其国都号逻些
城，屋皆平头，高者数千尺，贵人处于大毡帐，名为拂庐，寝处污秽，绝不栉
沐。"《新唐书·吐蕃传》也称："其赞普居跋布川，或逻些川，有城郭庐舍不肯
处，联毳帐以居，号大拂庐，容数百人……屋皆平，高者数丈。"

猫牛，乃牦牛之讹。

《旧唐书·吐蕃传》："其地气候大寒，不生粳稻，有青稞麦、豎豆、小麦、乔
麦，畜多牦牛、猪、犬、羊、马。"麨，即青稞炒成的糌粑。吐蕃语言即古藏语，
属汉藏语系，与印度亚利安语系或达罗维荼语系都完全不同。

二二、小勃律国

又迦叶弥罗国西北。隔山七日程。至小勃律国。此属汉国所管。衣着人风。饮食言音。与大勃律相似。着氎衫及靴。剪其髭发。头上缠叠布一条。女人在发。贫多富少。山川狭小。田种不多。其山憔枯。元无树木及于诸草。其大勃律。元是小勃律王所住之处。为吐蕃来逼。走入小勃律国坐。首领百姓。在彼大勃律不来。

"勃"即"勃"字。髭，或为须之别字。

叠布，即白叠布，是一种棉布。又作帛叠，亦作白缍或白㲲。《梁书·西域传》高昌国条："多草木，草宝如玺中丝如细纻，名白叠子，国人多取织以为布，布甚软白，交市用焉。"《广韵》棉字条："其实如酒杯，中有绵，如蚕棉，可作布，又名曰缍。"王符《潜夫论·浮侈篇》："今京师贵戚，……皆服文细彩㲲。"李贤注㲲曰："今叠布。"

小勃律，在今吉尔吉特（Gilgit）。《新唐书·小勃律传》："小勃律去京师九千里而赢，东少南三千里距吐蕃赞普牙（帐），东（当作西）八百里属乌苌，东南三百大勃律，南五百里个失密。北五百里当护密之娑勒城（Sarha）。王居蘗多城（Chitral），临娑夷水（Sai），其西山岭有大城曰迦布罗（Kabul）。开元初，王没谨忙来朝，玄宗以儿子畜之，以其地为绥远军。国迫吐蕃为所困。吐蕃曰：'我非谋尔国，假道攻四镇尔'。久之，吐蕃夺其九城，没谨忙求救北庭，节度使张孝嵩遣疏勒副使张思礼率锐兵四千倍道往。没谨忙因出兵，大破吐蕃，复九城。诏册为小勃律王，遣大首领察卓那斯摩没入谢。"大、小勃律的分裂约在开元初，因前引《新唐书·大勃律传》及《册府元龟》都曾载开元五年（717年）册封苏弗舍利支离泥，开元八年（720年）册封苏麟陀逸之，为勃律国王。被吐蕃所逼走的可能即后者。小勃律战略地位十分重要，是吐蕃攻取四镇的必经之地，所以一再进逼，同书《吐蕃传》对此记载较详："（开元）十年（722年），攻小勃律国，其王没谨忙请书于北庭节度使张孝嵩曰：'勃律，唐之西门，失之则西门诸国皆堕吐蕃，都护图之。'孝嵩听许，遣疏勒付使张思礼以步骑四千昼夜驰，与谨忙兵夹攻吐蕃，死者数万，多取铠杖牛羊，复九城故地。始勃律王来朝，父事帝，还国置绥远军以扞吐蕃，故岁常战。吐蕃每曰：'我非利各国，我假道取四镇尔。'及是累岁不出兵。"

慧超经过这一带地方时，刚在此役以后不久，所以说小勃律"属汉国所管"。

勃律不仅战略地位重要，而且对佛教的传播，苯教和藏传佛教的发展都有重大意义。如勃律语对莲华生故事的传播起过不小作用。（详见劳费：《勃律语及莲华生的历史地位》（B.Laufer：Die Bru-za Sprach und die historische stellung des Padmasambhava）。

西德海德堡大学叶特玛尔教授对勃律的历史地理很有研究，发表过多篇富有创见的论文，他对沙畹以大勃律为Baltistan，小勃律为Gilgit，这一比定颇有异议，其论证较为繁琐，这里无法引证，对此有兴趣的人士可以参考他下述论文：《论勃律》（K.Jettmar：Bolor—A Contribution to pollitical and thnic Georaphy of North Pakistan—Journal of Central Asia、Vol. Ⅱ，No.1,1979.）《从勃律到巴尔提斯坦》（Von Bolor zu Baltistan-Die Baltis，ein Bergvolk in Norden Pakistan，Museum-tiir Völker Runde Frankturt，1989.）。

二三、建驮罗国

又从迦叶弥罗国西北隔山一月程。至建驮罗。此王及兵马。惣是突厥。土人是胡。兼有婆罗门。此国旧是罽宾王王化。为此突厥王阿耶领一部落兵马。投彼罽宾王。于后突厥兵盛。便煞彼罽宾王。自为国主。因兹国境。突厥霸王此国已北。并住中。其山并燋无草及树。衣着人风。言音节气并别。衣是皮球氎衫靴裤之类。土地宜大麦小麦。全无黍粟及稻。人多食麨及饼。

"此国已北，并住中" 句末 "中" 字前脱一 "山" 字，应为 "并住山中。"

建驮罗，梵文 Gandhāra，《佛国记》作犍陀罗，《洛阳伽蓝记》作干陀罗，《魏书·西域传》作干陀，又作小月氏国。《高僧传·昙无竭传》作月氏，《大唐西域记》作健驮罗，《慈恩传》作健陀逻，《继业行程》作健陀罗。或义译作香遍国，香风国（《一切经音义》），香行国（《续高僧传·阇那崛多传》）或别译作叶罗波国。又译名犍陀越，干陀卫 (Gandhavat) 则其领域与健陀罗不完全吻合。

此国为古代印度的十六大国之一。《梨俱吠陀》 (Rigveda，1，126，7) 及阿育王五号敕铭中已提到健陀罗人。该国名也见于印度古籍，如巴利文《增一阿含》(Ang, I, p. 213, IV.252,256 等)，波弥尼《八部书》(Astādhyayi, 4,11,169)，《风神往世书》 (Vāy ūpurāna) 《鱼往世书》 (Matsyapurāna) 以及古波斯的大流士一世的王朝铭文中。 (B.C.Law：Tribes in Ancient India pp.9—17.)

健陀罗国位于旁遮普西北部，包括现今巴基斯坦的拉瓦尔品地和白沙瓦，以及阿富汗的喀布尔地区，正当由中亚进入印度的咽喉之地，是战略要地，在东西方文化交流中也有独特地位。该国古代一度臣服于波斯，成为其边区的一省。亚历山大大帝击溃大流士之后，健陀罗又为希腊所征服。希腊的文化艺术也随之传入。公元前 3 世纪，阿育王时佛教也传播到此地，逐渐孕育而成有名的健陀罗佛教艺术。此后大月氏人所建立的贵霜王朝征服此地。约在公元前 1 世纪强大的迦腻色迦王就以健陀罗为其统治的中心，其首都即布路沙布逻（Puruṣapura——现今白沙瓦），玄奘称"闻之先志曰，昔犍陀罗国迦腻色迦王威被邻国，化合远方。"（《西域记》卷一，质子伽蓝条），健陀罗首府东西的大窣堵波，相传就是迦腻色迦王所建立的，他的质子春、秋季都住在健陀罗国。贵霜王朝时健陀罗佛教艺术更进一步发展。

公元 3 世纪贵霜王朝开始分裂，此后更加衰微。西部受到波斯萨珊王朝进攻，东部受到嚈哒人威胁。南印度境内又有笈多王朝的兴起。

嚈哒（Ephtalites），又称白匈奴，其族属至今还是一个聚讼纷纭的问题。大约在公元 5 世纪初期已在中亚巩固其势力，他们占领了河中地区后更是迅速扩张，正如《梁书》所说："后稍强大，征其旁国，波斯、盘盘、罽宾、焉耆、龟兹、疏勒、姑墨、于阗、句盘等国，开地千余里。"成为中国与波斯间的一大强国（余太山：《嚈哒史研究中的若干问题》，《中亚学刊》第一期，1983 年，北京）。

5 世纪中叶，嚈哒又开始侵入至印度，迄时笈多王朝已经衰微，而嚈哒人却战胜波斯萨珊王朝而更为强盛，嚈哒人首领头罗曼（Torumanc）的兵力横扫北印度，直抵摩腊婆（Malwa）甚至远达憍赏弥（Kausambi）。该地曾出土有头罗曼的两方印章，一方上刻 To-Ra-Ma-Na 字样，另一方则刻有 Hunarajā（匈奴王）字样。在公元 465 年前后，健陀罗也为嚈哒人所灭。俱罗（Kura）石刻铭文上有他的尊号：Rājādhirāja Mahārāja Toraman ṣaḥi jabula（众王之王，摩诃罗阇，头罗曼沙叶护），头罗曼死于 502 年，他的儿子摩醯逻矩罗（Mahilakula 大族），以奢羯罗（Sakala）城为国都继续统治印度。《大唐西域记》卷四，磔迦国条，对他有所记载，说他"王诸印度，有才智，性勇烈，邻境诸国，莫不臣伏"。但他很反对佛教："继是佛法，并皆毁灭，僧徒斥逐，无复孑遗。"由于他的淫刑虐政遭到摩揭陀国幼日王（Balādhitya）的反对。他出兵征讨，在幼日王的一次奇袭中，他被生擒活捉。后来他虽被释放，但王位已经为他的兄弟占据。他只好远窜山野，投奔迦湿弥罗国，虽然他受到迦湿弥罗王的收容和优待，"愍以失国，封以土邑"，可是一段时间之后，他却忘恩负义，杀迦湿弥罗王而自立为王，并且"乘其战胜之威，西讨健陀罗国，潜兵伏甲，遂杀其王，国族大臣，诛锄殄灭。毁窣堵波，废僧伽蓝。"僧侣和其他许多人都遭杀害，"皆欲诛戮，无遗噍类"。不久这个暴君突然死去，此后嚈哒国也一蹶不振。

我国高僧到达健陀罗国并留下记载的最早是法显。他于元兴元年（402 年）

夏末到达此地。此后，正光元年（520 年），四月中旬，宋云也到达此国。他称该国"本名业波国，为嚈哒所灭，遂立勑勤为王，治国以来，已经二世"。宋云所见到的那个凶慢无理的嚈哒王就是摩醯逻矩罗。宋云说此人"立性凶暴，多行杀戮；不信佛法，好祀鬼神，国中人民悉是婆罗门种，崇信佛教，好读经典，忽得此王，深非情愿。自持勇力，与罽宾争境，连兵战斗，已历三年，……终日不归，师老民劳，百姓磋怨"。

宋云对健陀罗国境内的情况也有所记载，如他说"佛沙伏（Puskaravati）城，川原沃壤，城郭端直，民户殷多，林泉茂盛，土饶珍宝，风俗淳善，其城内外，凡有古寺，名僧德众，道行高奇"。

一百余年之后，玄奘法师到达健驮逻国，他记载此国"东西千余里，南北八百余里，东临信度河，国大都城，布路沙布逻，周四十余里，王族绝嗣，役属迦毕试国。"这时突厥早已代嚈哒而兴，健陀罗成为其属国了。

玄奘归国之后不久，公元 658—659 年间，西突厥为唐王朝所灭，以其地为都护府，突厥本部分为蒙池、昆陵二都护府，并隶属于北庭都护府，乌浒河以西，以南则为安西都护府。中国的势力达于迦毕试和个失密（克什米尔）一带。迦毕试则成为安西都护府下属的修鲜都督府，其国王受唐室册封。慧超所记的罽宾即迦毕试国。但突厥王"阿耶"一名颇难考定，疑"耶"为"那"之讹，即阿（史）那之略称，因为当时罽宾，谢飓等国均为吐火罗叶护，阿史那般都泥利管辖，（见《册府元龟》卷 999），另一可能即此王为开元八年（720 年）九月，受唐朝册封为罽宾国王的葛达罗支特勤。

慧超之后，天宝十二年（753 年），悟空随唐朝使者张韬光等人到达干陀罗国时，此国已成为"罽宾东都城也。王者冬居此地，夏处罽宾，随其喧凉，以顺其性"。后来悟空因病不能随使者返唐，遂留在干陀罗国并出家为僧。

北宋乾德三年（965 年）继业等三百沙门赴印度途中也到达过健陀罗国。

> 唯除迦叶弥罗大勃小勃杨同等国。即此建驮罗国。乃至五天昆仑等国。惣无蒲□□□

末句"甘蔗"上的脱文为"桃唯有"三字。

大勃、小勃乃大勃律、小勃律之略。

古籍中昆仑一词，因时代的不同而有种种含义。最初收为山名，如《禹本纪》："河出昆仑。"又《山海经·大荒西经》："有大山名曰昆仑之丘。其外有炎

火之山，投物辄燃。"而且名为昆仑的山还不止一处，如《水经注》一引道安《西域志》："阿耨达大山，其上有大渊水……山即昆仑山也。"又同书引康泰《扶南传》："恒水之源，乃极西北出昆仑山。"其后逐渐用为种族名，洋名，地名等。用作种族名乃泛指黑人，如《旧唐书》卷一九七《林邑传》："自林邑以南，皆拳发黑身，通号为昆仑。"又，慧琳《一切经音义》卷八一，昆仑语："上音昆，下音论，时俗作骨论，南海中人也，甚黑，裸形，能驯服猛兽犀象等。种类数百，即有僧祇，突弥，骨堂，吉蔑等。"唐人小说出现的昆仑奴即指黑人，此字也用以泛指肤色黑的人，如《晋书》卷三二，《后妃传》下，孝武文李太后："时为官人，在织坊中，长形而黑，宫人皆谓之'昆仑'。"

　　用作洋名如周达观：《真腊风土记》："又自占城顺风可半月到真浦乃其境也。又自真浦行坤申针，过昆仑洋入港。"

　　用作国名乃泛指东南亚各国，如义净：《南海寄归传》："婆鲁师洲，末罗游洲，莫诃信洲，诃陵洲……又有小洲，不能具录。斯乃咸遵佛法，惟末罗游洲少有大乘耳，诸国周围，或可百里，或数百里，或可百驿，大海虽难计里，商舶惯者准知，良为掘伦，初至交广，遂使总唤昆仑国焉。"

　　宋代以后昆仑一词用作地名乃专指越南之 Poulo Condore，即贾耽所记之军突弄山。

　　慧超此处所记之昆仑国乃泛指东南亚各国。

　　甘蔗（Saccharum Officinarum）原产于印度和东南亚的植物。我国是从国外引种的。甘蔗一名可能是译音。在古代典籍中因此有种种不同写法，如诸蔗，都蔗，竿蔗，竿蔗等等。梵文中甘蔗的统称为 ikṣu，但印度的甘蔗种类很多，据古代名医妙闻（Suśruta）记载，即有下列十二种 Pandraka、bhiruka、Vaṃśaka、śataporaka、tapasokṣu、Kasteķṣu、sucipatraka、naipala、dirghaptraka、nilapora、Kośakṛti，（参考，季羡林《一张有关印度制糖法传入中国的敦煌残卷》，《历史研究》1982年1期）。

　　蒲桃即葡萄的古写，其原产地为西亚、埃及一带，我国葡萄，据《史记》记载是张骞自大宛传入。

此突厥王象有五头。羊马无数。驼骡等甚多。汉地兴胡□□□□□
向南为道路险恶。多足劫贼。从兹已北。西业者多。市店之间。极多屠煞。

　　"象有五头"句中"五"字之后当有脱文，因领占罽宾、健陀逻、乌苌等地的突厥王不可能仅有战象五头。

"胡"字后所缺五字，冉荣华等英译本以为是"战而不归东"，可姑备一说。

"西业者多"福克司及高楠顺次郎等均认为"西"为"恶"之讹，甚是。藤田则为系法显《佛国记》中之宿呵多，不妥。

此王虽是突厥。甚敬信三宝。王王妃王子首领等。各各造寺。供养三宝。此王每年两回设无遮大斋。但是缘身所受用之物。妻及象马等。并皆舍施。唯妻及象。令僧断价。王还自赎。自余驼马金银衣物家具。听僧货卖。自分利养。此王不同余已北突厥也。儿女亦然。各各造寺。设斋舍施。

———————

　　一部分突厥人皈依佛教当为 7 世纪中叶以后事。

　　突厥事火来由已久，当他们还游牧于漠北时就已形成火的崇拜，进入中亚后，受到波斯祆教的影响，这种信仰更甚。据《慈恩传》玄奘在素叶城会见叶护可汗时，突厥统治阶级的信仰就是如此："突厥事火，不施床，以木含火，故敬而不居，但地敷重茵而已。"又，段成式《酉阳杂俎》前集卷四："突厥事祆神，无祠庙，刻毡为形，盛于皮囊，行动之处，以脂酥涂之，或系之竿上，四时祀之。"此外，据拜占庭梯奥斐拉特·西穆卡塔（Theophiract Simocata）的《历史》一书中所著录，达头可汗于 598 年致东罗马皇帝的国书上也写道："突厥崇拜火，尊重风和火，颂扬大地，仅奉天地惟一造物主为神。"

　　当时西突厥的属国对佛教徒采取排斥的态度，如上引《慈恩传》载玄奘到达飒秣建（萨马尔罕）时"王及百姓不信佛法，以事火为道。有寺两所，迥无僧居，客僧投者，诸胡以火烧逐，不许停住"。

　　突厥人进入中亚后，开始受到所属各国中的佛教徒和印度的影响。7 世纪中叶以来逐渐有部分人皈依佛教，如玄奘法师不仅拜会过突厥可汗，还对其属国的统治阶级宣扬其佛教并扩大其影响。上引《慈恩传》记载他到达飒秣健国时："法师初至，王接犹慢，经宿之后，为说人天因果，赞佛功德，恭敬福利，王欢喜请受备戒，遂致殷重，所从二小师往事礼拜。诸胡还以火烧逐。沙弥还以告王，王令捕烧者，得已。集百姓令截其手，法师将欲劝善，不忍毁其肢体，救之。王乃重笞之，逐出都外，自是上下肃然，咸求信事，遂设大会，度人居寺，其革变邪心，诱开朦俗，所到如此"。8 世纪初已有相当一部分突厥人改宗佛教。突厥统治阶级并建立佛寺。对此，除慧超外，悟空也有所记载："于迦湿弥罗……次有也里特勒寺。突厥王子置也。次有可敦寺，突厥皇后置也……出迦湿弥罗国，入干陀罗城……次有特勒洒寺，突厥王子造也，可敦寺，突厥皇后造也。"此外，用印度字母书写的突厥佛教文书，近代已有发现。

无遮大会（Pañcavarsika Prasad），或音译为般遮越师、般阇于瑟，意即五年大会。会上不分僧俗、贵贱、上下，一律无遮，平等施行肃法二施，古代印度经常举行，如法显《佛国记》竭叉国："……其国王作般遮越师，汉言五年大会也。"又《大唐西域记》卷一迦毕试国条："王窣利种也……兼设无遮大会，周给贸窭，惠施鳏寡。"又《佛祖统纪·通塞志》："佛后百年，阿轮迦王作般遮于瑟大会。"

玄奘法师归国前，戒日王和迦摩缕波国鸠摩罗王也曾在曲女城为他举行过这样的盛会，详见《慈恩传》卷五。

此城俯临辛头大河北岸而置。此城西三日程。有一大寺。即是天亲菩萨无着菩萨所住之寺。此寺名葛诺歌。有一大塔。每常放光。此寺及塔。旧时葛诺歌王造。从王立寺名也。

此处所记的大塔详见《大唐西域记》卷二健陀罗条："城外东南八九里有卑钵罗树，高百余尺，……卑钵罗树南有窣堵波，迦腻色迦王之所建也。"葛诺歌乃迦腻色迦的异译。

又所记大寺也见上引《西域记》同处："大窣堵波西有故伽蓝，迦腻色迦王之所建也，重阁累树，层台洞户，旌召高僧，……第三重阁有波栗湿缚（唐言胁）尊者室……胁尊者室东有故房，世亲菩萨（Vasubhandu）于此制《阿毗达磨俱舍论》（Abhidharmakośa）。"世亲即天亲，无着（Asanga）之弟，兄弟二人同为大乘佛学中唯识哲学体系的主要建立者。

无着、世亲兄弟二人的生年有种种异说（如佛涅槃后九百年、一千年、一千一百年等）。一般认为世亲是公元4世纪下叶生于健陀罗国都布路沙布逻（Purusapura）一婆罗门家庭。成人后舍弃婆罗门教，改宗佛教。开始时学习小乘，后来博览精读大乘经典，相传弥勒曾降临阿逾陀（Ayodha）国，为无着说五部大论，即《瑜珈师地论》《金刚般若波罗密经论》《辨中边论》《大乘庄严经论》《分别瑜珈论》，但据西藏所传，《大乘庄严经论》《辨中边论》《法性分别论》《大乘究竟要义论》《现观庄严论》《瑜珈行地论》都是无着所作。

世亲生于无着之后约二十年。他皈依佛教后，最初研究小乘有部学说，后发觉有部学说失之繁琐，因而喜爱经部学说。曾专门到迦湿弥罗国深入钻研有部教理四年，回到布路沙布逻城后制作《阿毗达磨俱舍论》（Abhidharniakaśa——简称《俱舍论》），即以经部教理参订有部学说，并广泛地对小乘各部学说予以批判，是佛学的重要典籍之一。我国先后有真谛和玄奘的两种译本，并有普光和法宝的《俱舍论记》《俱舍论疏》以及圆光的《俱舍论颂疏》，均对此论进行注释。

后来无着把他召到阿逾陀国对他传授大乘要义，于是世亲舍弃小乘，改学大乘。他在阿逾陀数十年中制作过许多论释，博得"千部论主"的雅号。《大唐西域记》卷五阿逾陀国条对此有所记载："大城中有故伽蓝，是伐劳畔度菩萨（唐言世亲，旧曰婆薮盘豆，译曰天亲，讹谬也。）数十年中于此制作大小乘诸异论。其侧故基，是世亲菩萨为诸国王，四方俊彦，沙门，婆罗门等讲义说法堂也。"同处对无着世亲兄弟的生平也有所介绍。

世亲的重要著作除《俱舍论》外，还有《大乘百法明门论》《大乘五蕴论》《佛性论》等，并注释《华严经》《法华经》《维摩诘经》等。

又据《大唐西域记》健驮罗国条载迦腻色迦王伽蓝在国都布路沙布逻城外东南八九里，而慧超所记此寺在城西三日程，由此可知此时该国国都非布路沙布逻，而已迁往布色羯逻伐底（Puṣkarāvati），此城距离据《西域记》为迦腻色迦王伽蓝东北五十余里，故《慈恩传》则为伽蓝东北百余里，以后者为是。

布色羯逻伐底城为健陀罗国故都，据希腊作家亚利安（Arian）记载，城址在印度河西岸，其地望据近代学者比定为查尔沙达（Chārsada）当苏伐特（Swat）河与喀布尔河汇合处附近，在白沙瓦东北约十七英里处。据《偏入往世书》（Visṇupurāna）记载，此城因婆罗多之子，罗摩之侄布色羯罗（Puskara）所建立而得名。亚历山大大帝东征时，该城由一位国王哈斯特（Hasti）统治，故后来此城又名哈斯汀那普尔（Hastinapur，大象城）。（B.C.Law：Historical Geography of Ancient India, p.119）

又此城东南□里。即是仏过去为尸毗王救鸽处。见有寺有僧。又仏过去舍头舍眼喂五夜叉等处。并在此国中。在此城东南山里。各有寺有僧。见今供养。此国大小乘俱行。

───────────

这段记载颇为错乱。佛陀割肉贸鸽处，据法显《佛国记》，在宿呵多国："其国佛法亦盛，昔天帝释试菩萨，化成鹰鸽，割肉贸鸽处……从此东下五日行，到犍陀卫国（即健陀罗）。"

又据《大唐西域记》卷三乌仗那国条："瞢揭厘城南二百余里，大山侧，至摩诃伐那伽蓝……摩诃伐那伽蓝西北下山三四十里，至摩愉伽蓝，有窣堵波，高百余尺……摩愉迦蓝西六七十里，有窣堵波，无忧王之所建也。是昔如来修菩萨行，号尸毗迦王，为求佛果，从鹰代鸽。"

宿呵多在乌长以南，健陀罗之西约五日程，与乌长都在布色羯罗伐底城的西北，而不在此城东南。

又，佛舍眼处，法显和玄奘都记载在健陀罗国内，据《西域记》，舍眼处在布色羯逻伐底城北四五里故伽蓝侧。

喂五夜叉处，据《西域记》，在薜揭厘城西五十余里。以上四处均与慧超所记方位不合，唯有佛舍头处，呾叉始罗（Taksila）在其东面。

呾叉始罗，法显作竺刹尸罗。《佛国记》："竺刹尸罗，汉言截头也。佛为菩萨时，于此处以头施人，故因以为名。"

《西域记》："（呾叉始罗）城北十二三里有窣堵波，无忧王建也。……如来在昔修菩萨行，为大国王，号战罗钵剌婆，志求菩提，断头惠施，若此之舍，凡历千生。"

呾叉始罗为健陀罗国故都，古代是商业与学术中心，其医学尤为著名，是四方学子云集之地。《本生谭》中有关于古代该地学术生活的描绘。其地望惠格尔（Baron Hiigel）比定为现今巴基斯坦的拉瓦尔品第，圣马丁据普林尼书，比定其为沙赫德利西北八英里处的哈桑阿布达尔（Hassan Abdal），康宁汉比定为现今沙赫德利（Shahdheri）附近，在卡拉卡塞莱（Kālaka Serai）以东约一英里。（Cun-ningham：Ancicnt Ccog raphy of India，pp.88—101）丰富的出土文物为康氏的比定提供了有力佐证，近代在该地发掘出坚固庞大的古城遗址，四周至少有五十五个窣堵波，二十八个寺院，九个大殿。该遗址距布色羯逻伐底城约七十四公里。这也与法显所记健陀罗东行七日至竺刹尸罗（呾叉始罗）的里程相符。康氏的比定是可取的。慧超此处所记方向里程与法显及玄奘相矛盾的原因，可能由于传抄时删节所造成的讹误。又其所记上述各佛陀遗迹"并在此国中"，可能由于当时乌仗那、宿呵多、呾叉始罗均已成为统治健陀罗国的突厥王领土的缘故。

二四、乌长国

又从此建驮罗国。正北入山三日程。至乌长国。彼自云郁地引郍。此王大敬三宝。百姓村庄。多分施入寺家供养。少分自留。以供养衣食。设斋供养每日是常。足寺足僧。僧稍多于俗人也。专行大乘法也。衣着饮食人风。与建驮罗国相似。言音不同。土地足驼骡羊马毡布之类。节气甚冷。

乌长（梵文Uddiyāna, Udyāna, 巴利文 Uyyāna），又译乌苌（《佛国记》《魏书》《洛阳伽蓝记》），乌仗（《增壹阿含》），乌仗那（《西域记》），优填囊（《佛祖统记》），越底延（《新唐书》）等等，均郁地引郍（Uddiyāna）一字的对音。位于印度河上游，旁遮普以北夹苏婆伐窣堵河（Subhavastu，即现今 Swat 河）两岸。其领域包括现今潘可拉（Pangkora），比贾瓦尔（Bijawar），斯瓦特（Swat），布尼尔（Bunir）等四个地区。古都达丽罗川（Darel），其后迁都曹揭厘（Mangali），即现今 Manglaur。

古代我国高僧最早到过此国而又留下记载的是法显，其次是宋云。他对乌场国颇多赞美之辞："北接葱岭，南连天竺，土气和暖，地方数千，民物殷阜，匹临缁之神州，原田肬肬，等咸阳之上土。"宋云曾受到该国王的接待。"国王见宋云，云大魏使来，膜拜受诏书……遣解魏语人问宋云曰：'卿是日出人也？'宋云答曰：'我国东界有大海水，日出其中，实如来旨。'又问曰：'彼国出圣人否？'宋云具说周、孔，庄、老之德；次序蓬莱山上银阙金堂，神仙圣人，并在其上，说管辂善卜，华陀治病，左慈方术，如此之事，分别说之，王曰：'若如卿言，即是佛国，我命当终，愿生彼国。'"

宋云和乌场国王这段谈话，可算是中印文化交流史的一段珍贵史料，也是中印人民友好史上的佳话。

宋云之后玄奘也曾访问过乌长国。《西域记》中作乌仗那。并记载该国古代佛教很盛，玄奘到达时已相当衰微："……夹苏婆伐窣堵河，旧有一千四百伽蓝，多已荒芜。昔僧徒一万八千，今渐减少。"

《新唐书》卷二二一上有乌苌国传："乌荼者，亦曰乌伏那，亦曰乌苌，直天竺南，地广五千里，东距勃律六百里，西厕宾四百里，山谷相属，产金铁，蒲桃，郁金，稻岁熟，人柔诈，善咒术，国无刑杀，抵死者放之穷山。罪有疑，饮以药，视溲清浊而决轻重，有五城，王居术罟檗利城，一曰罟揭厘城，东北有达丽罗川即乌苌旧地。"很显然《唐书》的作者把乌苌与《西域记》卷十的乌荼（Orissa）混为一谈，致有"南天竺南"的错误。又乌伏那即乌仗那的笔误，此外记载，大体正确。

8世纪上叶侵入中亚的大食人曾对乌长国进行过多次的诱降工作，但遭到拒绝。唐玄宗对他抵抗大食的行为相当嘉奖："大食与乌苌东邻接。开元（713—741年）中数诱之，其王与骨咄、俱位二王不肯臣，玄宗命使册为王。"又《册府元龟》卷九六四载开元八年（720年）"四月，遣使册立乌长国王、骨咄国王、俱位国王，并降册文，皆赐彩二百段，三国在安西之西，与大食邻境，大食煽诱为虐，皆守节不从，潜布款诚于朝庭，帝深嘉之"。

与慧超同时代的悟空也随唐朝的使者到达此国。

二五、拘卫国

又从乌长国。东北入山十五日程。至拘卫国。彼自呼云奢摩褐罗阇国。此王亦敬信三宝。有寺有僧。衣着言音。与乌长国相似。着氎衫裤等。亦有羊马等也。

拘卫国，悟空作拘纬，《汉书》作双靡。《魏书》作赊弥，《唐书》作俱位，曾受唐室册封，已见上引文。《新唐书》卷二二一下："俱位或曰商弥，在勃律河北。"在现今奇特拉尔（Chitral）与马斯图吉（Mastuj）之间。该国位置在乌长西北。慧超此处所谓"东北入山十五日程"，方向有误。

我国高僧最早到达此国的为宋云，他的行记作赊弥。又《北史》卷九七："赊弥国在波知之南，山居不信佛法，专事诸神，亦附嚈哒，东有钵庐勒国，路险，缘铁锁而度，下不见底。"知可佛教传入该国较晚。此后玄奘到过此国并留有记载。

奢摩褐罗阇乃梵文Śamarājā的对音。商弥，即奢摩的转音。

二六、览 波 国

又从此建驮罗国。西行入山七日。至览波国。此国无王。有大首领。亦属建驮罗国所管。衣着言音。与建驮罗国相似亦有寺有僧。敬信三宝。行大乘法。

览波原件作"览彼"，当为"览波"之讹，亦作岚婆。

览波，玄奘作滥波，均为梵文 Lampāka 音译，托勒密《地理学》作 Lambatai，康宁汉认为可能是 Lambagai 的讹误，因为希腊文字母 t，与 g 极易混淆，即现今拉格格曼 (Laghman)，在喀布尔河北岸。（Cunninghami Ancient Geography of India, p.36.）

我国高僧到过此地的不多，玄奘赴印时，经过此国，曾住过三天，并留有记载，见《大唐西域记》卷二。此外仅道宣的《释迦方志》中亦有一简短记载："滥波国者，在无热池 (Anavatapta) 西，倚北胡活国东南。三重黑岭，北约雪山，都城周十余里，寺十余所，僧数亦少。多学大乘，天祠数十，异道特多。"活国即昆都兹。

二七、罽 宾 国

又从此览波国西行入山。经于八日程。至罽宾国。此国亦是建驮罗王所管。此王夏在罽宾。逐凉而坐。冬往建驮罗。趁暖而住。彼即无雪。暖而不寒。其罽宾国冬天积雪。为此冷也。

此传之罽宾乃指迦毕试（又译迦臂施、迦比沙、迦毗尸）。

罽宾是和我国有来往较早的国家之一。汉武帝时（前140—前87年）始通中国，并几度派遣过使者来汉朝。最多时"其使数年而壹至云"。《汉书·西域传》中有罽宾国传，称其"王治循鲜城，去长安二千二百里，不属都护，户口、胜兵多；大国也。东北至都护治所六千八百四十里；东至乌国二千二百五十里；东北至难兜国九日行；西北与大月氏，西南与乌弋山离接。"

北魏正平初年（452年）罽宾使者还来过我国。此发百余年间未见有使者来华，因之此后罽宾国的方位也不复为人们熟悉，以致史臣记载失实，如《隋书》卷八三："漕国在葱岭之北，汉时罽宾国也。其王姓昭武。"此处的漕国即《大唐西域记》中的漕矩咤，在今伽志尼（Gazni）地方。《隋书》中的错误显然可见。杜预就已指出其误。如《通典》一九二卷：罽宾国条："至隋时谓之漕国，在葱岭之西南（《隋史》即汉时罽宾国）。"

由于史籍中的这些混乱，给罽宾的比定造成不少困难。近代学者对罽宾的考证意见也相当分歧。有两类说法甚至完全相反。

一类可以烈维为代表，主张汉时之罽宾乃指克什米尔（迦湿弥罗），自汉至北魏皆然，唐时之罽宾乃指迦毕试（详见《罽宾考》《西域南海史地考证译丛七编》）。

另一类则有岑仲勉。他提出与前者相反的看法，认为："此罽宾乃至以后之罽宾，即支僧载《外国事》之罽密，《大唐西域记》之迦湿弥罗，《汉书》之罽宾则为《西域记》之迦毕试（Kapisa）。两地迥别。自西晋末叶以还，外国翻经师不审汉籍古地，如安法钦《阿育王传》（306年），罗什《大智度论》（405年），求那跋陀罗，《杂阿含经》（435—）等均以罽宾为迦湿弥罗。初只指鹿为马，久乃习非成是，罽宾之本称遂张冠李戴矣"（《佛游天竺记考释》28页）。他又说："烈维谓罽宾初为克什米尔之译音，自汉至北魏皆以名其地，至唐时因其音与迦毕试相近，故又以名迦毕试，别名古之罽宾为迦湿弥罗云云。其考定与事实适相反。今当正言之曰：罽宾初为迦毕试之译音，西晋尝翻迦湿弥罗为罽密，自后翻经师误以罽密为罽宾，六朝遂沿其误。唐初学者始知之。因通称古罽宾为迦毕试，罽密为迦湿弥罗焉。"（《汉书西域传地理校释》152页）

我们赞同前一种看法而不能同意岑氏的看法，因为它缺乏说服力。首先，他说西晋以来的译师误罽密为罽宾，六朝以后沿用其误的说法是主观臆测之辞。众所周知，我国古代翻译佛经都不是单干，而是由精通佛典与梵文的外国译师与熟悉我国典籍的文臣和僧侣共同进行的。而且译名主要由中国文臣来确定，西晋去汉末不过百年，怎能说西晋文臣就不审汉籍古地？外国译师虽不熟悉我国古籍，但他们大都来自印度各国（如求那跋陀罗等），或熟知南亚各地情况（如鸠摩罗什），这两方面人才合作精心译制的佛典中的译名，岑氏轻率地予以否定，未免主观武断。

其次，他认为唐初学者更正西晋六朝以来对罽宾一名的误用，也是没有根据的。他说："其实唐人于罽宾国所在，已屡有说明。《西域记》三迦湿弥罗注云'旧曰罽宾讹也。'言外见得迦湿弥罗不应称为罽宾。"岑先生的"言外见得"又是主观臆测之辞。其实玄奘所谓的"讹也"是指其译音不确切，而不是改正其"张冠李戴"的错误。精通梵文的玄奘对于旧译名中不切合梵音的总是注上"讹也"二字。这类例证在《西域记》中真是指不胜屈。反之，参与玄奘译事的道宣所作的《释迦方志》中迦湿弥罗国下注有"古曰罽宾"，而并未说这是错误的。

唐人称迦毕试为罽宾可说是约定俗成，而并非恢复汉朝旧称。唐代该国与我国交往相当密切。早在武德二年（619年）就曾遣使来华。贞观（627—649年）中不仅来献名马，还派人护送唐朝使者到印度。显庆三年（659年）以其地为修鲜都督府。唐高宗显庆六年（661年），王玄策第三次奉使印度时就是取道迦毕试而归国。神龙初（706年）拜其王修鲜等十一州诸军事。开元七年册封葛罗达支特勒为其王。后又封为乌散特勒洒。天宝四载（745年）册封其王子勃（匐）准袭罽宾及乌苌国王，当时罽宾不仅统治乌苌，而且统治健陀罗，是一个相当大的国家。

迦毕试国的历史相当古老，古波斯大流士的摩崖碑铭中已出现此名，作Kāpisa。普林尼《博物志》中作 Capissa。托勒密《地理学》称该国位于喀布尔东北一百五十英里处。儒莲（Julien）认为应在现今阿富汗潘吉希尔（Panj shir）与塔高（Tagoa）河谷地区。贵霜王朝曾占领该地，成为迦腻色迦王的夏都，玄奘对此有所记载。《西域记》卷一迦毕试国："……闻之旧曰：'昔健陀罗国迦腻色迦王，威被邻国，化洽远方，治兵广地，至葱岭东，河西蕃维，畏威送质。迦腻色迦王既得质子，特加礼命，寒暑改馆，冬居印度诸国，夏还迦毕试国，春秋止健驮罗国。"这种冬夏易都的作法也为后世罽宾（迦毕试）的统治者所继承。《悟空入竺记》上也记载："至乾陀罗国，此即罽宾东都城也，王者冬居此国，夏处罽宾，随其喧凉，以顺其性。"

近代法国学者曾在迦腻色迦王夏都的宫殿遗址柏格蓝（Begrain）进行发掘，先后出土有公元1至5世纪的大量货币与众多的工艺美术品，足以证明玄奘所说迦毕试国"异方奇货，多聚此国"一语的真实。

此国土人是胡。王及兵马突厥。衣着言音食饮。与吐火罗国大同少异。无问男之与女。并皆着氈布衫裤及靴。男女衣服无有差别。男人并剪鬃发。女人发在。土地出驼骡羊马驴牛氈布蒲桃大小二麦郁金香等。国人大敬信三宝。足寺足僧。百姓家各丝造寺。供养三宝。大城中有一寺。名沙糸寺。寺中见仏螺髻骨舍利。见在王宫百姓每日供养。此国行小乘。亦住山里。山头无有草木。恰似火烧山也。

"百姓家各丝造寺"，"丝"乃"自"之讹，（羽田则认为"并"之讹）。

六朝以前对外国（包括印度）总称为胡。隋朝有名的沙门彦宗对此提出反驳。他在其《辩正论》上写道："弥天释道安每称，译胡为秦，有五失本，三不易也。……旧唤彼方，总名胡国。安虽远识，未变常语。胡本杂戎之胤。梵唯真圣之苗。相既悬殊，理无相滥，不善谙习，多致雷同。见有胡貌，即云梵种。宾是梵人漫云胡族，莫分真伪，良可哀哉！语梵虽讹，比别犹别，改为梵学，知非胡者。"隋以后所谓胡遂不包括印度，仅用以指中亚及北亚各族。慧超此处即指中亚各民族。

吐火罗（梵文 Tukhāra 希腊文 Tochari，《大秦景教流行中国碑》作 Tohuristan，藏文 Tho-ko，Tho-gar，Thod-kar，Thod-gar。近代欧洲语言作 Tokharistan）又译兜怯勒（《鞞婆纱论》），兜沙罗（《杂阿含》），都怯（《正法念处经》），睹火罗（《孔雀王经》），睹货逻（《西域记》），吐呼罗（《魏书》），《隋书》《唐书》均作吐火罗。该国情况详后。又此处所说与吐火罗国大同小异的语言不是指我国新疆塔里木盆地通行过的所谓吐火罗语（实即龟兹语），而是指中亚的大夏——

吐火罗语。均详下节。

　　贵霜王朝之后，罽宾沦为波斯萨珊王朝的附庸。5世纪中叶嚈哒人侵入中亚之后，又受嚈哒统治。6世纪中叶西突厥室点密可汗与波斯王库恩老合兵攻破嚈哒人之后，此国又为突厥所统治。据开元六年（718年）西突厥阿史那特勒仆逻上书中称当时谢䫻、罽宾等国都归吐火罗叶护管辖，所以慧超在这里所"王及兵马突厥"，直接统治罽宾国的王室为沙系耶斯（Shāhiyas）这里所说的大城中的沙系寺即国王所造的佛寺。又如《悟空入竺记》中所载健陀罗国有特勒洒寺，突厥王子造也。"

　　迦毕试国的风土人情，玄奘《西域记》也有所记载，可与慧超所记相比较。

二八、谢颱国

又从此罽宾国西行至七日谢颱国。彼自呼云社护罗萨他那。土人是胡。王及兵马。即是突厥。其王即是罽宾王侄儿。自把部落兵马。住于此国。不属余国。亦不属阿叔。此王及首领。虽是突厥。极敬三宝。足寺足僧。行人乘法。有一大突厥首领。名娑铎干。每年一回设。金银无数。多于彼王。衣着人风。土地所出。与罽宾王相似。言音各别。

首行原件"西行至七日谢颱国""至"与"七日"倒置，应改"七日至"。三行原件"部落兵马住此于国"，此于二字倒置，并改正。

谢颱（Sagestan，Sadjestan），又称 Zawulistan。慧超此处所谓"彼自呼云社护罗萨他那"即 Javulasthāna 的对音。《西域记》作漕矩咤（Jaguda），玄应《一切经音义》作阇乌荼婆他那（Jagudavardana）。《隋书》作漕国。

《新唐书》卷二二一下有传："谢颱，居吐火罗西南，本曰漕矩咤，或曰漕矩，显庆（656—660年）时谓诃达罗支。武后（684—704年）改今号。东距罽宾，东北帆延皆四百里，南婆罗门，西波斯，北护时健（Zujdjin）。其王居鹤悉那（Gazna）城，地七千里，亦治阿娑你城（Guzra，Gusaristan）多郁金、瞿草，流泉灌田。国中有突厥、罽宾、吐火罗种人杂居。罽宾王取其子弟持兵以御大食，景云（710—711年）初，遣使朝贡，后遂臣罽宾。开元八年（720年）天子册葛达罗支颉利发尔为王。至天宝（742—755年）中数朝献。"上文中的诃达罗支及葛达罗支均为诃罗达支（Arodhadj）之误。鹤悉那《北史》中的伽色尼，《酉阳杂俎》卷一八二伽阇那国。多数学者比定为现今阿富汗伽兹尼附近的扎巴尔（Zabal），在喀布尔以南约一百五十五公里。

罽铎干头一字是衍文。《唐书》作达干（Tarkan，Darghan），突厥大臣称号。

二九、犯引国

又从谢飓国。北行七日。至犯引国。此王是胡。不属余国。兵马强多。诸国不敢来侵。衣着氍布衫皮球毡衫等类。土地出羊马氍布之属。甚足蒲桃。土地有雪极寒。住多依山。王及首领百姓等。大敬三宝。足寺足僧。行大小乘法。此国及谢飓等。亦并剪于髭发。人风大分与罽宾相似。别异处多。当土言音。不同余国。

犯引，中古波斯语（Pehlevi）作 Bamikan，梵语作 Bamiyana，（冯译伯希和《中国载籍中之梵衍那》，见《西域南海史地考证译丛》第一编）。《北史》作范阳国。《隋书》作帆延。《册府元龟》作范延。《西域记》作梵衍那，《新唐书》中有三个不同译名，帆延、望延、梵衍那。《旧唐书·地理志》作失苑延，"苑"当为"范"之讹。《唐会要》卷七三及《隋书》卷八三均作失范延，此字系该国古名 Ser-i-Bamikan 的对音。其地在今阿富汗首都喀布尔以西约一百五十英里的巴米安（Bāmiān），位于兴都库斯山麓。

《新唐书》卷二二一下有传："帆延者，或曰望衍，曰梵衍那，居斯卑莫运山之旁，西北与时护健接，东南距罽宾，西南诃达罗支，与吐火罗连境，地寒，人穴处，王治罗烂城。有大城四五，水北流入乌浒河，贞观（627—649 年）初遣使者入朝。显庆三年（658 年）以罗烂城为写凤都督府，缚时城为悉万州，授主蔔写凤州都督，管内五州诸军事。自是朝贡不绝。"上文中的罗烂城，又称罗蔔（Lahun）城。即 Ghulghula 流入乌浒河的水即昆都斯（Gundus）河。

梵衍那地势险峻，时序寒烈的情况，《慈恩传》上有较详记载："……入梵衍国，国东西二千余里，在雪山中，涂路艰危，倍于凌碛之地，凝云飞雪，曾不暂霁，或逢尤甚之处，则平途数丈，故宋玉称西方之艰，层冰峨峨，飞雪千里，即此也。"

当年玄奘法师到达此国时，曾受到国王和该国僧侣们的热情接待。玄奘所记该国高四百十五尺的大佛像，至今犹存（实测高三十五米）。阿富汗考古部门还在按照玄奘记载，对该地佛教古迹作进一步发掘。

三〇、吐火罗国

又从此犯引国。北行廿日。至吐火罗国。王住城名为缚底耶。见今大寔兵马。在彼镇押。其王被其王被逼。走向东一月程。在蒲特山住。见属大寔所管。言音与诸国别。共罽宾国少有相似。多分不同。衣着皮球氎布等。上至国王。下及黎庶。皆以皮球为上服。土地足驼骡羊马氎布蒲桃。食唯爱饼。土地寒冷。冬天霜雪也。国王首领及百姓等。甚敬三宝。足寺足僧。行小乘法。食内及葱韭等。不事外道。男人并剪鬓发。女人在发。土地足山。

"其王被"，三字重叠，应删后三字。

"皮球"当为"皮裘"之讹。

"食内及葱韭"，"内"为"肉"之讹。

吐火罗（Tokhara）既是国名又是种族名。

关于吐火罗国，《新唐书》卷二二一下有传："吐火罗，或曰土豁罗，曰睹货逻，元魏时谓吐呼罗者，居葱岭西，乌浒河之南，古大夏地。与悒怛杂处，胜兵十万……，其王号叶护，武德（618—626年）贞观（627—649年）时再入献，永徽元年（650年）献大鸟……俗谓鸵鸟……"

大夏相当于西方史籍中的 Bactria，原为公元前 3 世纪希腊人在中亚所建立的国家，公元前 255 年脱离希腊人的塞琉西王朝而独立。公元前 2 世纪上叶，大月氏为匈奴所败，被迫西迁后，过宛，西击大夏而臣之，又为月氏所征服。斯特拉波（Strabo）曾经提到公元前 140—130 年间渡药杀水（Yaxartes，即锡尔河）在 Bactria 建国的有 Asii，Pasiani，Tokhari，Sakaroul 等四个民族。东西方学者都曾对这四个民族进行过考证，意见相当分歧，其中马嘉特（Maquart）认为《史记》《汉书》中的大夏即 Tokhari 的对音或略译。岑仲勉也有相同的看法。这一意见是中肯的，也与上引《新唐书》卷二二一下，"大夏即吐火罗也"的记载相合。致于认为 Asii 和 Pasani 即大月氏的说法，在对音上很难解释，缺乏说服力。不过马嘉特与佛朗克等人都认为大月氏与吐火罗原先虽为两个不同的民族，后来都被迫西迁，征服大夏之后，逐渐融合成为一个民族，虽然他们二人对这两者西迁的路线又有不同的意见。

"大月氏国居蓝氏城。初月氏为匈奴所灭，西迁大夏。分其国为休密、双靡、贵霜、肸顿、都密凡五部翎侯。后百余岁，贵霜翎侯邱就却灭四翎侯，自立为王国，自号贵霜，侵安息，取高附地。"（《后汉书·西域传》）迦腻色迦王在位时，文治武功极一时之盛，可说是贵霜王朝的黄金时代。已见前述。在贵霜王朝隆盛时期，我国史籍中不提大夏、吐火罗，可能是当时吐火罗全境都归贵霜统治的缘故，如《魏略·西戎传》所谓"大夏国、高附国、天竺国皆属月氏"。

公元 2 世纪中叶波斯萨珊王朝开始进攻贵霜帝国。4 世纪时贵霜王朝受到波斯和印度笈多王朝的两面夹攻，日趋衰微。此后贵霜王朝统治下的吐火罗一名也开始出现于我国史籍。《魏书》作吐呼罗。《北史》及《隋书》作吐火罗。

嚈哒人进入中亚后，占领了吐火罗斯坦，贵霜人南迁，建立寄多罗（Kidara）王朝。

嚈哒人为了巩固其对吐火罗以及兴都库什山以北地区的占领，还对寄多罗继续用兵，迫使西迁，仅其残部还留在健陀罗，称为小月氏，《魏书·西域传》："小月氏国都富楼沙城，其王本寄多罗子也。寄多罗为匈奴所逐西迁，后令其子守此城，因号小月氏焉。"上文中所谓"匈奴"实指嚈哒，即白匈奴。

吐火罗斯坦与粟特（Sogdiana）是东西方陆上交通枢纽，无论在战略或东西方贸易上都占有重要地位。5 世纪下半叶嚈哒人占领这两处后，就以此作为基地，对波斯萨珊王朝进行过长达一百多年的战争，以争夺"丝绸之路"西段上贸易的霸权，并力图使波斯臣服。嚈哒人曾先后三次参与波斯王位废立的斗争。卑路斯（Peroz）仓惶外逃后，曾在嚈哒避难，并且还是借嚈哒兵力才夺取到王位，后又为嚈哒所败。

6 世纪中叶突厥勃兴，先攻灭蠕蠕（柔然），又击败嚈哒，突厥可汗"木杆勇而多谋，遂击茹茹（蠕蠕）灭之，西破悒怛（嚈哒）。"波斯王库思老（Khosru Anushiwar）誓雪祖父卑路兹败亡之耻，乃与突厥可汗联姻，合兵共击嚈哒。563—567 年嚈哒战败，国王被杀。吐火罗遂为西突厥室点密可汗的属地。

玄奘称突厥统治下的吐火罗斯坦为"睹货罗国故地"。《西域记》卷一二"出铁门至睹货逻国故地，南北千余里，东西三千余里。东扼葱岭，西接波剌斯，南大雪山，北据铁门，缚刍河中境西流，自数百年，王族绝嗣，酋豪力竞，各擅君长，依川据险，分为二十七国，虽画野区分，总属役突厥"。这二十七个国家即，案咀罗缚国、阔悉多国、活国、瞢健国、阿利尼国、曷罗夫国、讫栗瑟摩国、哂摩咀罗玺、钵利曷、钵铎创那国、淫薄健国、屈浪拿国、达摩悉铁帝国、咀密、赤鄂衍那、忽露摩、愉漫、鞠和衍那、护沙、呵咄逻、枸密陀、缚伽浪、讫露悉泯健、忽懔等。这些小国平日虽然各自为政，但与隋、唐交往时，仍以较高的叶护为代表并用吐火罗国的名义朝贡。所以《新唐书》及《册府元龟》的记载，隋、唐时吐火罗国曾先后遣使朝贡达二十次之多。

缚底耶（Bactria, Balkh），即大夏国都蓝氏城，《魏书·西域传》作薄提城，同书《嚈哒传》作拔底延。《续高僧传·达摩籍多传》作薄佉罗。《正法念处经》作婆佉罗。《大唐西域记》作缚喝。《大唐西域求法高僧传·玄照传》作缚竭罗。《新唐书·谢飓传》作缚底野。即现今阿富汗北部的巴尔赫（Balkh）。此城历史很古，原为亚历山大大帝东征时所建，后来成为大夏国都，也是该国的政治、宗教和商业中心。贵霜王朝时该地佛教兴盛，成为大雪山以北的佛教中心，故有"小王舍城"之称。嚈哒也似曾以此地为国都。《北史·嚈哒传》："其王都拔底延城，盖王舍城也。"

蒲特山即巴达克山（Badak-Shan），《西域记》作钵铎创那。

"国王首领及百姓等甚敬三宝"，七八世纪时，吐火罗境内仍有不少佛教徒。据《西域记》所载，仅缚喝国内"伽蓝百有余所，僧徒三千余人"。咀密国也有"伽蓝十余所，僧徒千余人"。当然也有信徒较少的地方，如安咀罗缚国只有"伽蓝三所，僧徒数十"。但，一般说来，佛教在该地仍然流行。吐火罗僧侣也有到中国弘法的。如洛阳龙门山至今还保存有景云元年（710年）吐火罗僧人宾隆的造像题记（原编号3—168）。吐火罗高僧寂友，在天授（690—692年）年间与康法藏等合译过《无垢净光陀罗尼》，事见《高僧传》三集卷二。

此外，必须指出，吐火罗人中也有摩尼教徒和景教徒，并曾来中国传教。如开元七年（719年）吐火罗国支漠王送来的解天文人大慕阇就是摩尼教的僧正（《册府元龟》卷九七一）。又在西安建立《大秦景教流行碑》的人就是吐火罗国巴黑里（缚喝）城密里斯（Milis）之子，长安总主教叶俟布锡德（Ycsbusid）。

三一、波斯国

又从吐火罗国。西行一月。至波斯国。此王先管大寔。大寔是波斯王放驼户。于后叛。便煞彼王。自立为主。然今此国。却被大寔所吞。衣旧着宽氎布衫剪鬓发。食唯饼肉。纵然有米。亦磨作饼吃也。土地出驼骡羊马。出高大驴氎布宝物。言音各别。不同余国。土地人性。受与易。常于西海泛舶入南海。向师子国取诸宝物。所以彼国云出宝物。亦向昆仑国取金。亦泛舶汉地。直至广州。取绫绢丝绵之类。土地出好细叠。国人爱煞生。事天。不识仏法。

"此王先管大寔，大寔……"，原件只写一"大寔"，大、寔下各有重文符号，今分写。

"放驼户"，"放"为"牧"之讹。

"受与易"，当为"爱与易"之讹。

伊朗人民与我国友好往还的历史相当悠久。早在公元前 2 世纪汉武帝时代，古波斯帝国而兴的帕提亚（parthia）的阿尔撒斯（Arsaces）王朝就开始和我国交往，我国古史中的安息即 Arsaces 一字的音译。张骞曾派遣副使至安息。当汉武帝的使者到达该国时，安息国王特遣二万骑兵远到距王都数千里的东部边界迎接，后来还派遣使者随汉使一道来参观中国的广大。东汉时班超又派遣甘英去安息访问。安息使者访华时班超还派他的儿子班勇护送这批使者入塞而至中国。《史记》和《汉书》都称赞安息的强大，前者说到达安息的汉使"过数千城，人民相属甚多"。后者说："其属大小数百城，地方数千里，最大国也。"

汉代安息和中国的交往可能比天竺还密切。《汉书》中有安息传而无天竺传足以说明这点。安息人对于促进中印文化交流的确起过相当作用。早期来华译经的高僧中就有好几位安息人。如汉桓帝时来华的安世高，据说是安息国王的太子。

他博学多才，在西域诸国很有声誉，来华后又通习中华语言，先后译出经论，凡三十几部。他的译文"义理明晰，文字允正，辨而不华，质而不野"。稍后的安玄，曾在我国作过骑都尉，他与佛调共译的佛经，被誉为"理得者正，尽经微旨，郢匠之美，见述后代"。

公元 3 世纪上叶，萨珊王朝代安息而兴。此后和我国有密切往还。汉语中波斯一名最早见于《魏书》。北魏孝明帝神龟（518—519 年）年间，波斯国遣使上书及贡物，国书上写道："大国天子，天之所生，愿日出处常为汉中天子，波斯国王居和多（Kobad）千万敬拜。"北魏朝廷派遣使者韩羊皮出使波斯；波斯王也遣使回访，并献调象及珍物。北魏时波斯曾向中国派过十次使节，《魏书·西域传》中也以波斯国传最为详尽。此后隋炀帝（605—618 年）时曾派云骑尉李昱出使波斯，该国也派使者随昱来华贡献方物。

唐代波斯与中国的关系更为密切。自唐太宗贞观二十一年（647 年）至代宗宝应元年（762 年）的一百一十五年间，波斯来华的使节计有二十八次之多。

在伊斯兰教兴起之前，阿拉伯半岛不仅东北一部分为波斯所统治。公元 575 年波斯皇帝应也门的希木叶尔古王朝赛义夫的恳请，派兵击溃统治南阿拉伯的阿比西尼亚人，不久，也门遂成为一个波斯省。7 世纪上叶伊斯兰教兴起之后不久，就以疾风暴雨之势迅速向外扩张，始而战胜拜占庭人，夺得了半岛北部的叙利亚等地，继而锋芒指向萨珊王朝，633 年有名的"锁链之战"已注定了波斯人的败局。636 年奈哈文德（Nehavend）之役更给波斯人以致命打击。阿拉伯人乘战胜余威迅速占领了波斯全境（边远一隅之地除外），这时阿拉伯人的情况正如《新唐书·大食传》所说："灭波斯，破佛林，南侵婆罗门并诸国……其地广万里。"也是慧超所记："此王先管大寔，大寔是波斯王放驼户，于后叛，便煞彼王，自立为主。"这段话的真实含义。

大寔，新旧《唐书》《经行记》《诸蕃志》均作大食。义净《大唐西域求法高僧传》作多氏，《继业行程》作大石，本为波斯人称呼阿拉伯人的名称 Taji 的译音。

波斯人自古长于贸易。早在阿赫门尼德王朝时，古波斯帝国的商业就很发达，货币经济井井有条，统一的货币统通于全国，加上交通设施完善，除主干的御道之外，还有其他道路，纵横交错，四通八达，这都促进贸易的发展。为了促进海外贸易，大流士一世（Darius I 521—485B.C.）不仅派遣小亚细亚的卡瑞安达人斯奇拉克（Scylax of Caryanda）率舰队沿印度河下驶入海，在印度洋上绕阿拉伯半岛航行了廿九个月而到达埃及；而且大流士还下令开凿，或修复，联系尼罗河与红海的古运河。

安息的商业也很发达。《史记·大宛传》称安息国："民商贾用车及船行旁国，或数千里"，《汉书·西域传》也说安息国"商贾车船行旁国"。

古代陆上的丝绸之路西段有相当长一部分还通过安息境内，罗马帝国与东方的丝绸贸易海陆两方面都为安息人所垄断。他们多方阻止甘英西去大秦。并一再阻碍大秦与中国的直接交往。《后汉书·西域传》说大秦国：'与安息天竺交市海中利有十倍……其（指大秦）王常欲通使于汉，而安息欲以汉之缯彩与之交市，故遮阂不得自达。"

代安息而兴的萨珊王朝对丝绸贸易也采取同一政策。为了争夺对这条横贯中亚的商道的霸权，波斯与嚈哒人曾进行过长达一个多世纪的苦战，也使嚈哒人三次介入波斯王位废立的斗争，不过嚈哒人在宫庭政变中并不那么成功，在控制丝绸贸易方面占上风的时间也不长。

突厥兴起后情况就大为改观。6世纪初突厥人以疾风骤雨之势，崛起于漠北，转瞬之间地广万里，西起里海，东至辽东，都是其纵横之地。6世纪末虽然分为东西两突厥，其势力仍不可侮。西突厥的强盛情况已见前述。昔日为嚈哒人所占据的领域几乎全归西突厥之手。

由于陆上的丝绸贸易受到突厥的阻挠，波斯人不能再把持一切，于是他们遂转而由海上直接来中国购买。以往波斯人是从师子国市场上来贩运丝绸的。

师子国是现今斯里兰卡的古名。我国古籍如《佛国记》《宋书》《梁书》及《新·旧唐书》均作师子国，系译自梵文 Simhaladvipa（或巴利文 Sihadipa），《西域记》音译为僧伽罗，也义译为执师子国。《孔雀王经》别译为私诃罗，竺枝《扶南记》《酉阳亲徂》别译为私诃条。阿拉伯人称为 Silan, Sirendib。宋以后著作，如《诸蕃志》中的细蓝、细轮叠，《宋史·注辇传》中的悉蓝地、西蓝山以及《明史》《星槎胜览》《瀛涯胜览》中的锡兰都是其对音。《元史》译为信合纳帖则是 Simhaladvipa 的对音。

斯里兰卡号称为印度洋上的珍珠。地当东西亚航线的中心。自古航运和海上贸易就很发达。柯斯马士（Cosmos Indicopleutes）的《基督教诸国风土志》说："因其地位适中，该岛是印度各地船只，以及波斯和埃塞俄比亚船只集中的处所。它同样也派遣许多自己的船只前往外国港口。它从中国以及其他东方市场获得丝绸、沉香、丁香、檀香和其他物品。然后再转售给西方港口，马拉巴尔，迦利阿那，信德，波斯和希腊以及红海中的阿杜拉。"师子国的海船很大也很多。西晋时法显从师子国东归时，就是乘坐该国可载二百余人的商人大船到达耶婆提，然后转船回国。唐李肇《国史补》："南海舶，外国舶也，每岁至安南，广州、师子国舶最大，梯而上下数丈，皆积宝货。"唐时金刚智来华时，也是在"师子国登舟，共三十五舟，一月至佛誓"。

波斯人在师子国市场上势力之大可由下述事实证明。据普洛柯比攸士（Procupius）的《波斯战纪》首卷的记载，拜占庭帝王查士丁尼（Justinian）曾遣使与奥克苏姆王国结盟。他要求埃塞俄比亚人"向印度人购买丝绸，转售给罗马人，从而可赚得大量金钱。这对罗马人也有好处，使罗马人不致再被迫把金钱送给他们的仇敌（波斯人）"。埃塞俄比亚人最初同意这样做，后来却表示无能为力："因为波斯人充斥于（锡兰）的每个港口。印度船一到，他们就把整船的货物都买下了，因为他们就住在印度的邻近。"住在邻近不是一个充足的理由。真正的原因是波斯人是老主顾，师子国人不敢和他们的对头交易，以免得罪他们。

萨珊王朝时波斯商人来华的很多，贸易额也很大。解放以来我国境内出土的萨珊王朝银币足以说明这点，不但其数量十分可观，而且出土点也分布很广，西至陕西，东达河北定县，南抵广东的英德与曲江。其中以卑路斯及其前王的银币为最多（详见夏鼐《中国最近发现的波斯萨珊朝银币》《青海西宁出土波斯萨珊朝银币》，二文均见夏鼐《考古学论文集》，科学出版社，1961年，北京）。鉴真大师东渡时曾在广州见到"江中有婆罗门，波斯，昆仑等帕，不计其数，并载香药、珍宝，积载如山"。又近年在新疆出土有许多丝织品，其中一些丝织物上的图案显然是波斯风格。这说明波斯人购买我国丝绸之多，才会有特别织出波斯人所喜爱的图案，以供专销该国之用。

即使大食兴起之后，在我国的波斯人仍然十分众多，而且在商业上力量也很雄厚。唐人小说和笔记中有不少描绘波斯商胡富豪的文字。李商隐的《亲纂》一书的《不相称》条中有"穷波斯，病医生"的句子，以贫穷与波斯人为名实不符的例证，足以说明他们在商业上获利之大了。在黑衣大食时代波斯人在政治上大为抬头，在商业和航运上也有举足轻重之势。唐人著作中往往波斯大食并称，下面两条记载足以说明来华的这类商人的众多。

一、《新唐书·田神功传》称肃宗上元元年（760年），神功攻下扬州时："大食，波斯贾胡死者数千人。"

二、《通鉴》卷二二〇："肃宗乾元元年（756年）九月，据广州所奏，'有大食，波斯围州城，刺史章利见逾城走，二国兵掠仓库，焚庐舍，浮海而去'。"

随着波斯与我国物质文化交流日益频繁，中国产品各品种传入波斯的很多，波斯传来我国的也不少。对此，有专书如劳费尔的《中国伊朗编》（Laufer: Sino-Iranica——现有林筠因译本）可资参考。

波斯人虽然信奉袄教，但不仅古代安息人甚至中世纪的萨珊王朝时，仍有一部分人信佛教。如玄奘访印时，波（剌）斯国仍有"伽蓝二三，僧徒数百，并学小乘教说一切有部法"。大食兴起之后，波斯全国均改奉伊斯兰教。所以慧超说该国人"事天，不识佛法"。

又，我国古籍中还有一个南海中的波斯，其地望在缅甸或马来亚，与慧超所记伊朗高原上的波斯不可混合为一谈。（可参考费琅《南海中之波斯》，见《西域南海史地考证译丛·续编》）

三二、大食国

又从波斯国。北行十日入山至大寔国。彼王不住本国。见向小拂临国住也。为打得彼国彼国复居山岛。处所极牢。为此就彼。土地出驼骡羊马叠布毛毯。亦有宝物，衣着细叠宽衫。衫上又披一叠布。以为上服。王及百姓衣服。一种无别。女人亦着宽衫。男人剪发在鬓。女人在发。吃食无问贵贱。共同一盆而食。手把亦匙筋取。见极恶。云自手煞而食。得福无量。国人爱煞事天。不识仏法。国法无有跪拜法也。

"彼国彼国"藤田本认为中间"彼国"断句。但我认为后一"彼国"二字衍，说见后。

"手把亦匙筋取"，"把亦"二字系倒置。

大寔，即大食，已见前述。唐、宋人著作中均称阿拉伯为大食（大石、多氏）。明代著作《瀛涯胜览》才开始出现阿剌壁，阿剌毕一名。早在伊斯兰教兴起之前，阿拉伯人已与我国有交往，汉代的使者甘英曾到达过条枝。东晋的法显曾在师子国见到过萨波商人。穆罕默德也要弟子远到中国去寻求智识。

唐朝立国之初。大食人也兴起于西亚。公元 571 年穆罕默德诞生于麦加。7 世纪初创立伊斯兰教。初期颇受迫害，公元 622 年（唐高祖武德五年）9 月 24 日穆罕默德被迫出奔麦地那，此举信徒们称之希志拉（Higira）。此后即成为回历纪元之始。麦地那时期伊斯兰教日益发展壮大。唐太宗贞观四年（630 年）初征服麦加。公元 623 年穆罕默德率朝觐团回归麦加城，同年 6 月 8 日与世长辞。

穆罕默德生前已统一阿拉伯半岛。他逝世后，在其继任的哈里发艾卜·伯克尔（Abu Bekr），欧麦尔（Umar ibn alkutab）的领导下，穆斯林进行了一系列胜利进军。如贞观八年（634 年）进军叙利亚，次年占领大马士革，637 年攻入波斯首都泰西丰。639 年 12 月进军埃及，643 年逼近印度边境。这就是前引《新唐书·大食传》所谓"灭波斯，破拂菻……南侵婆罗门并诸国"这段话所指。征服了肥沃的新月地区、波斯和埃及之后，大食人占有了西方最古老文明的发祥地的绝大部分。他们继承了这些地区古代文化的许多遗产，从而创造了灿烂的伊斯兰文化。这时西亚的大食，正如东亚的唐帝国一样是当时世界上最繁荣富强的国家。

欧麦尔之后，奥斯曼和阿里相继任哈里发，但统治时间都不久。公元660年穆阿威叶（Mu'ā Wiyah）被推为哈里发。次年定都大马士革，建立翁米亚王朝（Ummayad 661—750），即《唐书》中的白衣大食。此时，西起西班牙的比利牛斯山脉，东达印度河畔的信德，北抵乌浒河畔，南濒印度洋之间的广大领域均统一于哈里发之下，尤其是阿卜杜勒，麦立克及其四子统治时期，白衣大食之强大比之古波斯帝国的极盛时代，有过之无不及。

继之而建立的阿巴斯王朝（Abhasid 750—870），新、旧《唐书》中称之为黑衣大食，其领土虽然略有缩小（失去西班牙和北非部分领土），但经济文化却更为繁荣。

早在白衣大食建立之前，大食就已遣使来华，"永徽二年（751年），大食王啖密莫末腻始遣使者朝贡"（《新唐书·大食传》），"啖密莫末腻"即阿拉伯文Emir al-Mumenin的音译，意即"信从者之王"。是鄂托曼开始用的尊号，以后的哈里发也相沿使用。

慧超生活于白衣大食的后半期，相当于唐玄宗时代。这段时间大食与中国的交往颇为频繁。两国的关系有冲突的一面，也有友好的一面。冲突是由于大食向中亚扩张引起了和唐王朝在西域的势力的尖锐矛盾。大食人进军中亚时，这些国家受困而向唐朝求援的情况，慧超此书和我国史籍都有所记载。有两件事所引起的冲突尤为强烈，一是大食兵力直逼中国边境，总督哈查只曾命大将屈底波进军中国。据阿拉伯史家泰伯里（Tabari）等人记载，传说屈底波（Kutaiba ibn Mus-lim）在开元三年（715年）曾越过帕米尔高原，攻占噶什噶尔。他还发誓要亲践中国土地。不过此事被中国人以巧妙的外交手腕应付了。这虽然只是传说，但后来大食与吐蕃合谋夺取唐朝在西域的土地，却是事实。在受到严重威胁的情况下，唐王朝就再不能不出动兵力了。当时吐蕃在药杀水（Yaxartes）以兵助大食，大食也帮助吐蕃谋取四镇。《通鉴》开元三年（715年），"拔那汗者，古乌孙也。内附岁久，吐蕃与大食共立阿了达为王。发兵攻之，拔那汗王兵败，奔安西求救，孝嵩谓都护占休璟曰：'不救则无以号令西域'遂帅旁侧戎落兵万余人，出龟兹西数千里，下数百城，千驱而进。"又，开元五年（717年）："安西副大都护汤嘉惠奏，突骑施行大食吐蕃谋取四镇，围钵换及大石城，已发三姓葛逻禄兵与阿史那献击之。"此后，天宝六载（747年），高仙芝西征也不过是为了制止吐蕃与大食的联合，并维持由四镇经勃律、个失密入印度这条国际路线的畅通罢了。但后来主要矛盾却转变到大食与吐蕃方面。《旧唐书·大食传》："贞元中（8世纪末）与吐蕃为劲敌，蕃军大半西御大食，故鲜为边患，其力不足也。"

大食与唐朝的关系主要还是表现在友好方面。首先是与我国的交往十分密切。唐朝时大食派遣来我国的使者，有文献可考的就达三十七次之多。仅开元、天宝年间大食来华的使者共有十八次。唐朝对大食使者也十分重视与优待，有时还授以官职，如"开元十六年（728年）三月辛亥，大食首领提卑多等八人来朝，并授郎将，放还蕃。"（《册府元龟》卷九七五，下同），"开元二十九年（741年）十二月丙申，大食首领和萨来朝，授左金吾将军，赐紫袍金钿带，放还蕃。""天宝十二载（753年）七月辛亥，黑衣大食遣大酋望二十五人来朝，并授中郎将，赐紫袍，金带，鱼袋，放还蕃。"我国有内乱时，大食还出兵帮助平乱。《旧唐书·大食传》："自阿蒲罗拔（Abu-al-Abhas 750—754 在位）后，改为黑衣大食。阿蒲罗拔卒，立其弟阿蒲恭（茶）拂（Abu Jafar Abdullah al-Mansur）。至德初，遣使朝贡。代宗时为元帅，亦用其兵以收两都。"

慧超自印度经中亚至安西时，刚在屈底波的铁骑驰骋于河中府，卡西姆的三军横扫印度西北之后，这一战火纷飞的年代，因之，他的记载足以补中西史料之不足。

拂临，即菥菻，见于《隋书》卷六七《裴矩传》，卷八三《波斯传》，卷八四《铁勒传》。此名来源学者间聚讼纷纭，大别之可归纳为下列几类：

（1）英国的玉尔（Henry Yule），法国的沙畹（E. Chavaune），认为来自希腊对东罗马京城的称呼 Bolin。

（2）夏德（F. Hirth）认为此二字的古读为 Fut lam 或 Ptalam 应是 Bechlehem（伯利恒）的对音。

（3）法国的伯希和，日本白鸟库吉，均认为古代波斯人、阿拉伯人称罗马为 Rum，而波斯、突厥各族人发以 r 为首之音颇感困难，往往在其前加一元音 u 或 hu 遂成 Urum，Hurum，179 From 等。汉语菥菻是其讹转。

（4）俄人白莱脱胥（Breitschneider）、我国张星烺则认为是指法兰克人而言，波斯人至今仍称欧洲各国为 Farang "回教作家称全欧洲东罗马以外，悉为 Farangc 或 Afrange"（参考张著《中西交通史料汇编，第一册79—84页《菥菻原音考》。又，白鸟库吉《菥菻问题的新解释》——王古鲁译《塞外史地论文译丛》第一辑243—331页）。

笔者赞同上述的第三种意见。如是慧超书中的大菥临指东罗马本部，而小菥临则指小亚细亚——阿拉伯人称为 Biladal-Rum。我们不能同意福克司等人的看法，认为小拂临指东罗马所属的叙利亚。（Fuchs：Huei-Chaos Pilgerrcise durch Nord-west Indien und Zeutral-Asien. S.450.注 8）。因为这既不符合慧超的记载："自波斯北行十日入山……又小拂临国，西北傍海，即是大拂临。"——东罗马本部并不是叙利亚西北傍海，而且福克司也认为慧超所记的山是指陶鲁斯山（同上引 Fuchs 书）。大食人早在慧超之前八十多年就已攻下叙利亚了，633 年秋末开始进军，635 年 9 月攻下大马士革，此后即在 661 年白衣大食定都于此。并非在慧超当时才攻打下叙利亚。反之，白衣大食经小亚细亚大举进攻东罗马却在慧超之前开始，一直延续到他当时。

早在穆阿威叶生时，大食人就开始进攻东罗马。"穆阿威叶在袭击拜占庭方面所表现的热心与坚决，是后来的继任者所不及的。穆阿威叶曾将他强大的臂膀两次伸向敌人的首都。他屡次侵入鲁木国（Balid al-Rum，罗马人的领土即小亚细亚）的主要目的。当然是获取战利品，但是以攻占君士坦丁堡为长远的目标，也是可能的。侵略渐渐成为每年夏季的例行公事。而且成为阿拉伯军队保持强健身体和良好训练的手段。"（希提《阿拉伯通史》，马坚译本上册 229 页）白衣大食曾三次进攻君士坦丁堡。第一次是在唐高宗总章二年（669 年），第二次，即有名的七年战争，是在唐高宗咸亨五年至调露二年（674—680 年）之间进行的。这次战争期间阿拉伯人曾占领罗得岛和克里特岛。第三次，即对君士坦丁堡最后一次大围攻，是在苏莱曼任哈里发时期。此役从唐玄宗开元四至五年（716 年）8月—717 年 9 月。前此在白衣大食人中有一广泛流行的《圣训》（badith）说，将来有一个哈里发，他与一位古代先知同名，他要大举进攻君士坦丁堡。苏莱曼（Sulleyman）与所罗门（Solomon）同名，他认为自己就是《圣训》中所预言的那位英雄，因此他誓志攻下此城。他出动了大量部队，还配备了石油精和攻战用的特别炮队，从海陆两方面对君士坦丁堡展开猛烈围攻。由顽强的麦斯莱麦（Maslammah Ibn-'Abd al-Malik）担任指挥，他的卫队长卜杜勒、白塔勒（Aldul-lah al-Battal）尤其英勇顽强。此人阵亡后成为伊斯兰的民族英雄。三次对君士坦丁堡的进攻中以这次最为重大猛烈，传来哈里发的死讯时，阿拉伯人还加紧进攻。甚至新任哈里发阿各兹下命停止作战时，麦斯莱麦还很有"将在外君命有所不受"的精神，不于理会，继续进攻。虽然最后仍不得不奉命班师。这次战役进行，正当慧超赴印求法的前夕。他巡礼五天竺之后，归途经过中亚时（726—727年间），当然能闻知此事。所以，我们认为慧超所记大食王"见向小拂临国住也"，即指这次军事行动。原稿中有"为打彼国彼国复居山岛"。这句其中第二个"彼国"应是衍字，但弗克斯和藤田都只用逗号将两个"彼国"分为二句。这颇为不妥。因"彼国复居山岛"，显然文理不通，删去衍字，改成"为打彼国，复居山岛"，不仅文理通顺，而且也符合事实。山指陶鲁斯山（Taurus）而言。这是大食人进攻小亚细亚和君士坦丁堡的基地。"岛"不知是否笔误，如果原稿无误，可能指被大食人所攻下的东罗马岛屿。因为此次战役中大食人曾出动海军，包括由埃及派去的船队，使用海岛为基地是意料中事。再下一句原稿为"处所极牢"，"牢"即古牢字，而藤田却改此字为"罕"，福克斯则改为"窄"。均属不妥，因大食王的处所不会"极罕"，更不会"极窄"，我们认为原稿牢字无误。这是指大食人进军时堡垒而言。这些堡垒大都位于军事道路的交叉点，或位于峡谷的关隘上，属于内线的堡垒阿拉伯文称为关隘（awa-sim），外线的则称为要塞（thughur）。都是防卫坚固的营垒，险峻的陶鲁斯山的隘口被称为"西里西亚之门"，尤为有名，以"极牢"二字形容方为妥当。

慧超在这里所描绘的大食人生活，如"王及百姓衣服，一种无别"。"吃食无问贵贱，共同一盆而食"等，应是白衣大食建立之前和之初的社会情况。当时大食人还保持着游牧民族的古朴之风。如644年哈里发欧麦尔去耶路撒冷视察圣地时，还穿着褴褛的衣服。此事曾使奉陪他的希腊主教索福洛纽斯（Sophrunius）深受感动。又阿慕尔攻下亚历山大港之后，641年派人到麦地那给欧麦尔报捷时，他款待这位大将的信使也只是面饼和椰枣。可是定都大马士革之后，白衣大食人已受波斯影响开始习于奢侈和舒适，更不必说《天方夜谭》中所描写的巴格达的豪华场面了。

"国法无有跪拜法也"一事，新旧唐书《大食传》均有所记。《旧书》云："开元初遣使来朝，进马及宝钿带等方物。其使谒见，唯平立不拜。宪司欲纠之。中书令张说奏曰：'大食殊俗，慕义远来，不可置罪。'上特许之。寻又遣使朝献。自云在本国惟拜天神，虽见王亦无致拜之法。所司屡诘责之，其使遂依汉法致拜。"

三三、大拂临国

又小拂临国。傍海西北。即是大拂临国。此王兵马强多。不属余国。大寔数回讨击不得。突厥侵亦不得。土地足宝物。甚足驼骡羊马叠布等物。衣着与波斯大寔相似。言音各别不同。

———————

如前所述，拂临即拂菻，新旧唐书有传。《旧唐书·拂菻传》称："隋炀帝将通拂临，竟不能致。贞观十七年（643年），拂菻王波多林遣使献赤玻璃，绿金精等物。太宗降玺书答慰。赐以绮锦焉……乾封二年（667年），遣使献底也伽。大足元年（701年），复遣使来朝。开元七年（719年）正月，其主遣吐火罗大首领献师子羚羊各二，不数月又遣大德僧来朝贡。"

上引史料表明在7世纪时东罗马曾有使节来我国。8世纪初期大食对东罗马的进攻日益激烈，致使后者无法直接派遣使节来华了。开元初年当白衣大食围攻君士坦丁堡鏖战正酣之际，所以只好委托吐火罗首领权充使者了。这段时期河中府各地也受到大食人的进攻。705年屈底波就已攻下吐火罗斯坦及其首府巴里赫（即缚喝城）。开元七年这次很可能是委托同病相怜的吐火罗人共同向唐朝求援。开元六年吐火罗叶护之弟阿史特勒所上表文中可以窥见这一信息："本国缘接近大食吐蕃，东界又是四镇，仆罗兄每征发部落下兵马讨击诸贼，与汉军相知，声援应接在于边境。"（《册府元龟》卷九九九）。

至于贞观十七年派出使节的拂菻王波多力究竟是谁，各家颇多异说，如夏德认为是叙利亚大主教 Patriach 的对音。其解释颇为牵强（见朱杰勤译《大秦国全录》129—130页）。笔者赞同鲍梯的意见，认为波多力即罗马教皇 Papas Theodorus I）的讹转。乾封二年拂菻所贡的底也伽，《本草纲目》卷五〇作底野加。是一种解毒药物。其成分极为复杂，而且随时代而有差异，不过以鸦片为其主要成分。因此有人认为这是鸦片传入中国之始（上引朱译本121—122页）。

如前所述，大食人虽然三次围攻君士坦丁堡，却始终未曾攻下。东罗马并未臣服于大食。慧超所记："大食数回讨击不得。"一语完全属实。但《旧唐书·大食传》中却称："自大食强盛，渐凌诸国，乃遣大将摩拽伐其都城。因约为和好，请每岁输之金帛，遂臣属大食焉。"上文摩拽即摩阿威叶（Mü'awiyahibn-abi-Sufyan）。当他还是叙利亚长官时，就曾派兵攻打东罗马。并取得伊斯兰教的第一次大胜利。有名的"船桅之役"歼灭了东罗马的全部海军，以后又曾两次围攻君士坦丁堡。这些均证明《唐书》记载之欠确切。至于藤田说慧超"此传可正唐书之误"。一语则相当欠妥。因为，一，夏德的意见至少可以姑备一说。他认为这一都城指安都（Antioch）。该城于638年为大食人所围攻："此东方各城不得不纳贡以求保存生命及宗教自由，成为回教帝国的一省。"（上引朱译本131页）。二，《旧唐书·大食传》的记载并不排除摩阿威叶之后发生的事件，如782年东罗马的确曾向大食人纳款求和，当时哈里发的儿子哈伦进驻斯库塔利（Cecutari-Chryoopholis），摄政爱利尼皇后被迫乞和，答应每年向哈里发献贡品。

三四、安国　曹国　史国　石骡国　米国　康国

又从大寔国已东。并是胡国。即是安国。曹国。史国。石骡国。米国。康国等。虽各有王。并属大寔所管。为国狭小。兵马不多。不能自护。土地出驼骡羊马叠布之类。衣着叠衫裤等及皮球。言音不同诸国。

又此六国惣事火祆。不识佛法。唯康国有一寺。有一僧。又不解敬也。此等胡国。并剪鬚发。爱着白毡帽子。极恶风俗。婚姻交杂。纳母及妇妹为妻。波斯国亦纳母为妻。其吐火罗国。乃至罽宾国。犯引国。谢䫻国等。兄弟十人五人三人两人。共娶一妻。不许各娶一妇。恐破家计。

此六国中康国之名，最早见于《魏书·西域传》，称为悉万斤："悉万斤国，都悉万斤城，在迷密西，去代一万二千七百二十里。其国南有山，名伽色那（Ghazna）山，出师子，有使朝贡"。

隋唐时始称为康国。《隋书·康国传》："康国者康居之后也。迁徙无常，不恒故地，自汉以来相承不断。其本姓温，月氏人也，旧居祁连山北昭武城。因被匈奴所破，西逾葱岭，遂有其国。支庶各分王，故康国左右诸国并以昭武为姓，示不忘本也……都于萨宝水上阿禄底城……名为强国，西域诸国多归之，米国、史国、曹国、何国、安国、小安国、那色波国、乌那曷国、穆国皆归附之。"

《隋书》把康国与康居混为一谈的错误，显而易见，故为《唐书》所不取。但《唐书》却采纳了"昭武"之说。《新唐书·西域传》："康者，曰萨末鞬，亦曰飒秣建，元魏时所谓悉万斤者。其南距史百五十里，西北距西曹百余里，东南属米百里，北中曹五百里，在那密水（Zaraphsan）南，大城三十，小城三百，君姓温本月氏人，始居祁连北昭武城，为突厥所破，稍南依葱岭，即有其地。枝庶分王，曰安、曰曹、曰石、曰米、曰何、曰火寻、曰戊地、曰史。世谓九姓，皆氏昭武。"这种对"昭武"一词含义的解释显然是史臣想当然尔的说法。因为大月

氏西迁入大夏约在公元前 2 世纪中叶，到隋朝（581—618 年）已历时七百余年，子孙怎么还以远祖的原籍为姓呢？何况昭武城之设立晚在武帝开河西四郡之后，此时月氏早已西迁数十年之久了。不但《史》《汉》以及魏晋南北朝人著作中都没有提到大月氏姓昭武，亲履此地的玄奘、慧超也未提此事，《隋书》才突然出现这种说法，未免奇怪。不过关于此字的来源，各家又有异说。马嘉特认为昭武即贵霜国王钱币上的 "Kusana Javugasa"，后一字的主格 Javuga 乃贵霜王族名，此字在康国等地曾长期采用。白鸟指出 Javuga 乃《汉书》中的翎侯，即后突厥文的 Jab-gu（叶护），是官名，非族名。沙畹则认为此字即阿拉伯史家泰伯里《史集》中所记库恩老的继位者霍尔米兹德（Hormizd），在位时，率大军入侵波斯的突厥王名 Saba（schaba），此字在波斯文中作 Sawu，即昭武一字所本。白鸟库吉认为此字即突厥文"阙特勒碑"东面第 31 行 "alty ĉub sagdyq tapa s ülä dimiz（余等远征粟特之六昭武败之）"中之 ĉub，并认为可能是 ĉu（楚，素叶）ab（河）连合而成之字，是地名，也非族名。白鸟的说法虽不可作定论，但也可姑备一说。（见《康居粟特考》傅勤家译本 36—39 页）。亲身经历粟特地区的玄奘并未采用隋唐史书中关于昭武的说法。《西域记》卷一："飒秣建国，周千六七百里，东西长，南北狭，国大都城周二十余里，极险固，多居人，异方宝货，多聚此国，土地沃壤，稼穑备植……多出善马，机巧之技，特工诸国……"足征"昭武"城之说无稽。笔者赞同岑仲勉先生的意见，忽为"昭武"乃"叶护"的转音，本是官名，并非源出于昭武城，这一地名。

悉万斤、萨秣建、萨末鞬都是撒马尔罕（Samarcan, Semergent, Samarkand）的异译。——宋以后还有寻思干（《湛然居士集》《长春真人西游记》《元史》）薛迷思加，薛米思坚则译自突厥语的 Semizkent，辽金时又称该地为河中府。（《元秘史》）撒马儿罕（《明史》）等异译。"康"则译自伊朗传说中的 Kang，此名早见于祆教《圣亚维斯塔》经。

康国故城遗址在萨马尔干以北的阿弗拉西雅甫（Afrasiab）高原上。苏联考古学家曾在该遗址发掘，证明早在亚历山大东征时该地已有城市型居住地存在，并出土有城堡及长途十余公里的围墙。10 世纪时此城虽已衰微，但内堡尚完好，后为蒙古大军所毁，重建新城在故址以南三公里许，即现今萨马尔干。

元魏至唐初是康国强盛时期，所以《隋书》说它"名为强国，西域诸国多归附之。"玄奘也说："其王豪勇，邻国承命。"康国人又以善于经商著称。《隋书》说其国人："善商贾，诸夷交易多凑其国。"《新唐书》及《册府元龟》也有类似记载，如后者说："善商贾，争分铢之利，男子年二十，即远之傍国，来适中夏，利之所在，无所不到。"

康国与我国交往十分密切。元魏和隋朝都有使者来华，唐代更多，自武德七年（624年）至永徽中（650—655年）这段时期来华的康国使节见于记载的就达三十五次之多。该国国都内城的东门特称为"中国门"，这些都足以说明康国与我国的友好关系。又，唐高宗永徽时，曾以该地为康居督府，授该国王拂呼曼（Wahuman）为都督。

安国即现今布哈拉（Bokhara）。始见于《隋书·西域传》："安国者，汉时安息国也。王姓昭武氏，与康国王同族，字没力登妻，康国王女也。都在那密水南，城有五重，环以流水，……炀帝即位之后，遣司隶从事杜行满使于西域，至其国，得五色盐而返。国之西百余里，有毕国，可千余家。其国无君长，安国统之，大业五年（609年）遣使贡献，后遂绝焉。"《隋书》把安国与安息混为一谈，又是错误的。

《新唐书·西域传》中该国也有传："安者，一曰布豁，又曰捕喝，元魏谓忸密者。东北至东安，西南至毕，皆百里所。西濒乌浒河（Vaksu——现今阿姆河），治阿滥谧城，即康居小君长故地。大城四十，小堡千余，武德（618—626年）时，遣使入贡。贞观初（627—630年），献方物……其王诃陵迦又献名马。自言一姓相承二十二世云。是岁东安国亦入献，言子孙相承十世云。东安或曰小国，曰喝汗（Khakan），在那密水之阳，东距何二百里许，西南至大安四百里。治喝汗城，亦曰篯斤。大城二十，小堡百。"

《西域记》称安国为捕喝、中安国，称东安国为屈霜你迦（Kaśanika）。《唐书》中无西安国之名，但称为戊地。《西域记》则称之为伐地图，即前引《隋书·安国传》中之毕国（Betik）。

曹国，在元魏时已知之。《魏书·西域传》："色知显国，都色知显城，在悉万斤西北，去代一万二千九百里，土出赤盐，多五果。"色知显即瑟底痕（Is-tekan）的讹转。

隋时始称曹国。《隋书·西域传》："曹国，都那密水南数里，旧是康居之地也。因无主，康国王令子乌建领之。都城方三里，胜兵千余人……东南去康国四百里，西去何国五十里，东去瓜州六千六百里，大业中遣使贡方物。"

唐时曹国分为东、西、中三国。《新唐书·西域传》："东曹或曰率都沙那（Sutrushana）、苏对沙那、劫布呾那（Kapūtāuā）、苏都识那，凡四名。居波悉山之阴，汉贰师城也。东北距俱战提（Khodjanda）二百里，北至石，西至康，东北宁远，皆四百里许，南至吐火罗五百里……武德中，与康国同遣使入朝。……西曹者，隋时曹也。南接史及波览，治瑟底痕城。……武德中入朝。天宝元年（743年），王哥逻仆罗遣使献方物，诏封怀德王。即上言：'祖考以来，奉天可汗，愿同唐人受调发，佐天子征讨。'十一载（752年），东曹王设阿忽与安王请击黑衣大食，玄宗慰之，不听。中曹者居西曹东，康之北，王治迦底真城，工战斗。"

《西域记》中劫布呾那即指曹国，但另有窣堵利瑟那国即《唐书》中的率都沙那。

史国随时始通中国。《隋书·西域传》："史国，都独莫水（Kaska-rud）南十里，旧康居之地也。其王姓昭武，字逊遮，亦康王之支庶也。都城方二里，胜兵千余人，俗同康国。北去康国二百四十里，南去吐火罗五百里，西去那色波国二百里，东北去米国二百里，东去瓜州六千五百。大业中遣使贡方物。"

唐时该国又几度遣使来华，和我国关系也更密切。《新唐书·西域传》："史或曰佉沙（Kash，Kish），曰羯霜那（Kushana），居莫独水南，康居小王苏薤城故地。西北五十里距那色波，北二百里属米，南四百里吐火罗也。有铁门山，左右巉峭，石色如铁，为关以限二国，以金锢阖城。……国有城五百。大业中，其君逊遮始通中国，号最强盛。筑乞石城，地方数千里。贞观十六年（642年），君沙瑟毕献方物。显庆（656—661年）时，以其地为佉沙州，授君昭武失阿喝刺史。开元十五年（727年），君忽必多献舞女、文豹。后君长数死立，然首领时时入朝。天宝（742—756年）中诏改史为来威国。那色波为小史，盖为史所役属。居吐火罗故地，东扼葱岭，西接波剌斯，南雪山。"

由上引可知唐时该国领域有所扩大。以那色波（Nashab，Nasaf）为小史国已始于唐代。

《西域记》称史国为羯霜那，城址在距萨马尔干（康国）七十五公里处，为萨马尔干至巴里赫（缚喝）大道上的名城，即现今的碣石城（Kesh），是后来有名的帖木儿的诞生之地。他曾在此城大事修建并改名为绿城（Shar-i-Sabg），1403年克拉维约东使时，路过此城，其行纪中对该城之美丽富饶颇有描述（杨兆钧译《克拉维约东使纪》117页）。史国东界的铁门是中亚南下至印度的必经之地，是一夫当关，万夫莫过的险要隘口，玄奘及克拉维约均有记载。

《魏书》《隋书》及《新唐书》均无石骡国一名。因此对该国的比定，各家有不同意见。白鸟库吉认为石骡国即《新唐书》中的何国，但他实在说不出多大理由。同样福克司认为是Soghd（粟特，窣利），也很不妥，（Fuchs德译本慧超书451页注4）。因为石骡与窣利既不合对音，也不合事实。窣利乃是指一个地区，而不是一个国家，即玄奘所谓："自素叶水城，至羯霜那国，地名窣利，人亦谓焉。"

我们认为骡是一衍字，石骡国或为石国之讹。因《隋书》称："其王姓石，名涅国。"石国即现今塔什干，北魏时称为者舌，《魏书·西域传》："者舌国故康居国，在破洛那西北，去代一万五千四百五十里。太延三年（437年），遣使朝贡，自是不绝。"

隋代始称石国，《隋书·西域传》："石国居于药杀水。都城方十余里，其王姓石名涅，……其俗善战，曾贰于突厥，射匮可汗与兵灭之，令特勒甸职摄其国事。南去拨汗六百里，东西去瓜州六千里。甸职以大业五年（609年）遣使朝贡，共后不复至。"

《新唐书·西域传》："石或曰柘支（Cać, Śaś），曰柘析，曰赭时，汉大宛北鄙也。去京师九千里，东北距西突厥，西北波腊，南二百里所抵俱战提，西南五百里康也，周千余里，右涯素叶河。王姓石。治柘析城，故康居小王窳匿城也。西南有药杀水（即现今锡尔河）。入中国谓之真珠河（Ajak-tash）亦曰质河。东南有大山，出瑟瑟，俗善战，多良马。隋大业初，西突厥杀其王，以特勒匐职统其国。武德（618—626年）、贞观（627—649年）间，数献方物。显庆三年（658年），以瞰羯城为大宛都督府，授其王瞰土屯摄舍提于屈昭穆都督。开元初封其君莫贺咄吐屯（Bagatudum）有功，为石国王。二十八年又册顺义王。明年王伊捺吐屯屈勒上言，'今突厥已属天可汗，唯大食为诸国患，请讨之'，天子不许，天宝初，封王子那俱车鼻施为怀化王，赐铁券。"

《大唐西域记》中称为赭时国。并称其"国千余里，东西狭，南北长，土宜气序，同笯赤建国，城邑数十，各别君长，都无总主，役属突厥"。杜环《经行记》称为赭支。总之者舌，柘支，柘折，赭时，赭支等均为译音，粟特语作čač，波斯语作Chash, jaj，阿拉伯语作Shash，突厥语作Tash，即"石"之义，塔什干义即石城。但此城的音译名称保留得最久。直至元代仍作察赤（《元史·西北地附录》），《明史》始作达失干，《清史》作塔什罕。此城为中世纪中亚有名大城市。其地址在锡尔河（Sir-Daria，即药杀水）支流巴拉克（Parak）河流域。

米国。北魏时称迷密。《魏书》中虽无该国传，但北魏使者去迷密中途的摩崖题铭，不久前已在巴基斯坦北部发现。

隋时始称米国。《隋书·西域传》："米国都居那密水西，旧康居之地也。无王。其城主姓昭武。康国王之支庶，字闭拙，都城方二里，胜兵数百人。西北去康百里，东去苏对沙那国五百里，西南去史国二百里，东去瓜州六千四百里，大业中频献方物。"

《新唐书·西域传》："米或曰弥末，曰弥莫贺。北百里距康，其君治钵息德城，永徽时（650—655年），为大食所破。显庆三年，以其地为南谧州，授其君昭武开掘为刺史，自是朝贡不绝，开元时献璧、舞筵、师子、胡旋女。十八年（730年），大首领末野门来朝。天宝初封其君为恭顺王，母可敦郡夫人。"

《大唐西域记》作弥秣贺。

弥末、弥莫贺、弥秣贺均为 Maimargh 的译音。米国是其简称。其确切地址颇难考定。不过多数学者均比定为现今的 Guma'abazar。

"虽各有王，并属大食所管"。白衣大食的哈里发阿卜杜勒·马立克（685—705年）在位时，大食帝国的领域大于极点。他的军事上的胜利，在东方主要归功于哈贾兹·伊本·优素福（Hajaj, Ibn-Yusuf）。这位总督以残酷，嗜杀著称。他刚到库法时的一段讲话，足以表明他的性格："库法的人民啊！我确信我看见许多头颅已经成熟，可以收割了。我就是收割的人。我彷佛看到头巾和下额之间热血在流。"哈贾兹先后讨平的希贾兹、也门和伊拉克等地内乱之后，就开始向东方进军。他派遣了两员大将，一是卡西姆远征印度，已见前述，另一个即进军中亚的屈底波。他于唐中宗神龙元年（705年），征服吐火罗及其首府巴里赫（缚喝）。神龙二年至景龙三年（706—709年），征服粟特地区的安国（Bokhara）及其附近各地。当屈底波回师至木鹿时，突厥默啜可汗曾率二十万人来攻，但为大食人所败。景龙四年至睿宗太极元年（710—712年）征服康国及其以西地区，如石国及花刺子模。玄宗先天二年至开元三年（713—715年），其远征军还深入拔汗那（Ferghana）。因为712年屈底波攻康国时，该国王乌勒伽（Ghurek）曾向石国和拔汗那等求救，这些国家派兵前往援助，均为屈底波所败，遂相继降服于大食。

大食人的进攻是猛烈的，征役也是繁重的。对此，这些国家上唐朝的表文中有明确记载。如开元七年（719年）二月安国王笃萨波提（Tugshada）遣使上表论事曰："臣笃萨波提言……自有安国以来，臣种族相继作主不绝，并军民等赤心奉国，从此年来被大食贼每年侵扰，国土不宁，伏乞天恩滋泽，救臣苦难，仍请救下突厥施令救臣等，臣即统领本国兵马，计会翻破大食……"（《册府元龟》卷九九九，下同）。

"又此六国总事火袄，不识仏法"。火袄教，又称拜火教，欧美称之为琐罗亚斯特教（Zoroastrianism），因其教主琐罗亚斯特（苏鲁支）而得名，在该教圣典《圣·阿维斯塔经》（Zend-Avesta）中关于此人的生平充满种种神奇的传说，其生年就有公元六千年，一千四百年，一千年等三种不同的说法。这当然是无稽之谈。根据希腊古典作家的记载，他生活年代可能在公元前1000—600年之间。据说他早岁孤苦，贫困潦倒。三十岁时受天神阿修罗·马兹达（Asura Mazda）感召，赋与先知使命，于是开始传播其教义，其教团组织颇有军事性质。经他十余年的热心宣传，大约在四十二岁时，终于得到波斯国王韦斯塔斯巴（Vistaspa）及其御弟信仰。教遂大为发展，在此期间琐罗亚斯特还娶大臣之女为妻，生有三子三女。他的卒年，《圣·阿维斯塔经》并未记载。教外典籍则称其死于土蓝人（Tarianian）之手，可能是在猛攻缚喝（巴里赫）城的战斗中阵亡，享年七十七岁。

由于该教典籍散佚，火祆教在古波斯帝国传播的情况不详。不过古代希腊作家对该教颇为注意，据说柏拉图曾有心去波斯研究该教，后因波希战争爆发而作罢。

在亚历山大大帝击溃古波斯帝国之后，以及安息统治时期，火祆教颇受压抑，直到公元后 3 世纪萨珊王朝崛起时，该教才复兴。阿尔德西尔一世（Ardeshir I）是该教的虔诚信徒，并定火祆教为国教。随着萨珊王朝的扩张，火祆敬遂广泛流传于中亚各地。我国典籍对此也有所记载。如《旧唐书》卷一九八"波斯国俗事天地、日月、水、火诸神，西域诸胡事火祆者，皆诣波斯受法焉。其事神以麝香和苏，涂须点额，及于耳鼻以为敬。"（《唐会要》卷一〇〇，《太平寰宇记》卷一八五也有同样记载）。

从公元 3 世纪直至伊斯兰教兴起之前，火祆教在西域各地势力相当大，流行的区域甚至远到我国新疆地区。"滑国，其国事天神火神。"（《梁书》卷五四，《南史》卷七九）

"康国祠祆神。"（《新唐书》卷二二一下）

"孝德国，界周三千余里，举俗事祆，不识佛法，有祆祠三百所。"（《西阳杂俎，卷四）

"疏勒国俗事祆神。""于阗国好事祆神。"（均见《旧唐书》卷一九八），突厥人虽也事火，但其来源与祆教不完全相同（参考蔡鸿生《论突厥事火》，《中亚学刊》第一辑）。

随着波斯与我国的交往，火祆教也传入汉族地区。《魏书》卷一〇二："波斯国俗事火神天神。神龟中其国王居和多遣使上书贡献物。"于是北朝帝后中开始有人信奉，如北魏灵太后曾率宫人及大臣数百人奉祀该教天神。唐朝对祆教也相当尊重，长安及洛阳均有祆祠多处。如章述《两京新记》卷三："西京布政坊，西南隅祆祠。"又宋敏求《长安志》卷七："靖恭坊，街南之西祆祠。"又《两京城坊考》卷五："东都会节坊，祆祠……立德坊，胡祆祠。"潮州、沙州甚至江南的镇江也有祆祠。

在华的火袄教徒似乎未曾翻译该教经典（因为在敦煌遗书中景教、摩尼经典译本，均有残存，唯独无袄教经典）。可能由于其信徒大都是来华的西域人士，汉人信徒并不太多的缘故。

伊斯兰教兴起，大食人灭亡波斯之后，火袄教受到毁灭性打击，仅有部分人逃往印度，散居各地，不过大部分在孟买，称为帕尔西人（Parsis）。他们在印度金融界有相当雄厚的势力。

"婚姻交杂，纳母及姊妹为妻"。6世纪时波斯有此风俗，传说大都是火袄教徒。又据马素地称这是摩尼教徒的风俗。突厥人也有此风俗，见于《周书·突厥传》"……父伯叔死者，子弟及侄等妻其后母，世叔母、嫂。唯尊者不得下淫。"

至于一妻多夫制古代在中亚颇为流行，不仅限于一个民族中。如《隋书·西域传》："吐火罗国……兄弟同一妻，迭寝焉，每一人入房，户外挂其衣以为志，生子属其长兄。"又《魏书·西域传》："嚈哒国，大月氏之种类也。……凡风俗与突厥同。其俗兄弟共一妻。夫无兄弟者，其妻戴一角帽，若有兄弟者，依其多少之数，更加角焉。"又《通典·吐火罗条》："……多男少妇人，故兄弟通室，妇人五夫，其首戴五角，十夫戴十角，男子无兄弟者，则与他人结为昆季，方始得有妻，不然终身无妇矣，生子属其长兄。"

突厥人也有此俗。崔令钦《教坊记》："儿郎既娉一女，其香火兄弟多相奔，云学突厥法。"虽然崔令钦所记是从反方向来说的，但也足以证实突厥人有此风俗。

窣利地区的这类风俗，除慧超外，《隋书·西域传》也有记载："安国……风俗同于康国，唯妻其姊妹，及母子递相禽兽，此为异也。"

印度古代也流行过一妻多夫制，如大史诗《摩诃婆罗多》中的主角，般度五弟兄就共同娶黑公主为妻。

三五、跋贺那国

又从康国已东。即跋贺那国。有两王。缚又大河当中西流。河南一王属大
寔。河北一王属突厥所管。土地亦出驼骡羊马氈布之类。衣着皮裘氈布。食
多饼魦。言音各别。不同余国。不识仏法。无有寺舍僧尼。

"缚又大河"中"又"当为叉之讹。

缚又，《西域记》作缚刍。即现今阿姆河（Amu-daria）。此处恐慧超记载有
误，流经该处之大河为药杀水，即锡尔河。

跋贺那，即古代的大宛，现今的费尔干（Ferghana）。《史记》和《汉书》中
都有《大宛传》。魏晋时，仍称该国为大宛，如《三国志·魏志》裴注引《魏略》：
"自是以西，大宛、安西、条枝、乌戈，乌戈亦名排持，此四国在西本国也，无增
损。"关于大宛一名的对音，各家考证，聚讼纷纭。详见岑仲勉《汉书西域传地理
校释》281—301页，兹不具引。又，在《魏略》中开始出"拔汗"一名。

元魏时改称（破）洛那。隋代称为钹汗国。唐代称为拔汗那，又称宁远。
《新唐书·西域传》："宁远者，本拔汗那，或曰钹汗。元魏时谓破洛那。去京师八千
里，居西鞬城，在真珠河之北。有大城六，小城百，人多寿。其王自魏晋相承不
绝……贞观中王契苾为西突厥啖莫贺咄所杀。阿瑟那鼠匿夺其城。鼠匿死，子遏
波之立契苾兄子阿了参为王，治呼闷城，遏波之治渴塞城。显庆初（656—657年），
遏波之遣使朝贡，高宗厚慰谕。三年（658年）以渴塞城为休循州都督府，授阿
了参刺史，自是岁朝贡。玄宗开元二十七年（739年），王阿悉烂达干（Arslan
Targan）助平吐火仙。册封奉化王。天宝三载（744年），改其国号宁远。帝以外
家姓赐其王曰窦，又封宗室女为和义公主，降之。十三载，王忠节遣子薛裕朝。
请留宿卫，习华礼，听之，授左武威将军，其事唐最谨。"上文中的西鞬城，沙
畹、藤田和岑仲勉均比定为 Akhsikhath，Akhsikant，在真珠河北。渴塞城，多数

学者比定为 Kasan，即汉代的贵山城，岑仲勉则以为仍是 Akhsikath，这似乎太牵强了。呼闷城即俱振提（Khodjande）。

由上引可知唐代拔汗那与我国关系之密切。该国曾帮助唐朝讨平吐火仙。在该国遭受侵略时，唐朝也曾出兵援救。《通鉴》卷二："开元三年（715 年）乙卯。拔汗那者，古乌孙也。内附岁久，吐蕃与大食共立阿了达为王。发兵攻之。拔汗那兵败，奔安西求救，孝嵩与都护吕休璟曰：'不救则无以号令西域。'遂帅傍侧戎落兵万余人，出龟兹西数千里，下数百城，长驱而进，是月攻阿了达于连城。孝嵩自擐甲督士卒急攻，自巳至酉，屠其三城。俘斩千余级，阿了达与数骑逃入山谷，孝嵩传檄诸国，威振西域。"

《西域记》中作怖捍，并说该国"自数十年，无大君长，酋豪力竞，不相宾服。"可知隋末唐初该国已相当混乱。又据上引《新唐书·拔汗那传》在玄奘刚离中亚，契苾死后该国即已分裂，渴塞城与呼密城各有一王。开元初年（713—715 年）白衣大食主将屈底波远征药杀水各地区，也征服过拔那汗，慧超所记"河南一王，属大食"，可能就是屈底波所立。在中国的帮助下，该国才开始恢复元气，天宝末年曾经过该国的杜环，在其《经行记》上说拔那汗国："城有数十，兵有数万。"

明、清时代则称此地为霍罕、浩罕。

三六、骨咄国

又跋贺郍国东有一国。名骨咄国。此王元是突厥种族。当土百姓。半胡半突厥。土地出驼骡羊马牛驴蒲桃氍布毛毯之类。衣着氍布皮袭。言音半吐火罗半突厥。半当土。王及首领百姓等敬信三宝。有寺有僧。行小乘法。此国属大寔所管。外国虽云道国。共汉地一个大州相似。此国男女剪须发。女人在发。

"男女剪须发"之"女"字应为"子"字之讹，或为"人"字之讹。

骨咄（Khottal），《册府元龟》作骨吐。《西域记》作珂咄罗。在护沙河（Wakshab Sarkhab）与潘吉河（Pandj）之间。其主城为个罗勃（Kulab）在今杜尚别市东南。

《新唐书·西域传》："骨咄或曰珂咄罗，广长皆千里。王治思助建城。多良马赤豹，有四大盐山，山出乌盐。开元十七年（729年），王俟斤遣子骨都施来朝。二十一年，王颉利发献女乐，又遣大首领多博勒达干朝贡。天宝十一载（752年），册其王罗全节为叶护。"

《西域记》卷一："珂咄罗国，东西千余里，南北千余里，国大都城，周二十余里，东接葱岭至拘谜陀国。

《册府元龟》卷九六五还录有天宝十一载册封骨咄国王文，因为大食人曾多次诱降，骨咄国王罗全始终不肯，玄奘对他十分嘉奖，特别授他骠骑大将军，并册封为叶护。《新唐书·乌苌国传》也记载过此事始末，"大食与乌苌东部接，开元中数诱之，其王与骨咄，俱位二王不肯臣，玄奘命使者册为王"。唐朝还以该地为高附都督府。《新唐书·地理志》："高附都督府以骨咄施沃沙城置。"沃沙城《西域记》中称镀沙国。镀沙河上的拉瓦干德（Lavakand），在今库尔干土别（Kurghen

Tube）以西十公里处（沙畹则认为在其以北一日程）。

"王及首领百姓，大敬信三宝，有寺有僧，行小乘法。"直至 8 世纪上叶，河中地区虽然火袄教很盛行，但仍有佛教徒，屈底波征服药杀水上各国时，大肆毁坏佛寺，并且他还亲手焚毁过一些佛像，这也仅仅使少数佛教徒改宗。据阿拉伯作家记载，直到哈里发欧麦尔二世同意当地居民信奉伊斯兰教后不再交纳贡税，这时才有大批中亚佛教徒改宗伊斯兰教。慧超此处所记与阿拉伯的巴罗杜里（Baladhuri）正可相互印证。

三七、突　厥

又从此胡国已北。北至北海。西至西海。东至汉国。已北惣是突厥所住境界。此等突厥不识仏法。无寺无僧。衣着皮球毡衫。以虫为食。亦无城郭住处。毡帐为屋。行住随身。随逐水草。男人并剪鬓发。女人在头。言音与诸国不同。国人爱煞。不识善恶。土地足驼骡羊马之属。

"女人在头"，"头"乃"发"之讹。

　　慧超此处所记是衰微时期的突厥。在东西突厥尚未分裂前，特别是 6 世纪中叶，突厥势力极为强大。北灭蠕蠕，南则操纵北朝诸国之争，西则与波斯共灭嚈哒，并杀其王。此时突厥领域，斥地万里，东起辽东，西达乌浒河北之铁门，皆为其纵横驰骋之地。即使在 6 世纪下叶，东西突厥分离之后，其势力仍然不小，如大业十一年（615 年）隋炀帝北巡雁门时毕始可汗就攻下雁门郡四十一城中的三十九城，并围困炀帝于雁门一月有余，求救于义城公主，始毕可汗才解围而去。唐朝建立之初，李渊也不得不臣事突厥。武德年间颉利可汗凭借其强大兵力屡次入寇中国，几乎使唐高祖要焚长安而去。唐太宗即位时，颉利可汗又陈大军十万于渭水之上，使太宗不得不亲自出马，隔渭水与颉利抗辩，东突厥侵犯唐王朝时，西突厥也很强大。特别是有勇有谋的统叶护可汗在位时期，"北并铁勒，西拒波斯，南接罽宾，悉归之，控弦数十万，霸有西域，旧据乌孙之地，又移庭于石国北千泉，其西域诸国王悉受颉利调发，并遣土屯一人监统之，督其征赋，西戎之盛，未之有也。"（《册府元龟》卷一千）。玄奘法师在素叶城会见统叶护可汗时，正当西突厥强盛的顶点。试读《慈恩传》卷二所描绘的情况不难想见这位可汗的声威。可是在玄奘法师正向印度河迈进时，重大事件就已发生。贞观四年（630年）李靖大破东突厥，生擒颉利可汗。东突厥余众归降。
　　西突厥内部本来就不大团结，自统护叶可汗为其伯父所杀后，分裂之势已成。

热海（依塞克湖）以东为咄陆五部所构成的左厢。热海以西则为弩失毕五部所构成的右厢。唐王朝遂利用两者间的矛盾，各个击破，唐太宗时已逐渐掠取了西突厥在西域的属国，如高昌、焉耆、龟兹、于阗等等，相继设为州府，从而将西突厥大为削弱，唐高宗又完成其父的未竟大业。早在太宗贞观二十三年（649年）就以贺鲁为瑶池都督。高宗即位时贺鲁就叛变西走，强行并弩失毕五部落，自立为可汗，于是引起战端。永徽三年（652年），唐朝与回纥合兵先后攻破处月部以及其西的处密部，次年罢瑶池都督府，以处月部置金满州，隶属北庭。显庆元年（656年）又攻破葛逻禄、突骑施、处木昆等部。次年大败贺鲁于伊犁河北，他逃奔石国为苏咄城主俘虏。显庆三年石国人把贺鲁送给唐王朝，唐高宗虽然历数他五大罪，但并没有杀害他。次年（659年）斩真珠业护于双河。此后西突厥全境都归属唐朝，并在其地设置州府，其中碎叶河以西为蒙池都督府，管理弩失毕五部落，碎叶河以东为昆陵都护府，管理咄陆五部，两者都隶属于北庭都护府，其东西域各国则隶属于安西都护府。此后乌浒河至印度河之间的地区也设置都督府。《旧唐书》卷四〇，安西都护府："龙朔元年（661年）西域吐火罗国款塞，乃于于阗以西，波斯以东，十六国皆置都督，督州八十，县一百一十，军府一百二十六，仍立碑于吐火罗以志之。"此时唐朝威望无与伦比，诚如《通鉴》卷二〇一所谓："东自高丽，西至波斯、乌苌诸国，朝会者各帅其属扈从。"

唐朝虽然平定西突厥，并在该地设置都护府，可是却未占领这些地区，仍以该族人为都护，如以阿史那弥射任昆陵都护，并封为"兴昔王可汗"，阿史那步真为濛池都护，并封为"继往绝可汗"。

自西突厥帝国破灭后，一直未能恢复统一，其势力也从未超出药杀河以外。突厥人此后未能复兴的原因可说由于他们的一个致命的弱点，即内部经常兄弟阋墙所造成。

突厥各部之间经常自相残杀，结果往往是两败俱丧。如上述阿史那弥射与阿史那步真两人就素来不和睦，龙朔二年（662年），他俩人随从鼬海道总管苏海政进军讨龟兹时，步真就诬告弥射谋反，并利用苏海政的官僚主义而杀害了他。弥射被害后，诸部离心，鼠尼施、拔塞干两部就叛离而去。同样由于上述原因，7世纪末一度复兴的东突厥也仅仅昙花一现。唐高宗末年、武后初年颉利可汗的族人骨咄禄（颉跌利施）可汗崛起于东突厥故土，先后出征四十七次，亲历二十余战，重振鄂尔浑河畔突厥帝国的声威。武后天授二年（691年），骨咄禄死，其弟默啜可汗继位，也是一位强有力的统治者，除新旧《唐书》外，突厥文的暾欲谷碑铭与阙特勒碑铭，对其武功有较详尽的记载。他不仅统一东突厥，并有西突厥十姓部落，而且还力图扩张其势力于中亚。他曾两次远征：如前所述，第一次远征（约701年）讨伐六姓昭武及粟特时为大食人所败，第二次（约712年）"为组织粟特部族，吾等趁珍珠河而远至铁门"。虽然曾掠得一些财产和人口，仍以失败而告终。除大食人的反击外，内部的叛乱也是突蹶人失败的原因之一。因为阙特勒碑铭紧接上引之后就说："厥后突骑施众叛，向康里（Kängäräs）逃去，我各地驻军无马复无粮给；彼等是恶人……攻吾等者勇士也。"

默啜晚年时突蹶人的内部矛盾更为激化，《新唐书·突蹶传上》说他："年既老，愈昏暴，部落怨叛。"原来属于西突厥的"十姓左五咄陆，右五弩失毕，俟斤皆请降。"最后他终于死在叛乱部落之手。《旧唐书·玄宗本纪》：开元四年（716年）六月"突厥可汗默啜为九姓拔也固所杀，斩其首送于京师"。

西突厥受到摧残是严重的。《通鉴》卷二〇四称武后天授元年（690年）冬十月："西突厥十姓，自垂拱（685—688年）以来为东突厥所侵，散亡殆尽，蒙池都护继往绝可汗斛瑟罗，收其余众六七万人入居内地。拜右卫大将军，改号竭忠事主可汗。"西突厥人的内附并不止一次。如玄宗开元二年（714年）九月"胡禄屋阙及首领一千三十人来降。胡禄屈二万帐诣北庭内属"（《册府元龟》卷九七七）。次年二月，"突厥十姓部落，左厢咄陆五啜，右厢五弩失毕、五俟斤等各率其众自突厥相继内属，前后二千余帐"。（出处同上引）

西突厥十姓部落除归附唐朝而内迁的以外，散处故地的为数仍然不少。所谓十姓，即咄陆部的五啜、处木昆律、胡禄屋阙、摄舍提暾、突骑施贺逻施、鼠尼施处半。弩失毕的五俟斤：阿悉结阙俟斤、哥舒阙俟斤、拔塞干暾沙钵俟斤、阿悉结尼孰俟斤、哥舒处半俟斤。默啜强盛时也曾一度把散漫的十姓部落组织起来，归他儿子统属。"复立咄悉匐为左察（Tölissad），骨咄禄子为右察（Tarduś-sad），皆典兵二万，子匐俱为小可汗，位两察上，典处木昆等十姓兵四万，号拓西可汗。"可是默啜昏暴，不能团结各部，他还未死，十姓中的胡禄屋、鼠尼施、葛逻禄等部已经归降唐朝。默啜一死西突厥各部更为分崩离析。仅以其中突骑施一部为例，就足以说明其内部的自相残杀与对外失策的严重后果了。

突骑施最初本来由斛瑟罗统帅。他的部众削弱后，遂为乌质勒取而代之。景龙二年（708年），唐朝封他为西河郡王。他死后，由其长子娑葛统率其部众。可是其弟遮弩却憎恨自己分得的部落较其兄为少，因此叛投默啜，充当向导，进攻其兄。默啜留下遮弩，另自派兵两万进攻并俘虏了葛娑。班师归来后，对遮弩说："汝于兄弟尚不和协，岂能忠心于我？"然后把这两弟兄一并杀掉。默啜回师之后，葛娑手下的部将苏禄鸠集余下的部众自立为可汗。起初他还能团结众人，十姓部落逐渐归附他，一度拥有部众二十万，称雄于西域。唐朝对他多次安抚，先后封过他为左羽林军大将军，继而封为特勒。玄宗开元七年，还封为忠顺可汗。开元十年（722 年）又立史怀道女为金河公主嫁给他。对他可谓宽厚了。但后来他对内对外都一再失策，不仅以怨报德，多次出兵劫掠安西四镇所贮备财富人畜。更严重的失策是对大食的问题，大食人多次击败突厥，铁门以北，药杀水以南，原先西突厥的属地均为大食人所征服。苏禄却不去联合十姓部落，抗拒大食，收复失地。甚至开元十五年（727 年），吐火罗受到大食侵略压迫，要他援助时，他仍按兵不动。反之，他却暗地勾结大食和吐蕃，企图夺取四镇，并围困拨换及大石城，结果遭到阿史那献所发三姓葛逻禄兵的联合攻击。对内失策是他晚年抄掠所得都自己留下，不肯分给部众，致使他手下各部逐渐离心。他的百姓又分裂为黄姓、黑姓两者，始而互相猜疑，继而彼此火拼。所谓黄姓部落的莫贺达干就杀死了苏禄。苏禄的儿子吐火仙虽被立为可汗，不久也被杀害。杀苏禄的凶手莫贺达干几年后也当了可汗，但至俱蓝城时为莫贺咄所杀。莫贺咄自立为可汗，又被安西节度使夫蒙灵詧诛斩。突骑施的内乱一直继续了数十年之久。"至德（757—758 年）后，突骑施衰，黄、黑姓皆立可汗相攻，中国方多故，不暇治也。"（《新唐书·突厥传》）

慧超途经中亚前后这一长段时间，西突厥人正处于这种分崩离析的局面，不曾建立过强固而持久的政权，所以他在本段只提"突厥所住境界"，而未提任何国王。

三八、胡蜜国

又从吐火罗国。东行七日。至胡蜜王住城。当来于吐火罗国。逢汉使入蕃。略题四韵取辞。五言。君恨西蕃远。余嗟东路长。道荒宏雪岭。险涧贼途倡。鸟飞惊峭巇。人去偏梁□

冬日在吐火罗逢雪述怀。五言。冷雪牵冰合。寒风擘地烈。巨海冻墁坛。江河凌崖嗤。龙门绝瀑布。井口盘蛇结。伴火上骇歌。焉能度播蜜。

此胡蜜王。兵马少弱。不能自护。见属大寔所管。每年输税绢三千匹。住居山谷。处所狭小。百姓贫多。衣着皮裘毡衫。王着绫绢叠布。食唯饼钞土地极寒。甚于余国。言音与诸国不同。所出羊牛。极小不大。亦有马骡。有僧有寺。行小乘法。王及首领百姓等。惣事仏不归外道。所以此国无外道。男并剪除鬒发。女人在头。住居山里。其山无有树水及于百草。

"人去偏梁"句后原夺一字，不详。末句"树水"，"水"为"木"之讹。

胡蜜即胡密，即《后汉书》中的休密，《魏书》及《北史》中的钵和。《梁书》的胡密丹。《唐书》及《悟空行纪》的护密。均译自梵文的 Vakhana，这是当地人的称呼。《西域记》作达摩悉铁帝（马嘉特认为是伊朗语 Dar-i-masti 的对音。瓦特斯则认为译自梵文 Dhamasthiti。）后世的阿拉伯文的 Termistat 即由此字而来，在现今阿富汗东北部的瓦罕（Wakhan）。

《魏书·西域传》："钵和国，在渴槃陁西。其土尤寒，人畜同居，穴地而处，又有大雪山，望若银蜂。其人唯食饼䴗，饮麦酒，服毡裘。有二道，一道西行向嚈哒，一道西南趋乌苌，亦为吠嚈哒所统。"宋云、惠生西行时曾经过此地。他们大约在神龟二年（519年）九月中旬到达钵和国。其《行纪》中写道："高山深谷，险道如常。国王所住，因山为城。人民服饰，唯有毡衣。土地甚寒，窟穴而居，风雪劲切，人畜相依，国之南界，有大雪山，朝融夕结，望若玉峰。"上引中的大雪山，即兴都库什山。

《新唐书·西域传》："护密者，或曰达摩悉铁帝，曰镬侃，元魏所谓钵和者，亦吐火罗故地。东南直京师九千里而赢，横千六百里，纵狭才四五里，王居塞迦蕃城，北临乌浒河，地寒沍，堆阜曲折，沙石流漫，有豆麦，宜木果，出善马。人碧瞳。显庆时，以地为鸟飞州，王沙钵罗颉利发为刺史，地当四镇入吐火罗道，故役属吐蕃。"

玄奘对此国也有记载，《西域记》卷一二："达摩悉铁帝国，在两山间，睹货逻故地也。五四千五六百余里，南北广四五里，狭则不逾一里。临缚刍河，盘行曲折，堆阜高下，沙石流漫，寒风凄烈。唯植麦、豆、少树林，乏花果，多出善马，马形虽小，而耐驰涉。……昏驮多城，国之都也……"

上引各段均说明胡密国地势的险峻。这条两山之间瓦罕走廊，战略地位十分重要。它是乌浒河流域与我国塔里木河流域间的主要通道之一，是翻越葱岭，即帕米尔高原的南道上重要的一段。由此向西则可经吐火罗斯坦而至波斯，向南则经乌苌，迦湿弥罗而至印度。向东则沿乌浒河上流，即喷赤河东行趋帕米尔高原而进入我国南疆。公元五六世纪以后，取道此线的人口益增多，成为中西交通的重要通道之一。宋云、惠生西行，玄奘东归，悟空往返于华夏天竺之间都曾经过此地。天宝六载（747年）高仙芝西征小勃律兵分三路时，其中仙芝自己率领的一路即由护密而南入小勃律的。后世的马可波罗东来时，也由吐火罗斯坦的首府巴里里通过此地，逾越葱岭而进入我国。1913年斯坦因所谓的第三次探险也是经由此地，越帕米尔，然后潜入新疆。在唐代对这条通道的控制权的争夺相当激烈，因为唐王朝要维持与迦湿弥罗、罽宾、乌苌以及南亚各国的关系，就必须保持经胡密以及唐朝的西大门，勃律，而至上述各国的这条路线的畅通。这里又是吐蕃经小勃律而入安西四镇的天然通道。为了谋取四镇，吐蕃也在尽力争夺。此外有事于中亚并帮助吐蕃的大食人也参加了这场争夺的行列。在7世纪中叶至8世纪中叶这段时期，胡密国的隶属关系就经历几次大变化。7世纪中叶，唐高宗时，此地是鸟飞州都督府。8世纪上叶，玄宗开元初期，该国为吐火罗叶护管辖。约在开元十四年（726年）前后，慧超途经此地时，该国已为大食所管。《新唐书·护密传》还称该国役属吐蕃。天宝初才摆脱吐蕃的统治。由于这一原因，唐王朝对于这个小国特别优待。继显庆时，以该国王为飞鸟州刺史之后，开元八年（720年）册封其王罗旅伊陀骨咄禄多毗勒莫贺达摩娑尔为王。他死后，开元十七年（729年）又封他的徒弟护真檀嗣位为王，开元二十九年他来长安时，朝庭还在内殿设宴招待，拜为左金吾将军，并赐紫袍金带。玄宗天宝元年（742年），该国王子颉吉里匐，请求摆脱吐蕃控制，来归附唐王朝时，玄宗对此举十分嘉奖，专门赐给他铁券。《册府元龟》卷九八一上保存有当时《赐护密国王铁券文》其中说："……卿之先代，尝附国朝，通使有尝，书译相次，自卿父继立，近阻强邻，被制凶威，有乖夙志，今遂能献诚款，潜托归怀，自非心存远国，何以克诚先意，念此诚恳，嘉尚尤深，……"天宝八载（749年），国王真檀来朝，请求任宿卫，得到允许，授他右武卫将军。乾元元年（759年），国王纥设伊俱鼻施来朝，唐肃宗赐姓李氏。能得到上述这些特殊优待在西域各国中是少有的。这足以说明唐王朝对该国战略地位的重视。

此国都城按《新唐书》为塞迦审城，此地据近人考证即现今伊什卡辛（Iskashim）。《西域记》则称"昏驮多城国之都也"。此城即现今杭都特（Khandut）。两城均在喷赤河南岸。后者在前者之东约五十英里处。两种记载不一致，可能由于不同时期的原故。慧超虽未举都城名称，但他说："从吐火罗东行七日，至胡密王住城。"这必然指塞迦审城，因为昏驮多城距离较远，绝非七日所能到达。

又唐朝在此地所设的鸟飞州，据《新唐书·地理志》："以护密多国模达城置，领钵和州，以娑勒色诃城置。"娑勒色诃即现今的萨尔哈迪（Sarhad），在帕米尔河与喷赤河汇合处以东，后者的北岸。

吐火罗道中逢汉使诗的头两句"君恨西蕃远，余嗟东路长"。汉使西行或慧超东归都得翻越葱岭，这条险路可谓"道阻且长"。故有此叹。其下'鸟飞惊峭嶷'，兼指护密国即鸟飞州而言。下句藤田本作"人去偏梁虽"，这样改诗句不太通顺，也不妥当。罗振玉氏认为"虽"字为衍文，是合理的解释。因为原稿梁字之下并无"虽"字，他认为"梁上殆夺一字"也是合理意见。我们疑夺一"河"字，即"人去偏河梁"，因为由此向东如不沿喷赤河，则须沿帕米尔河岸而行。

吐火罗咏雪述怀一诗第二句"寒风擘地烈"中烈字为裂之讹。最末两句"伴火上荄歌"，荄即胲，疑为陔或垓之讹。末句"为能度播密"，慧琳《一切经音义》播蜜作播蔑。

三九、识 匿 国

又胡蜜国北山里。有九个识匿国。九个王各领兵马而住。有一个王。属胡蜜王。自外各并自住。不属余国。近有两窟王。来投于汉国。使命安西。往来绝。唯王首领。衣着叠布皮裘。自余百姓。唯是皮裘毡衫。土地极寒。为居雪山。不同余国。亦有羊马牛驴。言音各别。不同诸国。彼王常遣三二百人于大播蜜川，劫彼兴胡及于使命。纵劫得绢。积在库中。听从坏烂。亦不解作衣着也。此识匿等国无有佛法也。

上段末句"往来绝"，来字后疑夺一"不"字。

识匿国，（śikni），即现今帕米尔高原上的锡格南（Sighnan）。《新唐书》卷二二一下有传："识匿，或曰尸弃尼，曰瑟匿。东南直京师九千里，东北五百里距葱岭守捉所，南三百里属护密，西北五百里抵俱密。初治苦汗城，后散居山谷，有大谷五，酋长自为治，谓之五识匿，地二千里，无五杀，人喜攻剽劫商贾，播宝川四谷稍不用王号令。俗窟室，贞观二十年（646 年），与似没、役槃二国使者偕来朝。开元十二年（724 年），授王布遮波资金吾卫大将军。天宝六载（747 年）王跌失伽延从讨勃律战死，擢其子都督左武卫将军，给禄居蕃。"

上引《识匿传》中的葱岭守捉所及播蜜川详下注。俱密即《西域记》卷一的拘密陀，《悟空行纪》中的拘密支，均为大食人的 Kumedh 或 Kumiji 一字的对音，其地在现今的达尔瓦兹（Darwaz）——但也有人认为在 Karategin 的 Sarkhad vaksu 流域。苦汗（Kurghan）伊兰语意为城堡，不知在现今何处。

《西域记》卷十二，对识匿国的风土人情也有记载。《新唐书》及《西域记》均证明慧超记载的翔实，但《唐书》作"五识匿"，悟空也作"五赤匿"，则与慧超的"九识匿"有所不同。因此有人认为"九"乃"五"之讹。

大播密川即《西域记》中之波谜罗川。

四○、葱岭镇

又从胡密国东行十五日。过播蜜川。即至葱岭镇。此即属汉。兵马见今镇押。此即旧日王裴星国境。为王背叛。走投土蕃。然今国界无有百姓。外国人呼云渴饭檀国。汉名葱岭。

葱岭，即帕米尔（Pamir）高原的古称。此字早见于《汉书·西域传》："自玉门、阳关，出西域，有两道……南道西逾葱岭，则出大月氏、安息……北道西逾葱岭，则出大宛、康居、奄蔡焉。"

此字的来源，据《水经注·河水二》："葱岭高千里，《西河旧事》曰'葱岭在敦煌西八千里，其山高大，上生葱，故曰葱岭也'。"该书又引郭义恭《广志》："休循国居葱岭，其山多大葱。"至今该处雪线以上地区的山石隙间，仍有野葱生长，足证此说有据。此名一直沿用至清代。

我国古籍中葱岭的范围较广，如《西域记》卷一二："葱岭者，据瞻部洲中，南接大雪山，北至热海、千泉，西至活国，东至乌锻国，东西南北各数千里，崖岭数百里，幽谷险峻，恒接冰雪，寒风劲烈，地多出葱，故谓葱岭，又以山崖葱翠，遂以名焉。"当时葱岭的范围把凌山也包括在内。如《西域记》卷一："（跋禄迦）国西北行三百里，度石碛，至凌山，此则葱岭北原。水多东流矣。"凌山，俗名冰达坂，在伊犁、温宿之间。也有人认为是指天山山脉的汗腾格里峰至勃达岭一带，所谓木素尔达坂。现代地理学上的帕米尔高原则以阿赖岭为其北界。

帕米尔，古伊兰语，意即"平屋顶"。

葱岭是亚洲几条巨大山脉与都库什、喀喇昆仑、喜马拉雅、昆仑及天山山脉所形成的山结，著名高峰，如乔戈里峰、慕士塔格峰（"冰山之父"）、公格尔九别峰和公格尔峰、均聚于此，地势极为高峻，故有"世界屋脊"之称。

葱岭虽然险峻，却是古代中西交通必经之路。有名的"丝绸之路"的南北两线都得经过此地。中国西行，或印度东来的高僧不少人也都经过葱岭。其中有人留下记载，形容这段旅途的艰险。宋云在其《行纪》中就写道："八月初入汉盘陀国界，西行六日登葱岭山，复西行三日，至钵孟城，三日至不可依山，其处甚寒，冬夏积雪……自此以西，山路欹侧，危坂千里，悬崖万仞，极天之阻，实在于斯，太行孟门，匹兹匪险，崤开陇坂，方此则夷，自发葱岭，步步渐高，如此四日，乃得至岭，依约中下，实半天矣，汉盘陀国，正在山顶，自葱岭以西，水皆西流入海，世人云是天地之中，人民决水而种，闻中国田得雨以种，笑曰'天何由可共期也'城东有孟津河，东北流向沙勒，葱岭高峻不生草木，是时八月，天气已冷，北风飘雁，飞雪千里，九月中旬入钵和国。"又，玄奘在《西域记》卷一二："（达摩悉铁帝）国境东北，逾山越谷，经危履险，行七百余里，至波谜罗川，东西千余里，南北百余里，狭隘之处，不逾十里，据雨雪山间，故寒风凄劲，冬夏飞雪，昼夜飘风。地咸卤，多砾石，播植不滋，草木稀少，遂致空荒，绝无人止。波谜罗川，中有大龙池，东西三百余里，南北五十余里，处大葱岭内，当瞻部洲中，其地最高也……池西派一大流，西至达摩悉铁帝国东界，与缚刍河合而西流。"对这条险路望而生畏的也颇有人在。慧皎《高僧传·智猛传》称他："招集同志，十有五人，发迹长安，出自阳关，……始登葱岭，而九人退还。"

播密川即前述大播密川，玄奘之波谜罗川，亦即大帕米尔（Pamir Kulun），为帕米尔高原上的八大平川之一，所谓八个帕米尔。

自护（胡）密逾葱岭至揭盘陀的路线是沿喷赤河南岸东行，至喀喇喷扎（Kala Panja——五堡）附近，帕米尔河自东北而来汇合。由此道路随河流而分为南北两线。南线沿喷扎河（Ab-i-Panja）东行，越过瓦赫哲尔（Wakhjir）山隘或小帕米尔后，再沿瓦赫哲尔河南岸至贝伊克，再向北沿塔什库尔干河（亦称塔赫敦巴什河）东岸而至塔什库尔干城。一般商旅多取道此线，宋云西行也可能遵循这条路线。

北线则沿帕米尔河东北行，过大龙池（维多利亚湖，当地人则称为"鹅湖"），再越过大帕米尔，然后沿依斯的克河直抵塔赫敦密失伯克（Takhtemisbeg）。由此东南行，至辛地（Sindy），再折向东北行，直抵塔什库尔干。斯坦因认为玄奘取道南线，但根据《西域记》中所描写的波罗密川的情况，只有大帕米尔才能与此相当。可以肯定玄奘是遵循北线而至揭盘陀国的，慧超也似取北线。

渴饭檀国，《魏略》作喝盘陀，宋云作汉盘陀，《南史》《北史》《魏书》作渴槃陁。该国有传始见于《魏书·西域传》："渴盘陁国，在葱岭东，朱驹波西，河经其国，东北流。有高山，夏积霜雪。亦事佛道。附于嚈哒。"其次见于

《梁书·西北诸戎传》：“渴盘陀国，于阗西小国也。西邻滑国，南接罽宾，北连沙勒，所治在山谷中，城周十余里。国有十二城，风俗与于阗相类，衣古（吉）具布，着长身小袖袍，小口裤。地宜小麦，资以为粮，多牛马骆驼、羊等。出好毯、金玉。王姓曷沙氏，中大同元年（546 年）遣使献方物。”《隋书·西域传》不著录该国。《新唐书》卷二二一上，该国有传，附于疏勒传后：“喝盘陀，或曰汉陀，曰渴馆檀，亦谓渴罗陀，由疏勘西南入剑末谷、不忍岭六百里，其国也，距瓜州四千五百里，直朱俱波西，南距悬度山，北抵疏勒，西护密，西北判汗国也。治葱岭中，城负徙多河，胜兵千人，其王本疏勒，世相承为之，西南即头痛山也。葱岭俗号极嶷山，环其国，人劲悍，貌言如于阗，其法杀人剽劫者死，余则赎，赋必输服饰，王座人（金？）床。后魏太延（435—439 年）中始通中国，贞观九年（635 年），遣使来朝。开元（713—741 年）中破平其国，置葱岭守捉，安西极边戍也。

玄奘也有关于此国的记载，《西域记》卷一二：“朅盘陀国，周二千余里。国大都城基大石岭。背徙多河，周二十余里。山领连属，川原狭隘，谷稼俭少，菽麦丰多，林树稀，花果少，原隰丘墟，城邑空旷，俗无礼仪，人寡学艺，性既狂暴，人亦骁勇。容貌丑弊，毛服毡褐，文字语言，大同佉沙国。然知淳信，敬崇佛法，伽蓝十余所，僧徒五百余人，学习小乘教说一切有部。”

这一山间小国，由于地当中西交通要卫之地，各家考证颇多，如儒连（Julien）还原“朅盘陀”一名为 Kharandha，认为国名可能为 Kabhanda 或 Kavanda。沙畹还原为 Karbanda 或 Garbanda，藤田丰八则认为是 Kuhumdiz 的对音，城寨之义。此说颇难成立，因为朅盘陀三字的古读为 Kāt-buān-dā 与 Kuhundiz 很不相似。

关于此国的地望也有不同的比定。藤田丰八旧注认为：“此国当是佗檀巴斯波谜罗（Taghdumbash Pamir）。佗檀巴斯乃极高之义。从此东岗一带地方后世称为沙里哥罗（Sarikol）……此国治城，后世在他时苦汗（Tashkurghan）乃万石城之义。”又沙畹：《西突厥史料》冯译本 93 页注“喝盘陀，即玄奘《西域记》之朅盘陀。圣马丁（Vivien de Saint-Martin）曾经考订定其为乞儿吉思（Kirgiz）人所谓之 Karchou，其地在今叶尔羌河上流之塔什库尔干，今浦犁县治也。大食（Tadjik）人则名之色勒库尔（Sarikol）。”玉尔也认为此国，即帕米尔东面的撒里库尔及塔什库尔干一带地方，此外如丁谦、足立喜六、斯坦因等人也都同意这一比定。此说的赞同者虽多，仍有其不足之处，即与宋云、慧超的记载相矛盾。岑仲勉对此说的反驳（见《佛游天竺记考释》33—37 页）不无道理。笔者虽不同意岑氏以汉盘陀（朅盘陀）为喀喇喷赤的比定，但却认为他所说：“亦可曰故羯盘陀国，开元而后，大食东侵，守捉所治，保无内徒，书里较近，安知非事出有因耶？此余所谓汉盘陀之今地，实应西移。"这一看法是中肯的。

根据我国古籍中的记载，朅盘陀或汉盘陀国的域领，在不同的历史时期中有过相当大的变化，其国都也经过可能是迁徙不止一次。前引《梁书》所记，可说是该国盛时，有十二城，《新唐书》说该国有胜兵千人。玄奘经过该国时，虽然城邑空旷，仍有伽蓝十余所，僧徒五百余人。《通典》卷一九三记载该国有二千余户，此时该国人口至少恐怕也将近万人。这与慧超此处所记"然今国界，无有百姓"真不可同日而语。

《魏略·西戎传》中记载自敦煌玉门关入西域的三道："其南道，从鄯善、于阗、朱俱波、喝盘陀，度葱岭，又经护密、吐火罗、挹怛、帆延、漕国至北婆罗门，达于西海。"这与《魏书》所记"渴盘陁国，在葱岭东"相一致，比定3至5世纪时的朅盘陀国在塔什库尔干还可说合理的。但宋云的记载却不同。他于神龟二年（518年）八月初入汉盘陀国界，西行十日才到达汉盘陀国都城，而且他对都城所在的地势也记载得很明确："自发葱岭，步步渐高，如此四日，乃得至岭，依约中下，实半天矣，汉盘陀国，正在山顶，自葱岭已西，水皆西流入海。"这与葱岭东面，海拔仅有一万零二百五十英尺的塔什库尔干毫无相似之处。慧超所记的渴馆檀（汉盘陀）与宋云所记似乎也非同一地方，因为他从胡（护）密国东行十五日，过播密川，即至葱岭镇，并说此处即渴馆檀国。宋云在八月中旬末（十七；八）到达汉盘陀国，九月中旬才到达钵和（护密），至少走了二十五六天，与慧超的行程相差颇大。又疏勒至蒲梨（塔什库尔干）不到六百里，而慧超由葱岭镇至疏勒走下坡路步行一月之久，则可知此葱岭镇绝非蒲梨。不过慧超所记的播密川与玄奘所记的波谜罗川的路程倒是吻合的。《西域记》所载自达摩悉铁帝（护密）东北至波谜罗川为七百多里，按《唐六典》唐制陆行每日五十里计，十五日的行程相当于七百多里，所以藤田丰八认为慧超所记的渴馆檀国在大帕米尔的 Taghdumbash 并非无理的看法。

综上所述，我们认为故朅盘陀国都城公元5世纪之前，在葱岭东部的塔什库尔干，即蒲犁县。后来曾一度西迁至葱岭中部（该国既有十二城，都城由一城迁至另一城是完全可能的），唐代，大食吐蕃相继东侵，开元中因国王叛投吐蕃，该国为唐朝所破，成为荒无人居的地方，此后遂又迁回故地。

此外《通典》卷一九三，关于此国的记载也有助于我们理解古籍相互抵牾的原因，特录于此："渴盘陁，后魏时始通焉，亦名汉陁国，亦名渴罗陁国，理葱岭中，在朱俱国西，至护密国，其南至悬度山，无定界，北至疏勒国界，西北至判汗国，其王本疏勒人，累代相承，以居此国，有户二千余。悬度山在国西南四百里，悬度者，石山也，溪谷不通，以绳索相引而度，其间四百里中，往往有栈道，因以为名。今按悬度葱岭迤逦相属，邮置所绝；道阻且长，故行人由之，莫能分别，然法显、宋云所经，即悬度山也。"葱岭地形复杂，古人更难明确割分其范围，这也是造成古籍上的记载互有出入的原因之一。

"此即属汉，兵马见今镇押"，唐朝开元后在朅盘陀国设葱岭守捉事已见前引《新唐书·疏勒传》，又《新唐书》卷四三引引贾耽《入四夷道》："自疏勒西南入剑末谷，青山岭、不忍岭，六百里至葱岭守捉，故羯盘陀国。"

"旧日王斐星"，《新唐书·疏勒传》："王姓斐氏。"又"喝盘陀……其王本疏勒人。"喝盘陀国王似出自疏勒王族，因该国曾一度役属于疏勒的缘故。

四一、疏 勒 国

又从葱岭步入一月。至踈勒。外国自呼名伽师祇离国。此亦汉军马守捉。有寺有僧。行小乘法。吃肉及葱韭等。土人着叠布衣也。

"步入一月"入当为行之讹。

———————

踈勒即疏勒，为"汉时旧国"，是当时所谓西域三十六国之一。《汉书·西域传》："疏勒国，王治疏勒城。去长安九千三百五十里，户千五百一十，口万八千六百四十七，胜兵二千人。疏勒侯、击胡侯、辅国侯、都尉、左右将、左右骑君、左右译长各一人。东至都护治所二千二百一十里，南至莎车五百六十里，有市列，西当大月氏，大宛，康居道也。"

疏勒地当东西方交通要冲，是北道上枢纽。由此西逾葱岭，出大宛、康居、奄蔡，东行则沿北山波河，入玉门、阳关而至长安。所以自武帝时这条中国往西域的通道开辟之后，疏勒得到迅速发展。东汉时，据《后汉书·两域传》记载疏勘国已"岭户二万一千，胜兵三万余人"。户口与兵员都比西汉时增长了约十五倍。起初该国还受到龟兹王的攻杀，后来叛于阗，它日益强大，能与龟兹、于阗为敌。东汉灵帝建元三年（170 年），凉州刺使孟佗，派遣从事任涉率领敦煌部队，并与西域长史张晏集合焉耆、龟兹、军师前后部共三万余人征讨疏勒，围攻四十余日，仍不能下，只好退兵。此事足以说明那时疏勒的强盛。三国时，该国还是颇为强大。据《魏略》记载自桢中国（城），至琴国等十二小国都并属于疏勒。以后屡遭外来侵略，国事转衰。疏勒由于他处北道要冲，是兵家必争之地。嚈哒、西突厥与吐蕃都来争夺和占领此国。北魏时，疏勒与西域诸小国一同臣服于嚈哒。6 世纪下半叶起又役属于突厥。《北史·疏勒传》："疏勒国，在姑墨西，白山南百余里，去代一万一千二百五十里……其王戴金狮子冠，土多稻、栗、麻、麦、铜、铁、锡、雌黄，每岁常供送于突厥。"北魏以后的疏勒国只有"胜兵二千人"，与东汉时真不可相提并论了。有隋一代西域各国都受到西突厥的控制，尤其是射匮可汗时，"东至金山，西至海，自玉门以西诸国皆役属之"。直至唐太宗贞观（627—649年）年间，疏勒国还在西突厥的势力之下。吐蕃兴起之后，情况更为错综复杂。仪凤时吐蕃破其国，开元十六年（728年），始遣大理正乔梦松摄鸿胪少卿，册其君安定为疏勒王，天宝十二载首领斐国道"突厥以女妻之"，据《旧唐书·疏勒传》记载是贞观（627—649年）年间的事。这说明突厥对疏勒的重视和在该国的势力。虽然贞观二十年（646年）西突厥乙毗射匮可汗向太宗遣使求婚时，太宗同意，并要求割龟兹、于阗、疏勒、朱俱波、葱岭五国为聘礼，但直至贞观二十一年（647年），阿史那社尔，郭孝恪等破龟兹之后，疏勒才归属唐朝。此后还有过几次反复。如永徽元年降服贺鲁。显庆四年（659年）又依附西突厥步真阿史那，与朱俱波、揭盘陀共同出兵进攻于阗。

唐朝为经营西域所设的龟兹、于阗、碎叶、疏勒等所谓安西四镇，其中疏勒处于关键地位。突厥、吐蕃以及大食，先后都来争夺。唐朝保卫这一边陲重镇也尽其全力。因此围绕这一地区的斗争十分激烈而长久。如高宗龙朔二年（662年）苏海政受诏讨龟兹"军还，至疏勒南，弓月部引吐蕃之众来，欲与唐军战，海政以师老不敢战，以军资赂吐蕃，约和而还"（引自《通鉴》下同）。又麟德二年（665年），疏勒弓月共引吐蕃军侵于阗。咸亨元年（670年），吐蕃陷西域十八州，罢四镇。咸亨四年弓月南结吐蕃，北招咽面，共攻疏勒，降之。仪凤二年（677年）西突厥与吐蕃连兵攻安西。当时吐蕃又攻陷龟兹、疏勒等四镇。直到武后长寿元年（692年），武威军总管王孝杰与左武卫大将军阿史那忠节大破吐蕃才收复四镇。中宗景龙二年（708年）突骑施酋长娑葛自立为可汗，"发五千骑出安西，五千骑出拔换，五千骑出焉耆，五千骑出疏勒，入寇。元振在疏勒，栅于河口，不敢出。"安西沦陷，四镇路绝。景龙三年（709年）娑葛遣使来降。景云（710—711年）中，默啜西灭娑葛。此后，开元十六年（728年）才派遣大理正乔梦松册封阿摩支斐安定为疏勒王。天宝十二载（753年）其首领斐国良来朝，此后疏勒一直归附唐朝。肃宗上元（760—761年）中设置疏勒都督府。在上述这段期间，大食也参与四镇的争夺。前引大食人记载泰伯里载屈底波曾攻下疏勒一事，于我国史书无徵，虽不可信，但大食帮助吐蕃谋取四镇却是事实。《通鉴》开元五年（717年）七月："安西大都护嘉惠奏，突骑施引大食、吐蕃，谋取四镇，围钵换及大石城，已发三姓曷禄施兵与阿史献击之。"

综上所述，自唐高宗龙朔至玄宗天宝年间，突厥、吐蕃以及大食和唐王朝争夺四镇约百年之久，此地的重要可知。最能说明四镇的战略意义的要算崔融的一段话："夫四镇无守，胡兵必临西域。西域震则威慑南羌，南羌连衡，河西必危。且莫贺延碛柔二千里，无水草，若此接虏，唐兵不可度而北，则伊西、北庭、安西诸蕃悉亡"（《新唐书·吐蕃传》）。

自两汉至宋，我国史书中一直使用"疏勒"一名。其字源有两种解释。一种是瓦特斯、白鸟库吉等人认为是 Sulik，Sulaq 或 Sūluk。突厥语 Su 义为水，Sulik 为"有水"之义，因该地水草丰美，故有此名。另一种意见认为即藏文《于阗法教史》中的 śu-lig 或佉卢文件中的 Sūli，意为"粟特"，疏勒为粟特人所建立的国家，因而得名。岑仲勉也持这种看法。

另一名称在我国古籍中出现较晚，即《法显传》中的竭叉，《唐书》中的佉沙、渠沙、《西域记》卷十二："佉沙国注云，旧疏勒者乃称其城号也，正音宜云室利讫栗多底。疏勒之言，犹为讹也。"

佉沙一名各家有不同解释，有人如伦奈尔（Rennell）认为即托勒密《地理学》中的 Kasia，赞同此说者多，持异议的人也不少，劳灵生（Rawlinson）认为 Kasia 在西藏东部。李希托芬（Richthofen）认为 Kasia 国中的 Tmaus 山脉为昆仑山脉。赫尔曼（H. Hermann）也同意此山即昆仑山的说法，Kasia 应在叶城与塔什库尔干之间。此外有人认为佉沙即梵文 Khasa 的对音，此名见于天文学著作《广博本集》（Brihat-Samhita），也见于大乘佛典中。烈维却认为梵文 Khasa 在印度古籍中乃泛指兴都库什山间居民，并非确有所指。喀什噶尔仅可视为佉沙诸地之一。因为梵文 Khasa 位于陀历（Daril，Dareda）与汉地之间，虽然包括喀什噶尔，但不限于此一地。《翻梵语》一书解释"普曜经"中诸名时，有佉沙一字，释义为"边"，可知其广泛。不过此后隋开皇七年（587 年），阇那崛多所译的（《广方大庄严经》即《普曜经》重译本）时已译 Khāśya，或 Khasya 为疏勒。可能是梵文 Khasa 有广狭二义，狭义即专指疏勒而言。至于《西域记》中的"室利讫栗多底"，儒莲还原为 Śrīkrītati，现有的梵文字典中并无此字，不知其根据何在。

慧超此处所谓伽师祇离，慧琳《一切经音义》作迦师佶黎（Kaśgiri），并注"唐云葱岭此即《新唐书·疏勒传》中阿摩支王所居的迦师城。黄文弼先生认为即喀什噶尔东北二十五公里伯什克勒木之古城。也有人认为，唐代的迦师城应在距托卜沁东南约六七公里，东北距英尔瓦特约六十余里的黑太沁（汉人城）。该城遗址纵横约三十余里，周围有烽墩及古房屋废址多处，且发现有铜钱及陶片甚多，可确定为唐代古城遗址。黄文弼著《塔里木盆地考古记》（58—59 页）汉魏六朝时代的疏勒国都城，据《北史》记载，仅方五里，应位于疏附旧县治，即所谓回城。

喀什噶尔（Kashgar）一名在元代以后开始广泛使用《元秘史》译作乞思合

儿，《元史·西北地附录》作可失哈耳，《世祖木纪》作可失合儿，《明史》作哈实哈儿。其字源有两种说法：一说伊朗语 Kāsh 义为"玉"，ghar 义为"城"，另一说则认为 ghar 是瓦罕语，义为"山"。

"有寺有僧，行小乘法"，慧超记佛教兴盛的国家都用"足寺足僧"，但对疏勒却只用"有寺有僧"，这表明当时该国佛教已相当衰微了。

疏勒最初流行的是大乘佛教。据《高僧传·鸠摩罗什传》载，罗什最初本来学小乘。随母自天竺返国途中曾在沙（疏）勒停留一年。在该地奉莎车王子耶利苏摩为师，他学习大乘经典《阿耨达经》后，曾叹息说："吾昔学小乘，如人不识金，以碔砆为妙"，因此他才"广求义要，受诵中，百二论及十二门（论）等"，这是罗什一生学业的转折点。可见公元 4 世纪时大乘在疏勒的流行。玄奘时疏勒虽然已流行小乘，还有"伽蓝数百所，僧徒万余人"，佛教仍然盛行。而且《慈恩传》还说："又此国多大乘经典，十万颂为部者，凡有数十。"这也证明疏勒国曾流行过大乘佛教。此后该国佛教的衰微，可能与突厥占领有关，因为《新唐书·疏勒传》说"俗祠袄神"，火袄教显然是突厥人传入的。

四二、龟 兹 国

又从疎勒东行一月。至龟兹国。即是安西大都护府。汉国兵马大都集处。此龟兹国。足寺足僧。行小乘法。食肉及葱韭等也。汉僧行大乘法。

龟兹（Kuca，Kuci）又作归兹、丘兹、屈兹、屈支、屈茨。其中龟兹一名使用最广。自《两汉书》《晋书》《北史》《魏书》《梁书》《周书》《隋书》《旧唐书》《新唐书》《宋史》《明史》，均作龟兹，仅元代译音稍变，《元秘史》作曲先（kūsān）、《元史》作苦先，《皇元经世大典》作苦叉，均译自回鹘语Küsän。佛典如《高僧传》《续高僧传》《宋高僧传》均作龟兹，《大唐西域记》作屈支，清乾隆时正式采用库车一名，其地在现今新疆库车县。

龟兹也是"汉时旧国"，为西汉时西域的三十六国中的九大国之一。《汉书·西域传》："龟兹国，王治延城，去长安七千四百八十里。户六千九百七十，口八万一千三百一十七，胜兵二万一千七十六人，大都尉丞，左右将，左右都尉，左右骑君，左右力辅君各一人，东西南北部千长各一人，却胡君三人，译长四人，南与精绝，东南与且末，西南与扜弥，北与乌孙，西与姑墨接，能铸冶，有铅，东至都护治所乌垒城三百五十里。"这与前引《汉书·西域传》中所记疏勒国相比，就足以说明龟兹力量的雄厚。其户数与人口均为疏勒的四倍左右，兵员约为其十倍，政府机构的人员也比疏勒繁多。由于对外关系的频繁，龟兹所设的外事官员"译长"也比疏勒、于阗为多。所以称为西域大国。正因为龟兹处于四通八达的重要地位，汉朝一直把它视为西域重镇。东汉初，西域各国曾役属于匈奴，汉和帝求元元年（89年），大将军窦宪大破匈奴，三年班超定西域后，任都护时就驻守在龟兹，东汉建武至延光年间（1世纪上叶至2世纪上叶），西域虽三绝三通，通西域时总得先控制着龟兹、焉耆这样的要地，才能稳定西域局面。

两汉时西域小国林立，最多时分成五十多个。魏晋南北朝期间，各小国通过兼并逐渐形成五六个大国，龟兹就是其一，三国至北魏这段时期，姑墨、温宿、尉国等国都役属龟兹，其领域更为扩大，经济也有了进一步的繁荣。吕光破龟兹时，见其宫室的富丽堂皇，曾命参军京兆段业著《龟兹宫赋》来讽刺。即使在该国王已经把大量财宝带走的情况下，吕光运回他所搜找到的珍贵物品还得使用骆驼二万多头，另外并得到良马万余匹。龟兹之富由此可知。此时中原动荡，龟兹与各政权的关系虽然时断时续，商业与文化交流并未中断，而且更盛。龟兹可说是丝绸之路中道的交通枢纽，西至疏勒，东至阳关，南至于阗，北至突厥牙帐，四方道路会集于此。库车一名有胡同之义，可谓名实相符。这些有利条件使它成为西域与汉地经济文化交流的汇合点，过境的商品贸易促使它的商业经济日益繁荣。龟兹本地出产也很丰富。《北史·西域传》称龟兹"物产与焉耆略同，唯气候少温为异。又出细毯、饶铜、铁、铅、麖皮、氍毹、饶沙、盐禄、雌黄、胡粉、安息香、良马、犎牛等。"后几种产品，特别是良马，大量输往汉地。汉地的丝绸，也大量通过龟兹转运至中亚、西亚各地。

龟兹人对佛教的传播与佛典翻译有杰出贡献。佛教传入龟兹可能早于汉地。在魏晋南北朝时期西域各国佛教就很昌盛，尤其是龟兹。《晋书·四夷传》："龟兹国有城郭，其城三重，中有佛塔庙千所。"而汉地的统治者，无论是北方的苻坚、姚兴，或是南朝的梁武帝，都大力提倡佛教。于是在此期佛教遂以空前规模自西域向汉地传播。不少龟兹人也相继东来传法，或译经。早期如曹魏甘露三年（258年）在洛阳白马寺译经的白延。西晋惠帝时（290—360年）与法立合译经典四部十二卷，又自译四十部五十卷的帛法矩，以及永嘉（307—312年）时传译早期密教经典的帛尸梨密多罗等都是龟兹人。更重要的要数鸠摩罗什（Kumaraji-va）。他的母亲是龟兹王妹，幼时随母至天竺学习小乘经典及四《吠陀》以及五明诸论。后来又在于阗学习大乘。回龟兹时已名震西域，苻坚派遣吕光伐龟兹的动机之一就是争取这位高僧。经过长达十五年的周折，他终于在姚兴弘始三年（402年）底到达长安，从事讲经典传译。他先后共译出经论三百余卷，所译数量既多，范围也广，而且译文流畅。东汉至西晋期间所译经典崇向直译，颇为生硬难读，僧肇批判这种旧译本，"支（谦）竺（法兰）所出，理滞于文"。而罗什"转能汉言，音译流便，既览旧经，义多纰谬，皆由先译失旨，不与梵本相应"。因此他的译文往往能改正旧译本的谬误。罗什在我国翻译史上占有重要地位。梁任公说："翻译界有名元勋，后有玄奘，前者鸠摩罗什，奘师卷帙，虽富于什，而什公范围，则广于奘。"是公允之论。

唐代龟兹不仅是军事重镇，与汉地文化关系也十分密切。《新唐书·龟兹传》："俗善歌乐，旁行书，贵浮图法。"浮图法即佛教。龟兹人不仅在大小乘佛典翻译中起过重要作用，而且对密教向汉地传播也有贡献。前述那位龟兹王子帛尸梨密多罗曾在建初寺所译的《大灌顶经》十卷，《大孔雀王神咒经》一卷，《孔雀王杂咒经》一卷等都是密教经典。唐代译《十力经》的莲花精进，以及译《佛顶尊胜陀罗尼别法》的若那也是龟兹国人。早期汉译佛典中有相当大的一部分是译自古龟兹语，而不是直接译自梵文。

对汉地影响更大的还算是音乐。龟兹人在音乐文化的基础之上，吸收了汉族和其他民族以及外国如印度、波斯乐舞的长处，逐渐发展为具有浓郁的民族特色的音乐舞蹈体系，为西域的三大乐舞体系之一，即"龟兹乐""高昌乐""于阗乐"。今天在克孜尔的壁画上还保留着古代龟兹乐的富丽多姿的形象。这些栩栩如生的画面，表现出龟兹舞蹈家"或踊或跃""乍动乍息""矫足弹背""振头弄目"以"迥旋如风"等美妙舞姿，以及乐师或肢臂高耸，或玉指开闭，或指滑柱间，手腕轻拨的神态，所以玄奘赞扬说龟兹"管弦伎乐，特善诸国"。

西域与汉地的音乐相互影响，早在西汉时就已开始，汉武帝时张骞就传《摩诃》《兜勒》二曲。其次如《铙歌》与《鼓吹》也来自西域。宣帝时龟兹王绛宾娶解优公主之女为妻，多次来长安朝贺并学习汉室礼乐。由于宫廷乐师的保守，强调雅乐，排斥民间俗乐和域外胡乐，所以影响不深不大。魏晋而后，北朝诸帝后来都爱好胡乐，流风所及，朝野蔚然。西域各国乐师相继东来。有的还因宠而得高官。"后主唯赏胡戎乐，耽爱无已。于是繁手淫声，争新哀怨，故曹妙达、安未弱、安马驹之徒，至有封王开府者，遂服簪缨而为伶人之事"（《隋书·音乐志》）。又《旧唐书·音乐志》："后魏有曹婆罗门，受龟兹琵琶于商人，世传其业，至孙妙达，尤为北齐高祥所重，常自击鼓以和之。"定居中原，享有盛名的龟兹音乐家中，除上述琵琶大师曹妙达一家而外，还有作曲家白明达、白智通以及传入七调的苏祇婆。"先是周武帝时，有龟兹人曰苏祇婆，从突厥皇后入国，善胡琵琶。听其所奏，一均之中，兼有七声，因而问之，答云：'父在西域称为知音，代相传习，调有七种。'以其七调，勘校七声，冥如合符"（同上引《隋书》）。七调虽非源出于龟兹，但经苏祇婆传入中原后，在俗乐和隋乐燕乐调中引起重大改革。由苏祇婆的七调与中原音乐家的结合而演出俗乐的四十八调，为唐代音乐的繁荣奠定了基础，由苏祇婆传入的龟兹调式演变而成"燕乐"的二十八调。而且"燕乐"中的一些调名，是直接取用他的调名，所以苏祇婆的调式理论对我国音乐的发展起了重大而深远的影响。

所谓"燕乐"，又称"宴乐"，意即"宴乐之乐"，是隋唐时的宫廷音乐，由中原的民间乐舞，即俗乐，与西域及其他外国的乐舞，即"胡乐"，组合而成。其中以"胡乐"占多数。隋初仅有七部乐，炀帝时增为九部乐，即，一、"清

乐", 二、"西凉", 三、"龟兹", 四、"天竺", 五、"康国", 六、"疏勒",
七、"安国", 八、"高丽", 九、"礼业", 到唐朝更发展为十部乐, 即一、
"燕乐", 二、"清商', 三、"西凉", 四、"扶南", 五、"高丽", 六、"龟
兹", 七、"安国", 八、"疏勒", 九、"康国", 十、"高昌"。十部中最重要
的要算"西凉药"与"龟兹药"。《通典》: "自周隋以来, 管弦杂曲数百曲, 多
用西凉乐, 鼓舞曲多用龟兹乐。"而"西凉乐"实源出于龟兹, 因吕光破龟兹后,
把许多龟兹乐师带到凉州, 在那里与汉族及其他少数民族音乐相融合而产生出
"西凉乐"。《隋书·音乐志》: "西凉 (乐) 者, 起符氏之末, 吕光, 沮渠蒙逊等
据有凉州, 变龟兹声为之, 魏太武平河西得之, 谓曰西凉乐, 魏、周 (西魏、北
周) 之际, 遂谓之国伎。"同书又说: "龟兹者, 起自吕光灭龟兹, 因得其声。
吕氏亡, 其乐分散, 自魏平中原, 复获之。其声后多变易。至隋有'西国龟兹',
'齐朝龟兹' '土龟兹' 等凡三部, 开皇 (581—604 年) 中, 其器大盛于闾阎,
时有曹妙达、王长通、李士为、郭金乐、安进贵等, 皆妙绝弦管, 新声奇变, 朝
改暮易, 持其音技, 估衒公王之间, 举时争相慕尚。"当时龟兹乐流行于朝野之
间的盛况, 由此可知。

玄奘所说的"文字取则印度, 粗有改变", 以及《新唐书·龟兹传》所说的
"旁行书"均指古代焉耆—龟兹语。

19 世纪末叶, 欧洲人在吐鲁番、焉耆、库车一带收罗到一批用繁体婆罗米字
母书写的古代写本残卷。当时人们虽然认识这种字母, 但对其语言性质一无所
知, 不仅不了解其语法结构, 而且由于各字是连写的, 要把每个字断开都不可
能。后来经学者们辛勤研究, 借助其他一些梵文借词, 才逐渐弄清这些残卷大体
上有三种语言, 其中第三种, 经语言学家考释, 定名为粟特语, 第二种最初定名
为和 (于) 阗语, 后来发现曾在印度西北及中亚建国的塞种人也使用这种语言,
因此改名为"和阗塞语", 唯独对其中第一种语言的命名, 大家意见分歧, 引起
长期争论。最初德国劳依曼 (E.Leuman) 称之为疏勒语 (Kaschgarisch)。不久就
发觉此名不当而抛弃了。后来, 1904 年缪勒 (F.W.Müller) 根据残卷末的一篇回
鹘文跋文: "生于 Nakrides 的大师圣月从印度语编为 Toxri 语, 生于 Ilbaliq 的大
师广护 (Prtanyaraksit) 复由 Toxri 语译为突厥语的经书《弥勒会见经》。"因 Toxri
一字与吐火罗近似, 遂定名为"吐火罗语"。这一名称使用的时间颇久, 如德国
语言学家西格和西格林 (Siegund Sieglong) 对这种语言的文献进行过深入细致的
研究, 确定这种语言属于印欧语系的 Kantum 语组, 并识别出有两种方言 (有些
残卷内容相同, 使用字母相同, 发现地点也相同, 但所使用的语言的元音和辅音

的发音及某些语调的变化，则有显著差异。他们称为"甲种吐火罗语"及"乙种吐火罗语"。因他两人的学识渊博，其结论自然容易为学术界所接受。但人们对此不能无疑，因为这些卷残大都是 7 至 8 世纪的东西，而作为古代的吐火罗民族，其活动时间早于这些文物五六百年，其活动范围也远在焉耆、库车之西千多公里的地方。同时 Togri Tugry 也不能与吐火罗相应。1913 年法国烈维（Sylvain Levi）发表《所谓乙种吐火罗语即龟兹国语考》，证明这种语言是公元 7 世纪流行于龟兹一带的通用语。1936 年英国的贝雷（H.W-Bailey）发表 Ttaugara 一文，主张所谓甲种吐火罗语为焉耆语，乙种吐火罗语为龟兹语。尽管次年西格林撰文反对贝雷意见，坚持保留吐火罗语这一名称，但他已不能不同意把这名称的范围扩大，叫甲种方言为"吐火罗语 A（Arsi），乙种方言为吐火罗语 K（kūcā）。本世纪上叶研究这一问题的东西方学者很多，西方除上述者外还有伯希和，亨宁（W.B.Henning），温德肯斯（A.J.Van Windekens）等人。东方如日本的羽田亨，我国的冯家昇、王静如以及季羡林先生等都发表过论文。

随着研究的深入，现已证明缪勒转写的 Toxri 应为 Twgry，其地在别失八里北庭和龟兹之间，相当于古藏文的 Drugu 地方。特别是第二次世界大战后，法国考古队在阿富汗北部发现了有名的"苏尔赫—柯塔尔（Surkh-Kotal）碑"，上面的铭文是用希腊文字母所写的一种伊兰语。经研究，认为这才是真正吐火罗语，目前这一问题可说是趋于解决（详见季羡林《吐火罗语的发现与考释及其在中印文化交流中的作用》，《中印文化关系史论文集》97—112 页。又耿世民、张广达《唆里迷考》，《历史研究》1980 年第 2 期。Handbuch der Orientalistik，四卷三分册 W.Krause：Tocharisch）。

已发现的古龟兹语文献相继刊行的已不少。其中除佛典如《法句经》《佛所行赞》等等外，还有剧本《弥勒会见剧》《难陀所行剧》，此外还有情诗、箴言以及民间故事等，内容颇为繁富，有待于我国学者作进一步研究。

龟兹除向汉地传播西域及印度文化外，自己也大量吸收汉族文化，《汉书·西域传》渠犁条："宣帝时（前 73—前 49 年）……龟兹王降宾亦爱其夫人，上书言得尚汉外孙昆弟，愿与（乌孙）公主女俱入朝。元康元年（前 65 年），遂来朝贺，王及夫人皆赐印绶，夫人号称公主，赐以车骑旗鼓鼓吹数十人。绮罗杂缯琦珍凡数十万，且留一年，厚赠送之，后数来朝，乐汉衣服制度，归其国治宫室，作檄道周卫，出入传呼，如汉家仪……绛宾死，子丞德自谓汉外孙，成、哀帝时，往来尤数，汉遇之亦甚亲密。"龟兹习染汉族文化之深，是西域各国中少有的。根据新疆出土文物，自两汉至南北朝，龟兹官方文书及民间契约都用汉文，此后上述用变体婆罗米字母书写的古龟兹文才逐渐推广，官方文书及民间契约也采用了，与汉文并行使用。大抵龟兹以西，人们（尤其僧人）习梵文，龟兹以东，则人习汉文，所以烈维称龟兹为语言上的瓯脱（即边沿地带），是有一定道理的（参考周连宽《大唐西域记史地研究论丛》第 46—68 页）。

四三、于阗国

又安西南去于阗国二千里。亦足汉军马领押。足寺足僧。行大乘法。不食肉也。从此以东。并是大唐境界。诸人共知。不言可悉。

"亦足汉军马领押"句中"足"当为是之讹。

于阗建国相当古老，公元前138—前126年间张骞第一次奉使西域时就已知道该国。《史记·大宛列传》："骞身所至者大宛、大月氏、大夏、康居，而传闻其旁大国五六，具为天子言之，曰大宛在匈奴西南，在汉正西……东则扜罙，于寊，于寊之西，则水皆西流，注西海，其东水皆东流，注盐泽。"于寊即于阗。其后张骞第二次出使西域时，"骞因分遣副使使大宛、康居、大月氏、大夏、安息、身毒、于寊、扜罙及诸旁国"。可知于阗是西域与汉地交通最早的诸国之一。《汉书·西域传》："于阗国，王治西城，去长安九千六百七十里，户三千三百，口万九千三百，胜兵二千四百人，辅国侯，左右骑君，东西城长，译长各一人，东北至都护治所三千九百四十七里，南与婼羌接，北与姑墨接。于阗之西，水皆西流，注西海。其东水皆东流。注盐泽，河原出焉。多玉石，西通皮山三百八十里。"

于阗一名一直沿用至清初，因当时考据家误置于阗于克里雅，遂有于阗和阗之分。乾隆时改于阗国本名，《大唐西域记》作瞿萨旦那，自注云："唐言地乳，即其俗之雅言也。俗语谓之屈丹，旧曰于阗，讹也。"

瞿萨旦那（Kustana, Gostana）或地乳一词的来源，《大唐西域记》卷一二中有记载："（其王）齿耋云暮，未有胤嗣，恐纯宗绪，乃往毗沙门天（Vaisravana）神所祈祷请嗣，神像额上剖出婴孩，捧以回驾，国人称庆。既不饮乳，恐其不寿，寻诣神祠，重请育养，神前之地忽然隆起，其状如乳，神童吸吮，遂至成立。智勇光前，风教遐彼，遂营神祠。……地乳所育，因为国号。"敦煌出土的古藏文卷子中的《于阗教法史》（Li-yul chos-kyi-lorgyus）中也有类似记载，（不过"地乳"是王名而不是国名）"；当初国王名叫地乳（Gostana—Sanu）乃古印度天竺国阿育王之子，阿育王为寻地游方，率众多天竺军丁及扈从前行……见有印度军人，婆罗门及占卜相士多人会聚一起，王命他们让相士看相。相士见小王子地乳相貌非常端好，说："此王子将来比大王您的权势还要强大哩！"国王听了产生妒嫉。由此恼恨在心，乃将其子扔在当初出生地。那国王扔儿子之处，就是现在于阗的北门之内……国王抛弃儿子时，北方天王（毗沙门天）和吉祥仙女使土中流出奶汁喂养王子，才没死掉，因而取名"地乳"，北方天王把王子（地乳）带来，献给汉地国王作子，因为汉地国王一千子还缺一子。"（见王尧译，陈践注《敦煌吐蕃文献选》149—150页）西藏文献还记载："后来王子地乳和汉地国王其他王子因游戏争吵，才明白自己非国王亲生，坚决请求离王，汉地国王虽十分宠爱此子，怎奈他不肯留下，只好派许多汉兵护送他去于阗。此时阿育王大臣阿马扎耶舍因罪流放，率领印度士兵前往于阗，双方相遇，因素不相识，几乎开战，北方天王与吉祥天女乃下凡说明真相，双方和好，此后地乳与阿马扎共同治理此地，地乳为王，耶舍为相。地乳之汉兵及扈从住居于阗河之上游，耶舍之印度扈从居住于阗河下游，两者之间，则印度人与中国人杂居，其后乃共筑一城。"

于阗一字当是古名。据西藏文献记载，佛教传入于阗确在该国建立之后一百六十五年，即公元1世纪初。上述传说显然是佛教传入于阗之后，僧侣根据类似梵音附会佛教神话而编造的。这种神话虽不可信，但其中所述建立于阗之王子来自印度，而由汉地国王抚养成人，又印度人与支那人杂居于阗并共筑一城，这可能暗示古代于阗人可能由中印等民族混合而成。此事在于阗人的体质和语言上均可求得证实。如《北史·于阗传》："自高昌以西，诸国人等，深目高鼻，唯此一国，貌不甚胡，颇类华夏。"直到现代于阗人的体质中仍保留有汉藏人的特征。"此地人声音清脆，形貌同于内地，而有疏略之胡须"（黄文弼《塔里木盆地考古记》四五页）。又如英国人种学家乔易士（Joyce）根据斯坦因所提供的材料进行研究，认为于阗人身材低矮，鼻广而平，毛发黑，眼瞳暗黑。这些都是藏族与汉族所共有的特征。从语言方面，斯坦因在尼雅和安得悦等地发现的佉卢文书中，一部分所用的是印度的俗语（Prakrit），其内容多为官方的公文契约与佛经，如《法句经》（Dharnapada）。可知是官方所使用的语言。这种俗语中有杂有许多意义不明，但显然非印度的称号。印度俗语之所以在于阗流行，除当地有印度移民外，更重要的原因是贵霜王朝的影响。迦腻色迦王时代，其势力至于兴都库什山南北。又从于阗附近所发现的佉卢文书，字体与印度西北部贵霜领域内铭文所使用的十分近似，也可以说明这点。除上述外，又在敦煌发现有用婆罗谜字母写成的大量残卷。最初认为是一种未知语言，后经劳依曼（Leuman）、古诺（Sten Konow）等人研究，证明是古代于阗通行语言，即中世纪的和阗塞语，此种语言改用变体婆罗谜字母书写，即玄奘所谓"文字宪章聿遵印度，微改体势，粗有沿革"，亦即玄奘所指出的"语异诸国"。

根据考古资料，于阗国名在不同时期，不同影响下，有过一番变化。目前出土的和阗塞语文书均属于公元3至11世纪，在最古的（3世纪前后）的佉卢文书中，作 Khotana，稍后的婆罗谜文书中作 Hvatäna，继后又变为 Hvamna 及 Hvam 晚的文献中作 Hvam Ksira（于阗国）。在佛教的梵文文献中又作 Gostana。在于阗与沙州关系密切时期又作 Y ūttina，在7至8世纪的古藏文文献中作Li-yul，其国都作 Huten，Huden，Hu-then 及 Yvu-then，（lndo-Scgihian studies，Kho-tanese Texts Volume Ⅳ，translated and edited by H.W.Baileg。p.I.Cambridge 1961）。

关于于阗国名的解释还有多种说法，如藏文中于阗为 Li-yul。有人认为唐朝曾给于阗国为赐姓李，因此 Li-yul 即李氏领域之义。此说无旁证，不足为信。又白鸟库吉认为藏语称玉为 Gyu（yu），村落为 Tang，与汉语阗字相近似，因此 Gyu-tan（于阗）为玉城之义。此说虽巧，但仍感文献不足，似乎经不起推敲：一、于阗建国约在阿育王时，即公元前3世纪，现在无任何证据说明当时已有藏族逾昆仑而到达于阗，而且该族人所操语言与几百年后的藏语相同。二、于阗虽然以产玉著称，而且玉石又是我国古人珍爱的物品，如于阗果有"玉城"之义，何以《史记》《汉书》无一语提及"玉城"一事？所以白鸟的看法只能姑备一说。

东汉时于阗国相当强大，《后汉书·于阗传》称其"领户三万二千，口八万三千，胜兵三万余人"，比西汉时户口增加了约九倍，人口增加约三倍，兵员增加了十余倍，其强盛的原因，《后汉书》也有记载："建武末年（约55—56年），莎东王贤强盛，攻并于阗，徙其王俞林为骊归王。明帝永平（58—75年）中，于阗将休莫霸反莎车，自立为于阗王，休莫霸死，子广德立，后遂灭莎车，其国转盛。绝精西北至疏勒十三国，皆服从。而鄯善王亦始强盛。自是南道自葱岭以西，唯此二国为大。"

南北朝时期于阗与内地往还相当密切，如"大明元年（457年，北魏大安三年）正月戊辰，粟特、于阗名国遣使朝贡（于魏）"（《魏书·高帝纪》）。"泰始三年（467年）二月……于阗诸国各遣使朝贡"（《魏书·显祖纪》）。"天监七年（508年），三月……于阗诸国并遣使朝献"（《魏书·世宗纪》）。"大同七年（541年）……于阗国献外国刻玉佛"（《册府元龟·外臣部·朝贡一》）。不过这段时期于阗也遇到很大灾难。《北史·西域传》："真君（441—451年）中，太武诏高凉王那击吐谷浑慕利延，慕利延惧，驱其部落渡流沙，那进军急迫之，慕利延遂西入于阗，杀其王，死者甚众。"又据《北史·吐谷浑传》："高凉王那等讨之于白兰，慕利延遂入于阗国，杀其王，死者数万人，南征罽宾。"于阗这次所受损失是十分惨重的，而且一波未平，一波又起；"献文末，蠕蠕寇于阗。于阗患之，遣使素目伽上表曰：'西方诸国，今昔已属蠕蠕，奴世奉大国，至今无异，今蠕蠕军马到城下，奴聚兵自固，故遣使奉献，遥望救援。'帝诏公卿议之。公卿奏曰：'于阗去京师几万里，蠕蠕之性，唯习野掠，不能攻城，若为害，当时已旋矣，虽欲遣师，势无所及。'帝以公卿议示使者，亦以为然。"于阗也曾役属嚈哒，《北史·嚈哒传》："其人凶悍，能战斗，西域康居、于阗、沙勒、安息及诸小国三十许，皆役属之。"

隋炀帝大业中，于阗曾多次遣使朝贡。

唐代于阗国势又复振兴，为唐时安西四镇之一。

于阗国王尉迟胜，《新唐书》卷一一〇有传，称其"天宝（742—755年）中入朝，献名玉良马，玄宗以宗室女妻之，授右威卫将军，毗沙府都督，归国与安西节度使高仙芝击破萨毗、播仙"。萨毗城是一战略要地。其地望据《沙州都督府图经》："西北去石城四百八十里，康艳典所筑，其地近萨毗泽，山险阻，恒有吐蕃及吐谷浑往来不绝。"播仙也是于阗东部一具有战略价值的地方，见《新唐书》卷四三下《地理志》："又一路自沙州寿昌县西十里至阳关故城，又西至蒲昌海（罗布淖尔）南岸千里。自蒲昌海南岸西经西里屯，汉伊修城也。又西八十里至石城镇，汉楼兰国也，又名鄯善，在浦昌海南三百里，康艳典为镇守使以通西域者。又西二百里至新城，亦谓之弩支城，艳典所筑。又西特勒井，渡且末河（车尔城河）五百里至播仙城，故且末城也。高宗上元中更名。"上引中"故且末城也"有讹误，此城应为宋云所记的左末城，或《西域记》中之沮末地。昔日虽为军事要地，后为流沙湮没，所以玄奘说："城郭蔚然，人烟断绝。"

又后魏时，于阗国有部分人，由于蠕蠕侵犯和与征服，逃亡至内地，归依后魏，定居于山西大同，为后魏之尉迟部，唐初有名武将尉迟恭（敬德）其先也出于于阗。

上述这些事件均可说明于阗与唐王朝关系之密切。

《新唐书》称于阗国其居曰西山城，《西域记》未载其国都多称，《北史》也只说"所都城方八九里"。近代首先考证于阗都城的人是格勒纳（Grenard）。他认为于阗古都在现今和阗县治额里齐（Ilchi）以西七英里的姚头冈（Yot-kan），位于玉珑哈什与喀喇哈什两河之间。后来斯坦因又经实地勘察力图证明其说。但我国黄文弼先生认为斯坦因断定姚头冈为于阗古都"证据殊嫌薄弱"（《塔里木盆地考古记》第 53 页）。斯坦因虽然详细记述了 Yotkan 的地理与发掘经过，出土的金叶碎片及其他古物虽多，但未发现任何古城的残垣断壁，甚至连任何建筑物的遗迹也没有（A. Stein：Sand-Buried Ruins of Khotan pp.259tf.）黄先生认为于阗古都在和阗城东南约四十里的古城遗址，即小库马提之下库马提。古城所在的地名喀拉合常，城名则为什斯比尔，意即"三道墙"。城依山而筑，城周约五六里，古城向南约十余里，即小库马提之上库马提，地名强司雅，有石塔，周约六十米，为不规则石块垒城，现已圮毁，黄氏认为此地为古代大寺庙，疑即法显所记的瞿摩帝大寺，亦即《魏书·于阗传》之赞摩寺。这些情况与《西域记》颇为吻合，因此我们赞同黄先生的考证。

于阗自古佛教兴盛，据法显记载："……于阗，其国丰乐，人民殷盛，尽皆奉法，以法乐相娱，众僧乃数万人，多大乘学。"《宋云行纪》中记有于阗王由不信佛法，变为虔信佛教的经过。《北史·于阗传》中称其"俗重佛法，寺塔僧尼甚众，王尤信向，每设斋日，每亲自洒扫馈食焉"。后来役属突厥似乎对于于阗的佛教产生相当影响，《新唐书》称于阗"喜事祆神，浮屠法"。火祆教显然是由突厥传入的。不过《西域记》仍称该国，"崇尚佛法，伽蓝百有余所。僧徒五千余人。并多习大乘法教，"故慧超仍用"足寺足僧"来形容。

四四、安西

开元十五年十一月上旬。至安西。于时节度大使赵君。

赵君即安西副大都护赵颐贞。此人于开元十四年（726年）受命于败军之际，代为安西节度使。《通鉴·唐纪》："是岁，杜暹为安西都护，突骑施交河公主遣牙官以马千匹诣安西互市，使者宣公教。暹曰：'阿史那女何得宣于我'，杖其使者，留不遣，马经雪尽死，突骑使可汗苏禄大怒，发兵寇四镇。会暹入朝，赵颐贞代为安西都护，婴城自守，四镇人畜储积皆为苏禄所掠。继而苏禄闻暹入相，稍引退，寻遣使入贡。"次年他才正式受任为安西副大都护。

开元十五年（727年），"五月廷王：洄为安西大都护，碛西节度大使"。"闰（九月）庚子，突骑施苏禄、吐蕃赞普围安西，副大都护赵颐贞击走之"（均见《旧唐书·玄宗纪》上）。关于此役，《通鉴·唐纪》二九有更详尽记载。赵颐有战功，上引《通鉴·唐纪》二九还记载："开元十六年（728年）春，正月，安西副大都护赵颐贞败吐蕃于曲子城。"此人可能于开元十六年卸任，因为"十一月乙酉，右羽林大将兼安西副大都护，四镇节度等副大使谢知信卒，赠凉州都督，赙物五百段，官造灵奉送还乡"（《册府元龟·外臣部·褒异》）。又《容斋随笔》卷八载衡山有唐开元二十年所建南岳真君碑，衡州司马赵颐贞撰。据此可知此时他已内调。又他在安西任职期间，安西大都护碛西节度大使本为延王洄，但不出阁，由副都护代行其职务，故慧超称为节度大使。

又《一切经音义》卷一百末，颐作䫙，注云，"上音夷，人名，安西节度使"。

且于安西。有两所汉僧住持。行大乘法。不食肉也。大云寺主秀行善能讲说。先是。京中七宝台寺僧。大云寺都维郍名义超。善解律藏。旧是京中庄严寺僧也。

郗即那，"维那"，梵文羯摩陀那（Karmadāna），任事，授事之意。维那却是一汉梵合璧的词。《南海寄归传》："华梵兼举也，维是纲维，华言也。那是梵语，删去羯摩陀三字也。"

大云寺上座。名明恽。大有行业。亦是京中僧。此等僧。大好住持甚有道心。乐崇功德。

武后载初元年（690年）有沙门十人伪造《大云经》，盛称神皇受命之事，武后遂令天下诸州各建大云寺。不仅内地有，甚至远在西域碎叶城后也建有大云寺。天宝七年（748年），北庭节度使王正见薄伐，城壁摧毁，邑居零落，昔交河公主所居之处，建大云寺犹存"（《通典》卷一九三引，杜环《经行记》）。

龙兴寺主。名法海。虽是汉儿生安西。学识人风。不殊华夏。于阗有一汉寺。名龙兴寺。有一汉僧。名□□。是彼寺主。大好住持。彼僧是河北冀州人士。疏勒亦有汉大云寺。有一汉僧住持。即是岷州人士。

四五、焉耆国

又从安西东行□□至焉耆国。是汉军兵领押。有王。百姓是胡。足寺足僧。行小乘法。

安西东行之后的脱文是表示龟兹与焉耆，两地间距离的里程，但其具体数字颇确定。《西域记》卷一阿耆尼国（焉耆）："从此西南行二百余里，逾一小山，越二大河，西行平川，行七百余里，至屈支国（龟兹）。"据此则为九百余里。但《新唐书·地理志》引贾耽《四夷道里记》则为："自焉耆西五十里过铁门关，又二十里至龙泉守捉，又六十里至东夷僻守捉，又七十里至西夷僻守捉。又六十里至赤岸守捉，又百二十里至安西都护府（龟兹）"则仅有六百三十里，又《北史·龟兹传》："东去焉耆九百里。"

焉耆为汉时西域三十六国之一，自两《汉书》以降，如《晋书·西戎传》，《魏书》及《北史·西域传》《周书·异域传》《隋书·西域传》及两《唐书·西域传》均作焉耆，本为古代焉耆语 Arki，或 Arsi 的音译。但佛教僧侣著作，如《法显传》《释氏西域记》《高僧传》《悟空入竺记》等则作乌夷、焉夷，或乌耆，邬耆，因古代乌有两读，一读鸣呼之鸣，一读晏（于谏切）的缘故。《大唐西域记》作阿耆尼则以焉耆语的 Argi——附会梵文 agni（火）而译出。关于这些译名的争议颇多，请参阅周连宽《大唐西域记史地研究丛稿》22—32页，岑仲勉：《汉书·西域传·地理校释》424—430页，兹不具引。

焉耆传始见于《汉书·西域传》："焉耆国，王治员渠城，去长安七千三百里，户四千，口三万二千一百，胜兵六千人，击胡侯、却胡侯、辅国候、左右将、左右都尉、击胡左右君、击车师君、归义车师君各一人，击胡都尉，击胡君各二人，译长三人，西南至都护治所四百里，南至尉犁百里，北与乌孙接，近海水多鱼。"西汉时焉耆处于匈奴与汉朝两大国之间，能够自保，足以说明其国力颇强。东汉时更为强大，有一万五千户，五万二千口，胜兵二万余人。所以三国时，据《三国志·魏志》裴注引鱼豢《魏略》："中道西行尉犁国，危须国、山王国皆并属焉耆。"此后龟兹强大，葱岭以东各国均为其役属，前秦吕光讨龟兹时，焉耆请降。北魏时万度归讨焉耆，大破之。此后国力大损，所以《魏书》称其国"国小大贫"。迄至唐时焉耆也只有"户四千，胜兵二千，常役属西突厥"。不过由于焉耆的地当西域中道要冲，不仅在军事上为各方势力所必争，而且在经济上为征税及控制贸易的要地。唐代所设的安西四镇最初本为龟兹、于阗、疏勒及碎叶镇，此后开元七年（719 年）是十姓可汗请居碎叶，安西节度使汤嘉惠表示以焉耆代碎叶。这足以表明焉耆在西域的军事和商业上的重要性。

□□□□□此即安西四镇名数　一安西。二于阗。三疏勒。四焉耆。（约缺十二字）（约缺四字）依汉法里头着裙。（下缺）

賫索之標訪外道者子
迎食兒契六不肅之地皆平
芋奴坪將賣与然人業亦絰
澄日至於郡國仏入涅槃處其城荒廢立人侯也仏入涅槃處為
禪師在彼掃灑每年八月八日僧尼道俗就彼大設供養於此塔中
懸現所切其數眾人同見當處之僧心非此塔西有二河往彼礼拜其水
水南流二千里外方入恒河彼塔四絰無人俓也極荒林木往彼礼拜其心
屍中大兲于搷也此塔東南卅里有一寺名婆般槃寺有十餘
寺供養彼禪師衣食令在塔所供養
曰玉從羅斯國至屬盧蜀無五別六
彼五俱輪見素形像在於塔中
上九師子彼憧擬廣五人合抱文里細
塔時并造此憧寺名達摩所薊爲羅所
外道小著衣服身上塗灰事於大天寺中為一金銅像亦黃
光摩搪陇國藏爲一三名尸羅廉造此像也黃造一金銅

敦煌寫本殘卷《慧超往五天竺國傳》(伯 3532)

（一）

福因。圆正寸卌余步。此城俯临恒河北岸置也。即此四大灵塔。三塔在摩揭陀国界。此国大小乘俱行。

忽得达摩揭陀国。诣寺礼拜菩提树。见塔礼拜讫。略题述其本愿志。五言

不虑身口憩。遥趋鸡足岭。路险非意业。风飘八塔难诚见。

如是往劫烧。何其人愿满目观。在今朝。又为彼比罗痆斯国。

此月至中天竺国王住城菩提那。从自此中天王境。递相攻击。百姓多难。

天战也。天中王最胜。彼国法用且无枷棒牢狱。唯南天村单百姓。语为差别也。

又此中天王境界。百姓稠密。二三百头作主。王海自领。恒常攻战与岭。

之颜中天不殊。五天国法无一为枷棒牢狱。唯南天村单百姓。

形藏止宝。国王下视黎庶而见游税放鹰走狗事。道迷难为之羁。

不煞也。名放生。小殊熟如不怀物势力。地善眼百卉恒青。土为雾。

（二）

（三）

大塔恒河在北岸为三大塔一舍衛國給孤薗中見为寺为僧二

難城梵羅蔔中为塔見在其寺荒廢無僧

此城無復樹見在波城之廢唯塔音僧之百姓衆居此城林木荒

多道路足賊注彼礼拜甚難方遠至此三道寶陛塔莊中天竺城

西百日程在西恒河間仏當送刀利天處成三道寶陛下閻浮提地靈

金石銀中吠瑠璃仏於中道梵王左黄帝釋右階侍仏下来於此淨

寶塔見於寺於为　昌從中天國南行三箇餘月至南天竺國所

佳王为八百頭象为境土熱當南至南海東至東海西至西海北至中天竺

東天菩薩接界衣著飲食人風与中天相似唯言音少别土地無雪

中天土地新出麗布為水牛黄牛亦少羊无馿騾驢等为三寶及種

業粟等至於綿絹之屬五天總言三王及蔔首百姓等恭敬三寶是等

蘭僧大小業俱行於愁山中为一大寺是龍樹菩薩便夜叉神造非人

（四）

169

那作並馨山為柱三重作楼四面围三百铢少龍樹在日今三子
僧獨供養以十五石米每日供三千僧其来不竭取朝還生元不減少
數今往寺废五僧也龍樹壽年七百方始出土也于時在南天路為言
書　月夜暖邺路深雲鹤飞彩滅書春表使心懺不疑迴我奥
岸北他　平地角西曰南言八鹰　誰落向珠苑
又德南天北行两月玄西天閔王住城边西天王二五六百遠為土地所出無
邠農銀為馬羊半多出大小二麦又諸董等福祭金火食多餅麨
乳酪藤油布賣用銀錢艷帝二屬王政首領百姓等熬慈悟三寶三
寺呈僧大小業俱行土地甚寛西盐海国人多善唱歌餘四天国不
如氏国又羙老不持軍撤形城等事見令披大洗来飯車国已横又麦
法出盡老不特粮食到家馬後充得食世惟王首領著出巴賣
粮不令一日姓衹掘　又従西天北行三箇月锋囘董北天国也名闌

南達羅由王内三百頭為依山作城西住逕薗巳北漸ヽ為山為國
狹小兵馬不多常被中天迦葉彌羅國屢ヽ所吞所以依山而住
但衣著言音与中天不殊土地稍冷於中天等也無霜雪但有風冷
浴王地溼為出為氍毹布稻麦驟ヽ為其王及百姓首領ヽヽ迄自
姓益辛西北ヽヽ半月東近雪山國内有ヽ寺ヽ僧大小乘俱行

山東為一小國名蘓跋那具怛羅屬土蕃國所管衣著與北天不殊
言語即別土地極寒也又従此閇蘭逹羅國西行逕一月至ヽ社ヽヽ國
亦ヽ大ヽヽ似衣著人風土地所出苦萘宲懷与北天ヽ阿亦羡寺ヽヽ
莱宲俱行王及首領百姓等ヽヽ敬信三寳 又従此吐ヽ國西行ヽ一月至新頭故羅
國承著風俗即ヽヽ宲寒暖与北天相似言音稍別ヽ此國極是路跛他國人ヽ
ヽヽ此王及百姓等大敬三寳是寺是僧即造順正理論衆ヽ論師
ヽ本此國人也此國大小乘俱行見令大覚緩乗ヽ従此國乃至五
天不多飲酒遍歴五天不見ヽ醉人打之者ヽ此乃飲ヽ得色得力

石邑不見為歡儛作剧飲裹之亳

菩娘仙在之旦來此說法廣度人天生寺東開哀於泉水邊造為瑤堂

仏所剎頂及葡萄甲在浮塔中逢見為三百餘僧寺為大群变化寺及

昔舍利等又為七八所寺各五六百人大婬法王亦作婬等非常敬信

又山中為二寺名耶揭羅歟娜為二漢僧於寺東西近大城該從中天来前

閗大藏聖教將敬遲鄉思狼遠和便為仏談美于將聞法涵英不復便退

韓仍悲實路 又趙曼燈無盡他方寶掛進神靈去呵嚴玉交灰慶灰

憶想哀情初悲君顧亦隨就知鄉國歐公見為欒憚

又悦此北行十五曰入山畫迎弥羅國此迎弥羅六七毛北天敷遠國流大王為三百

頭為住在山中道路隥無不被外國此得食飲飲貧多當少王及首領

法屬少者衣着与少天四殊自外百娃夏秋冬服古熱極寒之雨诸國歌前

布毛毯牛羊為少馬枝米搗桃之类古無極寒之雨颲五地生銅鐵氣

冬西昌毅墨罗西百井安青業雕冬草慈楊川谷揆小南北五曰程至王一

（八）

已東吐蕃總無寺舍不識仏法當土是胡所以信也已東吐蕃國純住冰
山雪山川谷之間　以氈帳而居無有城郭屋舍處所與突厥相似隨
逐水草其王雖在一處亦無城但依氈帳以為居業土地出羊馬猫牛
毯褐之類衣著毛褐皮裘女人亦尒土地極寒不同餘國家常食麨
少有餅飯國王百姓等總不識仏法無有寺舍國人悉皆穿地作坑而
臥無有床席人民極黑白者全希言音與諸國不同多愛喫虱為著毛
褐甚饒蟣虱捉得便抛口裏終不棄也　又迦葉彌羅國西北隔山七日
程至小勃律國此屬漢國所管衣著人風飲食言音與大勃律相似著
氎衫及靴剪其鬚髮頭上纏疊布一條女人在髮貧多富少山川狹小
田種不多其山憔杌元無樹木及於諸草其大勃律元是小勃律王所住
之處為吐蕃來逼走入小勃律國坐首領百姓在彼大勃律不來
又迦葉彌羅國西北隔山一月程至建馱羅此王及兵馬總是突厥土人是
胡兼有婆羅門此國舊是罽賓王王化為此突厥王阿耶領一部落兵馬

（九）

彼罽賓国王及首領雖是胡族敬信三寶若是無寺無僧即供養不得見為寺為僧也又迦葉弥罗国東北隔山十五日程即入建馱罗国此王及兵馬總是突厥住人百姓是胡兼有婆羅門剎利等此國舊是罽賓王王叔為此突厥王所損便煞彼王自為國主境界亦廣

此國已北並住中甚山险足寺足僧及婆羅門比王雖是突厥甚敬信三寶大造寺舍造佛菩薩金銅等像王及妻子各造寺也每日供養三寶甚敬信此王及妻王子首領等各自造寺供養三寶為佛為法捨施妻及象馬金銀衣物家具田牛等物唯妻及象二色不施

从此覓国一月程至覽波国此国無王有大首領亦屬건馱罗国所管衣著言音與건馱罗国少有差別亦有寺有僧敬信三寶大小乘俱行

迦葉弥罗国東北隔山十五日程即入乾陀羅国此王及兵馬總是突厥住人百姓是胡兼有婆罗門剎利等此国旧是罽賓王所管

天河北岸有三大寺足天親菩薩無著菩薩浮提之寺本舍名曰乃名犍陀羅等三寺

又至迦葉弥罗国此王及首領雖是胡族敬信三寶造寺設齋城府臨書寫白衣利養此王自身出家作寺供僧捨施不絕

天塔安置此城西三日程有一大寺此是天親菩薩無著菩薩浮提之寺本舍名曰世代久城守護尸毗王救鸽處見為寺為僧又佛過去捨頭捨眼飼五

里尸毗王救鸽處見為寺為僧又佛過去捨頭捨眼等處

（一○）

175

守護，並在此國中。在彼城東南山裏谷內有寺為僧，見今供養。此國大乘小乘俱行。

又從此建馱羅國正北入山三日程，至烏長國。彼自云鬱地引那。此王大敬三寶，百姓村庄多分施入供養，少分自供養。設齋供養，安口毛常足，寺主僧稍多。

又俗人妻不行大乘法也。衣著飲食人風，與建馱羅國相似。言音不同。土地足駝騾羊馬氎布之類，氣序甚冷。

又從烏長國東北入山十五日程，至拘衛國。

自呼云奢摩褐羅闍國。此王亦敬信三寶，有寺有僧，衣著言音與烏長國相似。亦著氎衫袴等也。

又從此建馱羅國西行入山七日，至覽波國。此國亦屬建馱羅國所管。衣著言音與建馱羅國相似。亦有寺有僧，敬信三寶，行大乘法。

又從此覽波國西行入山八日程，至罽賓國。此國亦屬建馱羅國所管。此王夏在罽賓，逐涼而坐。冬往建馱羅，趁暖而住。

住彼三月雪裏，而不寒。其罽賓國冬天積雪，為此冷也。此國土人是胡，王及兵馬突厥。

衣著多著氎衫袴等。大雲國大同少異。言音各別。亦為寺為僧，敬信三寶，行大乘法。

謝䫻衣服食飲與此大雲國大同少異。男人並剪鬚髮，女人髮在。土地出駝騾羊馬驢牛。

樓及靴男女衣服並同。男人剪鬚髮，女人髮在。土地出駝騾羊馬驢牛。

（一一）

（一二）

持山谷間見屬大寔所管言音與諸國別共胡一種少有數

著疊氎布衫土上至寒國王下及庶皆以疊遂為上服

氎布揩桃食唯愛餅肉土地寒冷冬天雪也國王領及百姓普著其數至六

寶足尋足僧行少同棄法食肉及葱韮之類不事外道男人盡剪鬚髮女人在頭

地足山 又從吐火羅國西行一月至波斯國此王先管大寔是波斯王

戶不後叛便煞彼王自立為主是故此國都被大寔所吞衣舊著寬氎布衫

剪鬚髮食唯餅肉縱饒有稻縱磨作餅喫也土地出駝騾羊馬出高大

騾氎布寶物言音各別不同餘國土地人性受興易常於西海泛舶入南海

向師子國取諸寶物所以彼國云出寶物亦向崑崙國取金亦泛舶漢地

直到廣州取綾絹絲綿之類土地出好細疊布國人愛煞生事天不事佛法

又從波斯國北行十日入山至大寔國彼王住不本國見向小拂臨國住為

打得彼國復居山島處所極窂固彼人愛煞此國人皆著疊布衫於上

又剪鬚髮衣著細疊寬衫於上又披一疊布以為上服王及百姓衣服一種無別

（一三）

女人亦著寬衫。男人剪髮在頭。女人在頭。捺食以手。亦用匙筯。見極惡

食瞰以手。亦用匙筯。見極惡云自手煞而食得福無量。此國人愛煞生事天

不識佛法。國法言為跪拜也

國境極寬。百姓亦多。強弱相凌。大寔國破得已來。即屬大寔。天小拂臨國傍海西北。即是大拂臨國

地足寶物。駱駝騾羊馬疊布毛毯。此王兵馬強多不懼於波斯大寔也

哥各別云云。又從大寔國已東。並是胡國。曹國史國石騾國

國來即康國才難。各為主。並屬大寔所管。為國狹小。兵馬不多。不能自

護去地出駝騾羊馬疊布之類。衣著疊布衫袴及皮毬。言音各別

諸國。又此六國。總事火祆。不識佛法。唯康國有一寺有一僧。亦不解敬

此中胡國。並剪鬚髮。愛著白氈帽子。極惡風俗。婚姻交雜。納母及

姊妹為妻。波斯國亦納母為妻。其吐火羅國乃至罽賓國犯引國謝䫻

兄弟十人五人三人兩人共娶一妻。不許各娶一婦恐破家計

（一四）

179

又從虔國已來為跋提龜國去西王薄又大河當中西流河南一王屬大

寬河北一王屬竭廁所管土地赤出駝驟羊馬愛布之類衣著皮求衣

布食多餅麨言音各媚不川錄國不識仏法言為寺舍僧屋

又跋龜龜國東為一國名骨唳國此王元毛奄廁種族當土百姓半剃半

寬廁土地出駝驟羊馬牛驟蕎桃蔓布毛毬之類衣著墨真布皮求衣

言音半呋火羅半當土王及首領有姓求敬信三寶多寺多僧行

小秉法此國屬大寬所管外國雖云道國善漢地一國大州利洲國男女

蕎疑數女人在縣　又從此胡國之北之皂北海西出西海東當漢國已

北熱毛寬廁衣住境界此土寬廁不識仏法言等言僧衣著皮毬

甄祈以愛為食食言城埒佳愛甄帳為屋行佳隨乎道通水草蕎

人益蕎艱縣女人在頭言音與諸國不同國人愛氣不識善亞土地之駝驟

萃馬之屬　又從吐火邪國東行七日至胡蕎王佳城鹿來於吐火羅國逸

漢使人蕎略隨四旗再辞　吾言　君恨西蕎建余喈東路長望

（一六）

故至常遏三百人於大播蜜川劫彼共胡及於使命縱劫得濟也

從雪中驢従壞爛六不解作辰差也亡藏屍等國言為仏法也

又從胡蜜國東行十五日過播密川入呼蜜國此即屬漢及今國界外

即於五日朝至玉裝盡國境在於興嶺鎮此即屬漢及今國界外

國人琴衣白氈飯種園漢名蔥嶺 又從蔥嶺步人一月至蔥嶺屬白

呼名迦師祇離國此間漢軍馬如今漢僧行小乘法喫肉及蔥

益等土人者買市良之 又從疏勒東行一月至疏勒此即前漢安西

大都護府漢國兵馬大都集處此寺僧行小乘法喫肉及蔥

茫蒜等也 漢僧行大乘法

領押足寺僧行大乘法不食肉也従此已東並是大唐境界話人盡和

不勞可憑 開元十五年十一月上旬至安西于時節度大使趙君

具於安西有兩所漢僧住持行大乘法不食肉也火雲寺主秀行善能

譯説先於京中七寶臺寺僧 大雲寺都維那名義超善解律藏亦

是京中庄严寺僧也　大云寺□座名□□怕大为行业　皂京中行

此寺僧大好住持甚为□道心樂崇功德　龙兴寺主名法海□□漢□

生安西学识人风不殊率夏　于阗有一汉寺名龙兴寺为□汉僧

皂故寺主大好住持彼僧皂□河北冀州人士　又从安西东行

□住持为皂疏州人士　又□安西东行

德根□百姓皂胡是漢□僧行小乘法

一安西　二于阗　三疏勒　四焉耆

八依汉法裹头□□□

（一八）

悟空入竺记

著者　唐·悟空

校注　杨建新

编 选 说 明

　　《悟空入竺记》，系唐代佛僧悟空西行天竺等地游学取经的真实记录，唐人圆照根据悟空口述所撰。

　　悟空，俗姓车，名奉朝，唐京兆云阳(今陕西泾阳县西北)人。祖上系鲜卑拓跋贵族。车奉朝原为唐朝一名下级官员。天宝十载(751年)，受唐玄宗之命，以左卫泾州四门府别将员外置同正员衔，随从中使张韬光出使罽宾(今克什米尔地区)，西行途经今新疆境内的库车、喀什噶尔等地，逾帕米尔高原，入克什米尔山区，行抵罽宾国东都犍陀罗国；受到当地热情款待。在此期间，车奉朝因疾无法随使团东归，被迫滞留当地，此间发誓若其病痊愈，愿落发出家为僧。待病愈后，其遵守诺言皈依佛教，师从犍陀罗三藏法师舍利越魔，并赐法号"达摩驮那"， 梵语意即"法界"，时年27岁，即唐肃宗至德二年(757年)。车奉朝无疑是一个典型的半路出家的和尚。

　　车奉朝随后逗留天竺期间，观礼佛迹，游学天竺各地，遍谒名师大德。历经数载，思乡心切。遂告别师傅踏上返乡之路，临别之际，师傅舍利越魔赠予梵文《十力经》《十地经》和《回向轮经》及佛舍利等圣物。携带其师所赠佛典、佛牙舍利，复经原路东归，遂沿塔里木盆地南缘，中经疏勒(今喀什噶尔)、于阗、龟兹(今库车县)等地传经送宝，他在龟兹曾停留一年多。此间，让龟兹莲花寺高僧释勿提提犀鱼("莲花精进"之意)将佛经《十力经》由梵文翻成汉文。后行至北庭(今吉木萨尔县)滞留期间，复请于阗僧人尸罗达摩将《十地经》和《回向轮经》翻译成汉文。并携带两部译经返回中原。西域诸族高僧将梵文佛经译成汉文并流传内地，这个资料记载弥足珍贵。

　　唐德宗贞元五年(789年)，车奉朝在庭州汇同唐朝奏事官、节度押衙牛昕、安西道奏事官程锷等，一道取"回鹘路"，即越阿尔泰山，经蒙古地区,于翌年(790年)返回上京(即长安,今西安市)。其西行经历前后时间长达四十年之久。

车奉朝返归长安后,先在朝廷任职,后被安置于章敬寺悉心译经,并被正式赐名法号悟空。唐德宗贞元十六年(800年),即悟空回长安后十年,高僧圆照奉敕在先前《开元释教录》(唐开元十八年由智昇所撰)的基础上,编撰《贞元释教录》一书,该书主要收录佛教经典,同时也吸收佛经相关译者的生平事迹。悟空将其在西域地区所译的三部佛经献上,请求编入,以扩大佛教经典在中原地区的散播和影响,当然在必收之列。圆照还亲访悟空,将其游历天竺及西域各地的活动行程,编著《悟空入竺记》,并收入《贞元释教录》中。宋人赞宁根据《悟空入竺记》的资料,复经补充,在《宋高僧传》"译经篇"中正式为悟空立传。另外,赞宁的《宋高僧传》里也为悟空立有《唐上都章敬寺悟空传》,其中记录了莲花精进的部分事迹。

悟空于唐朝中叶经陆路西行取经,其往返交通皆途经西域各城,故据其口述留下来的行纪内容,颇多留意该地社会文化及各族习俗,其中对唐朝时期在安西、北庭等地设置军政机构和诸多官员情况的详细记录尤为珍贵,书中所涉及的西域各地诸王,如疏勒王裴泠泠、于阗王尉迟曜、龟兹王白环等尚为其他各书所未载,可补正史之缺略。行纪中还提及天山南部各地佛教寺院名称,例如龟兹城的莲花寺、前践寺、耶婆瑟鸡寺、东西拓厥寺、阿遮哩贰寺,以及北庭的龙兴寺等,其中"耶婆瑟鸡寺"中"滴溜成音"的传闻颇为有趣:"安西境内有前践山,山下有珈蓝,其水滴溜成音可爱,彼人每岁一时采缀其声以成曲调,故耶婆瑟鸡,开元中用为羯鼓曲名,乐工最难其杖撩之术。"真实反映了晋唐时期西域著名的龟兹乐与佛教音乐之间的密切联系。

"安史之乱"后,随着吐蕃挺近西域,局势动荡,西域同中原间的交通联系不再畅通,内地对天山南北各地情况一度不明,所以悟空行纪里诸多珍贵资料,可补充这方面记载之不足。

《悟空入竺记》,收于《大藏经·史传部》(编号2089)和《大藏经续正藏·佛说十力经》。《新疆文库》选收杨建新主编《古西行记选注》中的校注本(宁夏人民出版社1987年版)。

田卫疆

《悟空入竺记》及其作者简介

　　悟空，俗姓车，名奉朝，京兆云阳（治所在今陕西泾阳县西北）人，其祖上为北魏拓拔氏贵族，鲜卑人。原为唐朝政府中一名下级官员，唐玄宗天宝十年（751 年），随中使张韬光出使罽宾，因病不能随使团回国，遂留居于健陀罗国。他在病中发愿，如得痊愈，愿落发为僧。病愈后，为践誓言，遂在健陀罗国拜三藏法师舍利越魔为师，出家为僧，法号法界，时年二十七岁（757 年）。此后他遍游北天竺、中天竺各地，觐礼佛迹，访师问道，是玄奘之后，在天竺影响很大的一位唐朝和尚。

　　后来他"思恋圣朝、本生父母、内外戚属，焚灼其心"，遂决心归国。临行时，其师舍利越魔给他梵本佛经三部，即《十地经》《回向轮经》《十力经》，佛牙舍利一枚。他由今阿富汗越兴都库什山，经瓦罕谷地进入今新疆。他在龟兹（今库车）用一年多的时间译出了《十力经》，在北庭（今吉木萨尔）与当地高僧一起译出了《十地经》和《回向轮经》。然后北上，经回鹘路，即越阿尔泰山，经蒙古地区，于贞元六年（790 年）回到上京（即长安，今西安）。自离开长安到返回长安，历时四十年。唐朝政府将他安置于章敬寺，又正式赐法号为悟空。

　　唐德宗贞元十六年（800 年），即悟空回长安后十年，高僧圆照奉敕在《开元释教录》（唐开元十八年由智昇所撰）的基础上，编撰《贞元释教录》。该书以收录佛经为主，同时也收录关于译者的主要生平事迹，悟空及其所译三部经，当然在必收之列。当时悟空还在世，圆照即亲自访问其生平事迹，特别对其游历天竺及其来往于西域的活动，进行了采访，写成了这部《悟空入竺记》，收入《贞元释教录》中，为我们保存了悟空的行记。

　　这部行记概述了悟空在天竺的游历，也记载了悟空在我国西域地区的见闻。而后面这一段记载，更是十分宝贵的历史文献。

　　自安史之乱后，由于西北边疆兵马内调，再加吐蕃的侵袭和西突厥一些部落的叛离，唐朝只有少数将领和兵丁坚守在西域的几个据点中，而且，由于河西路断，他们已与朝廷失去了近二十年的正常联系。因此，关于这一时期的文献记载，十分贫乏。《悟空入竺记》具体记述了当时唐朝在西域几个主要地区仍驻有官员以及他们与朝廷进行联系的情况，为我们了解当时的西域及其与唐朝的关系，提供了重要的历史资料和线索。

本书所收《悟空入竺记》采自日本新文丰出版公司影印大正原版《大藏经》。

原文内括号中字，除年代为编者所注外，均为原作所有。

悟空入竺记

　　新译《十地经》及《回向轮经》、《十力经》等者，即上都①章敬寺沙门悟空，本名法界，因使罽宾，于中天竺国之所得也。师本京兆云阳②人也，乡号青龙，里名乡义，俗姓车氏，字曰奉朝，后魏拓拔之胤裔也。天假聪敏，志尚典坟，孝悌居家，忠贞奉国。遇玄宗至道大圣大明孝皇帝，孝理天下，万国欢心，八表称臣，四夷钦化。时罽宾国③，愿附圣唐，使大首领萨波达干与本国三藏舍利越魔，天宝九载（750年）庚寅之岁，来诣阙庭，献款求和，请使巡按。次于明年辛卯之祀，玄宗皇帝敕中使内侍省内伯赐绯鱼袋张韬光，将国信物行。官奉俸四十余人，蒙恩授奉朝左卫泾州四门府别将员外置同正员，令随使臣。取安西路④，次疏勒国，次度葱山，至杨兴岭及播蜜川⑤、五赤匿国⑥（亦云式匿），次护密

校注

① 此即指长安。
② 即京兆府之简称。汉代即设有京兆府。后时断时置。至唐开元元年，复设京兆府，管县十二，府治在万年县(在长安城中)，辖区相当于今陕西中部，即以西安为中心，西至武功，东至渭南，北至铜川，南至秦岭一带。云阳为其属县之一，治所在今陕西泾阳县西北。
③ 《新唐书·西域传·罽宾》："罽宾隋漕国也。居葱岭南。""王居修鲜城，常役属于大月氏。""显庆三年以其地为修鲜都督府《大唐西域记》无罽宾地名，一般认为《大唐西域记》十二卷之迦毕试，即指罽宾。由《悟空入竺记》看，当时罽宾，即《大唐西域记》之迦毕试，其王都在今喀布尔河北卡菲里斯坦，其东都在今白沙瓦一带。
④ 此当指由今吐鲁番、焉耆，经库车（即安西）至喀什（即疏勒）一路。
⑤ 此杨兴岭不知所指何山。播蜜川，又作波谜罗川，既指今瓦罕谷地，亦指今喷赤河上游帕米尔河。则杨兴岭当距此不远，为今帕米尔某一山岭。
⑥ 即《大唐西域记》之尸弃尼，《新唐书》之识匿。《新唐书·西域传下》：

国①，次拘纬国②，次葛蓝国，次蓝婆国，次孽和国，次乌仗那国（亦云乌长及乌缠国）、茫誐（平声呼，虔伽反）勃国及高头城，次摩呾国，次信度城③（近信度河也，亦云信图或云辛头城），至十一载癸巳二月二十一日，至乾陀罗国（梵音正曰健驮逻国），此即罽宾东都城也。王者冬居此地，夏处罽宾，随其暄凉，以顺其性。时王极垂礼接，祗奉国恩，使还对辞，并得信物，献款进奉，旋归大唐。奉朝当为重患，缠锦不堪胜致，留寄健驮逻国。中使归朝后，渐痊平，誓心归佛，遂投舍利越魔三藏，落发披缁，愿早还乡，对见明主，侍觐父母，忠孝两全。时蒙三藏赐与法号，梵云达摩驮都，唐言以翻名为法界，时年二十有七方得出家，即当肃宗文明武德大圣大宣孝皇帝至德二载（757年）丁酉岁也。泊二十九，于迦湿弥罗国④进受近圆，请文殊矢涅地（地移反，平声呼，唐言翻为正智）为邬波驮耶（唐言亲教师，安西云和上），邬不羼提为羯磨阿遮利耶（唐言规范师，若至四镇安西云阿闍梨讹，略耳），驮里魏（巍屈反，入声呼）地为教授阿遮利那，三师七证，授以律仪，于蒙鞬寺讽声闻戒。讽毕，听习根本律仪。然于北天竺国皆萨婆多学也（唐言根本说一切有），然此蒙鞬寺者，北天竺王践位后建兹寺矣，梵云蒙鞬微贺罗。"微贺罗"者，唐言住处，住处即寺也。次有阿弥陀婆挽（免烦反，平声呼）寺，次有阿难仪寺，次有继者岑寺，次有恼也罗寺，次有惹惹（而者反）寺，次有将军寺，次有也里特勤寺，突厥王子置也。次有可敦寺，突厥皇后置也。此国伽蓝三百余所，灵塔瑞像其数颇多，或阿育王及五百阿罗汉之所建立也。

如是巡礼，兼习梵语，经游四年，夙夜虔心，未曾暂舍。其国四周，山为外郭，总开三路，以设关防。东接吐蕃，北通勃律，⑤西门一路通乾陀罗，别有一途，常时禁断，天军行幸，方得暂开。

校注

"识匿或尸弃尼，曰瑟匿"，"初治苦汗城，后散居山谷，有大谷五，酋长自为治，谓之五识匿"。一般认为在今喷赤河中游苏联戈尔诺巴达克善自治省西部和阿富汗东北巴达克善一带。

① 此即《后汉书》之休密，《宋云行纪》之钵和，《大唐西域记》之达摩悉铁帝国，《新唐书》又作镬侃。其地在五识匿南三百里，即今瓦罕谷地西部。

② 《大唐西域记》之商弥，《宋云行纪》之赊弥。

③ 即今印度河。以上诸国在喀布尔河以北阿富汗和巴基斯坦境内。

④ 此地汉代为罽宾地，即指今克什米尔南部。

⑤ 指今克什米尔西北部。

法界至于第四年后，出迦湿密国①，入乾陀罗城，于如罗灑王寺中安置。其寺，王所建立，从王为名，王即上古罽腻吒王②之胄胤也。次有可忽哩寺，王子名也。缤芝寺，王女名也。复有栴檀忽哩寺，王弟名也。此皆随人建立，从彼受名。次有特勤洒寺，突厥王子造也。可敦寺，突厥皇后造也。复有阿瑟吒寺、萨紧忽哩寺、罽腻吒王圣塔寺、罽腻吒王演提洒寺，此寺复有释迦如来顶骨舍利，有罽腻吒王伐龙宫沙弥寺。

如是巡礼又经二年，即当代宗睿文孝武皇帝广德二年（764年）甲辰岁也。从此南游中天竺国，亲礼八塔，往迦毗罗伐窣睹城，佛降生处塔。次摩竭提国③，菩提道场成佛处塔，于菩提寺夏坐安居。次波罗泥斯城仙人鹿野苑中转法轮处塔，次鹫峰山，说法华等经处塔。次广严城，现不思议处塔。次泥嚩羇多城，从天降下三道宝阶塔（亦云宝桥）。次室罗伐城逝多林给孤独园，说摩诃般若波罗密多度诸外道处塔。次拘尸那城娑罗双林，现入涅槃处塔。如是八塔，右绕供养，瞻礼略周。次于那烂陀寺中，住经三载。又至乌仗那国，寻礼圣踪，住茫诚（平声呼，虔迦反）勃寺。复有苏诃拔提寺（唐言日宫寺也）、钵茫拔提寺（唐言莲华寺）。

如是往来遍寻圣迹，与《大唐西域记》说无少差殊。思恋圣朝，本生父母，内外戚属，焚灼其心，念鞠育恩深，昊天罔极，发愿归国，瞻觐君亲。稽首咨询，越魔三藏。兰藏初闻，至意不许，法界以理，恳请于再三。三藏已于天宝九年（750年），曾至唐国，日常赞慕摩诃支那，既见恳诚，方遂所请。乃手授梵本《十地经》及《回向轮经》并《十力经》，共同一夹，并大圣释迦牟尼佛一牙舍利，皆顶戴殷勤，悲泪而授，将为信物，奉献圣皇，伏愿汉地传扬，广利群品。法界顶跪拜受，悲泪礼辞。当欲泛海而归，又虑沧波险阻，乃却取北路还归帝乡。

我圣神文武皇帝，圣德远被，声震五天，道迈羲轩，威加八表，慕仰三宝，信重一乘，异域输金，重译来贡。法界所将舍利及梵本经，自彼中天来汉界，凡

校注

① 即迦湿弥罗国。

② 疑即迦腻色迦王。此王在位时，贵霜王国势力强大，曾以白沙瓦即乾陀罗城，或布路沙布罗城为都。

③ 《大唐西域记》作摩揭陀国。《新唐书》作摩揭它或摩伽陀。为中天竺大国，位于殑伽河即今恒河中游以南。唐高宗时，唐使王玄策曾至此国。玄奘曾长期在此国的那烂陀寺学经，悟空亦曾在此学经三年。那烂陀寺在摩揭陀国王舍城（今印度比哈尔邦底赖雅附近）东，今印度比哈尔邦巴腊贡地区。12世纪时被毁。

所经历，睹货罗国五十七番中，有一城号骨咄国①，城东不远有一小海，其水极深，当持牙经南岸而过。时彼龙神知有舍利，地土摇动，玄云掩兴，霹雳震雷，雹雨骤坠。有一大树，不远海边，时与众商投于树下，枝叶摧落，空心火燃。时首领商普告众曰：谁将舍利异宝殊珍，不尔龙神何斯拗怒？有即持出，投入海中，无令众人受兹惶怖。法界是时，恳心祈愿，放达本国，利济邦家，所获福因，用资龙力。从日出后洎于申时，祈祝至诚，云收雨霁，仅全草命。渐次前行至拘密支国②，王名顿散洒。次惹瑟知国，王名黑未梅。次至式匿国。

如是行李，经历三年，备涉艰难，捐躯委命，誓心报国，愿奉君亲，圣慈曲临。渐届疏勒（一名沙勒），时王裴冷冷、镇守使鲁阳，留住五月。次至于阗（亦云于遁或云豁丹），梵云瞿萨怛那（唐言地乳国），王尉迟曜，镇守使郑据，延住六月。次威戎城，亦名钵浣国，正曰怖汗国，镇守使苏岑。次据瑟得③城使卖诠。次至安西④，四镇节度使、开府仪同三司、检校右散骑常侍、安西副大都护兼御史大夫郭昕，龟兹国王白环（亦云丘兹），正曰屈支城。西门外有莲花寺，有三藏沙门名勿提提犀鱼（唐云莲花精进），至诚祈请，译出《十力经》，可三纸许，以成一卷。三藏语通四镇，梵汉兼明，此《十力经》，佛在舍卫国说。安西境内有前践山、前践寺，复有耶婆瑟鸡山。此山有水，滴溜成音，每岁一时，采以为曲，故有耶婆瑟鸡寺、东西拓厥寺、阿遮哩贰寺。于此城住一年有余。次至乌耆国⑤，王龙如林，镇守使杨日祐。延留三月。从此又发至北庭州，本道节度使御史大夫杨袭古，与龙兴寺僧，请于阗国三藏沙门尸罗达摩（唐言戒法）译《十地经》，三藏读梵文并译语，沙门大震笔授，沙门法超润文，沙门善信证义，沙门法界证梵文并译语。《回向轮经》翻译准此。翻经既毕，缮写欲终，时逢圣朝四镇、北庭宣慰使中使段明秀来至北庭。

洎贞元五年（789年）己巳之岁九月十三日，与本道奏事官、节度押衙牛昕，

校注

① 在今苏联塔吉克加盟共和国西南，瓦赫什河与喷赤河之间。《新唐书·西域传下》："骨咄或曰珂咄罗，广长皆千里，王治思助城，多良马、赤豹"，"天宝十一载，册其王罗金节为叶护"。

② 即俱密国，在骨咄以东，今苏联塔吉克加盟共和国苏尔哈河流域，或在稍南之达尔瓦斯。

③ 又作握瑟德。在今新疆柯坪县和巴楚县之间。

④ 龟兹为唐安西都护府所在地，故称安西，即今库车。

⑤ 即焉耆国。

安西道奏事官程锷等，随使入朝。当为沙河不通，取回鹘路。又为单于不信佛法，所赍梵夹，不敢持来，留在北庭龙兴寺，藏所译汉本，随使入都。

六年二月来到上京，有敕令于跃龙门使院安置。中使段明秀遂将释迦真身一牙舍利及所译经，进奉入内。天恩宣付左神策军，令写此经本，与佛牙舍利一时进来，时左街功德使窦文场，准敕装写进奉阙庭，兼奏从安西来无名僧悟空，年六十，旧名法界，俗姓车，名奉朝，请住章敬寺。其年二月二十五日，奉敕宣与正度，余依。又本道节度奏事官，以俗姓车奉朝名衔奏。至五月十五日，敕授壮武将军守左金吾卫大将军员外置同正员兼试太常卿，爰有制曰，敕伊、西、庭节度奏事官、节度押衙同节度副使、云麾将军、守左金吾卫大将军员外置同正员牛昕等，并越自流沙，涉于阴国，奉三军向化之慕，申万里恋阙之诚，雨雪载霏，行迈无已，方贡善达，复命言旋，举范羌入计之劳，慰班超出远之思，俾升崇秩，以劝使臣，可依前件。

是岁也，天恩正名，冠冕兼履，昔名法界，今字悟空，捧载惭惶，不任感惧。乃归章敬，次及乡园，访问二亲，坟树已拱，兄弟子侄家无一人，疏远诸房，少得闻见。凡所来往，经四十年，辛卯西征，于今庚午，悲不奉养。喜遇明时，所进牙经，愿资圣寿。其所进《十地经》，依常途写一百二十一纸，成部勒为九卷。此经佛初成正觉已经二七日，住地化自在天宫摩尼宝藏殿说。《回向轮经》，佛在金刚摩尼宝山峰中，与大菩萨说，译成三纸半，以为一卷。其《十力经》如前所说，译成三纸，复为一卷。三部都计一百二十九纸，总十一卷，同为一帙。然为斯经未入目录，伏恐年月深远，人疑伪经，今请编入《大唐贞元续开元释教录》。伏以一辞圣唐于今四代，凌霜冒雪，经四十年寻礼圣踪，所经国邑，域一瞻礼，或渐旬时，或经累旬，或盈数月，或住一岁二三四年，或遇吉祥，或遭劫贼，安乐时少，忧恼处多，不能宣心一一缕说。幸逢明圣，略举大纲，伏乞施行，流传永代。

杜环经行记

著者　唐·杜环

校注　杨建新

编 选 说 明

《杜环经行记》，书名，一卷。唐朝杜环撰写。系记录唐代西域、中亚史地的重要史料。

公元 8 世纪初，西亚大食国（阿拉伯帝国）与昆仑山南部吐蕃王朝逐渐崛起，特别是大食帝国勃兴后，出于政治需求开始兴兵东扩，不断蚕食吞并唐朝在西域和中亚管辖地域，对唐朝西域的政治权威构成极大威胁。中亚各地诸族无法阻挡大食军队进攻，派遣使者赴唐朝请求支援。唐朝命令刚打败吐蕃的将领高仙芝率军前往解围。期间中亚吐火罗国首领诬告石国（今乌兹别克斯坦塔什干城）国王依附吐蕃，离间唐朝与石国之间关系，高仙芝奏请讨伐石国，杜环此时作为一个下级军官随之前往征伐石国。高仙芝诳称与石国约合，攻占石国后，处死该国国王车鼻施，中亚各国因这一倒行逆施行为而离心倾向愈烈。石国王子逃脱求救大食军队，大食帝国的呼罗珊总督阿布·穆悉林率军增援石国王子。唐玄宗天宝十载（751年），高仙芝军队在中亚的怛逻斯城（今哈萨克斯坦怛逻斯城）与大食军队相遇，双方发生激战，相持数日不决，后因唐军属下的葛逻禄部众叛变，导致唐朝军队大败，"士卒死亡略尽"。虽然高仙芝本人历经艰险逃归中原，但其所属官兵多为大食军队所俘。"怛逻斯之战"被视为唐朝管辖西域、中亚政局由盛及衰的重要转折。

杜环即"怛逻斯之战"中为大食军队俘获的唐军俘虏，在随后的岁月中，因各种原因所致。杜环之后辗转游走在中亚、西亚各地十二年，历尽人间艰辛。唐代宗宝应元年（762 年），他终于搭载商贾船舶由海路返回广州。东归之后，遂将其西行沿途见闻撰成此书。

《经行记》不仅真实具体地记录了公元 8 世纪中叶中亚政局风云变幻的这一幕史实，杜环还依照其在中亚各地的亲身经历，生动地记载了西域、中亚诸地之地理环境、族群分布、城郭四至，宗教信仰和民众社会生活等情况，这从目前仅存的拔汗那（今乌兹别克斯坦费尔干纳盆地）、康国（今乌兹别克斯坦撒马尔罕）、师子国（今斯里兰卡）、拂林国、摩隣国、大食法、大秦法、寻寻法、波斯国（今伊朗）、石国（今乌兹别克斯坦塔什干）、碎叶国（今吉尔吉斯斯坦托克玛克附近）、大食国、末禄国、苫国等条目中就可见其一斑。杜环对中亚碎叶城、拔汗那等地唐朝军政管理机构，唐朝交河公主、和义公主居所，以及所修筑的"大云寺"等相关情况的记载，弥补了正史文献的不足。在中亚、西亚各地逗留游历期间，杜环亲眼目睹了众多中原地区汉人工匠（如纺织、绘画、金银等）在大食国境内的活动情况，他借机收集了其中一些人的工种和匠人姓名，如"绫绢机杼，金银匠、画匠、汉匠起作画者，京兆人樊淑、刘泚，织络者河东人乐懁、吕礼"，真实再现了唐朝时期中原地区大批汉人工匠在中亚各地的生产活动情况，众所周知，中国造纸术也是在"怛逻斯之战"后传入阿拉伯世界，并由此传入西方的。所以杜环关于大食国境内汉人工匠活动的记录进一步印证了造纸术西传的史实，极大丰富了唐代东西方之间经济文化交流的内容。此外关于阿拉伯世界伊斯兰教相关内容，尤其是对伊斯兰教教法的相关叙述应该是汉文史料中最早并准确的真实记录，更是弥足珍贵。

《杜环经行记》关于中、西亚地理历史的记载对后世影响很大，之后成书的诸多史籍，如《太平御览》、《太平寰宇记》、《通志》《通考》中皆援引转载该书内容，也印证了杜环行记的重要文献价值。

杜环生卒年月不详，仅知杜环系唐朝名臣杜佑（735—812年）族子。《经行记》撰成后即遗失，其部分内容收入杜佑《通典》卷191《边防典》中。近人中外学人丁谦、王国维、沙畹、伯希和、桑原隲藏、白寿彝等都对之作过研究或校注。

《新疆文库》选收的是杨建新主编《古西行记选注》中的校注本（宁夏人民出版社1987年版）。

田卫疆

《杜环经行记》及其作者简介

《杜环经行记》的作者杜环，生卒年及其生平事迹不详。他是《通典》作者杜佑的族子。8 世纪 50 年代末，可能是唐朝名将高仙芝手下的一员低级军官。8 世纪三四十年代，大食势力西侵，唐朝设在中亚各地的羁縻府州纷纷向唐朝政府求援，要求派兵，帮助诸国抵抗大食侵袭。与此同时，吐蕃贵族也加强了对安西四镇及邻近国家的进攻和掠夺。由于当时吐蕃的活动对唐在西域的统治威胁比大食更为严重和紧迫，所以，唐朝政府采取了集中力量抗击吐蕃的政策。开元末，吐蕃占据小勃律，其附近二十余国为吐蕃所控制，唐朝政府曾三次派安西节度使出兵抗击吐蕃，皆无功而还。天宝六年命安西副都护、四镇都知兵马使高仙芝率一万兵马进攻小勃律，打击吐蕃势力。高仙芝以其非凡的毅力和气魄，全军越过帕米尔和兴都库什山，进入小勃律，遏制了吐蕃进取西域的势头，取得了抗击吐蕃的重大胜利，同时对大食的东侵，也是一个重大的打击和遏制。高仙芝被提升为安西都护、四镇节度使。在取得巨大成功以后，高仙芝开始不谨慎了，在对待石国的问题上，采取了一个极其错误的措施。

石国（其国都在塔什干）在高仙芝担任安西副都护和都护期间，石国王一直忠于唐朝政府，在抗拒大食东侵的斗争中，起了很好的作用。天宝九年（750年），吐火罗叶护上表密告石国王亲附吐蕃，高仙芝遂以石国王"无藩臣礼"，奏请发兵征讨。高仙芝率唐军进入石国，本记作者杜环就是唐军中的一员。在唐军围攻下，石国王车鼻施降，高仙芝遂将石国王及其后妃送往长安处斩，并搜刮了石国大量金银珠宝。石国王子逃脱，向中亚诸国揭露高仙芝的暴行，引起诸国对石国的同情和对高仙芝的愤恨，遂引大食东侵。高仙芝率兵三万，迎击大食，深入至怛罗斯，与大食军相遇，双方相持五日，唐军中的葛逻禄部众叛，与大食夹击唐军，高仙芝大败，"士卒死亡略尽"。高仙芝虽经过苦战逃回，但幸免于死的唐军却多为大食所俘，这里面就有杜环。

杜环被俘后，在中亚、西亚和地中海沿岸等地流浪了十二年，于唐代宗宝应、广德时（762—763 年），乘商船回到广州，并将其游历见闻写成《经行记》。可惜这部书已经散逸，所幸《通典》节录的一部分保留了下来，就是目前这个本子。

　　中外有许多史地学家研究和考证过《经行记》，在国内，丁谦《经行记地理考证》、王国维《古行记校录》都对它作过校注。新中国成立前张一纯著有《杜环经行记笺证》，旁征博引，考证精细，集诸研究家之大成。本书所收《经行记》即以张一纯的校注为基础。

杜环经行记

碎叶国①。从安西西北千余里，有勃达岭②，岭南是大唐北界，岭北是突骑施南界，西南至葱岭二千余里。其水岭南流者，尽过中国而归东海；岭北流者，尽经胡境而入北海。又北行数日，度雪海③。其海在山中，春夏常雨雪，故曰雪海。中有细道，道旁往往有水孔，嵌空万仞，转坠者莫知其所在。勃达岭北④行千余里，至碎叶川⑤，其川东头有热海，兹地寒而不冻，故曰热海。又有碎叶城，天宝七年，北庭节度使王正见薄伐，城壁摧毁，邑居零落，昔交河公主⑥所居止之处，建大云寺⑦犹存。其川西接石国，约长千余里，川中有异姓部落，有异姓突厥，各有兵马数万，城堡间杂，日寻干戈，凡是农人，皆擐甲胄，专相虏掠，以

校注

① 即《大唐西域记》素叶水城。玄奘路过时，"城周六七里，诸国商胡杂居"。调露元年（679年）检校安西都护王方翼"筑碎叶城，面三门，纡还多城，以诡出入，五旬毕，西域胡纵观，莫测其方略"《新唐书·王方翼传》）。其城规模较唐初已大不相同。其地在今苏联吉尔吉斯加盟共和国托克玛克。

② 即今新疆乌什境内中苏边界地区之别迭里山口。沙畹以为《大唐西域记》之凌山，即指此。

③ 沙畹以为应指 Djiym-beL 岭上之诸小湖。

④ 按其方位，此处似应为西北，疑缺西字。

⑤ 即《大唐西域记》之素叶水，《新唐书》之细叶水，今之楚河。

⑥ 《唐会要》："交河（公主），十姓可汗阿史那怀道女，开元五年十二月出降突骑施可汗苏禄"。《资治通鉴》记在开元十年。《旧唐书》作开元三年，且称为"金河公主"。

⑦ 武则天时颁《大云经》于全国，故今库车、喀什、敦煌、武威等地均曾建过大云寺。

为奴婢。其川西南头，有城名曰怛罗斯①，石国大镇，即天宝十年高仙芝兵败之地。从此至西海以东，自三月至九月，天无云雨，皆以雪水种田，宜大麦、小麦、稻米、豌豆、毕豆。饮葡萄酒、糜酒、醋乳。

石国城，一名赭支，一名大宛②。天宝中，镇西节度使高仙芝擒其王及妻子归京师。国中有二水，一名真珠河，一名质河③，并西北流。土地平敞，多果实，出好犬、良马。

拔汗那国④。在怛罗斯南千里，东隔山，去疏勒二千余里，西去石国千余里，城有数十，兵有数万。大唐天宝三年，嫁和义公主于此⑤。国中有波罗林，林下有球场。又有野鼠，遍于山谷。土宜葡萄、醃罗果⑥、香枣、桃、李。从此国至西海，尽居土室，衣羊皮叠布，男子妇人皆著靴，妇人不饰铅粉，以青黛涂眼而已。

康国，在米国西南三百余里，一名萨末鞬，土沃，人富，国小。有神祠名祆，诣国事者，本出于此。

波斯自被大食灭，至天宝末，已百余年矣。

大食，一名亚俱罗⑦，其大食王号暮门，都此处。其士女瑰玮长大，衣裳鲜洁，容止娴丽。女子出门，必拥蔽其面。无问贵贱，一日五时礼天，食肉作斋，以杀生为功德。系银带，佩银刀，断饮酒，禁音乐。人相争者，不至殴击。又有礼堂，容数万人。每七日，王出礼拜，登高坐为众说法曰："人生甚难，天道不

校注

① 《大唐西域记》作呾逻私城。"城周八九里，诸国商胡杂居"。

② 其王都在今塔什干。《魏书》作者舌，《唐书》作柘支、柘析，《大唐西域记》作赭时。

③ 《新唐书·西域传》石国条："西南有药杀水，入中国为真珠河，亦曰质河。"此处所说真珠河即今锡尔河上游纳伦河。《新唐书》以真珠河即为质河。

④ 《魏书》称破洛那，《隋书》作钹汗，《大唐西域记》作怖捍，其王都在费尔干纳。

⑤ 《新唐书·西域传》："天宝三载（744 年），改其国号宁远，帝以外家姓赐其王窦，又封宗室女为和义公主，降之。"《唐会要》《册府元龟》《资治通鉴》等书均记其事于天宝三载。此记以天宝十年，恐误。

⑥ 李时珍《本草纲目》卷三十三："庵罗果俗名香盖，乃果中极品，种出西域，亦柰类也。"

⑦ 大食为波斯语之译音，有谓商人，有为牧人，亦有以为"明哲"之义，指阿拉伯

易。奸非劫窃、细行谩言、安己危人、欺贫虐贱，有一于此，罪莫大焉。凡有征战，为敌所戮，必得生天，杀其敌人，获福无量。"率土禀化，从之如流。法惟从宽，葬惟从俭，郛郭之内，里闬之中，土地所生，无物不有。四方辐辏，万货丰贱，锦绣珠贝，满于市肆。驼马驴骡，充于街巷。刻石蜜为庐舍，有似中国宝舆。每至节日，将献贵人，琉璃器皿，鍮石瓶钵，盖不可数算。粳米白面，不异中华。其果有楄桃，又千年枣，其蔓菁根大如斗而圆，味甚美，余菜亦与诸国同。葡萄大者如鸡子。香油贵者有二：一名耶塞漫，一名没匝师。香草贵者有二：一名查塞莘、一名葵芦茇。绫绢机杼，金银匠、画匠，汉匠起作画者，京兆人樊淑、刘泚，织络者，河东人乐隈、吕礼。又以橐驼驾车，其马，俗云西海滨龙与马交所产也，腹肚小，脚腕长，善者日走千里。其驼小而紧，背有孤峰，良者日驰千里。又有驼鸟，高四尺以上，脚似驼蹄，颈项胜得人骑，行五六里，其卵大如三升。又有荠树，实如夏枣，堪作油，食除瘴。其气候温，土地无冰雪，人多疟痢，一年之内，十中五死。今吞灭四五十国，皆为所役属，多分其兵镇守。其境尽于西海焉。

末禄国①，在亚梅国西南七百余里。胡姓末者，兹土人也。其城方十五里，用铁为城门，城中有盐池，又有两所佛寺。其境东西百四十里，南北百八十里，村栅连接，树木交映，四面合匝，总是流沙，南有大河，流入其境②，分渠数百，灌溉一州。其土沃饶，其人净洁，墙宇高厚，市廛平正，木既雕刻，土亦绘画。又有细软叠布，羔羊皮裘，估其上者，值银钱数百。果有红桃、白柰、遏白、黄李，瓜大者名寻支，十余人食一颗辄足。越瓜长四尺以上。菜有蔓菁、萝卜、长葱、颗葱、芸台、胡芹、葛兰、军达、茴香、英薤、瓠芦，尤多葡萄。又有黄牛、野马、水鸭、石鸡。其俗以五月为岁，每岁以画缸相献。有打球节，秋千节。其大食东道使镇此。从此至西海以来，大食、波斯参杂居止。其俗礼天，不食自死肉及宿肉，以香油涂发。

苫国③，在大食西界，周回数千里。造屋兼瓦，累石为壁，米谷殊贱。有大

校注

人。亚俱罗，即阿拉伯之音转。

① 其王都即今苏联土库曼加盟共和国马里城北。后汉时为木鹿城，隋时作穆国，《元史》作马鲁。

② 今有木尔加布河自南来，流经城南。亦有谓古代阿姆河流入里海，此河应为阿姆河。然则唐时阿姆河早已流入咸海。

③ 一般认为是今叙利亚一带。亦有认为在今高加索之南。也有认为叙利亚人称

川东流入阿俱罗。商客凑此衆彼，往来相继。人多魁梧，衣裳宽大，有似儒服。其苫国有五节度，有兵马一万以上，北接可萨突厥①，可萨北又有突厥，足似牛蹄，好啖人肉。

佛菻国②，在苫国西，隔山数千里，亦曰大秦。其人颜色红白，男子悉著素衣，妇人皆服珠锦。好饮酒，尚干饼，多工巧，善织络。或有停在诸国，守死不改乡风。琉璃妙者，天下莫比。王城方八十里，四面境土，各数千里，胜兵约有百万，常与大食相御。西枕西海，南枕南海，北接可萨突厥。西海中有市，客主同和，我往则彼去，彼起则我归，卖者陈之于前，买者酬之于后，皆以其直置于物旁，待领直，然后收物，名曰"鬼市"。又闻西有女国，感水而生。

摩邻国③，在秋萨罗国西南，渡大碛，行二千里至其国。其人黑，其俗犷，少米麦，无草木，马食干鱼，人飡鹘莽。鹘莽，即波斯枣也。瘴疠特甚。

诸国陆行之所经也。胡则一种，法有数般。有大食法，有大秦法，有寻寻④法。其寻寻蒸报，于诸夷中最甚，当食不语。大食法者，以弟子亲戚而作判典，纵有微过，不至相累。不食猪狗驴马等肉，不拜国王父母之尊，不信鬼神，祀天而已。其俗，每七日一假，不买卖，不出纳，惟饮酒谑浪终日。其大秦，善医眼及痢，或未病先见，或开脑出虫。

师子国❹，亦曰新檀，又名婆罗门，即南天竺也。国之北，人尽胡貌，秋夏灾旱；国之南，人尽獠面，四时霖雨。从此始有佛法寺舍，人皆儋耳，布裹腰。

校注

黑衣大食最初之都城为亚俱罗，即今伊拉克之库法。

① 可萨突厥为 7 世纪活动于咸海、里海、黑海之间的突厥部落和国家，其政治中心在今伏尔加河下游阿斯特拉罕一带。曾附属于西突厥，长期与波斯相对抗，而与东罗马保持友好关系。

② 冯承钧以为，此为波斯语对地中海东岸欧洲人之称，以指东罗马帝国及西亚地中海沿岸诸地。

③ 《新唐书·拂菻传》："自拂菻西南度碛二千里，有国曰磨邻、曰老勃萨。"据丁谦考，磨邻似为非洲摩洛哥，老勃萨即干丝腊，或秋萨罗，今西班牙。

④ 一种说法认为是指西地中海古代迦太基地区。也有认为是指萨珊王朝或祆教徒，即波斯西部。

⑤ 即今斯里兰卡。

高居诲使于阗记

著者　五代·高居诲

校注　杨建新

编 选 说 明

《高居诲使于阗记》,一卷。五代十国时期,后晋政权使臣高居诲奉命出使西域地区于阗国的见闻录,系研究公元 10 世纪和阗地区历史的重要史料之一。

唐朝灭亡后,中原地区政局动荡,诸多政权割据,中国历史进入了五代十国时期,公元 936 年,后唐明宗的女婿石敬瑭在契丹贵族的扶助下灭后唐,称帝汴京(今开封市),国号晋,史称"后晋"。

与此同时,西域各地自唐末后也陷入动荡之中,该地先后存在于阗王国(今和田地区)、高昌回鹘王国(今吐鲁番盆地、吉木萨尔等地)等地方割据政权。

晋天福三年(938 年),位于昆仑山北麓、割据一隅的于阗王国的国王李圣天派遣使者、检校太尉马继荣为正使,前往中原汴京朝觐,进献红盐、郁金香、牦牛尾、玉㻬等贡物,以示友好,并显示其正统地位,后晋政权随即遣供奉官张匡邺假鸿胪卿、彰武军节度判官高居诲为判官前往于阗国册封李圣天为"大宝于阗国王"。是年冬,张匡邺一行从灵州(今宁夏灵武西南)出发,经过凉州、河西诸地,沿塔克拉玛干沙漠南缘西行,至于阗国境内,途中经历两年,其艰苦程度于此可见。后于天福七年东返回汴京。张匡邺、高居诲的于阗之行是唐末后,中原地区与西域之间见于史籍记载的首次官方交往。高居诲将其西行途中所见记录下来,后人称此为《高居诲使于阗记》。

唐宋时期建立"大宝于阗国"的李氏家族,实为之前一直控制该地的尉迟家族的遗裔后代,当时的尉迟家族与唐朝宗室关系甚密,据史书记载,公元 912 年,于阗地区摆脱了吐蕃的统治,尉迟僧乌波继任于阗王位,即自称为"唐之宗属",并以唐朝国姓李氏为姓,故称"李圣天"。敦煌莫高窟中今仍遗有李圣天与其妻子的画像，旁有墨书汉文题记"大朝大宝于阗国大圣大明天子"，以及"大朝大于阗国大政大明天册全封至孝皇帝天皇后曹氏一心供养"，因为李圣天曾娶敦煌归义军政权的曹议金之女为妻，遂有此称呼。藉此都证实了《高居诲使于阗记》一书中记录的准确性。故后人称李圣天政权为 "大宝于阗国"或"于阗李氏政权"。

《高居诲使于阗记》比较详细地记录了后晋使团张匡邺一行启程后所经甘肃河西走廊一带的地理方位、诸族分布、风物特产、社会经济和文化面貌等情况，有关散居在这一带诸部族群落，如党项、甘州回鹘、小月氏、仲云等的记载是后人了解唐末以后西北地区族群分布情况的重要资料。行记中有关滞留于阗地区期间的记录同样可补同期于阗地区历史文献之不足，例如书中提及当时于阗境内以产玉而久负盛名的白玉、绿玉、乌玉三条主要河流，以及民众捞玉的情景，并生动记述了大宝于阗国王李圣天的服饰和居室布置：其"冠如中国，其殿皆东向，曰金册殿，有楼曰七凤楼"。还提及当时于阗地区诸族信奉的宗教情况和李圣天曾使用过的年号："俗喜鬼神而好佛，圣天居处，尝以紫衣僧五十人列侍，其年号同庆二十九年"等。

根据高居诲行记中所记，张匡邺使团此行出使尚与"大宝于阗国"建立了密切联系，之后数年，李圣天还分别派遣都督刘再升、使者王知铎等前往中原贡献。所以，该书中之记载俱为人们全面了解"大宝于阗国"的宗教信仰、风俗民情以及其同中原地区经济文化联系提供了重要依据。书中著录的"大宝于阗国"与吐蕃政权往来的相关记载，则是探索这一时期西域诸地同吐蕃政权关系的不可缺失的资料。

《高居诲使于阗记》名称系晚清、民国学者王国维所提示。原名《于阗国行程录》，《宋史·艺文志》著录。但原本已散佚，部分内容保留在《新五代史》里的《四夷附录三》、《重修政和经史证类备用本草》、程大昌《演繁露》和马端临《文献通考》诸书。

《新疆文库》使用的是杨建新主编的《古西行记选注》中收录的校注本（宁夏人民出版社，1987 年版）。该本以中华书局所出《新五代史》标点本为基础，同时参考其他相关资料对此进行了校注。

田卫疆

《高居诲使于阗记》及其作者简介

　　10 世纪初，存在了二百八十多年的唐朝政权，崩溃了。公元 907 年，借农民起义起家，最后又在镇压农民起义中攫取了唐朝军政大权的朱全忠，废哀帝李柷，统一了中国北方，自立为皇帝，建都于汴（今开封），国号梁，史称后梁，开始了中国历史上的五代十国时期。这个政权在内外势力的夹击下，仅存在了十六年，就崩溃了。公元 923 年，沙陀人李存勖称帝，国号唐，建都于洛阳，取代了后梁对中国北方的统治。这个政权也只存在了十三年，公元 936 年，后唐明宗的女婿石敬瑭，以割让幽、云十六州，称儿皇帝的代价，取得契丹贵族的支持，起兵太原，年底攻入洛阳，灭了后唐，称帝于汴，国号晋，史称后晋。但这个政权比前面两个政权更短命，只存在了十年。在这个小朝廷建国的第三年，高居诲被派出使于阗。当时于阗国王自称姓李。

　　于阗向为西域大国。9 世纪中，回鹘西迁，其中一支迁入于阗以西的新复州，整个于阗亦可能在回鹘统治之下。此说如果正确，则于阗李氏王朝，即为回鹘统治者所建的于阗政权。其称李姓，正是表示回鹘王室与唐朝宗室有着密切的姻亲关系。这一个时期在敦煌莫高窟中出现的于阗王室的题记，就有作："故大朝于阗金玉国王公主李氏供养"等。"大朝"，研究者都认为是指唐朝。

　　于阗李氏王朝与沙州张氏、曹氏政权建立关系最早，而且十分密切。于阗李氏王朝与中原政权的关系，据现有记载来看，似以李圣天遣马继荣至后晋为最早。

　　后晋天福三年（938 年），于阗国王李圣天派检校太尉马继荣为正使，黄门将军、国子少监张再通为副使，殿头承旨、通事舍人吴顺规为监使到后晋，向石敬瑭贡玉石、白氎、郁金香、红盐等于阗名贵土产。石敬瑭封马继荣为镇国大将军，封张再通为卫尉卿，吴顺规为将作少监。为了向于阗国表示友好，后晋派供奉官张匡邺为鸿胪卿，彰武节度判官高居诲为判官，出使于阗国，并册封李圣天为大宝于阗国王。

这个使团从天福三年冬十二月由汴京出发，经过两年的艰苦跋涉，到达于阗，至天福七年（942 年）冬返回汴都，往返四年。

这是自唐末以来，内地与西域之间第一次正式的使者往返。

《高居诲使于阗记》就是高居诲出使于阗见闻的记录。原书已佚，幸有《新五代史》在《四夷附录三》中摘录了一部分，才使这部具有极高价值的文献得以保留下来。《高居诲使于阗记》一名为王国维在《古行记校注》一书中所用篇名。亦为史学界所普遍采用。

本书所收《高居诲使于阗记》主要依据中华书局所出《新五代史》校点本。

高居诲使于阗记

晋天福三年（938年），于阗国①王李圣天遣使者马继荣来贡红盐、郁金、牦牛尾、玉、毹等，晋遣供奉官张匡邺假鸿胪卿，彰武军节度判官高居诲为判官，册圣天为大宝于阗国王。是岁冬十二月，匡邺等自灵州②行二岁至于阗，至七年（942年）冬乃还。而居诲颇记其往复所见山川诸国，而不能道圣天世次也。

居诲记曰："自灵州过黄河，行三十里，始涉沙入党项③界，曰细腰沙、神点沙④。至三公沙，宿月支都督帐⑤。自此沙行四百余里，至黑堡沙⑥，沙尤广，

校注

① 五代时，于阗国治在今新疆维吾尔自治区和田西南，其辖区东自且末，西至莎车一带。

② 今宁夏回族自治区灵武西南。北魏置灵州。唐为朔方节度使治所。至五代，仍为五代各朝朔方节度使治所。

③ 党项为羌人的一支。亦有人认为，党项为一单独民族，是由羌人、鲜卑人和吐蕃人在长期共同生活中融合而成的一个民族共同体。南北朝时，分布在今青海东南河曲、甘肃甘南和四川松潘一带。唐代中期，由于遭吐蕃的侵袭，唐朝政府将他们安置于庆州（今甘肃庆阳一带）、夏州（今陕西榆林、内蒙古自治区乌审旗一带）等州。11世纪30年代，党项族以今宁夏回族自治区为中心，建立起西夏王朝。五代时，其活动地区已达到今宁夏一带。故高居诲由灵州渡黄河后，即进入其境界。

④ 皆今腾格里沙漠中有水泉的停歇点。

⑤ 月支疑即月氏。秦汉之际，河西月氏西迁，在祁连山留下一部分部落，被称为小月氏，他们在十六国南北朝时期，仍活动于河西。此处所说月氏，很可能是唐末迁至腾格里沙漠东部的小月氏部落。五代时，其酋长自称都督。所谓月支都督帐，即自称都督的小月氏部落首领的牙帐。其地望，从前后行程看，似应在今内蒙古自治区阿拉善右旗境内。

⑥ 从其行程看，由月支都督帐至黑堡沙，当为由东北向西南行。黑堡沙，似应

遂登沙岭。沙岭，党项牙也①。其酋曰捻崖天子。渡白亭河至凉州②，自凉州西行五百里至甘州。甘州，回鹘牙也③。其南山百余里，汉小月支之故地也④，有别族号鹿角山沙陀，云朱耶氏之遗族也。自甘州西，始涉碛，碛无水，载水以行。甘州人教晋使者作马蹄木涩，木涩四窍，马蹄亦凿四窍而缀之，驼蹄则包以牦皮乃可行。西北五百里至肃州，渡金河⑤，西百里出天门关⑥，又西百里出玉门关⑦，经吐蕃界。吐蕃男子冠中国帽，妇人辫发，戴瑟瑟珠，云珠之好者，一珠易一良马。西至瓜州⑧、沙州⑨，二州多中国人，闻晋使者来，其刺史曹元深等郊迎，问使者天子起居。瓜州南十里鸣沙山，云冬夏殷殷有声如雷，云

校注

在今甘肃民勤县境内黑山头一带。

① 五代时党项牙帐设于今甘肃民勤县境内，此可补正史之不足。

② 凉州，今甘肃武威。凉州东北有大泽，汉称休屠泽，两晋南北朝时称猪野泽。《大清一统志》《禹贡锥指》等皆认为，休屠泽、猪野泽即唐、五代时之白亭海。有水自南而北流入。此水最早称谷水，后又称泽水、五涧谷水、马城河和白亭水。今由武威县北流之水有洪水河、白塔河、石羊河，至民勤县汇为一河，又东北流分为两河。白亭水即这几条水中某一水。

③ 即今张掖，当时为西迁回鹘一支之牙帐，故称此回鹘部落为甘州回鹘。

④ 中华书局《新五代史》校点本作"其南，山百余里，汉小月支之故地也。"《史记·大宛列传》载月氏西迁，"其余小众不能去者保南山羌，号小月氏"。此南山羌系指祁连山之羌族。所谓"其南山百余里"，是指张掖南之祁连山。《史记·索隐》引《西河旧事》："祁连山在张掖、酒泉二界上，东西二百余里"。《史记·正义》："祁连山在甘州西南"，即此。汉代人以为今祁连山与昆仑山相连属，故以祁连山为汉南山，昆仑山为西域南山。

⑤ 按地望考之，应为今酒泉托莱河下游之北大河。

⑥ 陶保廉《辛卯侍行记》卷五："天门关其故址盖在（嘉峪）关外黑山湖，左右大道旧在黑山下也。"古黑山湖在今甘肃嘉峪关市西，已涸，其东北有黑山湖水库。

⑦ 此非敦煌西之玉门关，乃唐代玉门县。《元和郡县志》："玉门县东至肃州二百二十里。汉罢玉门关屯戍，徙其人于此，因以县名。"其地相当于今甘肃玉门县之赤金。

⑧ 其治所在今安西县城东南。

⑨ 其治所在今敦煌县城西南。

《禹贡》流沙也。又东南三里三危山，云三苗之所窜也。其西，渡都乡河①曰阳关②。沙州西曰仲云③，其牙帐居胡卢碛。云仲云者，小月支之遗种也，其人勇而好战，瓜、沙之人皆惮之。胡卢碛，汉明帝征匈奴，屯田于吾卢，盖其地也。地无水而常寒多雪，每天暖雪消，乃得水。匡邺等西行入仲云界，至大屯城，仲云遣宰相四人、都督三十七人候晋使者，匡邺等以诏书慰谕之，皆东向拜。自仲云界西，始涉碱碛，无水，掘地得湿沙，人置之胸以止渴。又西，渡陷河④，伐柽置水中乃渡，不然则陷。又西，至绀州⑤。绀州，于阗所置也，在沙州西南，云去京师九千五百里矣。又行二日至安军州，遂至于阗。圣天衣冠如中国，其殿皆东向，曰金册殿，有楼曰七凤楼。以蒲桃为酒，又有紫酒、青酒，不知其所酿，而味尤美。其食，粳沃以蜜，粟沃以酪。其衣，布帛。有园圃花木，

校注

① 《许氏方舆考证稿百卷》卷四十二以为此都乡河即今党河。

② 此为汉代阳关故址，在今敦煌县南湖之古董滩，又作胡卢斯台。

③ 国内外一些学者认为，仲云即《宋会要辑稿·蕃夷》四"拂菻国"所载之"种榅"，其地在今哈密。下述胡卢碛即于吾卢，正是指今哈密。国内外另一些学者以为，高居诲明确指出："沙州西曰仲云"，则仲云应在今若羌县境，如此，则本记胡卢碛即于吾卢之说，必定有误。而胡卢碛亦应为今若羌境中心地带，或即今若羌境内米兰遗址（《中国历史地图集》第五分册即持此说）。

上述两说，各有道理，然对本记此段的理解，似与原文均有出入。本记以胡卢碛即于吾碛（中华书局所出《新五代史》校点本"于"作副词，只有"吾卢"为地名，似不妥）。"于吾卢"即"伊吾卢"，此处确为汉明帝屯田之处。《后汉书·西域传》："十六年明帝乃命将帅北征匈奴，取伊吾卢地（太子贤注：在今伊州伊吾县地），置宜禾都尉以屯田，遂通西域，于阗诸国皆遣子入侍。"则当时仲云所据，应包括今若羌及北至哈密的广大地区。所谓沙州以西，泛指而已。其政治中心当在今哈密一带，高居诲出使于阗，无需北至胡卢碛，故其宰相四人、都督三十七人至大屯城（又作七屯城，应在今米兰遗址一带）迎接。居诲等并未经过胡卢碛，亦未见仲云之王，此亦可证明，仲云政治中心——胡卢碛不在大屯城附近，应在今哈密县境。

④ 即今车尔臣河，又称卡墙河。陶保廉《辛卯侍行记》认为卡墙河读作"切锵河"。"陷河"之"陷"即"切锵"之急读。

⑤ 《新唐书·地理志》："于阗东三百里有坎城镇"。绀、坎同音异译，绀州很可能即唐代坎城。据考证，坎城在今新疆策勒县以北。

俗喜鬼神而好佛。圣天居处，尝以紫衣僧五十人列侍，其年号同庆二十九年。其国东南曰银州、卢州、湄州，其南千三百里曰玉州①，云汉张骞所穷河源出于阗②，而山多玉者此山也。其河源所出，至于阗分为三：东曰白玉河，西曰绿玉河，又西曰乌玉河③。三河皆有玉而色异，每岁秋水涸，国王捞玉于河，然后国人得捞玉。

自灵州渡黄河至于阗，往往见吐蕃族帐，而于阗常与吐蕃相攻劫。匡邺等至于阗，圣天颇责诮之，以邀誓约。匡邺等还，圣天又遣都督刘再昇献玉千斤及玉印、降魔杵等。

校注

① 《新唐书》卷四十三下"地理志"："毗沙都督府领州十"。下注云："本于阗国，贞观二十二年内附，初置州五，高宗上元二年置府，折州为十"。此五州或十州的名称，史书无载。此处所记银州、卢州、湄州、玉州及前记绀州，很可能即毗沙都督府所置之州。

② 此说系沿袭《史记》《汉书》旧说，不足为据。

③ 白玉河即今和田河河源玉龙喀什河，乌玉河即今和田河另一河源喀拉喀什河。按此记所记，其间应有一绿玉河，而此两河之间却别无大河。一种可能是因沧桑之变，绿玉河已不存在；另一种可能即高居诲所记有误。塔里木河另一源为叶尔羌河，所谓绿玉河是否即指此。然则，其排列次序应为东是白玉河，西是乌玉河，又西为绿玉河。

西州使程记

著者　宋·王延德

校注　杨建新

编 选 说 明

《西州使程记》，为北宋使臣王延德出使高昌回鹘王国诸地沿途经历的重要记录。

王延德（938—1006年），北宋大名（今河北大名附近）人。初在晋王赵匡义府中任给事，赵匡义即位宋太宗后，王延德担任要职，备受宠荣，先任殿前承旨，复任供奉官，之后一度掌宫内诸事，并担任懿州刺史等职。宋真宗即位后依然如故。

宋太宗在位期间，王延德以殿前承旨、供奉官名义奉命出使西域高昌回鹘王国，东归后根据其西行途中经历撰述是书。

高昌回鹘王国是公元九世纪中叶漠北回鹘汗国解体后，回鹘残余散居吐鲁番盆地所建立的一个地方政权。其所辖地区包括今吐鲁番盆地和吉木萨尔县等地。在经过一个多世纪的苦心经营后，至宋朝时期，高昌回鹘已经控制了天山东北部诸多区域，扼守交通要道，势力极为强盛。高昌回鹘王室继承其先祖遗风，唐末五代时期，一直同中原地区诸朝关系密切。北宋建立后，高昌回鹘与宋朝"甥舅关系相称"，积极发展同中原之间的交往联系，建隆三年（962年）四月，高昌回鹘王国派遣阿都督等四十二人携方物朝贡，乾德三年（965年）复遣佛僧法渊贡献宋朝佛牙、琉璃器、琥珀盏等物。

太平兴国六年（981年），高昌回鹘王国的首领"始称西州外生（外甥）师子王阿厮兰汉"，即遣都督麦索温前往中原朝贡。在位的宋太宗封殿前承旨王延德为供奉官，殿前承旨白勋作为使者回访高昌回鹘，途中往返五年，步履所及伊州（今哈密地区）、宝庄（今鄯善县）、高昌（今吐鲁番市）、北庭（今吉木萨尔县）等地，遍访回鹘人活动聚居的农耕和游牧地区，所经历各地俱"以诏赐诸国君长袭衣、金带、缯帛"等物，见闻甚广。太平兴国八年

（983 年）春，与高昌回鹘王国谢恩使团循原路而还，雍熙二年（984 年）东归京师开封。

《西州使程记》著录了王延德一行从夏州（今内蒙古自治区乌审旗）启程后，一路西行，最终行抵今吐鲁番盆地诸地、吉木萨尔县一带高昌回鹘王国辖境沿途之所见所闻，皆系当事者一手资料。行记中记录了王延德一行途经的甘肃河西走廊的地理方位、诸族分布、风物特产、社会经济和文化面貌等甚详，诸如途经大山河流、族群活动区域等。

行记里较为详细地记录了这一时期高昌回鹘王国的地理方位、辖属部落、风物特产和宗教文化，以及社会习俗等方面内容，其中提及高昌回鹘境域中散布的突厥、众熨（仲云）、样磨、割禄、黠嘎斯等众多族群部落反映了当时该地诸族同聚共存的实际情况，行记中还真实记录了高昌回鹘王族对王延德一行宋朝使臣的敬重之情，而有关该地留存的唐朝皇帝敕书楼，以及唐朝赐额的收藏汉文经典的寺院的回溯记录更是弥足珍贵，揭示了唐宋时期高昌回鹘王国与中原诸朝的密切关系。此外，行记中记载高昌回鹘人"俗好骑射，妇人戴油帽，谓之苏幕遮。用开元七年历，以三月九日为寒食节"，则是当时吐鲁番盆地独特民族文化面貌的有力见证，书中对于该地佛教、祆教、摩尼教等多种宗教并存的相关记录尤为珍贵，时常为人引述。

行记全文言简意赅、具体生动，不仅所用俱为著者亲历材料，且其内容还反映了宋代人们对于高昌回鹘王国历史的基本认知情况。乃今人了解探索宋代西域政局变化和高昌回鹘王国经济社会情况的重要史料。

根据《宋史·艺文志》之记载，王延德出使东归后撰有《西州使程记》一书，而《宋史·王延德传》中则称其《西州程记》，学界一般称之为《西州使程记》。所谓"西州"系因唐朝统一西域后曾在吐鲁番盆地建立西州之故。该书全本已佚，唯有若干片段残留在宋人的典籍中，如南宋李焘《续资治通鉴长编》、王明清《挥麈录·前录》、马端临《文献通考·四夷考》和《宋史·高昌传》等，引述内容基本相同。近人使用较多的是王国维《古行记校录·王延德使高昌记》。

《新疆文库》选收的是杨建新主编《古西行记选注》中收录的校注本（宁夏人民出版社 1987 年版）。该本以王国维校录本为基础，同时参考其他相关资料重对此进行了校注。

田卫疆

《西州使程记》及其作者简介

王延德（938—1006 年），北宋大名（今河北大名附近）人。北宋初年，在晋王赵匡义府中任给事，赵匡义即位后，任殿前承旨，继任供奉官，长期为赵匡义掌管衣食供给。太平兴国六年（981 年）高昌回鹘王国向宋廷遣使朝贡，宋太宗遂派王延德及殿前承旨白勋两人为使，回访高昌。出使五年，雍熙二年（985 年）回到开封。据《宋史·艺文志》载，他撰有《西州使程记》（《宋史·王延德传》作《西州程记》），又称《王延德使高昌记》，是研究高昌回鹘王国及由中原至高昌沿途情况的宝贵资料。王延德出使归来后，初掌宫内诸事，后为懿州刺史，太宗末年，更升任左屯卫大将军枢密使承旨、度支使等官。真宗继位后，备受宠荣，曾任左千牛卫上将军。

书中的高昌，即指高昌回鹘，又称西州回鹘，或天山回鹘。公元 839 年，建立在漠北的回鹘汗国，由于统治集团内部的倾轧、内讧和新兴起的黠戛斯（即吉尔吉斯）的侵袭，再加上正好遇到了严重的天灾，顿时使一个庞大的汗国土崩瓦解，回鹘族各部分几路逃散。其中一支约十五部，由汗国相驭职和庞特勤率领，向西南迁徙，其中一部分进入新疆天山以南龟兹（今库车）至高昌（今吐鲁番地区）一带，并与当地的铁勒（与回鹘为近族）等族，共同建立了政权，这个政权被史学家称为高昌回鹘。其疆域，据王延德记载，当时是"南距于阗，西南距大食、波斯，西距西天步路涉、雪山、葱岭皆数千里地，"已经是一个领土十分广大的汗国。

高昌回鹘与中原王朝有很密切的关系。由于唐朝曾将公主嫁给回鹘可汗，所以高昌回鹘可汗自称宋朝皇帝的外甥，王延德出使时的高昌可汗就自称"西州外甥师子王阿斯兰汗。"宋朝还多次利用高昌回鹘牵制和攻击当时正在逐渐兴起的党项族。高昌回鹘与辽也有密切的政治、经济来往。但对高昌社会情况的记载，保留下来的并不多。而《西州使程记》即《王延德使高昌记》，不仅为我们提供了许多高昌回鹘的社会情况，而且是亲身所历，亲耳所闻，其史料价值极高，因此，是研究高昌回鹘及王延德所经沿途情况的极宝贵的资料。

《西州使程记》单独刻本已佚，其全貌不得而知。南宋人李焘所撰《续资治通鉴长编》卷二五，在"太宗雍熙六年四月"条下，简略节录了王延德出使经过。生于南宋第一年（高宗建炎元年，公元1127年）的王明清，在他所著《挥麈录·前录》中，以"王延德历叙使高昌行程所见"条目，详录了《西州使程记》。以后马端临《文献通考》卷三三六"四裔考"、《宋史》卷四九〇《高昌传》中，都详录了该书。现在流行的《西州使程记》一书，即以《挥麈录》《文献通考》《宋史》所录为据。

国内外史学家对该书的许多问题都进行过研究，但对该书进行系统校注的并不多。本书所收《西州使程记》，主要依据王国维《古行记校录·王延德使高昌记》的校本，并作了简略的注释。

西州使程记

初自夏州①历玉亭镇②，次历黄羊平③，其地平而产黄羊。

渡沙碛④，无水，行人皆载水。凡二日至都啰啰族⑤，汉使过者，遗以财货，谓之"打当"⑥。

次历茅女喝子族，族临黄河，以羊皮为囊，吹气实之，浮于水；或以橐驼牵木筏而渡。

次历茅女王子开道族，行入六窠沙，沙深三尺，马不能行，行者皆乘橐驼⑦。

校注

① 延德出使当从开封起行，此记从夏州记起，显系只记北宋境外之地，或前文已佚。夏州当时为西夏与北宋交界之地，相当于现在内蒙古自治区乌审旗，治所在乌审旗以南的白城子。十六国时，夏主匈奴族赫连勃勃发民十万蒸土筑城，其坚可以砺刀斧，名为统万城，并建都于此。北魏太和十一年（487年）改称岩禄，置夏州于此。隋、唐曾一度改名为朔方县。

② 玉亭镇在今乌审旗南。黑水，今清水河上游。

③ 在乌审旗北，毛乌素沙漠南缘。

④ 此沙碛当指毛乌素沙漠。

⑤ 延德西行时，此地有匈奴、吐蕃、党项、吐谷浑等族杂居。此啰啰族及以下各族很可能主要是以后组成蒙古族的达靼部落。

⑥ 王国维注："《续资治通鉴长编》三十五，宋琪疏：灵武路自通远军入青冈峡皆番部熟户，向来天使商旅经由，并在部族安泊，所求赂遗无几，谓之'打当'，亦如汉界逆旅之家，食宿之直也。"

⑦ 在河套地区渡黄河，唯自磴口一带渡河，能遇此等沙漠，即乌兰布和沙漠，由此推测，延德自黄羊平起，西北行，渡黄河。

不育五谷，沙中生草，名登香，收之以食。

次历楼子山，无居人，行沙碛中，以日为占，旦则背日，暮则向日，日中则止。夕行望月亦如之。

次历卧梁劾特族①地，有都督山②，唐回鹘之地。

次历大虫太子族，族按契丹界，人尚衣锦绣，器用金银，马乳酿酒，饮之亦醉。

次历屋地因③族，盖达于④于越⑤王子之子也。

次至达于于越王子族。此九族达靼中尤尊者⑥。

次历拽利王子族，有合罗川⑦，唐回鹘公主所居之地，城基尚在，有汤泉池。传曰契丹旧为回纥牧羊，达靼⑧旧为回纥牧牛，回纥徙甘州，契丹、达靼遂各争长攻战⑨。

次历阿墩族，经马鬃山⑩望乡岭，岭上石龛有李陵题字处。

校注

① 王国维据《挥麈录》在"卧"字之后补"羊"字。有认为卧梁劾特族即达靼部之兀良孩人。但此时兀良孩人居于不儿罕山即肯特山一带，王延德行程未经肯特山，则此卧梁劾特人定非游牧于肯特山一带的兀良孩人。

② 此都督山很可能是指《周书·突厥传》之于都斤山、《旧唐书·回纥传》之乌德建（鞬）山、《铁勒传》之郁督军山。《新唐书·薛延陀传》既作郁督军山，又作都尉楗山。此郁督军山，一般认为是今蒙古人民共和国境内杭爱山之东支。然从王延德行程路线看，无必要北行至杭爱山。因此，很可能是他将今蒙古人民共和国南戈壁省内阿尔泰山脉东支误认为郁督军山了。

③ 《挥麈录》作"屋地目族"。

④ 有以为"达于"为"达干"之误。"达干"为突厥官名。

⑤ "于越"为辽朝属国官名。

⑥ 以上九字为王国维据《挥麈录》所补。《宋史·高昌传》中无此九字。

⑦ 今甘肃金塔县北部川地。

⑧ 《新五代史·四夷附录三》《达靼传》载："达靼，靺鞨之遗种。本在奚、契丹之东北，后为契丹所败，而部族分散，或属契丹，或属渤海，别部散居阴山者，自号达靼"。一般认为，游牧于额济纳河至阴山间的操蒙古语族语言的诸部，均可称达靼。也有以"达靼"作为蒙古高原蒙古语族各部落泛称的。

⑨ 以上二十三字为王国维据《挥麈录》所补。

⑩ 河西北山之一，又称甘肃北山，位于甘肃肃北蒙古族自治县境内。

次历格啰美源，西方百川所会，极望无际，鸥鹭凫雁之类甚众①。

次至托边城，亦名李仆射城，城中首领，号通天王。

次历小石州。次历伊州②，州将陈氏，其先自唐开元二年领州，凡数十世，唐时诏敕尚在。地有野蚕，生苦参上，可为绵帛。有羊，尾大而不能走，尾重者三斤，小者一斤，肉如熊白，而甚美。又有砺石，剖之得宾铁，谓之吃铁石。又生胡桐树，经雨即生胡桐律。

次历益都③。次历纳职城④，城在大患鬼魅碛⑤之东，南望玉门关甚近。地无水草，载粮以行，行三日至鬼谷口避风驿。用本国法设祭，出诏神御风，风乃息。凡八日至泽田寺，高昌闻使至，遣人来迎。

次历地名宝庄。又历六程乃至高昌⑥。高昌即西州也。其地南距于阗，西南距大食、波斯，西距西天步路涉、雪山、葱岭皆数千里。地无雨雪而极热，每盛暑，居人皆穿地为穴以处，飞鸟群萃河滨，或起飞即为日气所铄，坠而伤翼。屋

校注

① 《元和郡县图志》卷四十，晋昌县境内有冥水，东西二百六十里，南北六十里。其地在今甘肃玉门市、安西县北。明清以来已无此水。

② 即今哈密地区，唐贞观四年置西伊州，六年改为伊州，设三县，州治在今哈密。

③ 在今哈密西二堡附近。

④ 在今哈密县城西南。后汉明帝曾于此设宣禾都尉，唐贞观四年置纳职县。下文"东"疑为"西"字之误。

⑤ 疑为莫贺延碛，今称哈顺沙漠，为丝绸之路西域新北道要道。《唐书·吐蕃传》崔融议："莫贺延碛袤二千里，无水草，若北接虏，唐兵不可度而北，则伊西、北庭、安西诸番悉亡。"又《西域传》："自隋乱碛路闭，故西域朝贡者皆道高昌，突骑支请开大碛道以便行人。"玄奘取经曾路过此地。《大慈恩寺三藏法师传》载："莫贺延碛，长八百余里，古曰沙河，上无飞鸟，下无走兽，复无水草。"1879年春，俄国考察家普尔热瓦尔斯基也曾到此考察。据他考察，大碛直径约一百一十公里，海拔一千六百米，为波状平原，到处是高台及像塔一样的黄土悬崖，"土壤被掺着砂砾的卵石覆盖着"，"呈现出一片十分可怕的景象。戈壁中既没有植物，也没有动物，甚至连蜥蜴和昆虫也没有。""一路上到处可以看到骡马和骆驼的骨头。白天地面灼热，笼罩着一层像充满了烟雾的浑浊空气，即使有点微风，连空气也纹丝不动。"

⑥ 其王城在今吐鲁番东南之喀喇和卓。

室覆以白垩。开宝二年①，雨及五寸，即庐舍多坏。有水，源出金岭②，导之周围国城，以溉田园，作水硙。地产五谷，惟无荞麦。贵人食马，余食羊及兔雁。乐多琵琶③、箜篌，出貂鼠、白氎绣文花蕊布④。俗好骑射。妇人戴油帽，谓之苏幕遮。用开元七年历，以三月九日为寒食，余二社、冬至亦然。以银或鍮石为筒，贮水激以相⑤射，或以水交泼为戏，谓之压阳气去病。好游赏，行者必抱乐器。佛寺五十余区，皆唐朝所赐额，寺中有《大藏经》、《唐韵》、《玉篇》、《经音》等。居民春月多群聚遨乐于其间。游者马上持弓矢，射诸物，谓之禳灾。有敕书楼，藏唐太宗、明皇御札诏敕，缄锁甚谨。复有摩尼寺，波斯僧各持其法，佛经所谓外道者也。所统有南突厥、北突厥、大众嫪⑥、小众嫪、样磨⑦、割录⑧、黠戛司⑨、末蛮⑩、格哆族、预龙族之名甚众。国中无贫民，绝食者共赈之。人多寿考，率百余岁，绝无夭死。

时四月，师子王⑪避暑于北廷⑫，以其舅阿多于越守国。先遣人致意于延德曰："我王舅也，使者拜我乎？"延德曰："持朝命而来，礼不当拜。"复问曰：

校注

① 以上四字为王国维据《挥麈录》所补。
② 即吐鲁番北之天山，称博格达山，又称金沙岭。
③ 以上二字为王国维据《挥麈录》所补。
④ 《梁书·高昌国传》："多草木，草实如茧，茧中丝如细纑，名为白叠子，国人多取织以为布，布甚软白，交市用焉"。即此白氎。则南北朝时，吐鲁番已种植棉花。
⑤ 此字王国维据《挥麈录》所补。
⑥ 又作仲云。为当时居住于今哈密至若羌一带的部落。有认为是小月氏之遗种，亦有认为是唐代处月部落的一部分。
⑦ 即唐代西突厥咽面或三姓咽面部。原游牧于巴尔喀什湖以东以南。后进入喀什噶尔及其西北一带。
⑧ 即唐代西突厥葛逻禄部。原游牧于额尔齐斯河上游至阿尔泰山一带。后进入七河流域。9世纪中期，葛逻禄一部分南迁河中，一部分东迁托什干河流域，其余仍留住原地。
⑨ 即吉利吉斯，今称柯尔克孜族。当时在今喀什噶尔西北天山北麓游牧。
⑩ 在今阿克苏一带。
⑪ 即《宋书》所说阿萨兰汗。阿萨兰，突厥语，为狮子之义。
⑫ 即唐北庭都护府和庭州所在地，在今吉木萨尔北。

“见王拜乎？”延德曰：“礼亦不当拜。”阿多于越复数日始相见，然其礼颇恭。

师子王邀延德至其北廷。历交河州①，凡六日至金岭口，宝货所出。又两日，至汉冢寨。又五日，上金岭，过岭即多雨雪。岭上有龙堂，刻石记云：小雪山也。岭上有积雪，行人皆服毛罽。度岭一日至北廷，憩高台寺。其王烹羊马以具膳，尤丰洁。

地多马，王及王后、太子各养马，放牧平川中，弥亘百余里，以毛色分别为群，莫知其数。北廷川②长广数千里，鹰鹘雕鹗之所生，多美草，不生花，砂鼠大如兔，鸷禽捕食之。

其王遣人来言，择日以见使者，愿无讶其淹久。至七月，见其王及王子、侍者，皆东向拜，受赐。旁有持磬者击以节拜，王闻磬声乃拜，既而王之儿女亲属皆出，罗拜以受赐。遂张乐饮宴，为游戏，至暮。明日泛舟于池中，池四面作鼓乐。又明日游佛寺，曰应运太宁之寺，贞观十四年造。

北廷北山中出硇砂，山中尝有烟气涌起，无云雾，至夕光焰若炬火，照见禽鼠皆赤。采硇砂者着木底鞋取之，皮者即焦。下有穴生青泥，出穴外即变为砂石，土人取以治皮，城中为楼台、卉木。人白皙端正，性工巧，善治金银铜铁为器及攻玉。善马值绢一匹，其驽马充食，才值一丈。贫者皆食肉。西抵安西③，即唐之西境。

七月，令延德先还其国，其王九月始至。亦闻有契丹使来，唇缺以银叶蔽之，谓其王云：“闻汉遣使入达靼，而道出王境，诱王窥边，宜早送至达靼，无使久留④。高敞本汉土，汉使来觇视封域，将有异图，王当察之”。延德侦知其语，因谓王曰：“契丹素不顺中国，今乃反间，我欲杀之。”王固劝乃止。

自六年五月离京师，七年四月至高昌，所历以诏赐诸国君长袭衣、金带、缯帛。

八年春，与其谢恩使凡百余人复循旧路而还。雍熙元年四月至京师。

延德初至达靼之境，颇见晋末陷虏者之子孙，咸相率遮迎献饮食，问其乡里亲戚，意甚凄感，留旬日不得去⑤。

校注

① 今吐鲁番西北有交河古城，为汉车师前王庭部。贞观十四年于此此置交河县。有河，北出天山，分流于城下，故称交河。
② 即今吉木萨尔川。
③ 指唐代安西都护府所在地龟兹，即今库车。
④ 以上二十六字为王国维据《挥麈录》所补。
⑤ 以上四十二字为王国维据《挥麈录》所补。

227

西州使程记

西　游　录

著者　元·耶律楚材

点校　向达

编 选 说 明

《西游录》，公元13世纪记述我国西北地区及中亚的重要史地著作，作者为蒙古汗国时期著名政治家、文学家耶律楚材。

耶律楚材(1190—1244年)，字晋卿，法号湛然居士，契丹人，系辽太祖耶律阿保机九世孙。其自幼秉承家学，博览群籍，十七岁应策士中选入仕，曾就任金朝官职。1215年金中都(北京)为蒙古攻陷后，一度闲居，后为成吉思汗征召为侍从，服务于左右，备受信赖。历事成吉思汗、窝阔台蒙古诸汗，曾为蒙古汗国建立之初军政制度之确立、恢复中原社会经济，以及维护蒙古汗国与周边关系等作出了一定贡献。但是，1241年窝阔台汗死后，乃马真皇后称制，信用回回人奥都剌合蛮，耶律楚材不得志，抑郁而终。

公元1219年夏，元太祖成吉思汗征伐中亚大国花剌子模，耶律楚材奉命扈从前往，随后留居西域、中亚诸地长达七年之久，经历颇丰。后东返燕京(今北京)，坊间屡有人询问其西游之事，"虑烦应对"，为此将与来客问答记录下来，遂著录《西游录》作书面奉告，是年为1228年。次年初在燕京自家刊印。

《西游录》除序外，另分上下两篇，上篇系作者扈从成吉思汗西域之行事迹，下篇为其针对当时佛、道两教纷争所发表的个人见解。按其上篇记录随从成吉思汗西行之沿途路经，其先从燕京启程，而后"出居庸，历武川(今河北宣化)，出云中(今山西大同)之右"，前行抵达漠北。据研究，耶律楚材应是首位详记从中原前往漠北这条交通路线的旅行者。关于西域各地之交通路线，特别是蒙古大军西征交通路线，耶律楚材书中记述蒙古大军"道过金山(今阿尔泰山)"之后，由东而西讲到别石把(另译作别失八里，今吉木萨尔县)、轮台(今乌鲁木齐市附近)、不剌城(今博乐市)等地，不剌城"附庸之邑三五，不剌之南有阴山(今天山)，东西千里，南北二百里。其山之顶有圆池(今赛里木湖),周围七八十里许。既过圆池,南下皆林檎,……既出阴山,有阿里马城(今霍城附近),这段记述真实再现了当时蒙古西征大军路经西域地区的交通路线,对后人研究蒙古西征路线提供了十分重要的参考。

耶律楚材书中所谓"西人目林檎曰阿里马。附郭皆林檎园圃。由此名焉。附庸城邑八九。多蒲桃梨果,播种五谷,一如中原。"记录了阿里马城名的来源情况,这与此后李志常《长春真人西游记》里的描述基本同出一辙。

道出阿里马城后,游记中对途经中亚各地,如虎司窝鲁朵(又称作巴拉萨衮,今吉尔吉斯斯坦托克玛克城附近)、塔拉斯(今哈萨克斯坦江布尔城)、寻思干(又称河中府,今乌兹别克斯坦的撒马尔罕城)、蒲华城(乌兹别克斯坦的布哈拉城)等城镇居民分布、自然风光、社会经济和风俗民情之记载,生动具体,真实可信,这些记录几可同作者的诗文集《湛然居士集》内容相比照,构成了解西辽对中亚的管辖,以及包括天山南北在内等中、西亚地区地理方位、部落分布和经济文化的重要资料。

值得提及的是,耶律楚材行记中还记载了引发蒙古西征的原因,"此城(讹打剌)渠酋尝杀大朝使命数人,贾人百数,尽有其财货,西伐之意始由此耳"。经研究,有关事实惟穆斯林史家,如志费尼《世界征服者史》和拉施都丁《史集》,以及《元朝秘史》著录外,汉文史籍中唯独《西游录》记录此事,故弥足珍贵。由此也展示了耶律楚材行记的另一个显著特点,就是真实客观,经世致用,比较关注影响着政治经济形势的重大事件。这与他后来成为蒙古汗国初期一位杰出的政治家和文学家都有着必然的联系。

《西游录》有原本和节录本两种,先是元人盛如梓所著《庶斋老学丛谈》时,节录了《西游录》中的西游地理部分,仅八百余字,未收下篇部分。1926年,神田信畅在日本宫内省图书寮发现一部旧抄足本,次年排印出版。之后,罗振玉、王国维先后据此本抄录刊印。1981年由中华书局出版的向达校注本《西游录》尚为学界所重,《新疆文库》所收的即为此校注本。

田卫疆

西 游 录

上 卷

　　戊寅①之春，三月既望，诏征湛然居士扈从西游。迨天兵旋旆，丁亥②之冬，奉诏搜索经籍，驰驿来燕。既已更拂③，有客惠然而来，率尔而问曰："居士之西游也，不知其几千里邪。西游之事，可得闻乎？"

　　居士曰：予始发永安④，过居庸⑤，历武川⑥，出云中⑦之右，抵天山⑧之北，涉大

校注

① 戊寅为蒙古成吉思汗十三年（1218 年）。第二年（1219 年），成吉思汗发兵攻西域。

② 成吉思汗十九年即公元 1224 年，回师东归进攻西夏。丁亥是成吉思汗二十二年，公元 1227 年，耶律楚材是年返回燕京。

③ 更拂，王国维录神田钞本作"拂更"。——1980 年 2 月张广达补注。

④ 耶律楚材在燕京，家住今北京西北香山、玉泉山之间。辽宣宗耶律淳葬于香山，陵名永安。金建香山寺，命名大永安寺。清代其地犹名永安村。楚材家在此，故《寄妹》诗有"三十年前寓永安"之句。此处始发永安，亦即自北京出发之意。

⑤ 居庸即今居庸关。

⑥ 武川，当在今内蒙古自治区的武川县境（《西游录》中之武川，似不应在今内蒙古武川县。今武川县在大青山之北，虽为后魏武川镇地，但唐以来即不用此名。金代此置净州，附郭天山县，诗文中或单称天山，未当作武川也。《西游录》中之武川，应为今河北宣德，唐、后晋为武州，辽改归化州，金大定中更名宣化州，复更名宣德州。《湛然居士文集》七有《寄武川摩诃院圆明老人诗》有云："只知长谒摩诃院，谁道曾离归化城。"可证武川即归化城，即辽归化州，金宣德州城也。摩诃院为宣德州佛刹之一。——1980 年 1 月陈得芝补注）。

⑦ 云中即今山西省大同市境。

⑧ 这里的天山指今内蒙古自治区呼和浩特市北的阴山，一名大青山。金元时代在

碛，逾沙漠①。未浹十旬，已达行在②。山川相缪，郁乎苍苍。车帐如云，将士如雨，马牛被野，兵甲赫天，烟火相望，连营万里，千古之盛，未曾有也。

越明年③，天兵大举西伐，道过金山④。时方盛夏，山峰飞雪，积冰千尺许。上命斫冰为道以度师。金山之泉无虑千百，松桧参天，花草弥谷。从山巅望之，群峰竞秀，乱壑争流，真雄观也。自金山而西，水皆西流，入于西海。噫，天之限东西者乎！

金山之南隅有回鹘城，名曰别石把⑤，有唐碑，所谓瀚海军⑥者也。瀚海去城西北数百里。海中有屿，屿上皆禽鸟所落羽毛也。城之西二百余里有轮台县，唐

校注

净州路置天山县，即因山得名。耶律楚材由北京出居庸关经今大同以西呼和浩特北面的武川，越大青山，过山北的沙漠。下面所说涉大碛逾沙漠，即指大青山北面的一片沙漠。

① 《湛然居士文集》二有《过天山周敬之席上和人韵》《过沙井和移剌子春韵》等诗，知其行程为：越大青山（天山）后，经净州（天山县，今四子王旗西北净州古城）、沙井（今达尔罕茂明安旗东北萨其庙附近古城），然后入迹，与彭大雅《黑鞑事略》所载行径相同。——1980年1月陈得芝补注。

② 当时的行在，在今蒙古人民共和国肯特省的克鲁伦河畔。其时尚未建立和林，故楚材至此谒见成吉思汗 [按当时成吉思汗的大斡耳朵在今克鲁伦河上游与臣赫尔河合流处之西。另有一斡耳朵在秃兀剌河之黑林，其地在今乌兰巴托南，土拉河南岸的昭莫多（蒙语，义为百树），1216年，成吉思汗大会诸将于此。未知湛然所到的是哪一个斡耳朵。——1980年1月陈得芝补注]。

③ 即己卯年，成吉思汗十四年，公元1219年。这一年的六月，成吉思汗进攻西域花剌子模。楚材于是年随大军西行。

④ 金山指阿尔泰山，古代称为金微山，绵亘于新疆东部和北部，为新疆和蒙古的界山。成吉思汗大军自和林出发西行，一定得越过金山。公元91年北匈奴为汉所败，越金微山西去的金微山，也是此山。

⑤ 别石把，《长春真人西游记》作鳖思马，欧阳玄作别失八，《元史·地理志·西北地附录》作别失八里，耶律铸《双溪醉隐集》作伯什巴里。耶律铸说伯什巴里是突厥语，"伯什，华言五也；巴里，华言城也"。意为五城。唐代北庭都护府治所在此，故一名庭州，又名金满。清代在此置孚远县。当地称为济木萨，今名吉木萨尔，在新疆乌鲁木齐以东。清李文田以此为乌鲁木齐，是错误的，今从徐松《汉书西域传补注》说。

⑥ 据新旧唐书《地理志》，唐武后长安二年（702年）置瀚海军，开元中盖嘉运增筑，即

碑在焉①。城之南五百里有和州，唐之高昌也。亦名伊州②。高昌之西三四千里有五端城，即唐之于阗国也。出乌白玉之二河在焉③。

既过瀚海军千余里，有不剌城④，附庸之邑三五。不剌之南有阴山⑤，东西千里，南北二百里。其山之顶有圆池，周围七八十里许⑥。既过圆池，南下

校注

在北庭都护府城内。至于下面楚材所云海中有屿云云，系得自传闻，不应为据。瀚海就是城北面以至金山的一片大戈壁。

① 这里的轮台县，当在今新疆阜康县。轮台距别石把，《西游录》作二百余里，《长春真人西游记》作三百余里，疑都是大概的数目。据徐松《西域水道记》卷三，自阜康东行至济木萨凡二百四十里。《西游录》说在别石把和轮台都有唐碑。《西游记》只说鳖思马有龙兴寺二石刻在。《西域水道记》提到保惠城北护堡子破城有唐金满县残碑、唐造像碣。都没有说轮台也有唐碑[按新疆轮台有二，一为汉代置使者校尉以营屯田之地，其地在天山之南，据徐松《西域水道记》，清代其地称策特尔军台。一在今乌鲁木齐附近，治所或许在今乌鲁木齐北之米泉县境，大概到不了今阜康县境。文中之轮台，当指后者。——1980年1月张广达补注]。

② 唐代的伊州，即汉代的伊吾卢、伊吾，近代的哈密。至于唐代的高昌，于贞观十四年(640年)为唐所灭后，改置西州。此处楚材误。和州，亦名火州，哈剌火州、合剌火者，即高昌译音。后代亦称此为哈喇哈卓，与哈剌火州、合剌火者同。和州、火州、火者、哈卓，因时代、因不同的民族而有异。这一称为和州的高昌古都，在今新疆吐鲁番城东南约六十里的三堡，犹存城堞及古建筑遗迹。至于汉代的高昌壁交河郡则在今吐鲁番城西二十里的雅儿湖地方。吐鲁番地极炎热，故火州一名译音又并译义，语意双关。

③ 五端，在元代又称为斡端，汉、晋称为于阗，匈奴称为于遁，诸胡称为豁旦，印度称为屈丹，后代译作和阗，即今新疆的和田。所谓出乌白玉之二河，即一名墨玉河的喀拉喀什河和一名白玉河的玉龙喀什河，两条河合起来成为和阗河。

④ 这里的不剌城，屡见于当时的西域史书和行纪之中。其地在今新疆艾比湖西面的博乐县境内。也就是刘郁《西使记》内的孛罗城，湖在城北，在元代为东西往来的一个重要地方。

⑤ 元朝人常常称新疆的天山为阴山，而称内蒙的阴山为天山，《西游录》《西游记》中都是如此。这里的阴山指的是新疆天山山脉西部婆罗科努山的一部分。

⑥ 这里的山顶圆池，丘处机称之为天池，今称为赛里木湖。

235

皆林檎木，树阴蓊翳，不露日色。既出阴山，有阿里马城①。西人目林檎曰阿里马，附郭皆林檎园囿，由此名焉。附庸城邑八九。多蒲桃梨果。播种五谷，一如中原。

又西有大河曰亦列②。河之西有城曰虎司窝鲁朵，即西辽之都也③。附庸城邑数十。

又西数百里有塔剌思城④。又西南四百余里有苦盏城、八普城、可伞城、芭

校注

① 从赛里木湖南下通过山峡，今名果子沟，以峡中果木树特别是野苹果树多，因而得名。林檎，北方称为沙果，和苹果是一类。果子沟风景如画，古今旅人到伊犁去的经过此地都称道不止。成吉思汗西征经此，曾凿石通道属四十八桥，据说今尚存三十二桥，犹是当年遗迹。由此出山有大城名为阿里马，《元史·地理志·西北地附录》作阿力麻里。这是元代西域的一座名城，遗址所在，议论纷纭，大致在今新疆伊宁市境内（阿力麻里当在今我国新疆霍城县克干山南麓。——1980 年 2 月陈得芝补注）。

② 亦列即今伊犁河。

③ 虎司窝鲁朵，在《长春真人西游记》里作大石林牙。此外又作虎思斡耳朵、骨斯讹鲁朵、谷则斡儿朵、古徐尔国讹夷朵、古续儿国讹夷朵、亦堵，不一而足。西域史家称此为八喇沙衮 [关于虎思窝鲁朵，11 世纪我国新疆著名学者麻赫默德·喀什噶里之《突厥语词汇》窝鲁朵条中，明确指出虎思窝鲁朵就是八剌沙衮："窝鲁衮，八剌沙衮附近的城镇。八剌沙衮因此也称为虎思窝鲁朵。"（原抄本影印本，安卡拉，1941 年，第 74 页倒 3—2 行：阿塔莱伊刊本，第一卷，安卡拉，1939 年，第 124 页）据近年苏联考古发掘判断，其地似在今托克玛克城东南十公里的布拉纳废墟。——1980 年 2 月张广达补注]，王国维以为就是《唐书·地理志》裴罗将军城的对音，耶律大石西迁以后建立西辽，即以此前朝旧城作为他的国都。中国史籍记载的是西辽的名称，西域史籍记载的还是西域相传的旧称。城位于伊犁河西楚河的南岸。城西北四十里为唐代的碎叶城。遗址所在今无可考[关于碎叶城遗址，近年学者根据苏联考古发掘资料推断，其地似在今托克玛克城西南八公里的阿克·贝希姆废墟。首倡其说者为英国突厥学者克劳森(G. Clauson)，见所撰《阿克·贝希姆即碎叶》一文，此说得到法国蒙古学者韩伯诗、苏联突厥学者克里亚施托尔内、日本突厥学者护雅夫等人的赞同。——1980 年 1 月张广达补注]。

④ 塔剌思城元代又作塔赖寺，就是唐代的怛罗斯一作咀逻私城，以位于塔剌思河

榄城①。苦盏多石榴，其大如拱，甘而差酸，凡三五枚，绞汁得盂许，渴中之尤物也。芭榄城边皆芭榄园，故以名焉。芭榄花如杏而微淡，叶如桃而差小。每冬季而华，夏盛而实，状类扁桃，肉不堪食，唯取其核。八普城西瓜大者五十斤，长耳②仅负二枚，其味甘凉可爱。

又苦盏之西北五百里有讹打剌城③，附庸城十数。此城渠酋尝杀大朝使命数人、贾人百数，尽有其财货。西伐之意始由此耳。

讹打剌之西千里余有大城曰寻思干。寻思干者西人云肥也，以地土肥饶故名

校注

旁得名。由西辽都城虎司窝鲁朵至此，《西游录》作数百里，《西游记》作七八日，《新唐书·地理志》引贾耽的《边州入四夷道里》作三百五十里。一般认为这就是现在苏联哈萨克共和国境内旧名阿里阿塔(Aulie-Ata)的江布尔(Jambul)城。塔剌思是古代中亚的一座重要城池，公元 751 年唐朝高仙芝和大食战争，也在这里。

① 耶律楚材在这里举出苦盏、八普、可伞、芭榄四城。苦盏即西文地图上的 Kho-jend，今名列宁纳巴德(Leninabad)，在塔吉克共和国境内。可伞即 Kasan，在乌兹别克共和国纳曼干(Namanghan)西北。八普亦见《经世大典图》，在浩罕之南，不见今图[八普，当即浩罕东三十公里多之 Bāb，今名 Pap。其地西去苦盏(Khojend)一万十五公里。见巴托尔德 (Barthold) Turkistan down to the Mongol envasion，p. 162.——1980 年 1 月陈得芝补注]。芭榄本是波斯的一种杏子名称的对音，汉译亦作婆淡、八担、巴旦，义译为偏桃。芭榄城以盛产芭榄得名，或谓即浩罕与苦盏之间的 Kangi-badam 城，义为芭榄城。而 Khojend 也是以出石榴驰名，与《西游录》所记相合（诸城位于锡尔河右岸，参看 9 世纪阿拉伯地理学家伊本·忽尔达兹比赫撰《道里与诸国志》，德古耶刊《阿拉伯舆地丛书》第六卷第三〇页；10 世纪波斯佚名作者撰《世界疆域志》，米诺尔斯基英译笺证本，第 72—73 页、117 页、355 页。——1980 年 2 月张广达补注。）

② 长耳原作长者，据王国维校改。长耳即驴也。

③ 讹打剌(Otrar)是历史上一座名城，成吉思汗西征的原因与此城有直接关系。耶律楚材此处所说只是蒙古与兵的一个借口而已。因为讹打剌城守将杀了蒙古的使者和商人，成吉思汗西征，首攻此城，主将为察合台和窝阔台。攻破之后，"夷其城、灭其众"，烧光杀绝。讹打剌城就此荒废了。讹打剌城在今锡尔河东岸支流阿里斯河入锡尔河的合流处附近，据说尚存遗址[讹打剌的废墟遗址，位于锡尔河右岸，阿里斯河注入锡尔河附近。回历八〇七年(1405 年)帖木儿卒于其地。在阿拉伯地理文献中其地又名 Barab，Farab。——1980 年 1 月张广达补注]。

之。西辽名是城曰河中府，以瀕河故也①。寻思干甚富庶。用金铜钱，无孔郭。百物皆以权平之②。环郭数十里皆园林也。家必有园，园必成趣，率飞渠走泉，方池圆沼，柏柳相接，桃李连延，亦一时之胜概也。瓜大者如马首许，长可以容狐。八谷中无黍糯大豆，余皆有之。盛夏无雨，引河以激。率二亩收钟许。酿以蒲桃，味如中山九酝。颇有桑，鲜能蚕者，故丝蚕绝难，皆服屈眴③。土人以白衣为吉色，以青衣为丧服，故皆衣白。

寻思干之西六七百里有蒲华城④，土产更饶，城邑稍多。寻思干乃谋速鲁蛮种落梭里檀所都者也⑤。蒲华、苦盏、讹打剌城皆隶焉。

蒲华之西有大河名曰阿谋⑥，稍劣黄河，西入于大海。是河之西有五里犍城⑦，梭里檀之母后所居者也。富庶又盛于蒲华。

校注

① 寻思干,属今苏联乌兹别克共和国,现在的地图上称为撒马尔罕。地望应在讹打剌城的西南,此处脱一南字。寻思干,《西游记》作邪米思干,《元秘史》作薛米思坚,《大唐西域记》作飒秣建,都指的一个地方。撒马尔罕古名邪米思干(Semiscant),干字(kand 或 cant)在波斯文中义为城,寻思、邪米思、薛米思都是 Semis 的对音,源出突厥语,义为肥沃。西辽都城原为虎司窝鲁朵,后来又以寻思干为都城,建立东西二都。这里所说的瀕河是泽拉夫善河,城在河的南岸,河中府因此得名。

② 耶律楚材留居西域时,在河中住的时间最久,他写的诗篇中与河中有关的也最多。《西游录》记河中一段以及有关河中诸诗,都是研究 13 世纪初期撒马尔罕历史的重要材料。像《文集》卷六的《西域河中十咏》"难穿无眼钱""食饭秤斤卖"等句,可作此处的注脚。

③ 屈眴即指棉布。佛经中如《翻译名义集》卷七《沙门服相篇》就提到屈眴,以为是木棉花心织成的大细布。

④ 蒲华即布哈拉,在今苏联乌兹别克共和国。

⑤ 花剌子模都城在寻思干,所以这里说谋速鲁蛮种落梭里檀所都。谋速鲁蛮种落有些书称为回回国,梭里檀一作算滩。花剌子模的算滩到后来经常住在蒲华城。成吉思汗攻打河中的时候,算滩正在蒲华。

⑥ 阿谋河今图作阿姆河。所谓入于大海,今图大海应指咸海。不过在历史上有一个时期阿姆河曾流入里海,到 1575 年始又改回旧道流入咸海。故这里的大海,也可能为里海。

⑦ 五里犍城一作玉里犍、玉龙杰赤。今图作乌尔坚奇。古代的五里犍城跨阿谋河两

又西濒大河有斑城①者颇富盛。又西有抟城②者亦壮丽。城中多漆器，皆长安题识。

自此而西直抵黑色印度城③。其国人亦有文字，与佛国字体声音不同。国中佛像甚多。国人不屠牛羊，但饮其乳。风俗夫先亡者，其室家同荼毗④之。询诘佛国，反指东南隅。校之以理，此国非正北印度，乃印度北鄙之边民也。土人不识雪。岁二获麦。盛夏置锡器于沙中，寻即镕铄，马粪堕地为之沸溢，月光射人如中原之夏日，遇夜人辄避暑于月之阴。此国之南有大河，阔如黄河，冷于冰雪，湍流猛峻。从此微西而来，注于正南稍东而去，以意测之，必注入南海也。又土多甘蔗，广如禾黍，土人绞取其液，酿之为酒，熬之成糖⑤。

黑色印度之西北有可弗叉国⑥。数千里皆平川，无复丘垤。吁，可怪也！不立城邑，民多羊马。以蜜为酿，味与中原不殊。此国书长夜促，羊脾⑦适熟，日已复出矣。正符《唐史》所载骨利干国事，但国名不同耳。岂非岁远时久，语音讹舛邪？寻思干去中原几二万里，印度国去寻思干又等，可弗叉国去印度国亦等。虽萦迂曲折，不为不远矣，不知其几万里也。

岁在涒滩⑧，天兵振旅。以西夏失信背盟，丙戌⑨之春二月，六师迭进，一鼓

校注

岸，1221 年为蒙古所毁。今天的乌尔坚齐城是后来新建的，所以一名叶尼乌尔坚奇，义为新乌尔坚奇城，在基发城北几十里，为一重要商业城市。旧五里犍城在新城西北二百余里，名为库尼亚乌尔坚奇，义为旧乌尔坚奇城，仅存遗址而已。

① 斑城即《西游记》之班里城，《元史》作班勒纥、巴里黑、板勒纥，也就是《大唐西域记》的缚喝国。今图作巴尔克(Balkh)，在阿富汗境内。所濒大河仍为阿谋河，"西"为"南"之误。

② 抟城即《西游记》的团八剌山寨，今地不明。有人以为就是 Kerduan，但详细情形不甚了了。

③ "由此而西"，此"西"字亦"南"字之误。黑色印度城不知所指，大概即今印度和巴基斯坦北部一带。

④ 荼毗即是火葬。

⑤ 这一段的大河可能指的是印度河。

⑥ 可弗叉国，即奇卜察克(Kipchak)。一名钦察，指今阿姆河西北广大地区，自黑色印度起至可弗叉国，耶律楚材并未亲历，仅凭传闻，多不可信。

⑦ 脾字原本作腗，据《新唐书·骨利干传》改正。

⑧ 涒滩为甲申，即成吉思汗之十九年，公元 1224 年。

⑨ 丙戌为成吉斯汗之二十一年，公元 1226 年。

而下之，独夫就戮，万姓怀安。沙州、瓜州①，汉所置也。肃州即鄯善②也。甘州即张掖也。灵州即灵武③也。噫！天涯海角，人所不到，亦一段奇事。予之西游也，所见大略如此。

下 卷

答曰：子之西游之事已闻命矣。仆闻之，居移气，养移体，故古人有登泰山观沧海以自大其志者，亦有怯夫懦士涉险难罹忧患而自沮其志者。今子西行数万里，升金山，瞰瀚海，逾昆仑，穷西极，岂无有自大其志者欤？从军旅，涉沙迹，行役所困，暴露所苦，岂无有自沮其志者欤？二者必有一于是。子请言之。

居士曰：大丈夫立志已决，若山岳之不可移也。安能随时而俯仰，触物而低昂哉！予之志自大自沮者，幼不知也。

客曰：仆与君定交④积有年矣。知仆者莫如君，知子者莫如我。君幼而学儒，晚而喜佛，常谓以吾夫子之道治天下，以吾佛之教治一心，天下之能事业矣。盟犹在耳，皎如星日。昔丘公之北行也，子赞成之，独吾夫子之教吾佛之道，置而不问。子岂非自沮其志乎？

居士曰：余以为国朝开创之际，庶政方殷而又用兵西域，未暇修文崇善。三圣人教皆有益于世者。当读《道》、《德》二篇，深有起予之叹，欲致吾君高踏羲皇之迹，此所以赞成之意也。亦将使为儒、佛之先容耳。非志沮而忘本也。

客曰：丘公进见之所由然，可得闻欤？

居士曰：昔刘姓而温名者⑤，以医术进。渠谓丘公行年三百，有保养长生之秘术，乃奏举之。诏下征至德兴⑥。丘公上表云，形容枯槁，切恐中途不达，愿且于德兴盘桓。表既上，朝廷以丘公惮于北行，命仆草诏，温言答之，欲其速致也。既至

校注

① 沙州为今甘肃河西的敦煌，瓜州为安西。

② 肃州即今甘肃河西的酒泉，何以又名鄯善，不得而知。

③ 灵武今名同，在甘肃省吴忠回族自治州境内，位于吴忠市东北不远。

④ 交，原抄作友，据王国维校改。

⑤ 刘温字仲禄，《至元辨伪录》卷三说刘仲禄以作鸣镝幸于太祖，以医药进于上，言丘公行年三百余岁云云。王国维以为《元史·河渠志》的刘冲禄也就是刘仲禄。

⑥ 辽、金时代的德兴府，即河北省涿鹿，旧名保安州。成吉思汗征召丘处机的诏书见《辍耕录》卷一〇，今收入本书《附录》。

行在，丘公数拜致敬，然后入见。奉诏，且令寻思干城居。此丘公进见之所由也①。

客曰：君与丘公相待之事，可得闻欤？

居士曰：丘公之达西域也，仆以宾主礼待之。居无几，丘公从容谓予曰，久闻湛然遵崇释教。夫释、道二教素相攻嫉，政恐湛然不相契合，岂意厚待如此，真通方之士也。仆应之曰，三圣人教行于中国，岁远日深矣。其教门施设，尊卑之分，汉、唐以来，固有定论，岂待庸人俗士强为其高下乎！厥后彼之门人有讽予奉道训名于丘公者。仆应之曰，予幼而习儒，老而奉释，安有降于乔木入于幽谷者乎！其议遂寝。予久去燕，然知音者鲜。特与丘公聊句和诗，焚香煮茗，春游邃圃，夜话寒斋，此其常也②。尔后时复书简往来者，人不能无情也。待以礼貌者，人而无礼，非所宜为也。

客曰：丘公进奏谈道之语，可得闻欤？

居士曰：壬午③之冬十月，上召丘公以问长生之道。所对皆平平之语言及精神气之事。又举林灵素梦中洁宋徽宗游神霄宫等语。此丘公传道之极致也④。

客曰：丘公与子游者久，亦有异闻乎？

居士曰：丘公尝举渠师王害风出神入梦为毕竟事。又举渠之法兄马公，常云

校注

① 丘处机奉成吉思汗征召时已七十三岁，因上表陈情，想停留在德兴。《陈情表》亦见《辍耕录》卷一○。成吉思汗回答的诏书出于耶律楚材之手，亦见《长春真人西游记·附录》。

② 耶律楚材和丘处机唱和的诗篇甚多，大都收入《文集》之中。《文集》中不著何人的和人诗，有好些都是和丘处机的，其韵脚和《长春真人西游记》中著录诸诗相同。往来书简今不传。

③ 壬午为成吉思汗十七年，公元1222年。

④ 成吉思汗召见丘处机问道，在壬午冬十月既望。问答之辞具见《玄风庆会录》。《玄风庆会录》收入《道藏》致字十一号，著者结衔为元侍臣昭武大将军尚书礼部侍郎移剌楚才奉敕编录。有一篇不署作者姓名的序，序文末作"壬辰长至日"。这一个壬辰不知是元太宗窝阔台的壬辰还是元世祖忽必烈的壬辰。前者为公元1232年，距丘处机见成吉思汗恰恰十年。后者为公元1292年，在会见后七十年，距耶律楚材之死已四十九年。序文说《玄风庆会录》"录而秘之。岁乃逾旬，传之及外，将以刊行于世"。可知壬辰乃是刊行的年岁，颇疑这部书刊于元世祖之时，针对楚材《西游录》而作。《玄风庆会录》的作者结衔不对，明代王世贞就曾怀疑，近代陈铭珪以为系李志常的门人所辑。可参看《长春道教源流》卷八。

屡蒙圣贤提将真性遨游异域①。又云，禅家恶梦境，岂知福力薄劣者，好梦不能致也。此为彼宗之深谈也。识者闻之，未尝不绝倒也。

客曰：予尝读《磻溪集序》，有云丘公日记数千言，果有是事不②？

居士曰：彼之强记，予不知也。尝假宋《播芳文粹》③于予。一日谓仆曰，有一二语，欲与湛然商榷。夫古人之文章愈深，则人愈难知耳。《播芳》中黄鲁直所著《观音赞》有云，通身是眼，不见自己；欲识自己，顿掣驴耳。此何等语邪？予默而不答。予私谓人曰，山语脱白衲，僧已知落处。渠未窥祖道之藩篱，况其堂奥乎？予自此面待而心轻之。

客曰：君与丘公亦有所许可乎？

居士曰：论谈之初，酬泳之际，稍尝面许。交游既深，穷其底蕴，予不许丘公之事，凡有十焉。初进见，诏询其甲子，伪云不知。安有明哲之士不知甲子者乎？此其一也。对上以徽宗梦游神霄之事，此其二也。自谓出神入梦，为彼宗之极理，此其三也。又云圣贤提真性④遨游异域，自爱梦境，此其四也。不识鲁直赞意，此其五也。西穹昧谷，梵僧或修善之士皆免赋役。丘公之燕，独请蠋道人差役，言不及僧。上虽许免役，仍令诏出之后，不得再度。渠辄违诏，广度从众，此其六也。又进表乞符印，自出师号，私给观额，古昔未有之事，辄欲施行。此其七也。又道徒以驰驿故，告给牌符⑤。王道人者驺从数十人，悬牌驰骋于诸州，欲通管僧尼。丘公又欲追摄海山玄老，妄加毁坼。此其八也。又天城毁夫子庙为道观，及毁坼佛像，夺种田圃，改寺院为庵观者甚多。以景州毁像夺寺

校注

① 王害风，金代人，是全真教的创教祖师，本名王喆，字知明，道号重阳真人，害风是绰号或诨名。法兄马公名马钰，道号丹阳子。马钰、谭处端、刘处玄、丘处机是王重阳门下的四大弟子。可参看陈铭珪《长春道教源流》卷一，陈垣《南宋初河北新道教考》卷一《全真篇》上。

② 丘处机《磻溪集》六卷收入《道藏·太平部》，见友字号上。移剌霖《序》说处机"日记三千言，身行万里地"云云，即此处所本。

③ 《播芳文粹》即指宋魏齐贤叶芬所编《圣宋名贤五百家播芳大全文粹》一书而言，全书凡一百一十卷。

④ 此指丹阳子马钰事。

⑤ 据《元史·兵志·站赤》，元代驰驿的给以玺书，"谓之铺马圣旨。遇军务之急，则又以金字圆符为信，银字者次之。"所谓告给牌符即指此。

事致书于从乐居士，润过饰非，天地所不容。此其九也^①。又顺世之际，据厕而终，其徒饰辞，以为祈福。此其十也^②。

客曰：予闻诸行路之人有议子者，以为匿怨而友其人，孔子耻之。君胡为面许而心非也？君子成人之美，不成人之恶，何先赞而后嫉也？君子之于友也，当死生待之如一，何誉之于生前，毁之于死后也？子亦有所说乎？

居士曰：予与丘公，友其身也，不友其心也；许其诗也，非许其理也。奏对之际，虽^③见瑕疵，以彼我之教异，若攻之则成是非，故心非而窃笑之。丘公初谓三圣教同，安有分别，自云军国之事非己所能，道德之心令人戒欲。三圣人教弛而复张，固仆之愿也。予闻此安得不赞之乎？过后食言偏党，毁像夺田，改寺为观，改宣圣庙为道庵，有摈斥二教之志。虽曰君子掩恶扬善，此非予所能掩也。予见此安得不嫉之乎？彼欲以道德匡时救世，予亲闻之，渠犹未死，安得不誉之于生前乎？间阔以来，为兹不轨数事，常欲面折其非，职守所拘，不获一见^④。今被命而来，渠已弃世，安得不毁之于死后乎？

客曰：予闻诸行路之人云，丘公惜罪福者也。蠲免道人差役，本非丘公意，乃其徒所为耳。

居士曰：昔徙河中之豪民子弟四百余人屯田于塔剌思城，奉朝命委予权统之。予既还行在，闻之于与人云，丘公将行，朝辞毕，遣人奏告云，但修善出家人乞

校注

① 据《至元辨伪录》卷三，这里所提的王道人是王伯平。又云，丘公自往蓟州，特开圣旨，抑欲追摄甘泉，本无玄和尚，其屈节后面又说盘山中盘法兴寺罕有僧人，海山本无玄老，师之嗣振公长老首居上方云云。大概就是这里提到的海山玄老之事。天城毁夫子庙事，《辨伪录》说是西京天城。元代没有西京，此疑沿辽、金旧称，指今大同。从乐居士无考。景州，今河北省景县。

② 《辨伪录》卷三说丘处机之死是因为毒痢发作卧于厕中，后来竟据厕而卒。楚材所云即指此事。当时释道两教斗争激烈，释门中人多方丑诋道家，这是一个例子。

③ 虽字原本作难，据上下文意，以作虽字为是，因为臆正。

④ 耶律楚材会见丘处机，大约在辛巳壬午之际，即公1221年至1222年之间。癸未（1223年）丘处机归燕京。甲申（1224年）成吉思汗班师回国。耶律楚材随大军东归，乙酉、丙戌诸年在高昌、肃州等处。丁亥（1227年）七月九日丘处机病卒于燕京。是年冬楚材来燕京，已在处机死后三个月，故此处云不获一见也。

免差役。时典诰命者他适，令道人自填，诏旨遂止书道士免役之语。当时咸谓既云修善出家人，僧道举在是矣。后数年方知止书道人，不及僧也。由是众皆议丘之不公也。今子所闻之语，必出自党于丘公者，以此为之辞耳。若果惜罪福，不欲免道人役，当日胡不封还诏旨，若然则愈为光矣。此饰非之语耳，何足信邪！

客曰：予闻诸行路之人云，其剽夺寺院毁撤佛像之事，皆左右蒙蔽所致，丘公实不知也。

居士曰：若丘公果不知此事，予闻丘公之归也，当宿于天城之文成观，县学之碑石犹在，何为不责改观之道人也。又去岁致手书于从乐居士云，近有景州佛寺，村民施与道士居止，今已建立道像，旧僧构会有司欲为改正。今后再有似此事，请为约束。予见收此书，会将勒石，永垂后世，庶使明眼人鉴其是非耳。

客曰：予闻诸行路之人云，其乞牌符事，亦非丘意。

居士曰：若果非丘意，王道人既归，宜将牌符封还。若果为驰驿事而请，遇遣使时即当悬带。传闻王道人悬牌跃马，骖从数十人，横行诸州中。又安知非丘之意乎！

客曰：予闻诸行路之人云，今之出家人率多避役苟食者，若削发则难于归俗，故为僧者少，入道者多。兵火以来，精舍寺场率为摧坏。若道士不居占，亦为势家所有，或撤毁以为薪，又何益焉！

居士曰：聪明特达之士必不为此，脱有为此者必愚人鄙士耳，又何怪焉！既号出家士，反为小人之事，改寺毁像，所以君子责备贤者也。此曹始居无像之院，后毁有像之寺，初夺山林之精舍，岂无冀觊城郭之伽蓝乎？从远至近，从少至多，深存奄有之志，亦所图不浅矣。设有故坟宿冢，人爱其山岗之雄丽，林麓之秀茂，乃曰此冢我不发则后亦有人发，我将出其骸骨，弃诸沟壑而瘞我之父母焉，较之于人情以谓如何耳。古人美六月衣羊裘而不拾遗金者。既为道人，忍作豪夺之事乎？此曹[①]首以修葺寺舍救护圣像为辞。居既久，渐毁尊像，寻改额名，有磨灭佛教之意。其修护寺舍为不废其名，不毁其像，真谓举坠修废也。若或革名改像，所以兴之者所以废之乎？果欲弘扬本教，固当选地结缘，创建宫观，不为道门之光乎！大丈夫窃人之宇舍，毁人之祖宗以为己能，何异鼠窃狗盗邪？所谓因人成事者也，岂不羞哉！兵火之事，代代有之。自汉历唐，降及辽宋，代谢之际，干戈继作，未尝有改寺为观之事。渠蔑视朝廷，而敢为此乎！昔林灵素托

校注

① 曹字原本作曾，此据《至元辨伪录》卷四所引改正。

神怪诈力见用于宋，可谓元恶大憝矣，尚未敢革寺名为观名，改佛像为道像。今则此曹所为，过林灵素远矣。岂非神明震怒，而促丘之寿乎！

客曰：予闻之，多易者必多难。又闻之君子作事谋始。君之择交何其易也，君之作事何谋始之不慎也。今则此曹毁撤庙貌，改建精蓝，白衣之会，殆遍天下①，皆君启之也。御之亦难乎？无乃为害于终乎？

居士曰：吾过矣，吾过矣！虽然，仆闻之，夫物速成则疾亡，晚就则善终。昔佛教西来，迄今二千余载，历代奉行，罔不致敬，高僧奇士，比比而出焉。为国师者，不可胜数。近世圆通和尚②为三朝国师，皆未尝有改道观为佛寺者。是以佛祖之道根深蒂固，确乎其不可拔也。若释得志以夺道观，道得权而毁佛寺，则门竞之风无日而息矣。今此曹攘人之居，毁佛之像，游手之人，归者如市，不分臧否，一概收之，会观不攻而自败耳。夫林泉之士不与物竞，人且不容，况自专符印，抑有司之权，夺有司之民，岂能见容于世乎？仆又闻之，好胜者必遇其敌。三圣人之教鼎跱于世，不相凌夺，各安攸居斯可矣。今夺寺毁像，佛之子孙养拙守愚，懦于斗争者固有之矣。脱有豪迈者，不惜身命护持佛法，或固争之于有司，或坚请之乎于朝廷，稽古考例，其罪无所逃矣。夫三尺法皆殷周之淳政，汉魏之徽猷，隋唐之旧书，辽宋之遗典，非一代之法也，实万代之法也。时君世主皆则而用之，犹大匠之规矩然，莫或可废也。杂律有毁像之严刑，敕条载禁邪之明诫，夫岂待公子之喋喋也！

语未已，客勃然而怒曰：且曲突徙薪与焦头烂额者孰愈？弗能辨奸于未兆，消祸于未萌者，君之过也。何得文过饰非欤？子③谓赞成丘公者欲为儒、佛之先容耳。今毁宣圣之庙，撤释迦之像，得非为害于儒、佛乎？子又谓国朝开创之始，庶政方殷，未暇修文崇善。是何言欤！是何言欤！昔子贡④问政，孔子谓不得已

校注

① 所谓白衣之会，始见《汉书》卷二六《天文志》，以为"岁星与太白合则为白衣之会，为水"。太白兵象，依据五行又为白色。汉代白衣会详情不得而知，后世如隋代的弥勒会徒俱着白衣。白衣会在封建统治者看来，似有"谋乱"之意。此处的白衣会不知何所指，大概不出白莲、香会之流，或亦"释氏之邪"也。

② 圆通和尚生于金代，据《湛然居士文集》卷八《燕京崇寿禅院故圆通大师朗公碑铭》，圆通驻锡燕京大圣安寺，后退老于崇寿禅院。朗公乃圆通的门人。此外别无可考。

③ 子字原本作予，据上下文意，以作子字为是，因为臆正。

④ 贡字原本作路。案去兵去食一段问答，见《论语·颜渊篇》，是子贡问政，孔子回答

而去兵去食，自古皆有死，民无信不立。是知善道为政之要耳。予虽中材，误蒙见知，位居要地，首赞朝廷行文教，施善道，使流风仁政，高跨前古，然后无施不可矣。子意以为生民未艾，且俟小康，始行文教，予谓大不然。甚哉生民之难治也。速于为恶，缓于从善。急导之以善道，犹恐不悛其恶，何况迁延而有所需者乎？速以能仁，不杀、不欺、不盗、不淫，因果之诚化其心，以老氏慈俭自然之道化其迹，以吾夫子君君、臣臣、父父、子子之名教化其身，使三圣人之道若权衡然行之于世，则民之归化，将若草之靡风，水之走下矣。然后上策于朝廷，请定制度、议礼乐、立宗庙、建宫室、创学校、设科举、拔隐逸、访遗老、举贤良、求方正、劝农桑、抑游惰、省刑罚、薄赋敛、尚名节、斥纵横、去冗员、黜酷吏、崇孝悌、赈困穷。若然，则指太①平若连掌之易也。君舍此而不为，恬然自适，袖手而待小康，亦何异思济江淮而弃舟楫，将救饥寒而捐穀帛者乎！予不知其可也。客乃拂袖而兴，策筇而行，隐而不出。

居士恍然，若有所失者数日。寻以问答之辞录诸简册，以为铭盘之诚云。

戊子清明日，湛然居士漆水（楚才）晋卿题。

燕京中书侍郎宅刊行

校注

的话，与子路无关。因为臆正。

① 太字原本作大，兹据罗本改正作太。

附　录

陶宗仪《南村辍耕录》卷一○记丘真人

　　大宗师长春真人姓丘氏名处机,字通密,号长春子,登州栖霞县滨都里人也。祖父业农,世称善门。金皇统戊辰(1148年)正月十九日生。生而聪敏,有日者相之曰:"此子当为神仙宗伯。大定丙戌(1166年),年十九,辞亲居昆仑山,依道者修真。丁亥(1167年),谒重阳全真开化王真君嘉于海宁,请为弟子。戊申(1188年),召见阙下,随还终南山。

　　贞祐乙亥(1215年),太祖平燕城,金主奔汴。丙子(1216年),复召,不起。己卯(1219年),居莱州。时齐鲁入宋,宋遣使来召,亦不起。是年五月,太祖自乃蛮国遣近侍刘仲禄持手诏致聘。十二月,至隐所,诏文云:"制曰,天厌中原,骄华太极之性;朕居北野,嗜欲莫生之情。反朴还淳,去奢从俭,每一衣一食,与牛竖马圉,共弊同养。祝民如赤子,养士若兄弟。谋素和,恩素畜,练万众以身人之先,临百阵无念我之后。七载之中成大业,六合之内为一统。非朕之所有德,盖金之政无恒。是以受天之祐,获承至尊,南连赵宋,北接回纥,东夏西夷,悉称臣佐。念我单于国千载百世以来,未之有也。然而任大守重,治平犹惧有阙。且夫刳舟剡楫,将欲济江河也;聘贤选佐,将以安天下也。朕践祚已来,勤心庶政,而三九之位,未见其人。访问丘师先生体真履规,博物洽闻,探赜穷理,道冲德著,怀古君子之肃风,抱真上人之雅操。久栖岩谷,藏身隐形,阐祖宗之遗化,坐致有道之士,云集仙逕,莫可称数。自干戈而后,伏知先生犹隐山东旧境,朕心仰怀无已。岂不闻渭水同车,茅庐三顾之事。奈何山川悬阔,有失躬迎之礼。朕但避位侧身,齐戒沐浴,选差近侍官刘仲禄借轻骑素车,不远千里,谨邀先生暂屈仙步,不以沙漠悠远为念。或以忧民当世之务,或以恤朕保身之术,朕亲侍仙座,钦惟先生将咳唾之余,但授一言斯可矣。今者,聊发朕之微意万一,明于诏章。诚望先生既著大道之端要,善无不应,亦岂违众生之原哉! 故兹诏示,惟宜知悉。五月初一日笔。"

庚辰(1220年)正月,北行。二月,至燕。欲俟驾回朝谒。仲禄令从官曷剌驰奏,真人进表陈请。表曰:"登州栖霞县志道丘处机,近奉宣旨,远召不才。海上居民,心皆恍惚。处机自念谋生太拙,学道无成,辛苦万端,老而不死。名虽播于诸国,道不加于众人。内顾自伤,哀情谁测。前者南京及宋国屡召不从,今者龙庭一呼即至,何也? 伏闻皇帝天赐勇智,今古绝伦,道协威灵,华夷率服。是故便欲投山窜海,不忍相违;且当冒雪卫霜,图其一见。兼闻车驾只在桓抚之北,及到燕京,听得车驾遥远,不知其几千里。风尘涧洞,天气苍黄,老弱不堪,切恐中途不能到得。假之皇帝所,则军国之事,非己所能,道德之心,令人戒欲,悉为难事。遂与宣差刘仲禄商议,不若且在燕京德兴府等处盘桓住在,先令人前去奏知。其刘仲禄不从,故不免自纳奏帖。念处机肯来归命,远冒风霜,伏望皇帝早下宽大之诏,详其可否。兼同时四人出家,三人得道,惟处机虚得其名,颜色憔悴,形容枯槁,伏望圣裁。龙儿年(即庚辰年)三月日奏。"

十月,曷剌回,复奉敕旨曰:"成吉思皇帝敕真人丘师:省所奏应召而来者,具悉。惟师道逾三子,德重多方,命臣奉厥玄繻,驰传访诸沧海。时与原适,天不人违,两朝屡召而弗行,单使一邀而肯起。谓朕天启,所以身归,不辞暴露于风霜,自愿跋涉于沙碛。书章来上,喜慰何言! 军国之事,非朕所期,道德之心,诚云可尚。朕以被酋不逊,我伐用张,军旅试临,边陲底定,来从去背,实力率之故。然久逸暂劳,冀心服而后已。于是载扬威德,略驻车从,重念云轩既发于蓬莱,鹤驭可游于天竺。达磨东迈,元印法以传心;老氏西行,或化胡而成道。顾州途之虽阔,瞻几杖以非遥。爰答来章,可明朕意。秋暑,师比平安好,旨不多及。十四日。"

辛巳(1221年)十一月,至邪迷思干城。壬午(1222年)三月,过铁门关。四月,达行在所。时上在雪山之阳,舍馆定,入见。上劳曰:"它国征聘皆不应,今远逾万里而来,朕甚嘉焉"。赐坐就食,设二帐于御幄之东以居之。约日问道。以回纥叛,亲征不果。至九月,设庭燎,虚前席,延问至道。真人大略答以节欲保躬,天道好生恶杀,治尚无为清净之理。上说,命左史书诸策。

癸未(1223年),乞东还。赐号神仙,爵大宗师,掌管天下道教。甲申(1224年)三月,至燕。八月,奉旨居太极宫。丁亥(1227年)五月,特改太极为长春。七月九日,留颂而逝,年八十。至元己巳(1269年)正月,诏赠五祖七真徽号,而曰长春演道主教真人。

已上见《蟠溪集》、《鸣道集》、《西游记》、《风云庆会录》、《七真年谱》等书。

初,真人自行在归,道由宣德日,一富家新居落成,礼致下顾,将冀一言以为福。既入其室,默然无语,辄以所持铁柱杖于窗户墙壁上,颇毁数处而出。主人再拜希解悟。曰:"尔屋完矣美矣。完而必毁,理势然也。吾不尔毁,尔将无以图厥终。今毁矣,尔宜思其毁而欲克保全之,则尔与尔子子孙孙,庶几歌斯哭斯,永终弗替!"主人说服。吁,真人真之道哉!

长春真人西游记

著者　元·李志常

译注　党宝海

编 选 说 明

《长春真人西游记》，李志常编撰。记载中原全真教首领长春真人丘处机西觐成吉思汗经过的行记类著述，为蒙元初期西域历史地理和东西交通的重要史料。

丘处机（1148—122 年），字通密，自号长春子，山东登州栖霞人。蒙古汗国时期中原全真教首领。卒后被元世祖赐号"长春演道主教真人"，故世称"长春真人"。1219 年冬，丘处机奉蒙古成吉思汗旨令赴西域相见传教，次年丘处机亲领徒弟 18 人启程，先在燕京（今北京）逗留一段时间后，接着经过德兴（今河北涿鹿）、宣德（今河北宣化），次年二月出塞，途经漠北草原至天山北部西行，中经邪米思干（今乌兹别克斯坦撒马尔罕）等地，1222 年四月至大雪山（兴都库什山）八鲁湾川（今阿富汗查里卡东北）与成吉思汗觐见。双方就道教教义以及治国立邦之策进行推心置腹地交流。翌年，丘处机一行东归，1224 年初入燕京。其西行觐见成吉思汗经过为其弟子李志常所著录编辑，是为《长春真人西游记》。

李志常（1193—1255 年），字浩然，号真常子，开州观城（今山东辛县西南）人。投丘处机门下为弟子，长春真人西行朝觐成吉思汗，其随师傅一同前往。丘处机死后一年，李志常遂完成《长春真人西游记》一书的编撰，随即受到社会各界推崇，孙锡"序"中赞其"凡山川道里之险易，水土风气之差殊，与夫衣服、饮食、百果、草木、禽虫之别，粲然靡不毕载。"

《长春真人西游记》详细记述丘处机等人西行所经山川道里及风俗民情，兼及丘处机生平及其同成吉思汗之间的交往，书中对于西域地理交通、居民族属、经济社会相关情况的记载极为详尽，如涉及西域城镇地名就有和州（今吐鲁番盆地）、鳖思马（别失八里，今吉木萨尔县）、轮台（一说今乌鲁木齐市南郊）、昌八剌（今昌吉市）、阿里麻里（今伊犁）等，上述诸城中名物土产、宗教状况等的相关记录更是极大补充了以往文献记载的不足,例如昌八剌城"故西去无僧,回纥但礼西方耳"则揭示了该城及以西诸地居民大多信奉伊斯兰教的重要记载。文中还详尽地提供了由蒙古高原启程后,穿越阿尔泰山而南,继续沿天山北麓西行,经过伊犁河、楚河、锡尔河,行至河中地区的陆上交通线路,其中有关蒙古西征过程中,逾天山西行,成吉思汗二子察合台"扈从西征,始凿石理道,刊木为四十八桥,桥可并车"的记载,更是对蒙古大军对天山北部交通要隘开辟管理的情况珍贵记录。行记中所谓阿力麻里城"土人呼果为阿里马(Alma,突厥语苹果),盖多果实,一是名其城"明确记录了该城名称的来源。再如有关阿力麻里城"……农者亦决渠灌田,土人惟以瓶取水戴而归,及见中原汲器,喜曰:桃花石诸事皆巧,桃花石谓汉人也"的记录,清楚表明了蒙古初期中原汉人在天山北部各地的聚居活动状况,以及其对阿力麻里城开发建设的重要功绩。上述记载都极大程度上丰富和补充了蒙元初期西域经济社会历史的内涵。不仅如此,关于蒙古西征时期中亚各地民族分布、政治经济和社会文化情况,成吉思汗西征活动和班师的时间,该书都提供了可供参考的珍贵记录。

《长春真人西游记》史料价值之高,正如学者陈得芝在《李志常和〈长春真人西游记〉》所指出的:该书作为汉文典籍中第一部横贯蒙古高原的亲身游历记录,它还是唐代以后第一部根据实地见闻记述从天山东部到中亚河中地区广阔地域的行记,其价值可与玄奘的《大唐西域记》相比伦。

作为研究 13 世纪西域、中亚史地和全真教历史的重要史料。《长春真人西游记》撰写后似一直未曾刊行,至清乾隆六十年(1795 年)钱大昕于在苏州玄妙观查阅《道藏》时发现并借抄出来,遂显于世。道光年间有徐松、程同文等人加以考订,并被收入《连筠簃丛书》及《皇朝藩属舆地丛书》中,后有多种校注本,以 1926 年出版的王国维《长春真人西游记校注本》流行较广。另可参见《王国维遗书》(上海古籍书店 1983 年)。

《新疆文库》使用的是党宝海的校注本(河北人民出版社 2001 年版;2013 年作者对此版本进行了修订)。

田卫疆

前　言

一

　　《长春真人西游记》引起学术界的广泛重视是近二百年来的事，尽管它的成书是在 1228 年。这部书写成之后，流传并不广。直到 1795 年（清乾隆六十年），它才被著名学者钱大昕从苏州元妙观《正统道藏》❶中发现并借抄出来，逐渐为人所知。当时与钱大昕同行的著名学者段玉裁这样写道："忆昔与竹汀（钱大昕）游元妙观，阅《道藏》，竹汀借此抄讫。"❷这之后，大学者阮元抄录一部献给清朝皇室。道光年间，著名学者徐松和程同文等曾对书中的地理、名物加以考订❸。本书较早的刊本是山西灵石杨尚文编辑的《连筠簃丛书》本❹。后世涉及边疆史地的丛书多收入此书，如《皇朝藩属舆地丛书》❺《四部备要·史

---

❶　明成祖即位(1403 年)之初，敕道教第四十三代天师张宇初编修道藏。永乐八年，张宇初去世，诏令四十四代天师张宇清继续主持编修。直到正统九年(1444 年)，始行刊板，次年刊板事竣，名曰(正统道藏)，共5305 卷，480 函，按三洞、四辅、十二类分类，仍以(千字文)为函目，自天字至英字，每函各为若干卷。每卷为一册。所收道书，已重行分卷，原有道书短卷，则数卷并为一卷。系梵夹本。

❷　该文与钱大昕的跋文均收入王国维《蒙古史料校注》本《长春真人西游记·附录》，清华学校研究院1926 年排印本，比较常见的是《王国维遗书》本，上海书店 1983 年版。文章篇幅很短，读者可以参看。

❸　参阅上引王国维《蒙古史料校注》本《长春真人西游记·附录》。

❹　道光二十八年(1848 年)刊本。

❺　光绪二十九年(1903 年)金匮浦氏静寄东轩石印本。

部·杂史》❶《丛书集成初编·史地类》❷等等。本世纪以来，随着西北舆地之学和蒙元史的兴起，有越来越多的学者开始研究这部行记，如丁谦撰《〈长春真人西游记〉地理考证》❸，沈垚撰《西游记金山以东释》❹，王国维作《〈长春真人西游记〉校注》❺、王汝棠写《〈长春真人西游记〉地理笺释》❻等，对此书进行了大量的注释和考证。张星烺编《中西交通史料汇编》也收录此书并做了考释❼。近三十年来，随着研究的深入，又涌现出一些新的成果，如著名地理学家陈正祥博士的《〈长春真人西游记〉选注》❽、杨建新主编的《古西行记选注》❾、纪流的《成吉思汗封赏长春真人之谜》❿等。

本书发现不久，就有外国学者将其翻译出版。最早的是俄国东正教北京传教团教士帕拉丢斯（Arch. Palladius，俄文名为 P. I. Kafarov）的俄文译本⓫，1867年法国人鲍狄埃（M. Pauthier）根据《海国图志》的节要本将其译为法文。1910年俄国人薄乃德（Emilii Bretschneider）把汉文本译成英文，收入他的专著《中世纪研究》中⓬。1931年英国著名汉学家威礼（Arthur Waley）重新将此书英译出版，

---

❶ 中华书局 1936 年版。

❷ 商务印书馆 1937 年版。

❸ 民国四年(1915)《浙江图书馆丛书》(即《蓬莱轩地理学丛书》)本。

❹ 上引《皇朝藩属舆地丛书》。

❺ 此书有多种版本，最早为《蒙古史料校注》本(1926 年清华学校研究院排印本)，后又收入《海宁王忠悫公遗书》(1927 年海宁王氏排印石印本)、《海宁王静安遗书》(1940 年商务印书馆长沙石印本)，比较通行的是《王国维遗书》本(上海书店 1983 年版)。

❻ 《国学丛刊》第 4、5、7 期，1942—1943 年。

❼ 北平：辅仁大学 1930 年排印本。通行的是中华书局本 1979 年版，第五册，第 70—156 页。

❽ 《中国游记选注》第一集，第三篇，商务印书馆香港分馆，1979 年 7 月版。

❾ 宁夏人民出版社 1987 年版。

❿ 中国旅游出版社 1988 年版。

⓫ 见 Si yu czi,ili Opisanie Putesestviya na Zapad,Trudy Clenov Rossilskoi Dukhovnoi Missii v Pekine,4,1866,259—434.(为排印方便,此处俄文用拉丁字母转写)

⓬ Medieval Researches from Eastern Asiatic Sources,Vol. I,London,1910,pp.35—108.

题为《一个道士的行记：在成吉思汗召唤下长春真人从中国到兴都库什山的旅程》❶。在日本则有岩村忍的日译本❷。

那么，《长春真人西游记》究竟是一部怎样的著作呢，它何以能引起如此广泛的关注呢？

这部书讲述的是金元之际道教全真派教长丘处机（1148—1227年）受蒙古帝国皇帝成吉思汗的邀请，从黄海之滨到中亚大雪山（今阿富汗兴都库什山）传授长生之术的经历。

丘处机，字通密，自号长春子，1148年生于山东登州栖霞县滨都里。在他很小的时候，父母双亡，由亲戚抚养他长大。1166年，他十九岁，到宁海昆嵛山（在今山东牟平东南）出家，用大约一年的时间在岩洞中自我修行。后来他听说全真道的创立人王重阳（1112—1170年）正在宁海，于是便拜王重阳为师。王重阳接纳了他，给他起了名和字❸。他追随王重阳之初主要做一些文书性质的工作，这就促使他不断提高自己的文化素养。他有着惊人的记忆力，悟性也很高，很快学会了作诗，并以此作为传达教法的重要手段。在王重阳的教导下，丘处机和他的三个师兄马钰、谭处端、王处一等在昆嵛山、登州等地修行了两年。1168年在那里建立了道教组织。1169年，王重阳带领他的信徒回到宁海，然后去莱州和汴梁。在去汴梁的路上，五十八岁的王重阳病死，马钰成为全真教的领袖。王重阳的遗体被运回他的家乡陕西终南县刘蒋村安葬。丘处机等四位弟子也因此来到陕西。他们为王重阳举哀一直到1174年。此后这几位王重阳的大弟子分头到各地传法。丘处机则启程到更西的地方，在磻溪（今陕西宝鸡县境内）隐居了十二年，人称蓑衣先生。1180年他三十二岁。迁居龙门山（在今陕西陇县西北）继续修道，成为全真教龙门派的创始人。严格的清教徒般的苦修生活，使他的声望日益提高。

与此同时，马钰在陕西中部、山东莱州等地的传教活动也获得了很大成功。1183年马钰去世，谭处端（1123—1185年）、王处一（1142—1217年）相继成为教主。在王处一的领导下，全真教的力量不断壮大，其信徒从社会低层一直到金朝皇室。1187年王处一被金世宗请到中都传授长生之术并做占醮、祷告等活动。

---

❶ The Travels of an Alchemist,the Journey of the Taoist Chang–Chun from China to the Hindukush at the Summons of Chingiz Khan,London,1931.

❷ 《长春真人西游记》,东京,1948。

❸ 在此之前人们多称呼他"丘哥"。

从这一年开始，全真教得到金朝政府的大力支持，在各处建立道观，高层道士得到加封。

1186年，三十八岁的丘处机宣布自己修道成功，从龙门山移居终南山王重阳故里。1188年金世宗邀请他到中都主持万春节大醮。他在中都住了几个月之后重返终南山。1191年四十四岁的丘处机从终南山东归栖霞县太虚观。除了1211年应金朝卫绍王的邀请到过一次中都以外，丘处机在栖霞一住二十七年。在这期间，山东地区成为金、南宋、蒙古、山东地方军阀❶交兵之地，几股政治力量此消彼涨，局势错综复杂。长期的战争给人民的生产、生活造成了极大的破坏，人们不得不寻找新的现实依靠和心灵寄托。就在这种形势下，全真教在山东、河北、山西等地有了巨大发展。

1216年丘处机拒绝了金朝的邀请。1217年王处一死去，丘处机成为全真教的教主。1218年他由栖霞县太虚观转到莱州昊天观居住。这一年南宋的将领邀请丘处机去讲道，丘处机也回绝了。

大约在1218年前后，通过近侍刘仲禄和耶律楚材的介绍，蒙古帝国皇帝成吉思汗得知丘处机是神仙般的人物。刘仲禄曾向成吉思汗吹嘘说，丘处机行年三百余岁，有保养长生之术。年近花甲的成吉思汗，这时已经感到精力日衰，老之将至。听到这个消息，很快于1219年派遣刘仲禄携带他的诏书，率二十名蒙古骑兵去邀请丘处机来汗庭传道。当时成吉思汗正统兵驻扎在也儿的石河流域（今新疆额尔齐斯河），准备攻打中亚花剌子模国。刘仲禄一行用了六个多月的时间才来到莱州昊天观。丘处机欣然接受了成吉思汗的诏请，率领弟子赵道坚、尹志平、夏志诚、王志明、张志素、宋道安、孙志坚、宋德方、于志可、鞠志圆、李志常、张志远、綦志清、杨志静、郑志修、孟志稳、何志清、潘德冲等十八人，行程万余里，于1222年在阿富汗境内兴都库什山西北坡的八鲁湾行宫谒见了成吉思汗。

成吉思汗万里迢迢诏请丘处机是为了求长生之术，因此丘处机刚一入见，成吉思汗就忙着问："真人远来，有何长生之药以资朕乎？"丘处机如实回答说："有卫生之道，而无长生之药。"❷这个回答很令成吉思汗失望，但同时丘处机的诚实坦率也深得成吉思汗的赞许。成吉思汗曾三次请丘处机讲授卫生之道，不称

---

❶ 主要是指杨安儿、李全领导的红袄军。

❷ 《长春真人西游记》卷上。

其名，惟曰"神仙"●。在丘处机告别回汉地时还赐以玺书，免除各地道人的差发负担。

丘处机西行的路线大致是：从山东登州（今山东蓬莱）出发至燕京（今北京），出居庸关，北上至克鲁伦河畔。由此折向西行至镇海城（在今蒙古人民共和国哈腊乌斯及哈腊湖南岸）。再向西南过阿尔泰山，越准噶尔盆地至赛里木湖东岸。南下穿经中亚到达兴都库什山西北坡之八鲁湾。东归时，丘处机一行至阿力麻里（今新疆霍城县境内）后，直向东至昌八剌（今新疆昌吉），经由别失八里（今新疆吉木萨尔附近）东面北上，过乌伦古河重归镇海城。此后，向东南直奔丰州（今内蒙古呼和浩特附近），过云中（今山西大同），至宣德（今河北宣化），居朝元观。1224年春，丘处机与其弟子们同回燕京，居太极宫（今北京白云观），受命掌管天下道教。1227年去世，享年八十岁。

丘处机死后，其弟子李志常编纂《长春真人西游记》，记述了这段不平凡的旅程。全书共二卷，上卷写丘处机一行西行来到兴都库什山西北坡的成吉思汗行宫觐见，然后回到中亚名城撒马尔罕（今乌兹别克斯坦城市撒马尔罕），在那里等候正式讲道。下卷记载丘处机讲道的经过、东归的行程，对沿途居民生活习俗有很多详细的记叙。当时的文士孙锡为《长春真人西游记》作序说："门人李志常，从行者也，掇其所历而为之记。凡山川道里之险易，水土风气之差殊，与夫衣服饮食百果草木禽虫之别，粲然靡不毕载，目之曰西游。"

李志常（1193—1256年），字浩然，号真常子，道号通玄大师，1193年生，观城（今河南范县）人。他少年时受过良好的儒家教育，有较高的文化素养。1218年入道拜丘处机为师，得到丘处机的赏识。1220年西行传法，李志常是十八位随行弟子中的一员。书中的很多描述都是他的亲身见闻，读来令人有身临其境之感。王国维称赞他"文采斐然。其为是记，文约事尽。求之外典，惟释家《慈恩传》●可与抗衡。三洞●之中，未当有是作也"。这一评价是相当公允的。

● 《元史》卷二百二《丘处机传》。

❷ 即《大唐大慈恩寺三藏法师传》，亦称《大慈恩寺三藏法师传》《三藏法师传》《慈恩传》等，共10卷。唐慧立本、彦悰笺，记玄奘生平事迹。因玄奘长期居住大慈恩寺，时人尊之为慈恩寺三藏法师。前5卷记玄奘出家及到印度求法经过，大致依据《大唐西域记》；后5卷记回国后译经情况，叙述受到太宗、高宗的礼遇和社会的尊崇等，尤以所上表启为最多。其所记古代西域、印度及唐初以长安为中心的文化宗教情况，是极为宝贵的历史资料。此传古代有回鹘文译本。近现代以来，先后有法语、英语和日语译本等行世。

❸ 道教经典分洞真、洞玄、洞神三部，合称"三洞"。这里代指各种道家经典。

长春真人去世后，门人宋道安、尹志平（1169—1251 年）先后为道教全真派的教长。元太宗十年（1238 年），尹志平七十岁。推举李志常继任。元宪宗即位后，任命李志常管理道教事务。后由于纵容道士毁坏佛像、占据寺庙、刊行《老子化胡经》、称佛为道教弟子等事，引起佛教徒的强烈抗议。1255 年在宪宗蒙哥面前进行的佛、道辩论中，李志常败北，于次年愤恚而卒❶。终年六十三岁，前后共主持全真教事务凡二十一年。

二

此次刊行《长春真人西游记》，我们选用的底本为目前所能见到的最原始的祖本《正统道藏》本❷，与王国维本、纪流本、《古西行记选注》本不同之处，若不说明，均以《正统道藏》本为准。

原文中有几处是李志常的双行小字夹注，本书把这些内容放入圆括号中来表示，字体为五号仿宋。

为了使读者有一个比较清楚的历史感和空间感，我们重点注释书中的人名、地名、名物制度和历史事件。文中的普通字词一般不做注释，但对于某些比较生僻的词语，特别是宗教词汇，我们也酌情注出。本书的注释参考了上文提到的诸位学者的研究成果，特别是王国维的《〈长春真人西游记〉校注》、陈正祥的《〈长春真人西游记〉选注》、杨建新主编《古西行记选注》、纪流的《成吉思汗封赏长春真人之谜》等。由于注释颇多，我们不一一俱引每条注释的出处。但各家意见歧异或难成定论之处则分别加以注明。注释中，我们将王国维校注本简称"王本"，陈正祥选注本简称"陈本"❸，杨建新主编《古西行记选注》本称"《选

---

❶ 关于佛道辩论的详细情况只留下了佛教人士的有关记载，著名学者王国维、陈垣对此次辩论中道家失败的情况多有质疑，参看王国维《〈长春真人西游记〉校注·序》；陈垣《南宋初河北新道教考》。1941 年辅仁大学排印本，第 47—49 页。

❷ 《正统道藏》经板传至清代，日有缺损。光绪二十六年（1900 年），八国联军入侵北京，遂全部被毁。明清两代，颁赐各宫观的道藏虽多，但屡经兵燹。存者甚少。1923 年至 1926 年，商务印书馆以涵芬楼名义，据北京白云观所藏正、续道藏影印，缩改为石印六开小本。每梵本二页并为一页，凡 1120 册。本书所用的《正统道藏》是台北艺文印书馆 1977 年影印本。《长春真人西游记》收入该书第 57 册"正一部"，第 46193—46225 页。王国维在出版《蒙古史料校注》时能够看到《道藏》本，却使用《连筠簃丛书》本为底本，而校以《道藏》本，似舍本而逐末。

❸ 此处陈正祥书所用的版本为 1994 年台湾南天书局据香港 1979 年版重印的本子。

注》本"、纪流《成吉思汗封赏长春真人之谜》称"纪本"。本书对普通语词的注释主要参考《辞源》❶《辞海》❷《汉语大字典》❸《汉语大词典》❹《中国大百科全书》❺《中国历史大辞典》❻等,恕不一一注明出处。

为尽量保持此书的原有风格,在古籍白话的过程中,我们尽量直译,一般不做改写和增饰。凡是在注释中已经详细加以说明的地名、人名等专有名词,在白话中仍使用原词。

对原书的序言和附录不做翻译,只加较详细的注释。

"诗无达诂",翻译成白话就更难。与其强译,不如留给读者去自己体会诗中微妙的内涵。书中的诗歌、颂辞、偈子等,除加必要的注释外,一概保留原貌。

为了方便读者,本书收入了几篇附录。

本书作者李志常的传记资料《玄门掌教大宗师真常真人道行碑铭》。

本书主要人物丘处机和成吉思汗的传记资料:《元史·释老传·丘处机》《元史·太祖本纪》的有关部分。

元人陶宗仪《南村辍耕录》卷十《丘真人》,收入了成吉思汗邀请丘处机的诏书和丘处机上奏成吉思汗的奏文。

大蒙古国重臣耶律楚材编录的《玄风庆会录》,比较详细地记录了丘处机向成吉思汗讲道的内容。

我们注释并白话此书的目的是为了给普通的读者提供一个便于阅读的古行记读本。这样一部广泛涉及 13 世纪中国北方与中亚地区历史地理、宗教信仰、风土人情的游记杰作,不应该只是学者书房的插架之物,也应是草原行旅背囊中的旅行指南。我们可以沿着长春真人的足迹去体会人类历史的沧桑和大自然神秘的永恒,可以在北地或西域的山水丛林里、驿路古城边,在驼马长队的铃声中感受当年西行者的忧伤、痛苦、惊异与欢欣。

❶ 北京:商务印书馆 1984 年版。

❷ 缩印本,上海辞书出版社 1989 年版。

❸ 缩印本,成都:四川辞书出版社 1993 年版。

❹ 缩印本,上海:汉语大词典出版社 1997 年版。

❺ 简明版,北京:中国大百科全书出版社 1996 年版。

❻ 汇编本,上海辞书出版社 2000 年版。

由于笔者临时的访学计划，本书的译注工作是在相当仓促中完成的。错谬之处，敬请读者批评指正。

党宝海

2000 年 11 月 3 日

原 书 序

长春真人盖有道之士。中年以来，意此老人固已飞升变化●，侣云将而友洪濛久矣，恨其不可得而见也。

己卯之冬●，流闻师在海上，被安车●之征。明年春，果次于燕，驻车玉虚观。始得一识其面，尸居●而柴立●，雷动而风行●，真异人也。与之言，又知博物洽闻，于书无所不读，由是日益敬。闻其风而愿执弟子礼者，不可胜计。自二、三遗老且乐与之游，其余可知也●。居无何，有龙阳●之行。及使者再至●，

● 即成仙。

● 1219 年(元太祖十四年)。此时丘处机已成为全真教的教主。

● 古代可以坐乘的小车。供年老的高级官员及贵妇人乘用。高官告老还乡或征召有重望的人，常赐乘安车。此处是指成吉思汗的征召。

● 安居而无为之意。

● 如枯木般独立，也形容人瘦瘠的样子。

● 形容迅疾。

● 《长春真人西游记》上卷提到了燕京遗老多人。

● 德兴龙阳观。

● 丘处机因年事已高，不打算远走西域，向成吉思汗奏请等他从西域班师后再入见。蒙古使者曷剌回来后传达诏旨，要丘处机启程。这里说的就是这件事。

始启途而西，将别道众，请还期，语以三载。时辛巳❶夹钟之月❷也。

追甲申❸孟陬❹，师至自西域，果如其旨，识者叹异之。自是月七日入居燕京大天长观❺，从疏请也❻。噫，今人将事行役，出门傍徨有离别可怜之色。师之是行也，崎岖数万里之远，际版图之所不载，雨露之所弗濡，虽其所以礼遇之者不为不厚，然劳惫亦甚矣。所至辄徜徉容与❼，以乐山水之胜，赋诗谈笑，视死生若寒暑。于其胸中曾不蒂芥，非有道者而能如是乎？

门人李志常从行者也，掇其所历而为之记。凡山川道里之险易，水土风气之差殊，与夫衣服、饮食、百果、草木、禽虫之别，粲然靡不毕载，目之曰《西游》而征序于仆。夫以四海之大、万物之广，耳目未接，虽大智犹不能偏知而尽识也，况四海之外者乎？所可考者传记而已，仆谓是集之行，不独新好事者之闻见，又以见至人之出处，无可无不可，随时之义云。

戊子秋后❽二日，西溪居士孙锡❾序。

---

❶ 1221 年(元太祖十六年)。

❷ 夹钟是古十二乐律中六阴律之一。据《行记》，夹钟之月当为二月。

❸ 1224 年(元大祖十九年)。

❹ 孟春正月。正月为陬，又为孟春月，故称。

❺ 即今北京白云观。又名太极官，始建于唐玄宗开元年间。丘处机重修这里的建筑，在此管理天下道教。丘处机去世后，他的遗骨就埋葬在这里。1227 年改名为长春宫。明朝初年长春宫重建，改名为白云观。一直保存到今天，现为北京市重点文物保护单位。

❻ 邀请丘处机入住大天长观之事见《长春真人西游记》下卷，疏文见原书附录。

❼ 从容安闲的样子。

❽ 1228 年立秋以后。

❾ 孙锡是当时燕京城信奉道教的士人，字天锡。《长春真人西游记》卷上曾提到过他。

上　卷

父师①真人②长春子③，姓丘氏④，名处机，字通密，登州栖霞人⑤。未冠⑥出家，师事重阳真人⑦。既而住磻溪⑧、龙门⑨十有三年。真积力久，学道乃成。暮年还海上⑩。

注释

① 李志常对师父丘处机的尊称。

② 道家称存养本性或修真得道的人。亦泛称"成仙"之人。

③ 丘处机的道号。

④ 王本此处作"邱"，不确。应为"丘"字，"邱"系后人避孔子(名丘)之讳而改。元代文献及《正统道藏》本中都作"丘"。

⑤ 今山东蓬莱栖霞县。

⑥ 古人以男子二十岁为成人，行加冠礼。未冠即尚未满二十岁。丘处机十九岁出家，故有此语。陶宗仪《南村辍耕录》卷十记丘处机生于金皇统戊辰(1148年)，十九岁出家学道，以此推算，他拜王重阳为师是在金大定六年(1166年)。

⑦ 即王喆(1112—1170年)，金咸阳人，原名中孚，字允卿。天眷初，应武举，易名德威，字世雄。正隆四年(1159年)，学道，改名喆，知明，号重阳子，又自称害风。世称重阳真人。大定元年(1161年)，凿穴居终南县南，自号"活死人墓"。三年，迁刘蒋村，结茅庵以居，后世称为"祖庭重阳万寿宫"。七年，赴山东宁海(今牟平县)传道，当地豪富马钰、孙不二夫妇为之筑庵，题名"全真"，由此称"全真道"；宗其道者，号全真道士。继传道于昆嵛山、莱州、登州等地，创立"三教七宝会""三教金莲会""三教平等会"等，主张儒、释、道三教合流。提倡修真养性，制定出家制度。著有《重阳全真集》《重阳教化集》《立教十五论》等。元世祖至元六年(1269年)赠号"重阳全真开化真君"，武宗至大三年(1310年)加赠"重阳全真开化辅极帝君"。弟子有马钰、谭处端、刘处玄、丘处机、王处一、郝大通、孙不二等。据完颜涛《全真教祖碑》记载："有登州栖霞县丘哥者，幼亡父母，未尝读书，来礼先生(即王重阳——注者)，使长文翰。自后日记千言，亦善吟咏，训名处机，号长春子者是也。"

⑧ 在今陕西宝鸡东南。

⑨ 在今陕西陇县西北。

⑩ 海滨，即山东登州栖霞县太虚观。这段话讲述丘处机的学道经过。

师父长春真人，姓丘，名处机，字通密，登州栖霞人。未满二十岁就出家，拜重阳真人为师。后在磻溪、龙门居住了十三年。经过持久的修行，道行不断积累，修道终于成功。到了晚年，他返回海滨地区。

戊寅岁①之前，师在登州②。河南③屡欲遣使征聘。事有龃龉④，遂已⑤。

明年，住莱州⑥昊天观⑦。夏四月，河南提控边鄙使至，邀师同往。师不可。使者携所书诗颂归。既而复有使自大梁⑧来，道闻山东为宋人所聚，乃还。

其年八月，江南大帅李公⑨、彭公⑩来请，不赴。尔后，随处往往邀请。莱之主者难其事。师曰："我之行止⑪，天也。非若辈之所及知。当有留不住时，去也。"

注释

① 公元 1218 年，即元太祖十三年。
② 即今山东蓬莱。
③ 此处指金朝。因其在蒙古的军事压力之下已于 1214 年迁都南京（今河南开封），故以河南代指金朝。参看本书附录《元史·太祖本纪》。
④ 不相投合，抵触，不协调。
⑤ 在此之前，丘处机和金朝统治者是比较合作的。金大定戊申（1188 年），丘处机从陕西终南山奉诏去燕京，主持金世宗的万春节醮，中秋后许放还山中。1211 年应金朝卫绍王的邀请又到过一次中都。只是到后来由于金朝的迅速崩溃，丘处机才和金朝统治者

拉开了距离。
⑥ 今山东掖县。
⑦ 事亦参见陶宗仪《南村辍耕录》卷十《丘真人》。
⑧ 即河南开封。大梁为其古称。
⑨ 即李全，他是占据山东地区的地方军阀，当时已经投靠了南宋，事见《宋史·李全传》。参看本书附录《元史·太祖本纪》。
⑩ 即彭义斌，他当时任南宋京东安抚兼总管统制，事见《宋史·李全传》。
⑪ 行步止息，犹言动和定，特指行动、活动。

译文

戊寅岁之前，师父住在登州。金朝屡次打算遣使征聘。由于各种事情的抵触，一直没有成行。

第二年，师父住在莱州昊天观。夏四月，河南提控边鄙使来邀请师父，师父拒绝了。使者只好携带师父书写的诗颂而归。后来又有使臣从开封来，在路上听说山东已被宋人占领，只好回去。

这年八月，南宋将领李全、彭义斌派使者来请，师父也没有去。此后，各处常常遣使邀请。莱州的地方官很为难。师父说："我的行动取决于天，不是你们这样的人能够知道的。到了留不下来的时候，我就去了。"

居无何，成吉思皇帝遣侍臣刘仲禄①悬虎头金牌②，其文曰："如朕亲行，便宜行事。"及蒙古人二十辈传旨敦请。

师踌躇间，仲禄曰："师名重四海，皇帝特诏仲禄逾越山海，不限岁月，期必致之。"师曰："兵革以来，此疆彼界。公冒险至此，可谓劳矣。"仲禄曰："钦奉君命，敢不竭力？仲禄今年五月在乃满国③兀里朵④得旨。六月至白登⑤北威宁⑥，得羽客⑦常真谕。七月至德兴⑧，以居庸⑨路梗，燕京发士卒来迎。八月抵京城⑩。道众皆曰：'师之有无未可必也。'过中山⑪，历真定⑫，风闻师在东莱。又得益都府⑬安抚司官吴燕、蒋元，始得其详。欲以兵五千迎师。燕曰：'京东之人，闻两朝议和，众心稍安。今忽提兵以入，必皆据险自固。师亦将乘桴⑭海上矣。诚欲事济，不必尔也。'从之，乃募自愿者，得二十骑以行。将抵益都，使燕、元驰报其师⑮张林⑯。林以甲士万郊迎。仲禄笑曰：'所以过此者，为求访长春真人。君何以甲士为？'林于是散其卒，相与案辔⑰而入。所历皆以是语之，人无骇谋。林复给以驿骑，至潍州⑱，得尹公⑲。冬十有二月同至东莱，传皇帝所以宣召之旨。"

注释

① 刘仲禄，即刘温。因制作鸣镝、奉献医药而被成吉思汗所赏识。他对成吉思汗说丘处机已经三百多岁，有保养长生之术。遂使成吉思汗作出了召请丘处机的决定。事见《至元辨伪录》。
② 带有虎头纹饰的金牌，是权力和身份的一种标志。
③ 即乃蛮（Naiman，又译乃满、奈曼、耐满等），为11—12世纪居于漠北西部的突厥语族大部落。唐时居于叶尼塞河上源谦河地区，为唐后期南下黠戛斯部落之一支。辽大安末，曾起兵反辽，寿昌三年（1097年）降辽。辽亡，降附于西辽。金大定十五年（1175年）归附金朝。1204年被蒙古所灭。乃蛮吸收回鹘文化，具有简单的国家机构。
④ 又作"斡耳朵、斡鲁朵、窝里多、窝里朵、兀里多"，意为宫帐。这里指的是乃蛮部塔阳汗的故宫。1219年成吉思汗西征花剌子模时

曾途经此地。
⑤ 今山西阳高。
⑥ 今内蒙古凉城一带。《选注》本第190页此处做"咸宁"，误。
⑦ 即道人。
⑧ 今河北涿鹿。
⑨ 即今北京居庸关。
⑩ 即金朝旧京中都，蒙古占领后改称燕京。在今北京城区的西南部。
⑪ 今河北定州。
⑫ 今河北正定。
⑬ 今山东青州。
⑭ 桴是一种小的竹、木筏子。乘桴就是乘船航行。
⑮ 当作"帅"字。
⑯ 张林当时是南宋的京东安抚使，治所就在益都。
⑰ 扣紧马缰使马缓行。
⑱ 今山东潍坊。
⑲ 即丘处机的大弟子、清和大师尹志平。

　　过了不久，成吉思皇帝派遣侍臣刘仲禄和二十多个蒙古人传旨敦请师父。刘仲禄悬带虎头金牌，牌上有"如朕亲行，便宜行事"的字样。

　　师父一时拿不定主意。刘仲禄说："真人名重四海，皇帝特意下诏书，命我逾越山海来请真人。不限时间，一定要请到。"师父说："自从战乱以来，各国攻伐不休，疆界混乱。您冒险到这里来，很是辛苦。"刘仲禄说："钦奉君命，哪敢不尽力呢？我今年五月在乃满国的兀里朵行宫得到圣旨。六月来到白登北面的威宁，得到一个姓常道人的引导。七月到了德兴，因为居庸关一带道路不通，燕京方面派遣军兵来接应。八月抵达京城。道众都说：'真人是否住在山东，能不能找到可不一定。'我们经过中山、真定，听说真人在东莱。又见到益都府安抚司的官员吴燕、蒋元，这才知道了详细情况。我们打算率兵五千来迎请真人。吴燕说：'京东地区的人们，已经听说了蒙古、南宋两朝议和的消息，民心稍微稳定了下来。现在忽然率领军队进入，当地的人民必定都据险防御。真人也将乘船逃到海上去。果真要把事情办成，不必这样做。'我听从了他的话，招募自愿者，有二十人骑马同行。将要到达益都的时候，派吴燕、蒋元骑马报告他们的统帅张林。张林率万名士卒到郊外迎接。我笑着说：'我之所以经过这里，是为了访求长春真人。你带这些士兵来干什么呢？'于是张林解散了他的士卒，我们一起慢慢地骑马入城。凡是经过的地方我都这样说，人们没有感到恐惧。张林向我们提供了驿马。我们到潍州，见到尹公。冬季十二月我们一起来到东莱，传达成吉思皇帝召请真人的旨意。"

　　师知不可辞，徐谓仲禄曰："此中艰食①，公等且往益都。侯我上元②醮③竟，当遣十五骑来。十八日即行。"于是宣使④与众西入益都。师预选门弟子十有九人⑤以侯其来。如期，骑至。与之俱行。由潍阳⑥至青社⑦，宣使已行矣。问之张林，言："正月七日有骑四百，军于临淄⑧。青民大骇。宣使逆而止之。今未闻所在。"师寻过长山⑨及邹平⑩。

注释

① 粮食匮乏，觅食艰难。
② 道教将正月十五日作为上元节。
③ 指道士设坛祈祷。
④ 原为宣抚使的省称，唐玄宗时始置，派到各

地巡视灾害地区。这里指负责宣召的使臣。
⑤ 此处有误，书中只提到了十八个人，分别是赵道坚、宋道安、夏志诚、宋德方、孟志温、何志坚、潘德冲、尹志平、王志明、于志可、

鞠志圆、杨志静、綦志清、张志素、孙志坚、郑志修、张志远、李志常。本书附录所收《玄门掌教大宗师真常真人道行碑铭》明确地提到随行的只有十八人，读者可以参看。

⑥ 在今山东潍县。

⑦ 即山东青州。

⑧ 在今山东淄博。

⑨ 在今山东淄博市西北。

⑩ 即今山东邹平县。

译文

师父知道不能推辞，缓缓地对刘仲禄说："这里饮食不便，你们暂时到益都去吧。等我做完上元节的大醮后，你们派十五个人来。我们十八日就出发。"于是，宣使刘仲禄和众人西去益都。师父预先选择了十九名弟子，等候刘仲禄再派人来。

到了日期，蒙古使者骑马到来。师父一行和他们一同启程。由潍阳到青州的时候，宣使刘仲禄已经离开了那里。师父问张林是怎么回事，张林说："正月七日有四百骑兵，驻扎在临淄。青州一带的百姓非常惊恐。宣使刘仲禄去劝止他们的恐慌。直到现在还不知道他在何处。"师父经过长山、邹平，一路寻找。

二月初，届济阳①。士庶奉香火迎拜于其邑南。羽客长吟前导，饭于养素庵。会众佥曰②："先月十八日有鹤十余自西北来，飞鸣云间，俱东南去。翌日辰、巳间③，又有数鹤来自西南，继而千百焉。或颉或颃④，独一鹤拂庵盘桓乃去。今始知鹤见之日，即师启行之辰也。"皆以手加额⑤。

留数日，二月上旬宣使遣骑来报："已驻军将陵⑥，舣舟⑦以待。"明日遂行。十三日宣使以军来迎。师曰："来何暮？"对以道路榛梗，特往燕京，会兵东备信安⑧，西备常山⑨。仲禄亲提军取深州⑩，下武邑⑪，以辟路构桥于滹沱⑫，括舟于将陵，是以迟。师曰："此事非公不克办。"次日，绝滹沱而北。

注释

① 今山东济阳。

② 一起说。

③ 辰时到巳时之间，约相当于现在的上午七点到十一点。

④ 鸟上下飞动的样子。

⑤ 双手放置额前。旧为祷祝仪式之一。亦用以表示敬意。

⑥ 在今河北景县。

⑦ 停泊船只。

⑧ 在今河北霸县东。这个地区当时被金朝的将领张甫占据。事见刘因《静修先生文集》卷十六《怀孟万户刘公先茔碑》。

⑨ 在今河北正定县南。此地当时被金朝的将领武仙所占。事见刘因《静修先生文集》卷十六《怀孟万户刘公先茔碑》。正因信安、常山一带被金兵占据，所以刘仲禄要"会兵备之"。

⑩ 今河北深县。

⑪ 今河北武邑县。

⑫ 即今河北南部的滹沱河。

二月初，到达济阳。官民人等在县城南备香火拜迎师父。行吟的道人作为前导，入城后在养素庵吃饭。会众们都说："上月十八日有十多只鹤从西北飞来，在云朵之间一边飞翔一边鸣叫，都向东南去了。第二天的辰时到巳时之间，又有数只鹤从西南飞来，接着飞来了足有千百只。上下飞翔，唯独有一只鹤在庵顶低飞盘旋多时才离去。现在才知到鹤出现的时候，正是师父启程之时。"众人都把手放在额头上表示庆幸。

逗留了几日之后，宣使刘仲禄在二月上旬派人骑马来报告说："他已经在将陵驻扎，把船停在河岸边等待师父。"于是第二天出发。十三日宣使刘仲禄率军来迎接。师父问："你来得怎么这样晚呢？"刘仲禄说："因为道路堵塞不畅，特地去了燕京，集合军队防备东边信安和西边常山的金兵。我亲自率军攻取了深州、武邑，在滹沱河开路架桥，又在将陵寻找渡船，因此来迟了。"师父说："这件事如果不是你来办，是不会完成的。"第二天，渡过滹沱河向北行。

二十二日至卢沟①。京官士庶僧道郊迎。是日，由丽泽门②入，道士具威仪③，长吟其前。行省石抹公④馆师于玉虚观。自尔求颂乞名者日盈门。凡士马⑤所至，奉道弟子以师与之名，往往脱欲兵之祸。师之道，荫及人如此。宣抚王巨川楫⑥上诗，师答云："旌旗猎猎马萧萧，北望燕山⑦渡石桥⑧。万里欲行沙漠外，三春⑨遽别海山遥。良朋出塞同归雁，破帽经霜更续貂⑩。一自玄元⑪西去后，到今无似北庭⑫招。"

师闻行宫⑬渐西。春秋已高⑭，倦冒风沙，欲待驾回朝谒。又仲禄欲以选处女偕行。师难之曰："齐人献女乐，孔子去鲁⑮。余虽山野⑯，岂与处子⑰同行哉？"仲禄乃令曷剌⑱驰奏，师亦遣人奉表⑲。

一日，有人求跋阎立本⑳《太上过关图》㉑，题："蜀郡㉒西游日，函关㉓东别时。群胡皆稽首㉔，大道复开基。"又以二偈㉕示众。其一云："杂㉖乱朝还暮，轻狂古到今。空华空寂念，若有若无心。"其二云："触情常决烈，非道莫参差㉗。忍辱调猿马㉘，安闲度岁时。"

四月上旬，会众请望日㉙斋醮㉚于天长㉛，师以行辞。众请益力，曰："今兹兵革未息，遗民有幸得一睹真人，蒙道荫者多矣。独死者冥冥长夜，未沐荐拔，遗恨不无耳。"师许之。时方大旱，十有四日，既启醮事，雨大降。众且以行礼为忧，师于午后赴坛㉜将事，俄而开霁。众喜而叹曰："一雨一晴，随人所欲。非道高德厚者能感应若是乎？"明日，师登宝玄堂传戒。时有数鹤自西北来，人皆仰之。焚简③之际，一简飞空而灭，且有五鹤翔舞其上。士大夫咸谓师之至诚动天地。南塘老人张天度子真④作赋，美其事。诸公皆有诗。

注释

① 今北京西郊卢沟桥一带。

② 金中都城的西门。

③ 庄重的仪容举止或仪仗。

④ 即燕京行省的长官石抹咸得不，他是原燕京行省长官石抹明安之子，石抹明安在丙子年（1216 年）死去后，他继承了父亲的职务。他们父子在《元史》中有传。《选注》本第 211 页此处注释误做石抹明安，其时他已经死去两年了。

⑤ 兵马，引申指军队。

⑥ 即宣抚使王楫，《元史》中有传。他在丘处机自西域回来后与丘处机曾有非常密切的交往，详见下卷。

⑦ 指自天津市蓟县东南绵延而东直至海滨的山脉。宋宣和四年改燕京为燕山府。后以指燕京，即今北京市。

⑧ 卢沟桥。

⑨ 指春季的三个月。

⑩ 古代近侍官员以貂尾为冠饰，任官太滥，貂尾不足，用狗尾代之。后以“狗尾续貂”比喻以坏续好，前后不相称。这里是丘处机的自谦之辞，因为传说中道教之祖老子曾经西行传道。

⑪ 即老子。唐代曾封老子为玄元皇帝。

⑫ 代指驻扎在北地的成吉思汗。

⑬ 即成吉思汗的行宫。这里指代成吉思汗。

⑭ 当时丘处机已经七十三岁了。

⑮ 事情的详细情况是这样的：齐景公挑选了善歌舞的美女八十人，献给鲁定公。鲁定公好色贪欢，不务政事。孔子屡谏不从，遂弃官

离开了鲁国。

⑯ 直接的意思是山岭原野，又指粗鄙的人。这是丘处机自谦的话。

⑰ 王本此处作“处女”。

⑱ 即《附录》中奉特旨护持丘处机的蒙古人喝剌八海。

⑲ 陶宗仪的《南村辍耕录》卷十《丘真人》条提到了丘处机向成吉思汗进呈的文表。参看本书的附录四。

⑳ 唐代大画家，代表作有《步辇图》《历代帝王像》等。

㉑ 从题目来看，画的是老子西行过函谷关。

㉒ 今四川。

㉓ 在今河南灵宝县东北。

㉔ 古时一种跪拜礼，叩头至地，是九拜中最恭敬者。

㉕ 梵语“偈佗”(Gatha)的简称，即佛经中的唱颂词。通常以四句为一偈。后多指释家隽永的诗作。道教也借用了这种形式。

㉖ 王本此字为“离”。

㉗ 这里有仰望、尊崇的意思。

㉘ 猿和马都是难以控制的，这里代指心神流荡散乱、难以控制的人。

㉙ 阴历十五日为望日。

㉚ 专指僧道或其信徒诵经拜忏、祷祀求福等活动。

㉛ 燕京天长观，即孙锡序文中提到的大天长观。

㉜ 僧道过宗教生活或举行祈祷法事的场所。

㉝ 简是一种道教的文牒，表示祈祷的诚意。在法事进行的过程中要用火焚烧。

㉞ 南塘人张天度，字子真。

译文

二十二日到了卢沟桥。燕京的官民僧道到郊外迎接。当日，从丽泽门入城，道士排好仪仗，在前吟诵做为前导。燕京行省长官石抹咸不得安排师父在玉虚观居住。从此之后，向师父求颂乞名的人每天都挤满门口。凡是有战乱的地方，信

奉道教的弟子们只要有师父起的名字，往往能够逃脱战乱的灾祸。师父道行对别人的荫庇是如此之大。燕京宣抚王楫有诗献给师父，师父答诗写道："旌旗猎猎马萧萧，北望燕山渡石桥。万里欲行沙漠外，三春遽别海山遥。良朋出塞同归雁，破帽经霜更续貂。一自玄元西去后，到今无似北庭招。"

听说成吉思汗已逐渐西行，师父考虑到自己已经年迈，不愿冒着风沙西行，想等成吉思汗从漠北回来后再去朝谒。另外，刘仲禄要为成吉思汗挑选处女，与师父同行。师父阻止他说："由于齐国人向鲁国进献女乐，孔子就离开了鲁国。我虽然是不知礼仪的山野之人，但我怎能和处女同行呢？"于是，刘仲禄派遏剌驰马向成吉思汗奏请，师父也派人进呈表章。

一天，有人求师父在阎立本《太上过关图》上写跋文，师父题写道："蜀郡西游日，函关东别时。群胡皆稽首，大道复开基。"后来又把二个偈子出示给众人看。第一个偈子写道："杂乱朝还暮，轻狂古到今。空华空寂念，若有若无心。"第二个说："触情常决烈，非道莫参差。忍辱调猿马，安闲度岁时。"

四月上旬，会众请师父在望日于天长观设斋醮，师父因为要西行而推辞。众人愈发执意邀请，他们说："现在战乱不息，生存下来的人有幸能够看到真人。得到您的恩荫和庇护的人很多，唯独死去的人如同置身于冥冥长夜，没能得到您的恩泽和救助，他们不是没有遗憾啊。"于是，师父答应了他们。这时候正值天旱，而十四日这天刚一举行占醮活动，就下了大雨。众人都担心因下雨而无法行各种礼仪。过了中午，师父来到醮坛，准备作法事。天马上就晴了。众人都很喜悦，他们感叹说："下雨和天晴，取决于人的愿望。如果不是道行高深、品德淳厚的人，哪能像这样与天有感应呢？"第二天，师父登上宝玄堂讲授戒律。当时有几只鹤从西北飞来，人们都因此生仰慕之心。焚烧简牒的时候，一道简纸飞到空中熄灭，有五只鹤在它上面飞翔舞动。士大夫都说师父的至诚之心感动了天地。南塘老人张天度作赋赞美此事。很多士人都为此写了诗。

醮竟，宣使刘公从师北行。道出居庸，夜遇群盗于其北，皆稽颡①以退，且曰："无惊父师。"五月，师至德兴②龙阳观度夏，以诗寄燕京士大夫曰："登真③何在泛灵槎④，南北东西自有嘉⑤。碧落⑥云峰天景致，沧波海市⑦雨生涯。神游八极⑧空虽远，道合三清⑨路不差。弱水⑩虽过三十万，腾身顷刻到仙家。"时京城吾道孙周楚卿、杨彪仲文、师谓才卿⑪、李士谦子进、刘中用之、陈时可秀玉、吴章德明、赵中立正卿、王锐威卿、赵昉德辉、孙锡天锡⑫。此数君子，师寓玉虚日所与唱和者也。王觀逢辰、王直哉清甫，亦与其游。

观居禅房山之阳⑬。其山多洞府⑭，常有学道修真之士栖焉。师因挈众以游。

初入峡门，有诗曰："入峡清游分外嘉，群峰列岫戟查牙⑮。蓬莱未到神仙境，洞府先观道士家。松塔倒悬秋雨露，石楼斜照晚云霞。却思旧日终南地，梦断西山⑯不见涯。"

其地爽垲，势倾东南，一望三百余里。观之东数里平地有涌泉，清泠可爱。师往来其间，有诗云："午后迎风背日行，遥山极目乱云横。万家酷暑熏肠热，一派寒泉入骨清。北地往来时有信，东皋⑰游戏俗无争（耕夫牧竖，堤阴让坐）。溪边浴罢林间坐，散发披襟畅道情。"

中元日⑱，本观醮。午后传符⑲授戒⑳。老幼露坐㉑，热甚，悉苦之。须臾，有云覆其上，状如圆盖，移时不散。众皆喜跃赞叹，又观中井水可给百众，至是逾千人，执事者谋他汲。前后三日，井泉忽溢，用之不竭。是皆善缘天助之也。醮后题诗云："太上弘慈救万灵，众生荐福籍群经。三田㉒保护精神气㉓，万象钦崇日月星。自揣肉身潜有漏，难逃科教入无形。且遵北斗斋仪法㉔，渐陟南宫㉕火炼庭㉖（南斗、北斗皆论斋醮）。"

注释

① 颡就是额头。稽颡就是叩头。
② 今河北涿鹿。
③ 得道成仙。
④ 渡神仙的船只。
⑤ 善，美好。这里表示嘉许、表彰的意思。全句的意思是只要一心向道，在哪里都能够修有所成。
⑥ 道教语，指天空、青天。
⑦ 大气因光折射而形成的反映地面物体的形象，旧称蜃气。有海市蜃楼的成语。
⑧ 八方极远之地。
⑨ 道教所指玉清、上清、太清三清境。另外，也指道教中的三位至圣，即玉清境洞真教主元始天尊，上清境洞玄教主灵宝天尊，太清境洞神教主道德天尊的合称。
⑩ 古水名。由于水道水浅或当地人民不习惯造船而不通舟楫，只用皮筏济渡的，古人往往认为是水弱不能载舟，因称弱水。故古时所称弱水者甚多。也用来指古代神话传说中称险恶难渡的河海。
⑪ 纪本第19页误作师谓才。文中提到的这些人是把人名和字连写在一起了。

⑫ 孙锡就是为《长春真人西游记》作序的人。上述诸人都是当时燕京城的士大夫，在蒙古窝阔台汗时，他们多因耶律楚材的荐举而被官府录用。事多见耶律楚材《湛然居士集》。
⑬ 山南水北谓之阳。
⑭ 道教称神仙居住的地方。这里是指环境比较幽静的山洞。
⑮ 错出不齐的样子。
⑯ 此处和上句的终南山实为一地。西山是秦岭之一峰，在陕西省西安市南。
⑰ 皋是指沼泽或水边地。
⑱ 道教将阴历七月十五日定为中元节。
⑲ 符书、符篆，道教所传秘密文书。
⑳ 宗教禁止教徒某些不当行为的法规。道教有五戒、十戒、一百八十戒等类。
㉑ 露天而坐。
㉒ 道家谓两眉间为上丹田，心为中丹田，脐下为下丹田，合称三丹田或三田。
㉓ 精神力气。
㉔ 指道教经书《北斗斋醮科仪法》。
㉕ 南方星宿的宫，指朱雀星座。
㉖ 指在成仙之前所受的种种磨难。

　　醮事结束后，宣使刘仲禄和师父一起北行。出居庸关，夜间在关的北面遇到一群强盗，他们都磕头告退，还说："不要惊动师父。"

　　五月，师父来到德兴的龙阳观度夏，有诗送给燕京的士大夫，诗写道："登真何在泛灵槎，南北东西自有嘉。碧落云峰天景致，沧波海市雨生涯。神游八极空虽远，道合三清路不差。弱水虽过三十万，腾身顷刻到仙家。"当时燕京城内的道友有孙周、杨彪、师谞、李士谦、刘中、陈时可、吴章、赵中立、王锐、赵昉、孙锡等人。这几位文士都是师父寓居玉虚观的时候与之唱和的人。王覸、王直哉，也曾和师父有交往。

　　龙阳现在禅房山的南面。这座山上有很多山洞，经常有学道修行的人到这里栖居。师父就带领众人去游历。刚进入峡谷的时候，师父作诗写道："入峡清游分外嘉，群峰列岫戟查牙。蓬莱未到神仙境，洞府先观道士家。松塔倒悬秋雨露，石楼斜照晚云霞。却思旧日终南地，梦断西山不见涯。"

　　这个地方地势高而且干燥，山势斜向东南方，一眼望去足有三百多里。离龙阳观数里的东面平地上有泉水涌出，清泠可爱。师父多次经过这里，有诗写道："午后迎风背日行，遥山极目乱云横。万家酷暑熏肠热，一派寒泉入骨清。北地往来对有信，东皋游戏俗无争。溪边浴罢林间坐，散发披襟畅道情。"

　　中元节这一天，在龙阳观设醮。午后授符表、传戒律。老幼道众都露天而坐，天气很热，大家都感到难受。不久，有云飘到人们的头顶，云的形状就像圆形的盖子，很长时间也不散去。众人高兴地直跳，纷纷赞叹。另外，龙阳观中的井水可以供百余人饮用。这时超过了千人，管事的人打算到别的地方去汲水。而占醮前后三天的时间内，井水忽然溢满，怎样用都用不尽。这都是因为有善缘而得到天助的缘故。醮事过后，师父题诗一首："太上弘慈救万灵，众生荐福籍群经。三田保护精神气，万象钦崇日月星。自揣肉身潜有漏，难逃科教入无形。且遵北斗斋仪法，渐陟南宫火炼庭。"

　　八月初，应宣德州①元帅移剌公②请，遂居朝元观。中秋有《贺圣朝》③二曲。其一云："断云归岫，长空凝翠，宝鉴初圆④。大光明，宏照亘流沙外，直过西天。人间是处，梦魂沉醉，歌舞华筵。道家门，别是一般清朗，开悟心田。"其二云："洞天深处，良朋高会，逸兴无边。上丹霄，飞至广寒宫⑤悄，掷下金钱。灵虚⑥晃耀，睡魔奔进，玉兔婵娟。坐忘机⑦，观透本来真性，法界⑧周旋。"

　　是后，天气清肃，静夜安闲。复作二绝，云："长河耿耿夜深深，寂寞寒窗万虑沉。天下是非俱不到，安闲一片道人心。"其二云："清夜沉沉月向高，山河大地绝纤毫⑨。唯余道德浑沦性，上下三天⑩一万遭。"⑪

朝元观据州之乾隅⑫，功德主⑬元帅移剌公因师欲北行，创构堂殿奉安尊像，前后云房洞室⑭，皆一新之。

十月间方绘祖师堂壁，画史以其寒，将止之。师不许，曰："邹律尚且回春⑮，况圣贤阴有所扶持耶。"是月，果天气温和如春，绝无风沙。由是画史得毕其功。有诗云："季秋⑯边朔苦寒同，走石吹沙振大风。旅雁翅垂南去急，行人心倦北途穷。我来十月霜犹薄，人讶千山水尚通。不是小春和气暖，天教成就画堂功。"

寻阿里鲜⑰至自斡辰大王⑱帐下，使来请师。既而宣抚王公巨川亦至曰："承大王钧旨：'如师西行，请过我。'"师首肯之。

是月北游望山⑲。曷剌进表回，有诏曰："成吉思皇帝敕真人丘师。"又曰："惟师道逾三子⑳，德重多方。"其终曰："云轩㉑既发于蓬莱，鹤驭㉒可游于天竺㉓。达摩㉔东迈，元印法㉕以传心；老子西行，或化胡而成道。顾川途之虽阔，瞻几杖㉖以非遥。爰答来章，可明朕意。秋暑，师比平安好，指不多及。"其见重如此㉗。又敕刘仲禄云："无使真人饥且劳，可扶持缓缓来。"

师与宣使议曰："前去已寒，沙路绵远。众所需未备，可往龙阳，乘春起发。"宣使从之。十八日南往龙阳，道友道别多泣下。师以诗示众曰："生前暂别犹然可，死后长离更不堪。天下是非心不定，轮回㉘生死苦难甘。"

翌日到龙阳观过冬。十一月有四日赴龙岩寺㉙斋。以诗题殿西庑，云："杖藜㉚欲访山中客，空山沉沉淡无色㉛。夜来飞雪映岩阿㉜，今日山光映天白。天高日下松风清，神游八极腾虚明。欲写山家㉝本来面，道人活计㉞无能名。"

十二月以诗寄燕京道友云："此行真不易，此别话应长。北蹈野狐岭㉟，西穷天马乡㊱。阴山㊲无海市，白草㊳有沙场。自叹非元圣，如何历大荒㊴。"又云："京都若有饯行诗，早寄龙阳出塞时。昔有上床鞋履别㊵，今无发轸㊶梦魂思。"复寄燕京道友云："十年兵火万民愁，千年中无一二留。去岁幸逢慈诏下，今年须合冒寒游。不辞岭北三千里（皇帝旧兀里多），仍念山东㊷二百州。穷急漏诛残喘在，早教身命得消忧。"

辛巳㊸之上元，醮于宣德州朝元观。以颂㊹示众云："生下一团腥臭物，种成三界㊺是非魔㊻。连枝带叶无穷势，跨古胜今不奈何。"

以二月八日启行，时天气晴霁，道友饯行于西郊。遮马首以泣曰："父师去万里外，何时复获瞻礼㊼？"师曰："行止非人所能为也，兼远涉异域，其道合与不合，未可必也。"众曰："师岂不知，愿预告弟子。"度不获已㊽，乃重言㊾曰："三载归，三载归。"

注释

① 今河北宣化。

② 即耶律秃花，为下文邪米思干大城守将、太师移剌公（耶律阿海）之弟，《元史》有传。王本上卷第十页正面已有考证。纪本第27页注为耶律阿海之子耶律忙古台，误。

③ 曲牌名。

④ 纪本此处误作"空鉴"，标点亦有错误。见25页。

⑤ 传说中月亮里的宫殿。下文中的"玉兔婵娟"也都是传说中生活在月宫中的兔子和美人。

⑥ 即太虚、宇宙。

⑦ 消除机巧之心。常用以指甘于淡泊，与世无争。

⑧ 道法的范围。

⑨ 极其细微。这句诗的意思是在月光下，山河大地的一切都能看清楚。

⑩ 道教称清微天、禹余天、大赤天为三天。

⑪ 《选注》本第193页此处标点有误。

⑫ 西北角。

⑬ 佛教、道教中称进行布施的人为功德主。

⑭ 云房是指隐士或道人居住的高处的房子。洞室即大房舍。

⑮ 战国时齐国的邹衍擅长音律，能吹笛回春。

⑯ 阴历九月，秋季的最后一个月。

⑰ 随同丘处机西行的使者。王国维认为他就是《金史·宣宗纪》中的"乙里只"，《元朝秘史》续集二中的"阿剌浅"。

⑱ 即成吉思汗的四弟帖木哥·斡赤斤。成吉思汗西征时，他奉命留守蒙古本土。

⑲ 在今河北宣化东北。

⑳ 指丘处机的三位师兄马钰、谭处端、刘处玄。

㉑ 飞驰的车子。

㉒ 骑鹤。

㉓ 古代印度。

㉔ 为印度高僧，南朝梁代来到中国，为中国禅宗的始祖。

㉕ 佛教徒的一种修持方法，多在诵经咒时采用，有心印、身印等不同方式。

㉖ 手杖。

㉗ 这封诏书是成吉思汗的近侍文臣耶律楚材起草的，详见耶律楚材《西游录》，向达校注本，中华书局1981年版，第14页。

㉘ 为佛教术语，是梵语的意译，原意是流转。佛教认为众生各依善恶业因，在天道、人道、阿修罗道、地狱道、饿鬼道、畜生道等六道中生死交替，有如车轮般旋转不停，故称。也称六道轮回、轮回六道。道教借用了这一概念。

㉙ 该寺为德兴比较有名的大寺。耶律铸《双溪醉饮集》卷三、卷五曾两次提到该寺。

㉚ 藜又称灰藋、灰菜。一年生草本植物。嫩叶可食，老茎可为杖。

㉛ 纪本第34页此处误作"空水"。

㉜ 山岩。

㉝ 山里人家。

㉞ 技艺。

㉟ 在今张家口西北约三十公里处，又名扼胡岭。

㊱ 古人把西域看作是天马的故乡，故有此语。

㊲ 今新疆天山，非内蒙古之阴山。

㊳ 就是牧草。干熟时呈白色，故名。

㊴ 荒远的地方；边远地区。

㊵ 上床时与鞋子告别，比喻感情深厚。

㊶ 轸是车子上的横木，这里指代车子。发轸就是发车。

㊷ 太行山以东地区。

㊸ 公元1221年，元太祖十六年。

㊹ 指偈颂。佛教、道教中的唱颂词。通常以四句为一偈。

㊺ 这里借用了佛教的概念。佛教把众生轮回的欲界、色界和无色界合称为三界。

㊻ 梵文的音译，"魔罗"的略称。佛教把一切扰乱身心，破坏行善者和一切妨碍修行的心理活动均称作"魔"。道教也使用了这一概念。

㊼ 瞻仰礼拜。

㊽ 不得已。

㊾ 意味深重、语重心长的话。

八月初，师父应宣德州元帅移剌秃花相公的邀请，到朝元观居住。中秋节师父作《贺圣朝》二曲。第一首写道："断云归岫，长空凝翠，宝鉴初圆。大光明，宏照亘流沙外，直过西天。人间是处，梦魂沉醉，歌舞华筵。道家门，别是一般清朗，开悟心田。"第二首是："洞天深处，良朋高会，逸兴无边。上丹霄，飞至广寒宫悄，掷下金钱。灵虚晃耀，睡魔奔迸，玉兔婵娟。坐忘机，观透本来真性，法界周旋。"

此后，天气晴朗肃静，师父静夜安居，非常闲适。又作了两首绝句，分别写道："长河耿耿夜深深，寂寞寒窗万虑沉。天下是非俱不到，安闲一片道人心。""清夜沉沉月向高，山河大地绝纤豪。唯余道德浑沦性，上下三天一万遭。"

朝元观在宣德州的西北方，道观的施主移剌秃花元帅因为师父要北行，在观中建造了殿堂来供奉道长的塑像。前、后的云房洞室也都修建一新。

十月里在祖师堂的墙壁上绘制画像，画师因为寒冷，打算停工。师父不同意，他说："邹衍善音律尚且能够回春，何况我们有圣贤在暗中扶持帮助呢？"这个月果然天气温和如春，没有一点风沙。画师因此得以完工。师父作诗一首："季秋边朔苦寒同，走石吹沙振大风。旅雁翅垂南去急，行人心倦北途穷。我来十月霜犹薄，人讶千山水尚通。不是小春和气暖，天教成就画堂功。"

这时候正好阿里鲜从斡辰大王处受命来请师父。不久，宣抚王巨川也来说："奉斡辰大王的钧旨：'如果师父西行，请从我这里路过。'"师父点头同意了。

这个月师父北游望山。曷剌送表章回来。有"成吉思皇帝敕真人丘师"的诏书。诏书说："只有道长的道行超过三子，道德增益多方。"诏书的最后写道："您既然已经从蓬莱启程，可骑鹤游历西域。达摩东来，沿用印度之法来修道传法；老子西行，或许教化胡人而成就道业。虽然路途遥远，但借助几杖之助并非远不可及。以此答复道长送来的表章，可以表明朕的意图。秋日暑热，祝道长和乐安好，其他的话不多提及。"师父被成吉思汗如此敬重。另外，成吉思汗又敕令刘仲禄说："不要让真人饥饿劳累，可以扶持着真人慢慢前来。"

师父与宣使刘仲禄商量说："现在天气已经很寒冷，沙漠道路漫长遥远，众人所需的行装还没有齐备。我们可以到龙阳观去，等到春天再出发。"宣使刘仲禄听从师父的主张。十八日向南去龙阳观。道友们和师父道别，很多人流下了眼泪。师父把他的一首诗出示给众人："生前暂别犹然可，死后长离更不堪。天下是非心不定，轮回生死苦难甘。"

第二天，师父来到龙阳观过冬。十一月四日师父到龙岩寺持斋，在西庑殿上题写："杖藜欲访山中客，空山沉沉淡无色。夜来飞雪映岩阿，今日山光映天白。天高日下松风清，神游八极腾虚明。欲写山家本来面，道人活计无能名。"

十二月师父有诗赠给燕京的道友，诗写道："此行真不易，此别话应长。北蹈野狐岭，西穷天马乡。阴山无海市，白草有沙场。自叹非元圣，如何历大荒。"又云："京都若有饯行诗，早寄龙阳出塞时。昔有上床鞋履别，今无发轸梦魂思。"

在他第二次送给燕京道友的诗中，师父写道："十年兵火万民愁，千年中无一二留。去岁幸逢慈诏下，今年须合冒寒游。不辞岭北三千里，仍念山东二百州。穷急漏诛残喘在，早教身命得消忧。"

辛巳年的上元节，师父在宣德州朝元观举行占醮大礼，以颂辞出示众人，颂辞写道："生下一团腥臭物，种成三界是非魔。连枝带叶无穷势，跨古胜今不奈何。"

师父在二月八日启程北行，当时天气晴好，道友们在宣德州的西郊为师父饯行，众人拦住师父的马，哭着问："师父到万里之外的地方去，什么时候才能再见到师父呢？"师父说："行动不是人所能决定的，再加上远走异域，信仰是否契合，都不一定。"众人说："师父哪能不知道呢，请您预先告诉弟子。"师父不得已，意味深长地说："三年回来，三年回来。"

十日宿翠屏口①。明日北度野狐岭②，登高南望，俯视太行诸山，晴岚可爱。北顾但寒烟衰草，中原之风，自此隔绝矣。道人之心，无适不可③。宋德方辈指战场白骨曰："我归当荐以金箓④，此亦余北行中因缘一端耳。"

北过抚州⑤。十五日，东北过盖里泊⑥，尽丘垤咸卤地，始见人烟二十余家。南有盐池⑦，迤俪⑧东北去。自此无河，多凿沙井⑨以汲。南北数千里，亦无大山。马行五日，出明昌界⑩。以诗纪实云："坡坨折叠路弯环，到处盐场死水湾。尽日不逢人过往，经年惟有马回还。地无木植惟荒草，天产丘陵没大山。五谷不成资乳酪，皮裘毡帐亦开颜。"

又行六七日，忽入大沙陀⑪。其碛有矮榆，大者合抱。东北行千里外，无沙处绝无树木。

三月朔，出沙陀，至鱼儿泊⑫，始有人烟聚落，多以耕钓为业。时已清明⑬，春色渺然⑭，凝冰未泮⑮。有诗云："北陆祁寒自古称，沙陀三月尚凝冰。更寻若士⑯为黄鹄⑰，要识修鲲化大鹏⑱。苏武⑲北迁愁欲死，李陵南望去无凭。我今返学卢敖志，六合⑳穷观最上乘。"

三月五日，起之东北。四旁远有人烟，皆黑车、白帐㉑，随水草放牧。尽原隰之地，无复寸木，四望惟黄云白草。行不改途，又二十余日方见一沙河㉒，西北流入陆局河㉓。水濡马腹，旁多丛柳。渡河北行三日，入小沙陀㉔。

四月朔，至斡臣大王帐下，冰始泮，水微萌矣㉕。时有婚嫁之会，五百里内首领，皆载马湩㉖助之。皂车㉗、毡帐成列数千。七日，见大王，问以延生事。师谓："须斋戒㉘而后可闻。"约以望日授受。至日，雪大作，遂已。大王复曰："上遣使万里请师问道，我曷敢先焉。"且谕阿里鲜："见毕东还，须奉师过此。"十七日，大王以牛马百数、车十乘㉙送行。马首西北。二十二日抵陆局河，积水成海㉚，周数百里。风浪漂出大鱼，蒙古人各得数尾。并河南岸西行，时有野薤㉛得食。

注释

① 今河北万全县翠屏山山口。
② 在今张家口西北约三十公里处，又名扼胡岭。
③ 随欲而安，到哪里都可以。
④ 道家的金箓道场，用来追荐亡魂。箓是一种道教秘文。
⑤ 今河北省张北县。
⑥ 王国维认为是太仆寺旗东的克勒湖。
⑦ 太仆寺旗一带有很多湖泊，此处当系其中的某个盐湖。
⑧ 曲折连绵的样子。
⑨ 在沙中凿的井，随挖随下柳枝编成的井圈，出水以后下陶圈加固。
⑩ 即金界壕。为金章宗明昌年间修筑的堡垒壕堑。此处当在桓州西、昌州东北。
⑪ 即大沙地，今内蒙古东南部浑善达克沙地。
⑫ 今内蒙古达来诺尔，亦称答儿海子。
⑬ 节气名。公历 4 月 4—5 日前后。我国有清明节踏青、扫墓的习俗。
⑭ 微小、样子模糊。
⑮ 融解。
⑯ 仙人。
⑰ 通称天鹅。似雁而大，颈长，飞翔甚高，羽毛洁白。亦有黄、红者。此处为黄色。这里用了一个典故。秦朝方士卢敖到北海求仙，

仙人（即若士）却避而不见，卢敖只好感叹说："吾比夫子，犹黄鹄与壤虫也。"这首诗中直接提到了卢敖的名字。
⑱ 古代传说中能变化的大鱼（鲲）和大鸟（鹏）。语本《庄子·逍遥游》："北冥有鱼，其名为鲲，鲲之大，不知其几千里也！化而为鸟，其名为鹏；鹏之背，不知其几千里也！怒而飞，其翼若垂天之云。"
⑲ 和下文提到的李陵都是汉武帝的大臣。苏武出使匈奴，被匈奴扣留，誓死不降。李陵则在战败后投降了匈奴。
⑳ 天地四方；整个宇宙的巨大空间。
㉑ 指黑色的勒勒车和白色的毡帐。
㉒ 即海拉尔河。
㉓ 今克鲁伦河，又写做龙驹河、龙居河、胪句河、怯绿连河。
㉔ 海拉尔河北部的小沙地。
㉕ 此处"水"疑当作"草"。
㉖ 就是马奶。
㉗ 皂色就是黑色，皂车就是黑车。
㉘ 古人在祭祀前沐浴更衣，整洁身心，以示虔诚。
㉙ 四匹马拉的车为一乘。这里指大车。
㉚ 即呼伦湖。
㉛ 一种野菜，形状像韭菜，味道像葱。

十日，在翠屏口住宿。第二天北行经过野狐岭。登高向南俯视太行山，晴日山中的雾气甚是可爱。向北望去却是寒烟衰草。中原的风物，从此就被隔绝开了。道人之心，没有什么不能适应的。宋德方等人指着战场上的白骨说："我归来时当在此设金箓道场，追荐孤魂。这也是我北行中的一段因缘啊。"

向北经过抚州。十五日，朝东北行经过盖里泊，到处都是山丘和盐碱地。这时才见到二十余户人家。南面有盐湖，池水曲折向东北流去。从这里开始就没有河流了，人们多凿沙井来取水。南北数千里之内也没有大山。骑马走了五天，穿过明昌界壕。师父用诗来纪录行程实况："坡坨折叠路弯环，到处盐场死水湾。尽日不逢人过往，经年惟有马回还。地无木植惟荒草，天产丘陵没大山。五谷不成资乳酪，皮裘毡帐亦开颜。"

又走了六七天，忽然进入大沙地。那里的沙碛上生长着矮榆树，大的有合抱那么粗。朝东北方向走了一千多里，没有沙的地方绝没有树木。

三月初，走出了沙地。到了鱼儿泊，才有了人烟聚落，人们多以农耕和打鱼为生。这时已经到了清明时节，却没有一点春天的迹象，凝结的冰还没有融化。师父有诗写道："北陆祁寒自古称，沙陀三月尚凝冰。更寻若士为黄鹄，要识修鲲化大鹏。苏武北迁愁欲死，李陵南望去无凭。我今返学卢敖志，六合穷观最上乘。"

三月五日，启程向东北走。四周远远地有些人家，都是黑车、白帐，依赖水草四处放牧。四处都是平广低湿之地，再没有树木，向四周望去只有黄云白草。一直沿着道路朝东北方向走，又过了二十多天才见到一条沙河，这条河向西北流入陆局河。水深可以沾湿马的腹部。河旁边有很多丛生的柳树。渡过河向北走三天，进入小沙陀。

四月初，来到斡臣大王的驻地。这时冰才开始融化，草开始萌芽生长。不时有婚礼举行。五百里之内的首领都载着马奶来助兴。黑色车子和毡帐排成数千列。七日，师父面见斡辰大王，大王请教益寿延年的方法。师父说："必须斋戒之后才能听讲。"于是约定在十五日传授养生之法。到了这一天，下起了大雪，于是取消了讲解。大王说："皇上派遣使者不远万里邀请师父问询道术，我怎么敢抢先呢。"大王还命令阿里鲜说："进见完毕东归的时候要请师父从这里经过。"十七日，大王用数百头牛马、十辆大车送行。骑马向西北行进。二十二日到了陆局河，河水汇集成大湖，周围有数百里长。风浪把大鱼冲到岸上，每个蒙古人都得到了几条。沿着河的南岸向西行，时常可以采到野薤吃。

五月朔亭午①，日有食之。既众星乃见。须臾复明。时在河南岸（蚀自西南，生自东北）。其地朝凉而暮热，草多黄花。水流东北，两岸多高柳。蒙古人取之以造庐帐。行十有六日，河势绕西北山去，不得穷其源，其西南接鱼儿泺驿路②。蒙古人喜曰："前年已闻父师来。"因献黍米十有五斗。师以斗枣酬之。渠喜曰："未尝见此物。"因舞谢而去。又行十日，夏至。量日影三尺六七寸，渐见大山峭拔③，从此以西，渐有山阜，人烟颇众，亦皆以黑车、白帐为家。其俗牧且猎，衣以韦毳④，食以肉、酪。男子结发垂两耳⑤。妇人冠以桦皮，高二尺许，往往以皂褐笼之，富者以红绡⑥。其末如鹅鸭，名曰"故故"。大忌人触，出入庐帐须低徊⑦。俗无文籍，或约之以言，或刻木为契。遇食同享，难则争赴。有命则不辞，有言则不易。有上古之遗风焉。以诗叙其实云："极目山川无尽头，风烟不断水长流。如何造物开天地，到此令人放马牛。饮血茹毛⑧同上古，峨冠⑨结发异中州。圣贤不得垂文化，历代纵横只自由。"

又四程⑩，西北渡河⑪，乃平野⑫。其旁山川皆秀丽，水草且丰美。东西有故城，基址若新，街衢巷陌可辨，制作类中州。岁月无碑刻可考。或云契丹所建⑬。既而地中得古瓦，上有契丹字，盖辽亡士马不降者西行所建城邑也。又言西南至寻思干城⑭，万里外回纥国⑮最佳处，契丹都焉。历七帝⑯。

注释

① 正午。
② 这是一条从鱼儿泺通往漠北的驿道。由鱼儿泺向西北行，到达克鲁伦河的河曲，渡河后继续向西北行。
③ 为蒙古国乌兰巴托附近的山脉。陈正祥根据夏至日日影的长度推算此地的纬度为北纬47度21分附近。
④ 韦是熟皮子；毳指毛皮或毛织品所制衣，少数民族服装又称毳服。纪本第50页注释不确。
⑤ 蒙古男人都蓄辫发，垂在两耳的后面。
⑥ 绡是一种薄的生丝织品。
⑦ 这是指蒙古女子特有的服饰。多见于蒙元时代的东、西方文献。
⑧ 谓北方少数族很少用火，连毛带血生食禽兽。
⑨ 高帽。
⑩ 指以驿站邮亭或其他停顿止宿地点为起讫的行程段落。这里以一天所走的距离为一程。
⑪ 当为土拉河的支流喀鲁哈河。
⑫ 王本中这句话脱落。
⑬ 据下文，李志常认为这是辽朝被金灭亡后，契丹的残余势力向西败逃时建立的城市。王国维认为这座契丹城当在外蒙古喀鲁哈河一带。
⑭ 即撒马尔罕，为中亚名城。现属乌兹别克斯坦。
⑮ 此名最初指唐之回鹘，后又译为畏兀儿、畏吾儿、伟兀、伟吾而、卫吾等。一部分成为今维吾尔族的先民。此处应指中亚操突厥语的穆斯林。
⑯ 西辽国的君主只有五位，这里的记载本于传闻，有误。又，纪本把这段文字移到丘处机西行到阿里马城之后，见该书第49、80页。这是错误的。首先，辽朝灭亡后，耶律大石率契丹残部西逃建国，确实曾在漠北做了长时间的停留，建城屯兵（参看余大钧《耶律大石创建西辽帝国过程及纪年新探》，陈述主

编《辽金史论集》第一集，上海古籍出版社1987年版）。此处故城应为当时契丹人所建。1247年张德辉曾走过近似的路线，也提到了契丹古城，见贾敬颜《张德辉＜岭北纪行＞疏证稿》，收入邓珂编《邓之诚学术纪念文集》，北京大学出版社1991年版，第333—334页。第二，文中明确提到故城距离寻思干城有万里之遥。考其位置，显然应在漠北地区。第三，从时间来看，丘处机一

行到达此地是在夏至之后、六月十三日之前，根据文中所记，行程和停留情况都很吻合。第四，对古籍进行整理必须非常慎重，像这样大段的文字调整尤其要特别谨慎。一般说来，古代文献不会出现这么严重的错误。综上，纪本的改动不确。对纪流在书中提到的改动的理由，我们将在下文关于"答剌速没辇"的注释中做进一步的辨析。

译文

五月初一的正午，出现了日食。太阳完全消失的时候，众多的星星都出现了。不久天又亮了。当时我们是在河的南岸，这地方早晨凉，晚上热，草中有很多黄花。河向东北流，两岸生长着很多高高的柳树。蒙古人伐树造庐帐。走了十六天，河向西北山地蜿蜒流去，不能找到河的源头，它的西南方向与鱼儿泺驿路相接。蒙古人高兴地说："前年已经听说师父要来了。"于是，他们进献黍米十五斗。师父用一斗枣子作为酬谢。他们高兴地说："从来没有见过这种东西。"手舞足蹈地拜谢而去。又走了十天，到了夏至，丈量日影的长度有三尺六七寸长。逐渐能看到峭拔的大山。从这里向西，渐渐有了山丘，人烟很多，也都是以黑车、白帐为家。这里的习俗既放牧又打猎，人们穿着皮制的衣服，吃肉和奶酪。男子把头发系成发结，垂在两耳的后面。妇人戴着桦皮帽子，高约有两尺，往往用黑色或褐色的织物罩着。富有的人则用红绸。帽子的尾部像鹅、鸭的形状。这种帽子称为"故故"，非常忌讳别人触及，进出庐帐的时候需要低头，以免碰到帽子。他们没有文字书籍，要么口头约定，要么刻木头作为契约。获得食物一起享用，有了困难大家争着奔赴救助。有命令从来不推辞，说过的话从不变更，很有上古的遗风。师父用诗记叙此事说："极目山川无尽头，风烟不断水长流。如何造物开天地，到此令人放马牛。饮血茹毛同上古，峨冠结发异中州。圣贤不得垂文化，历代纵横只自由。"

又走了四天的路程，向西北行，渡过河。河旁的山川都很秀丽。水草丰美。东、西向有旧城，基址像新的一样，街衢巷陌还可以辨别，形制造作和中原汉族地区相似。城的时代没有碑刻可以考究。有人说是契丹朝所建。后来在地里找到古瓦，上面有契丹文字。这可能是辽朝灭亡后没有投降的官兵西行所建的城邑。又有人说从这里向西南可以到达寻思干城，是万里外回纥地区最好的所在，契丹人在那里定都。先后有过七个皇帝。

六月十三日至长松岭①后宿。松桧森森，干云蔽日，多生山阴涧道间，山阳极少。十四日过山，渡浅河②。天极寒，虽壮者不可当。是夕宿平地。十五日晓起，环帐皆薄冰。十七日宿岭西。时初伏③矣，朝暮④亦有冰，霜已三降，河水有澌⑤，冷如严冬。土人云："常年五、六月有雪。今岁幸晴暖。"师易其名曰"大寒岭"。凡遇雨多雹。山路盘曲，西北且⑥百余里，既而复西北，始见平地。有石河⑦长五十余里，岸深十余丈，其水清泠可爱，声如鸣玉。峭壁之间有大葱，高三、四尺。涧上有松，高十余丈。西山连延，上有乔松郁然。行五、六日，峰回路转，林峦秀茂。下有溪水注焉。平地皆有松桦杂木，若有人烟状。寻登高岭，势若长虹，壁立千仞⑧。俯视海子⑨，渊深恐人。二十八日，泊窝里朵⑩之东。宣使先往奏禀皇后。奉旨请师渡河⑪。其水东北流，弥漫没轴，绝流以济。入营驻车。南岸车帐千百，日以醍醐⑫、潼酪⑬为供。汉、夏公主⑭皆送寒具等。食黍米斗白金十两，满五十两可易面八十斤。盖面出阴山⑮之后二千余里。西域贾胡以橐驼负至也。中伏⑯，帐房无蝇。窝里朵，汉言"行宫"也。其车舆、亭帐望之俨然，古之大单于⑰未有若是之盛也。

注释

① 在今蒙古人民共和国杭爱山一带。
② 王国维认为这条河就是鄂尔浑河。陈正祥则认为此河为土拉河的支流玛拉金河。
③ 即头伏。夏至后的第三个庚日，或指从夏至后第三个庚日到第四个庚日之间的十天时间。
④ 王本作"莫"。
⑤ 河流解冻后在水中流动的冰叫做"澌"。
⑥ 王本此字作"约"。
⑦ 王国维认为是博尔哈尔台河，陈正祥认为它是哈剌河上游的一条支流。纪流认为它是色楞格河的一条支流，名为"齐老图"，意即"石河"。
⑧ 八尺为一仞。
⑨ 王国维认为这是和集尔玛台河相连的察罕泊。陈正祥认为它是察罕泊，在今乌兰巴托西三百公里处，塔米尔河流入鄂尔浑河的入口以东。

⑩ 这是成吉思汗的大宫帐，当在和林（在今蒙古国额尔德尼召北）附近。
⑪ 王国维认为这是察罕鄂伦河，陈正祥认为这是向东北流的和林川。
⑫ 从酥酪中提制出的油。
⑬ 即奶酪。
⑭ 汉公主是指1214年金宣宗向成吉思汗求和时所献的卫绍王之女；夏公主是指1209年成吉思汗三征西夏时西夏国王李安全请和所献的公主。参看本书附录《元史·太祖本纪》。
⑮ 此处阴山是指今新疆的天山山脉，并非今内蒙古的阴山。
⑯ 三伏的第二伏。也称二伏。通常指从夏至后第四个庚日起到立秋后第一个庚日前一天的一段时间。
⑰ 匈奴的君主称单于。

译文

六月十三日到长松岭后住宿。山上松桧非常茂密，穿云蔽日，很多生长在山北侧的山涧、道路之间。山的南侧树木极少。十四日翻过长松岭，渡过一条浅河。天极其寒冷，即使是强壮的人也不能忍受。这天晚上在平地上住宿。十五日早晨起来发现，围绕帐篷结了一层薄薄的冰。十七日在长松岭西住宿。当时已经初伏时节了，早晚都还结冰，一天要下三次霜，河水中还有流冰。天气就像严冬一样寒冷。当地的人说："往常年份五六月都下雪。今年幸好天气晴朗暖和。"于是，师父把"长松岭"的名字改成"大寒岭"。只要下雨，往往夹杂着冰雹。山路蜿蜒盘旋。向西北方向走大约一百多里，然后再向西北方向走才开始见到平地。有石河长五十多里，两岸深十多丈。河水清澈喜人，水声就像玉石相击发出的声音。峭壁之间生长着大葱，有三四尺高。山涧里长着松树，高十多丈。西面的山脉连绵不绝，上面有郁郁葱葱的青松。走了五六天，峰回路转，山峦秀丽，林木茂盛。山上的溪水顺着山势流到山下。平地上生长着松树、桦树和其他杂树，好像有人家居住的样子。登上高高的山岭，山势如同天上的长虹。石壁耸立，高达千仞。俯视山下的湖泊，山涧深得吓人。二十八日，在窝里朵宫帐的东边住宿。宣使刘仲禄事先禀告皇后。奉皇后的旨意请师父渡河。河水向东北方向流，水面宽阔，水深可以淹没车轴。横渡大河进入营地，把车子停放在河的南岸。营地上有成千上百的车帐，每天供应酥油、奶酪。金朝和西夏的公主都送来了防寒的用具等物。吃的黍米每斗价值白银十两。白银五十两可以换面八十斤。面粉可能是阴山山后二千多里的地方生产的，由西域的胡商用骆驼驮运到这里。到了中伏时节，帐房里都没有苍蝇。窝里朵，就是汉语中的"行宫"。行宫的车子和大帐看上去非常庄严，古代匈奴的大单于也没有这样的兴盛。

七月九日，同宣使西南行。五、六日屡见山上有雪，山下往往有坟墓。及升高陵①，又有祀神之迹。

又三、二日，历一山②。高峰如削，松杉郁茂。西有海子③，南有大峡，则一水西流④，杂木丛映于水之阳⑤。韭茂如芳草，夹道连数十里。北有故城，曰"曷剌肖"⑥。西南过沙场⑦二十里许，水草极少，始见回纥决渠灌麦。

又五、六日，逾岭而南，至蒙古营宿⑧。拂旦⑨行，迤俪南山，望之有雪。因以诗纪其行："当时悉达⑩悟空晴，发轸初来燕子城（抚州是也）⑪。北至大河三数月（即陆局河也，四月尽到。约二千余里），西临积雪半年程（即此地也，山常有雪，东至陆局河约五千里，七月尽到）。不能隐地回风⑫坐（道法有回风、隐地、攀斗、藏天之术），却使弥天逐日行。行到水穷山尽处，斜阳依旧向西倾。"

邮人告曰："此雪山北是田镇海⑬八剌喝孙也。八剌喝孙，汉语为'城'⑭。中有仓廪，故又呼曰'仓头'⑮"。七月二十五日有汉民工匠络绎来迎，悉皆欢呼归礼，以彩幡、华盖、香花前导。又有章宗二妃曰徒单氏、曰夹谷氏⑯及汉公主母钦圣夫人袁氏⑰号泣相迎。顾谓师曰："昔日稔闻⑱师道德高风，恨不一见，不意此地有缘也。"翌日，阿不罕山⑲北镇海来谒，师与之语曰："吾寿已高，以皇帝二诏叮咛，不免远行数千里方临治下。沙漠中多不以耕耘为务。喜见此间秋稼已成。余欲于此过冬，以待銮舆⑳之回，何如？"宣使曰："父师既有法旨，仲禄不敢可否。唯镇海相公度之。"公曰："近有敕：'诸处官员如遇真人经过，无得稽㉑其行程。'盖欲速见之也。父师若需于此，则罪在镇海矣。愿亲从行，凡师之所用，敢不备？"师曰："因缘如此，当卜日行。"公曰："前有大山高峻，广泽沮陷，非车行地。宜减车从轻骑以进。"用其言，留弟子宋道安辈九人选地为观㉒。人不召而至。壮者效其力，匠者效其技，富者施其财。圣堂、方丈、东厨、西庑㉓、左右云房（无□皆土木），不一月落成。榜曰"栖霞观"。时稷黍在地。

八月初，霜降。居人促收麦，霜故也。大风傍北山西来，黄沙蔽天。不相物色。师以诗自叹曰："某也东西南北人㉔，从来失道走风尘。不堪白发垂垂老，又踏黄沙远远巡。未死且令观世界，残生无分乐天真。四山五岳㉕多游遍，八表㉖飞腾后入神㉗。"

八日，携门人虚静先生赵九古辈十人㉘，从以二车、蒙古驿骑二十余，傍大山西行。宣使刘公、镇海相公又百骑。李家奴，镇海从者也，因曰："前此山下精截我脑后发，我甚恐。"镇海亦云："乃满国王㉙亦曾在此为山精所惑，食以佳馔。"师默而不答。

西南约行三日，复东南过大山，经大峡。中秋日，抵金山㉚东北少驻。复南行，其山高大，深谷长坂㉛，车不可行。三太子㉜出军始辟其路。乃命百骑挽绳悬辕以上，缚轮以下。约行四程，连度五岭，南出山前，临河㉝止泊。从官连幕为营，因水草便，以待铺牛、驿骑。数日乃行，有诗三绝云："八月凉风爽气清，那堪日暮碧天晴。欲吟胜概无才思，空对金山皓月明。"其二云："金山南面大河流，河曲盘桓赏素秋㉞。秋水暮天山月上，清吟独啸夜光球㉟。"其三云："金山虽大不孤高，四面长拖曳脚牢。横截大山㊱心腹树，干云蔽日竞呼号。"

渡河而南，前经小山，石杂五色，其旁草木不生。首尾七十里，复有二红山当路。又三十里，咸卤地中有一小沙井，因驻程把水为食。傍有青草，多为羊马践履。宣使与镇海议曰："此地最难行处，相公如何则可？"公曰："此地我知之久已。"同往谂师。公曰："前至白骨甸，地皆黑石㊲。约行二百余里，达沙坨。北边颇有水草，更涉大沙坨㊳百余里，东、西广袤不知其几千里。及回纥城，方得水草。"师曰："何谓白骨甸？"公曰："古之战场，凡疲兵至此，十无一还。死地也。顷者，乃满大势亦败于是。遇天晴，昼行人马往往困毙。惟暮起夜度可过其半。明日向午得及水草矣。少憩，俟晡时㊳即行。当度沙岭百余，若舟行巨浪然。又明日辰、巳间㊵，得达彼城矣。夜行良便，但恐天气暗黑，魑魅魍魉[41]为祟[42]，我辈当涂血马首以厌[43]之。"师乃笑曰："邪精妖鬼逢正人远避，书传所载，其孰不知。道人家何忧此事。"日暮遂行。牛乏，皆道弃之，驭以六马。自尔不复用牛矣。初在沙陀北南望天际，若银霞。问之，左右皆未详。师曰："多是阴山。"翌日过沙陀，遇樵者，再问之，皆曰然。于是途中作诗云："高如云气自如沙，远望那知是眼花。渐见山头堆玉屑，远观日脚射银霞。横空一字长千里，照地连城及万家。从古至今常不坏，吟诗写向直南[44]夸。"

注释

① 这里指比较高的山岗。

② 当是乌里雅苏台东侧的鄂特洪腾格里峰，山势高峻。

③ 鄂特洪腾格里峰西侧的湖泊。

④ 王国维认为这是乌里雅苏台河。陈正祥认为这是流过乌里雅苏台南侧的河流，汇为舒鲁金河，再注入扎布汗河。

⑤ 王本第22页此处误"水"为"山"。水之北为阳。

⑥ 当在今乌里雅苏台城附近。

⑦ 当为舒鲁金河南岸的大沙地。

⑧ 《丛书集成初编》本和陈本、纪本补入"庐"字，道藏本无"庐"字。按，补字是错误的。"拂"字应和下面的"旦"字连用，意为拂晓。

⑨ 即拂晓。

⑩ 指佛教的创始人释迦牟尼，俗名乔达摩·悉达多。公元前6—前5世纪古印度的迦毗罗卫国（今尼泊尔境内）王子释迦牟尼悟道，创立了佛教，他以涅槃（超脱生死）为理想境界，而以彻底的空无观念作为入法的门径。此处表明了丘处机西行传法的决心。"晴"字当做"情"。

⑪ 金代的抚州柔远县。在今内蒙古兴和县境内。参《金史·地理志》。

⑫ 避风。

⑬ 蒙古克列部人（还有一种说法认为他是畏兀儿人），"田"是他的汉姓。他是蒙古前三汗时期的重要大臣，在《元史》中有传。成吉思汗曾命他在阿鲁欢一带屯田，立城戍守。这座城就叫"镇海城"。

⑭ 八刺喝孙为突厥语，意为"城"。

⑮ 大仓之意。

⑯ 她们都是蒙古军占领中都时掠至北疆的，参看附录《元史·太祖本纪》。

⑰ 此处的汉公主就是金朝卫绍王公主的母亲。她在漠北居留十年，后出家，回到了燕京。事见尹志平《葆光集》。

⑱ 时常听说。

⑲ 即《元史》中镇海屯田的"阿鲁欢"，今乌里雅苏台西南面的阿尔洪山。

⑳ 皇帝的车驾。这里指代成吉思汗。

㉑ 迟缓，延误。

㉒ 当时李志常也奉命留在了这里。后面直到丘处机重回此地之间的记述当是他根据丘处机师徒的日记或口述编纂的。参看本书附录《玄门掌教大宗师真常真人道行碑铭》。

㉓ 堂下周围的走廊、廊屋。也泛指房屋。

㉔ 意谓出家人四海为家。

㉕ 我国五大名山的总称。古书中记述略有不同。一般是指东岳泰山、南岳衡山、西岳华山、北岳恒山、中岳嵩山。四山五岳用来泛指四面八方各个地区。

㉖ 八方之外，指极远的地方。

㉗ 加入到神仙的行列。

㉘ 从此李志常不再随行。上文提到有九个弟子留下来，此处又提到十名弟子随行，加在一起正为十九人。与前文的记载相合。但据《长春真人西游记》附录及今本附录《玄门掌教大宗师真常真人道行碑铭》，均为十八人。

㉙ 详见前注"乃蛮"。

㉚ 即今阿尔泰山。

㉛ 斜坡、山坡称为坂。

㉜ 即成吉思汗的第三子窝阔台。

㉝ 王国维认为这条河是乌伦古河。

㉞ 指秋季。古代五行之说，秋属金，其色白，故称素秋。

㉟ 指圆月。

㊱ 纪本第 64 页作"横截山中心腹树"，与道藏本不合。

㊲ 准噶尔盆地东侧的博尔腾戈壁滩。这里的石子多为黑色。

㊳ 博尔腾戈壁南边的沙漠。

㊴ 即申时，即十五时至十七时。

㊵ 上午七点到十一点之间。

㊶ 害人的鬼怪的统称。

㊷ 祟就是鬼神的祸害。古人以为想像中的鬼神常出而祸人。

㊸ 厌就是用迷信的方法，镇服或驱避可能出现的灾祸。

㊹ 正南。这里指代中原地区。

译文

七月九日，同宣使刘仲禄向西南走。五六天内屡屡看到山上有雪，山下往往有坟墓。登上高高的山岗，上面又有祭祀神灵的遗迹。

又过了两三天，经过一座山。高高的山峰就像刀削的一样，松树、杉树苍翠茂盛。山的西面有湖，南面有大峡谷，一条河从此向西流。在河的南面各种树木一丛丛地生长着。野韭的长势像芳草一样茂盛，在道路两侧绵延数十里。山的北面有旧城，名叫"曷剌肖"。向西南经过沙地，水草非常少，走了二十里左右，才看到回纥挖渠灌溉小麦。

又走了五六天，翻越山岭向南走，到蒙古军营，住宿。第二天拂晓出发，看到南面连绵的山脉上还有积雪。于是，师父以诗记这段行程："当时悉达悟空晴，发轸初来燕子城。北至大河三数月，西临积雪半年程。不能隐地回风坐，却使弥天逐日行。行到水穷山尽处，斜阳依旧向西倾。"

负责传递信件的人员告诉我们说："这座雪山的北面是田镇海八剌喝孙。八剌喝孙，汉语的意思是'城'。城中有仓廪，所以又被称为'仓头'"。七月二十五日不断有汉族工匠来迎接师父，他们都欢呼礼拜，用彩色的旗幡、华盖、香花作为前导。又有金章宗的两个妃子徒单氏、夹谷氏和金国公主的母亲钦圣夫人袁氏哭着来迎接。她们对师父说："过去常常听说师父道业德行和高风亮节，遗憾的是不能一见，没想到居然在这里有缘相见。"

第二天，阿不罕山以北的镇海前来拜见，师父和他说："我年事已高，因皇帝两道诏书的敦请，不得不远行几千里来到你的辖地。沙漠中人们大多不以农耕为业。我很高兴看到这里秋天的庄稼已经成熟。我打算在这里过冬，等待成吉思汗皇帝回来，你看怎么样？"宣使刘仲禄说："师父既然有这样的打算，我不敢做出决定。只能请镇海相公决定吧。"镇海说："近来接到皇帝的敕令：'各个地方的官员如果遇到丘真人经过，不要稽缓他的行程。'大概是想早点见到真人吧。师父如果要在此停留，那罪过就在镇海的身上了。我愿意亲自随真人同行。只要师父有什么需要用的东西，我们哪敢不备齐呢？"师父曰："既然事情是这样，我应当占卜日期再走。"镇海说："前面有高耸险峻的大山，广阔的沼泽地塌陷难行，不是车辆走的地方。我们应当减少车辆，轻装骑马前进。"师父听从了他的意见，留下弟子宋道安等九人选地建造道观。人们不用召集，自动赶来。身体强壮的人出力，工匠出技术，富人施舍钱财。供奉圣像的殿堂、住持的房舍、东面的厨房、西面的配殿、左右的云房，不到一个月就建好了。给这个道观取名"栖霞观"。那时候，黍子还都长在地里没有收割。

八月初，下了霜。居民赶紧收割麦子，这是因为下霜的缘故。大风沿着北山从西面吹来，黄沙遮蔽了天空，使人分辨不清物体的颜色。师父作诗感叹道："某也东西南北人，从来失道走风尘。不堪白发垂垂老，又踏黄沙远远巡。未死且令观世界，残生无分乐天真。四山五岳多游遍，八表飞腾后入神。"

八日，师父带着弟子虚静先生赵九古等十人，沿着大山向西行，跟随的有两辆车、二十多个蒙古驿站骑兵以及宣使刘仲禄、大臣镇海和一百骑兵。镇海侍从李家奴说："过去这座山下的精怪截断了我脑后的头发，我非常害怕。"镇海也说："乃满国王也曾在这里被山精迷惑，贡献出佳肴供其食用。"师父沉默不做回答。

向西南大约行走了三天，又向东南翻过大山，经过大峡谷。中秋节，抵达金山东北，稍做停留，又向南行进。金山很高大，深深的峡谷和大山坡，使车辆不能通行。三太子窝阔台出兵西征时才开辟出道路。于是命一百骑兵把绳子绑在车辕上，拉着绳子上山。下山时则用绳子捆住车轮。大约走了四天的路程，一连过了五座山岭，向南出了山，到河边休息。跟随的官员把帐幕联在一起组成营地。这样可以利用水草的便利，等待驿铺的牛马。几天后继续前行，师父作了三首绝句，第一首是："八月凉风爽气清，那堪日暮碧天晴。欲吟胜概无才思，空对金山皓月明。"第二首写道："金山南面大河流，河曲盘桓赏素秋。秋水暮天山月上，清吟独啸夜光球。"第三首说："金山虽大不孤高，四面长拖曳脚牢。横截大山心腹树，干云蔽日竞呼号。"

渡过河朝南行进，向前经过小山，山石驳杂五色，山旁草木不生。这段路程有七十里。路前方又有两座红色的山丘。再走三十里，在盐碱地上有一眼小沙井，于是驻扎下来汲水做饭。路傍有青草，大多被羊马践踏了。宣使刘仲禄和镇海商量说："这个地方最难走，您认为怎样办才行呢？"镇海说："我很熟悉这个地方。"他们一起去征求师父的意见。镇海说："向前走就到了白骨甸，地上都是黑石头。大约走二百多里，就到了沙漠。北边水草很多。再穿越大沙漠一百多里。沙漠东西向很广阔，不知道有几千里。等到了回纥城，我们才能得到水草。"

师父问："为什么叫做白骨甸呢?"镇海说:"它是古代的战场。凡是疲惫的军队来到这里,十个人中没有一个能回去的。这是一块死地。不久前,乃满的大军也是在这里被击败的。遇到天晴的时候,白天行进的人和马常常在这里被困死。只有晚上起程在夜间才能走过一半路程。第二天近中午的时候才能到达有水源和青草的地方。稍事休息,等到下午申时再走。要经过沙山一百多座,就像船航行在巨大的波涛上。到第二天的辰时、巳时之间,就能够抵达那座回纥城了。夜间走很方便,只是怕天气黑暗,妖魔鬼怪出来害人。我们应当把血涂在马头上来制服这些妖怪。"师父笑着说:"邪神妖精鬼怪遇到正人君子就会远远地躲避,这在书上记载得很明确,谁都知道。我们道人不必担忧这种事情。"于是,傍晚启程。疲乏的牛,都丢弃在道边,只用六匹马驾车,从此不再用牛。开始走的时候,在沙漠的北边向南望,天边就像银色的云霞。问这是什么,左右诸人都不清楚。师父说:"大概是阴山。"第二天过了沙陀,遇到樵夫。再问,都说是的。于是师父在路上作诗写道:"高如云气白如沙,远望那知是眼花。渐见山头堆玉屑,远观日脚射银霞。横空一字长千里,照地连城及万家。从古至今常不坏,吟诗写向直南夸。"

八月二十七日,抵阴山①后。回纥郊迎,至小城②北,酋长设蒲萄酒及名果、大饼、浑葱③。裂波斯布,人一尺④。乃言:"此阴山前三百里和州⑤也。"其地大热,蒲萄至夥⑥。翌日沿川西行,历二小城,皆有居人。时禾麦初熟,皆赖泉水浇灌得有秋⑦,少雨故也。西即鳖思马大城⑧。王官、士庶、僧道数百,具威仪远迎。僧皆赭衣,道士衣冠与中国特异。泊于城西蒲萄园之上阁,时回纥王部族供蒲萄酒,供以异花、杂果、名香,且列侏儒伎乐⑨,皆中州人。士庶日益敬。侍坐者有僧、道、儒,因问风俗,乃曰:"此大唐时北庭端府⑩。景龙三年⑪杨公何为大都护⑫,有德政,诸夷心服,惠及后人,于今赖之。有龙兴西寺二石刻在,功德焕然可观。寺有佛书一藏⑬。唐之边城往往尚存。其东数百里有府曰'西凉'⑭。其西三百余里有县曰轮台⑮。"师问曰:"更几时得至行在⑯?"皆曰:"西南更行万余里即是。"其夜风雨作,园外有大树,复出一篇示众云:"夜宿阴山下,阴山夜寂寥。长空云黯黯,大树叶萧萧。万里程途远,三冬⑰气候韶⑱。全身都放下,一任断蓬飘。"

九月二日西行,四日宿轮台之东。迭屑⑲头目来迎。南望阴山,三峰突兀倚天。因述诗赠书生李伯祥(生相人)⑳,诗云:"三峰并起插云寒,四壁横陈绕涧盘。雪岭届天人不到,冰池耀日俗难观(人云向此冰池之间观看,则魂识昏昧)。岩深可避刀兵害(其岩险固,逢乱世坚守则得免其难),水众能滋稼穑干

（下有泉源可以灌溉田禾，每岁秋成）。名镇北方为第一，无人写向画图看。"

注释

① 这座山应是天山的东支博格达山。

② 据王国维的说法，这座城和下文提到的两座小城都位于回鹘通往庭州的道路上，即《元和郡县图志》记载的一堡二镇。

③ 洋葱。

④ 这种礼节很像今天藏族待客时献上哈达。波斯布是指产于中亚地区的一种名贵丝织品。

⑤ 又名火州、哈剌火州、哈剌和卓等，为高昌国、高昌回鹘王国的首都，遗址在今吐鲁番城东南约六十里的三堡。此处指高昌回鹘辖境。

⑥ 夥即多。

⑦ 指秋收。

⑧ 即《元史·地理志·西北地附录》中的"别失八里"，为突厥语地名，意为"五城"。在今新疆吉木萨尔北。

⑨ 伎乐即音乐舞蹈。

⑩ 端府为"都护府"的合音。

⑪ 景龙是唐中宗的年号，景龙三年为公元709年。

⑫ 这里的杨公何就是唐代中宗、玄宗时期边疆的重要将领杨和。可能是因字的读音相近而致误。《文苑英华》卷九百一十七收有《四镇节度副使右金吾大将军杨公神道碑》。

⑬ 即一部《大藏经》。

⑭ 即今甘肃武威，古称凉州。

⑮ 为唐代轮台，在今新疆米泉至昌吉之间，并非今天的轮台。

⑯ 中国古代将皇帝驻跸之地称为行在。这里是指成吉思汗停留的地方。

⑰ 冬季三月，即冬季。

⑱ 韶意为美好。

⑲ 指景教徒。景教是基督教的一个分支，又称聂斯脱利教，主要在叙利亚、波斯、中亚一带传播。"迭屑"是波斯人对景教徒的称呼。

⑳ 相人指相州之人，相州是今天的河南安阳。

译文

　　八月二十七日，越过阴山。回纥人到郊外迎接。走到小城的城北，当地回纥人的酋长摆下葡萄酒和名果、大饼、洋葱。赠给每人一尺裁剪开的波斯布。酋长说："这座阴山前面三百里就是和州。那个地方非常热，葡萄极多。"第二天沿这河向西走，经过二座小城，都有人家居住。当时小麦等庄稼刚刚成熟。因为少雨的缘故，庄稼都靠泉水浇灌才能获得收成。西边就是鳖思马大城。国王、官员、士人、庶民、僧人、道士几百人，列仪仗远远地迎接。僧人都穿赭色的衣服，道士的衣帽与中原地区差别很大。在城西葡萄园的高阁上歇息，当地回纥王的部族献上葡萄酒、奇异花卉、各种水果、上好的香料，还表演侏儒伎乐，表演者都是中原地区的人。士人、庶民日益敬仰师父。陪坐的人中有僧人、道士、儒者，于是师父询问这里的风俗，他们说："这是大唐时的北庭端府。景龙三年杨何在此做大都护，有很好的政绩，各族人民心悦诚服。后人也得到杨公德政的恩惠，直到今天我们还从中获益。这里龙兴西寺有两件石刻，记载了杨公卓著的功业和德行，很值得一看。这座寺里还存有一藏佛经。唐代的边城通常都还存在。城的东面几百里外是西凉府，城西三百多里有轮台县。师父问："再走多长时间能够到行在呢?"他们都说:"再朝西南走一万多里就到了。"这天晚上刮风下雨,师父看着园外的大树,写了一首诗出示给大家:"夜宿阴山下,阴山夜寂寥。长空云黯黯,大树叶萧萧。万里程途远,三冬气候韶。全身都放下,一任断蓬飘。"

九月二日向西走,四日在轮台的东边住宿。景教的教长来迎接。向南望去,阴山的三座山峰突兀而起,直接天际。于是,师父吟诗赠相州书生李伯祥,诗写到:"三峰并起插云寒,四壁横陈绕涧盘。雪岭届天人不到,冰池耀日俗难观。岩深可避刀兵害,水众能滋稼穑干。名镇北方为第一,无人写向画图看。"

又历二城,重九日至回纥昌八剌城①。其王畏午儿②与镇海有旧,率众部族及回纥僧皆远迎。既入,斋于台上。泊其夫人劝蒲萄酒,且献西瓜,其重及称,甘瓜如枕许,其香味盖中国未有也。园蔬同中区。有僧来侍坐,使译者问:"看何经典?"僧云:"剃度③受戒,礼佛为师。"盖此以东,昔属唐故。西去无僧。回纥但礼西方耳④。翌日傍阴山而西,约十程。又度沙场⑤。其沙细,遇风则流,状如惊涛,乍聚乍散,寸草不萌。车陷马滞,一昼夜方出。盖白骨甸大沙分流也。南际阴山之麓,逾沙又五日,宿阴山北。诘朝⑥南行,长坂七、八十里,抵暮乃宿。天甚寒,又无水。晨起西南行,约二十里,忽有大池⑦,方圆几二百里,雪峰环之,倒影池中。师名之曰"天池"。沿池正南下,左右峰峦峭拔,松桦阴森,高逾百尺,自巅及麓,何啻万株。众流入峡⑧,奔腾汹涌,曲折弯环可六、七十里⑨。二太子⑩扈从西征,始凿石理道刊木为四十八桥,桥可并车⑪。薄暮宿峡中。翌日方出,入东西大川⑫,水草盈秀,天气似春,稍有桑枣。

次⑬及一程,九月二十七日至阿里马城⑭。铺速满⑮国王暨蒙古塔剌忽只⑯领诸部人来迎。宿于西果园。土人呼"果"为"阿里马"⑰,盖多果实,以是名其城⑱。其地出帛,目曰"秃麻林"⑲,盖俗所谓种羊毛织成者⑳。时得七束为御寒衣。其毛类中国柳花,鲜洁细软,可为线为绳为帛为绵。农者亦决渠灌田,土人唯以瓶取水戴而归,及见中原汲器,喜曰:"桃花石诸事皆巧。""桃花石"谓汉人也㉑。师自金山至此,以诗纪其行云:"金山东畔阴山西,千岩万壑攒深溪。溪边乱石当道卧,古今不许通轮蹄。前年军兴二太子,修道架桥彻溪水(三太子修金山,二太子修阴山)。今年吾道欲西行,车马喧阗复经此。银山铁壁千万重,争头竞角夸清雄。日出下观沧海近,月明上与天河通。参天松如笔管直,森森动有百余尺。万株相倚郁苍苍,一鸟不鸣空寂寂。羊肠孟门㉒压太行㉓,比斯㉔大略犹寻常。双车上下苦顿颠,百骑前后多惊惶。天池海在山头上,百里镜空含万象。悬车束马西下山,四十八桥低万丈。河南海北山无穷,千变万化规模同。未若兹山太奇绝，磊落峭拔如神功。我来时当八九月，半出已上皆㉕为雪。山前草木暖如春，山后衣裳冷如铁。"

连日所供胜前。

注释

① 又作昌八里、彰八里等，在今新疆昌吉县境内。
② 详见"回纥"前注。
③ 佛教语，谓落发出家而得超度。
④ 这是指伊斯兰教穆斯林都朝西方麦加的方向礼拜。
⑤ 是艾比湖和精河之间的沙漠。
⑥ 第二天早晨。
⑦ 即今赛里木湖。
⑧ 即今果子沟，又名塔勒奇山峡，是从准噶尔盆地进入伊犁河谷的交通孔道。
⑨ 王本第 29 页误将道藏本写做"监本"。
⑩ 即成吉思汗的第二子察合台。
⑪ 桥就是栈桥。这里说的是察合台修建的栈道。
⑫ 一条东西向而流的大河。
⑬ 休息三天为一次。
⑭ 《元史·地理志·西北地附录》中作"阿力麻里"，在今新疆霍城县境内。蒙古察合台汗国曾在此定都。

⑮ 即穆斯林。
⑯ 为官职名，多写做"达鲁花赤"，为蒙古语，意为"镇守官、监临官"。
⑰ 阿里麻为突厥语，意为"苹果"。
⑱ 关于此城的名称，中外学者多有讨论，参看（亚美尼亚）乞剌可思·刚扎克赛著、何高济译《海屯行纪》，中华书局 1981 年版，第 17 页。
⑲ 又译做"兜罗锦、秃鹿马"，是一种棉织品。
⑳ 中原地区的人对棉花有很多误解，认为是种羊毛而成。又见刘郁《西使记》等书。
㉑ 中亚人对汉地的一种称呼，有学者认为该词源于"唐家子"。见王本第 31 页。当前主流看法是，"拓城"为此词的词源。
㉒ 太行山东部的一处隧道，地势极为险峻。
㉓ 河北与山西交界处的太行山脉。
㉔ "斯"即这里。
㉕ 王本此字为"纯"，与道藏本不同。

译文

又经过两座城，九月九日到达回纥的昌八剌城。城中的畏午儿王和镇海是老朋友，率领众部族和回纥僧人远远地来迎。入城后，在高台上设斋招待，与他的夫人一同劝饮葡萄酒，而且进献西瓜，瓜很重，重量超过普通的称所能称量的范围。甜瓜像枕头那样大，瓜的香味是中原所没有的。园中的蔬菜和中原地区相同。有僧人来旁边陪坐，师父让翻译问他："你们看什么经典？"僧人说："我们剃度受戒，拜佛为师。"这可能是因为从此往东，过去属于唐的缘故吧。再往西去就没有僧人了。回纥人只是礼拜西方而已。第二天沿着阴山向西走了大约十天的路程。又穿过沙漠。这里的沙很细，遇到风吹就流动起来，形状就像惊涛骇浪一般，忽聚忽散。沙漠中寸草不生。车辆陷在沙中，马匹停滞不前，用一昼夜的时间才从沙漠中走出来。这大概是白骨甸大沙漠的分支吧。向南走到阴山山麓，过沙漠又走了五天，在阴山北面住宿。第二天早上朝南走，翻过大山坡七八十里，到晚上才歇息。天很寒冷，又没有水。早晨起来朝西南走了大约二十里，忽有大湖，方圆近二百里，湖的周围雪峰环绕，影子倒映在湖中。师父称它为"天池"。沿湖向正南方向下山，左右峰峦陡峭挺拔，松树、桦树长势茂盛，高达一百尺，从山顶到山麓，何止上万株。山上的溪流都流入峡谷，流水奔腾汹涌，曲曲折折，大约有六七十里长。二太子跟随成吉思汗西征，开凿山石，疏通道路，架木搭成四十八座桥。桥上可以两车并行。到傍晚在峡谷中住宿。第二天才从峡谷中出来。进入一条东西向奔流的大河的流域，这里水草丰盈秀丽，天气如春，还生长着一些桑树、枣树。

休息了三天以后又走了一天的路程，九月二十七日到达阿里马城。铺速满国王和蒙古塔剌忽只带领各部的人来迎接。住宿在西果园。当地人称苹果为"阿里马"，大概这里盛产苹果，因此来命名这座城市。这个地方出产一种叫秃麻林的帛，可能就是人们所说的用种羊毛织成的。当时我们得到七捆织物做御寒的衣服。这种毛就像中原地区的柳花，鲜亮、洁白、细腻、柔软，可做线、做绳、制造帛、绵。农夫也开掘水渠来灌溉土地，当地人只用瓶子来取水，用头顶着运回家。等他们见到中原地区的汲水器皿，高兴地说："桃花石的各种东西都巧妙。""桃花石"是他们对汉人的称呼。师父自金山来到这里，用诗来记录他的行程说："金山东畔阴山西，千岩万壑攒深溪。溪边乱石当道卧，古今不许通轮蹄。前年军兴二太子，修道架桥彻溪水。今年吾道欲西行，车马喧阗复经此。银山铁壁千万重，争头竞角夸清雄。日出下观沧海近，月明上与天河通。参天松如笔管直，森森动有百余尺。万株相倚郁苍苍，一鸟不鸣空寂寂。羊肠孟门压太行，比斯大略犹寻常。双车上下苦顿颠，百骑前后多惊惶。天池海在山头上，百里镜空含万象。悬车束马西下山，四十八桥低万丈。河南海北山无穷，千变万化规模同。未若兹山太奇绝，磊落峭拔如神功。我来时当八九月，半山已上皆为雪。山前草木暖如春，山后衣衾冷如铁。"

在这里数天，得到的各种供应超过以前。

又西行四日至答剌速没辇①（没辇，河也），水势深阔，抵西北流，从东来截断阴山。河南复是雪山。

十月二日乘舟以济，南下至一大山。山北有一小城。又西行五里，宣使以师奉诏来，去行在渐迩，先往驰奏。独镇海公从师西行。七日度西南一山，逢东夏使②回，礼师于帐前。因问来自何时。使者曰："自七月十二日辞朝，帝将兵追算端汗③至印度。"

明日遇大雪，至回纥小城。雪盈尺，日出即消。十有六日，西南过板桥渡河。晚至南山下，即大石林牙（大石，学士；林牙，小名）④。其国王辽后也。自金师破辽，大石林牙领众数千，走西北，移徙十余年，方至此地。其风土、气候与金山以北不同。平地颇多，以农桑为务，酿蒲桃为酒。果实与中国同。唯经夏秋无雨，皆疏河灌溉百谷用成。东北西南，左山右川，延袤万里，传国几百年。乃满失国，依大石士马复振，盗据其土⑤，继而算端西削其地⑥。天兵至，乃满寻灭，算端亦亡。又闻前路多阻，适坏一车，遂留之。十有八日，沿山而西，七、八日山忽南去，一石城当路⑦，石色尽赤，有驻军古迹。西有大冢若斗星相联。又渡石桥⑧，并西南山行五程，至塞蓝城⑨，有小塔。回纥王来迎入馆。

十一月初，连日雨大作。四日，土人以为年⑩，旁午⑪相贺。是日，虚静先生赵九古语尹公曰："我随师在宣德时觉有长往⑫之兆，颇倦行役。尝蒙师训：'道人不以死生动心，不以苦乐介怀，所适无不可。'今归期将至，公等善事父师。"数日示疾⑬而逝，盖十一月五日也。师命门弟子葬九古于郭东原上，即行。

西南复三日，至一城⑭。其王亦回纥，年已耄矣。备迎送礼，供以汤饼⑮。

明日又历一城⑯。复行二日，有河，是为霍阐没辇⑰。又浮桥渡，泊于西岸，河桥官献鱼于田相公，巨口无鳞。其河源出东南二大雪山间，色浑而流急，深数丈，势倾西北，不知其几千里。河之西南绝无水草者二百余里⑱。即夜行，复南，望大雪山而西。山形与邪米思干⑲之南山相首尾。复有诗云："造物峥嵘不可名，东西罗列自天成。南横玉嵥连峰峻，北压金沙带野平。下枕泉源无极润，上通霄汉有余清。我行万里慵⑳开口，到此狂吟不胜情。"

注释

① 从丘处机的行程和本文关于地理位置和地貌的描写来看，这条河只能是伊犁河，而不是中亚的答拉速河（又名塔拉斯河）。关于这一点，徐松、王国维、陈正祥都有论述。纪本第80页仍将此河视为塔拉斯河，并将书中大段漠北地区的文字移到此处，这是不正确的。

② 东夏是金朝灭亡后，金朝的宣抚蒲鲜万奴在辽东建立的政权。"东夏"是其国号。参看本书附录《元史·太祖本纪》。《选注》本第216页注释不确。

③ 波斯语称国王为算端，今译苏丹。这里的算端汗指的是花剌子模的君主扎兰丁。当时花剌子模的绝大部分领土已经被成吉思汗占领。扎兰丁只好率军逃入印度。

④ 大石林牙本来是人名，即辽朝的大臣、西辽国的创建者耶律大石。林牙意为"学士"，耶律大石曾经担任过此职，故史书中也以此

称呼他。在这里"大石林牙"是指耶律大石建国的都城虎思斡耳朵，在今吉尔吉斯斯坦的托克马克。详见王本第33到36页。

⑤ 乃蛮被成吉思汗灭亡后，乃蛮王子屈出律逃到西辽，恢复了势力，还阴谋篡夺了西辽的政权。

⑥ 中亚花剌子模国兴起后，向东进行扩张，占领了西辽的西部地区。

⑦ 这座城应是塔拉斯城。

⑧ 丘处机等人走到这里才来到了塔拉斯河上。

⑨ 该城在今哈萨克斯坦南部奇姆肯特城东14英里处。在中国载籍上又写做"塞兰、塞喀姆"。

⑩ 这是指穆斯林大斋戒后的大拜拉姆节。

⑪ 将近中午。

⑫ 离开人世。

⑬ 本为佛教语词，指佛、菩萨及高僧得病。

⑭ 当为中亚乌兹别克斯坦塔什干城。

⑮ 即水煮的面食。

⑯ 《选注》本认为此城就是刘郁《西使记》中
　 提到的"别失兰城"。

⑰ 即锡尔河。"没辇"为突厥—蒙古语词汇，
　 意为"河"。"霍阐"是指河南面的霍阐城。

这里是用城名来称呼河名。

⑱ 此处当为卡拉库姆沙漠。

⑲ 即今乌兹别克斯坦名城撒马尔罕。

⑳ 慵即懒惰、懒散。

译文

又向西走了四天，来到答剌速河，水势深阔。河向西北方向流去，从东边截断阴山山脉。河的南面仍是雪山。

十月二日乘船渡过河，向南走，来到一座大山。山的北边有一座小城。再向西走五里，宣使刘仲禄因为师父是奉皇帝诏书来的，离行在渐渐近了，预先骑马去向成吉思汗奏报。只剩下镇海跟随师父西行。七日，翻过西南方的一座山，遇到东夏国归来的使者，到帐前向师父敬礼。师父趁此机会问他什么时候回来的。使者说："我从七月十二日辞别汗庭的，成吉思汗皇帝率兵追赶西域算端汗，一直追到印度。"

第二天遇到了大雪，来到回纥小城。积雪超过一尺，太阳出来后很快就融化了。十六日，向西南由木板桥过河。晚上到了南山下，也就是大石林牙城。这里的国王是辽国的后裔。金朝的军队灭辽之后，大石林牙就率领几千人，向西北逃走，迁徙了十多年，才来到这个地方。这里的风土、气候与金山以北不同。平原很多，居民务农，酿造蒲桃酒。这里的水果、粮食与中原地区相同。只是夏、秋两季没有雨，要疏浚河流灌溉庄稼来获得收成。在平原的东北、西南方向上左面是山，右面是河，原野广阔达万里。这个国家已经延续了几百年。乃蛮国灭亡后，依靠大石国的人马重新振兴，窃取了该国的领土。不久西域算端又在西面占领了该国的一部分国土。蒙古兵来，乃蛮国很快就灭亡了，西域算端也灭亡了。又听说前方的道路上有很多障碍，刚刚坏了一辆车，于是就停了下来。

十八日，沿着山向西走，过了七八天，山的走向忽然向南去了，路上有一座石城，石头都是红色的，城里有驻军的古迹。西边有几个大坟墓，如星斗一样互相联接。又过了一座石桥，沿着山向西南走了五天的路程，来到塞蓝城，城中有小塔。回纥王来迎接，接待住进馆舍。

十一月初，连续几天下大雨。当地人把十一月四日作为年节，近午的时候人们互相祝贺。这一天，虚静先生赵九古对尹志平说："我跟随师父西来，在宣德的时候就有长辞人世的感觉，路上奔走，感到非常疲倦。我曾受到师父这样的训示：'道人不因生死而动心，也不介意苦乐，到哪里去都可以。'现在我的归期将要到了，你们诸位要好好侍奉师父。"在几天后的十一月五日，他终因病情加

剧而逝世。师父命令自己的弟子把虚静先生赵九古安葬在城郭东面的平原上，很快就又出发了。

向西南又走了三天，到了一座城。国王也是回纥人，年纪已经很老了。迎送的礼节都很周详，还供应热汤面。第二天，又经过了一座城。又走了两天，来到了霍阐河。从浮桥上过河，在河的西岸住宿。管理河桥的官员献鱼给田镇海，鱼的嘴很大，没有鳞。霍阐河发源于东南方的两座大雪山之间，水色浑浊，水流湍急，深达几丈。水向西北方向流去，不知有几千里长。河的西南有二百多里的地面根本不长草。

当夜出发，再向南望大雪山朝西走。大雪山与邪米思干的南山首尾相连。师父又有诗句写道："造物峥嵘不可名，东西罗列自天成。南横玉峤连峰峻，北压金沙带野平。下枕泉源无极润，上通霄汉有余清。我行万里慵开口，到此狂吟不胜情。"

又至一城得接水草，复经一城①。回纥头目远迎，饭于城南献葡萄酒。且使小儿为缘杆②、舞刀之戏。再经二城，山行半日入南北平川。宿大桑树下，其树可荫百人。

前至一城，临道一井，深逾百尺。有回纥叟驱一牛挽辘轳汲水以饮解渴者。初，帝之西征也，见而异之。命蠲③其赋役。

仲冬十有八日，过大河④至邪米思干大城之北。太师移剌国公⑤及蒙古、回纥帅首，载酒郊迎。大设帷幄，因驻车焉。宣使刘公以路梗留。座中白师曰："顷知千里外有大河⑥，以舟梁渡。土寇坏之。况复已及深冬。父师似宜来春朝见。"师从之。少焉，由东北门入。其城因沟岸为之。秋、夏常无雨，国人疏二河入城，分绕巷陌，比屋⑦得用。方算端氏之未败也，城中常十万余户。国破而来，存者四之一。其中大率多回纥人，田园不能自主，须附汉人及契丹、河西⑧等。其官长亦以诸色人为之。汉人工匠杂处。城中有冈，高十余丈。算端氏之新宫据焉。太师先居之，以回纥艰食，盗贼多有。恐其变，出居于水北。师乃驻宫，叹曰："道人任运逍遥，以度岁月。白刃临头，犹不畏惧。况盗贼未至，复预忧乎！且善恶两途，决不相害，从者安之。"太师作斋，献金段十。师辞不受。遂月奉米面、盐油、果菜等物，日益尊敬。公见师饮少，请以蒲萄百斤作新酿。师曰："何必酒耶？但如其数得之待宾客足矣。"其蒲萄经冬不坏。又见孔雀、大象，皆东南数千里印度国物。师因暇日，出诗一篇云："二月经行十月终，西临回纥大城墉。塔高不见十三级（以砖，刻镂玲珑。外无层级，内可通行）。⑨山厚已过千万重。秋日在郊犹放象，夏云无雨不从龙。嘉蔬麦饭蒲萄酒，饱食安眠养素慵。"

① 据王国维的说法，这座城是乌剌塔白城。即古代的东曹国。
② 爬杆。
③ 免除。
④ 这条河是今天乌兹别克斯坦的泽拉夫善河。
⑤ 是成吉思汗的重要大臣耶律阿海，在《元

⑥ 即中亚阿姆河。
⑦ 王本此处作"户"，与《道藏》本不同。
⑧ 即西夏人。由于居地多在黄河以西，即以"河西"称之。
⑨ 纪本第 88 页此处有漏字。

史》中有传。

译文

又到了一座城，才有了水草。再经过一城，回纥首领远远地来迎接，在城南吃饭，献上葡萄酒。还让小孩子做爬杆、舞刀的表演。又经过二座城，在山上走了半天，来到南北走向的平原。住在一棵大桑树下。这棵树的树荫可以遮盖上百人。

向前走，来到一座城。道边有一口井，井深超过百尺。有回纥老人赶着一头牛拉着辘轳汲水给口渴的人喝。过去，成吉思汗西征，看到这件事感到很惊讶，命令免除了老人的赋役。

仲冬的十八日，过了大河来到邪米思干大城的城北。太师移剌阿海和蒙古、回纥的将领，带着酒来郊外迎接。搭起大帐，于是在那里停驻车马。宣使刘仲禄因为道路不通，滞留在这个地方。在聚会中他对将领们说："不久前听说千里外有一条大河，用舟桥可以渡河。土匪破坏了舟桥。何况又已经到了深冬。师父似乎应当来年春天朝见皇帝。"师父听从了他的意见。过了不久，师父从东北门入城。城墙是沿着河堤建造的。夏天、秋天经常没有雨，城中的居民疏导两条河入城，分别围绕街巷，使居民能够得到用水。当算端没有被打败的时候，城中有十万多户居民。国家破亡以来，幸存下来的有四分之一，其中大多数是回纥人。他们不能拥有自己的田园，必须依附汉人、契丹人、河西人。他们的长官也以各种各样的人来充当。汉人工匠在城中杂居。城中有土岗，高达十多丈。算端的新宫殿就建在岗上。耶律阿海太师过去在那里居住，因为回纥缺少食物，生活艰难，盗贼很多，担心发生民变，出城到河的北面居住去了。于是，师父就住在宫中，感叹道："道人听任命运，逍遥度日。即使刀架在头上，也不畏惧。何况盗贼还没有来，又预先担忧什么呢！而且善、恶走的是两条不同的路径，决不会互相侵害，依从的人自然会安定。"耶律阿海太师作斋，献上金缎十匹。师父推辞不接受。于是，太师每月供应米、面、盐、油、果、菜等东西，愈发尊敬师父。刘仲禄看见师父很少饮酒，请求用葡萄一百斤酿造新酒。师父说："何必酿酒呢？只

要能得到同样数量的葡萄让我来召待宾客就足够了。"这里的葡萄过一个冬天也不会坏。又看见孔雀、大象，都是东南距此几千里的印度国的动物。师父趁着这段闲暇日子，写了一首诗："二月经行十月终，西临回纥大城堭。塔高不见十三级，山厚已过千万重。秋日在郊犹放象，夏云无雨不从龙。嘉蔬麦饭蒲萄酒，饱食安眠养素慵。"

师既住冬，宣使洎相公镇海遣曷剌等同一行使臣，领甲兵数百，前路侦伺。汉人往往来归依。时有算历者在旁，师因问五月朔日食事。其人曰："此中辰时①食，至六分止。"师曰："前在陆局河午刻②见其食。既又西南至金山，人言：'巳时③食，至七分。'此三处所见各不同。案孔颖达④《春秋疏》'月体映日则日食。'以今料之，盖当其下，则见其食；既在旁者，则千里渐殊耳。正如以扇翳⑤灯，扇影所及，无复光明。其旁渐远，则灯光渐多矣。"师一日至故宫中，遂书《凤栖梧》⑥二词于壁，其一云："一点灵明潜启悟，天上人间，不见行藏处。四海⑦八荒惟独步，不空不有谁能睹。瞬目扬眉全体露，混混茫茫，法界超然去。万劫⑧轮回遭一遇，九元⑨齐上三清路。"其二云："日月循环无定止，春去秋来，多少荣枯事。五帝三王千百祀，一兴一废长如此。死去生来生复死，生死轮回，变化何时已。不到无心休歇地，不能清净超于彼。"又诗二首，其一云："东海西秦⑩数十年，精思道德⑪究重玄。日中一食那求饱，夜半三更强不眠⑫。实迹未谐霄汉举⑬，虚名空播朔方⑭传。直教大国垂明诏，万里风沙走极边。"其二云："弱冠寻真傍海涛，中年遁迹陇山高。河南一别升黄鹄⑮，塞北重宣钓巨鳌⑯。无极山川行不尽，有为心迹动成劳。也和六合⑰三千界，不得神通未可逃。"

是岁闰十二月将终，侦骑回，同宣使来白父师言，"二太子发军复整舟梁。土寇已灭，曷剌等诣营谒太子，言师欲朝帝所，复承命云：'上驻跸大雪山⑱之东南，今则雪积山门百余里，深不可行。此正其路尔。为我请师来此听候良便。来时当就彼城中遣蒙古兵护送。'"师谓宣差曰："闻河以南千里绝无种养，吾食须米面蔬菜，可回报太子帐下。"

注释

① 相当于上午的七点到九点。
② 正午时分。
③ 上午九点到十一点。
④ 唐代著名经学家。
⑤ 遮蔽、隐藏、隐没。
⑥ 词牌名。

⑦ 古以中国四境有海环绕，各按方位为"东海""南海""西海"和"北海"，但亦因时而异，说法不一。此处是指天下，全国各处。
⑧ 佛教名词。梵文 kalpa 的音译，"劫波"（或"劫簸"）的略称。意为极久远的时节。古印度传说世界经历若干万年毁灭一次，重

新再开始，这样一个周期叫做一"劫"。
"劫"的时间长短，佛经有各种不同的说法。
一"劫"包括"成""住""坏""空"四个时期，叫做"四劫"。到"坏劫"时，有水、火、风三灾出现，世界归于毁灭。后人借指天灾人祸。

⑨ 道教语，指人的九窍。纪本第94页此处释为九天，似不确。

⑩ 指的是当年丘处机的修行地。

⑪ 道教经典《道德经》。

⑫ 这两句诗写出了全真道士节食、节睡的苦行生活。详见王本上卷10页背面。

⑬ 霄汉即天。这里讲人的实际才能和他的声誉远不相称。

⑭ 远方。

⑮ 这句诗是怀念恩师王重阳的。王重阳死于河南。生黄鹄是去世的委婉说法。

⑯ 钓巨鳌出于一个典故。神话传说谓天帝使十五只巨鳌轮番顶戴五座仙山，而伯龙之国的巨人则一钓而连六鳌。见《列子·汤问》。后因以"钓鳌"比喻豪迈的举止或远大的抱负。这是丘处机自我期许的话。

⑰ 天地四方；整个宇宙的巨大空间。

⑱ 即今阿富汗兴都库什山。

译文

既然师父在这里住冬，宣使刘仲禄和镇海相公派曷剌等人和一队使臣，率领几百甲兵，到前方的道路去侦察。汉人经常来投奔师父。当时有擅长历算的人在师父旁边，师父乘机问他五月初一日食的事情。那个人说："这里辰时发生日食，但不是全食，只有十分之六分就停止了。"师父说："过去在陆局河，午刻看见日食。后来西南走，到金山，人们说：'巳时日食，只有十分之七。'这三个地方所看到的各不相同。查孔颖达的《春秋疏》，月亮遮住太阳就会发生日食。通过现在的情况来分析，大概在太阳下面，就能见到全食；在旁边，则千里之内渐有不同。这正像用扇子挡灯光，扇影所到的地方就不再有光明。它旁边的地方越远，灯光就越多。"师父一天来到旧日宫廷，在墙壁上写下了二首《凤栖梧》词，其一写道："一点灵明潜启悟，天上人间，不见行藏处。四海八荒惟独步，不空不有谁能睹。瞬目扬眉全体露，混混茫茫，法界超然去。万劫轮回遭一遇，九元齐上三清路。"其二云："日月循环无定止，春去秋来，多少荣枯事。五帝三王千百祀，一兴一废长如此。死去生来生复死，生死轮回，变化何时已。不到无心休歇地，不能清净超于彼。"又诗二首，其一云："东海西秦数十年，精思道德究重玄。日中一食那求饱，夜半三更强不眠。实迹未谐霄汉举，虚名空播朔方传。直教大国垂明诏，万里风沙走极边。"其二云："弱冠寻真傍海涛，中年遁迹陇山高。河南一别升黄鹄，塞北重宣钓巨鳌。无极山川行不尽，有为心迹动成劳。也和六合三千界，不得神通未可逃。"

这年闰十二月将要结束的时候，侦察的骑兵回来了，同宣使刘仲禄来禀告师父说，"二太子发军重新修整舟桥。土匪已经消灭，曷剌等人到营中拜谒太子，说师父打算到皇帝的驻地朝见。我们得到太子的命令：'圣上驻跸在大雪山的东南，现在大雪堆积在进山的道路入口达一百多里，雪深不能通行。而这正是必经的道路。替我请师父到这里来，任他在此等待方便的时机。来的时候应当从你们的城中派遣蒙古兵来护送。'"师父对宣差刘仲禄说："听说大河以南一千里内完全没有庄稼，我吃饭需要米面和蔬菜，你们可以回报太子帐下。"

　　壬午之春正月①，把榄②始华，类小桃。俟秋采其实，食之味如胡桃③。

　　二月二日春分④，杏花已落。司天台判⑤李公辈请师游郭西。宣使洎诸官载蒲萄酒以从。是日，天气晴霁，花木鲜明，随处有台池楼阁，间以蔬圃。憩则籍草，人皆乐之，谈玄论道，时复引觞⑥。日昃⑦方归，作诗云："阴山西下五千里，大石东过二十程。雨霁雪山遥惨淡，春分河府近清明（邪米思干大城，大石有国时名为河中府）。园林寂寂鸟无语（花木虽茂，并无飞禽），风日迟迟花有情。同志暂来闲睥睨⑧，高吟归去待升平。"

　　望日乃一百五旦太上贞元节⑨也。时僚属请师复游郭西，园林相接百余里，虽中原莫能过，但寂无鸟声耳。遂成两篇，以示同游。其一云："二月中分百五期⑩，玄元⑪下降日迟迟。正当月白风清夜，更好云收雨霁时。匝地⑫园林行不尽，际天花木坐观奇。未能绝粒成佳遁⑬，且向无为乐有为。"其二云："深蕃古迹尚横陈，大汉良朋欲遍巡。旧日亭台随处列，向年花卉逐时新。风光甚解流连客，夕照那堪断送人。且念世间酬短景，何如天外饮长春。"

　　三月上旬，阿里鲜至自行宫，传旨曰："真人来自日出之地，跋涉山川，勤劳至矣。今朕已回，亟欲闻道，无倦迎我。"次谕宣使仲禄曰："尔持诏征聘，能副朕心。他日当置汝善地。"复谕镇海曰："汝护送真人来，甚勤。余惟汝嘉。"仍敕万户播鲁只⑭，以甲士千人卫过铁门关⑮。师问阿里鲜以途程事。对曰："春正月十有三日自此初发，驰三日，东南过铁门。又五日，过大河。二月初吉，东南过大雪山，积雪甚高。马上举鞭测之，犹未及其半。下所踏者复五尺许。南行三日至行宫矣。且师至，次第奏讫。上悦，留数日方回。"

　　师遂留门人尹公志平辈三人于馆。以侍行五六人同宣使辈三月十有五日启行，四日过碣石城⑯。预传圣旨令万户播鲁只领蒙古、回纥军一千护送过铁门。东南度山，山势高大，乱石纵横。众军挽车，两日方至山前。沿流南行，军即北入大山破贼⑰。五日至小河⑱，亦船渡。两岸林木茂盛。七日舟济大河，即阿母没辇也。乃东南行，晚泊古渠上。渠边芦苇满地，不类中原所有。其大者经冬叶青而不凋，因取以为杖，夜横辕下，辕覆不折。其小者叶枯春换。少南山中有大实心竹，士卒以为戈戟。又见蜥蜴⑲皆长三尺许，色清黑。时三月二十九日也。因作诗曰："志道既无成，天魔深有惧。东辞海上来，西望日边去。鸡犬不闻声，马牛更递铺⑳。千山及万水，不知是何处。"

注释

① 公元 1222 年,元太祖十七年。
② 就是杏子。"杷榄"为波斯语。
③ 落叶乔木,羽状复叶,小叶椭圆形,核果球形,外果皮平滑,内果皮坚硬,有皱纹。木材坚韧,可以做器物,果仁可吃,亦可榨油及入药。又称核桃。
④ 大约为阳历的 3 月 20 日或 21 日。
⑤ 司天台是掌管天文、历法的机构,长官称判官。
⑥ 饮酒。觞是指盛满酒的杯。亦泛指酒器。
⑦ 太阳西斜。
⑧ 游玩观看。
⑨ 这是道教徒纪念道教之祖老子的一个盛大节日。一百五旦指的就是老子,因为传说中老子活了一百五十岁。
⑩ 二月中分是指二月十五日。这句话是说二月十五日是老子的生日。
⑪ 指老子。唐初追号老子为"太上玄元皇帝",简称"玄元"。
⑫ 遍地。
⑬ 意为隐避、隐居。
⑭ 就是成吉思汗的重要将领博尔术。他是成吉思汗的四杰之一,被封为右手万户,《元史》中有传。
⑮ 在今乌兹别克斯坦撒马尔罕以南约一百六十公里,是一个极其险要的关口,整个峡谷全长约两千四百米,最窄处只有五步。纪本第 102 页注释不确。
⑯ 在今乌兹别克斯坦撒马尔罕以南的沙赫里夏字兹。
⑰ 王本此处作"剿破贼"。
⑱ 为阿姆河北岸支流希拉巴特河。
⑲ 爬行动物。又名石龙子,通称四脚蛇。陈本第 86 页注为突厥斯坦蜥蜴或灰色大蜥蜴,大者可以长达一米。
⑳ 指驿站。

译文

壬午年春天的正月,杷榄开始开花,像小桃子。等到秋天采摘果实,吃起来味道就像胡桃。

二月二日春分,杏花已经落了。司天台判官李公等人请师父到城西游玩。宣使刘仲禄和各位官员带着葡萄酒随行。这日,天气晴朗,花木新鲜秀丽,各处都有亭台、池塘、楼阁,中间有种植蔬菜的园圃。休息时就坐在草地上,人们都很高兴,谈玄论道,不时举杯饮酒。直到傍晚才回来,师父作诗说:"阴山西下五千里,大石东过二十程。雨霁雪山遥惨淡,春分河府近清明。园林寂寂鸟无语,风日迟迟花有情。同志暂来闲睥睨,高吟归去待升平。"

十五日是老子的生日(太上贞元节)。这时僚属们再请师父重游城西,园林相接,长达一百多里,即使是中原地区也比不上,只是寂静没有鸟鸣声。于是师父做成两首诗,出示给一同游玩的人们。其中一首说:"二月中分百五期,玄元下降日迟迟。正当月白风清夜,更好云收雨霁时。匝地园林行不尽,际天花木坐观奇。未能绝粒成佳遁,且向无为乐有为。"第二首说:"深蕃古迹尚横陈,大汉良朋欲遍巡。旧日亭台随处列,向年花卉逐时新。风光甚解流连客,夕照那堪断送人。且念世间酬短景，何如天外饮长春。"

三月上旬，阿里鲜从行宫回来，传旨说："真人从日出之地来，跋涉山川，非常辛苦。现在朕已经回来了，急着想听师父讲道，不要因疲倦不愿见我。"接着传旨给宣使刘仲禄说："你拿着诏书去邀请师父，能够使朕满意。将来应当把你安置到一个好地方。"又传谕大臣镇海说："你护送真人来，很是辛劳。我觉得你很好。"成吉思汗还命令万户播鲁只派遣全副武装的一千名士兵保卫真人通过铁门关。师父问阿里鲜道上发生的事情。阿里鲜回答说："春天正月十三日从这里出发，走了三天，向东南经过铁门关，又过了五天，渡过大河。二月初一，向东南翻过大雪山，积雪很高。在马上举马鞭测量，还到不了雪深的一半。马脚下所踏的积雪还有大约五尺深。向南走了三天，就到了行宫。禀告说师父来了，各种事情分别奏完。圣上很高兴，留我住了几天才回来。"

于是师父把弟子尹志平等三人留在馆舍。带着随行的五六人和宣使等人在三月十五日出发。经四天过了碣石城。预先传达圣旨，命令万户播鲁只率领蒙古、回纥军队一千人护送穿过铁门。向东南走，翻越大山，山势高大，乱石纵横。很多士兵在前面拉车，走了两天才过了山，沿着河流南行。护送的军队随即向北行军，进入大山中去剿灭山贼去了。又走了五天来到一条小河，乘船渡河。河的两岸林木茂盛。第七天乘船渡过大河，也就是阿母河。于是向东南方行进，晚上住在古渠的岸边。渠边芦苇满地，长得不像中原地区的。大的芦苇经过冬天。叶子仍然是青的，不会凋谢。于是取来当做杖子，夜间横在车辕的下面，即使车辕压覆也不会折断。小芦苇的叶子冬天枯萎，春天返青。稍南的山里有大的实心竹子，士兵用来做戈戟。又看见蜥蜴，约长三尺，清黑色。这时已经三月二十九日了。于是师父作诗说："志道既无成，天魔深有惧。东辞海上来，西望日边去。鸡犬不闻声，马牛更递铺。千山及万水，不知是何处。"

又四日，得达行在①。上遣大臣喝剌播得②来迎。时四月五日也。馆舍定，即入见。上劳之曰："他国征聘皆不应，今远逾万里而来，朕甚嘉焉。"对曰："山野奉诏而赴者，天也。"上悦，赐坐。食次③，问真人："远来有何长生之药以资朕乎？"师曰："有卫生④之道而无长生之药。"上嘉其诚实⑤，设二帐于御幄之东以居焉。译者问曰："人呼师为腾吃利蒙古孔⑥，自谓之耶，人称之耶？"师曰："山野非自称，人呼之耳。"译者再至，曰："旧奚呼？"奏以"山野四人事重阳学道，三子羽化⑦矣。惟山野处世，人呼以先生⑧"。上问镇海曰："真人当何号？"镇海奏曰："有人尊之曰师父者、真人者、神仙者。"上曰："自今以往，可呼神仙。"时适炎热，从车驾庐于雪山避暑⑨。

上约四月十四日问道。外使田镇海、刘仲禄、阿里鲜记之，内使近侍三人记之。将及期，有报：回纥山贼指斥者⑩。上欲亲征，因改卜十月吉。师乞还旧馆⑪。上曰："再来不亦劳乎？"师曰："两旬可矣。"上又曰："无护送者。"师曰："有宣差杨阿狗。"

又三日，命阿狗督回纥酋长以千余骑从行，由他路回。遂历大山，山有石门，望如削蜡。有巨石横其上若桥焉。其流甚急，骑士策其驴以涉，驴遂溺死。水边尚多横尸，此地盖关口。新为兵所破，出峡复有诗二篇。其一云："水北铁门犹自可，水南石峡太堪惊。两崖绝壁揽天筝，一涧寒波滚地倾。夹道横尸人掩鼻，溺溪长耳⑫我伤情。十年万里干戈动，早晚回军复⑬太平。"其二云："雪岭皑皑上倚天，晨光灿灿下临川。仰观峭壁人横度，俯视危崖柏倒悬。五月严风吹面冷，三焦⑭热病当时痊。我来演道空回首，更卜良辰待下元。"

始师来觐三月竟，草木繁盛，羊马皆肥。及奉诏而回，四月终矣。百草悉枯，又作诗云："外国深蕃⑮事莫穷，阴阳⑯气候特无从。才经四月阴魔尽（春冬霖雨，四月纯阳，绝无雨），却早弥天旱魃⑰凶。浸润百川当九夏⑱（以水溉田），摧残万草若三冬⑲。我行往复三千里（三月去，五月回），不见行人带雨容。"

路逢征西人回，多获珊瑚⑳。有从官以白金二镒㉑易之近五十株。高者尺余，以其得之马上，不能完也。继日乘凉宵征五六日，达邪米思干城（大石名河中府）。诸官迎师入馆，即重午日㉒也。

注释

① 当系兴都库什山北麓的塔里寒。
② 当为成吉思汗的近臣，不可考。
③ 就食之时。
④ 养生；保护生命。
⑤ 王本"实"字脱落。
⑥ 腾吃剌为突厥—蒙古语词汇，意为"天"；"蒙古"，多译做"蒙哥"，为蒙古语词汇，意为"长寿"；"孔"是突厥语词汇，意为"人"。整个词的意思是"长生的仙人"，也就是后文中成吉思汗称呼丘处机的"神仙"。
⑦ 指飞升成仙，用作道教徒死亡的婉辞。
⑧ 元代多用"先生"来称呼道士。
⑨ 此地当系兴都库什山山麓的八鲁湾。
⑩ 指斥意为指摘，斥责。此事是指花剌子模国国王扎兰丁率残部向成吉思汗挑战。
⑪ 就是丘处机这段行程的出发地撒马耳干。
⑫ 长耳指驴。
⑬ 王本此处为"望"字。

⑭ 焦是中医学名词，为六腑之一。三焦是上焦、中焦、下焦的合称。上焦在心下鬲，在胃上口；中焦在胃中脘；下焦在脐下，当膀胱上口。
⑮ 通"番"。周代谓九州之外的夷服、镇服、蕃服。后用以泛指域外或外族。
⑯ 古代指宇宙间贯通物质和人事的两大对立面。指天地间化生万物的二气。又指天地、日月、寒暑、春夏和秋冬等。
⑰ 神话传说中的旱神。
⑱ 夏季，夏天。
⑲ 即冬天。
⑳ 由珊瑚虫分泌的石灰质骨骼聚结而成的东西，状如树枝，多为红色，也有白色或黑色的。鲜艳美观，可做装饰品。
㉑ 白金就是白银；镒是古代重量单位，一镒为二十两。
㉒ 为阴历的五月五日，汉族的端午节。

又过了四天，得以到达行在。圣上派大臣喝剌播得来迎接。这天是四月五日。安排好了馆舍，师父就进宫拜见。圣上慰劳师父说："别的国家邀请师父，师父都没有同意。现在远行逾万里而来，朕很是嘉许。"师父回答说："山野之人奉诏来到这里，是天意啊。"圣上很高兴，赐师父入坐。吃饭的时候，圣上问真人："远道而来，有什么长生药给朕吗？"师父说："只有养生之道而没有长生之药。"圣上赞赏师父的真诚，在御帐的东面搭了两座帐篷供师父居住。翻译问："人们称呼师父为腾吃利蒙古孔，是自称呢，还是别人称呼你呢？"师父说："不是山野之人的自称，而是别人这样称呼。"翻译再来的时候问："过去人们怎么称呼您呢？"师父奏答道："我们四人拜重阳真人学道，其他三位都已经羽化了。只有我还活着。人们称我为先生。"圣上问镇海："真人应当有一个什么样的名号呢？"镇海奏道："有人尊称他为师父、真人、神仙。"圣上说："从今以后，要称他为神仙。"当时正值炎热天气，跟着圣上的车驾到雪山结庐避暑。

圣上约定四月十四日问道。在外廷命令田镇海、刘仲禄、阿里鲜做记录，在宫中命三个亲信侍从做记录。快到问道日期的时候，有报告说，回纥山贼作乱，向蒙古人挑战。圣上打算亲征，于是重新占卜，把日期改定为十月初。师父请求回旧日馆舍。圣上说："再到这里来不是很辛劳吗？"师父说："两旬就能到了。"圣上又说："现在没有护送的人。"师父说："有宣差杨阿狗。"

又过了三天，命令杨阿狗率回纥酋长带着一千多骑兵随行，由别的道路返回。于是翻过大山，山中有石门，看上去就像刀削的蜡一般齐整陡峭。有巨石像桥一样横在上面。山中水流很急，骑兵鞭打驴子过河，驴被冲倒溺死。水边还横躺着很多尸体。这地方大概就是关口，新近被军队攻破。师父出了峡谷，又作了二首诗。其中一首说："水北铁门犹自可，水南石峡太堪惊。两崖绝壁揽天旮，一涧寒波滚地倾。夹道横尸人掩鼻，溺溪长耳我伤情。十年万里干戈动，早晚回军望太平。"第二首写道："雪岭皑皑上倚天，晨光灿灿下临川。仰观峭壁人横度，俯视危崖柏倒悬。五月严风吹面冷，三焦热病当时痊。我来演道空回首，更卜良辰待下元。"

师父刚来进觐的时候是三月底，当时草木繁盛，羊、马都很肥。等到奉诏回来，已是四月末了，百草都枯萎了。师父又作诗说："外国深蕃事莫穷，阴阳气候特无从。才经四月阴魔尽，却早弥天旱魃凶。浸润百川当九夏，摧残万草若三冬。我行往复三千里，不见行人带雨容。"

路上遇到西征回来的人，很多人都得到了珊瑚。有随从军官用白银二镒买了近五十株，高的有一尺多长。因为是在战争中抢掠得来的，都不完整。接下去的日子乘着凉爽的夜晚走了五六天，到达邪米思干城。各位官员迎接师父住进馆舍。这时正值五月五日。

下　卷

宣差李公东迈①，以诗寄东方道众云："当时发轫海边城，海上干戈②尚未平。道德③欲兴千里外，风尘不惮九夷④行。初从西北登高岭（即野狐岭），渐转东南指上京（陆局河东畔东南望上京也）。迤俪直西南下去（西南四千里到兀里朵，又西南二千里到阴山），阴山之外不知名（阴山西南一重大山，一重小水。数千里到邪米思干大城，师馆于故宫）。"

师既还馆，馆据北崖，俯清溪十余丈，溪水自雪山来，甚寒。仲夏⑤炎热，就北轩⑥风卧，夜则寝屋颠之台。六月极暑，浴池中。师之在绝域，自适如此。

河中壤地宜百谷，惟无荞麦、大豆。四月中，麦熟。土俗收之，乱堆于地，遇用即碾，六月斯毕。太师府提控李公献瓜田五亩，味极甘香，中国所无。闻有大如斗者。六月中，二太子回，刘仲禄乞瓜献之。十枚可重一担。果、菜甚赡，所欠者芋、栗耳。茄实若粗指而色黑。

男女皆编发，男冠则或如远山，帽饰以杂彩，刺以云物，络之以缨。自酋长以下，在位者⑦冠之。庶人则以白么斯（布属）⑧六尺许盘于其首。酋豪之妇缠头以罗⑨，或皂⑩或紫，或绣花卉、织物象，长六、七尺。发皆垂，有袋之以绵者，或素或杂色；或以布帛为之者。不梳髻，以布帛蒙之，若比丘尼⑪状，庶人妇女之首饰也。衣则或用白毡⑫缝如注袋，窄上宽下，缀以袖，谓之衬衣。男女通用。

车舟农器制度颇异中原。国人皆以鍮石铜⑬为器皿。间以磁，有若中原定磁⑭者。酒器则纯用琉璃⑮，兵器则以镔⑯。市用金钱，无轮孔，两面凿回纥字。

其人多魁梧有膂力，能负载重物不以担。妇人出嫁，夫贫则再嫁，远行逾三月者，则亦听他适。异者或有须髯。国中有称大石马⑰者，识其国字，专掌簿籍。遇季冬⑱设斋一月⑲。比暮，其长自刲⑳羊为食，与席者同享，自夜及旦。余月则设六斋。又于危舍上跳出大木如飞檐，长阔丈余。上构虚亭㉑，四垂璎珞㉒。每朝夕，其长登之，礼西方，谓之告天。不奉佛，不奉道。大呼吟于其上，丁男、女闻之，皆趋拜其下。举国皆然，不尔则弃市㉓。衣与国人同，其首则盘以细么斯，长三丈二尺，骨以竹。师异其俗，作诗以记其事云："回纥邱墟万里疆，河中大城最为强。满城铜器如金器，一市戎装似道装。翦簇黄金为货略，裁缝白氍作衣裳。灵瓜素椹非凡物，赤县㉔何人构得尝。"

当暑，雪山寒甚，烟云惨淡。师乃作绝句云："东山日夜气洪濛，晚色弥天万丈红。明月夜来飞出海，金光射透碧霄空。"

师在馆，宾客甚少。以经书游戏，复有绝句云："北出阴山万里余，西过大石半年居。遐荒鄙俗难论道，静室幽岩且看书。"

注释

① 即东行。

② 战争。

③ 直意为《道德经》，这里指道教。

④ 古代称东方的九种民族，亦指其所居之地。这里是泛称少数民族。

⑤ 阴历夏天的第二个月，即五月。

⑥ 轩是以敞朗为特点的建筑物，如亭、阁、棚之类。

⑦ 指官员。

⑧ 是一种产于中亚毛夕里城的白色细棉布。

⑨ 一种稀疏而轻软的丝织品。

⑩ 黑色。

⑪ 为佛教名词，是梵语的译音，又译作"苾蒭尼"。佛教出家"五众"之一。指已受具足戒的女性，俗称尼姑。

⑫ 即白棉布。

⑬ 指铜与炉甘石共炼而成的黄铜。颜色金黄，很像黄金的颜色，所以丘处机的诗句中有"满城

铜器如金器"的句子。

⑭ 河北定县窑烧制的瓷器，以白瓷最有名。

⑮ 此处指玻璃。

⑯ 即镔铁，以产于波斯的最为有名。

⑰ 指伊斯兰教的宗教职业者，原意指教师或有学问的人。

⑱ 最后一个冬天，即十二月。

⑲ 伊斯兰教规定，穆斯林每年在该教教历太阴年九月（莱麦丹月）斋戒一个月，称为"斋月"。在这个月内，除了病人和旅客外，都要进行斋戒，从日升到日落，禁绝一切饮食和房事等。

⑳ 杀，割。

㉑ 就是伊斯兰教教堂中的叫拜楼。

㉒ 用珠玉穿成的装饰物。

㉓ 本指受刑罚的人在街头示众，民众共同鄙弃之，后以"弃市"专指死刑。

㉔ 即中国。

译文

宣差李公东归，师父委托他带诗给东方的道教信徒说："当时发轫海边城，海上干戈尚未平。道德欲兴千里外，风尘不惮九夷行。初从西北登高岭，渐转东南指上京。迤俪直西南下去，阴山之外不知名。"

师父回到馆舍。住地高据北面的山崖，下面是十多丈宽的清澈溪水，溪水是从雪山流过来的，很凉。盛夏炎热，师父在北轩临风而卧，夜里就睡在屋顶的

高台上。六月极热，就在水池中沐浴。师父在这远离中土的地方，却能如此顺应自如。

河中地区的土地适宜农作物的生长，只是没有荞麦、大豆。四月中，小麦成熟。当地的习俗是，小麦收割了之后，随便堆在地里。随用随碾，到六月就可以加工完毕。太师府的提控李公献出瓜田五亩供师父取食。瓜的味道极为甘甜芳香，是中原地区所没有的。听说大的瓜像斗那样大。二太子察合台六月来到这里，刘仲禄向师父要瓜献给他。十个瓜就可以装满一担。这里果、菜很丰富，只是缺少芋、栗。茄子长得像粗的手指，颜色是黑的。

男女都梳辫子，男人的帽子有的像远山的形状。帽子用各种杂色织物作装饰，绣着云彩等花纹，缀着璎珞。自酋长以下，官员们都戴帽子。平民则用白么斯布六尺左右盘在头上。酋长、势家的主妇用罗来缠头，或黑色，或紫色，或绣上花卉，或织出各种图案。用的罗长约六七尺。人们的头发披垂下来，有人用绵做的袋包住头发，袋的颜色有单色的，也有杂色的。还有人用布帛来做这种包头的袋子。人们不梳发髻，而用布帛蒙头，就像比丘尼那样。这就是平民妇女的首饰。有人用白棉布缝制衣服，式样像放东西的袋子，上面窄，下面宽，缝着袖子，称为衬衣。男女通用这种服饰。

车、船、农具的规制和中原地区差别很大。当地人都用黄铜做器皿，偶尔用磁器，有些像中原出产的定磁。酒器则完全用琉璃制作，兵器用镔铁打造。市场交易用金钱，钱上没有轮孔，两面都凿着回纥字。

那里的人大多魁梧有膂力，不用担子就能够负载重物。妇人出嫁后，如果丈夫贫穷可以再嫁。丈夫远行超过三个月的，也可以听任妻子改嫁。有些奇怪的女人长着胡须。当地有被称做大石马的人，他们认识该国的文字，专门掌管文册簿籍。到冬天的最后一个月，举行斋戒。到了晚上，长者亲自割羊肉，与席中的人一起食用。大家的活动从夜晚一直持续到天明。其他的月份只设六次斋。又在高大的房子顶上横架出像飞檐一样的大木板，长、宽有一丈多。上面搭建亭子，四角垂着璎珞。每天早晚他们的首领登上亭子，向西方施礼，这被称为"告天"。当地不信奉佛教和道教。首领在亭上大声地呼喊、吟颂，成年男女们听到后，都赶来在下面礼拜。全国都是这样。如果不这样做的话就会被处死。教士的衣服和本国的大众相同。教长用细么斯布盘头，布长三丈二尺，用竹子做帽子的骨架。师父觉得当地的风俗很奇怪，作诗记载此事说："回纥邱墟万里疆，河中大城最为强。满城铜器如金器，一市戎装似道装。蒻簇黄金为货赂，裁缝白氎作衣裳。灵瓜素椹非凡物，赤县何人构得尝。"

正值暑期，雪山上却很寒冷，云烟惨淡。师父于是作绝句写道："东山日夜气洪濛，晚色弥天万丈红。明月夜来飞出海，金光射透碧霄空。"

师父住在馆舍，来访的宾客很少，平时以读经书作为消遣，又作了一首绝句："北出阴山万里余，西过大石半年居。遐荒鄙俗难论道，静室幽岩且看书。"

七月哉生魄①，遣阿里鲜奉表诣行在，禀论道日期。八月七日得上所批答。八日即行。太师相送数十里。师乃曰："回纥城东新叛者二千户。夜夜火光照城，人心不安。太师可回安抚。"太师曰："在路万一有不虞，奈何？"师曰："岂关太师事。"乃回。

十有二日，过碣石城。十有三日得护送步卒千人、甲骑三百。入大山中，即铁门外别路也。涉红水涧，有峻峰高数里。谷东南行，山根有盐泉流出，见日即为白盐。因收二斗，随行日用。又东南，上分水岭，西望高涧若冰，乃盐耳。山上有红盐如石，亲尝见之。东方惟下地生盐，此方山间亦出盐。回纥多饼食，且嗜盐，渴则饮水。冬寒，贫者尚负瓶售之。

十有四日，至铁门西南之麓。将出，其山门险峻，左崖崩下，涧水伏流一里许。

中秋抵河上。其势若黄河流。西北乘舟以济，宿其南岸。西有山寨，名团八剌②。山势险固。三太子之医官郑公③途中相见。以诗赠云："自古中秋月最明，凉风届候夜弥清。一天气象沉银汉④，四海鱼龙耀水精。吴越楼台歌吹满，燕秦部曲酒肴盈。我之帝所临河上，欲罢干戈致太平。"

溯河东南行三十里，乃无水。即夜行过班里⑤，城甚大。其众新叛去，尚闻犬吠。黎明饭毕，东行数十里。有水北流，马仅能渡。东岸憩宿。

二十二日，田镇海来迎。

注释

① 阴历的十六日。圆月为哉，月亮无光为魄。"哉生魄"就是月亮由圆到缺的转变的开始。

② 就是团城。这座城就是耶律楚材《西游录》中提到的挊城，现地望不明。

③ 就是窝阔台的医官郑景贤。耶律楚材《湛然居士集》中有很多诗作提起他。

④ 指天河，银河。

⑤ 在今阿富汗马扎里沙里夫附近。

译文

七月十六日，师父派阿里鲜送表章到行在，禀告论道的日期。八月七日得到圣上的批答。八月八日就动身。太师耶律阿海送出了几十里。师父对他说："回纥城东边新近有二千户反叛。每天晚上火光映照城市，人心不安。太师应当回去安抚百姓。"太师说："师父在路上万一有什么意外，那可怎么办呢？"师父说：

"这和太师没有关系。"太师这才回去。

十二日，过了碣石城。十三日来了护送的步兵一千人、全副武装的骑兵三百人。走进大山，就是铁门关外的另一条道路。涉过红水涧，有陡峻的山峰高达几里。沿山谷向东南走，山脚下有咸泉水流出来，见到太阳就成为白色的盐。于是收集了二斗，在行程中每天食用。又朝东南走，上了分水岭，向西望去，高高的山涧上好像结了冰，那都是盐。山上有像石头一样的红盐，我亲眼见到过。在东方只有地势低的地方才出盐，而这里的山中也出盐。回纥人多食面饼，而且爱吃盐，渴了就喝水。冬天寒冷，仍有穷人背着瓶子卖水。

十四日，到铁门关西南的山麓，将要出山，山门险峻，左面的山崖崩塌下来，山涧中的水在地下流了一里左右。

中秋的时候到达河岸上。水势就像黄河，流向西北。乘船渡河，住在河的南岸。西面有山寨，名叫团八剌。山势险要坚固。三太子的医官郑公到路上赶来相见，师父赠诗给他说："自古中秋月最明，凉风届候夜弥清。一天气象沉银汉，四海鱼龙耀水精。吴越楼台歌吹满，燕秦部曲酒肴盈。我之帝所临河上，欲罢干戈致太平。"

逆着水流，向东南走了三十里，就离开了河。当天晚上到了班里城，城很大。城里的居民新近反叛而去，还可以听到狗叫的声音。黎明时吃过饭，向东走了几十里。有河向北流去，马刚刚可以渡河。在河的东岸休息住宿。

二十二日，田镇海来迎接。

及行宫，上复遣镇海问曰："便欲见耶，且少憩耶？"师曰："入见是望。且道人从来见帝，无跪拜礼，入帐折身叉手①而已。"既见，赐湩酪②。竟，乃辞。上因问："所居城内支供足乎？"师对："从来蒙古、回纥、太师支给。迩者食用稍难，太师独办。"翌日，又遣近侍官合住③传旨曰："真人每日来就食，可乎？"师曰："山野修道之人，惟好静处。"上令从便。

二十七日，车驾北回，在路屡赐蒲萄酒、瓜菜食。九月朔，渡航桥④而北，师奏："话期将至，可召太师阿海。"其月望，上设幄齐庄⑤，退侍女左右，灯烛炜煌。惟阇利必镇海⑥、宣差仲禄侍于外。师与太师阿海、阿里鲜入帐。坐奏曰："仲禄万里周旋，镇海数千里远送，亦可入帐与闻道话。"于是召二人入。师有所说，即令太师阿海以蒙古语译奏，颇惬⑦圣怀。

十有九日清夜，再召师论道，上大悦。

二十有三日，又宣师入幄，礼如初。上温颜以听。令左右录之，仍敕制以汉字，意示不忘。谓左右曰："神仙三说养生之道，我甚入心。使勿泻于外。"

自是扈从而东，时敷奏道化⑧。

又数日，至邪米思干大城西南三十里。

十月朔，奏告先还旧居。上驻跸于城之东二十里。是月六日暨太师阿海人见，上曰："左右不去，如何？"师曰："不妨。"遂令太师阿海奏曰："山野学道有年矣，常乐静处。行坐御帐前，军马杂遝，精神不爽。自此或在先，或在后任意而行。山野受赐多矣。"上从之。既出，上使人追问曰："要秃鹿马⑨否？"师曰："无用。"

于时微雨始作，青草复生。仲冬⑩过半，则雨雪渐多，地脉⑪方透。自师之至斯城也，有余粮则惠饥民，又时时设粥。活者甚众。

注释

① 折身就是弯腰行礼；叉手就是两手在胸前相交，表示恭敬。
② 就是奶酪。
③ 纪本第123页此处的人名"合住"误作"合往"。
④ 即舟桥，纪本第123页此处作"河桥"。
⑤ 齐，即斋。庄，庄重完备。这里是指成吉思汗为闻道而设置的大型道坛。
⑥ 阇利必镇海就是田镇海。阇利必为近侍官，掌管宫廷侍卫。
⑦ 开心，满足。
⑧ 丘处机历次向成吉思汗讲道的内容，详见本书的附录：耶律楚材编《玄风庆会录》。
⑨ 即细棉布，已见前注。
⑩ 即阴历的十一月。
⑪ 指各种地下水。

译文

到了行宫，圣上又派镇海来问："是现在就见面呢，还是先稍稍歇息一下？"师父说："希望现在入见。另外，道人从来面见皇帝，不行跪拜之礼，进帐后只折身叉手施礼罢了。"师父进见，成吉思汗赐乳酪。吃罢，师父告辞。圣上问师父："道长住过的城市供应充足吗？"师父回答说："自出发以来由蒙古、回纥和太师供给所需。近来食物、用度稍有困难，由太师独自承办。"第二天，成吉思汗又派近侍官合住传旨说："真人每天到宫帐中用饭，可以吗？"师父说："我是在山野中修道的人，只爱清静自处。"圣上下令听从师父自便。

二十七日，成吉思汗北返，在路上多次赐给师父葡萄酒、瓜果、蔬菜食用。九月初，渡过舟桥向北行，师父上奏说："论道的日期就要到了，可以召来太师耶律阿海。"这个月的十五日，成吉思汗在帐中设立斋庄，让侍女和周围的人们都退下。帐中灯烛辉煌。只有阇利必镇海、宣差刘仲禄在帐外侍候。师父和太师耶律阿海、阿里鲜进帐，坐下来奏道："刘仲禄往返万里，镇海远程护送几千里。也可以进帐一起听讲道。"于是召刘仲禄和镇海两个人进来。师父所讲的话，命太师耶律阿海译成蒙古语奏告。成吉思汗很满意。

在十九日寂静的夜晚，圣上再次召请师父论道。听师父传道，圣上非常高兴。

二十三日，又一次请师父到帐中。礼仪就像最初那样。圣上和颜悦色地听讲，命令旁边的人做记录，还下令写成汉字，表示不忘道法的意思。圣上对左右说："神仙三次讲养生之道，很合我的意。你们不要把师父所讲的话泄露到外面去。"

从此，扈从圣上向东行，不时地对皇帝讲解道法。

又走了几天，来到西南距邪米思干城三十里的地方。

十月初，师父上奏圣上，先回过去住的地方。皇帝一行则驻在城东二十里的地方。这个月的六日，师父和太师耶律阿海入见。圣上说："不让我周围的人离开，怎么样？"师父说："没有什么妨碍。"于是师父让太师耶律阿海翻译进奏："山野之人修行已经有很长时间了，喜欢静处。在御帐前起居活动，军马杂乱，令我精神苦闷。从现在开始，圣上让我或在前，或在后，任意行动吧。这样我就很受圣上的恩典了。"圣上听从了师父的意见。师父出帐后，圣上派人来追问："师父要秃鹿马吗？"师父说："不用了。"

这时候开始下小雨，青草重生。仲冬已经过去了一半，雨雪逐渐多起来了，地脉这才通透。自从师父来到这座城市，只要有剩余的粮食就给饥饿无食的百姓们食用，还经常施粥，救活了很多人。

二十有六日，即行。十二月二十三日，雪寒。在路牛马多冻死者。又三日，东过霍阐没辇（大河也）[1]。至行在，闻其航桥[2]中夜断散。

盖二十八日也，帝问以震雷事，对曰："山野闻国人[3]夏不浴于河、不浣衣、不造毡。野有菌[4]则禁其采，畏天威也。此非奉天之道也。尝闻三千之罪，莫大于不孝者。天故以是警之。今闻国俗多不孝父母，帝乘威德可戒其众。"上悦曰："神仙是言，正合朕心。"敕左右记以回纥字[5]。师请遍谕国人，上从之。又集太子、诸王、大臣曰："汉人尊重神仙，犹汝等敬天。我今愈信真天人也。"乃以师前后奏对语谕之。且云："天俾神仙为朕言此，汝辈各铭诸心。"师辞退，逮正旦[6]，将帅、医卜等官贺师。

十有一日，马首遂东，西望邪米思干千余里。驻大果园中。十有九日，父师诞日，众官炷香为寿。二十八日，太师府提控李公别去。师谓曰："再相见也无。"李公曰："三月相见。"师曰："汝不知天理，二三月即东归矣。"

二十一日，东迁一程，至一大川，东北去赛蓝[7]约三程。水草丰茂，可饱牛马，因盘桓[8]焉。

二月上七日，师入见奏曰："山野离海上约三年。回今兹三年，复得归山，固所愿也。"上曰："朕已东矣，同途可乎？"对曰："得先行便。来时汉人问山野以还期。尝答云'三岁'。今上所谘访敷奏迄，因复固辞。"上曰："少俟三五日，太子来。前来道话有所未解者。朕悟即行。"

八日，上猎东山下，射一大豕⑨。马踣⑩失驭。豕旁立不敢前。左右进马，遂罢猎还行宫。师闻之，入谏曰："天道好生，今圣寿已高，宜少出猎。堕马，天戒也。豕不敢前，天护之也。"上曰："朕已深省，神仙劝我良是。我蒙古人骑射少所习，未能遽已。虽然，神仙之言在衷焉。"上顾谓吉息利答剌汗⑪曰："但神仙劝我语，以后都依也。"自后两月不出猎。

二十有四日，再辞朝。上曰："神仙将去，当与何物？朕将思之。更少待几日。"师知不可遽辞，回翔⑫以待。三月七日又辞，上赐牛马等物。师皆不受，曰："只得驿骑足矣。"上问⑬通事⑭阿里鲜曰："汉地神仙弟子多少？"对曰："甚众。神仙来时，德兴府龙阳观中尝见官司催督差发⑮。"上曰："应于门下人悉令蠲免。"仍赐圣旨文字一通，且用御宝⑯。因命阿里鲜（河西也⑰）为宣差，以蒙古带、喝剌八海副之⑱，护师东还。十日辞朝行。答剌汗以下皆携蒲萄酒、珍果相送数十里。临别众皆挥涕。

注释

① 即锡尔河，已见前注。

② 即舟桥。

③ 此处的国人是指蒙古人。

④ 这里是指可供食用的高等菌类，如香菇等。

⑤ 早期蒙古人没有自己的文字，成吉思汗征服乃蛮之后，命乃蛮的文官、畏兀儿人塔塔统阿根据回纥字母创制了蒙古文字。这里的回纥字实际上指的是用回纥字母拼写的蒙文。

⑥ 元旦。

⑦ 在今哈萨克斯坦奇姆肯特城东十三英里处，又被称做"赛里木"。

⑧ 滞留、停留。

⑨ 即大野猪。

⑩ 向前仆倒。

⑪ 王国维认为吉息利就是成吉思汗的重臣、《元朝秘史》中提到的乞失里黑。答剌汗意为"可以自由自在的人"，是蒙古一种非常尊贵的封号，具有这一封号的人享有种种特权，如：可免除贡纳义务，作战时掳掠之物、围猎时猎获的野兽可自己留下，可自由选择牧地，可随时去见大汗不待批准，九次犯罪不罚，廷宴时享受宗王级礼遇，可拥有带弓箭的卫士等等。"答剌罕"封号及所享特权均可世袭。

⑫ 飞鸟盘旋称为徊翔。这里意为耐心等待。

⑬ 王国维本此处为"闻"，误。

⑭ 口头翻译称通事。

⑮ 蒙元时的各种赋税徭役。

⑯ 即御印。

⑰ 王本下卷七叶背面此处作"河西人也"。

⑱ 原书后的附录"特旨蒙古四人从师护持"中提到这两个人，可以参看。

译文

二十六日，启程。十二月二十三日，下了雪，天气寒冷。在路上，牛、马冻死了很多。又过了三天，向东走经过霍阐大河，来到成吉思汗的驻地。听说河上的航桥在深夜被水冲断流散。

　　大概是二十八日，皇帝问师父关于打雷的事情，师父回答说："我听说蒙古人夏天不在河里洗澡、不洗衣服、不造毡子。野地里有蘑菇也禁止人采。这可能是因为畏惧天威吧。但这并不是奉行天道的做法。我曾经听说三千种罪之中没有比不孝更大的罪过。上天特意用打雷来警醒人们。现在我听说蒙古人的习俗大多不孝敬父母，皇帝可以用您的权威和盛德来禁止人们这样做。"圣上高兴地说："神仙的这些话，正合朕心。"命令左右侍从用回纥字把这些话记录下来。师父请求把这些话遍告蒙古部众，皇上听从了师父的意见。还召集太子、诸王、大臣们说："汉人尊重神仙，就像你们敬奉上天一样。我现在愈发相信，道长真是天上的人啊。"于是把师父前后奏对的话对大家讲了，还说："天让神仙对朕说这些话，你们每个人都要把这铭记在心中。"师父告辞退下。到了元旦，将领、医生、卜师等官员都来向师父道贺。

　　十一日，启程向东行，西望邪米思干，已经在千余里外了。当晚就驻在大果园里。十九日是师父的生日，诸位官员烧香为师父祝寿。二十八日，太师府提控李公向师父告别。师父对他说："再次见面是没有机会了。"李公说："在三月可以相见。"师父说："你不知天道运行的道理，二三月就要东归了。"

　　二十一日向东走了一天，来到一条大河边，这里东北方向上距赛蓝城大约有三天的路程。水草丰茂，可以饱喂牛马，于是在这里做长时间的停留。

　　二月七日，师父入见皇帝，奏道："我离开故乡，约定三年回去。现在已经三年了，能够重回故乡，是我的心愿。"皇上说："朕已经向东走了，同路回去怎么样？"师父回答说："如果能够先走更为便当。我来的时候，汉地的人问我回去的日期，我曾回答说'三年'。现在圣上所要咨询的事情我已经奏完了。为此，再次坚请辞行。"圣上说："稍等三五天，太子就来了。以前师父讲的一些道理有的我还没明白，等朕明白了，师父就走吧。"

　　八日，皇帝在东山下打猎，射中了一头大野猪。马跌倒失去了控制。野猪站在一旁却不敢前进。周围的随从很快骑马赶到。于是停止打猎回到行宫。师父听说了这件事，入谏说："上天之道，好生恶杀，现在圣上年事已高，应当少出外打猎。从马上摔下来，是上天的告诫。野猪不敢上前，是上天的庇护。"皇上说："朕已经深深地反省了，神仙劝诫我的话是非常正确的。我们蒙古人骑马射猎从小就习以为常了，所以不能一下子停止。尽管如此，神仙的话我将牢记在心。"圣上回头对吉息利答剌汗说："只要是神仙劝我的话，以后都要听从。"从那以后，两个月不再出去打猎。

　　二十四日，师父再次入朝辞行。皇上说："神仙将要离去，应当给神仙什么东西呢？朕要考虑一下。师父再稍呆几天吧。"师父知道不可以立即辞行，只好耐心等待。三月七日又辞行，圣上赐给的牛、马等东西，师父一概不接受，说："只要给我驿马就足够了。"圣上问通事阿里鲜："神仙在汉人地区有多少弟子？"阿里鲜回答说："很多。神仙来的时候，我在德兴府龙阳观中曾看见官府在催征督办差发。"圣上说："师父的门下弟子都要免征差发。"就颁赐了一道圣旨，上面加盖御宝。任命河西人阿里鲜做宣差，蒙古带、喝刺八海做副手，护送师父东归。十日，辞别圣上启程。答刺汗以下的官人都拿着葡萄酒、珍稀果品来送行，送出了几十里。临别之时，众人都泪水挥洒。

三日至赛蓝大城之东南山。有蛇两头，长二尺许。土人往往见之①。望日②门人出郊致祭于静虚先生赵公之墓。众议欲负其骨归。师曰："四大假躯③，终为朽物。一灵真性，自在无拘。"众议乃息。

师明日遂行。二十有三日，宣差阿狗追饯师于吹没辇④之南岸。又十日，至阿里马城西百余里。济大河⑤。四月五日至阿里马城之东园。二太子之大匠⑥张公⑦固请曰："弟子所居营三坛⑧，四百余人晨参暮礼，未尝懈息。且预接数日。伏愿仙慈渡河，俾坛众得以请教，幸甚。"师辞曰："南方因缘已近，不能迁路以行。"复坚请，师曰："若无他事，即当往焉。"望日师所乘马突东北去，从者不能挽。于是，张公等悲泣而言曰："我辈无缘，天不许其行矣。"晚抵阴山前宿。又明日，复度四十八桥，缘溪上五十里至天池海"⑨。东北过阴山后。行二日⑩，方接原历金山南大河驿路⑪。复经金山南，东北傍山行。四月二十八日大雨雪。望日，满山皆白，又东北并山行。三日至阿不罕山⑫前，门人宋道安辈九人同长春、玉华会众⑬、宣差郭德全辈远迎，入栖霞观。归依者日众⑭。

师下车时，雨再降。人相贺曰："从来此地经夏少雨，纵有雷雨多于南北两山之间。今日沾足，皆我师道荫所致也。"居人常岁输河灌田园，至八月禾麦始熟。终不及天雨。秋成则地鼠为害，鼠多白者。此地寒多，物晚结实。五月河岸土深尺余。其下坚冰亦尺许⑮。斋后，日使人取之。

南望高岭积雪，盛暑不消。多有异事。少西海子⑯傍有风冢，其上土白垩⑰，多粉裂其上。二、三月中即风起南山，岩穴先鸣，盖先驱也。风自冢间出，初旋动如羊角者百千数。少焉，合为一风，飞沙走石，发屋拔木⑱，势震百川，息于巽隅⑲。又东南涧后有水磨三四。至平地则水渐微而绝，山中俄而突出，鱼虾随之，或漂没居民。仲春⑳渐消，地乃陷。

西北千余里俭俭州㉑，出良铁，多青鼠㉒，亦收禾麦。汉匠千百人居之，织绫罗锦绮。道院西南望金山。其山多雨雹，五、六月间或有大雪，深丈余。北地间有沙坨，生肉苁蓉②，国人呼之唆眼。水曰兀速，草曰爱不速㉔。深入阴山，松皆十丈许。

会众白师曰："此地深蕃，太古以来不闻正教。惟山精鬼魅惑人。自师里观，叠设醮筵，旦望作会㉕，人多以杀生为戒。若非道化，何以得然。"先是，壬午年㉖道众为不善人妒害，众不安。宋公道安昼寝方丈，忽于天窗中见虚静先生赵公曰："有书至。"道安问："从何来？"曰："天上来。"受而视之，止见"太清"二字，忽隐去。翌日师有书至，魔事渐消。又医者罗生横生非毁㉗，一日堕马观前，折其胫㉘，即自悔曰："我之过也。"对道众服罪。师东行，书教语一篇示众云："万里乘官马㉙，三年别故人。干戈犹未息，道德偶然陈。论气当秋夜（对上论养生事，故云），还乡及暮春。思归无限众，不得下情伸。"

阿里鲜等白师曰："南路绕沙石，鲜水草。使客甚繁，马甚苦，恐留滞。"师曰："分三班以进，吾徒无患矣。"五月七日，令宋道安、夏志诚、宋德方、孟志温、何志坚、潘德冲六人先行。十有四日，师携尹志平、王志明、于志可、鞠志圆、杨志静、綦志清六人次之。饯行者夹谷妃、郭宣差、李万户等数十人送二十里，皆下马再拜㉚泣别。师策马亟进。十有八日，张志素、孙志坚、郑志修、张志远、李志常五人又次之㉛。师东行，十六日过大山㉜。山上有雪，甚寒。易骑于拂庐㉝。

十七日师不食，但时时饮汤。东南过大沙场㉞，有草木。其间多蚊虻。夜宿河东。又数日，师或乘车。尹志平辈谂师曰："奚疾？"师曰："余疾非医可测。圣贤㉟琢磨㊱故也。卒㊲未能愈，汝辈勿虑。"众愀然不释㊳。是夕，尹志平梦神人曰："师之疾，公辈勿忧，至汉地当自愈。"行又经沙路三百余里，水草绝少，马夜进不息，再宿乃出，地临夏人㊴之北陲。庐帐渐广，马亦易得。后行者乃及师。

六月二十一日，宿渔阳关㊵。师尚未食。明日度关而东五十余里至丰州㊶。元帅以下来迎。宣差俞公请泊其家，奉以汤饼。是日辄饱食。既而设斋，饮食乃如故。众相谓曰："清和㊷前日之梦不虚矣。"

注释

① 中亚多蛇。其中有一种蛇长得很奇怪，头小，尾短而粗，远看好像两端都是头，因此而被人误认为是两头蛇。陈本第93页对此有详注。

② 阴历每月的十五日。

③ 就是指人的身体。道家认为人体是由地、水、火、风四种物质组成。

④ 即中亚地区的楚河，亦称吹河。

⑤ 此大河当为伊犁河。

⑥ 纪本第157页此处误作"大臣"。

⑦ 王国维认为此人是张荣，并附考证，详见王本下卷第8页背面。张荣在《元史》中有传。

⑧ 建三座道坛。

⑨ 今新疆赛里木湖。

⑩ 此处的"二日"当有脱文。从天山北麓到阿尔泰山南麓，绝非二天能够到达的，此处应当是"二十日"。

⑪ 陈本第93页注释这段路程的路线为经过赛里木湖之后，折向北行，沿准噶尔盆地的西北边缘，到布伦托海附近，溯额尔齐斯河，然后与来时的驿站道路相接。

⑫ 就是田镇海的屯田之处，已见前注。

⑬ 长春、玉华会当是丘处机的弟子们在这里建立的道教组织。本书附录《玄门掌教大宗师真常真人道行碑铭》也提到此事。另外，据附录可知长春、玉华实为两会。陈本、《选注》本、纪本均误作一会。

⑭ 王本此句脱落。

⑮ 这是指地下的永冻层。

⑯ 此处的海子当是科布多东侧的喀拉乌苏泊。

⑰ 一种白色土，可以用来粉饰墙壁。

⑱ 王本第9页背面此处作"发木拔屋"。

⑲ 古人用八卦表示方位，此处指的是巽位，即东南方。

⑳ 阴历二月。

㉑ 在今叶尼塞河上游乌鲁克木河与克木乞克河一带，因在谦河（今叶尼塞河上游）西南而得名。

㉒ 即灰鼠，松鼠的一种。古代叫做䶅。毛灰褐色，颈下和腹下的毛白色。多生活在我国东北森林中。毛皮珍贵，可以制裘。

㉓ 一种中药，可用来补肾，壮阳，润肠通便。盛产于内蒙古阿拉善地区。

㉔ 以上三个词都是蒙古语词汇，至今读音没有大的变化。

㉕ 即月初和月中作会。

㉖ 公元1222年，元太祖十七年。

㉗ 诋毁、诽谤。

㉘ 即小腿，这里指小腿内侧的长形骨。

㉙ 驿马。

㉚ 拜了又拜，表示恭敬。是古代的一种礼节。

㉛ 据此处推算，若包括死去的虚静先生赵九古，随行的弟子仍为十八人，并非十九人。

㉜ 为阿尔泰山向东延伸的支脉。

㉝ 即圆形大帐。

㉞ 当为沙热金戈壁。

㉟ 此处指道教的前贤。

㊱ 磨练。

㊲ 即"猝"。全句意为"不会很快就好起来"。

㊳ 忧愁，不放心。

㊴ 西夏人。

㊵ 在今呼和浩特西北的阴山山脉中。

㊶ 在今呼和浩特市东，治所在今呼和浩特市东白塔镇。

㊷ 即清和大师尹志平。

译文

走了三天，来到赛蓝大城东南的山地。这里有两头蛇，长二尺左右，当地的人常常可以看到。十五日，弟子们到郊外静虚先生赵公的墓地祭奠。众人商议要把他的尸骨带回去。师父说："人的身体终究是腐朽之物。只有一窍真的灵性，是自由自在，不受拘束的。"于是众人的议论就平息了。

第二天，师父动身。二十三日，宣差杨阿狗追了上来，在吹河的南岸为师父饯行。过了十天，到了阿里马城西面一百多里的地方。过了大河。四月五日来到阿里马城的东园。二太子的大匠张公固执地请求师父说："弟子居住的地方营建了三坛，四百多个信徒。早晨参拜，晚上行礼，从来没有懈怠过。而且还提前数天预备迎接。诚愿神仙施爱众生，渡过河来，使信众们能够向师父请教，那样我们就太幸运了。"师父推辞说："南方的因缘已经很近了，我不能改变路线行进。"张公又执意邀请，师父说："如果没有别的事情，我就会去。"
第二天，师父乘坐的马突然奔向东北方向，随从们不能拉住马。于是，张公等
人悲伤地哭着说："我们这些人无缘，上天不允许师父到这里来。"当晚到阴山
前住宿。第二天，又过了四十八桥，沿溪而上，走了五十里来到天池。东北行
过阴山后山，走了两天，才接上来时穿越金山向南行的大河驿路。又经过金山
南面，朝东北方向沿着山走。四月二十八日下起大雪。第二天，满山都白了，
又在东北向沿着山走。

走了三天，来到阿不罕山前。弟子宋道安等九人和长春、玉华会的会众、宣
差郭德全等远道来迎，接师父住进栖霞观。师父下车的时候，又下起了雨。人们
互相祝贺说："这个地方从来整个夏天都少雨，即使有雷雨也多在南、北两山之
间。现在却雨水充足，都是我们师父道行的恩荫所致啊。"居民常年输通河渠来
浇灌田园。到八月份，麦子才成熟。在生长过程中，天始终不下雨。秋季庄稼成
熟，地里老鼠肆意破坏。老鼠大多是白色的。这个地方气候很寒冷，作物很晚才
结出果实。五月，河岸上的土有一尺多深。土下面坚硬的冰也有一尺多深。做完
斋后，师父每天命人取冰。

南望高高山岭上的积雪，盛夏也不消减。这里有很多奇异的事情。稍微靠西
的湖边有风冢，上面的土大部分是白垩，已经变成粉末裂开了。在二三月里，从
南山刮起大风，岩石的洞穴先发出鸣声，这是巨大声响的前奏。风从风冢中间吹
出，开始是旋风，成百上千，像旋转的羊角。不久，合成一股大风，飞沙走石，
拔倒树木和房屋，气势震动百川，最后在东南方向上停下来。另外，东南方山涧
的后面有三四个水磨。流到平地上水势逐渐微弱以至断绝，到了山中突然涌出，
水中有鱼虾出没。大水有时会淹没居民的房屋，到仲春时节河水渐渐枯竭，地面
下陷。

西北方一千多里外是俭俭州，出产好铁。青鼠很多。那里也种植麦子。有成
百上千的汉地工匠住在那里，织绫罗锦绮。从道院向西南可以望见金山。这座山
常常下冰雹。五六月里有时下大雪，深达一丈多。北方有些地方有沙坨，生长着
肉苁蓉，国人称之为唆眼。人们把水叫做兀速，称草为爱不速。进入阴山的深
山，松树都高达十丈左右。

道教徒们告诉师父说："这里属于遥远的蕃国，从最古的时代以来就没有接
受过正式的教化。只有山精鬼魅迷惑人。自从师父建道观以来，多次设立醮筵，
月初、月中举行法会，很多人都把杀生做为戒条。如果不是道法的教化，怎么能
够这样呢。"在此之前的壬午年，道众被坏人嫉妒迫害，众人心中很不安。宋道
安白天在方丈室中睡觉，忽然在天窗中见到虚静先生赵公对他说："有信来。"

道安问："从哪里来？"赵公说："从天上来。"宋道安接信一看，只看到"太清"两个字，忽然这一切又都消失了。第二天师父就有书信来。从那以后，邪恶的事情逐渐消失了。又医生罗生无故诽谤诋毁道众。一天走到观前从马上摔了下来，折断了胫骨，他自己忏悔说："这是我的罪过。"向道众表示服罪。师父东行，写了一篇教语，出示给众人："万里乘官马，三年别故人。干戈犹未息，道德偶然陈。论气当秋夜，还乡及暮春。思归无限众，不得下情伸。"

阿里鲜等告诉师父说："南面的道路在沙石间绕行，水草很少。来往的使者、客旅很多，马匹很辛苦，恐怕要滞后。"师父说："分三班前进，我们师徒不用担心。"五月七日，命宋道安、夏志诚、宋德方、孟志温、何志坚、潘德冲等六人先走。十四日，师父带着尹志平、王志明、于志可、鞠志圆、杨志静、綦志清等六人随后出发。夹谷妃、郭宣差、李万户等几十人为师父饯行，送出二十里，都下马拜了又拜，挥泪而别。师父驱马快速前进。十八日，张志素、孙志坚、郑志修、张志远、李志常等五人最后动身。师父向东走，十六日翻过大山。山上有积雪，很寒冷。在圆形大帐换了马匹。

十七日师父不吃饭，只是不时地喝汤。向东南走，经过大沙地，沙地上长着草木，草木丛中有很多蚊子和飞虻。夜晚在河的东边住宿。又走了几天，师父有时乘坐车辆。尹志平等人询问师父说："师父得了什么病？"师父说："我的病不是医生可以诊断的。这是前辈圣贤对我的磨练，不能很快病愈。你们不要过虑。"众人忧郁不能释怀。这天晚上，尹志平梦到神人说："师父的疾病，你们不要担忧。到汉地自然就好了。"又走了三百多里沙路，路上水草极少，驿马连夜不停地前进，两夜才走出来。这地方离西夏人的北部边疆很近。帐篷渐渐多了起来，驿马也很容易得到。后走的人这时才赶上师父。

六月二十一日住在渔阳关。师父这时还没有吃东西。第二天过了渔阳关向东走五十多里到丰州。自元帅以下都出来迎接。宣差俞公请师父住在他家里，给师父做热汤面吃。师父这天饱饱地吃了一顿。这之后师父设斋，饮食恢复正常。众人都说："清和前天的梦一点不错啊。"

时已季夏，北轩凉风入座，俞公以茧纸①求书。师书之曰："身闲无俗念，鸟宿至鸡鸣。一眼不见睡，寸心何所萦。云收溪月白，气爽谷神②轻。不是朝昏坐，行功扭捏③成。"

七月朔，复起。三日至下水④。元帅夹谷公⑤出郭来迎。馆于所居，来瞻礼者无虑千人。元帅日敬。有鸡雁三⑥，七夕日⑦师游郭外，放之海子中。少焉翔戏于风涛之间，容与⑧自得，赋诗曰："养尔存心欲荐庖⑨，逢吾善念不为肴。扁舟送在鲸波⑩里，会待三秋⑪长六梢⑫。"又云："两两三三好弟兄，秋来羽翼未能成。放归碧海深沉处，浩荡波澜快野情。"

翌日遂行。是月九日至云中⑬。宣差总管阿不合与道众出郭，以步辇⑭迎归于第楼居。二十余日，总管以下晨参暮礼，云中士大夫日来请教，以诗赠之曰："得旨还乡少，乘春造物多。三阳⑮初变化，一气自冲和⑯。驿马程程送，云山处处罗。京城一万里，重到即如何。"

十有三日，宣差阿里鲜欲往山东招谕，求与门弟子尹志平行。师曰："天意未许，虽往何益。"阿里鲜再拜曰："若国王⑰临以大军，生灵必遭杀戮。愿父师一言垂慈。"师良久曰："虽救之不得，尤愈于坐视其死也。"乃令清和同往，即付招谕书二副。又闻宣德以南诸方道众来参者多，恐随庵困于接待，令尹公约束。付亲笔云："长行万里，一去三年。多少道人，纵横无赖者。尹公到日，一面施行，勿使教门有妨道化。众生福薄，容易转流。上山即难，下坡省力耳。"

宣德元帅移剌公⑱遣专使持书至云中，以所乘马奉师。

注释

① 用蚕茧制作的纸。

② 古代道家用语。谷和神本分用，后多并称。关于谷神有多种解释。一种看法是，谷神即指空虚无形而变化莫测、永恒不灭的"道"。另一种看法是，谷通"榖"，义为生养。谷神谓生养之神，亦即"道"。

③ 道教中伸展肢体的导引术。

④ 下水是今呼和浩特城南的黄永河。内蒙古图尔根河上游有三条支流，分别是大黑水河、小黑水河、黄水河。当地人民把小黑水河叫做上水，大黑水河叫做中水，黄水河叫做下水。

⑤ 即夹谷通住，事见李庭《寓庵集》卷6《夹谷公墓志铭》。王本下卷11页背面有考。纪本第172页注为夹谷龙古带，恐不确。

⑥ 纪本第171页标点与此不同。根据文中交代的时间，应当点作"七夕"。

⑦ 阴历的七月七日。

⑧ 悠闲的样子。

⑨ 这里指厨师。荐庖就是拿给厨师去做菜。

⑩ 惊涛骇浪。

⑪ 指秋季。七月称孟秋、八月称仲秋、九月称季秋，合称三秋。

⑫ 梢意为尾部。

⑬ 今大同。

⑭ 一种由人抬行的代步工具，类似轿子。参看唐代画家阎立本的名作《步辇图》。

⑮ 古人称农历十一月冬至一阳生，十二月二阳生，正月三阳开泰，合称"三阳"。

⑯ 冲和意为淡泊平和，语本《老子》："冲气以为和。"后以此指真气、元气。

⑰ 王本此处作"国王"。

⑱ 丘处机来时曾经过宣德，当时就是这位移剌相公负责接待。即耶律秃花，成吉思汗重臣耶律阿海之弟。纪本第137页此处注释误。

译文

这时已经到了夏末，北轩之上凉风时时吹入座中，俞公拿茧纸请师父为他题字。师父写道："身闲无俗念，鸟宿至鸡鸣。一眼不见睡，寸心何所萦。云收溪月白，气爽谷神轻。不是朝昏坐，行功扭捏成。"

七月初，又启程。过了三天来到下水。元帅夹谷相公出城迎接。招待师父在自己的宅院居住。来瞻仰施礼的人多达千余人。元帅日益敬重师父。献给师父三只大雁。师父在七夕这天到城外游览，把这些大雁全都放到湖里去了。过了一会儿，大雁在风涛中飞翔嬉戏，悠闲自得。于是师父赋诗一首："养尔存心欲荐庖，逢吾善念不为肴。扁舟送在鲸波里，会待三秋长六梢。"又写道："两两三三好弟兄，秋来羽翼未能成。放归碧海深沉处，浩荡波澜快野情。"　　第二天动身。在这个月的九日到了云中。宣差总管阿不合和道教的信徒们出城迎接，用步辇把师父接到阿不合府第的楼上居住。住了二十多日，总管以下诸人早晨参拜，晚上敬礼。云中的士大夫们每天都来请教。师父作诗赠给他们说："得旨还乡少，乘春造物多。三阳初变化，一气自冲和。驿马程程送，云山处处罗。京城一万里，重到即如何。"

十三日，宣差阿里鲜要往山东宣读成吉思汗的诏令，招降纳叛。请求让师父派弟子尹志平与他同行。师父说："天意没有答应，即使去了又有什么益处呢。"阿里鲜拜了又拜，说："若大汗动用武力，一定会使生灵遭到杀戮。愿师父慈悲为怀，发发话吧。"师父过了好长时间才说："虽然救不了众生，但总比坐视他们惨死要好得多。"于是命清和大师尹志平和阿里鲜一同往山东，当即给了他们招谕的书信两封。又听说宣德以南各个地方的道众来参拜的人很多，师父担心各处道庵难以接待，于是命令尹志平加以控制。师父给尹志平一封亲笔信，信中写道："长途跋涉万余里，一去就是三年。有多少道人成了游荡无赖的人。尹公到达之日，就要执行教令，不要让我们的教门妨碍道法的教化。众生都福运浅薄，在修道的过程中容易转变。这就像上山困难，下坡省力一样。"

宣德元帅移剌相公派遣专使拿着信到云中来，把他乘坐的马献给师父。

八月初，东迈杨河①，历白登②、天城③、怀安④，渡浑河⑤，凡十有二日至宣德。元帅具威仪，出郭西远迎。师入居州之朝元观。道友敬奉，遂书四十字云："万里游走界，三年别故乡。回头身已老，过眼梦何长。浩浩天空阔，纷纷事杳茫。江南及塞北，从古至今常。"道众且云去冬有见虚静先生赵公牵马自门入者，众为之出迎。忽而不见，又德兴安定亦有人见之。河朔⑥州府王官将帅及一切士庶，争以书疏⑦来请，若辐辏⑧然。只回答数字而已，有云："王室未宁，道门先畅。开度有缘，恢弘无量。群方帅首，志心归向，恨不化身，分酬众望。"

十月朔，作醮于龙门川。望日，醮于本州朝元观。

十一月望，宋德方等以向日过野狐岭，见白骨所发愿心，乃同太君尹千亿醮于德兴之龙阳观，济渡孤魂。前数日稍寒，及设醮二夜，三日有如春。

醮毕，元帅贾昌至自行在，传旨："神仙自春及夏，道途非易。所得食物、驿骑好否？到宣德等地有司在意馆谷否？招谕在下人户得来否？朕常念神仙，无忘朕。"

十二月既望，醮于蔚州⑨三馆。师于龙阳驻冬，旦夕常住龙冈。闲步下视，德兴以兵革之后，村落萧条，作诗以写其意云："昔年乔木参天合，今日村坊遍地开。无限苍生临白刃，几多华屋变青灰。"又云："豪杰痛吟千万首，古今能有几多人。研穷物外闲中趣，得脱轮回泉下尘。"

甲申⑩之春二月朔，醮于缙山⑪之秋阳观。观在大翮山⑫之阳⑬，山川明秀，松萝烟月，道家之地也。以诗题其概云："秋阳观后碧岩深，万顷烟霞插翠岑。一径桃花春水急，弯环流出洞天心。"又云："群山一带碧嵯峨，上有群仙日夜过。洞府深沉人不到，时闻岩壑洞仙歌。"

燕京行省金紫石抹公⑭、宣差便宜刘公⑮以下诸官遣使持疏恳请师住大天长观。许之。

既而以驿召，乃度居庸而南。燕京道友来迎于南口神游观。明旦，四远父老士女以香花导师入京。瞻礼者塞路。初师之西行也，众请还期。师曰："三载归，三载归。"至是果如其言。以上七日"入天长观，斋者日千人。望日，会众请赴玉虚观。

注释

① 即泽河，在大同以东。
② 在今山西阳高。
③ 在今山西天镇。
④ 今河北怀安。
⑤ 今桑干河。
⑥ 黄河以北的地区。
⑦ 一种用做邀请的专用文体。
⑧ "辐"就是车轮上的辐条。辐辏形容像辐条集中在车轮中间的毂上一样密集。

⑨ 今河北蔚县。
⑩ 公元1224年，元太祖十九年。
⑪ 今北京延庆县。
⑫ 在今北京延庆县西北。
⑬ 山南为阳，
⑭ 即当时燕京行省的最高长官、金紫光禄大夫石抹咸得不。
⑮ 即前文提到的刘敏。
⑯ 即初七。

译文

八月初，向东过杨河，经过白登、天城、怀安，渡过浑河，共走了十二天来到宣德。耶律元帅准备仪仗，出城向西远远地迎接。师父进城住在宣德州的朝元现。道友们恭敬地事奉师父，于是师父写了四十字的一首诗："万里游走界，三年别故乡。回头身已老，过眼梦何长。浩浩天空阔，纷纷事杳茫。江南及塞北，从古至今常。"道众们说，去年冬天有人看见虚静先生赵公牵着马从城门进来，众人为此而出来迎接。忽然赵公就不见了，德兴安定也有人看见了他。

河朔州府的王公、官员、将帅和很多士人、庶民，都争着写信来请师父，就像辐辏一般。师父只是略回答几个字罢了。有一次他这样写道："王室未宁，道门先畅。开度有缘，恢弘无量。群方帅首，志心归向，恨不化身，分酬众望。"

十月初，师父在龙门川作醮事。月中的占醮活动是在本州的朝元观举行的。

十一月月中，宋德方等人因为从前过野狐岭的时候，看见白骨，曾发过愿心，于是和太君尹千亿在德兴的龙阳观举行占醮仪式，来救济和超渡孤魂。在这之前的几天天气稍微有些寒冷，等到了设醮的那两个夜晚，三天之内天气如春。

醮事完毕，元帅贾昌从成吉思汗那里来，传旨说："神仙从春天走到夏天，一路很不容易。路上获得的食物、驿骑好不好？到宣德等地，官府是否留意师父的饮食起居？招谕下面的百姓，来了没有？朕常常思念神仙，神仙不要忘了朕啊。"

十二月的下半月，在蔚州三馆举行醮事。师父在龙阳驻冬，早晚常住在龙冈上。闲来漫步的时候朝下俯看，因为正值战乱之后，德兴地区村落萧条。师父作诗抒发自己的感慨："昔年乔木参天合，今日村坊遍地开。无限苍生临白刃，几多华屋变青灰。"又写道："豪杰痛吟千万首，古今能有几多人。研究物外闲中趣，得脱轮回泉下尘。"

甲申这年春天的二月初，师父在缙山的秋阳观做醮事。秋阳观在大翮山的南面，山川清明秀丽，有松树藤萝云烟皓月，是道家的修行之地。师父题诗记其胜迹说："秋阳观后碧岩深，万顷烟霞插翠岑。一径桃花春水急，弯环流出洞天心。"又写道："群山一带碧嵯峨，上有群仙日夜过。洞府深沉人不到，时闻岩壑洞仙歌。"

燕京行省的金紫光禄大夫石抹相公、宣差便宜刘相公以下各位官员派遣使者拿着书信恳请师父到燕京大天长观居住。师父同意了。

这之后不久，燕京的官员便派驿马来接师父。于是师父过居庸关向南走。燕京的道友到南口的神游观来迎接。第二天清早，远处四方的父老男女用香花引导师父进入燕京。瞻仰行礼的人充塞了道路。开始师父西行的时候，众人问师父回来的日期。师父说："三年回来，三年回来。"到这时果然像师父所说的那样，师父在初七这天住进天长观。每天有上千人来参加斋戒活动。十五日，道众请师父到玉虚观。

是月二十二日，喝剌①至自行宫，传旨："神仙好田地内爱住处住。道与阿里鲜：'神仙寿高，善为护持。'神仙勿忘朕旧言。"

仲夏，行省金紫石抹公、便宜刘公再三持疏请师主持大长天观②。是月二十有二赴其请。空中有数鹤前导，傃③西北而去。自师寓玉虚或就人家斋，常有三、五鹤飞鸣其上。北方从来奉道者鲜，至是圣贤欲使人归向，以此显化耳。入会之众皆稽首拜跪，作道家礼。时俗一变。玉虚井水旧咸苦，甲申、乙酉年④西来道众甚多，水味变甘，亦善缘所致也。

季夏望日，宣差相公札八⑤传旨："自神仙去，朕未尝一日忘神仙。神仙无忘朕。朕所有之地爱愿处即住。门人恒为朕诵经祝寿则嘉⑥。"

自师之复来，诸方道侣云集，邪说日寝⑦。京人翕然归慕，若户晓家谕。教门四辟，百倍往昔。乃建八会⑧于天长，曰平等，曰长春，曰灵宝，曰长生，曰明真，曰平安，曰消灾，曰万莲。

师既归天长，远方道人继来求法名者益众，尝以四颂示之。其一曰："世情无断灭⑨，法界有消磨。好恶萦心曲，漂沦奈尔何。"其二曰："有物先天贵，无名不自生。人心常隐伏，法界任纵横。⑩"其三曰："徇⑪物双眸眩，劳生四大⑫穷。世间浑是假，心上不知空。"其四云："昨日念无踪，今朝事亦同。不如齐放下，度日且空空。"

每斋毕出游故苑琼华⑬之上。从者六、七人，宴坐⑭松荫，或自赋诗，相次属和⑮。间因茶罢，命从者歌《游仙曲》数阕。夕阳在山，澹然忘归。于是行省及宣差札八相公以北宫⑯园池并其近地数十顷为献，且请为道院。师辞不受。请至于再，始受之。既又为颂文榜，以禁樵采。遂安置道侣，日益修葺。后具表以闻。上可其奏。自尔佳时胜日⑰，师未尝不往来乎其间。

寒食日⑱作春游诗二首。其一云："十顷方池闲御园，森森松柏罩清烟。亭台万事都归梦，花柳三春却属仙。岛外更无清绝地，人间惟有广寒⑲天。深知造物安排定，乞与官民种福田。"其二云："清明时节杏花开，万户千门日往来。岛外茫茫春水阔，松间猎猎暖风回。游人共叹斜阳逼，达士犹嗟短景催。安得大丹⑳冥㉑换骨，化身飞上郁罗台㉒。"

注释

① 当为上文中提到的伴送丘处机回来的喝剌八海。
② 他们的请疏详见下卷末尾的原书附录。
③ 趋向；向着。

④ 分别为 1224 年、1225 年，相当于元太祖十九年、二十年。
⑤ 为成吉思汗的亲信大臣，《元史》有。

⑥ 王本此处为"佳"。应从道藏本作"嘉",意为嘉许、表彰。

⑦ 止息;废置。

⑧ 指群众性道教组织。

⑨ 绝灭。

⑩ 整首颂是颂"道"。

⑪ 依从。

⑫ 指四大假躯。

⑬ 就是现在北京北海公园内的琼华岛。

⑭ 静坐。

⑮ 联属唱和。

⑯ 位置相当于现在的北海公园一带。

⑰ 古代五行家谓金、木、土、水、火五行相克之日为"胜日"。也指亲友相聚或风光美好的日子。

⑱ 节日名。在清明前一日或二日。相传春秋时晋文公负其功臣介之推。介愤而隐于绵山。文公悔悟,烧山逼令出仕,之推抱树焚死。人民同情介之推的遭遇,相约于其忌日禁火冷食。以为悼念。以后相沿成俗,谓之寒食。

⑲ 道家所谓北方仙官。

⑳ 道家炼制的所谓长生不老药。

㉑ 隐蔽;幽深;玄默。

㉒ 道教中的仙地。

译文

这个月的二十二日,喝剌从成吉思汗的行宫来,传达旨意说:"神仙在好地方选择爱住的地方住。告诉阿里鲜,神仙年事已高,好好地爱护,保持健康。神仙不要忘了朕过去说的话。"

夏天的五月,行省金紫光禄大夫石抹相公、便宜刘相公屡次作疏请师父主持大天长观。这个月二十二日师父接受了他们的邀请,到天长观去。空中有数只鹤做前导,向西北方向飞去。自从师父住在玉虚观或是到别的地方做斋戒,经常有三五只鹤在上面飞翔、鸣叫。北方从来信奉道教的人就很少,到了这时候,圣贤要让人们皈依向化,就通过这样的灵异现象来彰显教化,感召世人。入会的道众都磕头跪拜,行道家之礼。时俗为之一变。玉虚观的井水过去又咸又苦,甲申、乙酉年间从西边来的道教信徒很多,井水的味道变甜了,这也是美好因缘的结果。

夏六月的十五日,宣差札八相公传旨说:"自从神仙离开以后,朕没有一天忘记神仙。神仙不要忘了朕。在朕所有的辖地,师父喜爱哪里,愿意在哪里住就在哪里住。如果神仙的门徒能永远为朕诵经,祝朕长寿,那就予以表彰。"

自从师父重来燕京,各地道人日益云集而来,歪理邪说日渐消失。燕京的人民都仰慕师父,心向道教。教理仿佛家喻户晓。教会的力量迅速壮大,和过去比起来多出百倍。于是在天长观建立了八个道教组织,分别叫做平等、长春、灵宝、长生、明真、平安、消灾、万莲。

师父回天长观之后,远方来求法名的道人们相继到来,人数日益增多,师父曾把四首颂辞出示给他们。其中的第一首说:"世情无断灭,法界有消磨。好恶萦心曲,漂沦奈尔何。"第二首写道:"有物先天贵,无名不自生。人心常隐伏,法界任纵横。"第三首是："徇物双眸眩，劳生四大穷。世间浑是假，心上不知空。"第四首说："昨日念无踪，今朝事亦同。不如齐放下，度日且空空。"

每次持斋完毕，师父都要外出到金朝的故苑琼华岛上去游赏。随行的有六七人，静静地坐在松荫下，或是各自赋诗，互相依次联句唱和。师父有时在饮茶的间隙，让随从的人唱《游仙曲》数阕。夕阳落山，大家安闲愉悦，乐而忘返。

因为师父有游园的爱好，行省长官和宣差札八相公把北宫的田园、池塘连同附近的几十顷土地一起献给师父，还请师父修建道院。师父推辞，不愿接受。他们多次请求，才终于接受了。接着行省又为此颁布榜文，禁止在这些地方采伐树木。于是师父在那里安置道众，逐渐修茸房舍。然后写好文表报告皇上。圣上同意了师父的上奏。从这以后，一到良辰吉日，师父总到这些地方漫游。

寒食这天，师父作了两首春游诗。第一首写道："十顷方池闲御园，森森松柏罩清烟。亭台万事都归梦，花柳三春却属仙。岛外更无清绝地，人间惟有广寒天。深知造物安排定，乞与官民种福田。"第二首说："清明时节杏花开，万户千门日往来。岛外茫茫春水阔，松间猎猎暖风回。游人共叹斜阳逼，达士犹嗟短景催。安得大丹冥挟骨，化身飞上郁罗台。"

乙酉①四月，宣抚王公巨川请师，致斋于其第。公关右人②也，因话咸阳、终南竹木之胜。请师看庭竹。师曰："此竹殊秀，兵火而后，盖不可多得也。我昔居于磻溪，茂林修竹，真天下之奇观也。思之如梦。今老矣，归期③将至，当分我数十竿植宝玄④之北轩，聊以遮跟。"宣抚曰："天下兵革未息，民甚倒悬⑤。主上方尊师重道，赖师真道力，保护生灵，何遽出此言耶？愿垂大慈以救世为念。"师以杖叩地，笑而言曰："天命已定，由人乎哉！"众莫测其意。

夏五月终，师登寿乐山⑥颠四顾，园林若张幄，行人休息其下，不知暑气之甚也。因赋五言律诗云："地土临边塞，城池压古今。虽多坏宫阙，犹有好园林。绿树攒攒密，清风阵阵深。日游仙岛上，高视八纮⑦吟。"

一日师自琼岛回，陈公秀玉⑧来见。师出示七言律诗云："苍山突兀倚天孤，翠柏阴森绕殿扶。万顷烟霞常自有，一川风月等闲无。乔松挺拔来深涧，异石嵌空出太湖⑨。尽是长生闲活计，修真荐福迈京都。"

九月初吉，宣抚王公以荧惑犯尾宿，主燕境灾⑩。将请师作醮，问所费几何。师曰："一物失所，尚怀不忍，况阖境乎！比年以来，民苦征役，公私交罄。我当以观中常住物⑪给之。但令京官斋戒以待行礼足矣，余无所用也。"于是约作醮两昼夜。师不惮其老，亲祷于玄坛⑫。醮竟之夕，宣抚喜而贺之曰："荧惑已退数舍⑬，我辈无复忧矣。师之德感，一何速哉！"师曰："余有何德，祈祷之事，自古有之。但恐不诚耳。古人云：'至诚动天地'，此之谓也。"

重九日远方道众咸集，或以菊为献，师作词一阕，寓声《恨欢迟》⑭，云："一种灵苗体性殊，待秋风冷透根株。散花开，百亿黄金，嫩照天空。清虚九日持来，满座隅。坐中观⑮，眼界如如⑯类长生。久视无凋谢，称作伴闲居⑰。"

继而有奉道者持萤纸大轴来求亲笔，以《凤栖梧》词书之云："得好休来休便是。赢取逍遥，免把身心使。多少聪明英烈士，忙忙虚负平生志。造物推移无定止。昨日歌欢，今日愁烦至。今日不知明日事，区区著甚劳神思。"⑱

一日或有质⑲是非于其前者，师但漠然不应，以道义释之，复示之以颂曰："拂，拂，拂，拂尽心头无一物。无物心头是好人，好人便是神仙佛。"其人闻之，自愧而退。

丙戌⑳正月、盘山㉑请师黄箓醮三昼夜。是日，天气晴霁，人心悦怿，寒谷生春。将事之夕，以诗示众云："诘曲㉒乱山深，山高快客心。群峰争挺拔，巨壑太箫森。似有飞仙至，殊无宿鸟吟。黄冠㉓三日醮，素服㉔万家临。"

注释

① 1225 年，元太祖二十年。
② 指函谷关以西，相当于今陕西一带。
③ 死期。
④ 即丘处机居住的宝玄堂。
⑤ 指人头脚倒置地或物上下倒置地悬挂着，以此比喻处境极其困苦或危急。
⑥ 今北海琼华岛的最高峰。
⑦ 纮结指天地的周界。八纮指整个天地。
⑧ 已见上卷，为道教徒，是丘处机的好友。
⑨ 这句说的是太湖石，即江苏太湖产的石头，多窟窿和皱纹，园林中用以叠造假山，点缀庭院。
⑩ 荧惑就是火星。尾宿是天上的二十八宿之一。荧惑犯尾宿就是火星靠近尾宿的位置。古人认为出现这种天象往往会有大的灾异。而燕京正位于尾宿的分野上，所以宣差才会紧张。
⑪ 僧、道称寺舍、田地、什物等为常住物，简

称常住。
⑫ 即道坛。坛是道教中举行祭祀等法事的场所。
⑬ 在这里舍是指星次、星位所在。
⑭ 一种词牌名。
⑮ 纪本第 192 页此处为"坐定观"。
⑯ 本是佛教术语，谓诸法皆平等不二的法性理体。"如"是理的异名，是永恒存在的，引申为永存，常在。
⑰ "伴闲居"指菊花。
⑱ 纪本此处标点不确。
⑲ 质询。
⑳ 公元 1226 年，元太祖二十一年。
㉑ 位于今天津蓟县北部。
㉒ 弯曲，多分枝。
㉓ 黄冠指道士。王国维校注本此处误作"黄寇"。
㉔ 本色或白色的衣服，多指日常穿的便服。

译文

乙酉年四月，宣抚王巨川请师父在他的府第主持斋戒。王巨川是陕西人，于是一起讲起咸阳、终南山一带竹木繁茂的胜景。王巨川请师父看庭院中的竹子。

师父说："这竹子非常秀丽，在战火之后，很是不可多得。我过去在磻溪居住，茂盛的树林、修长的竹子，真是天下奇观。回想起来如同梦幻一般。现在我老了，离去的日子就要到了，应该分给我几十竿竹子种在宝玄堂的北轩下，姑且遮挡一下视线。"宣抚王巨川说："天下战火没有停息，百姓的生活比倒悬还要凄苦。圣上现在尊师重道，我们还要仰赖师父道行的力量来保护生灵。师父怎么突然说出这样的话呢？愿师父施慈爱之心，以解救世人为念。"师父用手杖叩击地面，笑着说："天命已经定了，难道还由人吗！"众人无法推测出师父的想法。

夏五月月底，师父登上寿乐山的山顶向四周看，园林像张开的帐幕，行人在其中休憩，感觉不到暑气的炎热。于是师父赋五言律诗一首："地土临边塞，城池压古今。虽多坏宫阙，犹有好园林。绿树攒攒密，清风阵阵深。日游仙岛上，高视八纮吟。"

一天师父从琼华岛回来，陈秀玉先生来拜见师父。师父拿出一首七言律诗给他看，诗中写道："苍山突兀倚天孤，翠柏阴森绕殿扶。万顷烟霞常自有，一川风月等闲无。乔松挺拔来深涧，异石嵌空出大湖。尽是长生闲活计，修真荐福迈京都。"

九月初，宣抚王巨川相公因为荧惑犯尾宿，认为燕京境内会有灾害，打算请师父作醮事，问师父需要花费多少经费。师父说："丢失了一件东西，心里还觉得不忍心，何况是燕京全境呢。近年以来，征发赋役，人民很是疾苦，政府和私人财力耗尽。我应当用观中的财物来做法事。只要让京城的官员们斋戒，等待行礼就足够了。剩下的什么都不用。"于是约定作醮两昼夜。师父不担心自己年事已老，亲自到玄坛上祈祷。占醮结束的晚上，宣抚高兴地向师父祝贺说："荧惑已经退了很远，我们不用再担心了。师父道法德业的感召力是多么的迅速啊！"师父说："我有什么德行，祈祷这样的事，从古代就有了。只是恐怕心不诚罢了。古人说：'至诚动天地'，说的就是这个道理。"

九月九日这一天，远方的道众都来集会，有人献上菊花，师父作了一阕词，曲调按《恨欢迟》词牌填写，词写道："一种灵苗体性殊，待秋风冷透根株。散花开，百亿黄金，嫩照天空。清虚九日持来，满座隅。坐中观，眼界如如类长生。久视无凋谢，称作伴闲居。"

接着，有信奉道教的人拿着茧纸大轴来请师父亲笔题字，师父为他写《凤栖梧》词："得好休来休便是。赢取逍遥，免把身心使。多少聪明英烈士，忙忙虚负平生志。造物推移无定止。昨日欢歌，今日愁烦至。今日不知明日事，区区著甚劳神思。"

一天有人来师父面前质问是非问题，师父只是漠然不作正面回答，而用道义来进行解释，又出示了一首颂辞："拂，拂，拂，拂尽心头无一物。无物心头是好人，好人便是神仙佛。"这个人听了，自己感到惭愧退下去了。

丙戌年正月，盘山地区的道士请师父去主持黄箓大醮三昼夜。这天，天气晴好，人心愉悦，寒冷的山谷如春天般温和。将要举行法事的晚上，师父把一首诗拿给道众们看，诗写道："诘曲乱山深，山高快客心。群峰争挺拔，巨壑太萧森。似有飞仙至，殊无宿鸟吟。黄冠三日醮，素服万家临。"

五月，京师大旱。农不下种，人以为忧。有司移市立坛，前后数旬无应。行省差官赍疏请师为祈雨，醮三日两夜。

当设醮请圣之夕，云气四合。斯须①雨降，自夜半及食时未止。行省委官奉香火来谢曰："京师久旱，四野欲然②。五谷未种，民不聊生。赖我师道力，感通上真，以降甘澍③。百姓皆曰：'神仙雨也。'"师答曰："相公至诚所感，上圣垂慈以活生灵。吾何与焉！"使者出。复遣使来告曰："雨则既降，奈久旱未沾足，何更得滂沱大作，此旱可解。愿我师慈悲。"师曰："无虑。人以至诚感上真④，上真必以诚报人。大雨必至。"斋未竟，雨势海立。

注释

① 不一会儿，很短的一段时间。　　③ 澍指雨，多指及时雨。
② 然即"燃"。　　　　　　　　　　④ 天上的仙人。

译文

五月，燕京大旱。农耕无法下种，人们因此感到忧愁。有关部门移走摊贩，设立祭坛，前后祈祷了几旬的时间没有反应。行省派官员持疏请师父祈雨。师父作醮事三天两夜。

就在设醮坛祈请圣人的那天晚上，云气从各个方向聚拢来。不一会儿就下起雨来，从半夜一直下到吃早饭的时候都没有停止。行省派官员奉献香火来感谢师父说："京师久旱，周围的田野都要着火了。各种庄稼还没有种，民不聊生。现在依靠我们师父道行的力量，感动上天，降下甘霖。百姓们都说：'这是丘神仙下的雨。'"师父回答说："是你们的至诚之心感动了上天的圣人，施慈爱之心救活生灵。我又做了些什么呢！"使者离去。行省又派使者来禀告师父说："雨虽然下了，无奈长时间的大旱，雨水并没有下足。如果再下一场滂沱大雨，这场旱情就可以解除。愿我师再发慈悲。"师父说："不要担心。人用至诚之心可以感动上天的神明，神明必定会以诚相报。大雨一定会来的。"持斋还没有结束，雨势便如大海翻腾一般到来了。

是岁有秋，名公硕儒皆以诗来贺。一日，有吴大卿德明者，以四绝句来。师复次①韵答之。其一曰："燕国蟾公②即此州，超凡入圣洞宾③俦。一时鹤驾归蓬岛④，万劫仙乡出土丘。"其二云："我本深山独自居，谁知天下众人誉。轩辕⑤道士来相访，不解言谈世俗书。"其三云："莫把闲人作等闲，闲人无欲近仙班。不于此日开心地，更待何时到宝山⑥。"其四云："混沌开基⑦得自然，灵明⑧翻小大椿年⑨。出生入死常无我，跨古腾今自在仙。"又题支仲元⑩画得一、元保、玄素《三仙图》⑪云："得道真仙世莫穷，三仙何代显灵踪。直教御府相传授，阅向人间类赤松⑫。"又奉道者求颂，以七言绝句示之云："朝昏忽忽急相催，暗换浮生两鬓丝。造物戏人俱是梦，是非向日⑬又如何？"

师自受行省已下众官疏以来，闵天长之圣位殿阁、常住堂宇皆上颓下圮，至是窗户阶砌毁撤殆尽。乃命其徒日益修葺。罅漏者补之，倾斜者正之。断手⑭于丙戌⑮，皆一新之。又创建寮舍四十余间，不假外缘，皆常住自给也。凡遇夏月，令诸斋舍不张灯，至季秋稍亲之，所以预火备⑯也。

十月，下宝玄居方壶⑰，每日召众。师德以次坐，高谈清论，或通宵不寐。仲冬⑱十有三日夜半，振衣而起，步于中庭。既还坐，以五言律诗示众云："万象弥天阔，三更⑲坐地劳。参⑳横西岭下，斗㉑转北辰㉒高。大势无由遏，长空不可韬。循环诸主宰，亿劫㉓自坚牢。"

丁亥，自春及夏又旱，有司祈祷屡矣，少不获应，京师奉道会众一日谒师为祈雨醮，既而消灾等会亦请作醮。师徐曰："吾方留意醮事，公等亦建此议，所谓好事不约而同也。公等两家但当殷勤㉔。"遂约以五月一日为祈雨醮，初三日为贺雨醮，三日中有雨，名瑞应雨。过三日，虽得，非醮家雨也。或曰："天意未可知。师对众出此语，万一失期，得无招小人之訾㉕耶？"师曰："非尔所知也。"及醮竟日，雨乃作，翌日盈尺。越三日，四天廓清以终，谢雨醮。事果如其言。

注释

① 依照。

② 道教传说中的神仙，即刘海蟾。他是五代燕山人，名操，字昭远，以号行。初事燕主刘守光为丞相。一日，道人正阳子来谒，说清静无为之法，并索鸡卵十枚，累金钱上。海蟾惊呼："危哉！"道人说："居荣禄，履忧患，其危殆甚！"海蟾悟，弃官归隐，后仙

去。民间多绘作仙童状，前额垂发，手舞钱串，骑蟾背上。俗称"刘海"。纪本第197页此处误作"蟾宫"。

③ 即吕洞宾，是传说中的人物，八仙之一。相传为唐京兆人，一说关西人，名岩，号纯阳子。咸通中及第，两调县令。后移家终南山修道，不知所终。一说，屡举进士不第，游

江湖间，遇钟离权，授以丹诀而成仙。宋以来关于他的神奇事迹的记载很多。元明小说、戏曲中，亦常以他的故事为题材。元代封为纯阳演政警化尊佑帝君，通称吕祖。

④ 蓬莱，海上仙岛。

⑤ 指车辙。此处用来形容来访道人之多。

⑥ 仙山。

⑦ 古代传说中央之帝混沌，又称浑沌，生无七窍，日凿一窍，七日凿成而死。比喻自然淳朴的状态。

⑧ 明洁无杂念的思想境界，泛指精神。

⑨ 大椿年指长寿。大椿是古寓言中的木名，以一万六千岁为一年。

⑩ 金末时期的画家，擅长画道教人物画。

⑪ 是道教中敬奉的三位神仙。

⑫ 相传为上古时神仙，各家所载其事互有异同。相传为晋代得道成仙的皇初平。据晋葛洪《神仙传》载：丹溪人皇初平十五岁时外出牧羊，被道士携至金华山石室中，四十余年不复念家。其兄初起行山寻索，历年不得。后经道士指引于山中见之。问羊何在，

初平叱白石成羊数万头。初起乃弃家从初平学道，"共服松脂、茯苓，至五百岁，能坐在立亡，行于日中无影，而有童子之色。后乃俱还乡里，亲族死终略尽，乃复还去。初平改字为赤松子，初起改字为鲁班"。

⑬ 拿到太阳下，意指光明磊落。

⑭ 完工。

⑮ 1226年，元太祖二十一年。

⑯ 预防火灾。

⑰ 指住所方壶斋。

⑱ 阴历十一月。

⑲ 指半夜十一时至翌晨一时。

⑳ 星名，二十八宿之一。

㉑ 星宿名。因象斗形，故以为名。

㉒ 指北极星。

㉓ 为佛教名词，意为极久远的时节。古印度传说世界经历若干万年毁灭一次，重新再开始，这样一个周期叫做一"劫"。

㉔ 周到，勤奋。

㉕ 讥笑，讽刺。

译文

　　这一年获得了大丰收。名公、硕儒都写诗向师父道贺。一天，有一个吴大卿（字德明）的人拿着四首绝句来拜见师父。师父用原诗的韵脚来唱和。第一首是："燕国蟾公即此州，超凡入圣洞宾俦。一时鹤驾归蓬岛，万劫仙乡出土丘。"第二首写道："我本深山独自居，谁知天下众人誉。轩辕道士来相访，不解言谈世俗书。"第三首为："莫把闲人作等闲，闲人无欲近仙班。不于此日开心地，更待何时到宝山。"第四首说："混沌开基得自然，灵明翻小大椿年。出生入死常无我，跨古腾今自在仙。"又题支仲元画的得一、元保、玄素《三仙图》，写道："得道真仙世莫穷，三仙何代显灵踪。直教御府相传授，阅向人间类赤松。"另外，信奉道教的人来请师父写颂，师父出示了一首七言绝句："朝昏忽忽急相催，暗换浮生两鬓丝。造物戏人俱是梦，是非向日又如何？"

　　师父自从接受行省以下各位官员的邀请入住天长观以来，看到天长观圣位殿阁、常住堂宇上塌下陷，心中忧虑。到这时把窗户和台阶的砌石全部拆除，命令门徒逐渐修葺，漏的地方补上，倾斜的地方修正。全部工作在丙戌年完成，房舍庭院都为之一新。又创建了寮舍四十多间，不借助外界的支持，都是道观

自己供给的。每当到了夏天，命各个斋舍不要点灯，到了深秋再点灯，以此来预防火灾。

十月离开宝玄堂，到方壶斋居住。每天召集有修行的道人，按顺序坐好，畅谈各种高雅的问题，有时整个晚上都不睡。冬天十一月十三日半夜，师父抖了抖衣服站起来，到中间的庭院漫步。当重回座位上时，师父作了一首五言律诗，诗写道："万象弥天阔，三更坐地劳。参横西岭下，斗转北辰高。大势无由遏，长空不可韬。循环诸主宰，亿劫自坚牢。"

丁亥年，从春天到夏天很干旱，政府部门多次祈祷，很少获得回应。一天，京师奉道会的教众来拜谒师父，请求师父祈雨。不久，消灾等会也来请师父作醮。师父慢慢地说："我刚刚留意做醮的事情，你们也提出这样的建议，正是人们所说的好事不约而同啊。不过，你们两家应当做事勤快一些，精心进行准备。"于是约定五月一日做祈雨醮，初三这天做贺雨醮，三天之内有雨，叫做瑞应雨。过了三天，即使下了雨，也不是占醮的人求得的雨。有人说："天意不可知。师父对众人讲这样的话，万一错过日期，岂不招来小人的讥讽？"师父说："这不是你们所能知道的事情。"等到醮事完成的那一天，果然下起了雨。第二天，雨下得超过一尺。过了三天，到第四天天放晴时才结束，于是举行了谢雨醮。整个占醮活动正像师父说得那样。

时暑气烦燠①，元帅张资允者请师游西山，再三过观②。师赴之。翌日斋罢，雨后游东山庵，师与客坐于林间，日夕将还，以绝句示众云："西山爽气清，过雨白云轻。有客林中坐，无心道自成。"

既还元帅第，楼居数日。来听道话者竟夕不寐。又应大谷庵请，次日清梦庵③请。其夕大雨自北来，雷电怒合，东西震耀。师曰："此道之用也。"夜深客散，师偃息草堂，须臾风雨骤至，怒霆一震，窗户几裂。少焉收声。人皆异之。或曰："霹雳当洊至④，何一举而息耶？"有应者曰："无奈至人在兹，雷⑤为之霁⑥威乎！"

既还，五月二十有五日，道人王志明至自秦州⑦，传旨："改北宫仙岛为万安宫，天长观为长春宫，诏天下出家善人皆隶焉。且赐以金虎牌⑧，道家事一仰神仙处置。"

小暑后大雨屡至，暑气愈炽，以七言诗示众曰："溽暑熏天万里遥，洪波拍海大川潮。嘉禾已见三秋熟，旱魃仍闻五月消。百姓共忻生有望，三军不待令方调。实由道化行无外，暗赐丰年助盛朝。"

自琼岛为道院，樵薪捕鱼者绝迹。数年，园池中禽鱼蕃育，岁时游人往来不绝。斋余，师乘马日凡一往。

注释

① 闷热。
② 纪本第 204 页此处为"再四"。
③ 这两处都是燕京郊外西山上的小道观。
④ 连续不断地来。
⑤ 神话中主管打雷的神。
⑥ 本意为雨止天晴，泛指风霜雨雪停止，天气

晴好。这里的意思是收敛威怒而呈和悦之色。
⑦ 今天的甘肃天水。当时成吉思汗正在这里养病。
⑧ 牌符是大蒙古国的一种权力标志，分为数等，金虎符属最高等，是金制牌符，上面镌刻虎的图案。

译文

这时候暑天的天气很闷热，元帅张资允请师父到西山游览，多次到观中来请。于是师父前往。第二天斋事结束，在雨后游历东山庵。师父与宾客坐在树林中，黄昏时分打算回来的时候，师父作了一首绝句，绝句写道："西山爽气清，过雨白云轻。有客林中坐，无心道自成。"

回到元帅的府第，在楼上住了几天。到这里来听师父讲道的人整夜都不去睡觉。师父又接受了大谷庵的邀请，第二天清梦庵来请。这天傍晚大雨从北来，雷电大作，在庵的东、西方向上电闪雷鸣不断。师父说："这正是运用道法的时候啊。"夜深。客人散去，师父在草堂中安息，不一会儿风雨大作，一个大雷震过，窗户几乎要被震裂。不久雷声消失。人们都很惊异。有人说："霹雳应当连续不断地作响，为什么震过一下就停息了呢？"有人回答说："真人在这里，雷师无奈，为此而平息了怒气，没有了威风！"

师父回到天长观，五月二十五日，道人王志明从秦州来传达皇帝的旨意："把北宫仙岛改为万安宫，把天长观改为长春宫，诏天下出家向善之人都隶属师父管辖，而且赐给师父金虎符，道家的一切事务都仰仗神仙来处置办理。"

小暑过后时常下大雨，暑气愈发炽热，师父写了一首七言诗给众人看："溽暑熏天万里遥，洪波拍海大川潮。嘉禾已见三秋熟，旱魃仍闻五月消。百姓共忻生有望，三军不待令方调。实由道化行无外，暗赐丰年助盛朝。"

自从琼华岛改成道院以来，砍柴捕鱼的人不再到这里。几年过后，田园、池塘里的飞禽、游鱼日益生育繁衍。一年之中，游人往来不绝。师父修斋之余，每天都骑着马到那里去一次。

六月二十有一日，因疾不出，浴于宫之东溪。二十有三日，人报巳、午间①雷雨大作，太液池②之南岸崩裂，水入东湖，声闻数十里。鼋鼍③鱼鳖尽去，池遂

枯涸。北口山④亦摧。师闻之，初无言，良久笑曰："山摧池枯，吾将与之俱乎！"

七月四日，师谓门人曰："昔丹阳⑤尝⑥授记⑦于余云：'吾没之后，教门当大兴，四方往往化为道乡。公正当其时也。道院皆敕赐名号，又当住持大宫观。仍有使者佩符乘传⑧，勾当⑨教门事。此时乃公功成名遂，归休之时也。'丹阳之言，一一皆验，若合符契。况教门中勾当人，内外悉具。吾归无遗恨矣。"

师既示疾于宝玄，一日数如匽⑩。中门弟子止之⑪，师曰："吾不欲劳人，汝等犹有分别在。且匽、寝奚异哉。"七月七日，门人复请曰："每日斋会，善人甚众。愿垂大慈还堂上，以慰瞻礼⑫。"师曰："吾九日上堂去也。"是日午后，留颂云："生死朝昏事一般，幻泡出没水常闲。微光见处跳乌兔⑬，玄量开时纳海山。挥斥八纮如咫尺，吹嘘万有似机关。狂辞落笔成尘垢，寄在时人妄听间。"遂登葆光堂⑭归真⑮焉，异香满室。

门人拈香拜别，众欲哭临。侍者张志素、武志撼等遮止众曰："真人适有遗语令门人宋道安提举教门事，尹志平副之，张志松又次之，王志明依旧勾当。宋德方、李志常等同议教门事。"遂复举示《遗世颂》。毕，提举宋道安等再拜而受。

黎明，具麻服⑯行丧礼，奔走赴丧者万计。宣差刘仲禄闻之愕然，叹曰："真人朝见以来，君臣道合。离阙之后，上意眷慕，未尝少忘。今师既升去，速当奏闻。"首七⑰之后，四方道俗远来赴丧，哀恸如丧考妣⑱。于是求训法名者日益众。

一日，提举宋公谓志常曰："今月上七日，公暨我同受师旨，法名旨事尔代书，止用吾手字印⑲，此事已行，姑沿袭之。"

既而清和大师尹公至自德兴，行祀事。既终七⑳，提举宋公谓清和曰："吾老矣，不能维持教门，君可代吾领之也。"让至于再，清和受其托。远近奉道会中善众不减往昔。

注释

① 相当于上午的九点到下午一点。

② 相当于今天北京的北海、中海。

③ 大鳖和鳄鱼。

④ 古北口一带的山，在今北京密云县境内。

⑤ 即丘处机的师兄丹阳真人马钰。

⑥ 王本此处误作"常"。

⑦ 佛教语，是梵语的意译，谓佛对菩萨或发心修行的人给予将来证果、成佛的预记。丘处机在这里借用了这一概念。

⑧ 佩带牌符，乘用驿马。

⑨ 王本此处及下文均误作"句当"。

⑩ 厕所。根据元代僧人祥迈的《至元辨伪录》卷三，丘处机死于毒痢。每日只好卧于厕中，最后竟据厕而卒。

⑪ 即劝他不要到厕所来，在卧室中方便即可。

⑫ 瞻仰礼拜。

⑬ 神话谓日中有乌，月中有兔，故以"乌兔"指日月。

⑭ 王本此处作"葆玄堂"；纪本作"葆元堂"。似均不确。

⑮ 道教语，谓死。后泛称人的死亡。
⑯ 用麻布做的丧服。
⑰ 大型的葬礼要持续七七四十九天，这里指最
　初的七天。
⑱ 父母的别称。
⑲ 字印就是盖印的意思。
⑳ 葬礼完成之后。

译文

六月二十一日，师父因病没有出行，在长春宫东面的溪水里沐浴。二十三日，有人报告说巳时、午时之间雷雨大作，太液池的南岸崩塌断裂。太液池的水流入东湖，声音在几十里外都能听到。水池中的鼋鼍鱼鳖都跑光了。太液池从此干涸。北口的山峰也崩塌了。师父听到这消息后，开始不说话，过了好久，笑着说："山崩池枯，我将和他们一起离开！"

七月四日。师父对门徒说："过去马丹阳曾授记给我说：'我死之后，全真教将极大地兴盛，很多地方都会成为信奉道教的地区。你正好处在这样的时期。道院都会有政府敕赐的名号，你会去住持大的宫观。还会有使者佩带牌符，乘着驿传，办理道教的各项事务。这时就是你功成名就，离开人世的时候了。'丹阳真人的话，都一一应验了，就像符契一样吻合。更何况教会中的管理人员内外都很完备。我离开人世也没有什么遗憾了。"

师父在宝玄堂养病，一天之内多次去厕所。门徒弟子们劝阻师父，师父说："我不想劳动别人，你们都有各自的事情要做，何况在厕所、在卧室又有什么差别呢！"七月七日，门徒又请求说："每天举行斋会，信道的善人很多。愿师父施大慈爱之心到斋堂上去，来满足道众瞻仰敬礼的心愿。"师父说："我九日到堂上去。"这天午后，师父留下一首颂辞："生死朝昏事一般，幻泡出没水常闲。微光见处跳乌兔，玄量开时纳海山。挥斥八纮如咫尺，吹嘘万有似机关。狂辞落笔成尘垢，寄在时人妄听间。"于是登上葆光堂，归于道真，奇异的香气充满了厅堂。

门人烧香拜别师父，众人要哭着见师父的遗容。侍者张志素、武志摅等人制止众人说："真人刚才有遗言，命门人宋道安掌管教会的事务，尹志平做副手，张志松做第二助手，王志明依旧负责原来的工作。宋德方、李志常等人一同参议教会的各项事务。"于是又高举师父的《遗世颂》给大家看。展示完毕，提举宋道安等人拜了又拜，接受了师父的遗命。

第二天黎明，众人都穿着麻布丧服行丧礼。来参加师父丧礼的人数以万计。宣差刘仲禄听了这个消息后很震惊，他感叹道："真人朝见以来，君臣各方面的想法都很一致。师父离开圣上之后，圣上想念师父，从来没有稍稍忘记。现在师

长春真人西游记

父已经升天 应当赶快向圣上报告。"第一个七天之后，各地道士、俗众从远处赶来参加师父的丧礼，他们的悲痛就像死了亲生父母一般。在这时候，请求赐予法名的人越来越多。

一天，提举宋公对李志常说："这个月的初七日，你和我一同接受师父的法旨，起法名这样的事情，你代为起草，而由我来加盖印章。这件事情已经这样做了，姑且继续这么办吧。"

不久，清和大师尹公从德兴来，举行祭祀活动。葬礼结束后，提举宋公对清和大师尹志平说："我老了，不能维持教会的日常事务，你可以代替我进行管理。"宋公多次让位，清和大师尹志平终于接受了他的委托。远近各地奉道会里的道教信徒并没有比过去减少。

戊子①春三月朔，清和建议为师构堂于白云观。或曰："工力浩大，粮储鲜少，恐难成功。"清和曰："凡事要人前思。夫众可与乐成，不可与虑始。但事不私己，教门竭力，何为而不办。况仙师遗德在四方，孰不瞻仰，可不劳行化②，自有人赞助此缘。公等勿疑。更或不然，常住之物费用净尽，各持一瓢，乃所愿也。"

宣差便宜刘公闻而喜之，力赞其事。遂举鞠志圆等董③其役。自四月上丁④，除地建址。历戊、己、庚⑤，俄有平阳⑥、太原、坚⑦、代⑧、蔚⑨、应⑩等群道人二百余，赍粮助力，肯构是堂。四旬⑪告成，其间同结兹缘者，不能备记。议者以为缔构之勤虽人力，亦圣贤阴有以扶持也。

期以七月九日大葬仙师。六月间，霖雨不止，皆虑有妨葬事。既七月初吉，遽报晴霁，人心翕然和悦。

前一日将事之初，乃烛香设席⑫，以严其祀。及启柩⑬，师容色俨然如生，远近王官士庶僧尼善众，观者凡三日，日万人。皆以手加额⑭，叹其神异焉。既而，宣布四方，倾心归向，来奉香火者不可胜计。

本宫建奉道场⑮三昼夜，预告斋旬日⑯。八日辰时⑰，玄鹤自西南来，寻有白鹤继至，人皆仰而异之。九日子时⑱，设灵宝清醮三百六十分位⑲，醮礼终，藏仙蜕⑳于堂，异香芬馥，移时不散。临午致斋，黄冠羽服，与坐者数千人。奉道之众又复万余。既宁神㉑，翌日，大雨复降。人皆叹曰："天道人事，上下和应，了此一大事。非我师道德纯备通于天地，达于神明，畴㉒克如是乎㉓？谅非人力所能致也。"

权省宣抚王公巨川，咸阳巨族也。素慕玄风，近岁又与父师相会于燕，雅怀照映，道同气合，尊仰之诚，更甚畴昔。故会兹葬事，自为主盟。京城内外屯以甲兵，备其不虞。罢散之日，略无惊扰，于是亲榜其室曰"处顺"，其观曰"白云"焉。

注释

① 为公元 1228 年。

② 化缘。僧、道向人求布施，布施的人可与佛、仙结善缘。泛指向人募化捐款。

③ 负责、管理。

④ 就是农历每月上旬的丁日（初四日）。

⑤ 指丁日之后的那三天。纪本第 216 页注释错误。

⑥ 今山西临汾。纪本此处注释误。

⑦ 今山西繁峙。

⑧ 今山西代县。

⑨ 今河北蔚县。

⑩ 今山西应县。

⑪ 王本此处误为"四月"。

⑫ 纪本第 215 页此处为"设度"。

⑬ 已装尸体的棺材为柩。

⑭ 双手放置额前。旧为祷祝仪式之一。亦用以表示敬意。

⑮ 释、道二教诵经礼拜或做法事的场所，亦指所做的法事。

⑯ 纪本第 218 页此处无"告"字。十日为一旬。

⑰ 相当于现在上午七点到九点。

⑱ 相当于现在凌晨零点到一点。

⑲ 是根据道教灵宝斋醮而设置的坛场，供奉三百六十个天尊的神位。该醮规模庞大，设有多个道坛，几十个道士做道场。

⑳ 遗体。因道教认为丘处机的灵魂已经升天成仙，像蝉蜕一样，留下来的遗体只是躯壳，故名。

㉑ 安定其心神，这里指葬礼结束。

㉒ 酬报奖赏。畴，通"酬"。本句意为如果不是师父道行高，能够得到上天这样的回报吗？

㉓ 王本此处作"此"，缺"乎"字。

译文

戊子年春天的三月初，清和大师建议为师父在白云观构建殿堂。有人说："工程耗费浩大，粮食储备非常少，恐怕难以成功。"清和大师说："凡事都要事先考虑好。可以和众人一起享受成功，却不可以一起筹划开始。只要做事情不徇私舞弊，教徒尽力去办，做什么事情会办不到呢。况且仙师的遗德广布四方，谁不瞻仰，可以不用烦劳化缘，自然会有人来赞助此事。你们不要有顾虑。如果事情进展得不顺利，我们道观中的财产都用光了的话，我们各自拿着一只瓢去乞讨，也是愿意的。"

宣差便宜刘仲禄听说这件事很高兴，大力赞助。于是推举鞠志圆等人办理这项工程。从四月上旬的丁日开工，平整地面，建立基址。过了戊、己、庚三天，有平阳、太原、坚州、代州、蔚州、应州等地的道人二百多人，拿着粮食来帮忙，他们愿意出力建造这座殿堂。经过四十天的建设，工程宣告完成。在这个过程中，一同尽力的人很多，不能一一都记录下来。人们评论说，殿堂的建造成功，固然得力于人力的辛劳，但也是由于道教圣人、先贤在暗中扶持的缘故。

约定在七月九日这天举行盛大的仪式来安葬仙师。六月里，雨下个不停，人们都担心会妨碍葬礼的进行。过了七月初一，天气放晴，大家心中都很喜悦。

在举行葬礼的前一天，点上香烛，摆设好席案，使祭祀活动显得庄严整齐。

等到打开灵柩的时候，师父的面色就像活着一样。瞻仰遗容的仪式进行了三天，远近的官员、士人、庶民、僧人、尼姑、道教信徒，每天来的都有上万人。他们都把手放在额头上，惊叹这种神异的现象。不久，这个消息就广泛地传播到各地，倾心向道、来这里奉献香火的人不计其数。

长春宫设立道场三天三夜，预先备斋十天。到七月八日的辰时，有黑色的鹤从西南飞来，接着有白鹤随后飞来，人们都仰望鹤群，感到很奇异。九日的子时，设立灵宝清醮三百六十分位，行醮礼完毕，把师父的躯体埋藏在堂中，奇异的芳香很久都不散去。到中午备斋时，在座的道士多达几千人。信奉道教的民众又有一万多人。奉安师父遗体的仪式结束了，第二天就又下起了大雨。人们都感叹说："天道和人事，上下互相应合，完成了这样一件大事。如果不是我们的师父道德纯备，和天地相通，上达神明，能够得到这样的报答吗？这肯定不是人力所能够达到的。"

权省宣抚王巨川相公出身于咸阳的大族，平日就仰慕道家的玄妙教理，近年来又和师父在燕京相会。高雅的心胸互相映合，彼此思想相投。王相公对师父的敬仰，更胜过以往。到安葬师父的时候，王相公亲自做盟主。京城内外安排全副武装的士兵，防备无法预见的突发事件。直到葬礼结束，活动没有受到一点扰乱。于是王相公亲自为师父的灵堂题写了"处顺"的匾额，为道观题写了"白云"匾额。

师为文，未始起稿，临纸肆笔而成。后复有求者，复辄自增损，故两存之。

尝夜话谓门弟子曰："古之得道人见于书传者，略而不传。失其传者，可胜言哉！余对汝众举近世得道之士，皆耳目所亲接者。其行事甚详，其谈道甚明。暇日当集《全真大传》，以贻后人。"

师既没，虽尝口传其概而后之学者尚未见其成书，惜哉！

译文

师父写文章，从来不打草稿，面对纸张提笔信手就可以写成。以后再有求师父写的人，师父就在过去的稿子上增减。所以常常保存有两份稿子。

师父曾和门徒夜话，他说："古代得道的人见于书本传记的，事迹都很简略，因而不能广泛流传。至于那些根本没有留下事迹的人，能说得过来吗？我对你们大家列举的近世以来得道的高士，都是我耳闻目睹的。关于他们的事迹我知道得很详细，他们的道法我也非常明了。等到闲暇的时候我会编集一部《全真大传》留给后人。"

师父去世了，虽然他曾经亲口说起过那部书的梗概，但后辈学道的人还没有来得及看到它的成书。真可惜啊！

原书附录

以下的这几则附录是《正统道藏》本《长春真人西游记》原来就有的，并录于此：

一、诏　书

成吉思皇帝敕真人丘师："省所奏应诏而来者，俱悉。惟师道逾三子，德重多方。命臣奉厥玄纁，驰传访诸沧海。时与愿适，天不人违。两朝❶屡诏而弗行，单使一邀而肯起。谓朕天启，所以身归。不辞暴露于风霜，自愿跋涉于沙碛。书章来上，喜慰何言。军国之事，非朕所期；道德之心，诚云可尚。朕以彼酋不逊，我伐用张。军旅试临，边陲底定❷。来从去背，实力率之故然；久逸暂劳，冀心服而后已。于是载扬威德，略驻车徒。重念云轩既发于蓬莱，鹤驭可游于天竺。达磨东迈，元印法以传心；老氏西行，或化胡而成道。顾川途之虽阔，瞻几杖以非遥。爰答来章，可明朕意。秋暑，师比平安好！指不多及。"❸

二、圣　旨

成吉思皇帝圣旨："道与诸处官员每：'丘神仙应有底修行底院舍等，系逐

---

❶ 指金和南宋。

❷ 指西征花剌子模国之事。

❸ 这道诏书是 1220 年（元太祖十五年）所降，由耶律楚材起草。见耶律楚材《西游录》，向达校注本，中华书局 1998 年版，第 14 页。

日念诵经文、告天底人每,与皇帝祝寿万万岁者。所据大小差发税赋都休教著者。据丘神仙底应系出家门人等,随处院舍都教免了差发税赋者。其外诈推出家、影占差发底人每,告到官司治罪,断按主者。奉到如此,不得违错。须至给付照用者。"

"右付神仙门下收执照使,所据神仙应系出家门人精严住持院子底人等,并免差发税赋。准此。癸未羊儿年三月 日(御宝)❶。"

三、 圣 旨

宣差阿里鲜面奉成吉思皇帝圣旨:"丘神仙奏知来底公事是也煞好。我前时已有圣旨文字与你来,教你天下应有底出家善人都教管著者,好底歹底,丘神仙你就便理会,只你识者。奉到如此。癸未年❷九月二十四日。"

四、 圣 旨

宣差都元帅贾昌传奉成吉思皇帝圣旨:"丘神仙你春月行程别来,至夏日路上炎热艰难来。沿路好底铺马得骑来么?路里饮食广多不少来么?你到宣德州等处,官员好觑你来么?下头百姓得来么?你身起心里好么?我这里常思量着神仙你,我不曾忘了你,你休忘了我者。癸未年十一月五日。"

五、 请 疏

燕京行尚书省石抹公谨请真人长春公住持天长观者:"窃以必有至人而后可以待方外事。天长观者,人间紫府❸,主上福田❹。若非真神仙人,谁称此道场地。仰惟长春上人识超群品,道悟长生,舌根有花木香,胸襟无尘土气。实

---

❶ 这道圣旨是 1223 年(元太祖十八年)所降。

❷ 年代同上。

❸ 道教称仙人所居之处为紫府。

❹ 佛教、道教以为供养布施,行善修德,能受福报,犹如播种田亩,有秋收之利,故称福田。

天人之眼目，乃世俗之津梁。向也乘青牛而西迈，不惮朝天❶；今焉奉紫诏而南回，正当传道。幸无多让，早赐光临。谨疏。癸未年八月　日。"

又　宣抚使御史大夫王❷敦请真人师父住持燕京十方❸大天长观者："窃以底变神龙非蹄涔所能止，无心野鹤亦何天不可飞。故蒙庄❹出游，漆园增价；陈抟❺归隐，云台生光。不到若辈人，难了如此事。伏惟真人师父气清而粹，道大而高。已书绛阙❻之名，暂被玉壶❼之谪。以千载为旦暮，以八极为门庭。振柱史❽之宗风，提全真之法印。昔也三朝之教主，今兹万乘之国师。几年应诏，北行本拟措安于海内；一旦回辕，南迈可能独善于山东。维太极之故宫，实大燕之宏构。国家元辰之所在，远近取则之所先。必欲立接人之基，莫如宅首善之地。敢辄伸于管见，冀少驻于霓旌。万里云披，式副人天之望；四方风动，举闻道德之香。谨疏。癸未年八月　日。"

又　燕京尚书省石抹公谨请丘神仙久住持天长观："窃以时止时行，虽圣人不凝滞于物；爱居爱处，而君子有恒久之心。于此两端，存乎大致。长春真人，重阳高弟，四海名重，为帝者之尊师，亦天下之教父。昔年应聘，还自万里，寻思于今日接人久住十方天长观。上以祝皇王之圣寿，下以荐生灵之福田。顷因讥察于细人，非敢动摇于仙仗。不图大老，遂有退心。况京师者，诸夏❾之根本而

---

❶ 这是用老子西出函谷关的典故来代指长春真人的西行。

❷ 即前文提到的王楫（王巨川）。

❸ 东南西北及四维上下。

❹ 蒙庄就是先秦时代的大思想家庄周，他曾做过漆园吏。

❺ 五代末宋初亳州真源人，后唐时举进士不第，隐迹武当山，相传服气辟谷二十多年，后居华山，与道人为友。北宋时受宋太宗召见。他精通易学，又有太极图传世。他的思想对后世影响很大，所作《阴真君还丹歌注》，收入《道藏》。

❻ 宫殿寺观前的朱色门阙。亦借指朝廷、寺庙、仙宫等。

❼ 东汉费长房欲求仙，见市中有老翁悬一壶卖药，市毕即跳入壶中。费便拜叩，随老翁入壶。但见玉堂富丽，酒食俱备。后知老翁乃神仙。事见《后汉书·方术传下·费长房》。后用玉壶来指代仙境。

❽ 是"柱下史"的省称。柱下史是周秦官名，即汉以后的御史。因其常侍立殿柱之下，故名。道家常以此代指老子，因老子曾任此职。

❾ 诸夏原来指周代分封的中原各个诸侯国，也泛指中原地区。

远近取此乎法则。如或舍此而就彼，是谓下乔而入幽。辄敢坚留，幸不易动。休休莫莫，无为深山穷谷之行；永永长长，而作太极琼华之主。谨疏。丙戌年●八月　日。"

六、侍行门人

　　虚静先生赵道坚、冲虚大师宋道安、清和大师尹志平、虚寂大师孙志坚、清贫道人夏志诚、清虚大师宋德方、葆光大师王志明、冲虚大师于志可、崇道大师张志素、通真大师鞠志圆、通玄大师李志常、颐真大师郑志修、玄真大师张志远、悟真大师孟志稳、清真大师綦志清、葆真大师何志清、通玄大师杨志静、冲和大师潘德冲。

七、特旨蒙古四人从师护持

　　蒙古打、喝剌八海、宣差阿里鲜、宣差便宜使刘仲禄。

● 1226 年〔元太祖二十一年〕。

附　录

王鹗《玄门掌教大宗师真常真人道行碑铭》

　　按：尽管有关《长春真人西游记》作者李志常的各种文献很多，但大部分比较简略。我们从元代道士李道谦辑《甘水仙源录》（《正统道藏》本❶卷三十中取了金元时期著名文人、翰林学士承旨、资善大夫、知制诰兼修国史王鹗所作《玄门掌教大宗师真常真人道行碑铭》❷，该文详细介绍了李志常的生平、道业、影响，以此可以进一步加深对作者的了解。

　　道教之曰全真，以重阳真人为祖师，其自甘河仙遇，刘蒋焚庵，行化关东，前后仅十年，而天下翕然宗之，非信道笃而自知明，安能特立章章如是？卒之搜奇访逸，得高弟四人，曰丹阳、曰长真、曰长生、曰长春。四人者，俱能整玄纲，弘圣教，使运数起而道德新，趦矣哉！至于礼聘两国，声驰四方，生能无欲，殁能不坏，惟长春师为然。师救物以仁，度人以慈，淡然无极，而众美从之，故游其门者，率聪明特达之士。然传法嗣教，止于尹清和、李真常二公而已。清和公早慕真风，遍趋法席，潍阳化度，沙漠侍行，为长春门弟子之冠。其踵师掌教，谦抑不居，竟脱烦劳，优游以寿终。若夫以清静养真，以仁恕接物，华实相副，文质兼全，名重望崇，使远近道俗趋拜堂下，惟恐其后，则吾真常公有之矣。

　　公讳志常，字浩然，其先洺州永年人，宋季避地濮之范阳，寻又徙开之观

---

❶　本书采用的《正统道藏》是台北艺文印书馆 1977 年的影印本。《甘水仙源录》收入《正统道藏》的《洞神部·纪传类》，艺文版《正统道藏》第 33 册。

❷　见艺文版《正统道藏》第 33 册第 26314 页。又收入陈垣编纂，陈志超、曾庆瑛校补《道家金石略》，北京：文物出版社，1988 年版，第 587 页。

城，因著籍焉。高祖皓、曾祖昌、祖明、父蔓，皆隐德不耀，素为乡里所重。明昌癸丑春正月十有九日，母聂氏夜梦异服一人。授以玉儿，觉而生公。二岁丧父，六岁丧母，养于伯父济川家。济川讳蒙，名举子也。赋、义两科，屡占上游，虽以四举终场同进士出身，歉如也。见公颖悟不群，崭然出头角，意欲作成，以偿平昔之愿，而公不喜文饰，雅好恬淡，常默祷高穹，望早逢异师胜友，式副夙心。年十有九，伯将议婚，公闻之叹曰："本期道，未涉津涯，若爱欲缠缚，则古人高蹈出尘之事业，难乎有成矣！"同舍兄张本敏之初以嗣续规公，既知牢不可夺，乃各言所志而诀。

居无几，负书曳杖，作云水之游，初隐东莱之牢山，复徙天柱山之仙人宫。宫之主者曰汤阴李仙，见公仪观魁伟，音吐不凡，大加赏异。逮公辞，告之曰："君玄门大器也，山庵荒僻，非久淹之地。昔祖师所至，异人并出，今独长春在焉，宜往从之。他时成就，未可量也。"公翌日遂行，至即墨之东山。属贞祐丧乱，土寇蜂起。山有窟室，可容数百人，寇至则避其中。众以公后，拒而不纳。俄为寇所获，问窟所在，捶楚惨毒，绝而复苏，竟不以告。寇退，窟人者出，环泣而谢之曰："吾侪小人，数百口人之命，悬于公一言，而公能忘不纳之怨，以死救之，其过常情远甚。"争为给养，至于康调，迄今父老犹能道之。

岁戊寅夏六月，闻长春师自登居莱，公促装往拜席下。师一见器许，待之异常。山东路转运使田琢器之，高其行，且闻昔在即墨，主帅黄掴副统咨公筹画，保完一城，以书邀至益都，待以宾礼。己卯冬十有二月，我朝遣便宜刘相仲禄，赍诏备礼，起长春师于东莱。时益都副帅张林，自金归宋，叛服靡常，公惧其为阻滞，乃往说林，俾移檄所经，卫送以行。

庚辰春正月，师始命驾，从行者十有八人，公其一也。二月达燕，明年春二月北上，秋七月至阿不罕山，距汉地几万里，并山汉人千家，逆师罗拜，以为希世之遇，咸请立观，择人主之。师将行，指公坐上语众曰："此子通明中正，学问该洽，今为汝等留此，其善待之。"因赐公真常子号，额名其观曰栖霞。师既西迈，公率众兴作，刻日落成。又立长春、玉华二会，至今不辍。癸未夏五月，师至自行在，憩于其观。一日斋客四集，师手持一弓弦，不言以授公。公亦不言而受，圈而佩之，仍作诗为谢。师但笑领而已。盖阿不罕之留，弓弦之授，识者知其有付属之意。秋七月从师还，至下水时，残暑尚炽，师因纳凉官舍之门楼，字呼公而教之曰："真师不易遇，得道者不易逢，逢之而不易识也，守道之笃，人貌而天，行直寓六骸而渊宗，忘饥渴而常宁，至静而遗形，独游乎无极之妙庭。此语汝当记之，以俟他日自得之耳。"公拜而谢。自承教之后，益自奋励，息机体真，敬事循理，历死生忧患之际，曾不易其所守。

师住燕京之日，凡教门公事，必与闻之。丁亥秋七月，师既仙去，清和嗣教，以公为教道录兼领长春宫事。己丑秋七月，见上于乾楼辇，时方诏通经之士教太子，公进《易》、《诗》、《书》、《道德》、《孝经》，且具陈大义。上嘉之。冬十一月，得旨方还。庚寅冬，有诬告处顺堂绘事有不应者，清和即日被执，众皆骇散，公独请代之曰："清和宗师也，职在传道。教门一切，我悉主之，罪则在我，他人无及焉。"使者高其节，特免桎械，锁之入狱。夜半锁忽自开，公以语狱吏，吏复锁之，而复自开。平旦吏以白有司，适以来使会食，所食肉骨上隐然见师象，其讼遂息。

癸巳夏六月，承诏即燕京，教蒙古贵官之子十有八人，公荐寂照大师冯志亨佐其事，日就月将，而才艺有可称者。乙未秋七月，奉诏筑道院于和林，委公选高道乘传以来。虽清和掌教，而朝觐往来必以公，故公为朝廷所知，而数数得旨。玺书所称曰"仙孔八合识"，八合识译语，师也。

戊戌春正月，清和会四方耆旧，手自为书付公，俾嗣教。公度不能辞乃受之。三月，大行台断事官忽土虎，奉朝命复加玄门正派嗣法演教真常真人号。夏四月赴阙，以教门事条奏，首及终南山灵虚观，系重阳祖师炼真开化之地，得旨，赐重阳宫号。命大为营建。甲辰春正月，朝命令公于长春宫作普天大醮三千六百分位，及选行业精严之士，普赐戒箓。逮戊申春二月既望，醮始告成，凡七昼夜，祥应不可殚纪。

岁辛亥，先帝即位之始年也，欲遵祀典，遍祭岳渎。冬十月，遣中使诏公至阙下，上端拱御榻，亲缄信香，冥心注想，默祷于祀所者久之。金盒锦幡，皆手授公，选近侍哈力丹为辅行，仍赐内府白金五千两以充其费。陛辞之日，锡公金符，及倚付玺书，令掌教如故。公至祭所，设金箓醮三昼夜，承制赐登坛道众紫衣，暨所属官吏预醮者，赏赉有差。询问穷乏，量加赈恤。自恒而岱，岱而衡，衡隶宋境，公尝奏可于天坛望祀焉。既又合祭四渎于济源，终之至于嵩，至于华，皆如恒、岱之礼。祀所多有征应。鸿儒巨笔，碑以纪之。

壬子春正月，命驾终南祖庭，恭行祀礼，规度营造，凡山下道院，皆为一例，以是地系教门根本故也。逮四月既望东归。癸丑春正月，奉上命作金箓大斋，给散随路道士女冠普度戒牒，以公为印押大宗师。甲寅春，上又遣使作普天大醮，分位日期，如戊申，而益以附荐海内亡魂，敕公为大济度师，出黄金五百两，白金五千两，凡龙璧环纽镇信之物，及沉檀龙麝诸香，并从官给。自发牒至满散，鸾鹤五云现于空际者，无虚日。公复念燕境罪徒久幽狴犴，不以湔洗则无由自新，言之有司，蒙开释者甚众。冬十有二月，有旨召公。乙卯秋七月，见上于行宫。适西域进方物，时太子诸王就宴，敕公预焉。舍馆既定，数召见，咨以治国保民之术。十有二月朔旦，上谓公曰："朕欲天下百姓安生乐业，然与我同此心者，未见其人，何如？"公奏曰："自古圣君有爱民之心，则才德之士必应诚而至。"因历举勋贤并用，可成国泰民安之效。上嘉纳之，命书诸册。自午未间入承顾问，及灯乃退。

丙辰春正月，以老辞。夏四月，至自北庭。五月至晦，总真阁之北檐无故摧坏。六月庚申朔，公倦于接应，谢绝宾客，隐几不言。戊寅，正襟危坐，语左右曰："昨夜境界异常，吾自知卦数已尽，归其时矣。主管教门，向已奏闻，令城明张志敬受代，余无可议者。"翌日，悉以符印法衣付之，乃留颂，顺止而化，春秋六十有四。

平昔著述多为人所持去，有《又玄集》二十卷，《西游记》二卷行于世。

公以儒家者流，决意学道，事师谨，与人忠，茹荤饮酒之戒，涓毫不犯。主宫门二十年，凡所营缮，皆公指授，翚飞栭比，雄冠一时。四方信施，岁入良多，悉付之常住，一无私积，羽化之日，衣衾杖履而已。性质直，不能曲意顺情，故谤讼屡兴，随即自解，公一不校，复以诚信待之。方其与同舍张君敏之之诀也，各言其志。敏之卒中词赋高第，而公竟掌道教长春。别几二纪，敏之以使北见留，隐为黄冠。公兄事如昔，并其属给养之。时河南新附，士大夫之流寓于燕者，往往窜名道籍。公委曲招延，饭于斋堂日数十人。或者厌其烦，公不恤也，其待士之诚类如此。长春道侣不下数百，独能识诚明于龆稚，教育成就，卒付重任，其知人之明又如此。故能历事三朝，荐承恩顾，云轺所至，倾动南北，香为送迎，络绎不绝。及闻讣音，近者素服长号，若丧考妣，远者出迓仙灵，为位以哭。可谓其生也荣，其死也哀矣。

庚申夏四月，今上嗣登宝位。中统辛酉秋八月，诏赠真常上德宣教真人号。明年夏五月既望，予方逃暑不出。诚明子携诸执事踵门来见曰："先师嗣法，有功玄教，今厌世几七年，不有以追述其美，则门弟子辈俯仰惭怍，殆无了期。惟先生与师邻乡县，熟其为人，敢以斯文请。"予辞之力，不逾月，凡三见临，具状其师之道行，及持虚舟道人李鼎之和所为传，并以见示。予观其行实平美，略无纤芥谲怪之事，乃以予平昔之所见闻，并为次第其先后而铭之。铭曰：

"道之为教，基于老氏，不肆不耀，知足知止。性而身之，全真则是，质而文之，真常乃尔。粤惟真常，系出仙李，重阳裔孙，长春嫡子。笑授弓弦，传法微旨，留建栖霞，嗣教伊始。言必成章，动必循理，诚以待士，廉以律己。万口推尊，三朝付倚，善始令终，荣生哀死。苍苍五华，涓涓一水，窈兮窅兮，阒阒我冠履。付畀得人，追书遗美，有状斯述，有传斯纪。仙灵虽升，仙闻不已，我铭以辞，无愧焉耳。"

《元史·释老传·丘处机》❶

丘处机，登州栖霞人，自号长春子。儿时，有相者谓其异日当为神仙宗伯。年十九，为全真学于宁海之昆嵛山，与马钰、谭处端、刘处玄、王处一、郝大通、孙不二同师重阳王真人。重阳一见处机，大器之。金、宋之季，俱遣使来召，不赴。

岁己卯，太祖自乃蛮命近臣札八儿、刘仲禄持诏求之。处机一日忽语其徒，使促装，曰："天使来召我，我当往。"翌日，二人者至，处机乃与弟子十有八人同往见焉。明年，宿留山北，先驰表谢，拳拳以止杀为劝。又明年，趣使再至，乃发抚州，经数十国，为地万有余里。盖蹀血战场，避寇叛域，绝粮沙漠，自昆嵛历四载而始达雪山。常马行深雪中，马上举策试之，未及积雪之半。既见，太祖大悦，赐食、设庐帐甚饬。

太祖时方西征，日事攻战，处机每言欲一天下者，必在乎不嗜杀人。及问为治之方，则对以敬天爱民为本。问长生久视之道，则告以清心寡欲为要。太祖深契其言，曰："天锡仙翁，以寤朕志。"命左右书之，且以训诸子焉。于是锡之虎符，副以玺书，不斥其名，惟曰"神仙"。一日雷震，太祖以问，处机对曰："雷，天威也。人罪莫大于不孝，不孝则不顺乎天，故天威震动以警之。似闻境内不孝者多，陛下宜明天威，以导有众。"太祖从之。

岁癸未，太祖大猎于东山，马踣，处机请曰："天道好生，陛下春秋高，数畋猎，非宜。"太祖为罢猎者久之。时国兵践蹂中原，河南、北尤甚，民罹俘戮，无所逃命。处机还燕，使其徒持牒招求于战伐之余，由是为人奴者得复为良，与滨死而得更生者，毋虑二三万人。中州人至今称道之。

岁乙酉，荧惑犯尾，其占在燕，处机祷之，果退舍。丁亥，又为旱祷，期以三日而，当名瑞应，已而亦验。有旨改赐宫名曰长春，且遣使劳问，制若曰："朕常念神仙，神仙毋忘朕也。"六月，浴于东溪，越二日天大雷雨，太液池岸北水入东湖，声闻数里，鱼鳖尽去，池遂涸，而北口高岸亦崩，处机叹曰："山其摧乎，池其涸乎，吾将与之俱乎！"遂卒，年八十。其徒尹志平等世奉玺书袭掌其教。至大间加赐金印。

---

❶ 附录征引的《元史》均为中华书局校点本。

《元史·太祖本纪》

（上略）元年丙寅，帝大会诸王群臣，建九斿白旗，即皇帝位于斡难河之源，诸王群臣共上尊号曰成吉思皇帝。是岁实金泰和之六年也。

帝既即位，遂发兵复征乃蛮。时卜欲鲁罕猎于兀鲁塔山，擒之以归。太阳罕子屈出律罕与脱脱奔也儿的石河上。

帝始议伐金。初，金杀帝宗亲咸补海罕，帝欲复仇。会金降俘等具言金主璟肆行暴虐，帝乃定议致讨，然未敢轻动也。

二年丁卯秋，再征西夏，克斡罗孩城。

是岁，遣按弹、不兀剌二人使乞力吉思。既而野牒亦纳里部、阿里替也儿部，皆遣使来献名鹰。

三年戊辰春，帝至自西夏。

夏，避暑龙庭。

冬，再征脱脱及屈出律罕。时斡亦剌部等遇我前锋，不战而降，因用为向导。至也儿的石河，讨蔑里乞部，灭之，脱脱中流矢死，屈出律奔契丹。

四年己巳春，畏吾儿国来归。帝入河西，夏主李安全遣其世子率师来战，败之，获其副元帅高令公。克兀剌海城，俘其太傅西壁氏。进至克夷门，复败夏师，获其将嵬名令公。薄中兴府，引河水灌之，堤决，水外溃，遂撤围还。遣太傅讹答入中兴，招谕夏主，夏主纳女请和。

五年庚午春，金谋来伐，筑乌沙堡。帝命遮别袭杀其众，遂略地而东。

初，帝贡岁币于金，金主使卫王允济受贡于净州。帝见允济不为礼。允济归，欲请兵攻之。会金主璟殂，允济嗣位，有诏至国，传言当拜受。帝问金使曰："新君为谁？"金使曰："卫王也。"帝遽南面唾曰："我谓中原皇帝是天上人做，此等庸懦亦为之耶？何以拜为！"即乘马北去。金使还言，允济益怒，欲俟帝再入贡，就进场害之。帝知之，遂与金绝，益严兵为备。

六年辛未春，帝居怯绿连河。西域哈剌鲁部主阿昔兰罕来降，畏吾儿国主亦都护来觐。

二月，帝自将南伐，败金将定薛于野狐岭，取人水泺、丰利等县。金复筑乌沙堡。

秋七月，命遮别攻乌沙堡及乌月营，拔之。

八月，帝及金师战于宣平之会河川，败之。

九月，拔德兴府，居庸关守将遁去。遮别遂入关，抵中都。

冬月，袭金群牧监，驱其马而还。耶律阿海降，入见帝于行在所。皇子术赤、察合台、窝阔台分徇云内、东胜、武、朔等州，下之。

是冬，驻跸金之北境。刘伯林、夹谷长哥等来降。

七年壬申春正月，耶律留哥聚众于隆安，自为都元帅，遣使来附。帝破昌、桓、抚等州。金将纥石烈九斤等率兵三十万来援，帝与战于獾儿觜，大败之。

秋，围西京。金元帅左都监奥屯襄率师来援，帝遣兵诱至密谷口，逆击之，尽殪。复攻西京，帝中流矢，遂撤围。

九月，察罕克奉圣州。

冬十二月甲申，遮别攻东京不拔，即引去，夜驰还，袭克之。

八年癸酉春，耶律留哥自立为辽王，改元元统。

秋七月，克宣德府，遂攻德兴府。皇子拖雷、驸马赤驹先登，拔之。帝进至怀来，及金行省完颜纲、元帅高琪战，败之，追至北口。金兵保居庸。诏可忒、薄刹守之，遂趋涿鹿。金西京留守忽沙虎遁去。帝出紫荆关，败金师于五回岭，拔涿、易二州。契丹讹鲁不儿等献北口，遮别遂取居庸，与可忒、薄刹会。

八月，金忽沙虎弑其主允济，迎丰王珣立之。

是秋，分兵三道：命皇子术赤、察合台、窝阔台为右军，循太行而南，取保、遂、安肃、安、定、邢、洺、磁、相、卫、辉、怀、孟，掠泽、潞、辽、沁、平阳、太原、吉、隰，拔汾、石、岚、忻、代、武等州而还；皇弟哈撒儿及斡陈那颜、拙赤觲、薄刹为左军，遵海而东，取蓟州、平、滦、辽西诸郡而还；帝与皇子拖雷为中军，取雄、霸、莫、安、河间、沧、景、献、深、祁、蠡、冀、恩、濮、开、滑、博、济、泰安、济南、滨、棣、益都、淄、潍、登、莱、沂等郡。复命木华黎攻密州，屠之。史天倪、萧勃迭率众来降，木华黎承制并以为万户。帝至中都，三道兵还，合屯大口。

是岁，河北郡县尽拔，唯中都、通、顺、真定、清、沃、大名、东平、德、邳、海州十一城不下。

九年甲戌春三月，驻跸中都北郊。诸将请乘胜破燕，帝不从，乃遣使谕金主曰："汝山东、河北郡县悉为我有，汝所守惟燕京耳。天既弱汝，我复迫汝于险，天其谓我何。我今还军，汝不能犒师以弭我诸将之怒耶？"金主遂遣使求和，奉卫绍王女岐国公主及金帛、童男女五百、马三千以献，仍遣其丞相完颜福兴送帝出居庸。

夏五月，金主迁汴，以完颜福兴及参政抹撚尽忠辅其太子守忠，留守中都。

六月，金纠军斫答等杀其主帅，率众来降。诏三摸合、石抹明安与斫答等围中都。帝避暑鱼儿泺。

秋七月，金太子守忠走汴。

冬十月，木华黎征辽东，高州卢琮、金朴等降。锦州张鲸杀其节度使，自立为临海王，遣使来降。

十年乙亥春正月，金右副元帅蒲察七斤以通州降，以七斤为元帅。

二月，木华黎攻北京，金元帅寅答虎、乌古伦以城降，以寅答虎为留守，吾也而权兵马都元帅镇之。兴中府元帅石天应来降，以天应为兴中府尹。

三月，金御史中丞李英等率师援中都，战于霸州，败之。

夏四月，克清、顺二州。诏张鲸总北京十提控兵从南征，鲸谋叛伏诛。鲸弟致遂据锦州，僭号汉兴皇帝，改元兴龙。

五月庚申，金中都留守完颜福兴仰药死，抹撚尽忠弃城走，明安入守之。是月，避暑桓州凉泾，遣忽都忽等籍中都帑藏。

秋七月，红罗山寨主杜秀降，以秀为锦州节度使。遣乙职里往谕金主以河北、山东未下诸城来献，及去帝号为河南王，当为罢兵。不从。诏史天倪南征，授右副都元帅，赐金虎符。

八月，天倪取平州，金经略使乞住降。木华黎遣史进道等攻广宁府，降之。是秋，取城邑凡八百六十有二。

冬十月，金宣抚蒲鲜万奴据辽东，僭称天王，国号大真，改元天泰。

十一月，耶律留哥来朝，以其子斜阇入侍。史天祥讨兴州，擒其节度使赵守玉。

十一年丙子春，还庐朐河行宫。张致陷兴中府，木华黎讨平之。

秋，撒里知兀觮三摸合拔都鲁率师由西夏趋关中，遂越潼关，获金西安军节度使尼庞古薄鲁虎，拔汝州等郡，抵汴京而还。

冬十月，薄鲜万奴降，以其子帖哥入侍。既而复叛，僭称东夏。

十二年丁丑夏，盗祁和尚据武平，史天祥讨平之，遂擒金将巢元帅以献。察罕破金监军夹谷于霸州，金求和，察罕乃还。

秋八月，以木华黎为太师，封国王，将蒙古、乣、汉诸军南征，拔遂城、蠡州。

冬，克大名府，遂东定益都、淄、登、莱、潍、密等州。

是岁，秃满部民叛，命钵鲁完、朵鲁伯讨平之。

十三年戊寅秋八月，兵出紫荆口，获金行元帅事张柔，命还其旧职。木华黎自西京入河东，克太原、平阳及忻、代、泽、潞、汾、霍等州。金将武仙攻满城，张柔击败之。

是年，伐西夏，围其王城，夏主李遵顼出走西凉。契丹六哥据高丽江东城，命哈真、札剌率师平之；高丽王皞遂降，请岁贡方物。

十四年己卯春，张柔败武仙，降祁阳、曲阳、中山等城。

夏六月，西域杀使者，帝率师亲征，取讹答剌城，擒其酋哈只儿只兰秃。

秋，木华黎克岢岚、吉、隰等州，进攻绛州，拔其城，屠之。

十五年庚辰春三月，帝克蒲华城。

夏五月，克寻思干城，驻跸也儿的石河。

秋，攻斡脱罗儿城，克之。木华黎徇地至真定，武仙出降。以史天倪为河北西路兵马都元帅、行府事，仙副之。东平严实籍彰德、大名、磁、洺、恩、博、滑、浚等州户三十万来归，木华黎承制授实金紫光禄大夫、行尚书省事。

冬，金邢州节度使武贵降。木华黎攻东平不克，留严实守之，撤围趋洺州，分兵徇河北诸郡。

是岁，授董俊龙虎卫上将军、右副都元帅。

十六年辛巳春，帝攻卜哈儿、薛迷思干等城，皇子术赤攻养吉干、八儿真等城，并下之。

夏四月，驻跸铁门关，金主遣乌古孙仲端奉国书请和，称帝为兄，不允。金东平行省事忙古弃城遁，严实入守之。宋遣苟梦玉来请和。

夏六月，宋涟水忠义统辖石珪率众来降，以珪为济、兖、单三州总管。

秋，帝攻班勒纥等城，皇子术赤、察合台、窝阔台分攻玉龙杰赤等城，下之。

冬十月。皇子拖雷克马鲁察叶可、马鲁、昔剌思等城。木华黎出河西，克葭、绥德、保安、鄜、坊、丹等州，进攻延安，不下。

十一月，宋京东安抚使张琳以京东诸郡来降，以琳为沧、景、滨、棣等州行都元帅。

是岁诏谕德顺州。

十七年壬午春，皇子拖雷克徒思、匿察兀儿等城，还经木剌夷国，大掠之，渡搠搠阑河，克也里等城。遂与帝会，合兵攻塔里寒寨，拔之。木华黎军克乾、泾、邠、原等州，攻凤翔，不下。

夏，避暑塔里寒寨。西域主札阑丁出奔，与灭里可汗合，忽都忽与战不利，帝自将击之，擒灭里可汗。札阑丁遁去，遣八剌追之，不获。

秋，金复遣乌古孙仲端来请和，见帝于回鹘国。帝谓曰："我向欲汝主授我河朔地，令汝主为河南王，彼此罢兵，汝主不从。今木华黎已尽取之，乃始来请耶？"仲端乞哀，帝曰："念汝远来，河朔既为我有，关西数城未下者，其割付我，令汝主为河南王，勿复违也。"仲端乃归。金平阳公胡天作以青龙堡降。

冬十月，金河中府来附，以石天应为兵马都元帅守之。

十八年癸未春三月，太师国王木华黎薨。

夏，避暑八鲁弯川。皇子术赤、察合台、窝阔台及八剌之兵来会，遂定西域诸城，置达鲁花赤监治之。

冬十月，金主珣殂，子守绪立。

是岁，宋复遣苟梦玉来。

十九年甲申夏，宋大名总管彭义斌侵河北。史天倪与战于恩州、败之。

是岁，帝至东印度国，角端见，班师。

二十年乙酉春正月，还行宫。

二月，武仙以真定叛，杀史天倪。董俊判官李全亦以中山叛。

三月，史天泽击仙走之，复真定。

夏六月，彭义斌以兵应仙，天泽御于赞皇，擒斩之。

二十一年丙戌春正月，帝以西夏纳仇人亦腊喝翔昆及不遣质子，自将伐之。

二月，取黑水等城。

夏，避暑于浑垂山。取甘、肃等州。

秋。取西凉府搠罗、河罗等县，遂逾沙陀，至黄河九渡，取应里等县。

九月，李全执张琳，郡王带孙进兵围全于益都。

冬十一月庚申，帝攻灵州，夏遣嵬名令公来援。丙寅，帝渡河击夏师，败之。丁丑，五星聚见于西南。驻跸盐州川。

十二月，李全降。授张柔行军千户、保州等处都元帅。

是岁，皇子窝阔台及察罕之师围金南京，遣唐庆责岁币于金。

二十二年丁亥春，帝留兵攻夏王城，自率师渡河攻积石州。

二月，破临洮府。

三月，破洮、河、西宁二州。遣斡陈那颜攻信都府，拔之。

夏四月，帝次龙德，拔德顺等州，德顺节度使爱申、进士马肩龙死焉。

五月，遣唐庆等使金。闰月，避暑六盘山。

六月，金遣完颜合周、奥屯阿虎来请和。帝谓群臣曰："朕自去冬五星聚时，已尝许不杀掠，遽忘下诏耶。今可布告中外，令彼行人亦知朕意。"是月，夏主李晛降。帝次清水县西江。

秋七月壬午，不豫。己丑，崩于萨里川哈老徒之行宫。临崩谓左右曰："金精兵在潼关，南据连山，北限大河，难以遽破。若假道于宋，宋、金世仇，必能许我，则下兵唐、邓，直捣大梁。金急，必征兵潼关。然以数万之众，千里赴援，人马疲弊，虽至弗能战，破之必矣。"言讫而崩，寿六十六，葬起辇谷。至元三年冬十月，追谥圣武皇帝。至大二年冬十一月庚辰，加谥法天启运圣武皇帝。庙号太祖。在位二十二年。

帝深沉有大略，用兵如神，故能灭国四十，遂平西夏。其奇勋伟迹甚众，惜乎当时史官不备，或多失于纪载云。

陶宗仪 《南村辍耕录·丘真人》

大宗师长春真人，姓丘氏，名处机，字通密，号长春子，登州栖霞县滨都里人也。

祖父业农，世称善门。金皇统戊辰正月十九日生，生而聪敏，有日者相之曰："此子当为神仙宗伯。"大定丙戌，年十九，辞亲居昆嵛山，依道者修真。丁亥，谒重阳全真开化王真君喆❶于海宁，请为弟子。戊申，召见阙下，随还终南山。

贞祐乙亥，太祖平燕城，金主奔汴。丙子，复召，不起。己卯，居莱州。时齐鲁入宋，宋遣使来召，亦不起。

是年五月，太祖自乃蛮国遣近侍刘仲禄持手诏致聘，十二月至隐所。诏文云："制曰：'天厌中原，骄华太极之性；朕居北野，嗜欲莫生之情。反朴还淳，去奢从俭。每一衣一食，与牛竖马圉共弊同飱。视民如赤子，养士若兄弟。谋素和，恩素畜。练万众以身人之先，临百阵无念我之后。七载之中成大业，六合之内为一统。非朕之行有德，盖金之政无恒。是以受天之祐，获承至尊。南连赵宋，北接回纥。东夏西夷，悉称臣佐。念我单于国千载百世以来，未之有也。然而任大守重，治平犹惧有阙。且夫刳舟剡楫，将欲济江河也；聘贤选佐，将以安天下也。朕践祚已来，勤心庶政，而三九之位，未见其人。访闻丘师先生，体真履规，博物洽闻，探赜穷理，道冲德著。怀古君子之肃风，抱真上人之雅操。久栖岩谷，藏身隐形，阐祖宗之遗化，坐致有道之士，云集仙径，莫可称数。自干戈而后，伏知先生犹隐山东旧境。朕心仰怀无已，岂不闻渭水同车，茅庐三顾之事？奈何山川悬阔，有失躬迎之礼。朕但避位侧身，斋戒淋浴，选差近侍官刘仲禄，备轻骑素车，不远千里，谨邀先生暂屈仙步，不以沙漠悠远为念。或以忧民当世之务，或以恤朕保身之术。朕亲侍仙座，钦惟先生将咳唾之余，但授一言斯可矣。今者，聊发朕之微意万一。明于诏章。诚望先生既著大道之端要，善无不应，亦岂违众生之愿哉！故兹诏示，惟宜知悉。五月初一日笔。"

庚辰正月，北行。二月至燕，欲俟驾回朝谒。仲禄令从官曷剌驰奏，真人进表陈情。表曰："登州栖霞县志道丘处机，近奉宣旨，远召不才。海上居民，心皆恍惚。处机自念，谋生太拙，学道无成。辛苦万端，老而不死。名虽播于诸

---

❶ 中华本此处误做"嘉"。

国，道不加于众人。内顾自伤，衷情谁测。前者南京及宋国屡召不从，今者龙庭一呼即至，何也？伏闻皇帝天赐勇智，今古绝伦，道协威灵，华夷率服。是故便欲投山窜海，不忍相违。且当冒雪冲霜，图其一见。兼闻车驾只在桓、抚之北，及到燕京，听得车驾遥远，不知其几千里。风尘颓洞，天气苍黄。老弱不堪，切恐中途不能到得。假之皇帝所，则军国之事，非己所能；道德之心，令人戒欲。悉为难事。遂与宣差刘仲禄商议，不若且在燕京、德兴府等处盘桓住坐，先令人前去奏知。其刘仲禄不从，故不免自纳奏帖。念处机肯来归命，远冒风霜，伏望皇帝早下宽大之诏，详其可否。兼同时四人出家，三人得道。惟处机虚得其名，颜色憔悴，形容枯槁。伏望圣裁！龙儿年三月日奏。"

十月，曷剌回。复奉敕旨曰："成吉思皇帝敕真人丘师：省所奏应召❶来者，具悉❷。惟师道逾三子，德重多方。命臣奉厥玄纁，驰传访诸沧海。时与愿适，天不人违。两朝屡召❸而弗行，单使一邀而肯起。谓朕天启，所以身归。不辞暴露于风霜，自愿跋涉于沙碛。书章来上，喜慰何言。军国之事，非朕所期；道德之心，诚云可尚。朕以彼酋不逊，我伐用张。军旅试临，边陲底定。来从去背，实力率之故然❹；久逸暂劳，冀心服而后已。于是载扬威德，略驻车徒。重念云轩既发于蓬莱，鹤驭可游于天竺。达磨东迈，元印法以传心；老氏西行，或化胡而成道。顾川途之虽阔，瞻几杖以非遥。爰答来章，可明朕意。秋暑，师比平安好！旨❺不多及。十四日。"

辛巳十一月，至邪迷思干城。

壬午三月，过铁门关。

四月，达行在所。时上在雪山之阳。舍馆定，入见。上劳曰："它国征聘皆不应，今远逾万里而来，朕甚嘉焉。"赐坐，就食。设二帐于御幄之东以居之。约日问道，以回纥叛，亲征，不果。

至九月，设庭燎，虚前席，延问至道。真人大略答以节欲保躬，天道好生恶杀，治尚无为清净之理。上悦，命左史书诸策。

---

❶ 《道藏》本此处作"诏"。

❷ 《道藏》本此处作"俱悉"。

❸ 《道藏》本此处作"诏"。

❹ 中华本此处标点有误。

❺ 《道藏》本此处作"指"。

癸未，乞东还，赐号神仙，爵大宗师。掌管天下道教。

甲申三月，至燕。八月，奉旨居太极宫。丁亥五月，特改太极为长春。七月九日，留颂而逝，年八十。

至元己巳正月，诏赠五祖七真徽号，而曰长春演道主教真人。

已上见《蟠❶溪集》、《鸣道集》、《西游记》、《风云庆会录❷》、《七真年谱）等书。

初，真人自行在归，道由宣德日，一富家新居落成。礼致下顾，将冀一言以为福，既入其室，默然无语，辄以所持铁拄杖，于窗房墙壁上颇毁数处而出。主人再拜希解悟。曰："尔屋完矣美矣，完而必毁，理势然也。吾不尔毁，尔将无以图厥终。今毁矣，尔宜思其毁而欲完，克保全之。则尔与尔子子孙孙，庶几歌斯哭斯，永终弗替。"主人悦服。

吁，真人真知道哉！

耶律楚材 《玄风庆会录》

按：由于成吉思汗不愿让别人知道长春真人讲道的具体内容，所以李志常在书中也就没有透漏有关的细节。实际上，学者们早就注意到在《道藏》中收有耶律楚材所写的一篇《玄风庆会录》❸，题为"元侍臣、昭武大将军、尚书礼部侍郎移剌楚才奉敕编录"。当时耶律楚材是成吉思汗帐前的亲信必阇赤，能够接触到大量最核心的宫廷机密❹，这份历史文件显然是耶律楚材奉成吉思汗之命编录的。

《长春真人西游记》中明确提到："上温颜以听，令左右录之，仍敕志以汉字，意示不忘。"《玄风庆会录》很可能就是文中提到的汉字记录稿。❺

---

❶ 应作"磻"。

❷ 即《玄风庆会录》，见本书附录。

❸ 《正统道藏》列入《洞真部·谱录类》，艺文版《正统道藏》第5册第3490—3495页。

❹ 事迹参见《元史》卷146《耶律楚材传》。

❺ 根据《玄风庆会录》序言，此文似曾大量刊行过。元代道士李道谦至元十八年（1281年）编《全

本文比较详细地记载了丘处机的讲话内容，下面录出全文。**❶**

玄风庆会录

无侍臣、昭武大将军、尚书礼部侍郎移剌楚才奉敕编录

序

国师长春真人昔承宣召，不得已而后起，遂别中土，过流沙，陈道德以致君，止干戈而救物。功成身退，厌世登天。自太上玄元西去之后，寥寥千百载，唯真人一人而已。其往回事迹载于《西游记》中详矣。唯余对上传道玄言奥旨，上令近侍录而秘之。岁乃逾旬，传之及外，将以刊行于世，愿与天下共知玄风**❷**庆会**❸**一段奇事云。壬辰**❹**长至日**❺**序。

正　文

钦奉皇帝圣议，宣请高道长春真人。岁在己卯**❻**正元后一日，敕朝官刘仲禄赍诏寻访，直至东莱，适符圣意，礼迎仙驭，不辞远远而来。

逮乎壬午之冬，十月既望**❼**，皇帝畋于西域雪山之阳。是夕，御行在设庭燎**❽**，

真第五代宗师长春演道主教真人内传》中大量收入了《玄风庆会录》的内容，只是顺序略加调整，改变了个别字句。此文的编写比《玄风庆会录》的刊行晚了近五十年，可见必然参考了《玄风庆会录》。李道谦文见陈垣编纂，陈志超、曾庆瑛校补《道家金石略》，北京：文物出版社，1988年版，第634—637页。

❶ 纪流本也收入了《玄风庆会录》，但有删节，已非原貌，而且文字标点亦有颇多可商之处。详见该书第126—146页。

❷ 道教称玄天之风为玄风。

❸ 喜庆的聚会。

❹ 这是元太宗窝阔台四年，公元1232年，上距丘机处讲道已十年。

❺ 指夏至。夏至白昼最长，故称。

❻ 1219年。

❼ 元太祖十七年（1222年）冬十月十六日。

❽ 古代庭中照明的火炬。

虚前席，延长春真人以问长生之道。

真人曰："夫道生天育地，日月星辰鬼神人物皆从道生。人止知天大，不知道之大也。余生平弃亲出家唯学此耳。道生天地，开辟而生人焉。人之始生也，神光自照，行步如飞。地生菌自有滋味，不假炊爨，人皆食之。此时尚未火食，其菌皆香，且鼻嗅其香，口嗜其味，渐致身重，神光寻灭，以爱欲之深故也。学道之人，以此之故，世人爱处不爱，世人住处不住。去声色，以清静为娱。屏滋味，以恬淡为美。但有执著，不明道德也。眼见乎色，耳听乎声，口嗜乎味，性逐乎情，则散其气。譬如气鞠，气实则健；气散则否。人以气为主，逐物动念则元气散，若气鞠之气散耳。天生二物曰动、植，草木之类为植，植而无识，雨露霑濡，自得生荣。人物之属为动，动而有情。无衣无食何以卒岁，必当经营耳。旦夕云为，身口为累故也。夫男阳也，属火；女阴也，属水。唯阴能消阳，水能克火。故学道之人首戒乎色。夫经营衣食则劳乎思虑，虽散其气，而散少；贪婪色欲则耗乎精神，亦散其气，而散之多。

"道产二仪，轻清者为天，天阳也，属火；重浊者为地，地阴也，属水。人居其中，负阴而抱阳。故学道之人知修炼之术，去奢屏欲，固精守神，唯炼乎阳，是致阴消而阳全，则升乎天而为仙，如火之炎上也。其愚迷之徒，以酒为浆，以妄为常，恣其情，逐其欲，耗其精，损其神，是致阳衰而阴盛，则沉于地为鬼，如水之流下也。夫学修真者如转石上乎高山，愈高愈难，跬步颠沛前功俱废。以其难为也，举世莫之为也。背道逐欲者如掷石下乎峻坡，愈卑而愈易，斯须陨坠，一去无回，以其易为也。故举世从之，莫或悟也。

"余前所谓修炼之道，皆常人之事耳。天子之说又异于是。陛下本天人耳，皇天眷命，假手我家，除残去暴，为元元父母，恭行天罚，如代大匠斫。克艰克难，功成限毕，即升天复位。在世之间，切宜减声色，省嗜欲，得圣体康宁、睿算遐远耳。庶人一妻，尚且损身，况乎天子多畜嫔御，宁不深损！陛下宫姬满座，前闻刘仲禄中都等拣选处女，以备后宫。窃闻《道经》云：'不见可欲，使心不乱。'既见之，戒之则难。愿留意焉。人认身为己，此乃假物，从父母而得之者；神为真己，从道中而得之者，能思虑寤寐者是也。行善进道则升天为之仙，作恶背道，则入地为之鬼。

"夫道产众生如金为众器，销其像则返成乎金。人行乎善，则返乎道。人间声色衣食，人见以为娱乐，此非真乐，本为苦耳，世人以妄为真，以苦为乐，不亦悲哉！殊不知上天至乐乃真乐耳。余侪以学道之故，弃父母而栖岩穴。同时学道四人，曰丘、曰刘、曰谭、曰马❶。彼三人功满道成，今已升化。余辛苦之限未终，日一食一

---

❶ 这里指的是王重阳的四大弟子马钰、谭处端、刘处玄、丘处机。

味一盂，恬然自适，以待乎时。其富者、贵者，济民拯世，积行累功，更为异耳。但能积善行道，胡患不能为仙乎？中国承平日久，上天屡降经教，动人为善，大河之北、西川江左悉有之。东汉时干吉❶受《太平经》一百五十卷，皆修真治国之方。中国道人诵之、行之，可获福成道。又恒帝永寿元年正月七日太上降蜀临邛，授天师张道陵❷《南斗北斗经》及《二十四阶法箓》诸经籍千余卷。晋王纂❸遇太上道君法驾乘空，赐经数十卷。元魏时，天师寇谦之❹居嵩山，于太上等处受道经六十余卷，皆治心修道祈福禳灾、扫除魑魅、拯疾疫之术。其余经教，不可尽言，降经之意，欲使古今帝王臣民皆令行善。经旨太多，请举其要。

"天地之生人为贵，是故人身难得，如麟之角。万物纷然如牛之毛。既获难得之身，宜趣修真之路，作善修福渐臻妙道。上至帝王，降及民庶，尊卑虽异，性命各同耳。帝王悉天人谪降人间，若行善修福则升天之时，位逾前职；不行善修福则反是。天人有功微行薄者，再令下世修福济民方得高位。昔轩辕氏❺天命降世，一世为民，再世为臣，三世为君。济世安民，累功积德，数尽升天而忙尊于昔。陛下修行之法无他，当外修阴德，内固精神耳，恤民保众，使天下怀安则为外行；省欲保神为乎内行。人以饮食为本，其清者为之精气，浊者为之便溺。贪欲好色，则丧精耗气，乃成衰惫。陛下宜加珍啬。一宵一为，已为深损，而况恣欲者乎！虽不能全戒，但能节欲则几于道矣！"

"夫神为子，气为母。气经目为泪，经鼻为嚏，经舌为津，经外为汗，经内为血，经骨为髓，经肾为精。气全则生，气亡则死；气盛则壮，气衰则老。常使气不散则如子之有母；气散，则如子丧父母，何恃何怙！

"夫神气同体，精髓一源。陛下试一月静寝，必觉精神清爽，筋骨强健。古人云：服药千朝，不如独卧一宵。药为草，精为髓，去髓舐草，有何益哉！譬如

---

❶ 东汉琅邪人。据称曾于曲阳泉水上得神书百七十卷，号《太平清领书》。干吉以此书传弟子宫崇。后到吴、会一带传教，被当地军阀孙策所杀。

❷ 一名张陵，东汉人，本为太学生，精通儒家经典。后于汉顺帝时入山修道。著道书二十四卷，自称为天人所授。又成立教派，称"五斗米道"。自号天师。他的后裔继承道法，世居龙虎山，称"张天师"。

❸ 晋代金坛人，一直潜心修道。晋末大乱，毒瘴流行。王纂一心祈祷，有仙人来相助，并授给王纂多部道经以拯救百姓。

❹ 北魏上谷人。早年学五斗米道。十八岁入嵩山，修道七年。出山后声称自己得到太上老君的面谕和经书。他后来得到北魏皇帝的信任，被封为国师、"辅助真君"。此后道教就在北魏广泛流传开来。

❺ 即黄帝。

囊中贮之金，旋去金而添铁，久之金尽，囊虽满，空遗铁耳。服药之理夫何异乎？古人以继嗣之故，娶妇而立家。先圣周公、孔子、孟子各有子。孔子四十而不惑，孟子四十不动心。人生四十已上，气血已衰，故戒之在色也。陛下圣子神孙，枝蔓多广，宜保养戒欲为自计耳。昔宋上皇本天人也，有神仙林灵素❶者挈之神游上天，入所居宫，题其额曰"神霄"。不饥不渴，不寒不暑，逍遥无事，快乐自在。欲久居之，无复往人间之意。林灵素劝之曰："陛下天命人世，有天子功，限未毕，岂得居此！"遂下人间，自后女真国兴，太祖皇帝之将娄失虏上皇北归，久而老终于上京。由是知上天之乐，何啻万倍人间。又知因缘未终，岂能遽然而归也。余昔年出家，同道四人，彼三子先已升化，如蝉蜕然。委此凡骨而去能化身千百，无不可者。余辛苦万端未能去世，亦因缘之故也。

"夫人之未生，在乎道中，不寒不暑，不饥不渴，心无所思，真为快乐。既生而受形，眼观乎色，耳听乎声，舌了乎味，意虑乎事，万事生矣。古人以心意莫能御也，故喻心为猿，意为马。其难制可知也。古人有言：'易伏猛兽，难降寸心。'乃成道升天之捷径耳。道人修真炼心，一物不思量，如太虚止水。水之风息也，静而清。万物照之，灿然悉见。水之风来也，动而浊，曷能鉴万物哉。本来真性，静如止水，眼见乎色，耳悦乎声，舌嗜乎味，意著乎事，此数者续续而叠举，若飘风之鼓浪也。道人治心之初甚难，岁久功深，损之又损，至于无为。道人一身耳，治心犹难，矧夫天子富有四海，日揽万机，治心岂易哉。但能节色欲，减思虑，亦获天祐，况全戒者邪。昔轩辕皇帝造弧矢，创兵革，以威天下。功成之际，请教于仙人广成子❷以问治身之道。广成子曰：'汝无使思虑营营。'一言足矣。余谓修身之道，贵乎中和，太怒则伤乎身，太喜则伤乎神，太思虑则伤乎气。此三者于道甚损，宜戒之也。陛下既知神为真己，身是幻躯，凡见色起心，当自思身假神真，自能止念也。

"人生寿命难得，且如鸟兽岁岁产子，旋踵夭亡。壮老者鲜，婴童亦如之。是故二十、三十为之下寿；四十、五十为之中寿；六十、七十为之上寿。陛下春秋已入上寿之期，宜修德保身，以介眉寿❸。出家学道人恶农恶食，不积财，恐害身损福故也。在家修道之人，饮食居处珍玩货财亦当依分，不宜过差也。

---

❶ 北宋温州道士。徽宗访求道士时他被选中，深得信赖，赐号"通真达灵先生"。他制造假天书、云篆，欺世惑众。在京四年，横行不法，后被贬为太虚大夫，斥归故里。

❷ 古代传说中的仙人。晋葛洪《神仙传·广成子》："广成子者，古之仙人也。居崆峒之山石室之中。黄帝闻而造焉。"

❸ 即长寿。

"四海之外，普天之下，所有国土不啻亿兆，奇珍异宝比比出之，皆不如中原天垂经教，治国治身之术为之大备，屡有奇人成道升天耳。山东、河北，天下美地，多出良禾、美蔬、鱼、盐、丝、蚕，以给四方之用，自古得之者为大国。所以历代有国家者，唯争此地耳。今已为民有，兵火相继，流散未集，宜差知彼中子细事务者、能干官，规措勾当。与免三年税赋，使军国足丝帛之用，黔黎获苏息之安，一举而两得之，兹亦安民祈福之一端耳。自天祐之吉，无不利也。余万里之外一召不远而来，修身养命之方既已先言，治国保民之术何为惜口。余前所谓安集山东、河北之事，如差清干官前去，依上措画，必当天心；苟授以非才，不徒无益，反为害也。初金国之得天下，以创起东土，中原人情尚未谙悉，封刘豫[1]于东平。经略八年，然后取之，此亦开创良策也。愿加意焉。

"修身养命要妙之道传之尽矣，其治国保民之术，微陈梗概，其用之舍之，在宸衷之断耳。昔金国世宗皇帝即位之十年，色欲过节，不胜衰惫，每朝会，二人掖行之。自是博访高道，求保养之方。亦尝请余问修真之道，余如前说。自后身体康强，行步如故，凡在位三十年升遐。

"余生平学道，心以无思无虑，梦中天意若曰：'功行未满，当待时升化耳。幻身假物，若逆旅蜕居耳，何足恋也。真身飞升，可化千百，无施不可。上天千岁或万万，遇有事奉天命降世投胎就舍而已。'"

传道毕，上谕之曰："谆谆道海，敬闻命矣！斯皆难行之事，然则敢不遵依仙命，勤而行之。传道之语，已命近臣录之简册，朕将亲览。其有玄旨未明者，续当请益焉。"

---

❶ 刘豫（1074—1143 年），原为北宋大臣，金灭北宋后扶植他建立了一个傀儡政权作为直接统治之前的过渡，国号大齐。八年后金废掉齐国，囚禁了刘豫，直至死去。

西 使 记

著者　元·刘郁

校注　杨建新

编 选 说 明

《西使记》,刘郁著,系记录蒙哥汗时期奉命出使西域的常德西行见闻录。为蒙古汗国初期反映西域史、东西交通的重要史料。

蒙古成吉思汗大军西征之后,陆上东西交通已极为畅通。1242年窝阔台汗亡后,经过一番激烈的争权夺利过程,蒙古大汗权力终落入"黄金家族"中的拖雷系手中。新即位的蒙哥汗为笼络皇族成员,巩固其统治地位,便令彰德府(治在今河南省安阳)宣课使常德往赴西亚觐见皇弟旭烈兀,以取得其弟的鼎力支持,当时的旭烈兀亲率蒙古大军在西亚各地远征掠地,1258年攻陷报达(今伊拉克巴格达),杀死末代哈里发,灭黑衣大食,势力甚盛,在蒙古"西北藩王"中颇具影响力。次年常德受命出使西域当受命传令嘉奖旭烈兀所取的功绩。

常德,字仁卿,《元史》无传,根据文人元好问受托撰写的常德父亲生平的碑铭记载,常德祖上从代州迁至真定之平山县,至元宪宗在位时,常德已就任彰德府宣课使一职,主责征收赋税。经研究,彰德府一带地区时系皇弟旭烈兀的分地,故一说常德作为宣课使觐见旭烈兀还有定期报告其分地治理和财赋事宜。元宪宗九年(1259年),常德奉命从和林出发,沿蒙古通西域的草原驿路西行,经过乌伦古湖、业瞒(一称叶密立,今额敏县)、孛罗(今博乐市)、阿力麻里等城,这一带区域当时也是成吉思汗之子察合台、窝阔台的封地,由此继续西行,终抵西亚的旭烈兀驻地。常德西使往返时间长达十四个月之久。元世祖中统四年(1263年),常德西使事迹为刘郁笔录成书。

刘郁,字文季,别号归愚,浑源(今属山西省)人,其祖父、父亲都曾在金朝为官。刘郁系当时名士,忽必烈即位后被征召入燕京行中书省,左右司都事,后任监察御史等职。刘郁据常德西使之事,撰著《西使记》一书。

而其兄刘祁则据金朝使者乌古孙仲端口述西使觐见成吉思汗之经历而撰成《北使记》。刘郁《西使记》后来被其好友王恽收入他的《玉堂嘉话》中，并流传至今。

《西使记》叙述常德奉命"乘驿西觐"的经过，亦即其从和林出发后，由蒙古高原南下进入西域诸地，历尽周折，最后行至旭烈兀大帐途中二个月的经历，这个路线实际上系蒙古时期通畅的草原丝绸之路，在同时期西行的耶律楚材、丘处机，以及由西而东进入蒙古汗廷的外国人鲁布鲁克、海屯行记中都有明确记载。该行记唯有去程，而阙返程。尽管如此，因书中所载皆使者途中所见所闻，其中对天山北部地理水道、民族分布及社会经济情况的记录应属第一手资料，弥足珍贵，如记录孛罗城"种皆麦稻，城居肆囿间错，土屋，窗户皆琉璃"，阿里麻里城"市井皆流水交贯，有诸果，唯瓜、蒲萄、石榴最佳"，则初步反映了蒙元初期伊犁河谷各地的经济形式和社会生活的变化情况，再如书中所谓孛罗城附近的铁木儿忏察（铁门关，耶律楚材书中之松关，今果子沟）"守关者皆汉民"的记载，且真实反映了蒙元初期伊犁河谷多族共聚，共同发展当地经济社会的真实情景。

行记里涉及中亚和阿拉伯诸国地理方位、方物习俗史事颇多，不少内容文学色彩浓厚，俱为它书所未记。《西使记》与耶律楚材《西游录》、李志常《长春真人西游记》，以及意大利罗马教皇使者普兰诺·卡尔平尼的《蒙古史》、法国国王使者鲁布鲁克的《东游记》和亚美尼亚国王海屯随员所撰的《海屯行记》同被视为探索、研究蒙元时期西域和中亚地理历史和东西交通史之重要文献，向为学界所看重。

刘郁《西使记》成书后留下版本较多，除了元人王恽《玉堂嘉话》所收本（《秋涧先生大全文集》卷九四），后人所见的还有《四库全书》本、《学津讨原》本等，王国维等人曾对此进行校注。见王国维《古行记四种校录》本（《王国维遗书》，上海古籍书店1983年版）。

《新疆文库》选收杨建新主编《古西行记选注》中收录的校注本（宁夏人民出版社1987年版）。该本以王国维校录本为基础，同时参考其他相关资料对此重新进行校注。

田卫疆

《西使记》及其作者简介

  《西使记》的作者刘郁，元真定（今河北正定）人，生平及其主要活动不详。《西使记》是他 1263 年（元世祖中统四年）所著，书中记载了常德（字仁卿）于 1259 年（元宪宗九年）奉蒙古大汗蒙哥之命，由和林出发，西觐皇弟旭烈兀于西亚，次年冬回到和林复命，往返十四个月的沿途见闻。常德的生平及其他事迹亦不详。

  《西使记》不但对研究早期蒙古史有重要的史料价值，同时也为研究东西交通史提供了极宝贵的历史资料，向为国内外史学界瞩目。近代史学家丁谦和王国维先生曾作过重要考订，国外有法、英等文字的译本。

  《西使记》的版本很多。最早的有元人王恽《玉堂嘉话》所收本，其他主要的版本有：《四库全书》本（王国维校注，简称《库本》）、《学津讨原》本（简称《学津》本），《历代小史》本、《学海类编》本、《畿辅丛书》本等十余种。

  本书所收《西使记》主要依据王国维《古行记四种校录》和丁谦《西使记地理考证》本，并作了简要注释。

西　使　记

壬子岁①，皇弟旭烈②统诸军奉诏西征，凡六年，拓境几万里。

己未③正月甲子，常德④驰驿西觐，自和林⑤出兀孙⑥中，西北行二百余里，地渐高，入站经瀚海，地极高寒，虽酷暑，雪不消。山石皆松文。西南七日过瀚

校注

① 壬子岁为蒙古宪宗(蒙哥)二年，即 1252 年。

② 旭烈即旭烈兀 （1219—1265 年）。四库本《玉堂佳话》作克垮。成吉思汗之孙，托雷之子，蒙哥汗之弟。1253 年至 1259 年间任蒙古第三次西征统帅，攻灭木剌夷 （在今伊朗） 和报达 （今巴格达） 的伊斯兰教哈里发政权，并进兵攻击西里亚 （今叙利亚）。至元元年 （1264 年） 被封为伊尔汗，建立伊尔汗国，统辖太和岭 （今高加索山） 和宽田吉思海 （今里海） 以南地方。

③ 己未为宪宗九年，即 1259 年。

④ 此人是当时蒙哥手下的一名使官，1259 年奉蒙哥之命至西域的旭烈兀军中。王国维注："王恽《秋涧大全集》十二有题常仁卿运使西觐纪行诗二律，首章云：'九万鹏搏翼，孤忠驾使轺。功名无有数，风雪不知遥。抵北逾鳌极，维南望斗杓。胡生摇健笔，且莫诧东辽。'注：《五代史》有《胡峤陷虏记》其次章曰：'三策条民便，逾年致节旄。梦惊羊胛日，险历幻人刀，碧盌昆坚异，黄金甲第高。白头书卷里，留滞敢辞劳。'"

⑤ 和林为今蒙古人民共和国鄂尔浑河上游东岸哈尔和林。《秋涧先生大全集》写作"和株"。

⑥ 丁谦《西使记地名考》 （以下简称丁氏考） 以为"兀孙，观记中形势，必和林西南地名，与汉时乌孙国无涉，惟其地在何处不可考。""兀"，王国维注："库本作乌"。

海①，行三百里，地渐下，有河阔数里，日昏木辇②，夏涨以舟楫济。

数日过龙骨河③，复西北行，与别失八里④南已相直近五百里，多汉民，有二麦黍谷。河西注潴为海，均千余里，曰乞则里八寺⑤，多鱼可食，有碾硙⑥，亦以水激之。

行渐西，有城曰业瞒⑦。

又西南行，过孛罗城⑧，所种皆麦稻。山多柏，不能株，络石而长。城居肆

校注

① 丁氏考："瀚海者沙漠也。今称戈壁。而《汉书·霍去病传》如淳注。'以瀚海为北海'，此记刘郁自跋，又以瀚海为古金山，殊属异闻。虽然，郁由和林西行，必逾阿尔泰山，即古金山(邱氏《行记》可证)。查此记绝不提及，而其叙瀚海，则言'地极高，虽盛暑雪不消'，是竟以瀚海之名，移称金山，无可疑者。其所云七日过瀚海，即七日度金山也"。

② 昏木辇译言昏河，今曰布勒棍河，为龙骨河之上游。即今蒙古人民共和国境内布尔根河。

③ 今新疆准噶尔盆地北部阿尔泰县境内的乌伦古河。徐松《西域水道记》卷五："龙骨则乌隆古之转语矣。"

④ 王国维注："《库本》作伯实巴哩。"许松《西域水道记》卷五："别失八里者，古北庭都护之治所，今为吉木萨。"其遗址在今新疆吉木萨尔县（旧称孚远）北部十二公里处。

⑤ 王国维注："《库本》作齐实哩巴特。"丁氏考："乞则里八寺今日赫哲尔巴什泊，作布伦托海。"即今新疆准噶尔盆地北部、福海县西北乌伦古湖，又称布伦托海。《西域图志》作赫色勒巴什淖尔。《西域水道记》作噶勒札尔巴什淖尔。《平定准噶尔方略》乾隆二十三年，"副都统顺德纳奏言：正月初一日在乌隆古擒获厄鲁特巴图，询知奇萨勒比斯淖尔相近之博洛尔托海有哈萨克锡喇之得木齐达什札卜等藏匿。其水多鱼，结塞住守，在元时名曰乞则里八寺海。亦曰乞则里八海。"《元史·郭德海传》云："从先锋拓柏西渡乞则里八海攻铁山。"皆指此。

⑥ 《畿辅丛书》刘静修先生集为"可碾硙"。碾硙俗称磨。

⑦ 业瞒城《元史·宪宗纪》作叶满立，《耶律希亮传》作叶密里，《元史·地理志·西北地附录》作也迷失。故址在塔尔巴哈台南额迷尔河滨，城以水得名，即今额敏。

⑧ 《元史·耶律希亮传》作布拉，《元史·地理志·西北地附录》作普拉，《西游录》作不剌。城在博罗塔拉河上。下"城北有海"，"北"乃南之误。《西游

圈间错，土屋牖户皆琉璃。城北有海，铁山风出，往往吹行人坠海中。西南行二十里，有关曰铁木儿忏察①，守关者皆汉民，关径崎岖似栈道。

出关至阿里麻里②城，市井皆流水交贯，有诸果，惟瓜、蒲萄、石榴最佳。回纥与汉民杂居，其俗渐染，颇似中国。

又南有赤木儿③城，居民多并、汾人。有兽似虎，毛厚，金色，无文，善伤人。有虫如蛛，毒中人，则烦渴，饮水立死，惟过醉蒲萄酒，吐则解。有嗬酒。亭罗城迤西金、银、铜为钱，有文而无孔。方至麻阿中，以马纤拖床递铺，负重而行疾，或曰乞里乞四④，易马以犬。

校注

录》"不剌南有阴山，山顶有池，周围七八十里"，可证此误。此城遗址在今博乐。

① 王国维注："《库本》作特穆尔。丁氏考："铁木儿译言铁，忏察译言隘口。盖元人设关于此，言其坚固如铁也（洪钧《阿里不哥补传》"阿鲁忽驻伊犁河碛，敌第二军继至，入自铁门"可互证）。其地在今塔勒奇山峡间，故出关即至阿里麻里。"

② 丁谦考："阿里麻里故城，徐氏《水道记》谓在阿里玛图河滨，甚确。观记云市井皆流水交贯。非城近河滨，安能如是。洪侍郎驳之，言河名不得为城名，可谓迂谬。"按：阿里麻里在今霍城一带；阿里麻图，为今苏联之阿拉木图。徐松《西域水道记》将此两地混为一处，丁氏亦随之误考。

③ 王国维注："《库本》作齐穆尔。"丁谦考："赤木儿城居其南，当即《汉书》乌孙所都之赤谷城，在今特克斯河南沙图台地。"

按：丁谦以赤木儿为汉乌孙赤谷城，不无道理。但赤谷城并不在特克斯河南。《汉书·西域传》：温宿"北至乌孙赤谷六百一十里。"《西域图志》误以温宿为今阿克苏，遂将赤谷城误置于特克斯河流域。温宿实为今乌什，赤谷城在乌什西北，则赤谷不在特克斯河，应在今伊色克湖东南，别选里山口西北伊什提克地方。中华地图学社出版的《中国历史地图集》第七分册，将赤木尔标于今霍城西。

④ 王国维注："《库本》作齐里齐肆。"丁氏考："乞里乞四即乞儿吉思部，地在唐努乌梁海境，以马纤床，蒙古名爬犁，易以犬，名狗爬犁，乌梁海北皆使犬部，故有此制。"即今柯尔克孜族或吉尔吉斯族。13世纪时活动于叶尼塞河中游，以后陆续迁至天山。

以马纤床，《学津讨原》"马"作"为"。

二月二十四日过亦堵两山间①，土平民夥，沟洫映带，多故垒坏垣。问之，盖契丹故居也。计其地，去和林万五千里。而近有河曰亦运②，流汹汹东注。土人云，此黄河也。

二十八日过塔剌寺③。

三月一日过赛蓝城④，有浮图⑤，诸回纥祈拜之所。

三日过别石兰⑥，诸回纥贸易如上巳节。

四日过忽章河⑦，渡船如弓鞋然。土人云，河源出南大山，地多产玉，疑为昆仑山。以西多龟蛇，行相杂。邮亭客舍，凳如浴室，门户皆以琉璃饰之。民赋，岁止输金钱十文，然贫富有差。

校注

① 王国维注："《库本》作门"。丁氏考："指吹河南北山脉，西人称北山曰阿拉陶山，南山曰阿力克三德山。契丹故居，即西辽所都虎思窝里朵城，《西域史》称八拉沙衮，《西图》（即《西域图志》下同）作阿拉灭"。

② 丁谦考："亦运河（《元史》）《西北地附录》作也云赤，本指吹河上游大克宾河，但观记文，实指吹河，盖取互受通称之义。"

"亦堵"，《学津讨原》作"六堵"。

按：吹河中下游当为西北流向，唯上游东流，此亦运河显然只指吹河上游，或即今苏联境内吹河上游之克乞克尔河。

③ 王国维注："《库本》作达拉"。

④ 丁氏考："赛蓝《西北地附录》作赛兰，《西游记》作塞蓝，《西图》琛坶特城东有赛喇穆城，即其地。"据《西域地名》此城在今苏联中亚奇姆肯特东十三英里处。

⑤ 从此记载看，13世纪50年代，此地仍有信奉佛教者。

⑥ 丁氏考："今日塔什干，唐时石国也。"按丁氏所考，从本书前后文看，颇有道理。若别石兰为塔什干，则常德由阿里麻里西行的路线应是：向西南，绕伊色克湖南，越楚河上游，西至塔拉斯，西南至赛蓝，然后南下至塔什干。

⑦ 丁氏考："《西游记》作霍阐没辇，即今锡尔河，以经霍占城北，故亦称霍占河。忽章为霍占转音。"

八日捋思干①，城大而民繁。时群花正坼②，花惟梨③，蔷薇、玫瑰如中国④，余多不能名。隅城⑤之西，所植皆蒲萄、粳稻，有麦亦秋种。其乃⑥满地产药十数种，皆中国所无。药物疗疾甚效，曰阿只儿⑦，状如苦参，治马鼠疮、妇人损胎，及打扑内损，用豆许，咽之自消；曰阿息儿，状如地骨皮，治妇人产后衣不下，又治金疮脓不出，嚼碎傅疮上即出；曰奴哥撒儿⑧，形似桔梗，治金疮及肠与筋断者，嚼碎傅之自续。余不能尽录。

十四日过暗不河⑨，夏不雨，秋则雨，溉田以水。地多蝗，有鸟飞食之。

十九日过里丑城⑩，其地有桑、枣，征西奥鲁⑪屯驻于此。

二十六日过马兰城⑫，又过纳商⑬城，草皆苜蓿，藩篱以柏。

二十九日殡扫儿城⑭，山皆盐⑮，如水晶状。近西南六七里，新得国曰木乃

校注

① 即今苏联撒马尔罕。

② "坼"，《西使记及其它三种》为"开"。

③ 《畿辅丛书》作"惟花梨"，《历代小史》作"惟梨花"。《库本》无"花"字。

④ 王国维注："《库本》作国中。"

⑤ 《历代小史》无"隅"字。

⑥ 王国维注："《库本》作又其"。《历代小史》《畿辅丛书》《西使记及其它三种》皆无"其乃"二字。

⑦ 王国维注："《库本》作阿济尔。"

⑧ 王国维注："《库本》作努格萨尔。"

⑨ 王国维注："暗不河当作暗木河。《元史·郭宝玉传》捋息干城次暗木河是也。"丁氏考："暗木河即阿姆河。"

⑩ 丁氏注："里丑城《西图》作得唎车，在阿姆河西南。"
按：从前后文看，里丑城应是今苏联土库曼加盟共和国境内的列别帖克。

⑪ 丁氏考："奥鲁犹言辎重，即今制所谓粮台。"

⑫ 王国维注："《库本》作玛兰地。"丁氏考："马兰在波斯东界，《西图》作玛纳。"
按：丁氏所考有误。马兰城即今苏联土库曼加盟共和国境内的马里。

⑬ 丁氏考："纳商，在马兰西，《西图》作刺桑。"
按：又作奈撒、纳撒，在今苏联土库曼加盟共和国阿什哈巴德西巴吉尔村附近。

⑭ 《畿辅丛书》《历代小史》《三种》皆为"过滞埽儿城"。丁氏考："殡埽儿在纳商北。《西圈》作池纳兰。"

⑮ 《历代小史》《三种》《畿辅丛书》为"满山皆盐。"

奚①，牛皆驼峰黑色，地无水，土人隔山岭凿井，相沿数十里。下通流以溉田。所属山城三百六十②，已而皆下。惟担寒③西一山城，名乞都不④，孤峰峻绝，不能矢石。丙辰年⑤王师至城下，城绝高嵚，仰视之帽为坠⑥，诸道并进，敌大惊，令相大者纳失儿⑦来纳款，已而兀鲁兀乃算滩⑧出降。算滩，尤国王也。其父领兵别据山城，令其子取之，七日而陷，金宝物甚多，一带有值银千笏者。其国，兵皆刺客。俗见男子勇壮者，以利诱之，令手刃父兄，然后充兵。醉酒扶入窟室，娱以音乐、美女，纵其欲数日，复置故处。既醒，问其所见，教之能为刺客，死则享福如此。因授以经咒日诵，盖使盍其心志，死无悔也。令潜使未服之国，必刺其主而后已，虽妇人亦然。其木乃奚在西域中最为凶悍，威胁邻国，霸四十余年。王师既克，诛之无遗类。

四月六日过讫立儿城，所产蛇皆四跗，长五尺余，首黑身黄，皮如鲨鱼，口吐紫焰。

校注

① 王国维注："《库本》作布埒齐，《郭侃传》作木乃兮。"丁氏考："木乃奚《元史》作没里奚，又作木乃兮，洪氏有木剌夷补传，汪氏刻有剌夷别传，载事其甚详。其地在里海南之德马温山，即《元史》秃马温山及东南之喀撒特山，即《本记》襜寒山"。

按：冯译《马可波罗行纪》40、41、42，《多桑蒙古史》第四卷第四章皆记其事。木剌夷为阿剌伯人对波斯亦思马因人的称呼，义为迷途者或异教徒。丁氏所说德马温山，即今德黑兰东北之德马万德山。

② 《历代小史》作三百五十。

③ 担寒即《元史·郭侃传》担寒山。在里海东南，即今伊朗北部之达姆甘。

④ 王国维注："《郭侃传》作乞都卜。"丁氏考："乞都不补传、别传均作吉儿都苦堡，即《西图》哈尔土特堡。其国多畜刺客。他国谋代之，辄先刺王及相，故四邻不敢加兵。宪宗闻而恶之，特命尽歼其众。"

按：《西域地名》乞都不，亦思马因国人之城堡，《元史·宪宗本纪》之吉儿都怯，《郭侃传》之乞都卜，在今伊朗北部达姆甘附近的群山中。

⑤ 丙辰年即元宪宗蒙哥六年（1256年）。

⑥ 王国维注："《库本》作帽坠下。"

⑦ 王国维注："《库本》作纳实尔。"

按：此人当系著名天文学家徒恩人纳速剌丁（见《多桑蒙古史》下册，67页）。

⑧ 王国维注：《库本》兀乃作乌鼐。算滩亦可作算滩、算端、苏丹等。

过阿剌丁城①，祸咱苍儿②人被发，率以红帕首③，衣青，如鬼然。

王师自入西域，降者几三十国。有佛国名乞石迷西④，在印毒西北，盖传释迦氏衣钵者。其人仪状甚古，如世所绘达摩像，不茹荤酒，日啖粳一合，所谈皆佛法，禅定至暮方语。

丁巳岁⑤取报达国⑥，南北二千里，其主曰合里法⑦。其城有东西，城中有大河。西城无壁垒。东城固之以甓甃，绘其上甚盛。王师至城下，一交战，破胜兵四十余万。西城陷，皆尽屠其民。寻围东城，六日而破，死者以数十万。合里法以舸走，获焉。其国俗富庶，为西域冠。宫殿皆以沈檀乌木降真为之，壁皆以黑白玉为之。金珠珍贝，不可胜计。其妃后皆汉人。所产大珠曰太岁强⑧，兰石、瑟瑟、金刚钻之类。带有值千金者。其国六百余年，传四十年⑨，至合里法则亡。

校注

按：即《多桑蒙古史》所说阿老瓦丁之子鲁克那丁忽儿沙。

① 王国维注："《库本》无城字。"丁氏考："《阿喇丁补传》、别传均作阿喇模忒。盖忒读平音为梯，遂转为丁，此为木刺夷三大堡之一。在里海南滨，阿模尔城之西。今名阿喇巴德。'阿巴得'吉祥也。因此堡昔遭焚杀，故改吉祥忏之。"

② 即祸咱答儿，在里海南，今伊朗北境之马赞德兰。又作祸拶答而。苍，为"答"之误。

③ 《历代小史》本为"率以红帕勒首"。

④ 即今克什米尔。王国维注："《库本》作齐实默西，又《郭侃传》又西至阿喇丁，破其游兵三万，祸拶答而算滩降，至乞石迷部，忽里筭滩降。"

⑤ 丁巳岁即元宪宗蒙哥七年（1257年）。《多桑蒙古史》以攻占巴格达为1258年2月。

⑥ 即今伊拉克首都巴格达。

⑦ 王国维注："《库本》作哈哩达。《畿辅丛书》为法勒噶。《历代小史》本为合法里，《学津》为法勒噶，哈里法为阿拉伯语，义为"继承人""代理人"，即安拉代理人之意，亦译作"海里凡""哈利法"，原为伊斯兰教教职。公元661年，叙利亚总督穆阿维叶执政并建立倭马王朝后，哈利发成为国家君主的称呼，并成为世袭职位。此时在巴格达的哈里发，是塞尔柱王朝的统治者，但《多桑蒙古史》等仍称其为黑衣大食。

⑧ 《学津》《历代小史》本为太岁弹。

⑨ 《历代小史》本作传四十主，王国维注"《库本》作世"。

人物颇秀于诸国。所产马名脱必察。合里法不悦，以橙浆和糖为饮。琵琶三十六弦。初，合里法患头痛，医不能治，一伶人作新琵琶七十二弦，听之立解。土人相传，报达，诸胡之祖，故诸胡皆臣服。报达之西，马行二十日，有天房，内有天使神，胡之祖葬所也。师名癣颜八儿①，房中悬钱絙，以手扪之，心诚者可及，不诚者竟不得扪。经文甚多，皆癣颜八儿所作。辖大城数十，其民富实。西有密乞儿②国，尤富，地产金，人夜视有光处，志之以灰，翌日发之，有大如枣者。

至报达六千余里，国西即海。海西有富浪国③，妇人衣冠如世所画菩萨状。男子胡服，皆善寝，不去衣，虽夫妇亦异处。有大鸟，驼蹄，苍色，鼓翅而行，高丈余，食火，其卵如升许。

其失罗子④国，出珍珠。其王名袄思阿塔卑⑤云。西南，海也。采珠，盛以革囊，止露两手，腰絙石坠入海，手取蛤并泥沙贮于囊中，遇恶虫以醋噀之，即去。既得蛤满囊，撼絙，舟人引出之，往往有死者。

印毒国去中国最近，军民一千二百万户。所出细药、大胡桃、珠宝、乌木、鸡舌、宾铁诸物。国中悬大钟，有诉者击之，司钟者记其事及时，王官亦记其名，以防奸欺。民居，以蒲为屋。夏大热，人处水中。

己未⑥年七月，兀林国阿早丁⑦箅滩来降，城大小一百二十，民一百七十万。

校注

① 王国维注："《库本》作巴延巴尔。"丁氏考："癣颜八儿亦指谟哈默特，犹神人也。"

② 王国维注："《库本》作默齐尔。《郭侃传》作密昔儿。"丁氏考："密乞儿，跋中又作密昔儿，与《明史》同。《大典图》作迷思耳，即麦西国，今称埃及，其地恰在阿剌伯西。"即埃及本名。

③ 丁氏考："富浪在埃及海西，即今法兰西国。洪氏《补传注》谓阿剌伯人称法国曰佛郎。富浪者，佛郎之转音。"《西域地名》以为是波斯人对地中海沿岸欧洲人的泛称。

④ 王国维注："《库本》作实罗子，《郭侃传》作石罗子。"丁氏考："失罗子《西北地附录》作设剌子，今曰什拉自，为波斯法尔斯省首府。西南即波斯湾，故曰西南为海。

⑤ 王国维注："《库本》作鄂斯阿达辉，《郭侃传》作换斯干阿答毕算滩。"

⑥ 己未即宪宗蒙哥九年（1259年）。

⑦ 王国维注："《库本》作乌兰国阿克丹。"丁氏考："兀林为阿富汗北面大山中种人之名。《元秘史》称为阿鲁种。《西域补传》作郭耳。《波斯史》作古

山产银。

黑契丹①，国名乞里弯。王名忽教马丁筭滩，闻王大贤，亦来降。

其拔里寺大城，狮子雄者鬃尾如缨拂，伤人，吼则声从腹中出，马闻之怖溺血。狼有鬃，孔雀如中国画者，惟尾在翅内，每日中振羽。香猫似土豹，粪溺皆香如麝。鹦鹉多五色。风驼急使乘，日可千里，鹁鸽传，日亦千里。

珊瑚出西南海，取以铁网，高有至三尺者；兰赤生西南海；山石中有五色鸭，其价最高，金刚钻出印毒，以肉投大涧底，飞鸟食其肉，粪中得之；撒八儿出西海中，盖玳瑁之遗精，蛟鱼食之吐出，年深结为②，价如金，其假者即犀牛粪为之也；骨笃犀，大蛇之角也，解诸毒；龙种马出西海中，有鳞角，牝马有驹，不敢同牧，骝马引入海，不复出；皂雕一产三卵，内一大者，灰色而毛短，随母影而走，所逐禽无不获者；垄种羊出西海，羊脐种土中，溉以水，闻雷而生，脐系地中，及长，惊以木，脐断啮草，至秋可食，脐内复有种③；又一胡妇解马语，即知吉凶，甚验。其怪异等事，不可殚纪。

往返凡一十四月。郁叹曰："西域之开，始自张骞，其土地山川固在也，然世代浸远，国号变易，事亦难考。今之所谓瀚海者，即古金山也；印毒即汉身毒也；曰驼鸟者，即安息所产大马爵也；密昔儿，即唐拂菻④地也，观其土产风俗可知已。又《新唐书》载：拂菻去京师四万里，在西海上。所产珍异之物与今日地里正同，盖无疑也。中统四年三月浑源刘郁记。

校注

古陆，《印度史》作哥尔，《阿富汗史》作格尔盖种人。盛时，曾侵据印度西北部诸地至数百年。货勒自弥霸有西域，遂为所灭。此记兀林，乃宪宗初年新封之国。旭烈兀西征，其王射姆斯丁(即阿毕丁)迎谒于途，并从征木剌夷有功，因得受封。旭烈兀既开藩，兀林属焉，传国百余年，迨明初铁木耳兴始亡。"

① 丁氏考："黑契丹为西辽旧将所建之国，西辽盛时，西南疆域直至起儿漫省，迨国亡，起儿漫守将薄拉克自立为王，西域人称西辽曰黑契丹，亦遂以此称其国。"

② 王维国注："《库本》'为'下注一'阙'字"。

③ 王国维注："《湛然居士文集·六·西域河中杂泳》云：'无衣垄种羊'。又十二赠高善长一百韵云："西方好风土，大率无蚕桑。家家植木绵，是为垄种羊'。是垄种羊乃木棉别名，此记非是。"

④ 拂菻为隋唐时对东罗马帝国及其所属亚洲、非洲领土的总称，密昔儿当时在拂菻范围。

北使记

著者　金·刘祁

点校　崔文印

编 选 说 明

《北使记》，金末刘祁撰。记载金人乌古孙仲端出使西域觐见蒙古成吉思汗的行纪。为反映金末蒙古初兴时期西域、中亚历史地理和东西交通史的重要史料。

乌古孙仲端，本名卜吉，字子正。《金史》有传，其在金章宗年间策论进士。金宣宗时官至礼部侍郎。适逢蒙古大军南下攻伐，金兵不抵溃败，金朝被迫将其都迁至开封，情势非常危急。金宣宗兴定四年（1220年），乌古孙仲端奉旨协同翰林侍制安延珍出使蒙古求和，乌古孙仲端一行在中亚见到成吉思汗，但求和未果，遂于嗣年返回开封。前后共一年，归朝后因此功而升职。乌古孙仲端则自觉"所游历甚异，喜事者不可不知也"，遂将其出使之经过告知刘祁，后者闻后感叹感叹不已，"故予乐为之书，以备他日史官采云。"因为当时金人称蒙古为"北朝"，故名其行纪为《北使记》，亦即出使蒙古汗国的行程记录。

刘祁（1203—1250年），字京叔，浑源（今属山西省）人，早年随祖父和父亲游宦于开封府，结识诸多名官显宦，熟知不少名人轶事，开封城为蒙古攻陷后，一度遁还乡里隐居，因此题其室为"归潜"，并撰写《归潜志》一书留世。《北使记》列入《归潜志》第十三卷中。

《北使记》内容主要记述乌古孙仲端出使西域途中之所见所闻，根据行纪中记载，乌古孙仲端一行大致是从金朝北部出境，西北行经西夏属地，所经"历城百数，皆非汉名"，有磨里奚（蔑儿乞部）、纥里迄斯（吉利吉思）、乃蛮、航里（康里部）、瑰古（回鹘）、途马（秃马惕）、合鲁（哈剌鲁）等，最后行抵益离城（伊犁）。以此继续西行，经过西辽首府——虎思斡耳朵（今吉尔吉斯斯坦托克玛克东南），渡过塔拉斯河，经过数城，溯阿姆河南下，抵达当时蒙古成吉思汗西征的大本营——兴都库什山中间的小镇八鲁湾。

虽然与宋元时期一些西使行纪相比,《北使记》显得过于简略和单薄,但是提供的一些史实却为他书所未见,其中有关西辽创始人耶律大石西行原因和建国经过的记载则明显异于其他史籍。此外,行纪中记载西域及中亚诸族"人死不焚,葬无棺椁,比敛,必西其首。其僧皆发,寺无绘塑,经语亦不通,惟和沙州(指吐鲁番盆地与甘肃的河西走廊)寺像如中国,诵汉字佛书",具体揭示了当时西域和中亚各地诸教共存并蓄的文化面貌。

《北使记》可谓探索蒙元初期新疆和中亚地区地理交通、族群分布、社会生活和风俗民情的重要资料,广受中外学术界重视和青睐,研究和注释成果很多。《北使记》现有王国维校注本,刘祁的《归潜志》今有崔文印点校本(中华书局 2007 年版)。《新疆文库》所收即此点校本。

田卫疆

北 使 记

兴定四年七月，诏遣礼部侍郎吾古孙仲端使於北朝，翰林待制安庭珍副之。至五年十月复命。吾古孙谓予曰："仆身使万里，亘天之西，其所游历甚异，喜事者不可不知也，公其记之。"

自四年冬十二月初，出北界，行西北向，地浸高。并夏国前七八千里，山之东水尽东，山之西水亦西，地浸下。又前四五千里，地甚燠，历城百余，皆非汉名。访其人云，有磨里奚磨可里、纥里、迄斯乃蛮、航里、瑰古、途马、合鲁诸番族居焉。又几万里，至回纥国之益离城，即回纥王所都，时已四月上旬矣。

大契丹大石者在回纥中。昔大石林麻，辽族也，太祖爱其俊辩，赐之妻，而阴蓄异志。因从西征，挈其孥亡入山后，鸠集群凶，径西北，逐水草居。行数载，抵阴山，雪石不得前，乃屏车，以驰负辎重入回纥，攘其地而国焉。日益强，僭号德宗，立三十余年死。其子袭，号仁宗。死，其女弟甘氏摄政，奸杀其夫，国乱，诛。仁宗者次子立，以用非其人，政荒，为回纥所灭。今其国人无几，衣服悉回纥也。

其回纥国，地广衺，际西不见疆畛。四五月百草枯如冬。其山，暑伏有蓄雪。日出而燠，日入而寒。至六月，衾犹绵。夏不雨，迨秋而雨，百草始萌。及冬，川野如春，卉木再华。其人种类甚众，其须髯拳如毛，而缁黄浅深不一。面惟见眼、鼻。其嗜好亦异。有没速鲁蛮回纥者，性残忍，肉 (交)〔必〕(据王国维古行记四种校录改) 手杀而啖，虽齐亦酒脯自若。有遗里诸回纥者，颇柔懦，不喜杀，遇齐则不肉食。有印都回纥者，色黑而性愿，其余不可殚记。

其国王阉侍，选印都中之黔而陋者，火漫其面焉。

其国人皆邑居，无村落。覆土而屋，梁柱檐楹皆雕木，窗牖瓶器皆白琉璃。金银珠玉、布帛丝枲极广，弓矢、车服、甲仗、器皿甚异。甃甓为桥，舟如梭然。唯桑五谷颇类中国，种树亦人力。其盐产于山，酿蒲萄为酒，瓜有重六十斤者。海棠色殊佳。有葱蕌，美而香。其兽则驼而孤峰，牛有□脊，羊而大尾。又有狮、象、孔雀、水牛、野驴。有蛇四跗。有恶虫，状如蜘蛛，中人必号而死。自余禽兽、草木、鱼虫，千态万状，俱非中国所有。

山曰塔必斯罕者，方五六十里，葱翠如屏，桧木成林。山足而泉。

其俗衣缟素，衽无左右，腰必带。其衣衾茵幕悉羊毳也。其毳殖于地。其食则胡饼、汤饼而鱼肉焉。其妇人衣白，面亦衣，止外其目。间有髯者，并业歌舞音乐。其织纴裁缝皆男子为之。亦有倡优百战。其书契、约束并回纥字。笔苇其管，言语不与中国通。人死不焚，葬无棺椁。比敛，必西其首。其僧皆发，寺无绘塑。经语亦不通，惟和沙洲寺像如中国，诵汉字佛书。

予曰，嘻，异哉，公之行也。昔张骞、苏武衔汉命使绝域，皆历年始归，其艰难困苦，仅以身免。而公以苍生之命，挺身入不测之敌，万里沙漠，嘻笑而还，气宇恢然，殊不见衰悴忧戚之态。盖其忠义之气素贮乎胸中，故践夷貊间若不出闺阃然。身名偕完，森动当世，凛乎真烈丈夫哉。

视彼二子，亦无愧。故予乐为之书，以备他日史官采云。

西域行程记
西域番国志

著者　明·陈诚　李暹

校注　周连宽

编 选 说 明

　　《西域行程记》《西域番国志》，陈诚、李暹撰。明朝陈诚等人出使西域的行程记录，系明代西域、中亚历史地理之重要史籍。

　　陈诚（1365—1458 年），字子鲁，号竹山。祖籍江西临川（江西抚州市），其五世祖仕宋迁至吉州吉水（今江西吉安）。陈诚系明朝初期著名的外交家。其自洪武年间入仕，前后就任行人司，翰林院检讨、广东布政司左参议、吏部验封清吏司主事、员外郎、光禄寺右通政等职，宦海三十余载。期间除了受命出使安南等西南地区，曾五次奉旨出使西域等地，功绩卓著。李暹（1375—1445 年），字宾阳，长安人，洪武年间入仕，期间曾数次出使西域等地。

　　《西域行程记》《西域番国志》应是陈诚等人第二次出使西域、中亚各地的行程记录。公元 1402 年朱棣即皇帝位，是为明成祖，他顺应国内局势发展，一改对外闭关守成策略，积极遣使前往周边各地，努力扩充明朝影响。永乐十一年（1413 年）九月，中官李达、吏部员外郎陈诚和户部主事李暹等人奉命护送中亚哈列等处使臣返回，出使中亚帖木儿帝国，足迹所及今天的天山北部各地，以及中亚撒马尔罕、布哈拉等地，十三年返京，据其途中所见所闻撰写报告呈送明成祖。藉此形成两部著述：前者为西使的日程记录，名为《西域行程记》，应为陈诚、李暹在西行途中整理而成；后者则系西行途中所历十八个重要地区和城镇的山川形势、风俗人情的考察，其中涉及今天新疆的城镇主要有哈密、鲁陈（今鄯善县鲁克沁）、火州、盐泽城、崖儿城、土尔番（均在今吐鲁番市境内）、别失八里（今吉木萨尔县）等，名曰《西域番国志》，是为陈诚自撰。

　　陈诚西使之壮举可与同时期郑和下南洋相媲美，皆为明成祖时期明中央王朝同周边各地密切交流的真实写照，意义巨大。清人唐肇评价，陈诚的西使行记因"尽其身历，非采摭传闻者可比。"比较详细具体反映了明代西域各地的政治社会、经济文化和风俗民情等情况，例如《西域行程记》中从哈密城东启程后至吐鲁番间的行程路线，逐日活动及所见皆有记录，对照《西域番国志》中对于每一个城镇的详细描述，使人们对明初的哈密和吐鲁番诸地有一个比较全面的认识；再如有关吐鲁番一带地区为别失八里所隶，以及作者对该地发现蒙古察合台汗后裔"黑的儿火者夫妇墓地"的描述，由此印证了同时代穆斯林史料中有关 15 世纪后信奉伊斯兰教的蒙古人完成对天山东部诸地攻占的记载。由于提供不少珍贵的第一手资料，陈诚行记因此构成明朝及之后众多历史著作记载明初西域史地之源流，系研究明代西域史地之重要文献。

今人所见《西域行程记》《西域番国志》版本，除了《西域行程记》外，《西域番国志》有节略本和繁本两个系统，节略本应为陈诚等东归后上奏永乐帝之报告，时称《西域记》，尚收入《明太宗实录》中，全文二千余字，该版本曾为明清诸多文献所收，内容删削甚多；繁本《西域番国志》则有上海图书馆的《豫恕堂丛书？獨窹园叢钞》本、《国立北平图书馆善本丛书》本和《陈竹山文集》本，《陈竹山文集》据陈诚家藏本刊印，流传至今，文集中所谓《进呈御览西域山川分风物记录》，从其名称分析当为《西域番国志》祖本。繁本字数六千余字，各钞本文字内容出入不大。从陈诚出使回来后提交的《奉使西域复命疏》得知，时献给皇帝的出使报告分为三部分：《西域记》一册、《狮子赋》一册、《行程记》一册"。故此，节略本《西使记》当据繁本《西域番国志》整理后上献。

《陈竹山文集》有甘肃图书馆藏清嘉庆重刻本，此即陈诚后人于明崇祯间依据家藏旧稿编成，但其中缺《西域行程记》。今人周连宽《西域行程记》《西域番国志》校注本（中华书局 1991 年版），据北平图书馆《善本丛书》本为底本，校以其他各本而成。该书附录还收集有关陈诚西域出使诗，同僚送行时文，以及其他相关文献。《新疆文库》所收为周连宽校注本。

田卫疆

关于陈诚西使及其
《西域行程记》《西域番国志》

——代《前言》

王继光

　　明代的中西交通，因郑和七下西洋、远航西亚东非的盛举，多少使陆路交通显得有些黯然失色。尤其近百年来，中外学者对郑和事迹的关注和研究，高潮迭起，陆路交通往往被掩盖，陆路使节和旅行家亦受冷落。其实，有明一代，域内域外交通的繁荣活跃，岂止南海一路。丝绸古道虽曾遭受战乱破坏，但也经历了蒙元大帝国的开拓扩展，迄明初近百年间，仍不减汉唐气象。漠北的鞑靼、瓦剌，尽管与明王朝不时处于战争状态，然相互奉使不绝，政治联系和贸易往来始终在曲折地推进。清代的史家在描绘明初中西交通之活跃时说："洪武中，太祖欲通西域，屡遣使招谕，""自成祖以武定天下，欲威制万方，遣使四出招徕。由是西域大小诸国莫不稽颡称臣，献琛恐后。又北穹沙漠，南极溟海，东西抵日没之处，凡舟车可至者，无所不届。"[1]而"威德遐被，四方宾服，受朝命而入贡者殆三十国。幅陨之广，运迈汉唐，成功骏烈，卓乎盛矣"。[2]其中，陈诚西使就是发生在这"兼汉唐之盛而有之"的 15 世纪初的一个重大事件。

　　陈诚西使，有《西域行程记》和《西域番国志》传世，见于公私著录。当时，明代朝野为之瞩目，留下不少送迎诗文。明人著述凡涉西域山川风物者，无不以陈诚书为圭臬；清修《明史·西域传》，亦多所采摭。作为明代奉使西域的唯

---

[1] 《明史》卷332《西域四》。

[2] 《明史》卷 7《成祖纪三》。

一的一份亲历记录，《西域行程记》和《西域番国志》一直受到学者的重视。直到今天，这两部书对中外交通史和中亚文化史的研究，仍有重要的参考价值。

一

《西域行程记》和《西域番国志》的作者，《国立北平图书馆善本丛书本》影印明钞署"行在吏部验封清吏司员外郎陈诚、苑马寺清河监副李暹"。

陈诚，字子鲁，号竹山。据《竹山文集》遗编所载胡诚《故处士赠从仕郎翰林检讨陈公行状》和练安《明处士赠从仕郎翰林检讨陈公墓表》，陈诚祖籍为江西临川（今江西抚州市），五世祖仕宋为吉州吉水（今江西吉水县）主簿，遂因家于吉水县同水乡。吉水陈氏，世以儒为业。其高祖曰予成，曾祖曰季文，祖曰仕可，三世皆无仕宦者。元末动乱，陈诚家族亦未能免于兵燹，"宗族之罹疾疫、陨锋镝者不下数十人"。❶陈诚父陈同，字玉章，在朱元璋平定江右后弃文经商，往来于南北，《墓表》说他"挟其赀徧游江湖，南极岭海，北抵燕赵，如是者数年"。洪武二十一年（1388年）卒于家，年五十一岁。有子六人，女二人，陈诚即其次子。世代业儒而又非风望显达的家庭环境，以及陈同"壮游数千里，览山川之奇胜、都邑之雄壮、人物之富盛"的经历，不能不对陈诚的思想形成和生活道路发生一些影响。

陈诚的生卒年，典籍失载。但陈诚同郡的左春坊大学士翰林侍读学士兼修国史曾棨为之所作《逸老堂记》云：陈诚"自释褐授官，迄今三纪，历事四朝，而年已六十四矣"。《逸老堂记》作于宣德三年（1428年）正月，据此上溯，陈诚当生于元顺帝至正二十五年（1365年）。明朝建立时，陈诚年仅四岁。又崇祯十六年（1643年）七月，翰林修撰承务郎，同邑刘同昇为陈诚《竹山文集》所写的《叙》中说："先生（指陈诚）以名进士历国朝之久，享年九十有三。"则陈诚卒年应为明英宗天顺元年（1457年）。陈诚于仁宗洪熙元年（1425年）赋闲，宣宗宣德三年（1428年）致仕。清顺治重修《吉安府志·陈诚传》说他"居闲三十余年"。这与我们对陈诚生卒年的推算是吻合的。

洪武十八年（1385年），陈诚离吉水前往临江石门山，受业于著名学者梁寅，专攻小戴《礼记》。❶洪武二十四年（1391年）入吉安府学，以礼经就质于府学教授易庵

❶ 《故处士赠从仕郎翰林检讨陈公行状》。

父。^❷洪武二十六年（1393 年），应江西癸酉乡试，以《礼记》中第十二名。次年（1394 年），甲戌科礼部会试，中八十六名。及殿试，以六十三名赐同进士出身，旋即选除行人司行人。"诏往北平求贤、山东鬻租、安南谕夷，皆能不辱命"。^❸"南逾岭海，北抵幽并，东之闽越，西自关陕，至于秦陇河湟，靡不涉历"。^❹其间洪武三十年初到安南，谕安南国王陈日焜，责其侵夺我思明府事，是陈诚第一次奉使出国，初次表现了他作为外交家的杰出才华。洪武三十年（1397 年），升除翰林院检讨。建文三年（1401 年），往蒙古塔滩里地面招抚鞑靼部落。升除广东布政司左参议。不久，爆发"靖难之变"，朱棣即位，建文旧臣遭到一场大清洗。陈诚亦未能幸免，于永乐元年（1403 年）正月被流放到北京兴州（后迁良乡）屯戍，历时二年。陈诚自述说他之罹祸，是因"内官下番回至广东，遭风破船，三司官不曾封艄获罪"。^❺但联系到陈诚与方孝孺等建文近臣之间的关系，^❻陈诚的谪贬流放，很可能是"方孝孺事件"的一个余波。直到明成祖的统治逐渐稳定下来，这场骇人听闻的"瓜蔓抄"才慢慢终止，开始起用建文旧臣，量才加以任用。于是，陈诚得以复官，除授吏部验封清吏司主事。永乐四年（1406 年），被选入内府文渊阁预修《永乐大典》，历时五年。永乐十年（1412 年），升除吏部验封清吏司员外郎。

也许是陈诚曾任行人，奉使安南、撒里畏兀儿、鞑靼等地的经历，当明成祖"锐意通四夷"开拓海陆路交通时，陈诚便被作为理想的人选推荐给永乐皇帝。翰林学士兼左春坊大学士胡广记其事曰：

> 永乐十一年秋，上遣中使劳来之，择庭臣之能者佐其行。众推吏部验封司员外郎陈诚子鲁才可当之。子鲁在洪武间以名进士为行人，辙迹遍四方，尝使于沙里畏吾儿，立安定、曲先、阿端五卫；又使塔滩里，招携胡虏；最

---

❶ 见《竹山文集》外篇卷 2《赠陈茂才子鲁序》。梁寅，字孟敬，人称梁五经，又称石门先生。元末明初著名的经学大师。传见《明史》卷 282。

❷ 见《竹山文集》外篇卷 2《赠陈贡士上春官序》。

❸〔顺治〕重修《吉安府志》。

❹ 吴勤《赠翰林陈检讨子鲁官满归省序》。

❺《竹山文集》内篇卷 2《历官事迹》。

❻ 方孝孺曾有《陈子鲁字说》《送翰林检讨陈君子鲁归省庐陵序》等书赠陈诚。

后使安南取侵地，以书反覆晓其王，厥声甚彰。然则是行也，舍子鲁其谁欤？❶

此后，陈诚似乎是作为明政府的专职外交官，屡次奉命出使西域。功绩卓著，升迁为广东布政司右参政。永乐二十二年（1424 年），仁宗即位，明政府的对外政策发生了一个大的转折。仁宗在即位时宣布的"诏赦天下，停止四夷差使"，已不是作为新皇帝登极时的一个姿态来公之于世的。仁宣之际，统治者更多地注意到国内问题，对外关系上一反永乐时的积极进取政策，日趋消极保守。明初中外交通的黄金时代结束了。洪熙元年（1425 年），陈诚年已六十一岁，"吏部尚书蹇义题奏，仍行记名，放回原籍，听候取用。"❷实际上已是解职。宣德三年（1428 年）致仕。

陈诚归里后，生活颇为安定。从《竹山文集·居休遗稿》和友人诗文中看，他董理家业，营建别墅，课子读书，诗酒会友，悠然自得。命堂曰"逸老堂"，命园曰"奈园"，其"恬澹夷逸之怀，优游闲适之趣，既可见矣。"❸优游林下三十余年。英宗天顺元年（1457 年），陈诚以九十三岁的高龄卒于家。有《竹山文集》传世。

至于李暹的生平事迹，我们所知远不如陈诚详尽，可参见本书附录的李暹传记资料。从李暹"使西域，凡五往返"的记载看，他很可能是作为陈诚的助手长期出使西域的。

二

作为陈诚一生主要业绩的奉使西域，至今仍有一些值得研究的问题，如陈诚西使的次数、时间、活动等等。我们根据陈诚《历官事迹》等自述材料，参照实录，分述于后。

第一次，洪武二十九年三月至九月，往西域撒里畏兀儿地面建置安定等卫。

这是见于记载的陈诚最早出使西域的时间。时陈诚官行人，三十二岁。见《历官事迹》"洪武二十九年"条。

明代撒里畏兀儿，"其地广袤千里，去甘肃一千五百里，东抵罕东，西距天可里，北迤瓜沙州，南界土番。"❹其地望即今甘、青、新交界，柴达木盆地西北一带。陈诚西行来此，肩负着重要使命。《明太祖实录》卷 245 载：

---

❶ 《送陈员外使西域序》。

❷ 《竹山文集》内篇卷 2《历官事迹》。

❸ 曾启《逸老堂记》。

❹ 《明太祖实录》卷 90。

遣行人陈诚立撒里畏兀儿为安定卫指挥使司。初，自安定王卜烟帖木儿遣使朝贡，诏立其酋长为四部，给铜印，守其地。后番将朵儿只巴叛，遁沙漠，过其地，大肆杀掠，并夺其印去。由是其部微弱。蓝玉西征，兵绚阿真，土酋司徒哈昝等惧窜，匿山谷间不敢出。及肃王之国甘州，哈昝等遣番僧撒尔加藏卜等至甘州见王，乞授官以安部属。王为奏请，于是遣诚立其部为安定卫，以铜印五十八给之，置官属如诸卫。

前引胡广《送陈员外使西域序》云陈诚立"安定、曲先、阿端五卫"。"五"系"三"之误，应为"安定、曲先、阿端三卫。"三卫同遭朵儿只巴之乱，曲先一度与安定合为一卫。胡广所说与《明实录》的记载似无多大出入。

安定、曲先、阿端三卫与罕东卫、赤斤蒙古卫、沙州卫、哈密卫合称"关西七卫"，在明太祖"隔绝羌胡"的西部战略布置中处于重要的地位。因此，在朵儿只巴之乱和蓝玉西征后出使西域的陈诚，肩负着处理善后、恢复撒里畏兀儿地区统治秩序的艰巨使命。而这位年青的使节亦不负重任，重建安定等卫，稳定了西部局势。"诚还，酋长随之入朝，贡马谢恩"。❶

第二次，永乐十一年九月至十三年十月，护送哈烈等国使臣回国。并赍敕及礼品，赏赐西域诸国王子。

关于这次出使西域的缘起、历程及使团组成以至陈诚的职务，陈诚《狮子赋序》的记叙较《明实录》《明史》❷所载为详，转录如下：

> 永乐癸巳春，车驾幸北京。秋七月，西域大姓酋长沙哈鲁氏不远数万里遣使来朝。皇上推怀柔之恩，命中官臣达、臣忠、臣贵、指挥臣哈蓝伯、臣帖木尔卜花、臣马哈木火者，行报施之礼。且命吏部员外郎臣陈诚典书记。臣奉命惟谨，以是年九月初吉戒行，明年甲午春正月戊子发酒泉郡，出玉门关，道燉煌、月氏，经高昌、车师之故地，达蒙古、回鹘之部落，……十月辛未，至哈烈城。

这里所说"西域大姓酋长沙哈鲁氏"即帖木儿的第四子、当时帖木儿帝国国王沙哈鲁·把都尔。他在永乐六年至七年（1408—1409年）平息了两个侄子争夺王位继承权的内乱后，成为帖木儿帝国的统治者。沙哈鲁一反帖木儿的东进政策，开始了一个与明帝国和平友好的时代。明成祖也做出了积极的反应，把握住这一有利时机，以护送使臣"行报施之礼"的名义，向帖木儿帝国派出了以中官李达为首的明政府使团，借以扩大政治影响。

---

❶ 《明史》卷330《西域二》。

❷ 参《明太宗实录》卷143、《明史》卷332《西域四》。

这个使团的规模人数，至今尚无材料证实。根据《明实录》《西域行程记》和陈诚提供的名单，姓名可考者有以下九人：

李达。事迹散见于《明史·西域传》。早在永乐五年，即与中官把太出使过别失八里。[1]此后相当一段时间，一直活跃在西域。是个老资格的西域使者。《明史·侯显传》中曾说："当成祖时，锐意通四夷，奉使多用中贵。西洋则和、景弘，西域则李达，迤北则海童，而西番则率使侯显。"可见，在明代中西交通史上，李达无疑是个重要人物。

杨忠。即《明史·西域传》中永乐十六年出使过别失八里的中官杨忠。

李贵。永乐宣德时，屡使西域。见《明史·西域传》。

哈蓝伯。即《明史·西域传》中的金哈蓝伯。《明实录》作"蓝金哈"，误。

帖木尔卜花。似为《明史·西域传》中的刘帖木儿，永乐四年，曾以鸿胪丞出使过别失八里、火州、柳城等地。

马哈木火者。《明史·西域传》作"马哈麻火者"，永乐四年三月立哈密卫，任指挥使。

哈三。《西域行程记》载，使团行至衣烈河时，"差百户哈三进马回京"。

李暹。《明实录》言其职为"户部主事"，然《西域行程记》《西域番国志》明钞本皆署"苑马寺清河监副"。他很可能是以户部官员的身份协助陈诚工作。

陈诚。"典书记"，掌应对文书。

护送使团于永乐十一年九月离京，十二年正月发肃州卫，出嘉峪关西行。沿途"宣谕德意"，联络西域诸国，历时三年，至永乐十三年十月回到北京。

这次西使，产生了巨大的政治影响。李达、陈诚归国之日，"西域诸国哈烈、撒马尔罕、火州、土鲁番、失剌思、俺都准等处各遣使贡文豹、西马、方物"。[2]加强了相互了解，密切了双边关系。为此，明成祖对使团人员给予升赏，陈诚得"升除吏部验封司郎中，正五品散官奉议大夫，又赐钱钞四万七千贯，绉丝二表里"。[3]

当陈诚领受使命即将启程时，内阁大学士胡广曾嘱咐陈诚：

> 子鲁宜考其山川，着其风俗，察其好尚，详其居处，观其服食，归日征诸史传，求有合焉者，则予言为不妄也。他日国家修纂志书，稽诸西域，以

---

[1] 《明史》卷332《西域四》。

[2] 《明太宗实录》卷169。

[3] 陈诚《历官事迹》。

见声教之达，其有待于子鲁之是行乎？❶

于是，陈诚回京覆命时，就有《西域记》《行程记》《狮子赋》三种呈送明廷。❷

第三次，永乐十四年六月至永乐十六年四月，出使地点与使命同前。

陈诚二使西域回国，仅过了半年多的时间，又被派遣出使西域。这时的明成祖，继永乐八年重创鞑靼部后，又在永乐十二年忽兰忽失温战役中大败瓦剌部落，迫使瓦剌入朝谢罪。出于稳定西部局势的需要，明政府显然加强了对西域地区的外交攻势，如此频繁地派出使团。《明史·西域传》❸和《明实录》都提到陈诚的这次出使，而以《明实录》的记载为详：

永乐十四年六月己卯

哈烈、撒马尔罕、失剌思、俺都准等朝贡赐臣辞还，赐之钞币。命礼部谕所过州郡宴饯之，仍遣中官鲁安、郎中陈诚等赍敕偕行。赐哈烈王沙哈鲁等及撒马尔罕头目冗鲁伯等、失剌思头目亦不剌金、俺都准头目赛赤答阿哈麻答罕等白金、纻丝、沙罗、绢布等物有差，并赐所过俺的干及亦思弗罕等处头目文绮。❹

此行的中官鲁安，似为初使西域，后在永乐十七年又护送过失剌思使团。❺而陈诚则是迎来送往，再赴帖木儿等国。

西域各国盛情接待了鲁安、陈诚一行，帖木儿帝国沙哈鲁王甚至让陪同他们回国的使臣带给明成祖一封劝奉伊斯兰教的书信。明成祖的复函虽然回避了这个建议，但却表示："相隔虽远，而亲爱愈密，心心相印，如镜对照。"诚挚希望："愿自是以后，两国国交只臻亲睦，信使商旅，可以来往无阻，两国臣民，共享安富太平之福也。"❻这种真诚友好关系的建立和发展，与陈诚这些西域使者的努力是分不开的。陈诚使团于永乐十六年四月十一日回到北京，五月，明成祖下令："升行在吏部郎中陈诚为广东布政司右参议，嘉其奉使哈烈之劳也。"❼

---

❶ 《送陈员外使西域序》。

❷ 见《竹山文集》内篇卷 1《奉使西域复命疏》。

❸ 参见《明史》哈烈、撒马尔罕、失剌思等国传。

❹ 《明太宗实录》卷 177。

❺ 《明史》卷 322《西域四·失剌思》。

❻ 张星烺《中西交通史料汇编》第四册《古代中国与伊兰之交通》。

❼ 《明太宗实录》卷 200。

第四次，永乐十六年十月至永乐十八年十一月，出使地点与使命同前。

这个时间表，是根据陈诚自述确定的，参见附录《历官事迹》。从《历官事迹》看，陈诚母亲罗氏之丧，是永乐十六年三月十九日，时陈诚尚在第三次奉使西域的回国途中。四月回京复命，回江西奔丧。八月五日抵家，二十七日安葬母亲。因为使西域差使的需要，陈诚连丁忧守制都不可能，在家不及两月，就又踏上征途。这次出使，可从《明实录》得到印证：

永乐十六年九月戊申

哈烈沙哈鲁、撒马尔罕兀鲁伯使臣阿尔都沙辞还，遣中官李达等赍敕及锦绮沙罗等往赐沙哈鲁、兀鲁伯等。并赐哈密忠义王兔力帖木耳、亦力把里王歪思及所过之地酋长彩币。与阿尔都沙等偕行。❶

九月下达差遣命令，陈诚十月二日由吉水启程，中途会合使团，前往西域，时间上是吻合的。而《明太宗实录》卷226所载永乐十八年六月己酉"广东布政司陈诚为右参政，命同郭敬等使哈烈诸国"的记录可能有误。陈诚是行于永乐十八年十一月一日回京，六月恰好在返国途中，断无再次出使之理。而且，此后一二年的行踪，《历官事迹》述之甚详，绝无出行记录。故同郭敬的出使，很可能只是明政府当时的一个计划，实际并未成行。修《明史》者不察，在《西域传》中屡载中官郭敬同陈诚的出使，❷造成陈诚西使研究中的失误，应予订正。

第五次，永乐二十二年四月至十一月，中途召回，未达西域。

陈诚最后一次出使西域，已是六十高龄。据《历官事迹》，陈诚四月领命，五月出京，行至肃州"将出塞间，九月初十日太宗文皇帝宾天，遗诏仁宗皇帝即位。复诏赦天下，停止四夷差使，取回，十一月终到京"。

综观陈诚五使西域，除赴撒里畏吾儿重建安定卫、安抚葱岭以东汉唐旧疆别失八里诸地外，其主要使命均为与帖木儿帝国的通使往来。

明王朝与帖木儿帝国的通使往来可以追溯到洪武二十年。以后几年，帖木儿屡次遣使，向明称臣纳贡。❸但这只是一种表象。帖木儿的终身梦想是征服世界。他曾经这样说："世界整个有人居住的空间没有大到可以有两个国王的程度。"❹这种狂妄的语言和他的征伐表明，帖木儿对明帝国的纳贡和屡遣使臣，

---

❶ 《明太宗实录》卷204。

❷ 参见《明史》卷332《西域四·撒马儿罕、哈烈、八答黑商、于阗等国传》。

❸ 见《明太祖实录》卷193、197、210、217、234等。

❹ [俄] 巴托尔德《中亚简史》，耿世民译。

不过是迷惑明廷，窥探形势，绝无友好诚意。所以，到洪武二十八年，就羁留明使傅安、郭骥等。洪武三十年，又扣押了陈德文率领的明朝使团。据当时亲自目睹的西班牙人克拉维约所著《东使记》中说，帖木儿公然辱骂明朝皇帝，虐待这些使臣。明成祖即位时，帖木儿正歼灭了奥斯曼帝国的数十万大军，俘获巴耶塞特一世，国力盛极一时。不久，即兴起征明之师。然而，仅仅因为帖木儿病殁于东征途中，帝国陷于混乱，两国之间的战争才没有发生。沙哈鲁成为帖木儿帝国的统治者后，奉行了与明政府友好的外交方针，两国关系进入一个新的时代。更由于明成祖的雄才大略和积极态度，帖木儿帝国及其他中亚诸国和明帝国的友好往来频繁，前所未有。在永乐皇帝在位的三十二年间（1403—1424 年），大约有二十个使团来自撒马尔罕和哈烈，另外还有数十个使团来自中亚的其他城镇。❶明政府亦往往派出相应的使团回访，"西域之使岁岁不绝"。❷中国内地与中亚之间，"站驿相通，道路无壅，远国之人，咸得其济"。❸因元末战乱和割据一度阻塞的丝绸之路上，又出现商旅相望于途、使节络绎不绝的盛况。这大概是在海路交通已经勃兴的 15 世纪初，古丝绸之路上最后一段辉煌岁月。无疑加强了中外联系，推进了中西文化交流。陈诚西使的贡献和意义，正在于此。

三

如前所述，《西域行程记》和《西域番国志》是永乐十三年陈诚回国后送呈明成祖的西使报告。前者为西使的日程记录，后者则是对所历各处山川形势、风俗人情的考察。

《西域行程记》所录时间是永乐十二年正月十三日至当年闰九月初一日，凡二百五十余天；所录行程为肃州卫（今甘肃酒泉）至哈烈（今阿富汗赫拉特），凡一万一千余里。该书按日计程，兼及沿途风物、地貌、气候、住地，甚为详尽。从《行程记》看，明政府使团出肃州，三日后抵达嘉峪关，开始西渡流沙，直移哈密。然后越火焰山、流沙河，经鲁陈、火州转入丝绸之路中道上的土鲁

---

❶ [美] 莫里斯·罗萨比：《明代到亚洲腹地的两位使者》。

❷ 《明史》卷332。

❸ 《明史》卷332。

番。但使团并未沿丝绸之路的中道继续向西南方向前进，而是在土鲁番附近的崖儿城停留十七天后，分南北两路西行。北路由李达率领，因无记录，路线无从推测。南路则走了一条与前人不同的路线。南北路在三月二十四日分手，五月十五日一度在伊犁河畔会合，又分道前进；六月二十九，在塞蓝城附近的哈卜速再度会合。从《西域行程记》此后再无会合的记录分析，南北路至此合为一路，前往帖木儿帝国。因此，确切地说，《行程记》主要是南路使团的行程记录。

陈诚、李暹随南路使团，他们既没有沿丝绸北道、也没有沿丝绸中道西进，而是在北道、中道之间穿行，绕窟丹纳兀儿湖，跨博脱秃山，径直向西，翻越了天山山脉的阿达达坂。四月十七日到达巩乃斯河畔的忒勒哈剌，遇到前来迎接他们的别失八里王马哈木的使臣。南路使团在马哈木王驻地盘桓了十三天，然后越阿力马力山口，渡伊犁河，折向西南，绕过热海（即今苏联伊塞克湖）西行，经由养夷、赛蓝、达失干、沙鹿海牙、撒马尔罕，永乐十二年闰九月初一日，抵达这次西使的终点、帖木儿帝国沙哈鲁王庭所在地哈烈。

值得注意的是，《行程记》原本尚有陈诚西使的行程图。上海图书馆藏《豫恕堂丛书·独癙园丛钞》本《西域行程记》书名下有小字标注说：

原钞本有图，此未补。

此本为光绪间沈登善编辑拟刊的写样本。可见直至清末，陈诚西使行程图仍存人间，《独癙园丛钞》录文而亡图，《行程记》遂失全貌。《国立北平图书馆善本丛书第一集》据"独癙园稿"影印，也就文存图缺。日本前嶋信次和加藤九祚主编的《丝绸之路辞典》"陈诚"条附有堀直先生绘制的《陈诚西使图》，可资参考。

明钞《西域行程记》末尾小字附注云"计在途九匝月，尚在哈烈。"据之可判定《行程记》的成书时间在永乐十二年九月至永乐十三年年初。明政府使团在帖木儿帝国哈烈城居留期间，陈诚、李暹据西行日志整理成编。

与《西域行程记》相比，《西域番国志》对后世的影响要更大一些。当时，此书主要内容即见载于《明太宗实录》。其后明人凡涉西域之书，几乎都曾取资于《西域番国志》，如李贤《明一统志》、何乔远《名山藏》、罗日绒《咸宾录》等。清修《明史·西域传》，亦多所采掇。清代以来，更著录于多种丛书。除《豫恕堂丛书·独癙园丛钞》和《国立北平图书馆善本丛书》第一集收录有《西域番国志》外，尚有题名《使西域记》而实为《西域番国志》节本的《学海类编》本和《丛书集成》本。《西域番国志》和《使西域记》均为该书在流传中所题，据《竹山文集》载家藏副本题记，是书全名应为《进呈御览西域山川风物记录》，简

古西域行记十一种

称为《西域记》。❶这与送呈永乐皇帝的记载及该书内容是相符的。

陈诚二使西域回国的时间是永乐十三年十月，其《奉使西域复命疏》中说：

> 顾臣以一片赤心，三寸强舌，驱驰往回，三阅寒暑，逾越险阻，凡数万程。周览山川之异，备录风俗之宜，谨撰《西域记》一册，《狮子赋》一册，《行程记》一册，并所与安南辨明地界往复书札汇呈御览，用图王会之盛，允协万邦之和。

《明太宗实录》卷169仅载"诚上《使西域记》，所历凡十七国，风俗物产悉备焉"。以下节录了《使西域记》的大段文字。可见在陈诚送交明廷的几种著作中，明政府更为重视这份西域考察报告。

《西域番国志》分地记载，共录西域诸国十八处城镇，计六千余字。目次为哈烈、撒马尔罕、俺都准、八剌黑、迭里迷、沙鹿海牙、塞蓝、达什干、卜花儿、渴石、养夷、别失八里、土尔番、崖儿城、盐泽城、火州、鲁陈、哈密。❷依其地理方位，大体是由西向东，与《行程记》恰成逆向排列。亦即说，行程道里取奉使西行的历程，山川风物则以归程次序记录。其中，"哈烈"的内容最详，约占全书一半，三千余字；次则"土尔番"，约五百字；"别失八里"约四百字；"撒马尔罕""鲁陈"约三百字；余皆百余字、几十字。这与陈诚此行的主要使命和居留的时间是相符的。

《西域番国志》文笔简洁，叙事翔实，虽仅六千余字的篇幅，但却包含着极丰富的内容。一般包括：

1）该地方位。如记撒马尔罕，"在哈烈之东北，东去陕西行都司肃州卫嘉峪关九千九百余里，西去哈烈二千八百余里"。

2）山川形势。如记养夷，"城居乱山间，东北有大溪水西流，多荒城遗址，年久堙芜"。

3）居民。如记卜花儿，"街市繁华，户口万计"。

4）隶属。如记八剌黑，"哈烈沙哈鲁遣其子守焉"。

5）历史沿革。如记土尔番，"在唐为伊西庭节度使之地，在汉为车师国王所居"。

6）得名之由。如记崖儿城，"二水交流，断崖居中，因崖为城，故名崖儿城"。

---

❶ 见《历官事迹》《奉使西域复命疏》。

❷ 《国立北平图书馆善本丛书》第一集本误增"于阗"条目，又将"达什干""卜花儿"置于"哈密"之后，显系明钞脱而补书。校注中皆依他本更正。

7）疆域。如记别失八里，"究其故疆，东连哈密，西至撒马尔罕，后为帖木儿驸马所夺，今止界于养夷，西北至脱忽麻，北与瓦剌相接，南至于阗"。

8）古迹。如记盐泽，"城东有高冢二处，环以林木，周以墙垣。盖国主黑的儿火者夫妻之坟。坟近有小冢，云其平日亲匿之臣从葬也"。

9）建筑。如哈烈条内关于国主宫殿、富家巨室、平民住房、市井街道等多种建筑的描绘。

10）气候、物产。此类资料特详，几乎每地都有记录。

11）商品经济、集市贸易、货币、衡器、税收等。如记哈烈地区商品经济高度发展的情况："城市人家少见炊爨，饮食买于店铺，故市肆夜不闭门，终夕烧灯燃烛。……""乡邨多立墟市，凡交易处，名巴咱儿，每七日一集，以交易有无，至暮而散。"货币三等，税收十取其二，权衡制度，记载都很具体。

12）宗教。如记火州"昔日人烟虽多，僧堂佛寺过半，今皆零落。"而在哈烈、撒马尔罕各地，伊斯兰教已深入到社会生活的各个方面。

13）语言文字。如记鲁城一带，"方音皆畏兀儿语言文字"。

14）民俗。《西域番国志》中，民俗学资料尤丰。不同等级人的服饰、喜好、饮食、婚姻、丧葬、祭祀、节日、游戏等，皆有反映。如哈烈"国主衣窄袖衣及贯头衫，戴小罩刺帽，以白布缠头，鬈发后髦，服色尚白，与国人同。""国中男子髡首以素布缠头，妇人亦蒙以素帛，略露双眸。如有丧制，反以青黑布易之。""国俗多侈，衣服喜鲜色，……"

其余还有对当时中亚一带的水磨、风磨、水窖、浴室、历法、学校、职官、矿产等方面的记载，皆细致入微。

不难看出，由于陈诚、李暹等人亲历其地，事事留心，这份考察报告所涉及的社会生活是极为广泛的。它对 15 世纪中亚社会和文化的研究，有着特别的意义。

《竹山文集》本《西域记》尚载有陈诚归休后补遗的"葱岭"及"蔷薇露之说"二条。前一条内，因土尔番边僻一山"遍地多葱"，"料度此山必葱岭矣"。当系臆猜失误。后一条追记永乐十五年四月初他复至哈烈时，当地蔷薇花盛开，蒸制花露水的情况。可补"哈烈"记载之缺漏。已在校注中补入，以供参考。

四

谈到《西域行程记》和《西域番国志》的史料价值，我们首先应该指出的是，堪称姊妹篇的这两部著作，一记行程道里，一叙山川风物，是明代唯一的亲历西域的实况记录，也是永乐时代积极开放的外交政策的产物。仁宣之后，内政紊乱，边事日纷，明代在内忧外患中败落下去。闭关锁国，势在不免。再也不可能出现这样具体翔实的域外记载。不仅明人藉以获得对西域的认识，清以来留心边疆史地和中西交通的文人学者，无不重视这一历史记载。清人唐肇曾说："举昔人纪注外国之书，惟陈员外《西域使程记》稍为典实。盖其身历，非采摭传闻者可比"❶。谢国祯先生指出："世徒知郑和之乘槎南洋，而不知陈诚李暹之奉使西域，其功不减于和。"充分肯定了《西域行程记》和《西域番国志》"可备研治西域史者之探讨"的价值。❷

其次，《明史》和《明实录》诸书虽然采摭了陈诚著述的材料，但因经史家芟剪，造成大量资料的阙漏，且有不少讹误。《西域行程记》和《西域番国志》即可补其不足，订其舛误。如哈烈当时的纺织业水平，《明史·西域传》仅云"多育蚕，善为纨绮"。但从《西域番国志》的记载看，哈烈不但丝织业发达，毛纺、棉纺均达到相当水平：

> 多育蚕桑，善为纨绮，轻柔细密，优于中国，但不能如中国壮厚，且不解织罗。其绣成金线，可以回炉。布帛中有名琐伏者，一如纨绮，实以羊毛织成。善织剪绒毛毯，颜色虽久不衰。绵布幅制尤宽，亦有甚细密者。

只有从这些细微的材料中，才可能了解到古丝绸之路上中西文化交流的影响。

伊斯兰教的东传，是中亚文化史上的重大事件，由此对中国也产生过深远影响。到14、15世纪，伊斯兰教在中亚各国及我国新疆地区传播和信仰的程度如何，这在《明史·西域传》中反映甚少。其实，《西域番国志》关于这方面的材料相当丰富。如帖木儿帝国大力提倡和推行伊斯兰教的记录：

> 国中体例，有别色人愿为回回者，云以万钱给之，仍赐衣服鞍马之类。

伊斯兰教教主地位尊崇：

> 有通回回本教经义者，众皆敬之，名曰满刺。

> 坐立列于众人之上，虽国主亦皆尊之。凡有祠祀，惟满刺诵经而已。

伊斯兰教的宗教仪式：

> 每月二次，望西礼拜，名纳马思。若人烟辏集，则聚一所。筑大土屋名默息儿凡，礼拜之时，聚土屋下列成班行，其中一人高叫数声，众人随班跪拜。若在道途，随处礼拜。

---

❶ 《藏纪概·叙》。

❷ 《西域行程记·跋》。

伊斯兰教已深入到社会生活的各个方面，饮食、丧葬等习俗，悉从教规：

> 酒禁甚严，犯者以皮鞭决责，故不酿米酒。酝以葡萄，间有私卖者。凡有操履之人，多不饮酒，以其早暮拜天，恐亵渎也。
>
> ……丧葬俱不用棺，惟以布囊裹尸，置于椁中。
>
> ……每岁十月并春二月为把斋月，白昼皆不饮食，至日暮方食。周月之后，饮食如初。
>
> ……人家畜养羊、马、鸡、犬、鹅、鸭，惟不养猪，亦不食其肉，此最忌惮。凡牲畜非回回杀者不食。

如果再辅以火州、土鲁番等地关于僧堂佛寺凋零败落的材料和陈诚说的"诸番风俗，大抵与哈烈相似"，❶我们对伊斯兰教在中亚地区的传播就会有一个清晰的了解。

此外，《西域行程记》和《西域番国志》对明代西域史上的一些重大问题可资考核处也不少。例如别失八里王国的西迁时间，《明实录》《明史》皆作永乐十六年歪思汗统治时期。❷后世史家均以《明实录》《明史》为据。沿习既久，遂成定论，直到近年来的一些著作，仍采此说。但是，《西域行程记》的材料，却提供了别失八里西迁伊犁河流域的一个新的时间表。

陈诚一行二使西域中兼负联络别失八里的使命。但他们并未去别失八里（今新疆吉木萨尔附近），而在别失八里附近的崖儿城停留十七天后，得到了王庭西迁的消息：

> （三月）二十四日，晴，明起。由崖儿城南顺水出山峡，向西南行。以马哈木王见居山南，遂分南、北两路。

使团的南北分路，也是别失八里王马哈木离开故地的原因。这里的时间是永乐十二年。

二十天后，陈诚与南路使团翻越天山山脉，进入伊犁河谷。找到了马哈木王的踪迹：

> （四月）十五日，大雪，午后晴，起，北行，过一山，约行五十余里下山。东西一大川，有河水西流，地名孔葛思。安营住一日。
>
> 十七日，晴。明起，向西行约五十余里，地名忒勒哈刺，近夷人帐房处安营。马哈木王遣人来接，住一日。

---

❶ 杨士奇《东里续集》卷17。

❷ 详《明太宗实录》卷197、《明史·西域四·别失八里》。

十九日，晴。明起，顺河西下，行五十里，近马哈木王帐房五、七里设
站舍处安营，住十三日。

陈诚在这里写了题为《至别失八里国主马哈木帐房》诗二首以记其事。

按使团四月十五日所过之山，似为今新疆天山北脉的阿布拉勒山。孔葛思即
今巩乃斯草原，河为巩乃斯河。据方位、里程推测，别失八里马哈木王在今新疆
伊犁哈萨克自治州新源县附近。马哈木卒后无子，从子纳黑失只罕嗣位。《明实
录》《明史》所谓纳黑失只罕为从弟歪思汗袭杀，"徙其国西去，更号亦力把
里"，只是在伊犁河流域的一次短距离迁徙。并非如历来史家所理解的，由别失
八里城迁都于亦力把里（今新疆伊宁市附近）。别失八里王国西迁的时间最晚在
永乐十二年年初马哈木统治时期。

此类问题尚多，皆可存佚补阙，订正明代西域史研究中的某些失误。

陈诚是明初我国一位杰出的外交使者，他出使中亚的旅行记录《西域行程
记》和《西域番国志》无疑是 15 世纪初年中亚地区极有价值的历史资料，今天
将它整理出版，是理应受到欢迎的。

关于《西域行程记》《西域番国志》，《明史·艺文志》著录为二卷，❶黄虞
稷《千顷堂书目》、吴骞《拜经楼藏书题跋记》皆作三卷。❷所多一卷或为陈诚
《狮子赋》，或为《竹山文集》中《与安南辨明丘温地界书》。未见原本，不好妄加
遽定。

版本问题。《西域行程记》大体据明钞流布，现存有《豫恕堂丛书·独寤园
丛钞》本和《国立北平图书馆善本丛书》本。而《西域番国志》除上述两种本子
外，现存又有《竹山文集》本、《学海类编》本和《丛书集成》本。其中，《善
本丛书》本所据，为"独寤园稿"，实为一种。与《竹山文集》本构成繁本系统，
六千余字。《丛书集成》本系据《学海类编》本过录刊刻，是简本系统，仅二千
余字。经考，简本系统出自《明太宗实录》卷一六九，是陈诚"进呈御览西域山
川风物记录"的节选，题为《使西域记》。繁本系统则为陈诚报告的原本抄件。
最通行易得也较完整的本子是《国立北平图书馆善本丛书》本。

1987 年 10 月

---

❶ 见《明史》卷 97《艺文二·史部地理类》。

❷ 见《千顷堂书目》卷 8、《拜经楼藏书题跋记》卷 2。

版本及校注说明

一、有关本书版本及流传情况，大致如下：

永乐十三年十月，陈诚自西域返京，觐见永乐帝。其《奉使西域复命疏》略云："（臣）周览山川之异，备录风俗之宜，谨撰《西域记》一册、《狮子赋》一册、《行程记》一册，并所写安南辨明地界往复书札，汇呈御览。"陈诚所进的《西域记》等，永乐帝诏付之史官，这就是《明太宗实录》卷一六九《使西域记》节录所本，全文约二千余字。沈德符《野获编》和谈迁《国榷》亦有著录其文；清人辑的《学海类编》中的《使西域记》亦据以编入；商务印书馆的《丛书集成》本《使西域记》又据《学海类编》本印出。以上诸本内容相同，仅文字传抄或刻印稍有不同而已。

明代流传的还有另一种本子，称为《西域记》《西域行程记》或《进呈御览西域山川风物记录》。最早的是同时人杨士奇、王直为之作序跋，中有称"诏付之史官，而藏其副于家"，这个本子就是根据家藏本刊印的（序、跋见本书《附录》三）。《明史·艺文志》中著录称之为《西域行程记》二卷，黄虞稷《千顷堂书目》卷八则作《西域行程记》三卷，吴骞《拜经楼藏书题跋记》则称《奉使西域行程记》三卷（均见本书《附录》三）。但现在见到的单行本，仅有北平图书馆《善本丛书》第一集中据明钞本影印的《西域行程记》和《西域番国志》各一卷、上海图书馆的《豫恕堂丛书·独寤园丛钞》本和北京图书馆藏的《奉使西域行程记》清抄本。这种本子共有六千余字，各本文字亦无大出入，仅传抄稍有不同而已。前二个本子根据影印的都是明钞本：《善本丛书》本的版心上有"独寤园稿"及"淡泉书屋"八字，傅增湘先生在《藏园群书经眼录》中认为"独寤园"本即明代郑晓所藏抄的本子。因此《善本丛书》本和《豫恕堂丛书·独寤园丛钞》本都可能是据郑晓所藏本抄录，而其祖本则出自陈诚的家藏本。至于北图的清钞本，则内有"拜经楼"印章一枚，显然是吴氏拜经楼所藏之抄本。这个本子后附有"葱岭"和"蔷薇露之说"两条，称为"归休补遗"，为前述诸本所无，而与下述的《文集》本是一致的，因此，《拜经楼》本显然是根据《文集》本抄录出来的。

现存另一个本子是《竹山文集》四卷本。《四库总目》著录存目。现仅见于甘肃图书馆所藏，为清嘉庆己卯的重刻本。这是明崇祯间陈诚后人根据家藏旧稿编成的陈诚文集。其中内篇收有《进呈御览西域山川风物记录》，即《善本丛书》本的《西域番国志》，但没有《西域行程记》。末有"葱岭"及"蔷薇露之说"二条称为"归休补遗"，与《拜经楼》本同。因此《文集》本亦即陈诚的家藏本，与上述单刊本内容基本一致，而与前述的二千字的节本差别较大。

二、现我们用北平图书馆的《善本丛书》本为底本，校以《豫恕堂丛书》本（简称"抄校本"）、《实录》本、《学海》本、《文集》本、《丛书集成》本等，底本不误而诸本有异的，一般不写出校语；底本有误的，则据校本或他本改正，写出校语。校语在正文括号内，前冠以"按"字，以资区别。

三、本书注释，排在正文之后，前冠以"注释"二字。内容主要是地名和历史、语言及一些专有名词的考订和解释。校注的主要工作由周连宽先生负责初稿于 1985 年完成，后来我们又从西北民族学院借来《文集》本作了一些补充校正，《前言》另请西北民族学院王继光先生撰写，《附录》则由同文先生辑录。此外一些波斯、阿拉伯语的拉丁拼音，是历史研究所中外关系史研究室宋岘同志提供的，并此致谢。

中华书局编辑部

1988 年 1 月

西域行程记

行在吏部验封清吏司员外郎　臣　陈诚

苑马寺清河监副臣李暹①

永乐十二年正月十三日巳时，出行。由陕西行都司肃州卫②城北门外，过涧水八九处，约行五里，度一大溪，北岸祭西域应祀之神③，以求道途人马平安。祭毕安营，住二日。

校注

① 陈诚、李暹两人，《明史》均不为立传，其出使西域事迹，仅散见于《明史》卷三三二《西域传）中。或谓"李暹"即"李达"之讹，李达，则有略传，附入《明史》卷一七四《史昭传》内，但此李达，乃久任边将都指挥，镇守洮州四十年，非偕同陈诚出使之中官李达，北平图书馆《善本丛书》第一集影印明抄本《西域行程记》末附谢国桢跋云："李暹或为李达之误。"惟据《明史·西域传》哈烈条云："（永乐）十一年（1413 年）（哈烈使臣）达京师，帝喜，御殿受之，犒赐有加。自是，诸国使并至，皆序哈烈为首。及归，命中官李达，吏部员外郎陈诚，户部主事李暹，指挥金哈蓝伯等送之。"由此足见李暹实有其人，并非李达之误。谢氏因未细读传文，以致失考耳。（陈诚、李暹事迹，俱见本书附录。）

② 《明史》卷四二《地理志》云：陕西行都指挥使司内有肃州卫，洪武二十七年（1394 年）十一月置卫，东距行都司五百十里，故治在今甘肃省酒泉县。

③ 清陶保廉《辛卯侍行记》（以下简称《侍行记》）卷五："（十一月）初三日晴。自肃州试院启行，一里鼓楼，一里出北门西行，一里通商税关，一里道北有旧烽台，一里北大河，即讨来河。"（原注云："沙洲石滩，隔为七八派

十六日，晴。早起，向西行。约有七十里，至嘉峪山关近安营①。

十七日，晴。过嘉峪关，关上一平冈，云即古之玉门关，又云榆关，未详孰是。关外沙迹茫然。约行十余里，至大草滩沙河水水边②安营。

十八日，晴。早起，向西行，南北皆山。约行七十里，地名回回墓③，有水草处，安营。

十九日，晴，大风。明起，向西行约五十里，地名骟马城④，安营。

二十日，晴。三更起，向西行约九十里，有古城一所。城南山下有夷人种田，城西有溪水北流，地名赤斤⑤，安营。

二十一日，晴。四更起，向西北行。渡溪水，入平川。当道尽皆沙砾，四望

校注

皆冰。"）《清一统舆图》作洮赖河。陈诚所谓渡一大溪，即指讨来河，今图为弱水西支之临水，亦称大北河，祭西域应祀之神，常在此河北岸。

① 《侍行记》原注云："嘉峪关城二重，均小，内城正方，只容衙署。东西二门，东门内曰光化，外曰朝宗，西门内柔远，外会极。外城长方，西南北三面去内城仅丈许，东面略宽，周二百二十二丈，庳而薄。三门，一在正西，一东北，一东南。其南边墙起自外城西南隅，北边墙起自外城东北隅，倾圮殆尽，有烽台遗址，仅可辨识。……关北平冈为嘉峪山，一名璧玉山，关南为仁寿、风脉诸山。"陈诚谓关上一平冈，则知其所经者，为关北之嘉峪山也。

② 《侍行记》云："南面大红山，北负长岭，"即陈诚所谓"南北皆山"也。又云："十三里长方小墩，六里三里墩。道北沙阜，一大方台"，陈诚所住之大草滩沙河水边，常在三里墩附近，或玉门县东界碑附近。

③ 《侍行记》云："二里半惠回军塘，半里住惠回驿，计行九十里。驿西惠回堡，雍正五年（1727年）筑。《明史·西域传》称回回墓，未知墓所在。"乃知陈诚所谓回回墓，即指惠回堡而言，惠回驿则在惠回堡之东。

④ 《侍行记》谓从惠回驿至骟马城，共计只有十七里，而陈诚则谓约五十里，可能因为中间经过九沟十八坡，而多添里数。骟马城是一个荒废的小堡，晋代称骟马县。《清一统舆图》在惠回堡与赤金湖之间，有地名烧沟，骟马城当在其附近。

⑤ 赤斤，《侍行记》作赤金，今图亦然。从骟马城至赤盆湖驿及军塘为五十一里，从驿西北行二里为赤金墩，又三十五里为赤金河，又四里半为赤金峡驿，驿稍南为赤金堡（唐玉门县）。依里程推之，陈诚安营当在赤金峡驿。

空旷。约行百余里，有古墙垣，地名魁里①，安营。

二十二日，晴，大风。平明起，向西北行。道傍有达达帐房。约行五十里，有古墙垣，地名王子庄⑥，安营，住一日。　　二十四日，晴。早起，向北行。途中有树，枝干似桑榆，而叶如银杏，名梧桐树。约行七十里，地名芦沟儿②，安营。

二十四日，晴。早起，向北行。途中有树，枝干似桑榆，而叶如银杏，名梧桐树。约行七十里，地名芦沟儿③，安营。

二十五日，晴。早起，向北行。一路沙碛高低，四望空旷，惟南有山。约行一百余里，有夷人种田处，富水草，地名卜隆吉④，安营。住二日，大风。

二十八日，晴。明起，过卜隆吉河，向西北行，入一平川，四望空旷，并无水草，惟黑石磷磷。沿途多死马骸骨。北有远山。白日极冷。约行百余里，不得水，止路傍少憩一宿⑤。

校注

① 今图无魁里地名，由赤金峡驿西北至布隆吉，头一大站应为玉门县，魁里或即在其境内。陶氏从赤金至此，行程九十里，而陈诚所记为百余里。陶氏在赤金驿条自注云："其南山隘口曰依马兔，俗讹为妖魔山，一名窟隆口，在堡西南八十里。"魁里与窟隆音相近，或即一地异称也。

② 达达即鞑靼（Ta—ta 或 Tar—Tars），此一部族的早期根据地在今黑龙江省呼伦贝尔盟南部至内蒙古锡林郭勒盟北部。11 世纪时，达达儿、蒙古、蔑儿乞、翁吉剌、克烈、汪古等部，结成以达达儿为首的联盟，以反对辽朝的统治，故达达儿曾一度为蒙古草原上各部的通称。今图无王子庄之名，陶氏从玉门县向西北行五十里，至三道沟军塘之街住店，王子庄当即在此，或其附近。土屋六七十家，小市集也。

③ 陶氏从三通沟西行，二十里半至一小堡曰四家滩柳沟驿，此柳沟或即陈氏所谓芦沟儿。但柳沟东距三道沟，只有二十里半，而陈氏所记距离为七十里。今图无柳沟驿之名，可能在今黄闸湾附近。

④ 卜隆吉，即陶氏之布隆吉尔。他从柳沟驿至此为十五里，陈氏作百余里。陶氏注云："近代有司定驿程，报部之数，率浮于实量之数。"信然。谢彬《新疆游记》（上海中华书局 1923 年版）记从玉门县西北行，经头道沟、二道沟、三道沟、四道沟、五道沟、六道沟、七道沟、八道沟、九道沟、十道沟，然后到达布隆吉尔城。此城在唐代为瓜州治所晋昌县东境也。《明史》作卜隆吉儿川，为哈密赤斤二蒙古部边地。

⑤ 陈氏从布隆吉尔城，北渡布隆吉尔河，迳向西北行，不取西行经安西之路，

二十九日，晴。早起，向北行，约五十余里，始尽平川。有小涧冻冰处安营。凿冰煮水，以饮人马①。

二月初一日，晴。早起，向西北行。一路沙碛高低，绝无水草。约行七十余里，至小沟冻冰处安营。凿冰得水，饮马②。

初二日，晴。早起，向北行。一路冈源（按：应为"原"之讹）高下，并无水草，亦无冻冰，人马不得饮食。约行五十里，至晚于沙滩上空宿③。

初三日，晴。早起，向北行，入山峡中，山粗恶，中道有小冰窟，不能周给。通行百五十里，有冰池及泉孔处，地名斡鲁海牙安营④。

初四日，晴。早起，向西行，四望空阔。约有五十余里，有泉水一处，地名可敦卜剌⑤安营。

校注

而入一荒漠，行百余里，不得水，宿于路旁。足见陈氏之往哈密，不取白墩子—红柳园—大泉—马莲井子一线。因为此一路线，要向西至安西州，再转北向至白墩子，绕道二百四十里，所以他迳从布隆吉尔城向西北行，再转北行，可省却一大段路程。据《清一统舆图》中卷西二和北一卷西二，白墩子以东，另有一条通路。从布隆吉尔城以北渡苏赖河（今图称疏勒河），先向西北行，经准托赖，故陈氏记二十八日"过卜隆吉河，向西北行，入一平川，……约行百余里，不得水，止路傍少憩一宿"之处，当即在准托赖附近。

① 准托赖北，有地名博罗椿集，陈氏安营之处，当即在博罗椿集，或其附近。

② 从博罗椿集北行稍偏西，经一地名察罕椿集，陈氏安营之处，当在此处或其附近。

③ 从察罕椿集北行稍偏西，经一地名哈拉博尔屯，陈氏安营之沙滩，当在此处或其附近。

④ 从哈拉博尔屯向西北行，经一地名额里根布拉克，过此即入星星峡。陈氏安营之斡鲁海牙，或即指此山峡西北方之沙泉井子。

⑤ 可敦卜剌，可能位于沙泉井子与纳沁河之间。据清顾祖禹《读史方舆纪要》："畏吾儿河在卫东百三十余里，娘子泉在河东，土人呼可敦卜剌。"又云："合露川在卫东南，唐回鹘公主居此，城址尚存。"陶氏在其《侍行记》自注云："按畏吾儿河，今名乌拉台水，"下游为可敦布拉克，今讹称阿东沟，在哈密东二百有五里。但据《清一统舆图》，乌拉台水位于通道之西，中隔流水两道，偏离通道太远。余疑纳沁河即畏吾儿河，可敦卜剌或娘子泉即在该河

初五日，晴。平明起，向北行，山道崎岖，绝无水草。约行一百余里，至晚于山谷间安歇①。

初六日，晴。早起，向北行。过一平川，渡一大溪，名畏兀儿河，溪南有古寺，名阿里忽思脱因。有夷人种田，好水草，系哈密大烟墩处。约行七十余里安营，住一日②。

初八日，晴。早起，向西行，过一平川，约行一百三十里，方有水草，安营。哈密使人来接③。

初九日，晴。明起，向西行，皆平川。约行九十里，至哈密城东南果园边安营，住五日④。

十五日，晴。明（早）起，（按：原本"明"字加于"早"字之旁，小字。抄校本作"明起"，应依抄校本）由哈密城东门外渡溪水，向西行，皆平川。约行有七十余里，有人烟好水草处安营⑤。

十六日，晴。明起，向西行，有古城名腊竺，多人烟树木，败寺颓垣。此处气候与中原相似。过城通行九十余里，好水草，安营⑥。

校注

下游之东。

① 依今图，其地当在畏吾儿河中游苦水台对岸。

② 大溪，应指畏吾儿河中游。安营之处，即在今图之大烟墩，有古寺名阿里忽思脱。

③ 陈氏向西行约一百三十里，经长流水台和布鲁尔以达黄芦冈，即有水草安营之处。

④ 陈氏从黄芦冈向西北行约九十里，抵哈密城。其安营处则在此城东南果园边。《侍行记》详载此段路程云："西行草地，二十里有小村，汉人呼一颗树，缠回呼哈喇木提。西北行沙漠，四里有沟，小树二十余株。折西行二十六里，有田畴杂树。二里新庄，回语曰克子胡木。一里折西南，三里道南有回村三家，白杨树一丛。三里蔡湖，回语呼赛巴什，有义学及庙。折西行，一里十家墩，三里沙巴什，三里上阿雅尔桥，……三里夹道官柳甚密，折西南，过下雅尔桥，一里哈密东门。"

⑤ 《侍行记》和《新疆游记》均谓从哈密西行六十里，住头堡，回民称为苏木哈喇灰。东南边有泉水。陈氏所谓行七十里有人烟好水草处安营，当即在此。

⑥ 腊竺，即纳职之异译，今之三堡，又称为托和齐。《侍行记》卷六注云："唐纳职县，东距伊州（哈密）一百二十里。今三堡距哈密，适符此数。"又

冈，云皆风卷浮沙积起。中有溪河一派，名流沙河，约有九十里，至鲁陈城，于城西安营，住四日①。

十七日，晴。早起，向西北行，高低沙碛，绝无人烟，路径粗恶。约行九十余里，略有水草处安营②。

十八日，晴。早起，向西北行。上坡下坡，尽皆黑石。约（抄校本"约"字后有"行"字）五十余里，地名探里，有少水草处安营③。

十九日，晴。（明）早（按：原本："早"字加于"明"字之旁，小字。抄校本作"早起"，应依抄校本。）起，向西北行，入大川，绝无水草。午后至一沙滩，上有梧桐数株，云是一站，亦无水草。行至中宵，又到一处，有土屋数间、小水窟三二处，苦水一池，云是一站，人马难住。仍行，至

二十日巳时分，又至一所，有土房一二处，小水窟二处，略饮人马。复行至一沙滩，有小泉孔三四处，少供人饮，于此少息。中夜复行，至

二十一日巳时分，至一大草滩，旁有小山，山下有大泉，山上有土屋一所，地名赤亭。自十九日起入大川，行经二昼夜，约有五百里方出此川。于此安营，住一日④。

校注

托和齐三字急读之，音近纳职，故城在此无疑，而徐松《西域水道记》谓在橙槽沟，太偏西矣。按陈氏谓过城通行九十余里，好水草安营，则其住宿处应在腊竺以西某地。

① 据《侍行记》，从三堡西北行，十一里沙枣园，四十九里三道岭驿，回名塔勒奇。陈氏所谓约行九十余里，略有水草处安营，当在此地。盖此为一般旅客之住宿站，而实际由三堡至此，只有六十里，其中还包括十六日过腊竺后安营所占的里数，则所谓九十余里，或为土人浮报之数也。

② 据《新疆游记》从三道岭驿西北行十二里鸭子泉，三十五里梯子泉，折西南行三里红庄，或即陈氏所记西北行约五十余里之探里，有少水草安营之处。

③ 从探里西行，经了墩驿、梧桐窝，三间房、十三间房等站，行两昼夜（十九至二十日）未曾住宿。直至赤亭，约行五百里才安营。《侍行记》云："（从十三间房西行）一百三十里七克腾木，此路恒有怪风，故改设站于一碗泉。"陈氏所谓"川"，均指荒漠平原而言，七克腾木即赤亭之异译，七克腾本意为得泉水。《新唐书·地理志》称赤亭守捉，亦即王延德《高昌记》之泽田寺。从探里至赤亭，实计有四百五十里，陈氏谓约五百里，以整数而言也。

④ 据《侍行记》，从七克腾木西行，经英子树、六十里墩。苏鲁图、三十里墩、

二十三日，晴。早起，向西行，中途有古城一处。约行九十里，有夷人帐房处，地名必残，安营，住一日①。

二十五日，晴。早起，向西北行。道北山青红如火焰，名火焰山。道南有沙

三月初一日，晴。明起，向西行，中道有小城，人烟甚富，好田园。约行五十余里，至火州城，于城东南安营，住三日②。

初五日，晴。向西北行平川地。约有七十里，至土尔番城，于城东南安营，住一日③。

校注

东坎儿、巴杂等站至辟展驿，共行九十里。陈氏所谓中途有古城一处，在辟展西南二百余里，或称唐城，或称破城子，不在中途，恐是误传。必残即辟展之异译。北魏以后，为高昌之白棘城，《南史·夷貊传》作白苏。讹为白力。《梁书·诸夷传》又误作白刀。宋人称实庄，明人称北昌。

① 从辟展往吐鲁番有两条路线，依今图，一条直向西，经三道沟、连木沁、苏巴什、胜金口、腰庄子，以达吐鲁番。《侍行记》和《新疆游记》都取这条路线。另一条是从辟展向西南行，经克其克、栏秆、斯尔克甫、阿曼夏、鲁克沁、阿牙克买力、三堡、西安宫、东坎儿，但陈氏谓先西北行，则先经三道沟，至连木齐，然后转西南，沿小河行，至鲁克沁。故道北见火焰山（旧称金岭）。陈氏又谓道南沙冈有溪河一条，名流沙河。《侍行记》卷六连木齐驿注云："温泉数处，汇成小河，西南流七十里，至色尔启布，歧而为三：北渠西北流，四十余里至鲁克沁城北；其南渠西流，至鲁克沁南。"按鲁克沁城即陈氏所谓鲁陈城，而流沙河，则指连木齐温泉所汇成之小河也。后汉称柳中，戊己校尉治，长史班勇居之。唐属西州交河郡，《宋史》作六种，元代作鲁古庆，《明史》称柳城、鲁陈，亦称柳陈，《西域人物略》作鲁珍儿，清初作鲁克察克，或作鲁古忒，乾隆时才改称鲁克沁。

② 依今图，鲁克沁西北行至三堡（哈喇和卓），其东有高昌故城。陈氏所谓西行中道有小城，或即在此。陈氏又谓约行五十余里，至火州城，火州即哈喇和卓，亦即今图之三堡，汉车师前王地，隋为高昌国，唐交河郡高昌县治，明称火州。

③ 吐尔番，亦称吐鲁番，其"番"字，维语呼若"潘"，清乾隆时，此邦回人徙乌什者，以其故乡之名，名乌什曰图尔璊，"璊"，即"潘"之对音也。盖西州于晚唐为吐蕃人所据，疑其时称吐蕃城，久之，音转为吐鲁番耳。自胜金口西行平旷，二里下山坡，二十三里蒙古包，三十里有废屋无人，五里道左

初七日，晴。移营于城西三十里崖儿城边水草便处安营，住十七日①。

二十四日，晴。明起，由崖儿城南顺水出峡，向西南行。以马哈木王见居山南，遂分南北两路行。约有五十里，于有草处安营②。

二十五日，晴。明起，向西行。平川地，约行五十余里，有小城，地名托逊。于城东南水草便处安营③。

二十六日，晴。明起，向西行，约行五十余里，于人家近处安营④。

二十七日，晴。明起，向西（按：抄校本"西"字后补"南"字）行，约有三十余里，有水草处，地名奚者儿卜剌，安营⑤。

二十八日，晴。中宵起，向西行，经一平川，约行一百五十余里，有一大烟墩，地名阿鲁卜古迹里。过此入山峡中，沿石涧西行，至晚于涧边路旁安歇，马食枯叶而已⑥。

二十九日，晴。明起，沿涧水向西行，四面皆石山，路迳崎岖，约行六十余里，于石滩上安歇⑦。

校注

数里有村树，十二里左右均有村舍，经缠回礼拜寺，古塔高四、五丈，形如瓶，雕砌精致。一里过土桥曰沙河，二里吐鲁番汉城，计行七十五里。（见《侍行记》卷六）

① 陶氏谓吐鲁番西行二十里，下高坡三层，即雅儿崔，亦即陈氏所谓城西三十里之崖儿城，或简称崖城，当地土人称之为雅尔和图。"雅尔"为突厥语"崖岸之义"，"和图"为蒙古语"城"之义。汉代为车师前部的都城，在麴氏高昌政权时（499—640 年）为交河郡，唐代西州时为交河县。唐末回鹘人西迁到吐鲁番，西辽册封回鹘王为交河王。至元末，交河并入吐鲁番部，交河城就逐渐荒废了。

② 依今图，吐鲁番与托克逊之间有地名六十里墩，陈氏安营之处，或即在此附近。

③ 托克逊俗名九台，为天山南北路交通要区，民国设县佐治之，今设托克逊县。

④ 依今图，从托克逊西行，必沿阿拉沟，先沿沟岸行，约四十里处有地名伊拉湖。陈氏安营之处，或即在伊拉湖附近。陶氏称伊拉里湖。

⑤ 奚者儿卜剌，唐玄奘西行求法亦经此处。《大慈恩寺三藏法师传》称阿父师泉，即今托克逊县治西南之阿格尔布拉克(Arghai Bocak)。

⑥ 沿阿拉沟北岸西行，约一百里有地名西外托拉盖，陈氏所谓西行约百五十余里之大烟墩阿鲁卜古迹里，或即在此以西之涧边路旁。

⑦ 沿阿拉沟北岸西行约二十里处，有地名阿尔恩孜，过此不远，即转沟南岸西

三十日，晴。明起，沿涧水向西行，约有五十余里，一草滩上安歇①。

四月初一日，晴。五更，沿涧水西行，过石崖四五处，路稍宽。约行一百余里，于草滩上安营②。

初二日，晴。微明起，向西北行，过高山二处，第二山上有水一泓，地名窟丹纳兀儿。下山度一平川，约有九十余里，于南边山傍，地名哈喇卜剌安营。是夜大雪，住三日③。

初六日，晴。明起，向西北行，过高山三处，路途崎岖。约行九十里，一高山博脱秃，于下山峡中安歇④。

初七日，晴。明起，向西南行，顺山峡而出，复西北行，尽平川地，约行七十里，地名点司秃安（按：安字原脱，臆补）营。夜大雪⑤。

初八日，雪，晴。早起，向西北行，路上雪深数尺。午至一石崖下，名塔把儿达剌。复大雪，约行九十余里，于原上雪中安营⑥。

初九日，雪，晴。明起，向西行，平坦路，多涧水。约行七十余里，地名尹秃司安营⑦。

初十日，晴。早起，向西南行，度平川，多涧水。约行百余里，近川口北山

校注

行，南北皆大山。陈氏所谓行崎岖山路约六十余里，宿于石滩上，其地约在阿尔恩孜以西阿拉沟南岸。

① 依今图，在阿拉沟以西，有地名乌拉楞格，或即是陈氏所安歇之草滩。

② 陈氏西行约一百余里安营之草滩，约在今乌拉楞格以西之乔龙果勒或其附近。

③ 依今图，阿拉沟上游在此转向北流，通道也跟着向北稍偏西行，陈氏经过二山，即《清一统舆图》之滚沙拉博尔齐尔山之南北二支，而所谓第二山上有水一泓，地名窟丹纳兀儿，约在今图之科隆达坂，至于下山度一平川行九十余里之住地哈喇卜剌，则在今图乌拉斯台河北岸之依克苏木库热或其附近。

④ 依今图，从伊克苏木库热西北行，离开今代通道，行山峡，至古仁达坂，或即是陈氏所谓高山博脱秃。

⑤ 依今图，从古仁达坂西南行，至巴音果勒河上源附近，有地名察汗诺尔，或即陈氏所谓西南行约七十里之点司秃。

⑥ 依今图，通道向西北行，经札克斯台达坂，是巴音果勒河与札克斯台河之分水岭。塔把儿达剌，当在此附近。

⑦ 尹克司，约在札克斯台河上游北岸以西，但今图无尹秃司之名。

下安营。地名斡鹿海牙①。

十一日，晴。早起，向西南出峡口，山根乱泉涌出，地多陷。出峡，复向北行，又一大川，约行百里，于山坡安营。夜大雪②。

十二日，雪。明起，顺行。向西北行约七十余里，于山坡雪中安营③。

十三日，晴。明起，向北行，过阿达打班，山高雪深，人马迷途。先令人踏雪寻路，至暮方得下山。约有五十余里，乱歇沙滩上④。

十四日，晴。明起，向北行，皆平地。约行五十余里，有青草处，地名纳剌秃安营⑤。

十五日，大雪，午后晴。起北行，过一山，约行五十余里，下山。东西一大川，有河水西流，地名孔葛思安营，住一日⑥。

十七日，晴。明起，向西行。约有五十余里，地名忒勒哈喇，近夷人帐房处安营。马哈木王遣人来接，住一日⑦。

十九日，晴。明起，顺河西下，行五十里，近马哈木王帐房五七里设站台处安营。住十三日⑧。

五月初三日，晴。起营，顺川向西行三十余里安营。住一日⑨。

初五日，晴。明起，向西行，顺平川约有五十余里，地名迭力哈喇安营⑩。

校注

① 依今图，离开乌拉斯台河的通道，向西南行，至一地名阿尔先，北面有山，正如陈氏所说近川口北山下，其安营处斡鹿海牙，或即指阿尔先而言。

② 依今图，从阿尔先西南行，出峡口，转向北，约行百里，至一地名巴音布鲁克。陈氏安营之山坡，约在巴音布鲁克，或其附近。

③ 陈氏雪中安营之山坡，其地约在阿达打班（达朵特达坂）之南的通道从西北来转向北处。

④ 阿达打班山，在今图称那拉提。

⑤ 纳剌秃，即今图那拉提之异译。

⑥ 又北行过一山，即今图阿拉善山之南支。河，即今图之巩乃斯河（亦称巩吉斯河）；孔葛思，即今图坎苏之同名异译。

⑦ 依今图，从坎苏向西稍偏北行，渡巩乃斯河。约行五十余里，至哈剌布拉克，忒勒哈喇或即在此附近。

⑧ 此处依今图约在玉曲克布台尔或其附近。

⑨ 此处依今图当在加勒格孜阿朵什。

⑩ 迭力哈喇，依今图约在铁木里克东南之通道上。

初六日，晴。明起，向西行，渡一大溪水，沿途有种小麦地。约行五十里，于溪边安营①。

初七日，晴。明起，向西顺川约行五十里，于沙滩上安营②。

初八日，晴。明起，向西南过长山，约行七十里，地名阿剌石，河边人烟处安营。夜雨，住二日③。

十一日，阴。晴（按：疑为"明"之误）起，向西行，渡山河二处，水势冲急，俱于岸窄处石崖上架木为桥，约行七十里，地名忒哥桥安营④。

十二日，晴。明起，向西北行，度长板，下平川，约有九十里，近衣烈河边有人烟处安营⑤。

十三日，晴。明起，向西行，约有七十里，近河边安营⑥。

十四日，晴。明起，向西行，过矮山三四重。约行九十里，近过渡处安营⑦。

十五日，晴。明起，向西行。顺河而下，约行九十里，于河边安营，住一日⑧。

南北路皆至此河两岸安营。差百户哈三进马回京。

十七日，晴。明起，顺河西下，约行五十里，于河岸安营。

十八日，阴雨。早起，顺河岸向西行约九十里，近水边安营。

十九日，晴。明起，顺河西下，约行五十里，于阿力马力口子出，至河边渡头安营。住一日⑨。

校注

① 此处，依今图当在铁木里克之南的通道上。

② 依今图约测，安营之沙滩，当在塔什立布尔马之南的通道上。

③ 阿剌石，依今图，约在塔什立布尔马西南的通道上，适与伊犁河以南的古尔丹，南北相值。所过之长山，当指今图之阿吾拉勒山西头。

④ 忒哥桥，约位于今图奇巴托拜克以东，伊犁河向北一支流的下游入口处。

⑤ 安营之处，依今图，约在忒哥桥与野马渡之间的第一站。衣烈河即伊犁河。

⑥ 安营之处，依今图，当在忒哥桥与野马渡之间的第二站。

⑦ 安营之处，依今图，当在喀什河与伊犁河相汇处之雅马渡东岸附近。

⑧ 安营之处，依今图，当在吐木休克巴依札喀依，南北路皆至此河两岸住。

⑨ 阿力马力(Almalik)原指林檎，即小苹果，其地多产此果，故以为地名。耶律楚材《西游录》和长春真人《西游记》均作阿里马，《元史·西北地附录》作阿里麻里。阿里麻里，一作城名，遗址在今伊宁市西北八十里处，西北距绥定城十四里；一作地区名，凡塔勒奇山、克干山以南，汗腾格里山以北，包括

二十一日，晴。早起，向南山下行，约一百三十里，至山近有人烟种田处安营①。

二十二日，晴。早起，向西南入山峡中。过巷里打班，山迳崎岖，雪深数尺。约行九十余里，下山，有青草处安营②。

二十三日，阴。明起，顺山涧水向西行，约有五十余里，有夷人帐房处安营③。

二十四日，大雪。早起，约行有五十里，于松山下安营④。

二十五日，晴。明起，向西行，顺流水平川，约有九十里安营，住一日⑤。

二十七日，晴。明起，向西行，平川地，水东流。约行七十里，安营⑥。

二十八日，晴。明起，向西行。渡平川，转西北行，约有八十里，地名阔脱秃，人烟多处安营⑦。

二十九日，晴。明起，向西行，入山坡（按："坡"字，抄校本作"峡"，以"峡"字为胜）中，有水一大池。路北边有石一大堆，若矮山，地名爽塔石。过此通行一百余里，于山川中安营⑧。

六月初一日，阴，大风微雨。明起，向西行平川，道北山甚高。约行七十里，于草滩上安营。住一日⑨。

初三日，阴雨，午后止。起，向西行，约有四十里安营⑩。

校注

今伊犁专区，皆属于阿里麻范围。陈氏所谓阿力马力，乃指地区而言，凡在这一地区内各城镇居民，欲往伊犁河以南者，均在伊宁南边渡口卡，渡伊犁河，因而称此渡卡为阿力马力口子。伊宁在《清一统舆图》称为宁远城，《西域图志》称固勒札(Kulja)，一名金顶寺。

① 安营之处，约在今图之科里札特（Колъж Ar）。

② 安营之处，约在今图之杜特（Дуты），所过之巷里打班，似指克特眠山口（Лер.Кетммнъ）。

③ 安营之有夷人帐房处，依今图，约在乌勒干——阿克苏（Улъкен–Аксу）。

④ 安营之松山下，约在今图之婆得佐尔台（Подзортое）。

⑤ 安营之处，约在今图之沙山诺耶（Шашаное）。

⑥ 安营之处，约在今图之科干（Кегень）。

⑦ 阔脱秃，约在今图之哈尔哈拉（Каркара）。

⑧ 爽塔石，即今图之申塔什（Санташ）。

⑨ 安营之草滩，当在今图之丘普（Тюп）。

⑩ 安营之处，依今图约测，应在今库尔明特（Курменты）。

初四日，明起，向西行。平川地，有一海子，南北约百里，东西一望不尽，名亦息渴儿。约行九十里，于海边安营①。

初五日，晴。明起，向西行，沿海岸约行五十里，于冈山安营②。

初六日，晴。明起，向西行，沿海岸约行七十里，于有草处安营。（按：抄本把初五日和初六日并为初五日一条，《善本丛书》则分两日记）③

初七日，晴。明起，向西南入山峡中。约行九十里，于山坡上安营④。

初八日，晴。明起，向西行。过长山，约一百二十里，下山，于草滩上安营⑤。

初九日，晴。明起，向西南行。平川地，约九十里，于山下安营⑥。

初十日，晴。早起，向西南行。上高山，名塔儿塔石打班，石迳崎岖，高百丈，雪深数尺。约行七十里，过山，于草处安营⑦。

十一日，晴。明起，顺川水向南行，约五十里，近夷人帐房，地名哈剌乌只，山坡上安营。近头目忽歹达帐。住三日⑧。

十五日，下雪。明起，向北行。过山下平坂，复向西行，约有五十余里，于

校注

① 安营之海边，今图称科罗姆得（Корумды）。海子，即指亦息渴儿（Иссык-Куль），亦作伊塞克，突厥语义为热海。清徐松《西域水道记》作特穆尔图绰尔（Темуртунор），《西域图志》作图斯库勒，今称伊塞克湖。

② 安营之冈山，约在今之塔姆齐（Тамуи）或其附近。

③ 安营之处，约在今图之瑞巴尺耶（RЫъауъе），从库尔明特至此约共二百一十里，这就是热海由东头至西头的距离。

④ 陈氏从热海西头向西南入山峡中行约九十里，[宿]于山坡上，可见他既不走长春真人及大多数古代旅行家所取的吹河以南，阿历山大岭以北的北路，也不取纳林河上游的南路，而是走南北两路之间的中路。此路虽非大道，而陈氏记其所安营之处，往往不提城市村镇的具体名称，只说山下、有水草处、有人烟处、草滩、水边、山冈等等，甚难考证其住宿处的具体地名，只能依据其旅行的方向和里程，以假定其安营的地名。但由热海西头至赛蓝的路线，中路比较直捷。安营之山坡，约在今图之科尺科尔卡(Kovkopka)，或其附近。

⑤ 安营之草滩，依今图，约在柯札尔特（Кочкорка）或其附近。

⑥ 安营之处，依今图，当在开伊尔塔（Кайирта）山下。

⑦ 安营之处，依今图，当在沙瑞布伦（Сарьъупун）或其附近。

⑧ 顺川水向南（稍偏西）约五十里安营之哈剌乌只，依今图，约在查敏得（Чамындьй）或其附近。

草滩上安营①。

十六日，晴。明起，顺川流西行，渡水七八回，水势冲急。约行九十里，于草滩上安营②。

十七日，晴。明起，顺山峡西行。复北向上一高山，路逶险峻，人马不得并行。约五十余里，下山安营③。

十八日，晴。早起，入山峡中，向西北行。过山，下平川，约有百余里，于川中安营。午雨雹④。

十九日，晴。早起，向西行，顺川过水，入峡中。约行百余里，于水边安营⑤。

二十日，晴。早起，顺山峡逆流向西行，过打班，约行一百五十余里，于山下安营⑥。

二十一日，晴。早起，向西行，平川，路多溪水。上坂下川，通行一百五十余里，于冈上安营⑦。

二十二日，晴。早起，向西入山。大溪水东流，经平川，通行一百五十里，于山边安营⑧。

二十三日，晴。早起，向西北上山，过坂，下山顺川西行，约一百里安营⑨。

二十四日，晴。早起，向西行，出山口，一大平川。约行一百五十里，于川中有古墙垣处安营⑩。

校注

① 安营之草滩，依今图，约在克约克约梅林（КёКёмерен）河岸从东至西第二支流的入口处附近。

② 安营之草滩，依今图，约在沙瑞哈梅什（Сарыкатьш）以西纳林河以北处。

③ 安营之处，依今图，当在陀卢克（Толук）或其附近。

④ 安营之处，依今图，约在陀尔干特（Торкент）或其附近。

⑤ 安营之处，依今图，约在马扎尔苏（Мазарсу）或其附近。

⑥ 安营之处，依今图，约在阿拉台（Алатай）或其附近。

⑦ 依今图，约在哈剌布拉山边。

⑧ 安营之山边，依今图，应在马那斯（Манас）山隘以东约九十里处附近。

⑨ 从上条地点向西（稍偏北）行，过马那斯山隘约十里处，即克约克约瑞苏（Кюкюресу）河西支发源处附近。

⑩ 安营之有古墙垣处，依今图，其所出之山口，即梅登塔勒（Майдаитал）山隘。其处约在阿古苏（Аксу）河源附近。

二十五日，晴。早起，顺川西行，约有一百五十里，于河边安营①。

二十六日，晴。早起，向西行五十余里，至养夷城边息马。午后复行，至晚，通行一百五十里，于有草处安营②。

二十七日，晴。明起，向西行，皆平川地。约行一百里，有回回阿儿哥处安营③。

二十八日，晴。明起，向西南行，约一百五十里，于原上安营④。

二十九日，晴。明起，向西行，一路平坦。约行七十里地方哈卜速安营。塞蓝头目差人来接。北路亦先至此相会，住一日⑤。

七月初二日，晴。早起，向西行约五十余里，过塞蓝城西边，近水处安营，住二日⑥。

初五日，晴。早起，向西行。平坦路，约行一百里，有水草，地名月都孤儿巴，安营⑦。

初六日，晴。中夜起，向西南行，约有一百五十里，人家近处安营。撒马儿罕差人来接⑧。

初七日，晴。早起，向西行，约四十里，近达失干城东田中安营。住二日⑨。

初十日，晴。早起，向西南，皆平路。约有一百里，地名渴牙儿安营⑩。

十一日，晴。早起，向西南行，经平川，约行七十里，至一浑河，地名大

校注

① 安营之河边，依今图，约在阿克苏河中游地区。

② 向西南行五十余里处，即陈氏休息（不是安营）之养吉干（Yangikend），《明史·西域传》谓"养夷在塞蓝东三百六十里，居乱山间"，方位正合。通行一百五十里安营之有草处，依今图，约在索亨特斯科耶(Соъетское)或其附近。

③ 安营之回回阿儿哥处，依今图，约在克勒车马沙特(Кель-темат)或其附近。

④ 安营之原上，依今图，约在哈拉木尔特(Карамург)或其附近。

⑤ 哈卜速，依今图，约在明坎特（Менкент）或其附近。按陈氏谓北路至此相会，意即陈氏所行的中路在明坎特与北路相会，这也是陈氏取中路的佐证之一。

⑥ 塞蓝城，依今图，仍称塞蓝（Сайрам），位于奇姆肯特(Чи—мкеит)东十三里处。

⑦ 月都孤儿巴，依今图，约在维热布斯科耶(Вреьское)或其附近。

⑧ 安营之处，依今图，约在齐尔齐克(Чирчик)或其附近。

⑨ 达失干即今中亚之塔什干（Ташкенд），亦即《大唐西域记》之赭时国。

⑩ 渴牙儿约在养约勒(Яниюль)或其附近。

站，有船五六只，可渡行李。马由水中渡，泥陷，死者甚多。住一日①。

十三日，晴。分人去沙鹿黑叶，赏赐头目也的哥儿哈班。午起，向西南行，入一大川，并无水草。约行三百里，至有人家处，地名底咱安营。住一日②。

十五日，晴。早起，向西南行，皆平地。约行九十里，地名米咱儿安营。住二日③。

十八日，晴。中宵起，向西行，经一石峡，约行七十里，地名多礴安营④。

十九日，晴。五更起，向西行，皆平地。约行七十里，地名石剌思安营⑤。

二十日，晴。早起，向西行平川地，约行七十里，地名哈剌卜兰安营⑥。

二十一日，晴。早起，向西行，过大溪水，滩浅而宽，约行四十余里，至撒马儿罕城东果园安营。住十日⑦。

八月初一日，晴。大风。明起，向西南行，约有三十里，地名米昔儿安营⑧。

初二日，晴。向午方起，向西南行。度小冈，约行三十里，有高土屋一所，

校注

① 向西南行约七十里至大站，浑河即锡尔河，大站即锡尔河的渡口。依今图，称奇那兹(Чиназ)，但据记文，陈氏一行已渡河，应住于奇那兹的对岸。

② 底咱，即今图之迭史札克 (Джизак)。沙鹿黑业即《明史》卷三三二沙鹿海牙之异译，城居小冈上，西北临锡尔河。原名肥那开忒或肥肯特 (Finaket 或 Fenakend)，已为成吉思汗所摧毁，至明洪武二十五年 (1392 年)，为帖木儿所重建，名之曰沙哈鲁克亚(Shahrokia)，其取名原因，有一段故事，详见《西域番国志》沙鹿海牙条注释。

③ 米咱儿，约在格勒耶—阿拉 (Галля-Ара) 或其附近。

④ 多薄，约在吐木苏克(Тумшук)或其附近。

⑤ 石剌思，约在哈剌斯诺格巴尔杰斯克 (Красногъар Дейск)或其附近。

⑥ 哈剌卜兰，约在赫什打拉(Хашдала) 或其附近。

⑦ 撒马儿罕(Самаркенд)在古文献中有许多不同的音译，例如《希腊古地志》中作马尔康打(Marcanda)，《魏书》作悉万斤，《隋书》作康国，《西域记》作飒秣建，《经行记》作萨末鞬，《新唐书》作唐国，一作萨末建，《辽史》作寻思干，《西游记》作邪米思干，《西使记》作寻思干，《元秘史》，作薛迷思加、薛米思坚，《亲征录》作薛迷思干，《元史》作寻思干、薛迷思干、撒麻耳干，《哈散纳传》作薛米则干，《郭侃传》作换斯干，《明史》作撒马儿罕。古城在今城之东阿夫拉司亚布(Afrasiab)高原上。

⑧ 米昔儿，约在撒札干 (Сазаэан) 或其附近。

居石山上，旧时帖木驸马所筑，地名塔达哈剌赤安营①。

初三日，晴。午后起，向西南入山峡中，山迳崎岖。约行七十里，天晚于山上乱宿②。

初四日，晴。明起，向西南下长坂，至一大村。约行六十里，地名沙李三安营③。

初五日，晴。明起，向西南行十余里，近渴石城边安营。住一日④。

初七日，晴。明起，向南行。度平川，约有五十里，地名脱里把剌镇安营⑤。

初八日，晴。早起，向西南行，皆矮上。（两本均作"上"，愿为"山"字之讹。）约行六十里，地名火进满剌，小河边安营⑥。

初九日，晴。早起，向南行。度平冈，复向东行，约七十里，地名大亦迭里，河边安营⑦。

初十日，晴。早起，向南度山，约行一百里，地名白阿儿把，山上安营⑧。

十一日，晴。五更起，向南行，入山峡，或东行度一石峡，名铁门关。出关渡小河，约行七十里，于草滩上安营⑨。

十二日，晴。早起，向南行。渡一石桥，约行百里，地名屑必蓝安营⑩。

十三日，晴。早起，向南度山，经一大村。约行六十里，地名鹦哥儿安营⑪。

十四日，晴。早起，向南行，复东向，经大村，约有六十里，地名阿必阿

校注

① 塔达喀剌赤，约在热海西头的撒瑞库勒（Сарыкуль）或其附近。

② 安营之山上，约在塔尔兹勒加(Тарджилга)或其附近。

③ 沙李三，约在库齐卡克(Кучкак)之东哈什哈打尔牙（Кашкадарья）向西诸支流的北边第一支流下游地区。

④ 渴石城，即哈尔什(Карши)城。

⑤ 脱里把剌镇，约在打什特(Дашт)或其附近。

⑥ 安营之火进满剌小河边，约在满该特（Менгыт）或其附近。

⑦ 安营之大亦迭里河边，约在古札尔（Гузар)或其附近。

⑧ 白阿儿把山上，约在者赫干那巴儿把（Дехканаъа）或其附近。

⑨ 安营之草滩，所度石峡，即指铁门关(Железные Ворота)，其安营之处，约在者尔奔特(Деръент)或其附近。

⑩ 向南行，度一石桥，约百里安营之屑必蓝，依今图，约在石拉巴特（Жираьад）或其附近。

⑪ 鹦哥儿，即今图之安哥尔(Ангор)。

母，人家近处安营①。

十五日，晴。早起，向南行，经大村，约行五十里，至一河边，河名阿木，有小舟七八个。东岸有城池，名迷里迷，于河岸上安营。住二日，过渡②。

十八日，晴，渡人马至晚，连夜就行，向西南过沙川，无水。至

十九日早，通有一百五十里，至大村中，地名斜吉儿安营③。

二十日，晴。早起，向西南行。经大村，约行六十里，近八剌黑城东北安营。住二日④。

二十三日，晴。早起，向西行，或西北行。四面空阔，维南有远山。约行百里，渴石安营⑤。

二十四日，晴。早起，向西北行，皆大村。约行五十里，有山，河水，驾石桥过，地名孛里哈答，于桥头安营⑥。

二十五日，晴。早起，向西北行，一路平坦。约行一百里，地名奥秃安营⑦。

二十六日，晴。早起，向西行。一路平坦。约有六十里，地名都克安营⑧。

二十七日，晴。向晚起，西行。过沙川，无人烟。行至

校注

① 阿必阿母，依今图，约在阿姆河向北一支流与通道交叉之处。

② 安营之河岸上，约在阿姆河东岸之特尔迷季(Термез)，即记文之迷里米。

③ 斜吉儿，即今图之斜赫吉尔得（Сиахгицрд）。

④ 八剌黑，即今图之巴勒赫(Balkh)，梵文作 Bahlika。《希腊古地志》作 Zarias-pa，《魏书·吠哒传》作拔底延，《吐火罗传》作薄提城，《北史》作薄罗，《续高僧传·达摩笈多传》，作薄佉罗，《正法念处经》作婆佉罗，《西域记》作缚喝，《慈恩寺三藏法师传》作缚喝罗，《住五天竺传》作缚底耶，《新唐书·谢 传》作缚底野，《地理志》作缚吡城，《西游录》作班城，《西游记》作班里城，《亲征录》《元史·太祖本纪》作班勒纥，《元史·西北地附录》作巴里墨，《察罕传》作板勒纪，《速不台传》作必里罕，《明史·坤城传》作把力黑，均为 Bactria 之对音。今在阿富汗北境马札里沙里夫(Majar-i-Sherif)以西之巴尔赫（Balkh），俄国改称 Вазираъад。

⑤ 渴石，约在查赫尔巴兹—尼木立克（Чахаръази-нимлик）或其附近。

⑥ 孛里哈苔石桥头，约在邦吉巴巴（Вондиъаъа）河下游与通道交叉处。

⑦ 奥秃，约在哈非尔哈拉（Кафиркала）或其附近。

⑧ 都克，当在何札—多可赫（Ходжа-докох），都克接近于俄文后一部分的音译。

二十八日早，约有一百余里，近俺都淮城东安营，住三日①。

九月初二日，晴。早起，向西南行，一路软沙。约行一百里，地名奥赤下儿山，河边安营②。

初三日，晴。早起，向西南行，平沙地。约行九十里，地名哈令卜板，有人烟处安营③。

初四日，晴。早起，向西南行，皆平冈。约行九十里，地名巴里暗安营④。

初五日，阴。早起，向西南行。度山峡，出大村，约行九十里，地名买母纳安营。住三日，以同行之人多病⑤。

初九日，晴。早起，向西南行。度山峡，出大村中，约六十里，地名丫里马力安营⑥。

初十日，晴。早起，向西南上山，度峡，约行六十里，地名纳邻安营⑦。

十一日，晴。早起，向西行，上山下坂，出一大村，约行四十里，地名海翠儿安营⑧。

十二日，晴。中宵起，向西行，度山峡，至一大村，约行一百里，地名车扯秃安营。住半月，候沙哈鲁出征回⑨。

二十八日，晴。早起，向西行。经平川，约行七十里，地名跛看安营⑩。

二十九日，晴。早起，向西行，度南边山坡，出大村中，地名马剌奥。约行七十里，于田中安营。住一日⑪。

润九月初一日，晴。天明起，顺河西行，度山峡，出平川。约行五十里，地

校注

① 俺都淮城，即今图之Андхой的音译。

② 奥赤下儿山，依今图，约在扎赖噶（Джалауга）或其附近。

③ 哈令卜板，约在海拉巴得(Хайраъад)，音亦相近。

④ 巴里暗，约在沙赖(Сарай)或其附近。

⑤ 买母纳，即梅明讷(Меймене)。

⑥ 丫里马力，约在哈剌可勒（Караколь）或其附近。

⑦ 纳邻，约在查赫尔夏木巴(Чахаршамъа)或其附近。

⑧ 海翠儿，约在巴拉木儿哥布(Ъаламургоь)或其附近。

⑨ 车扯秃，约在达尔巴比札马克(Дарьаъиземак)或其附近。

⑩ 跛看，约在达拉伊巴木(Дарайъам)或其附近。

⑪ 马剌奥，约在莫哥尔(Morop)或其附近。

名骨里巴暗，田中安营。住五日①。

初七日，晴。明起，向西北行，约十余里，地名马刺绰，人家多处安营②。

初八日，晴。日中起，向西南入平山，顺峡西南行。至初九日巳时分，方出山。约行二百余里，至村中，地名色忒儿革，河边安营③。

初十日，晴。四更起，顺川向西南行，约有八十里，地名吐端，人家近处安营。住一日④。

十二日，晴。四更起，向西南行。度矮山，约一百三十里，地名扎刺等吉安营⑤。

十三日，晴。三更起，向南行，入山峡，路迳崎岖。约有一百二十里，地名脱忽思腊巴儿，下山安营⑥。

十四日，晴。明起，向西南度矮山。行约三十余里，出山口，近哈烈城东边安营。计在途九匝月，尚在哈烈。陈公出使祭告始末，载《渊鉴类函》⑦。

校注

① 骨里巴暗，约在哈赖—奈（калаий-нау）或其附近。

② 马刺绰，约在拉马克(Ламак)或其附近。

③ 色忒儿革河边，约在固勒朗（Гульрон）或其附近。

④ 吐端，约在牙克达拉赫特(Якдарахт)或其附近，但向西南，应作向东南。

⑤ 扎刺等吉，约在哈刺巴格（Караъаг）或其附近。

⑥ 脱忽思腊巴儿山，约在干斗（Гандао）或其附近。

⑦ 哈烈即Герат的译音，今称赫拉特。这是陈诚出使的最后目的地。哈烈，《亲征录》作也里，又作野里，《元史》亦作也里，《元秘史》作亦鲁，均为Герат的异译。从北向南至哈烈有东西两路，一般是走东路，即从哈赖—奈向南行至拉孟(Ламон)，越哈布兹山隘(Пер.Каъуди)转西南至阿尔马拉赫(Армалах)，又向西南，经哈劳赫(Карох)以达哈烈，此线路程较短，但陈氏一行却循西路，因为从哈赖—奈分道向西北，至拉马克(Ламек)。又向西（稍偏南）行约二百余里，至固勒朗(Гульрон)，然后转向南（稍偏东），以达哈烈。故依方向来看，陈氏是取西路。至于陈氏何以不走路程较短的东路？可能是欲避开哈布兹山隘或其他原因。

西域番国志

行在吏部验封清吏司员外郎　臣　陈诚

苑马寺清河监副臣李暹❶

哈　烈

哈烈一名黑鲁①，在撒马儿罕之西南，去陕西行都司肃州卫之嘉峪关一万二

校注

① 哈烈（Herat），有许多译名，除哈烈之外，还有黑鲁、也里、野里、亦鲁、哈喇、哈利、海里、义利等等，为今阿富汗西部的赫拉特。由于它所处的位置，土地肥沃，因而显得十分重要。伊朗高原，以海拔七千英尺的霍腊散（Khuorasan）为分水岭，把流入阿富汗北部及西部的河流，与流入印度南部和东部的河流分开。从兴都库什山再往西，有高峻的库赫—依—巴巴山，其高度在到达赫拉特附近后，逐渐降低，它是一个连接中亚细亚与印度平原的商队的必经之地。赫拉特城位于海拔三千零三十英尺处，骆驼队从谋尔夫（Merv）出发，都先在赫拉特集合，或沿大道至尼萨普尔（Nishapur），然后经雷伊（Ray）西行。喀布尔（Kabul）、赫拉特和坎大哈（Kandaha），通常被称为印度的锁钥。赫拉特地区气候之佳，在亚洲居首位。一年中只有两个月的热天，一年中的湿度很少高于摄氏 85 度，但夜间常寒冷，冬天极温和，在平原上雪随下随消，为时不长。即使在山顶上，也是如此。赫拉特地区还有丰富的铁和铅的矿床，所制短弯刀，被认为最好的，又以产毛毡著名。居民中有波斯人、蒙古人、塔吉克人和哈扎拉人，而以波斯人为主。波斯部落的始祖名阿克梅内斯（Achamenids），历七代而传至居鲁斯（Cyrns），公元前 538 年，巴比伦不战而降，居鲁斯在巴比伦即王位，波斯乃成为一大

帝国，后世史家即以其始祖之名，称为阿克梅内斯王朝。赫拉特所属的省区名阿利亚（Aria），故有时史家亦称赫拉特为阿利亚。阿利亚省区西界安息（Parthia），北界马尔吉那（Margiana），东界大夏(Bactria)和阿拉楚斯亚(Arachosia)。赫拉特因地居要冲，在历史上曾经受过他族四十次的攻占，但屡废屡建，不久就恢复起来。在蒙古成吉思汗入侵以前，它有一万二千个零售店，三百五十间学校，十四万四千座住房，六十个浴室（《西域番国志》称为混堂），其繁盛的情况，可以想见。它的人口多达十万零一千五百七十九人。但今天的赫拉特已非昔比，它已降为一个小城市，仅有三万居民，但仍是一个重要的贸易中心。古代波斯人和安息人亦称赫拉特为阿尔塔柯亚那(Artacoana)，认为是阿里亚的首都。波斯帝国的王位，由居鲁斯再传而至大流士大帝，这是波斯帝国的极盛时期，他平定内乱，功绩尤著。在拔基斯坦（Bagistan）山石岩上，至今尚有大流士大帝的纪功文，用三种文字刻成。在贝希斯吞（Behistum）的碑文中，列举大流士大王所征服的诸地名中，即有阿里亚。又波尔舍普利亚（Porsepolia）的碑文中，列举贡赋诸国中，也有阿里亚。又那克士—伊—罗斯吞（Naksh-i-Rustum）的碑文中列举属于大王管辖的诸国中，亦有阿里亚之名。这个强大的帝国大约划分为二十个省区，阿里亚即其中之一。阿里亚在历史上受过许多异族侵犯，但最惨酷的莫过于蒙古人的入侵。据《皇元圣武亲征录》谓辛巳（1221年），四太子（拖雷）攻也里（赫拉特）、泥沙普尔（Nishapur)等城，至次年（壬午）克之。《阿富汗史》（英人珀西·塞克斯著，张家麟译，1972年北京商务版第一卷下册三七三页）记克赫拉特之役于公元1226年，相差太大，不可从。惟该书记此役情况较详，据云："赫拉特已向拖雷投降，拖雷把扎蓝丁的同党大约一万二千人杀死。可是，该城一听到蒙古军队已被花剌子模王子打败时，却又叛变了。次年，该城又被围攻长达六个月，终于被攻占，这时全部居民估计有一百五十万人，都被屠杀掉。几个星期之后，一队蒙古人奉命四处搜寻，杀死每一个外逃的人，并把全部余粮付之一炬。在蒙古人最后离去之后，赫拉特的幸存者仅有四十人，他们曾在一个大清真寺内相会。无怪乎历史学家阿塔·马立克—依—术外尼写道："居民中能逃生者还不及千分之一。自此以后，该城居民人数始终未能达到蒙古入侵前人数的十分之一。……而今天这个一度著名的城市居民也许仅有两三万人。"
在这里必须补述赫拉特在帖木儿统治下的情况。帖木儿的残暴，不亚于成吉思汗。从他的母亲家族方面来说，他自称为成吉思汗的后裔。明太祖洪

千七百里^①。其地居一平川，川广百里余，中有河水西流，四面大山，城近东北

校注

武二年（1369年）他娶了察合台西国克桑算端汗(Kazan Sultan)之女为后，故有驸马帖木儿之称。秃墨鲁·帖木儿·汗任命他为渴石总督。他于元仁宗廷祐三年（1316年）年逃离撒马尔罕。元顺帝至正二十三年（1363年）年帖木儿在南阿富汗漂泊，应锡斯坦的凯雅尼王子扎兰丁的请求，帮助平定内乱，但扎兰丁却轻信谗言，反而向帖木儿进攻，帖木儿击破扎兰丁军队，但脚受箭伤，成了瘸子，因而被绰号为瘸子帖木尔，或称帖木兰。他击败了爱弥尔·侯赛因。明洪武三年至十三年（1370—1380年），帖木儿占领了花剌子模。洪武十四年（1381年）又占领了赫拉特，后来又取得一系列的胜利，攻陷坎大哈、德里等城市，直抵恒河。帖木儿在征略印度时，曾派他的儿子沙哈鲁返回霍腊散总督任所，并以赫拉特为首府。明成祖永乐三年（1405年）帖木儿死。沙哈鲁（Shah Rokh）独立于哈烈，不受撒马儿罕之命。及沙哈鲁登上王位，乃把赫拉特重建，成为一个华丽的城市。同时沙哈鲁的儿子兀鲁伯也把撒马儿罕建成为亚洲最美丽的城市之一。

据《明史·哈烈传》及《明一统志·哈烈传》谓明太祖洪武二十五年（1392年）遣使诏谕酋长，赐织金文绮。二十八年（1395年）遣给事中傅安、郭骥等携士卒千五百人往，为撒马儿罕所留，不得达。三十年（1397年）又遣北平按察使陈德文等往，亦久不还。成祖永乐初（1403年）遣官赍玺书彩币赐其王，犹不报命。五年（1407年）安等还。德文遍历诸国，说其酋入贡，皆以道远无至者，亦于是年始还。七年（1409年），复遣安赍书币往哈烈，其酋沙哈鲁遣使随安来贡，是年建京师，彼命赍赐物，偕其使往报。永乐八年（1410年），其酋复遣使朝贡。撒马儿罕酋哈里者，哈烈酋兄子也，二人不相能，数构兵，帝因其使还，命都指挥白阿儿忻台敕谕之，规劝他们和好，敕谕哈里罢兵，亦赐彩币。白阿儿忻台既奉使遍诣诸国，赐之币帛，谕令入朝，诸酋长咸喜，各遣使偕哈烈使臣来贡。十一年（1413年）达京师。帝喜，御殿受之，犒赐有加。自足诸国使并至，皆序哈烈于首。又造遣中官李达、吏部员外郎陈诚、卢部主事李暹、指挥金哈蓝伯等送之。十三年（1415年）达等还。次年，再入贡，命陈诚等持书币赐之。十五年（1417年）再贡，命陈诚等持书报之。以上略叙明代中国与以哈烈为首的西域诸国通使往还情况。陈诚出使哈烈凡三次，故其所记哈烈之风俗习尚，特别详实。

① "去陕西行都司肃州卫之嘉峪关一万二千七百里"，《学海》本和《集成》本均

山下，方十余里。国主居城之东北隅，垒砖石以为屋，屋平方，势若高台，不用栋梁陶瓦，中拱（按：《明史·哈烈传》作"敞"。）虚室数十间。墙壁窗牖（按：原作"脯"，据《文集》本、《学海》本改正。）妆绘金碧琉璃，门扉雕刻花纹，嵌以骨角。地铺毡罽，屋傍仍设彩绣帐房，为燕寝之所。房中设金床，上辅茵褥数重，不设椅磴，惟席地跏趺（按：原作"趺跏"，《文集》本作"加趺"，应正作"跏趺"）而坐。

国主衣窄袖衣及贯头衫，戴小罩刺帽①，以白布缠头，鬏发后髢②。服色尚白，与国人同，国人皆称之曰锁鲁檀③。锁鲁檀者，犹华言君主之尊号也。国主之妻，皆称之曰阿哈，其子则称为米儿咱④，盖米儿咱者（按："盖米儿咱"四字原缺，据《文集》本补），犹华言舍人也。凡上下相呼，皆直比（按：《文集》本作"叱"）其名，虽称国主亦然。不设大小衙门，亦无官制⑤，但管事之人称习

校注

作"去陕西南州嘉峪关万一千一百里"，两者相差一千六百里之多，其中必有一误。按《明史》卷三三二《哈烈传》云："哈烈，一名黑鲁，在撒马儿罕西南三千里，去嘉峪关万二千余里"，与《西域番国志》相符。肃州，今酒泉县。嘉峪关在肃州西七十里。嘉峪关西麓，西距玉门县一百八十里，距安西州六百零五里。其地属汉酒泉郡之禄福县，后汉改为福禄县，晋魏周因之。隋大业初（605 年），改属张掖郡。隋恭帝义宁元年（617 年）属肃州，唐代宗大历初（766 年）陷于吐蕃，宋入西夏，元属肃州路，明属肃州卫。明太祖洪武五年（1372 年）冯胜下河西，置嘉峪关以限中外，为西域贡道所从入。明世宗嘉靖二年（1523 年）闭关自守。

① 《明史·哈烈传》云："男髡（音 Kūn）首，缠以白布，"不言"戴小罩刺帽"。《皇明世法录》卷八一《哈烈传》云："男髡首，衣尚白。"但《魏书·西域传》言波斯人"其俗丈夫剪发，戴白皮帽"，所谓"小罩刺帽"，或即指白皮帽也。

② "髢"音 di，假发也。

③ 锁鲁檀，亦称算端、苏丹，为 Sultan 的对音，阿拉伯语，君主之义。

④ 米儿咱，波斯语，meer-Zā 对音亦作弥儿柴，对王子之尊称也。后转为对王族、学者的尊称。陈氏云："犹华言舍人也。"按舍人为宋元以来贵显子弟之俗称，意义太泛。

⑤ "不设大小衙门，亦无官制"，《集成》本作"不设官府"。

完①官，凡小大之事（按：《文集》本作"凡大小事"），皆由刁完官计议处置。

凡相见之际，略无礼仪，惟稍屈躬，道撒力马力②一语而已。若久不相见，或初相识，或行大礼，则屈一足，致有（按：《文集》本作"再"）三跪。下之见上，则近前一相握手而已。平交则止握手，或相抱以为礼，男女皆然。若致意于人，则云撒蓝③。凡聚会之间，君臣上下、男女、长幼，皆环列而坐。

饮食不设匙箸（按：《集成》本及《学海》本在此句下还有"酿酒多用葡萄"句），肉饭以手取食，羹汤则多以小木瓢汲饮。多嗜甜酸油腻之味，虽常用饭食（按：原作"虽饭内"，据《文集》本改）亦和以脂油。器皿多用瓷瓦，少用朱漆，惟酒壶台盏之类则用金银。不置桌櫈，皆坐地饮食。若宴会则用低桌饮食（按：原作"盛饭"，据《文集》本改），诸品羹汤，一时并进。食既，则随即撤去。

屋舍皆垒以砖石，豪家巨室，与国主同，甚者加以纨绮、撒哈剌④之属，遮护墙壁，以示骄奢。其下户细民，或住平头土房，或为毡帐。屋皆不用瓦房，以其雨少，故不致倾颓也。

市并街坊，两傍筑屋，上设覆蓬，或以砖石拱甃，仍穴天窗取明。晴不畏日，雨不张盖，遇干燥生尘，则以水浇洒。铺店各分行头，若弓矢鞍辔衣服之类（按："衣服"二字，原在"之类"之后，据《文集》本改正），各为一行，不得参杂。少见纷争，如卖马驼犙⑤畜，亦各聚一所。

城市人家，少见炊爨（按：原本误作"爨"，据《文集》本正），饮食买于店铺，故市肆夜不闭门，终夕烧灯燃烛交易。通用银钱，大者重一钱六分，名曰等哥，次者每钱重八分，名曰抵纳，又其次者，每钱重四分，名曰假即眉，此三等钱，从人自造，造完于国主处输税，用印为记，交易通用，无印记者不使。假即眉之下，止造铜钱，名曰蒲立，或六或九当一假即眉，惟于其地使用，不得通行。

斗斛不置，止用权衡，权衡之制，两端设盘，分中为准，置大小铁石，分斤

校注

① 刁完，波斯语 deevān 的对音，意为朝廷的辅臣，指最高执事者，犹中国历史上之宰相。
② 撒力马力，波斯语 Salāmālaykum 的变音，犹言平安或健康之意。
③ 撒蓝，波斯语 Salām 对音，为致敬或问好之意，为 Salām ālaykum 的简化形式。
④ 撒哈剌，波斯语 Sagheree 的对音，指皮革或宽幅毛绒。
⑤ 犙，《康熙字典》无此字，常与畜字连用，可能是牲字之俗体，或孳字之异体。

两轻重于一盘中，以平（按："平"原脱，据《文集》本补）为度，虽五谷亦以盘称。其斤两之则，各处不同，无一定之制。税钱什分取二，交易则买者偿税，国用全资此钱。

官府文书行移，不用印信。国主而次，与凡任事者，有所施行，止用小纸一方，于上直书事体，用各人花押印记，即便奉行。花押之制，以金（按："金"下原有"钱"字，据《文集》本删）银为戒指，上镌本主姓名，别无关防，罔有为奸伪者。

国中不（按：《文集》本"不"作"少"）用刑法，军民少（按：《文集》本作"罕"）见词讼，若有致伤人命，亦不过罚钱若干，无偿命者，其余轻罪，略加责罚鞭挞（按：原无"鞭挞"二字，据《文集》本补）而已。

酒禁最（按：《文集》本"最"作"甚"。）严，犯者以皮鞭决责，故不酿米酒，酝以葡萄。间有私买者。凡有操履之人，多不饮酒，以其早暮拜天，恐亵渎也。

国中体例，有别色人愿为回回者，云以万钱给之，仍赐衣服鞍马。

婚姻多以姊妹为妻妾，为一门骨肉至亲（按：原作"戚"，据《文集》本改），虽同祖（按：《文集》本作"堂"）胞兄弟姊妹，亦皆得为婚姻。至于弟妻兄妻，兄娶弟妇，亦其国之常事耳（按：原缺"国之"二字，据《文集》本补）国中男子髡首，以素帛缠头，妇女亦蒙以素帛，略露双眸（按"眸"字抄校本误作"眸"）。如有丧制，反以青黑布易之。惟幔皆用青黑，居丧不过百日即释服。丧葬俱不用棺木，惟以布（按：原作"有"，据《文集》本改。）囊裹尸，置于墩（按：《豫恕》本批云：当作"圹"）。富家巨室，多于坟上高筑土室，恣为（按：原作"于"，据《文集》本改）华靡，贫民下户，坟墓止于居屋旁，绝无所禁忌。

不祀鬼神，不立庙社，不逢宗祖，不建家堂，惟以坟墓祭祀而已。每月数次（按《文集》本作二次），望西礼拜，名纳马思[1]。若人烟辐辏之处，一所筑大土屋，名默息儿[2]，凡礼拜之时，聚土屋下，列成班行，其中一人高叫数声，众人随班跪拜。若在道途，亦随处礼拜[3]。每岁十月并春二月为把斋月，白昼皆不饮食，至日暮方食。周月之后，饮食如初。开斋之际，乃以射胡芦为乐。射胡芦之

校注

[1] 纳马思，波斯语 namaz 的对音，义为礼拜，祈祷。

[2] 默息儿，波斯语 maseere 的对音，义为聚会、娱乐场所之意。

[3] 有礼拜的大土屋中，据《学海》本云："城中置大土室，中设一铜器，周围

制，植一长竿，高数丈，竿末悬一胡芦，中藏白鸽一双，善骑射者跃马射之，以破胡芦白鸽飞出者为得采①。

校注

数丈，上刻文字，如古鼎状。游学子弟皆聚此，若中国之太学然。"哈烈自昔即为伊斯兰教诸国学术中心，大土室之古铜鼎，直至晚近尚存在。清道光十二年（1833年），莫洪拉尔(Mohunlal)尝游哈烈，谓"城东边，有同教大教堂一所，为七百年前（南宋初）古尔王朝(Gurid Dynasty)算端盖耶素丁(Sultan Ghiassuddin)所建。堂院之中央，有小水池，为浴身之用。又有大锡鼎一只，周围二十抱，鼎厚一抱，鼎有镌文，亦刻于七百年前也。"究竟是铜，抑或是锡，殊难推断。帖木儿朝后继诸王提倡文学艺术，不遗余力，促成中亚的"文艺复兴"，可与欧洲的"文艺复兴"相提并论，这个"文艺复兴"的中心就在赫拉特。波斯绘画的起源，可以追溯到12世纪和13世纪在雷伊(Rai)制造的花砖釉饰上的各种人物像。反映了王公们的宫殿、狩猎、骑马击波罗球戏以及各种动物和花卉的美景。这一时期的绘画是公元3世纪摩尼教装饰书的直接后代，但工笔画部分是受中国画的影响。最伟大的画家是出生于1440年的凯末尔·艾德－丁·比赫扎德。他为苏丹忽辛所绘的两张肖像，特别著名。毛拉·努·乌德－丁·阿布杜尔·拉赫曼·詹米不仅是一位伟大的诗人、学者，而且是一位神秘派的诗人。在建筑艺术方面，可以用高赫儿·沙德清真寺为代表，这座富丽堂皇的建筑物是由一个气宇轩昂的四面敞厅所构成，四边有十分优美的花砧装饰巨大拱门。朝西南即有"圣堂门廊"，上面托着一个蓝色圆穹顶，中间矗立着两座高高的花砖造的尖塔。在这个门廊和那装饰华丽的壁龛下面就是一个雕花的讲道坛。这是高赫儿·沙德为她未来的地位着想而建造的。这里必须补述10和1世纪早期的几位伟大的诗人，其一是鲁达墓（Rudagi），最著名的一首是宫庭内即席吟成以规劝首领返回布哈拉的诗，首领纳斯尔大受感动，立即骑马急奔布哈拉去。又一位名阿布·阿里·本·西拿，阿维森纳，他是一位博学多能的王子，既是文学家，又是一位著名的医学家、哲学家、诗人。又一位名菲尔多西(Firdusi)。者，是这一时期波斯很著名的诗人，人家把他比拟于希腊的荷马(Homer)，最著名的史诗是《沙赫·那梅》(Shahnameh)，或称《王书》，是奉君主之命而写的，经过二十五年才完成，被认为波斯最伟大的史诗。

① 波斯人自古就喜欢运动，骑马打波罗球戏是其中之一，射胡芦也是他们的娱乐运动。

有通回回本教经义者，众皆敬之，名曰满剌①，坐立列于众人之右（按：《文集》本作"上"）。虽国主亦皆尊之。凡有祠祭，惟满剌诵经而已。

　　有等（按《文集》本无"等"字）弃家业，去生理，蓬头跣足，衣弊衣，披羊皮，手持拐（按：原作"怪"，据《文集》本改）杖，身挂牛羊（按：原无"牛羊"二字，据《文集》本补）骨节，多为异状，不避寒暑，行乞于途，遇人则口语喃喃，似可怜悯，若甚难立身者（按：原缺"者"字，据《文集》本补）。或聚处人家坟墓，或居岩穴，名为修行，名曰迭里迷失②。

　　有为医者，于市廛中聚求药之人，使之环列而坐，却于众中口谈病症，作为多端，然后求药人皆出钱与之，医者各散药少许而去，效验竟莫可知。

　　有好事之人，于城市稠人中，挥大钺斧，手舞足蹈，高出大言，惊世骇俗，莫详其故，大（按：原缺"大"字，据《文集》本补。）概警人为善之意而已（按：原缺"而已"二字，据《文集》本补）。有善步走者，一日可行三二百里，举足轻便，疾于马驰。然非生而善走，盖自幼习学而能。凡官府有紧急事务，则令其持箭而走报，以示急切。常腰挂小铃，手持骨朵，其去如飞。

　　男女少能负荷，乘载全仗马骡驴驼。若少轻之物，则以头戴趋走，摇扬不致覆坠。

　　妇女出外皆乘马骡，道路遇人，谈笑戏谑，略无愧色。且恣出淫乱之辞以通问，男子薄恶尤甚。

　　国俗尚侈，衣服喜鲜洁，虽所乘马骡鞍辔，多以金银彩色饰之。遍身前后，覆以毡罽，悬以响铃。家家（按疑为"富家"之误，《文集》本作"豪门"）子弟，俱系翡翠装绣衣袍，珍宝缀成腰带，刀剑鞘（按：原作"室"，据《文集》本改）饰以金玉，或头簪珠宝，以示奢华。

　　城郭乡村，居民按堵。深山旷野，人马独行，昼无虎狼，夜无鬼魅。

　　四时气候，多暖少寒，冬月如春，小草之生与荠③麦同出。残腊则遍地已青青，农事兴作，人家少见围炉。虽远山积雪，平处稀有，春雨虽云多，亦不终日。陇亩田园，街衢巷陌，人家院落，皆引水通流，以净尘土。虽天降雨泽不多，而流水四时不断。

校注

① 满剌（Mollah），波斯语 Mowlā 对音，伊斯兰教学者、神学家之尊称，又称毛拉。
② 迭里迷失，阿拉伯语 Tilmīdh 对音，原为佛教对外道之称，此教以苦行求解脱。
③ 荠，野菜名，嫩时可食。

古西域行记十一种

乡村僻处，多筑水窖①贮水，以饮人马。其制高砌土屋，广阔水池，鳖以砖石，若冰窖然，此流水少处故也。

城市乡镇，广置混堂②，男女各为一所，制度与中国不（按：《文集》本无"不"字）异。一堂之中，拱（按："拱"字，抄校本作"敞"）虚室十数间，以便多人澡浴者。初脱衣之际，各与浴布一条遮身，然后入室。不用盘桶，人各持一水盂，自于冷热池中，从便汲温凉净水，以澡雪洗淋其身，余水流出，并无尘积（按：《文集》本作"陈积"）。亦有与人摩擦肌肤，揣捻骨节，令人畅快者。浴毕出室，各与浴布二条，一蒙其首，一蔽其身，必令干洁而后去，人以一二铜钱与之而已。

水磨与中国同，间有风磨，其制筑垣墙为屋高处，四面开门，门外设屏墙，迎风室中，立木为表，木上周围置板乘风，木下置磨石，风来随表旋转动，且不拘东西南北之风，皆能运动，以其风大而多故也。

道傍多筑土屋，名郎哥儿（按：原作"郎儿哥"，应正作"郎哥儿"，见注释）③以为（按：原本"以为"下有"憩"字，《文集》奉无，据删）来往之人留憩（按：原作"憩"，误，应作"憩"），免寒暑风雨（按：原作"祁寒暑雨"，据《文集》改）之患。二十里为一木头，或每木头设土屋一所。又名腊巴儿④，内设饮食，以给往来之饥渴者。乡村多立墟市，凡交易处名把咱儿⑤，每七日一集，以有易无，至暮俱散。

正朔不颁，花甲不论，择日用事，自有定规，每七日一转，周而复始。七日之中，第一日为阿啼纳，二日为闪伯，三日为亦闪伯，四日为都闪伯（按：原"伯"作"都"，据《文集》本改。）五日为且闪伯，六日为闪伯（按：《文集》作"亦闪伯"。按闪伯、亦闪伯均与前重覆，此处应有误），七日为攀闪伯。凡拜天聚会，以阿啼纳日为上吉，余日用事，各有所宜。

都城中有大土屋一所，名默得儿塞⑥，四面房廊宽广，天井中设一铜器，制如

校注

① 窖，地下储水之处。
② 混堂，浴堂也。
③ 朗哥儿，波斯语 Largar 对音，意指驿站之土屋，意为济贫院、养老院，又转为旅舍。《善本丛书》本原作"郎儿哥"误。
④ 腊巴儿，波斯语 rabc 对音，指大公寓、公馆，也指驿站之土屋，但可饮食住宿。
⑤ 把咱儿，波斯语 bāzār 对音，市集墟场之意。
⑥ 默得儿塞，波斯语 maderse 的对音，学校、经院之称。

大锅，周围四丈，上刻文字如鼎状。前后左右房室尤（按："尤"字原误作"犹"，据《文集》本改）伟丽，多贮游学生徒及通诸色经义者，若中国之太学然。

地产铜铁，制器坚利，造瓷器尤精，描以花草，施以五采，规制甚佳，但不及中国轻清洁莹，击之无声，盖其土性如此。土产琉璃器，人家不常用，但充玩好而已。多以五色琉璃薄叶叠缀窗牖，以取光明，炫耀人目。

渴石①地面产白盐，坚明与水晶同。若琢磨为盘碟（按原作楪，据《文集》本改），以水湿之，可和肉食。

多有金、银、宝贝、珊瑚、琥珀、水晶、金刚（按：《文集》本"刚"下有"钻"字）、朱砂、剌石②、珍珠、翡翠，云非其所产，悉来自他所，有不可知。

多育蚕桑，善为纨绮，轻妙细密，优于中原，但不能如中国壮厚，且不解织罗。其织成金线，可以回炉，布帛中有名锁伏③者，一如纨绮，实以羊毛织成。善织剪绒花（按：《文集》本"花"作"毛"）毯，颜色虽久不衰。绵布幅制尤（按：原作"犹'，据《文集》本改）宽，亦有甚细密者。

土产桑、榆、杨、柳、槐、檀、松、桧、白杨，多植果树，自国主（按：原作"中"，据《文集》本改）而次，有力之家，广筑果园，盛种桃、杏、梨、李、花红、葡萄、胡桃、石榴之类。葡萄有通明若水晶之状者，无核而甚甘，杏子中有名巴旦④者，食其核中之仁，香美可尝（按：《文集》本"尝"作"爱"）。有若大枣而甜者（"者"原缺，据《文集》本补），名忽鹿麻⑤，未见其树。有若银杏而小者，名苾思檀⑥，其树（按：《文集》本"树"下有"枝"字）

校注

① 渴石，即 Kesh 的音译，在撒马儿罕西南，下文将有专条记述。据《魏书·西域传》伽色尼条云："伽色尼国都伽色尼城，在悉万斤南，去代一万二千九百里，土出赤盐，多五果。"白鸟库吉谓史国即 Keš，亦即 Kasana，故《魏书》作伽色尼。但哈烈传谓产白盐。我怀疑这段记述是渴石条错简而误移于此者。

② 剌石，即明陶宗仪《辍耕录》卷七回回石头之剌，波斯语 laì 之对音，用以称巴拉斯红玉矿石（Balas rudy），此种石大抵皆色如红玫瑰。

③ 锁伏，又名梭服，波斯语 soof 对音，指一种粗制毛织物。

④ 巴旦，波斯语 bādām 的对音，言指中亚地区出产的一种杏树。

⑤ 忽鹿麻，为波斯枣的波斯语 Khormā 译名。

⑥ 苾思檀，波斯语 pesle 音译，《明一统志》作麕苾思檀，即阿月浑子，树叶类山茶，实类银杏而小。

叶与山茶相类。李有小如樱桃而黄色者，有紫色者，滋味极甘，花红极大而脆，皆可收藏，经年颜色不改，必（按：《文集》本作"而"）以新旧相续为佳。

五谷之种，与中国同。麻、豆、菽、麦、谷、粟、米（按：《文集》本作"稻"）、梁（按：各本均误作"梁"），悉皆有之，但小豆有如珠圆者，绵花有淡红色者，为布若驼褐。然瓜种大而极甜。葱本有大如拳者，菜根有红而大者，重十余斤，若萝卜状。

耕农（按：《文集，本竹"种"）多卤莽，广播种而少耰锄，然所收不薄者，以其田美而多，每岁更休，地力得完故也。时雨稀少，虽旱《按：《文集》本作"早"）稻、绵花、小麦，皆藉水浇，若水不到处，难于耕种矣。

多产良马，爱护甚密，皆于土房深处喂养，风日不及透，冬暖夏凉。人家畜养（按：《文集》本"养"下有"羊马"二字）鸡犬鹅鸭，惟不养猪，亦不食其猪肉，此最忌惮之。凡宰牲口，非回回宰杀者不食。

蜡烛以牛羊脂油浇灌，又以脂油和绵花捻成图块，置铁篮（按：《文集》本作"盘"）中，下植（按：原缺"下植"字原为"置"一字，据《文集》本改补）铁柱，以手持行，止则卓立于地上，风雨不避。暑天不知挥扇，或于帐房中高悬布幔，幔下多设须头，两面设绳索，牵动生风，名曰风扇。凡馈赠赐予及进送之物，不拘币帛珠玉犬（按：《文集》本"犬"作"羊"）马，皆（按：原作"比"，据《文集》本改）以九数为则，自一九至于九九，皆为成礼。

凡宴会之际，尊者饮酒，则下人皆跪。酒进一行，则陈币帛，次进珍宝及金银钱，杂和为一，分散四座，余者乱撒座间及前后左右，观望执服事之人，使之竞拾，喧哗叫笑，以示豪奢，名曰喜钱。

狮子生于阿木河①边芦林中，云初生时目闭，七日方开。欲取而养之者，俟其始生未开目之际取之，易于调习。若至长大，性资刚狠，难于驯驭。且其势力强胜，爪牙距烈，奋怒之际，非一二人可驾驭之。善搏巨兽，一食能肉十斤多。有得其尾者，盖操弓矢、设网（按："网"原误作"纲"）罟以杀之，若欲生致，甚难得也。

有一花兽，头耳似驴，马蹄骡（按：《文集》本作"驴"）尾，遍身文采，黑白相间，若织成者，其分布明白，分毫寸不差。

校注

① 阿木河，即今阿姆河，为 Ama Darya 之音译和意译相结合。

撒 马 儿 罕

撒马儿罕①在哈烈之东北，东去陕西行都司肃州卫嘉峪关九千九百余里，西

校注

① 撒马儿罕(Samarkand)是中亚一个很古和很著名的国家，《史记》《汉书》《魏略》《晋书》都有康居之名，而《魏书》《北史》《隋书》《旧唐书》《新唐书》都谓康国为康居之后，但据《后汉书·西域传》云："栗（粟）弋国，属康居，出名马牛羊葡萄众果。其土水美，故葡萄酒特有名焉。"从后来的史书已证明"栗"为"粟"字之讹。而白鸟库吉误信之为"栗"，故其书谓"栗弋"二字，今音 Li-i，古音 Lìt-yok，此名似与 Su-ghda 并无丝毫类似。可见他的论证未得正鹄也。在西方文献中，Sughda 一名，最早见于波斯祆教经《阿维斯塔》(Avesta)大流士王的 Behistum 铭文中作 Sugude，Perse-polis 铭文中作 Sugude，希罗多德的《历史》中作 Soghdo，希腊、罗马作家的 Sogdiana 就是出自 Sohdo。其重要都会为 Samarkand，希腊人则称之为 Maracanda，早在亚历山大王时代已著名。《史记·大宛列传》云："康居在大宛西北可二千里，行国，与月氏大同俗，控弦者八九万人，与大宛邻国，国小，南羁事月氏，东羁事匈奴。"据此，可见《史记》时代康居是一个逐水草而居的游牧民族。至《汉书》所记，已成为一个比较强大的国家，胜兵已增至十二万人。其王所居，冬夏易处，则仍是一个游牧民族。其时康居势力已向南发展，控制了河中（指锡尔河与阿母河之间的广大地区）诸国。河中诸国的土著居民是有城郭耕种的伊兰民族。诸国中又以撒马儿罕为最肥沃、最富庶，故历代诸王朝都以之为首都。但统治阶层则是游牧的突厥种康居人，混杂既久，亦逐渐同化为定居的人民。撒马儿罕，乃出自突厥语的 Semizkent，Semiz 义为肥沃或富饶，Kend 义为城市。Zarafshan 河流贯其中，

中国史书称之为那密水或萨宝水。粟特或弋（Soghda 或 Soguda）是其国名，希腊、罗马作家则称之为粟兹安那(Sogdiana)。中国史书最早见于《后汉书》者作粟弋。《晋书·西戎传》康居国条云："与粟弋伊列邻接，其王居苏薤城。"沙畹《西突厥史料》谓苏薤似为 Soghd 之对音（冯承钧译，1931 年商务版第 109 页）岑仲勉云："苏薤一名，既知是粟特之异译，而撒麻耳干又是粟特之首区，吾人自有充足理由推定苏薤为后来之康国。"（《汉书西域传校释》上册康居条）历代史书几乎都有康居或康国传，其内容可以互相补充。例如《隋书·西域传》康国条谓其王名代失毕（应名世失毕，以避唐太宗世民讳改为代），其都城名阿禄迪，《西突厥史料》安国条谓其都城 Aryarerthan，即今之 Ramethan。其王豪勇，兵马强盛，邻国承命。其人皆深目高鼻，多须髯，知其居民为伊兰种，奉佛教，但亦信祆教。隋大业中（605—616 年）始遣使贡方物。又如《旧唐书·西戎传》谓十一月鼓舞乞寒，以水相泼，有泼水之节。隋时其王名屈尤支，直至唐贞观十一年尚在位。高宗永徽时（650—655 年），其王名拂呼缦。则天万岁通天年间（696—697 年），其酋笃婆钵提被封为康国王。死，其子泥涅师师继位。师师卒，又立突昏为王。唐玄宗开元十九年（731 年），其王名乌勒。卒，其子咄曷继位。据此，我们方得知此国隋唐时代的王统。又从《新唐书·西域传》康国条，我们得知其国的四至，有大城三十，小堡三百。《通典》引章节《西蕃记》谓其国以六月一日为岁首，但《新唐书》则谓其国以十二月为岁首，其中必有一误；《旧唐书》此国亦以十二月为岁首，应以十二月为正。《明史·西域传》撒马儿罕条云："元太祖荡平西域，尽以诸王驸马为之居长，易前代国名，以蒙古语，始有撒马儿罕之名。"此语殊不足信，因为唐释玄奘的《大唐西域记》已有飒秣建国之称，飒秣建即 Semizkent 之音译，与撒马儿罕(Samarkand)为同一语源，应出于突厥语，而非蒙古语，已见上文。至谓"撒马尔罕，即汉罽宾地，隋曰漕国，唐复名罽"，则更风马牛不相及，盖汉之罽宾为一大国，应以迦毕试(Kapishi)为主体，干陀罗不过其一部。岑仲勉曾加论证（《汉书西域传地理校释》上册，1981 年北京中华书局版第 150—160 页）。与中国诸朝代通使往来，至为频繁。《明史》所载元明两代通使之数尤多。《新唐书》康国传云："康者，一曰萨末鞬，亦曰飒秣建，元魏所谓悉万斤者，其南距史百五十里，西北距西曹百余里，东南属米百里，北中曹五十里，在那密水南。……君姓温氏，本月氏人。始居祁连北昭武城，为突厥（应作匈奴）所破，稍南依葱岭，即有其地。枝庶分王，曰安，曰曹，曰石，曰米，曰何，曰火寻，曰戊地（亦名西安），曰史，世谓九姓皆氏昭武。"加以康国，南去哈烈二千八百余里。地势宽平，山川秀丽，土田地膏腴。有（按：《文集》本"有"下有"大"字）溪水北流，居城之东①，依平原而建立，东西广十余里，

校注

即合九姓之数。至谓"始居祁连北昭武城"，又谓"世谓九姓皆氏昭武"。按昭武，汉置，晋改为临泽，后魏废，即今甘肃张掖县西北之昭武故地。汉代役属于大月氏，及大月氏为匈奴所破，西迁大夏，此九姓昭武之族，亦随之而西徙，乃留居于河中。九姓各有分地，即所谓"枝庶分王也"。此种解说，虽则言之成理，他其记述的对象，只能限于河中九国的统治阶层，而不适用于其土著居民，因为河中的土著居民是伊兰种，其地在西史中被称为伊兰人的第二发祥地。至于大月氏的种族问题，学者仍有争论。从大月氏属于何种民族方面来说，岑仲勉列举了四种说法。从大月氏的语原方面来说，岑氏又列举了十四种不同的解说。他所赞同者为第二说，即来模沙（Remusat)等人的主张，以 Massagetes 比定于大月氏，Massa，义为大，gete，则为月氏之原音（《汉书西域传地理校释》上册 217—218 页）。但此说仍存在些疑问，不易解决。据《史记·大宛列传》大月氏条云："始月氏居敦煌祁连间，"说明大月氏的发祥地在今甘肃河西地区，其时代约在公元前 2 世纪，而 Massagetae 的发祥地适在 Jaxartes 水（今之锡尔河）下流流域 Aral 海附近，其领土大致包括今之 Kirghiz 旷野。据希罗多德（Herodotus)的书中记波斯 Cyrus 王一经征服巴比伦之后，立即想再征伐 Massagetae 人，其时代则在公元前 6 世纪下半叶，与大月氏西迁时相距约达四个世纪之久（白鸟库吉著王古鲁译《塞外史地论译丛》第二辑 294 页）。撒马儿罕城被成吉思汗摧毁以后，是否仍在同一地点，尚属疑问。今代此城周围，特别是北边和西边，有许多遗迹，其北边的遗迹，居民们称之为阿弗拉西巴（Afrasinba)，并认为是古代撒马儿罕的所在地，在那里偶然可以发现蒙古占领以前的钱币。现在的城址是位于柴拉夫香(Zarafshan)河之西南约六英里。

① 此溪水指柴拉夫香河，古代阿拉伯及波斯地理家称之为索格德(Sogd)河，朱班阿塔(Chufan ata)山在城之东北六英里，高出撒马儿罕城四百八十英尺，山城之间，有柴拉夫香河隔开，河在山脚处分为二支，一为白河(AK-daria),即河之正流；一为黑河（Kara-daria），人工凿成，在白河之南。撒马儿罕城南六英里有安格儿渠(Angar-Aryk)，又名达儿格姆(Dargam)，亦人工凿成，自柴拉夫香河上流分出，至城西十六英里，即与黑河合流。撒马儿罕城即位于柴拉夫香河正流与渠之中间大岛上，西辽人因而称之为河中府。城内有小河两

南北迳五六里。六面开门。旱干濠深险，北面有子城。国主居城之西北隅，壮观（按：《文集》本"观"下有"不"字）下于哈烈。城内人烟俱多，街巷纵横，店肆稠密，西南番客多聚于此。货物虽众，皆非其本地所产，多自（按：原作"有"，据《文集》本改）诸番至者。交易亦用银钱，皆本国自造，而哈烈来者亦使。街坊禁酒，屠牛羊，卖者不用腥血，设坎埋瘗。城东北隅有土屋一所，为回回拜天之处，规制甚精，柱（按："柱"原作"壮"，据《文集》本改）皆青石，雕镂尤工，四面回廊宽敞，中堂设讲经之所。经文皆羊皮包裹，文字书以泥金。人物秀美，功巧多能，有金、银、铜、铁、毡罽之产。多种白杨、榆、柳、桃、杏、梨、李、葡萄、花红。土宜五谷，民风土俗，与哈烈同。

校注

道，自南方达儿格姆渠分出。这些河渠，给撒马儿罕城以水利灌溉之便，故能成为河中地区的政治和经济的中心。

俺　都　淮

俺都淮①在哈烈之东北②，西南③去哈烈约一千三百九十里，东北去撒马儿罕约一千三百六十里。城居大村中，村广百里，田土地膏腴，人民繁庶。城周回十余里，略无险峻。虽为哈烈所隶，赋税止入于其本处头目之家④。

校注

① 俺都淮（Andhwi 或 Andkud），阿拉伯地理学家雅库特(Yakut，生于公元 1178 年，卒于公元 1229 年）所撰《地理字典》则作 Endekhnd，位于撒马儿罕与哈烈之中间，今仍属于呼罗珊（Khorassan）所管辖的一个城镇。有些学者认为俺都淮城是蒙古人所建，其名称是出自蒙古语"合众欢乐"(United happiness)，但此说有误，因为它虽则不是一个很古的城镇，在阿拉伯古代著作中没有出现，但此城已见于 12 世纪中叶的著作，远较蒙古出现于西亚为早。雅库特谓恩德胡德城（俺都淮之别译），在谋夫城（Merr，又名马鲁）与巴里黑城之中间。12 世纪中叶，有著名律师某，卒于该城。12 世纪末，古儿朝算端锡哈伯爱丁（Shihab-eddin）之军队，即在此处为花剌子模算端摩哈美德所击败。《帖木儿武功记》与《沙哈鲁史》常见俺都淮之名。（张星烺《中西交通史料汇编》，辅仁版第五册 557 页注十；"Mediaeval Researches" vol.2，pp275—276，注 1092）

② 俺都淮在哈烈之东北，《明史》作西北，误也。

③ 俺都淮西南去哈烈约一千三百九十里，《明史》作东南，误也。

④ 《明史》谓"地平衍无险，田土膏腴，民物繁庶，称乐土，永乐八年至十四年（1410—1416 年）偕哈烈通贡，后不复至"。

八 剌 黑

八剌黑城①，一名八里，在俺都淮之东北，城周围十余里，居平川，无险要，惟南山相近。田地宽广，食物丰饶。西南诸番商旅聚此城中，故番货俱多。哈烈

校注

① 八剌黑（Balkh），《学海本》误作八苔商（Badakshan），按八苔商亦称八苔黑商，在肥雅巴得（Faizabad）之东稍北。有许多不同的译名，中国史书称之为大夏，其实大夏为国名，八剌黑则为大夏之都城。《北史》称薄罗，《正法念处经》称婆伕罗，《慈恩传》称薄喝罗，《求法高僧传》称薄渴罗，《西游录》作班城，《西游记》称班里城，《元史》称巴里黑，又作班勒纥、板勒纥。据《汉书·西域传》云："大月氏国王治监氏城，……大夏本无君长，城邑往往置小长，民弱畏战，故月氏从来均臣畜之，其禀汉使者。有五翖侯：一曰休密翖侯，治和墨城，去都护二千八百四十一里，去阳关七千八百二里，二曰双靡翖侯，治双靡城，去都护三千七百四十一里，去阳关七千七百八十二里；三曰贵霜翖侯，治护澡城，去都护五千九百四十里，去阳关七千九百八十二里；四曰肸顿翖侯，治薄茅城，去都护五千九百六十二里，去阳关八千二百二里；五曰高附翖侯，治高附城，去都护六千四十一里，去阳关九千二百八十三里。凡五翖侯，皆属大月氏。"

《后汉书·西域传》云："大月氏国居蓝氏城，初月氏匈奴所灭，遂迁于大夏，分其国为休密、双靡、贵霜、肸顿、都密凡五部翖侯。后百余岁，贵霜翖侯丘就却攻灭四翖侯，自立为王国，自号贵霜王，侵安息，取高附地。"

关于《前汉书》和《后汉书》记载大月氏的情况已有差别，《后汉书》五翖侯已没有高附，而代之以都密，贵霜翖侯已灭四翖侯而自称为贵霜王（关于大月氏五翖侯的方位问题，请参考岑仲勉《汉书西域传地理校释》上册

222—226 页，这里毋须赘述），大月氏的西迁，约在公元前 176—160 年，其灭大夏约在公元前 140—135 年，则大夏国至公元前 140 年左右，仍然存在。巴克特里亚（Bactria）为公元前 550—529 年间居鲁士（Cyrus）统治的波斯帝国的一个省(Satrapy)，公元前 328 年为马其顿亚历山大大王所征服，自公元前 302 年以后，成为塞流士帝国(Seleucid Einpire)的一个省，公元前 250 年，在抵奥都陀斯(Diodotos)一世及二世的领域尚未达到兴都库什山以南，至 Euthydemos 王晚年时代（公元前 206 年以后），其势力已达到阿富汗斯坦和印度河流域。Euthydemos 一代为巴克特里亚王国最盛时期，其版图北拥 Sogdiana、南并阿富汗斯坦、喀布尔、旁遮普及印度河下流流域，Demetrios 继位，立即为 Eucratides（即位于公元前 171 年）所攻，不仅失去巴克特里亚，而且连印度方面几部分的岭土也被夺去。Eucratides 时代，因为讨伐 Sogdiana、Arachosia、Drangiana、Aria 和印度等地，国力损耗，以致安息（Parthia）王 Mithridates 攻入其西境。生存于公元 2 世纪中叶，巴克特里亚国自 Eucratides 死后，Heliocles 即君临其士，大月氏之颠覆并吞此国，似即相当于此王时代。依 Justin 所记，Heliocles 一直至公元前 140 年止，确曾君临巴克特里亚。Eucratides 家最后君主 Hermacos 失去 Gandhara 之后，即退守喀布尔，直至公元 1 世纪末叶，始为大月氏所并吞。大月氏至公元 480 年已完全为嚈哒人所灭。北魏孝明帝神龟元年，（518 年）宋云出使西域，二年入嚈哒国，据其所记："四夷之中，最为强大。"据《隋书·西域传》吐火罗国条云："吐火罗都葱岭西四、五百里，与挹怛（嚈哒）杂居。"按吐火罗与大月氏在侵占巴克特里亚后，已逐渐混合成为一个民族。至唐初，突厥人西侵，以一叶护镇守其地，以缚喝(Balkh)为南牙，而以昆都斯(Kunduz)为北牙，唐释玄奘曾经其地，据《西域记》卷一云："自数百年，王族绝嗣，酋豪力兢，各擅君长，依川据险，分为二十七国，虽划野区分，总役属突厥。慧超西行时，吐火罗王之都城缚底耶(Bactria)已为阿拉伯回教徒入侵，其王被迫东迁至巴特山（Badakshan）。阿拉伯人攻占巴克特里亚时，大被摧残。至公元 1221 年，终被元太祖成吉思汗所毁。（见拙著《大唐西域记史地研究丛稿》137—142 页）

伟大的旅行家威尼斯人马可波罗于公元 1271 年起程东来中国，公元 1272 年经过赫拉特，也言及巴尔赫城被蒙古人破坏的情形，描述了巴尔赫的美丽官殿和大理石的房子，这些建筑的废墟至今犹存。另一位著名的旅行家伊本·巴图塔访问了巴尔赫，他说："那个该死的丁吉兹（成吉思）毁了这座城市。他听说有一宗财宝，曾藏在一根廊柱底下，因而他把将近三分之一的清真寺都拆毁了。"（见《阿富汗史》下册 407—413—415 页）

沙哈鲁遣其子守焉①。

校注

沙哈鲁（Snah Rokh）是帖木儿第四儿子，被封为呼罗珊和赫拉特的总督，米兰沙之子哈里勒·苏丹在撒马儿罕自称为王，不久即被废黜，于是沙哈鲁即了王位。沙哈鲁在公元 1396 年取得最高统治权，并不断地扩张他的领土。他的首都设在赫拉特，其宫廷聚集着诗人、艺术家和学者。沙哈鲁有五个儿子，在 15 世纪中期只有兀鲁伯还活着，所以能继承王位。在此以前，他曾治理撒马尔罕达 38 年之久，为河中地区开创了一个黄金时代。他喜爱天文学，他的名字至今保存在东方遗留给西方的最正确和完善的天文历表上，大约在公元 1650 年用拉丁文出版于牛津。

关于大夏都城问题，《史记·大宛传》大夏条谓其都曰蓝市城，《汉书·西域传》大月氏国条称其王治监氏城，《后汉书·西域传》称蓝氏城，《魏书·西域传》大月氏国条称庐监氏城，《北史·西域传》大月氏国条作胜监氏城。据岑仲勉的考证，应作监氏，大月氏之"氏"既读若支，同理，蓝氏亦可读如"监支"。于阗文（塞语）Kamthā 或 kamthi。言"城"也，汉人不知为通名，误作专名。《汉书》各传，尽多其例，不足为异。"蓝"是"监"之讹，从"蓝"字之字面设想者大谬。氏（姓氏之氏）市音相近，作"市"，亦传录之误。《魏书》夺"剩"字，《北史》夺"卢"字。（《汉书西域传地理校释》上册 219—220 页）岑氏又谓"蓝"应是"监"之讹，而不知古"监"字可通"览"，音"滥"。前汉韦孟谏诗："我王如何，曾不思览，黄发不近，胡不时监。""监"音"览"，"览"音滥（《康熙字典》"监"字条）。则其所考"蓝氏"，可读如"监支"，即于阗文（塞语）之 Kamtha 或 Kamthi,犹言"城"之说，非确论也。按 Bactria《希腊古地志》称 Zarispa，疑即《北史·西域传》之胜监氏城的音译，Zaris 相当于胜蓝氏，而略去尾音 pa，此说或较近之。

① 巴剌黑，《西域记》称之为缚喝城，据云："缚喝国东西八百余里，南北四百余里，北临缚刍河（阿姆河）。国大都城周二十余里，人皆谓之小王舍城也。"《魏书·西域传》嚈哒条云："其王都拔底延，盖王舍城也。其地方十余里。"据此，可见 Bactria 城在北魏时，仍旧为方十余里，但至唐代，已扩大为二十余里。王舍城原来指的是印度伽耶城东北二十五里，梵名 Rājagrha，即今之 Rajgir，因此称 Eactria 为小王舍城。有伽蓝百余所，僧徒三千余人，为佛教在中亚著名圣地之一。

迭 里 迷

迭里迷城^①在撒马儿罕之西南，去哈烈二千余里，城临阿木河之东岸，依水崖而立。河水稍宽，非舟楫难渡通，稍略据险要。城之内外居民数百家，牲畜蕃息，河水多鱼。旧城相去十余里，河东土地隶撒马儿罕所辖。河西芦林之内，云

校注

① 迭里迷(Termid，亦称 Termiz，又作 Tirmidh)，《西域记》作呾密，《新唐书·大食传》曰怛满，或曰怛没。《元史》有忒耳迷、帖哩麻、塔米设诸译，《明史》作迭里迷，在 Surkhan 河口。（《西域地名》）唐释玄奘曾经其地，据其所记："呾蜜国，东西六百余里，南北四百余里，国大都城周二十余里，东西长，南北狭。伽蓝十余所，僧徒千余人。诸窣堵波及佛尊像，多神异，有灵鉴。东至赤鄂衍那国。"由此可见，在唐代，此小国的佛教尚未衰退，唐时依中国划分行政区域制度，实施于西域，分成许多府州，呾蜜即属姑墨州都督府，并以呾蜜城为都城。其国的四至为东陀拔斯，南大食，皆一月行，北歧阑二十日行，西即大食，一月行，西北与史接，以铁门关为界。唐玄宗天宝六年（747 年）封怛满王谢设曰奉顺王。《明史·西域传》迭里迷条云："迭里迷，在撒马儿罕西南，去哈烈二千余里。有新旧二城，相去十余里，其酋居新城，城内外居民，仅数百家，畜牧蕃息。城在阿术（木）河东，多鱼。河东地隶撒马儿罕，多芦林，产狮子。陈诚、李达使其地。"按 15 世纪初叶，西班牙大使克拉维约(Clavijo)奉喀斯的尔(Castile)（西班牙东部一国）王亨利第三（Henry Ⅲ）之命东使，于明成祖永乐元年（1404 年）在忒耳迷渡阿姆河，但在此以前（1398 年）帖木儿征印度，旋军回都，则从南岸渡河，留住忒耳迷二日。帖木儿出撒马儿罕往 Balkh，常在此地渡阿母河。Bretschneider 说，中国史书记载 Termed，把方位弄错了，凡误作东的要改作

有狮子产焉②。

校注

北，误作西的要改作南。其言是也。例如陈诚谓迭里迷城在撒马儿罕之西
南，其实是在撒马儿罕之南稍偏东，也可以说是东南，又谓城临阿木河之东
岸，其实是北岸。又谓河东土地辖撒马儿罕，其实是河北土地隶撒马儿罕，
又谓河西芦林之内，云有狮子产焉，其实是河北或河南，因阿母河是东西流
向也。

② 陈诚时迭里迷城内外，只有居民数百家，现代也只是一个镇，在苏联中亚
东南部，邻阿富汗边界，北稍偏西距撒马儿罕二百五十七公里，居民五千
余人。

沙 鹿 海 牙

沙鹿海牙城①在撒马儿罕之东，相去五百余里，城筑小冈上，西北临山与河，河名火（按：原作"水"，《文集》本、《学海》本均作"火"，据改。）站②，水势冲急，架浮梁以过渡，亦有小舟。南边山近，三面平川，城广十（按原作

校注

① 沙鹿海牙(Shahrokia)一名的来源，有一个有趣的故事。据阿拉伯沙(Arabshah)，又名阿合马伊宾摩哈美德(Ahamed Ibn Mohamed) 所著《创世奇观》("Wondes of the Creation")，其中记载帖木儿令筑城堡于细浑河（即今锡尔河）上，以防蒙古里斯坦(Moghulistan)之哲泰人(Jetes) （即别失八里）。一日适与人棋战，得胜之际，有来报以细浑河上新堡已竣工者，同时又有来报新产一子者，帖木儿当然很高兴，乃对新生之子（生于明洪武十年，1377 年）命名为沙哈鲁(Shahrok)，又对新筑成之堡命名为沙哈鲁克亚(Shahrokia)。沙者，波斯语王也，鹿克或鲁克（Rok）者，寨堡在棋战也。沙鹿海牙即沙哈鲁克亚之转音。新堡在细浑河北岸，有浮桥可渡。明成祖永乐十六年 （1418 年），沙哈鲁之子兀鲁伯(Ulugbad)由土耳其斯坦往撒马尔汗时，即在沙哈鲁克亚渡细浑河。明英宗正统十四年 （1449 年），兀鲁伯为其子阿伯特拉梯甫所逐，逃至沙哈鲁克亚。英宗天顺五年 （1461 年），阿伯特拉梯甫之子弥儿柴摩哈美德菊克(Mirza Mohammedujuki)率兵叛算端卜撒因(Sultan Abu Said)，卜撒因讨之，菊克逃至细浑河上之沙哈鲁克亚，撄城固守。城三面有水环之，第四面复有深沟，围攻十二个月始降。肥那肯特(Finaket)即今之沙哈鲁克亚。（《中西交通史料汇篇》，第五册，辅仁版，547—548 页）

② 火站，即 Khojend 之音译。《新唐书·西域传》作俱战提，长春真人《西游记》作霍阐，刘郁《西使记》作忽牵，《元史》作忽毡、忽禅、忽缠诸译，《明

"不"，据《文集》本改）数里，人烟繁庶，依崖谷而居。园林广茂，西去过一大川，二百余里无水，间有水处多碱，牛马饮之，必多致损伤。地生臭（按：原作"奥"，据《文集》本、《学海》本改）草，根株独立，高不尺余，枝叶如盖，春生秋死，臭气逼人，生取其汁熬以成膏，即名阿魏是也①。又有小草，高一二尺，枝干丛生，遍身棘刺，叶细如蓝②，清秋露降，凝结成珠，缀于枝干，甘如饴蜜，可熬为糖，名为达郎古宾③，即甘露是也。

校注

史》作火站，所谓西北临山与河，此河即锡尔河，亦因城而名火站河也。

① 阿魏，张星烺引徐楼(Schuler)所著《土耳其斯坦游记》谓由乞那斯(Chinaz)至箕柴克(Djizak)，沿途皆产阿魏，今西名曰阿撒肥梯打(Asafoetida)。（《中西交通史料汇篇》，第五册，548页）

② 蓝，一年生草木植物，秋季开花，花落后结三棱形小果，叶子提制的靛青，可做染料，叶可入药。

③ 达郎古（张星烺以古为吉字之误刊）实为波斯语 Turenjabin 之音译。今代植物学名曰 Alhagimanna，实圆，干而坚，有糖味，为荚豆之一种。

塞　蓝

塞蓝城①在达失干之东，西去撒马儿罕一千三十（《文集》本作"三百"）里，

校注

① 塞蓝，一作赛蓝，又作塞兰，为 Sairam 之音译，其方位多数学者谓在塔什干之东，据地图测之，实在塔什干之东北，此点张星烺已先我言之。他说："赛兰名见常德《西使记》及长春《西游记》，今代俄领西部土耳其斯坦仍在此地，在乞姆肯特(Chimkend)东六英里半。赛兰在塔什干及撒马尔罕之东北。《明史》谓在东者，误也。"（《中西交通史料汇篇》第五册 550—551 页）此城以前位于从 Almalik(Kuldja)往撒马儿罕大道上，现在俄国邮路从 Kwldja 往撒马儿罕是经过 Chimkend 和塔什干，把塞蓝撇在东面。早期阿拉伯地理家并投有提到塞蓝之名。Lerch 所著《土耳其斯坦的古道》（"Archaeol Journey to Turkestan"）认为该城应在 Isfidjab，据 Ibn HauKal 所说，该城位于远离细浑河（锡尔河）的土耳其斯坦通道上，这是代表近世纪的塞蓝。这一近世纪的名称并未见于 Abulfeda，但 Mesalek alabsar（14 世纪上半）说过塞蓝是土耳其斯坦的城市之一。

伊斯兰教作家在成古思汗攻占的城市中，没有提到塞蓝，但此名却见于有关蒙古侵占土耳其斯坦的中国纪年中。在蒙古时期，西游的中国旅行家著作，屡次提及此城。在古代地图中，此城名作 Sai Lan。刘郁《西使记》亦云："二十八日过塔赖寺(Talas)，三月一日过塞蓝城。"长春《西游记》："十有八日，沿山而西，七、八日忽南去，一石城当路，石色尽赤。"王国维注谓此石城即咀罗斯(Talas)城。长春又云：又渡石桥，并西南山行五程，至塞蓝城，此城今尚见存，位于 Chimkend 之东约十三英里。Lerch 在 "ArchaaoLogical Journey to Turkestan" 记塞蓝是 Ibn Hanokel 和其他阿拉伯地理家所说即古代

城周回二三里^①，四面俱平原，略无险要，人烟稠密，树木长茂，流水环绕，五谷蕃殖。秋夏间草中生小黑蜘蛛^②，为毒滋甚，人或被其噬者，疼痛遍身，呻吟动地，诸药莫解。夷人有禳诅者，以薄荷（按："荷"原误作"苛"，据《文集》本改）枝于（按：《文集》本"于"下有"被忠"二字）人身上扫打，及以鲜羊肝遍擦人身，口诵咒语，经一昼夜，其痛方息。愈后遍体皮肤皆蜕。头足被其伤者，多翻滚就地而死。故凡安歇，必近水畔，则可避之。地生香草，状类野蒿，结实甚香，可辟蠹虫，即名瓦失实（《文集》本作"即名之曰瓦失实"）是也^③。

校注

的 Isfidjab。Rashioleddin 说，Salram 是突厥人所居住的地方，包括 Tales 和 Sairam 在内。但王国维谓塞蓝即唐初之笯赤建国，误也。

Rashiol 又说，Talas 和 Sairam 是古代土耳其民族居住的国家和地方，而且称同一个地方为 Kary Sairam。Rasuid 记述 Talas 和 Kary Sairam，说两者距阿布利札汗（著名突厥族的祖先 Oghuzkhan）习惯宿营过冬之地不远。他又说 kary Sairam 是一个古老而广大的城市，有四十个城门。要通过此城，须行一整天。当 Rashid 的时代，此城为土耳其伊斯兰教徒所居住，服属于海都(kaidu)。又说，Oghuz khan 在对于进攻过他的那些亲属取得了最高权力之后，统治了整个国家，从 Talas 和 Sairam 一直扩张到布哈拉(Bokhara)。《元史·薛塔剌海传》（成吉思汗的将领之一）有关于 Sairam 被蒙古侵占的情况。（"Mediaevol Researches" Vol.2 P.94—95 页）

① 《皇明世法录》卷八十一作"城周三里，有浮图，为祈拜之所"。

② 小黑蜘蛛，吉利吉思人（Kirghizes）称之曰哈喇库儿忒(Kara Kurt)，今动物学名为 Latrodectus Iugu bris。常德《西使记》亦言："有虫如蛛，毒中人则频渴，饮水立死。惟过醉葡萄酒，吐则解。吉利吉思人牲畜每年死于蜘蛛者，难以数计。

③ 此种名为瓦失实的香草，其原音如何？待考。关于香草一段文字，《学海》本全脱。

达 失 干

逢失干①城在塞蓝之西，去撒马儿罕七百余里，城周回二里，居平原上，四面皆平冈，多园林，广树木，流水长行。土宜五谷，居民稠密，负载则赁车牛②。

校注

① 达失干或作塔什干，乃 Tashkand 的音译，古名 Chaj，故《魏书》作者舌，《隋书》称石冈都城为柘折城，唐释玄奘《大唐西域记》称赭时，杜环《经行记》谓其国一名赭支，《新唐书》曰柘支、曰柘折，《元史》作塔史，又作察赤。《明史》有传，谓其城周二里，外多园林，饶果木。在明代，此城已是土耳其斯坦（Turkestan）的首都。Sultan Baba 在谈到 Turkestan 时说，在古籍中，此城一般称作 Shash，有些作者写成 Chech。多桑《蒙古史》未详载 Shash 或 Chach，只在一处提到 Tashken，阵诚谓"土宜五谷，民居稠密"，则其时是一富饶之国。

② 《西域番国志》云："达失干城在塞蓝之西。"误也，应作在塞蓝之南，稍偏西。《新唐书》谓汉大宛北鄙也，去京师九千里，东北距西突厥，西北波腊，南五百里，康也。西南有药杀水（锡尔河）入中国，谓之真珠河，亦曰质河。玄奘作叶河。锡尔河汇合众流，最远之源则为纳林，即那密水。清康熙四十二年（1709 年）英人莫逗游历著书，称塔什干为察赤。（清洪钧所撰之《地理志西北地附录释地》上察赤条）。

卜 花 儿

卜花儿①城，在撒马儿罕之西北（按："北"字原缺，据《文集》本补）七百余里，城周回十余里。居平川中，民物富庶，街市繁华，户口万计。地土下湿，天气温和，冬不附向（《文集》本无"向"字）火。土宜五谷桑麻，产丝绵布帛。冬食生菜，牛、羊、鱼、肉、天鹅、鸡、兔，悉皆有之。（按：以上"达失干""卜花儿"二条全文原在"哈密"条之后，然二地均在塞蓝城西，《文集》本均置此二条于塞蓝城之后，不误。现据《文集》本改）

校注

① 卜花儿(Bokhara)《前汉书》有罽城之名，《魏书》作忸密，又作安息，《隋书》作安国，《西域记》作捕喝，《新唐书》曰安，一曰布豁，又曰捕喝，治阿滥谧城，即康居小君长罽王故地。《西游录》作蒲华，《元史》有蒲华、不花剌、卜哈儿诸译。元魏时忸密之辖境，东北至东安(Kharghan)，西南至毕（《隋书·安国传》谓安国西百余里有毕国，可千余家。其国无君长，安国统之。），皆百里。西濒乌浒河（阿姆河），以阿滥谧为都城。白鸟库吉云："《隋》《唐》二书，对于隋唐时代西域诸国，以与汉代西域诸国比较考定，颇多误谬之处，其尤以安国条记事最为矛盾，兹举例于下，依据《隋书》，当时的安国(Bokhara)即系汉代的安息国，即系西史的 Parthia 国，其疆域，大致即目为与后日波斯国的疆域相同，亦无大谬。唐代的 Bokhara，乃系汉代的粟弋，武帝时隶属希腊人所建设的 Bactria 王国，其后为康居所领，未闻其曾受安息国的支配，《隋书》编者，考定为安息国，可称虚诞之极了。"（《塞外史地论文译丛》，第二辑 441 页）《新唐书》。谓安国治阿滥谧城(Aryamethan),即今 Ramethan。

渴 石

渴石城①在撒马儿罕之西南约二百六十里，城居大村中，周围十余里，四面（按：《文集》作西南）多水田，东南山近（按：《文集》作"东北近山"）。城中有园林一所，云故首长帖木儿附马②所建，中有台（按：《文集》本作"楼"）

校注

① 渴石，乃 Keseh，Kasohsch、Chahr-i-Sabz 的音译，中国史书称之曰史，曰佉沙，曰羯霜那。《魏略》称之为碣石或坚沙。在南北朝时代又以奇沙之名出现。据《魏书》《北史》的《西域传》所载副货国条云："北至奇沙国。"白鸟库吉谓"奇沙似系史国的原名 Kešš"。《隋书·西域传》云："史国，都独莫水南十里，旧康居之地也。其王姓昭武，字逊遮，亦康国王之支庶也。都城方二里，胜兵千余人，俗同康国。北去康国二百四十里，南去吐火罗五百里，西去那色波国二百里，东北去米国二百里，东去瓜州六千五百里。大业中，遣使贡方物。"按独莫水即今之 Ka-ška-ragh，此河之大，次于 Zarafshan 河，其发源处在 Suthan Hazvetttagh 山，西流而入于沙中。Maraguart 氏据阿拉伯的记录，而考证 Kešš 曾为 Sogkd 的首都。独莫水一名乃系伊兰语，义为"有力""暴涨"，但其支流 Kaška 一名，乃土语，义为"干涸"。又据鱼豢《魏略》所举葱岭以西的国家中已有坚沙一名，坚沙即 Kess 之异译。又《唐书》史国际谓史国亦名羯霜那，即系阿拉伯人所称 Kāšāna 或 Kāšāniya 的对音，又称为乞史、佉沙，都是 Kešš 的异译，Kāšanā 为土语，义为"冬日居地"。隋时称强盛，地方数千里，大业中（605—616年）遣使来贡，唐贞观十六年（642年），其君沙瑟毕献方物。（《塞外史地论文译丛》445—447页）

② 附马即驸马，帖木儿称附马，帖木儿于公元明洪武二年（1369年）娶察合台

古西域行记十一种

456

殿数十间，规模弘博，门庑轩豁（按："豁"原作"懿"，据《文集》本改），堂（按："堂"前原有"张"字，《文集》本无，据删）上四隅有白玉（按："玉"原缺，据《文集》本增）石柱，高不数尺，犹璧玉然。墙壁饰以金碧（按：《文集》本"碧"作"玉"），窗牖缀以琉璃，惜（按：《文集》本作"悉"）皆颓塌。西行十数里，俱小山，多苾（按：原作"莓"，据《文集》本改）思檀果树[①]。又西去三百余里，有大山屹立，界分南北，中有石峡，路通东西，石壁悬崖高数十丈，若如斧齐（按：《文集》本作"如斧截齐"）路深二三里，始（按：原无"始"字，据《文集》本补）出峡，口有门（按："口有门"，《文集》本作"峡口有关"）名铁门关[②]。

校注

西国克桑算端汗(Kazan sultan kuan)之女赛雷麦尔克汗奴姆(Serai Mulk Khenum)为后，帖木儿之所以有驸马之称，即此故也。

① 苾思檀，是一种果树之名，原音为 Mestame Sheath，《明一统志》作罽苾思檀，注云："树叶类山茶，实类银杏而小。"

② 铁门关，波斯语称 dar-i-ahan，最早的伊斯兰教作家记及铁门关者，为阿拉伯地理学家牙库比(Yakubi)，时在 9 世纪末。据他说是一个市镇的名称。Ibn Haukal（10 世纪）有从 Wassaf 至 Termed 的游记，其中即有铁门关(IronGete)之名。Edrisi(12 世纪时人)，他说及铁门关是一个人多的小镇。《唐书·西域传》史国条云："有铁门，山右右巉峭，石色如铁，为关以限二国，以金锢阖。"又沙畹注四十五云："铁门(Derbend)在史国之南四日程。元长春真人西游过铁门关云："驰三日，东南过铁门。"西班牙大使克拉维约记述颇详："有峡曰铁门关，由关可以过此山也。山峡似由人工凿成。两边山峰突起，高不可测，峡则甚深，路极平坦。峡之中央有一村，村后，山高达于天际，铁门关外，别无他峡可以通过此山，故撒马儿罕国视此为要塞，驻重兵以防印度之侵入。商人过此征税。印度商人欲往北方者，皆须经此。此关每年收入商税甚巨，皆以贡帖木儿。铁门关诸山，俱无树木。土人相传古代确有大铁门，可以开闭，往来行旅，未得允许，悉不得过。"中国文献记此关情况者，有唐释玄奘的《大唐西域记》，在此不必多赘。（可参考拙著《大唐西域记史地研究丛稿》1984 年北京中华书局版 119 及 121 页。）

养 夷

养夷城①在塞蓝之东三百《按：《文集》本作"二百"）六十里②，城居乱山

校注

① 养夷是 Yanghi 的音译，《元史·太祖本纪》十六年（1221 年）皇子术赤攻养
吉干(Yanghikend 义为新城)，八儿真（Barchin，波斯人称 Barkhaligkand）等
城。养吉干本是波斯人对新建城镇之通称，故吹河以南，锡尔河以北的广
大地区，有不少地方都取此名。例如一、在锡尔河入阿拉尔湖(Aralsea)口处，
其遗址今仍存在，位于河之南岸约二英里处，对岸为今苏联哈柴林斯克炮
台(Fort kazalinsk)。二、蒙古人称怛逻斯(Talas)为养吉（Yanghi)，据多格腊忒
(Haider Mirza Doglat) 之《别失八里史》(Tarikhi Rashidi)（约成书于公元
1544 年，明世宗嘉靖二十三年）说：从撒马儿罕至养吉要行二十日，养吉
平原上包括四个城镇，昔时教堂，圆顶屋，尖塔及学校所在，尚可考见，
但几个城镇之中，熟为养吉，则不得而知了。元时马撒雷克阿拉布沙儿
(Masarak Alab-sar)谓养吉距撒马儿罕二十日程，全境为四市所组成，四市皆
自有名：曰养夷，曰养吉八里(Yanghibaligh)，曰肯哲克(Kendjek)，曰恒罗
斯。由养吉至阿力麻里为二十日程。阿拉伯沙(Arab Shah) 记养夷怛逻斯城
至细浑河（又名忽章河）之北，距撒马尔汗十五日程，距塞蓝四日程。算
端巴伯儿（Sultan Baber）《史记》拔汗那北有城曰养夷，史书上皆称之为
怛逻私肯特(Talaskend)，乌孜别克(Uzbegs)人侵入中亚时，毁其城，此城似
即唐释玄奘《西域记》所称的笯赤建国。（拙著《大唐西域记史地研究丛
稿》941—100 页）

② 贾耽《四夷道里记》谓自碎叶西十里至米国城，又三里至新城，此一新城，
乃在碎叶至怛逻斯的大道上，不在陈氏的行程之内。赛蓝之南约四十公里

间，东北有大溪水西流，一大川长数百里，荒城遗址，年久湮芜，盖其地界乎别失八里蒙古部落之间[1]，与回鹘（按："与回鹘"三字原缺，据《文集》本补）更相侵犯，故人民无宁，不得安居（按：《文集》本此二句作"故人民岁无宁居"），惟留戍卒数百人，守此孤城而已。

校注

处，有城名养吉—巴沙尔（Yangni-bazar），亦不符合陈诚的行程和方位，《明史·西域传》养夷条云："塞蓝东三百六十里，多荒城，盖其地介于别失八里、蒙古部落之间，数被侵扰，以故人民散亡，止戍卒数百人，居故城，破庐颓垣，萧然榛莽。永乐时，陈诚至其地。"《明史》虽称为陈诚所到之处，但陈氏所指之养吉，不是指今图粟得哥儿以西 qaIxa 河岸之养吉—巴沙儿（ZHZH-ba3ao），而是指粟亭斯奎耶(Coeruekoe)与克勒车马撒特(KenbearJ)之间的养吉干(HiZ24ke-1)。东去粟亭特斯奎耶五十余里。因为上述地图之养吉巴沙尔距塞蓝太远，而且方向亦太偏于南。

[1] 布勒士奈得说，比什波利克(Bishbolik)与蒙古部落之间的边界，不可能在塞蓝之东三百六十里。而不知明代别失八里是一个强大的回纥国家，其势力扩张，南接于阗，北连瓦剌，西抵撒马儿罕，东抵火州，可见养夷以东为其所辖，而养夷以西的蒙古部落，亦与养夷相接，非不可能，则所谓养夷介别失八里与蒙古之间，并非谬误也。

别 失 八 里

（按：《文集》本下有小字，"即蒙古部落也"六字。）

别失八里①地居（按：原作"名"，据《文集》本改）沙漠间，今为马哈木氏

校注

① 别失八里(Beshbalik)，元长春真人《西游记》作鳖思马，耶律楚材《西游录》
作别石把，有唐碑。其地在唐时为北庭都护府。唐懿宗时 860—874 年），回
鹘大酋仆固俊击遂吐番，自是属西州回鹘，后唐庄宗同光二年（924 年）为
契丹所破，宋为高昌北庭，臣服于辽，南宋时属西辽。元太祖十四年（宋
宁宗嘉定十二年）（1219 年）西征，阿剌瓦而思攻破之，称回鹘别石把地，
一名鳖思马，亦曰别失八里，后为别失八里行省之北境，北庭都护府西北
境。元末强臣猛可帖木儿据之，为瓦喇国。后分三酋，明永乐七年（1409
年）封马哈木为顺宁王，太平为贤义王，把秃孛罗为安乐王，岁一入贡。
马哈木最强。按明代的瓦剌，是我国蒙古族的一支，其先祖为元之斡亦剌，
后发展为清代的厄鲁特或卫拉特。西方学者又称之为卡尔梅克(Kalmuks)，
从很早的古代起，他们就生息繁衍在我国的北部，活跃于中国历史的舞台
上（见白崔琴著《从经济交流看瓦剌与中国的关系》（《准噶尔史论文集》，
1977—1981，中国社会科学院民族研究所、新疆维吾尔自治区社会科学院民
族研究所《准噶尔史略》编写组，1981 年出版）。又据《明史·西域传》谓
别失八里，西域大国也，南接于阗，北连瓦剌，西抵撒马儿罕，东抵火州，
东南距嘉峪关三千七百里。元世祖时（1271—1294 年），设宣慰司，寻改为
元帅府，其后以诸王镇之。明洪武中（1368—1398 年），蓝玉征沙漠，至捕
鱼儿海，获撒马尔罕商人数百，太祖遣官送之还，道经别失八里，其王黑
的儿火者，即遣千户哈马力丁等来朝，贡马及海青。未几，黑的儿火者卒，

王子主之，马哈木盖胡元之余裔，前世锡封于此。不建城郭宫室，居无定向，惟顺天时，逐趁水草，牧牛（按：《文集》本作"羊"）马以度岁月，故所居随处设帐房，铺毡罽，不避寒暑，坐卧于地。其王戴小罩剌帽，簪鹓鹄翎，衣秃袖衫，削发贯耳。妇女以白布裹首缠项，衣窄袖衣，饮食惟肉酪，间食米面，希有菜蔬，少酿酒醴，惟饮乳汁。不树桑麻，不务耕织，间种穄麦，及为毛布。有松、桧、榆、柳、细叶梧桐，广羊马，多雪霜，气候极寒，平旷之地，夏秋略暖，深山大谷，六月飞雪。风俗犷戾，服食卑污。君臣上下绝无纪律。究其故疆，东连哈密，西至撒马儿罕，后为帖木儿驸马所夺，今止界于养夷（按：原本无以上十五字，据《文集》本增）西北至脱忽麻，北与瓦剌相接，南至于阗阿端①云（按：《文集》本"阿端云"为"河志云"三字）。

校注

子沙迷查干嗣。成祖永乐六年（1408 年），沙迷查干卒，弟马哈麻（即陈诚所记之马哈木王子）嗣。永乐十二年（1414 年），马哈麻及其弟相继卒，马哈麻无子，从子纳黑失只罕嗣，十六年（1418 年）贡使速哥言，其王为从弟歪思所弑而自立，从其部落西去，改国号曰亦力把黑。歪思卒，子也先不花嗣。十年（明英宗正统十年，1445 年）也先不花卒，也密力虎者嗣。从《明史》所载，我们得知其国与明朝来往颇密，其王位相传的世系，以及共游牧的生活。张星烺注引《明一统志》八九撒马儿罕条，谓亦失八里城，当在伊犁河东岸，而不知亦失八里，即别失八里，乃其王歪思即位时所改也（《中西交通史料汇篇》第五册 545 页注一）。关于别失八里的具体地点问题，西洋学者如 Klaproth 等，考定在今之乌鲁木齐，魏源及洪钧皆持此说，徐松谓在今济木萨之北，丁谦则谓在阜康县所辖三台塘西四十里乌尔图河地方。徐氏又谓故城在今之堡惠城北二十余里，地曰护堡子破城。徐氏之说是也。突厥语 Besh，义为五，balik 义为城，Beshbalik 即五城之意。

① 阿端，亦作兀丹、五端、斡端，即于阗。陈诚言于阗，何以又言阿瑞，而且是连用，是一疑问。意者元代史书，多称于阗为阿端，后撰史者恐读者不明，乃加于阗二字于其前以识之。

于阗①有河，中产玉石②。哈石哈③地面出宝石、金银、桑麻、禾粟。其封域之内，惟鲁陈、火州、土尔番、哈石哈、阿力马力数处，略有城邑民居，田园巷陌，其他处所，虽有荒城故址，败壁颓垣，悉皆荒秽。人多居山谷间，盖为其国主微弱，恐为邻境相侵故也。度其地方，东西尚有五千余里，南北不下千里，人民可以万计。犹能知尊长其所长，而无变态者，故岂不由其我前人积德乎④！

校注

① 于阗(Khotan)是西域古国之一，各代史书西域传均有记载，（欲知其详，请看拙著《大唐西域记史地研究丛稿》瞿萨旦那国考，229—259页。）据《元史》卷七云："至元八年（1271年）六月，招集河西、斡端、昂吉呵等处居民。"其中斡端，即指于阗。其后以斡端封给察合台之孙阿鲁忽。至元十一年（1274年）四月，诏安抚斡端、雅儿看（叶尔羌）、合失合儿（亦称哈石哈）等城。十八年（1281年）诏谕斡端等三城，是知斡端为阿鲁忽封地。据屠寄《蒙兀儿史记》卷一六〇《西北三宗藩地通释》云：忽炭（于阗）城名，土人名额里齐，回语居民环城之谓，在今新疆和阗直隶州西南十余里，玉龙哈什河夹城东西，至城北合流。本汉于阗国，一曰兀丹，曰五端，曰斡端。《新唐书·西域传》又称之为涣那、屈丹、丁遁、豁旦。元朝忽必烈汗至元间（1271—1294年），尝置斡端宣慰司部元帅府于此，寻罢。

② 中产玉石，盖于阗东南有河，又西有黑玉河，源皆出昆仑山。土人夜视月光盛处，入水探之，必得美玉。高居诲《使于阗记》云："于阗河分为三：东曰白玉河，西曰绿玉河，又西曰乌玉河。"按白玉河即指玉珑哈什河，绿玉河即指哈什河，乌玉河即指皂洼勒水。于阗又产金，其山有四：曰苏拉瓦克山，在县东三百二十余里，即大金厂；曰卡巴山，在县东一千二百余里，即小金厂；曰阿格塔克山，在县东南二千五百余里；曰宰烈克山，在县西南四百余里。四金厂即在此，皆出大瓣金。

③ 哈石哈，相当于《新唐书》之羯师国，其原音为 Kashkar，亦作 Khasa，《孔雀王经》作疏勒，误也。斯坦因考订为 Kashkar 之省译，即今之 Chitral，是也。

④ 据《明史·西域传》于阗条，谓元末时其主暗弱，邻国交侵，人民仅万计，悉避居山谷，生理萧条。至于明代，成祖永乐四年（1406年）遣使来朝。此后其王打鲁哇亦不剌金，遣使贡玉璞。十八年（1420年）偕哈烈、八答黑商诸国贡马，命参政陈诚，中官郭敬等，报以彩币。二十二年（1426年）均来献。其后冒充使臣来者愈多，给事中黄骥极言其弊。仁宗洪熙元年（1425年），召礼官吕震责之，自是来者渐稀。神宗万历间，仍间有使者至。

土 尔 番

土尔番城①在火州之西仅百里，即古交河县之安乐城，地方一、二里，居平地中，四山大而远，天气多暖少寒，鲜（按：原本"鲜"上有"稀"字，据《文集》本删）有雨雪，土宜麻麦，水稻不生。有桃杏枣李，多葡萄，畜羊马。城近而广人烟，广有屋舍。（按：《文集》本此二句作"城近人家，广有屋宇"）信佛法，僧寺居多。在唐为伊西庭节度之地，在汉为车师国王所居。城西三十里有小城，居水崖上，名崖儿城。则故交河县治（按：原本无"治"字，据《文集》本补）。去城西北百余里，有灵山，相传为十万（按：《文集》本作"五百"）罗汉佛涅槃之处。近山有土台，高十余丈，云唐时所筑。台畔有僧寺，寺下有石泉一泓，林木数亩。由此而入，山行二十余里，经一峡之南，有土屋一间，傍多柳树。沿土屋之南，登山坡，坡上有石垒小屋一间，高不五尺，广七、八尺，房中

校注

① 土尔番为 Turfan 之音译，"番"字应读作"潘"，即"番禺"之"番"，至清乾隆二十二年（1757 年）始改作土鲁番。汉代为车师前国，车师服属匈奴，汉屡征之。元帝（前 48—前 33 年）置戊己二校尉，屯田车师前王庭。王莽时（9—23 年）叛属匈奴。后汉明帝时（58—75 年）置副校尉于车师。章帝时（76—89 年）遣戊己校尉屯柳中城，为匈奴攻殁，和帝（89—105年）复置戊己校尉，居车师前部高昌壁，高昌之名自此始。晋初（265—266年），车师王居交河，而高昌为校尉治。北魏太武帝延和中（432—434 年），以焉耆东部帅东伊洛为前部王，凉州人阚爽为高昌太守。其后沮渠无讳，与爽战，爽败奔蠕蠕，无讳留高昌，南朝宋文帝（424—453 年）封之为校尉凉州刺史河西王，高昌有王自此始。隋初（581 年），曲嘉六世孙伯雅立，炀帝大业中（605—616 年），裴矩遣使说伯雅来朝。唐武德初（618 年）伯

有小佛像五位，傍多木牌，皆书夷字，云游山者纪其姓名。前有一土池一口，不甚大，浅无积水，洁无尘污。池东面山石青黑，远望纷若毛发状，云十万罗汉佛于此洗头削发，遗下此灵迹。循峡而东南行六、七里，临一高崖，崖下小山群列，土皆赤色，细软虚浮，峰峦秀丽，分布行列，土上（按："上"原作"土"，据《文集》本改）有白石成堆，似璧玉而轻脆，堆中有灵骨，形状甚真（按：《文集》作"异"），坚硬如石，文缕分明，颜色光润，云十万罗汉佛涅槃于此白石堆者。毫无变化，灵骨不朽者，罗汉佛之所遗。顺峡而东，下一石崖，向南行数里，峡东崖上，石中有石笋如人手足胳膊之状。又南行数里，矮坡上赤土中有白（按：《文集》本"白"下有"玉"字）石一堆，莹洁如玉，高出地上三、四尺，云此为辟支佛涅槃之处。周行群山约二十余里，悉皆五色砂石，光焰灼人。四面峻壑（按："壑"字两本均误作"堑"）穷崖，千态万状，不可胜纪，草木不生，鸟兽稀少，真是灵境也。

校注

雅死，子文泰嗣。贞观十四年（640 年），太宗命侯君集等讨之，文泰悸死，子智盛降。懿宗咸通七年（866 年），回鹘大酋仆固俊自北庭取西州，为西州回鹘，属于辽，兼贡于宋和金，高昌王并有北庭。后降于元太祖。世祖至元中（1271—1294 年）设官治之，称霍州畏兀按察司镇北庭都护府和州宣慰司。元末分为柳城、火州、土鲁番三部，明初仍称万户，正统后并于土鲁番，其酋居安乐城（即哈剌和卓）。近年德国人窃去之突厥文写本，其中有 Qoco 或 Khoco 等字，经伯希和考订为高昌之对音，其地即今土鲁番县属之哈喇和卓城（Karakhoja），亦称亦都护城（Idikutsehri），俗称（Dakianusshahri），即汉时之高昌壁，唐时为高昌县，宋元时为高昌回鹘国都，辽使称为和州回鹘。

崖 儿 城

西域行程记　西域番国志

(按：原本无标题，据《文集》本补)

崖儿城①在土尔番城（按原本无"城"字，据《文集》本补）之西二十里，二水交流，断崖居中，因崖为城，故曰崖儿。广不二里，居民百家，旧多寺宇，有石刻存，古为车师（按："车师"原作"率师"，据《文集》本改）国王所居，后复（按：原作"复后"，据《文集》本改）立交河县治，今并入土尔番焉。

校注

① 崖儿城，即汉代的车师前王庭所在，为那时土鲁番地区的政治中心。位于土鲁番城西约十公里，故址在两条干河床的岛形高地上。据《汉书》，车师前国王治交河城，河水分流绕城下，故号交河。两河床宽各 100 米以上，深 30 米左右，最宽处约 300 米，周围因河水冲刷，分割成高 30 米的断崖，成为天然壁垒和城垣。亦称"雅尔和图"，"雅尔"为突厥语"崖岸"之义，"和图"为蒙古语"城"之义，合称之为"崖城"或崖儿城。高昌兴起后，政治中心转移到高昌城，但交河仍为军事重镇。在曲氏高昌政权时期（499—640 年）为交河郡，唐代西州为交河县，唐末回鹘人西迁至土鲁番后，西辽曾册封回鹘王为交河王，统辖别失八里（唐为金满县，置北庭都护府庭州及瀚海军于此）。《旧唐书·地理志》云："后汉车师后王庭，胡故庭有五城，俗号五城之地。"

盐 泽 城

（按：原本无标题，据《文集》本补）

盐泽城^①（按：原本无"城"字，据《文集》本补。），在崖儿城之西南，去土尔番城三十余里，城居平川中，广不二里，居民百家。城中有高冢二处，环以林木，周以墙垣，盖故国王黑的儿火者夫妻之坟，坟近有小冢，云其平日（按："日"原缺，据《文集》本补）亲昵爱之臣从葬也。城北有矮山，产石盐，坚白如玉（按：原作"石"，据《文集》本改），可琢磨为器，以盛肉菜，不必和盐，此盐泽之名是也。

校注

① 盐泽城，盐泽原指蒲昌海，即今罗布泊，但陈诚所记之盐泽则有城，居平川，广不二里，居民百家。城北有矮山，产石盐，故有盐泽之名，则盐泽非指罗布泊，而是因城北矮山产石盐而得名。据《西域同文志》云："雅木什，相传其地多盐池，旧有汉人居之，因习汉语，后遂讹为雅木什云。"又据《西域图志》云："雅木什在招哈和屯西南十五里。"又《梁四公记》谓高昌有盐城，雅木什即其遗址，凡此均足以为有盐城之证据。斯坦因图作 yamshi，《南部西藏》作 yakhshi，正是盐泽之原音。

火　州

（按：原本无标题，据《文集》本补）

火州①在鲁陈（按：原无"陈"字，据《文集》本补）城之西七十里，城近北山，地势卑下，山色青红若火，天气多热，故名火州。城方十余里，风物萧条，昔日人烟虽（按：原作"惟"，据《文集》本改）多，僧堂佛寺过半，今皆零落。东边有荒城基址，云古之高昌国治，汉西域长史、戊己校尉并居焉。唐置伊西庭节度使，今为别失八里（按："别失八里"原无，据《文集》本补）马哈木王子（按："王子"原无，据《文集》本补）所隶。自陕西行都司肃州嘉峪关至此，行一月程。

校注

① 火州，又有哈剌火者、哈喇霍州、哈喇火州、哈剌禾州诸译。据《高昌偰氏家传》云："高昌，今哈剌和绰也。"《明史》云："火州又名哈剌，在土鲁番东三十里，东有荒城，即高昌国都。"今图哈剌火州位于土鲁番县城东南约四十余公里的高昌故城之南，今称二堡。《明史》谓东三十里，误也。其地多山，青红若火，故名火州。气候热，五谷畜产，与柳城同。城方十余里，僧寺多于民居，东有荒城，即高昌国都，西北连别失八里，国小不能自立，后为土鲁番所并。明成祖永乐十一年（1413 年），因其使来贡，命陈诚、李暹等，以玺书文绮沙罗布帛往劳。十三年（1415 年）冬，遣使随诚等来贡，自是久不至。英宗正统十三年（1448 年）复贡，后遂绝。其地多山，青红若火，气候热，五谷畜产，与柳城同。城方十余里，僧寺多于民居，东有荒城，即高昌国都，汉戊己校尉所治。西北连别失八里，国小不能自立，后为土鲁番所并。

鲁 陈 城

（按：原本无标题，据《文集》本补）

鲁陈城①，古之柳中县地，在火州之东，去哈密约千余里，其间经大川，砂碛茫然，无有水草。头疋②过此，死者居多。若遇大风，人马相失。道傍多骸骨，且有鬼魅，行人晓夜失侣，必致迷亡，夷人谓之瀚海。出川至流沙河，河上有小冈，云风卷流（原作"浮"，据《文集》本改）沙所积。道北有山，清红如火，名曰火焰山。城方二、三里，四面多田园，流水环绕，树木阴翳。土宜稷麦、麻、豆，广植种蒲萄、桃、杏、花红、胡桃、小枣、甜瓜、胡芦之属。有小蒲萄，甘甜而无核，名曰锁子蒲萄。土产绵花，能为布而纻薄。善酿葡萄酒，畜牛羊马驼，气候和暖，人民醇朴。有为回回体例（按："体例"二字《文集》本作"根脚"）者，则男子削发，戴小罩刺帽，妇女以白布裹头。有为畏兀儿妆束者，男子椎髻，妇人幪以皂巾，垂髻于额，俱衣（按：原作"依"，据《文集》本改）胡服。方音皆畏兀儿语言，火州、土尔番、鲁陈三处，民风土产，大概相同。

校注

① 鲁陈，为 Lukchun 之音译，《后汉书·车师前国传》，谓西域长史所居之柳中，《新唐书·高昌传》之田地城，又同书《地理志》作柳中县。《宋史·高昌传》及《王延德行记》作六种，《元史》作鲁克尘，《明史》作柳城，一名鲁城。《西域图志》作鲁克察克，《新疆识略》作鲁克沁，《肃州新志》作鲁谷庆，一名鲁普秦。今属吐鲁番县。按火州东七十里有柳陈，去哈密千里，城方二三里，四面多田园，流水环绕，树林阴翳。《新疆杂述诗》二谓其地土城一座，约二里余，东西两门，南倚沙山，接连大漠，以抵峻岭，岭外皆西番部落，无路可通，风景颇佳，僻处一隅，不常孔道。

② 头疋，即头匹，指牲口。

哈　密

（按：原本无标题，据《文集》本补）

哈密城①居平川中，周围三、四里，惟东北二门，人民数百户，住矮土房。城东有溪水西南流，果林二、三处，种楸杏而已。农耕须粪壤，惟稷、麦、豌豆、大小二麦。多陷卤，北面大山，三面平旷，东南去肃州约一千六百余里，中间亦有大川，约三百余里，二三日方出川（"中间"至"出川"共十七字原缺，据《文集》本补）。

校注

① 哈密，为 Hami 或 Komul 之音译，蒙古语作 Khamil，维吾尔语称哈木尔（Hamul），或称库木尔（Qomul）。汉为匈奴伊吾庐城，属呼衍王，后汉明帝（58—75 年）取此置宜禾都尉。章帝（76—88 年）时复属匈奴，和帝、安帝时（89—125 年）遣阎槃班勇一再攻取，然匈奴屡来争夺，故汉末仍入匈奴。魏伊吾县，晋伊吾都尉，东晋时前凉张骏取其地，复置都尉。北魏属蠕蠕，后内附，置伊吾郡，旋为部善人所据，筑纳职城，两属于铁勒及西突厥。隋炀帝（605—618 年）遣薛世雄筑新城，置伊吾郡，隋乱，属突厥。唐置伊州，元称哈密力，明初为哈梅里。明成祖永乐年间（1403—1424年）设哈密卫，清穆宗同治中（1862—1874年）置哈密应，今为哈密县治。《明史》有传，略言去嘉峪关一千六百里，朝贡颇频，屡易其主，听命加封。如明永乐二年（1404 年）封其酋为忠顺王，十年（1412 年）封兔力帖木儿为忠义王，明帝以哈密为西域要道，欲其迎护朝史，统领诸番，为西陲屏蔽，但其王率庸懦。又有他种杂居：一曰回回，一曰畏兀儿，一曰哈剌灰，其头目不相统属，王莫能节制，众心离涣，国势渐衰。其地北瓦剌，西土鲁番，东沙州。罕东赤斤诸卫，悉与构怨，为瓦剌酋也先等侵凌，此后哈密三立三绝，其王已为贼用，民众流亡。朝廷以王琼督三边，命琼孰

北至瓦剌①地面，疾行约一月程，西去火州三个城约千里。在唐为伊州之地，今为西北诸胡往来之冲要路。其人多犷悍，凡经此处，必有求焉（按："焉"原作"马"，据《文集》本改），蒙古、回回（按：《文集》本作"回鹘"。）杂处于此，衣服礼俗，各有不同。

校注

计详处，毋轻信番言，遂置哈密不问。土鲁番许之通贡，西陲藉以息肩。迄隆庆万历朝，犹入贡不绝。汉伊吾城，非今哈密城。《后汉书·窦固传》章怀注云：伊吾庐，今纳职县。唐之伊州，即隋新城，当今厅城左右，纳职县在州西，当今三堡左右，汉伊吾庐在纳职界，当今头堡或二堡地。清康熙五十六年（1717年）修筑旧城，雍正五年（1727年）建筑汉城。

① 瓦剌（Cirats 或作 Uirats），《清史稿》作卫拉特，又作厄鲁特（Eleuthas）、哈利木（Kalmuks）、准葛尔（Dsungvars）。《明史》有传，据云：瓦剌，蒙古部落也，在鞑靼西。元亡，其强臣猛可帖木儿据之。（帖木儿）死，众分为三：其渠曰马哈木、曰太平、曰把秃孛罗。成祖即位（永乐元年，1403年），遣使往告。猛可帖木儿自称王，永乐三年（1405年），太师阿鲁台迎立本雅、失里、瓦剌三酋，马哈木等不附，与阿鲁台相仇杀，及皆来贡，诏封马哈木为顺宁王，太平为贤义王，把秃孛罗为安乐王。后马哈木死，命其子脱欢袭封顺宁王。永乐七年（1409年）给事中郭骥出使，被本雅、失里所杀，明廷乃派兵往征。次年三月帝亲征，驻跸鸣銮戍，瓦剌顺宁王马哈木遣使贡马，后叛于斡难河，败之，本雅、失里遁走。十二年（1414年），帝又亲征瓦剌，败之，班师。先是，阿鲁台为瓦剌马哈木等所败，奉表称臣贡马，大寇兴和，（元兴和路，今察哈尔张北县治，即兴和故城）阿鲁台弑其主本雅、失里，自称可汗。宣宗宣德九年（1434年），瓦剌脱欢攻阿鲁台，杀之。脱欢遣使朝贡。英宗正统四年（1439年），瓦剌顺宁王脱欢死，子也先嗣。自脱欢杀阿鲁台，并吞诸部，势浸强盛，至也先益横，北边自此多事矣。十四年（1449年），也先合诸部大举入侵，及陷独石（即察哈尔沽源县南，其口仅容只骑，甚险要。距口南十里，有独石口城。）及陷独石，势益急，太监王振挟天子亲征，全军覆灭。帝率众突围，为敌所俘。也先攻城，石亨奋击，大败之，也先遁去。代宗遣杨善往虏延迎接太上皇归。景泰四年（1453年），也先弑其主脱脱不花，并其部落，遣使入贡。五年，也先攻败普化，也光遂自立为可汗。瓦剌使臣贡玉石九千九百斤，却之，令自售，也先遣人贡马。六年阿剌知院攻杀也先。七年（1455

年）英宗复位，改元天顺。三年（1459年）也先死后，瓦剌衰微，部属分散，瓦剌阿失帖木儿屡遣使入贡。孝宗弘治初（1488年），瓦剌中称太师者，一曰火儿忽力，一曰火见古倒温，皆遣使来贡。世宗嘉靖九年（1530年），土鲁番强大，与瓦剌余部酋长卜六王，以议婚相仇隙，土鲁番益强，瓦剌数困败，而两部辄自残，多归中国。哈密又乘间侵略，卜六王不支，亦求内附，朝廷不许，遣山关，不知所终。

附：葱岭二条归休补遗

（按：此"葱岭"及下"蔷薇露之说"二条，原本无，《文集》本附于篇末，盖为陈诚归休后补入，或其后人刻书时补入。今亦附于篇末。）

予于归休之暇，偶睹先师石门梁先生《河源记》云："河有二源，一出于阗，一出葱岭。"又云："河源在土番西鄙，泉有百余窦，地方七八十里，皆沮洳，不胜人迹，不可逼观。登旁岭下视，泉历历如列星，故名火敦脑儿，犹华言星宿海也。星宿海合流而东，汇为二泽，又复合流，始名黄河，然犹清可涉。河析为九，下复合流，渐远水浑。"其言昆仑腹顶皆雪，盛夏不消，河过其南。世说河出昆仑者，盖此水在昆仑之西北，东流过南，复折而抵山之东北，其绕山三面如玦焉，实非源出于此山也。予于永乐甲子春发酒泉郡，迨夏六月约行五六千里，道经别失八里之西南，即土尔番之边鄙也。度一山峡，积雪初消，人马难行，伐木填道而过。出峡，复登一山，迥无树木，遍地多葱，若栽种者，采之可食，但香味略淡，根本坚硬，料度此山必葱岭矣。岭下地多沮洳，不胜人迹，此处着脚则彼处摇动。但见遍山下雪水喷涌，如泉流出，沥沥满山，光映人目，皎如日星，四面空旷，莫知所向。由此观之，葱岭之水为河之源，信无疑矣。至于昆仑之说，山岭虽多，莫知孰是，不敢妄指。且古今易世，藩汉异称，仓卒之间，未易言也。

472

蔷薇露之说

蔷薇水，观《广记》云："大食国之花露也，五代时藩使蒲河散以十五瓶效贡。"此说似奇，岂有花露可得十五瓶哉！予于丁酉夏四月初复至哈烈，值蔷薇盛开，富家巨室植皆塞道。花色鲜红，香气甚重，采置几席，其香稍衰，则收拾颠垆甊间，如作烧酒之制。蒸出花汁，滴下成水，以瓶瓯贮之，故可多得。以浥酒浆（按：原作"酱"，应为"浆"之讹）以洒衣服，香气经久不散。故凡合香品，得此最为奇妙也。

附 录 同 文辑

一、陈诚撰有关诗文

1. 奉使西域复命疏

行在吏部验封清吏司员外郎陈诚谨奏：

为圣德诞敷，遐荒格被，恭复使命以昭盛治事。臣诚不揣谫劣，谬荷陛下拔擢之荣，被以远使西域之命，拜捧温纶，惧增杌谷，深恐奔走不效，有负皇上柔远之仁，重厘华夷一绕之虑。乃仗威福，丕冒天骄，雕题凿齿之伦，成兴圣作物睹之概。臣自某年月日领敕命由京师戒行，西出甘肃州卫嘉峪山关，抵哈烈撒马儿罕诸国，经行数万余里，所历西域一十六处。虽以臣藐藐一身，深入不毛之地，酋长部落，咸知敬礼。咨谕所及，罔不率俾，疆界立正，慕义无穷。乃复各遣信使随臣入朝，毕献方物，仰谢圣恩，覃矣皇灵，猗欤休哉！顾臣以一片赤心，三寸强舌，驰驱往回，三阅寒暑，逾越险阻，凡数万程。周览山川之异，备录风俗之宜，谨撰《西域记》一册、《狮子赋》一册、《行程记》一册，并所写安南辨明地界往复书札，汇呈御览，用图王会之盛，允协万邦之和。伏惟皇上矜臣微劳，俯赐采纳，臣不胜俟命之至。

——《竹山文集》内篇卷一

2. 狮子赋

臣闻圣人在上，万邦咸宁。无有远迩，方物毕献。故麒麟贡于九真，龙马来自渥洼，已具载于古书，昭明后世矣。洪惟圣朝太祖高皇帝开天立极，君国子民，廓万禩之丕基，垂无疆之盛业，鸿勋懋德，奚可名言。皇上聪明睿智，文武圣神，继承大统十有余年，嘉瑞骈臻，异物咸荐。是皆圣德之潜孚，和气薰蒸之致也。盖二气和而群心协，近者悦则远者来。所以东尽扶桑，西连绝域，北穷朔漠，南极炎荒。

乾坤之所覆载，日月之所照临，凡有血气者莫不稽首称藩，奉琛执贡矣。永乐癸巳春车驾幸北京，秋七月西域大姓酋长沙哈鲁氏不远数万里遣使来朝。皇上推怀柔之恩，命中官臣达、臣忠、臣贵指挥臣哈蓝伯、臣帖木儿卜花、臣马哈木火者行报拖之礼，且命吏部员外郎臣陈诚典书记。臣奉命惟谨，以是年九月初吉戒行。明年甲午春正月戊子发酒泉郡，出玉门关，道燉煌、月氏，经高昌、车师之故地，达蒙古、回鹘之部落。凡旌节所临，悉皆壶浆箪食，迎劳惟勤。是皆德化之流行，致远人之向慕也。十月辛未至哈烈城，沙哈鲁氏仰华夏之休风，戴圣朝之威德，鞠躬俯伏，重译殷勤，欲殚土地之所宜，愿效野人之芹献。乃集猛士大搜山泽，遂获巨兽，名曰狮子。维以金绳，载之巨槛，三肃信使，贡献天朝。非维远物之是珍，实表外夷之慕义也。凡在臣民，不胜忻跃。臣职司纪载，躬践遐陬，敢不具述始终，光赞盛美。谨拜手稽首而献赋曰：

文明昭灼，海寓肃清。玉烛顺叙，泰阶砥平。协天心而洽造化，考符瑞以验休征。故驺虞见乎郊薮，神龟出于瑶京。岂特灵芝嘉谷芬芳馥郁，醴泉甘露玉喷珠凝，会见奇祥异瑞驭沓骈集，玉帛交至，凤鸾和鸣。盖由圣德之感昭，和气之熏蒸，是以群黎庶姓晗哺而击壤，四方万国梯海而来庭。皇上遣信使周八坰，分玉节，扬星旗，驾舟车以远涉，极沙漠而遐征。逾瑶关其几万里，阅金镜共周三星。乃穷绝域，乃扣边城。粤有酋长，巉岩其形，戍削风骨，荧煌瞳睛。若偃蹇以倨傲，亦夭矫而峥嵘。语言之左旋右回，动静之倏昏忽明。曰父子，曰君臣，其兄弟，其宾亲，若蜂聚而蚁合，或犬斗而羊争。伏闻天子之诏命举，皆业业而兢兢。乃鞠躬而效顺，亦露悃以摅情。欲殚土地之所有，将以效野人之芹诚。于是集蚩尤之徒，罗弓矢，缉网罟，搜山泽，行畋阄，遂获异兽，非虎非貔。晶晶瑶首，濯濯金衣，锯牙凿齿，秀目长眉，咆哮雷动，迅走电驰。封貒为之辟易，獬貐为之蹁跹，爪拏云其踏铁，尾窣地其垂丝。视虎狼于纤粟，啖牛羊若醯鸡。驯伏则夷吾可驭，奋口虽贲育口羁。群毛让长，百兽所司。何西土之能畜，亦中国之攸宜。盖尝于绘事而赌像，比类彷佛而参差。彼或流形于释氏，有非名教之所知。此则耳目之闻见，为神物兮其奚疑。乃命仆臣，絷之载之，爰遣信使，献于京师。抑斯兽也，古典可稽。一名白泽，是即狻猊。又谓白虓，识龙伏狸。若麟以慰，博象裂犀。阅今所献，于性则奇。纯纯而驯伏，俯首而低垂。似有神灵之默相，夫岂人力之所为。众莫窥其神妙，实感戴乎圣天子之德威也。原夫上古之时，龙马出于河洛，神羊生于帝墟。越裳远献白雉，归为指南之车；肃慎方贡楛矢，书示荒服之初。彼岐阳之鸣凤，与渥洼之神驰。尚流芳于简策，仍纪载乎《诗》《书》。虽世代之更易，于事体则同符。愿铸像于鼎彝，愿勒名于版图。非惟远物之是宝，懋昭圣德之遐敷。俾万姓稽首，百辟欢呼，微臣昧死，敢声狂愚。复拜手稽首而谨歌之，歌曰：

我皇抚运兮，历数在躬。守成继统兮，允执厥中。百辟卿士兮，寅亮天工。班班济济兮，风虎云龙。黎民醇厚兮，于变时雍。雨旸顺叙兮，财物阜丰。华夷一统兮，车书攸同。尧舜比德兮，汤武伴功。嘉祥毕集兮，贤俊登崇。声教诞敷兮，蛮夷伏从。本根深固兮，枝叶葱茏。千秋万禩兮，福禄无穷。天长地久兮，相为始终。

今年月日行在吏部验封清吏司员外郎陈诚谨进。

——《竹山文集》内篇卷一

3. 西行南行诗文

出京别亲友

二十余年事汉王，几回衔命使遐荒。丹心素有苏卿节，行囊终无陆贾装。
青眼故人留别意，白头慈母忆愁肠。上林若有南归雁，烦寄音书至故乡。

宿涿州

王事劳行役，官程始涿州。望乡空极目，恋阙屡回头。
云水江村暮，风烟草树秋。正怀西域地，何暇问蚩尤。

望华山

华山山下几经游，山色依然我白头。仙掌□空□日驭，神灵千载翊皇猷。
莲华峰外晴岚湿，玉女祠边灏气浮。拟访希夷论至理，尘心尤恐白云留。

长安早行

早起城头朔雪干，又骑官马出长安。烟迷远树晴川晓，霜落平桥渭水寒。
金阙回瞻天杳杳，玉关前去路漫漫。星槎何日归南国，始信人间宇宙宽。

至咸阳驿

使节煌煌绝漠行，雪晴沙软马蹄轻。咸阳驿舍三杯酒，西出长安第一程。

回中王母祠

回中高处有楼台，问道当年阿母来。青鸟传书知几度，蟠桃结实已三回。
瑶池岁久成尘梦，金殿春深长碧苔。不是武皇神悟早，还教方士觅蓬莱。

过六盘山
行尽平川过六盘，乱峰高下势巉岏。雪消云散天初霁。沙暖泥融地未干。
路险难嗔官马瘦，风高偏觉客裘寒。太行蜀道应同语，华岳匡卢好共看。

马　上
老骑官厩马，宁似少年时。报国心逾壮，挥鞭力渐衰。
白云亲舍远，银汉客槎迟。髀骨应消尽。还家自有期。

渡黑河
晓发燉煌道，茫茫渡黑河。野烟连断岸，寒冻接余波。
故述人间在，流年客里过。谁怜汉苏武，白发鬓边多。

望李陵台
荒台说李陵，一望倍伤情。晚日湖沙没，春风塞草生。
回头思汉主，洒泪别苏卿。可惜终夷虏，千秋秽令名。

宿嘉峪关
朝离酒泉郡，暮宿嘉峪山。孤城枕山曲，突兀霄汉间。
戍卒夜振铎，鸡鸣角声残。朔风抢白草，严霜冽朱颜。
流沙远漠漠，野水空潺潺。借问经行人，相传古榆关。
西游几万里，一去何时还。

经赤斤城
晨起驾征鞍，行行天未晓。依稀见古城，四壁虚静悄。
寂无鸡犬声，空有泉源绕。桑沧迁变多，车马经行少。
往事已悠悠，浮生胡扰扰。回头忆君亲，白云挂天眇。

过卜隆古河（即华言浑河是也）
翩翩征旆涉流沙，一派浑河滚浪花。远塞深春无过雁，古台落日有栖鸦。
匈奴远遁遗荒冢，汉使重来泛客槎。愿祝圣皇千万寿。诞敷声教及天涯。

过川谣（古之瀚海是也）

昔时盘古开天地，四海八荒同一气。后人夷夏何由分，山岳不同风土异。
自从奉使西入胡，胡地迥与中华殊。漠漠平沙连断碛，人烟草木无纤须。
黑石磷磷穷远眺，恍若空原经野烧。寒日凝辉铁色明，朔风卷地龙鳞皴。
五里十里无程期，远山近山相参差。行行自卯将及酉，我心载渴还载饥。
杯泉杓水求不得，且向道旁少休息。马带征鞍卧软沙，人拥毡裘坐终夕。
仰看斗柄昏建寅，离家已是秋复春。万里迢迢去乡国，寸心切切思君亲。
君亲恩重何由补，丈夫壮节当勤苦。苏武边庭十九年，烨烨芳名垂万古。

可敦卜剌（华言娘子泉）

有泉涓涓古道傍，一泓浅碧凝清香。流出荒源咫尺，满地冻结琼瑶浆。
瘦马倦行日百里，饮之似觉甘如醴。匆匆不暇究泉源，但知马饱人欢喜。

哈密城（古伊州之地）

此地何由见此城，伊州哈密竟谁名。荒村漠漠连天阔，众木欣欣向日荣。
灵凤景星争快睹，壶浆箪食笑相迎。圣恩广阔沾遐迩，夷貊熙熙乐太平。

蜡烛城

孤城寥落倚荒村，多少人家半掩门。舆地久知归大汉，遗民空自说胡元。
青青草绿生春涧，细细榆钱叠故垣。天气融和三月候，恍疑风景似中原。

复过川二首

世事应如梦，胡川又复过。古今陈迹少，高下断崖多。
识路寻遗骨，占风验老驼。夷人称瀚海，平地有烟波。

客行西域地，惟道此途艰。身世俘沉里，乾坤俯仰间。
塞鸿飞不度，胡马去应还。幸托天恩重，滔滔似等闲。

火焰山

一片青烟一片红，炎炎气焰欲烧空。春光未半浑如夏，谁道西方有祝融。

流沙河

桃李花开日载阳，流沙河浅水如汤。无端昨夜西风急。尽卷波涛上小岗。

鲁陈城（即古之柳中县）

楚水秦川过几重，柳中城里遇春风。花凝红杏胭脂浅，酒压葡萄琥珀浓。
古塞老山晴见雪，孤村僧舍暮闻钟。羌酋举首遵声教，万国车书一大同。

哈密火州城（即古高昌之地）

高昌旧治月氏西，城郭萧条市肆稀。遗迹尚存唐制度，居民争睹汉官仪。
梵宫零落留金像，神道荒凉卧石碑。征马不知风土异，隔花犹自向人嘶。

土尔番城

路出榆关几十程，诏书今至土番城。九重雨露沾夷狄，一绕山河属大明。
天上遥瞻黄道口，人间近识少微星。姓名不勒阴山石，愿积微勋照汗青。

崖儿城（古车师之地，后为交河县）

沙河二水自交流，天设危城水上头。断壁悬崖多险要，荒台废址几春秋。
羌儿走马应辞苦，胡女逢人不解羞。使节直穷西域去，岸花漫草莫相留。

入峡

乱峰音峚峡幽深，一迳萦回入远林。开凿旧劳神禹力，怀来今属帝王心。
萧萧征马无朝暮，汩汩流溪自古今。羁旅满怀无处写，仰天搔首赋微吟。

过打班（华言度高岭也）

四月阴山雪未消，山行犹苦陟苕峣。才逾鸟道穷三峡，又蹑丹梯上九霄。
西日御山胡地冷，南天极目故乡遥。书生不惮驱驰苦，愿效微劳答圣朝。

阴山雪

使节西度阴山来，愁云积雪扫不开。荒原野径空寂寞，千峰万岭高崔嵬。
行行早度阿达口，峡险山深雪犹厚。官马迷途去去难，客衣着冷重重透。
肌肤冻冽手足皱，玉楼起栗银海昏。军士唏嘘动颜色，天光暗淡凝寒氛。
祝融司令行朱夏，赫赫炎威布天下。何独阴山遏运机，无乃玄冥夺造化。
明朝旭日当天中，积雪消尽愁云空。玄冥玄冥尔何有，八荒四海春融融。

至别失八里国去马哈木帐房

乾坤浩荡渺无垠，雨露沾濡及远人。喜见马牛成部落，始知蜂蚁有君臣。
酒倾酥酪银瓶冷，座拥氍毹锦帐春。礼度不同风土异，滔滔总是葛天民。

又

币帛恩颁列玉盘，单于喜气溢眉端。马嘶金勒当门立，人拥毡裘隔幔看。
握手相亲施揖让，低头重译问平安。殷勤且慰皇华使，雪满阴山六月寒。

端午

天涯为客叹凄凉，节里思亲倍感伤。金黍玉蒲乡国异，星槎汉海道途长。
空怀细葛含风敕，且喜幽花遍地香。却忆去年逢此日，上林射雁沐恩光。

途中见红花

征途荒僻正愁人，忽见遐方五月春。到处野芳红胜锦，满川新涨碧于银。
两仪生物无遗类，四序成功有至仁。何事微躯多跋涉，总缘薄宦苦形神。

夏日遇雪

塞远无时叙，云阴即雪飞。纷纷迷去路，点点湿征衣。
地僻鸳鸯狎，山深苜蓿肥。何时穷绝域，马首向东归。

又

绿野草铺茵，空山雪积银。四时常觉冷，六月不知春。
白发添衰鬓，青袍恋老身。到家论往事，骇杀故乡人。

亦息渴儿（华言热海）

千崖万壑响流泉，一海中宽纳百川。沙浅浪平清见底，烟消岸阔远无边。
空传仙驭来之岛，应有遗珠汤九渊。今夜客槎堤畔宿，月光如水水如天。

复过达坂

万丈阴崖一径遥，马行人度不胜劳。峰连剑阁迷云栈，水注银河喷雪涛。
路远长安红日近，地卑朔漠碧天高。东归若问西游处，六月严霜冻客袍。

至养夷城

险迳崎岖出万山，孤城突兀白云间。胡儿走马来相语，西入戎羌第一关。

尝杏子

马蹄踏雪乱山深，不见红芳与碌阴。今日街头新果卖，恍疑城市在山林。

塞蓝城

绕堤杨柳绿毵毵，堤上荒城说塞蓝。郭外人家多土室，眼前风物近江南。
园瓜树果邠邠熟，樽酒盘餐味味甘。向晚砧声敲月下，忽惊乡梦思难堪。

达失干城

僻壤遐陬去国赊，焉农为士共生涯。桑麻禾黍连阡陌，鸡犬牛羊混几家。
旅肆经年留富贵，戍楼泊暮隐悲笳。当时博望知何处，空想银河八月槎。

沙鹿海牙城

山势南来水北流，水边城过倚山丘。野人撩乱迎天使，官渡纵横系客舟。
万里严程沙塞远，千年遗事简编留。兼葭两岸风潇瑟，又送寒声报早秋。

至撒马儿罕国主兀鲁伯果园

巍巍金璧甃高台，窗户玲珑八面开。阵阵皇风吹绣幕，飘飘爽气自天来。
加趺坐地受朝参，贵贱相逢道撒蓝。不解低头施揖让，惟知屈膝拜三三。
饭炊云子色相兼，不用匙翻手自拈。汉使岂徒营口腹，肯教点染玉纤纤。
金鞍骏马玉雕裴，宝带珠璎锦臂鞲。身外不知天壤阔，妄将富贵等王侯。

登单于台

使节遥持日下来，暂停骑陟上层台。单于没世名空在，神女行云驾不回。
风散远林秋叶响，雨余芳树晚花开。英雄枉作千年计，门巷春深锁绿苔。

游碣石城（帖木儿驸马故居）

行行息征车，云林散遐瞩。高台郁崔峨，屹立荒城曲。
云是单于居，何年构华屋。玲珑窗户深，杂缀檐楹簇。

金饰尤鲜明，铃毞半倾覆。阴屋魖火微，白昼穷猿哭。
幽泉注芳沼，浅碧浸寒玉。废兴今古多，低头较荣辱。
吾皇治化优，四海同一穀。远人笑相顾，开樽酌酲绿。
醉后发狂吟，刚风振枯木。

迭里迷城

荒城科枕碧溪头，溪上人家土筑楼。两岸远山俱北向，一川浑水自西流。
沙边官舫推杨柳，天上星槎入斗牛。客里光阴容易过，好天佳节又中秋。

阿木河中秋

官河无浪草无烟，美景良宵野水边。身在异乡为异客，眼看胡月照胡天。
盈樽醽酜愁须破，聒耳琵琶夜不眠。忽忆故园归去路，梦魂今夕过祈连。

八剌黑城

六月度阴山，阴山雪数尺。层冰结深崖，极冷无昕夕。
西行几千里，路入八剌黑。少昊司清秋，余暑翻炎赫。
日轮时当午，纨扇手不释。汗流湿襟裾，衣重怀稀络。
园林草树青，州渚菰蒲白。天时胡不齐，荣瘁那可测。
吾皇敷德教，信义行夷貊。化日丽天中，仁风周八极。
征轺不惮远，万里来西域。博望早封侯，苏卿老归国。
男儿志四方，少壮宜努力。但祈功业成，勤苦奚足惜。
愿言播芳声，千古垂竹帛。

九日

葡萄酿熟菊花天，客裹那惊节序迁。路人穷荒三万里，身离上国一周年。
谩怀桓景登高兴，空负陶潜贳酒钱。闲倚穷庐凝远目，乡心归雁夕阳边。

俺都淮城

奉命辞金阙，山川跋涉多。双旌随斗转，万国共星罗。
客路风霜惯，方言世事讹。边城临塞北，官马度林阿。
野草连天没，秋风卷地过。远人心匪石，酉长意无他。
琥珀倾新酒，银峰削紫驼。豪来搔秃首，醉后发狂歌。
自说英雄甚，那知富贵何。九天施雨露，四海沐恩波。

玉帛梯航贡，车书仁义摩。安边宁口舌，制胜岂干戈。
陆贾囊空载，班超鬓已皤。君亲常在望，归计莫蹉跎。

留车扯秃候国主出征回二首

使车几日驻荒郊，编户征求馈饷劳。宛马秋肥收苜蓿，香醪夜熟压葡萄。
匈奴远去惊烽火，鸿雁高飞避节旄。为客那堪良夜永，隔林转听晓鸡号。
酋长巡边久未回，暂留宾从此追陪。秋天漠漠连芳草，晓日荒荒照古台。
士马凯歌征战罢，女郎逐伴趁墟来。故园空望南飞雁，远道音书不易裁。

又　叹二首

万叠浮云万叠山，天涯游子几时还。京华冠盖逾年别，行囊琴书镇日闲。
定远成功心事苦，中郎仗节鬓毛斑。今人好踵前人迹，共著芳名宇宙间。
塞北秋高旅雁稀，江南消息竟谁知。九重圣主思贤佐，八峡慈颜忆爱儿。
去路迢迢乡国远，归心切切简书迟。西风落日长天晚，愁听寒砧衣捣衣。

望哈烈城二首

征骑经年别玉京，今晨喜见极边城。未由下国开天诏，暂向平原驻使旌。
万斛尘襟聊自解，三杯香醪对谁倾。皇威至处边城静，何用嫖姚百万兵。
行穷险道出平川，又是遐方一境天。城郭楼台连草树，街衢巷陌满人烟。
墙头轮磨迎风转，木杪胡芦向日悬。异俗殊风多历览，襟怀不下汉张骞。

至哈烈城

白首青衫一腐儒，鸣驺拥旆入西胡。曾因文墨通明主，要纪江山载地图。
中使传宣持至节，远人置酒满金壶。书生不解侏离语，重译殷勤问汝吾。

诣哈烈国主沙哈鲁第宅二首

乔林秀木隐楼台，帐殿毡庐次第开。官骑从客花外入，圣恩旷荡日边来。
星凤至处人争睹，夷貊随宜客自裁。才读大明天子诏，一声欢笑动春雷。
主翁留客重开筵，官妓停歌列管弦。酒进一行陈彩币，人喧四座撒金钱。
君臣拜舞因胡俗，道路开通自汉年。从此万方归德化，无劳征伐定三边。

白松虎儿兄弟沙哈鲁子二首

两两三三美少年，向人语笑惜春妍。宝刀斜插黄金带，骢马轻笼紫锦鞯。

百代光阴真过客，半生身世活神仙。要知圣泽宽如海，莫谓天中别有天。
懒陪仙子醉流霞，一别蓬瀛去路赊。秋雨蓝田生玉树，春风草砌茁兰芽。
人间骚弥嘶官厩，河上牛郎近客槎。传语风光若流转，好教骏骨毓中华。

狮子

曾闻此兽群毛长，今见其形世不常。皎皎双瞳秋水碧，微微一色淡金黄。
威风稍震惊犀象，牙爪轻翻怯虎狼。自古按图收远物，不妨维縶进吾皇。

花兽

马骦麟蹄骨格真，毛衣黑白自成文。浑同巧女机中织，仿佛良工笔下分。
异物天生人未识，嘉祥时出世曾闻。周书不削西葵贡，愿写丹青献至尊。

风磨

巨础盘盘四壁空，推移全仗自来风。乾坤动静分高下，日月循环共始终。
忍使形躯劳己力，肯将机巧夺天功。明朝木静风姨去，好笑胡人拙计穷。

射葫芦

长竿笔立高插天，葫芦斜系虚空悬。羌儿马上逞好手，角弓满控黄金弦。
当场跃马流星过，翻身一箭葫芦破。冲起霜翎天上飞，大家拍手相称贺。

铁门关二首

山形南北路东西，峭壁穷崖斧截齐。天地无心生想彩云边❶。料应百辟嵩呼罢，遍插宫花侍御筵。晓色微分彩帐寒，遥瞻天阙拜天颜。煌煌阊阖开金殿，落落穹庐驻铁关。愿秉丹心酬晚节，羞将白发戴春幡。明年此日归南国，身近朝之第一班。

元宵

星桥不锁河汉清，火树未发银花明。蓬莱宫阙渺何许，鳌山移在芙蓉城。
芙蓉城近五云里，翠幰香花春雾起。万户千门乐太平，太平时节天颜喜。
天颜有喜近臣知，当年应制曾吟诗。此身此夕胡天外，遥忆承恩白玉墀。

❶ 此句似有脱字，应为两句。

古西域行记十一种

葡萄酒

不见垆头垒秫糟，看看满架熟香醪。绿浮马乳开新瓮，红滴珍珠压小槽。
博望还朝名已著，渊明入社价空高。试将涓滴消愁思，雨脸春风上碧桃。

过忽兰打班

去时秋叶满林黄，归日春花遍地香。流水空山长自在，来牛去马几闲忙。
停云有意怀仁杰，缩地何由见长房。暂纪官程归故国，共知王化被遐方。

过可汗打班（单于曾经此山故名）二首

单于何代此登临，留得芳名到至今。辇路无尘荒藓合，行宫有址野蒿深。
海桑迁变寻常事，宇宙包含万古心。词客不缘经险阻，肯将清兴发长吟。

归旆摇摇过打班，朔风吹雪满愁颜。峰峦迥与来时异，岐路偏惊去处难。
谩忆王猷思剡曲，空怜韩愈阻蓝关。行人晓夜归心切，剑阁岷峨指顾问。

渡衣烈河

黄沙满目春水深，黑风卷地愁云阴。长年二老遥相待，扁舟几叶浮波心。
汉家健儿心胆粗，冯河暴虎无趦趄。蹴踏洪涛若飞去，老胡缩手空嗟吁。

过渴石峡

层峦叠嶂几千里，百折溪流一径通。老石盘拏眠虎豹，长松偃蹇挂扎龙。
林稍冻折经冬雪，衣袂寒生泊暮风。为客正当岑寂处，穷猿声断月明中。

榆林城

烟树苍茫野色深，征轺拂晓度榆林。山凝紫黛遗仙迹，水涌波璃快客心。
到处胡儿夸好汉，谁家贾妇解南音。低眉细问家乡事，背立东风泪满襟。

经黑的儿火者王子坟

星槎向晚驻荒村，闲谒孤城吊古坟。风卷胡沙晴日淡，天连塞草暮烟昏。
源流本自分茅土，忠厚由来及子孙。不是圣恩天广大，肯留遗孽至今存。

入塞

故国三年别，遐方万里远。秋风吹客袂，夜月度关山。
行李看看近，身心渐渐闲。遥瞻双凤阙，咫尺觐龙颜。

入塞图

玉面骄骢淡辔鞍，皇华节使旧郎官。腰横弓矢应辞重，身拥袍裘不惮寒。
绝域道途三万里，殊方风俗几多般。回朝若问西夷事，只好《行程记》里看。

出塞图

紫骝踏雪度阴山，奉使重临绝域还。羽箭丝鞭停素手，貂裘绒帽正苍颜。
乘槎博望寻河易，仗节中郎报国难。仰载圣皇威德重，此生三入玉门关。

宿安南丘温县

使车连夕驻丘温，东道殷勤礼意敦。炬爇榄油香满座，酒封蕉叶绿盈樽。
啼螀聒耳春声切，毒雾凌空夜色昏。父老拳拳重译问，祈今圣德溢乾坤。

望寄狼站

晓发丘温县，修程望寄狼。瘴烟迷去路，蛮雨湿行囊。
曲迳周回度，幽花掩映香。岭南春水暖，二月遍畴秋。

安南女

蒌叶槟榔染齿唇，短袍斜袂当衫裙。生来总不知簪履，足跣顽童老此身。

宴安南朝天阁

天书看彻书沉沉，绮席弘开酒满斟。撰列金盘饶海味，乐陈丝竹总蛮音。
威仪恐失番王礼，事体疑由辅相心。宗社幸安疆场净，要知均拜帝恩深。

元宵舟中

元夕常年乐管弦，今年此夕独凄然。春回上苑过三五，路入炎荒已八千。
行囊有钱难觅醉，孤舟无月未成眠。姮娥亦自怜萧索，不放婵娟至客边。

过梧州

春风移棹过苍梧，始识遐陬土俗殊。沙上结茅商旅肆，水中编竹野人居。
岸花隈柳供吟眺，涧石溪云入画图。三尺舜陵何处是，停舟极目一长吁。

曲江夜泊

官舟夜泊曲江浔，牢落羁怀似不任。风急浪翻溪月小，天空云敛瘴烟深。
思亲频得还家梦，奉使长悬报国心。睡里不知身是客，觉来犹恐漏声沉。

——《竹山文集》内篇卷二

4. 与安南辨明丘温地界书（附安南回书）

（1）

朝廷奉使行人陈诚再拜奉书安南国王：盖闻天生蒸民，有欲无主乃乱，故必立君以主之。是以天下虽大而疆理有定，民心不齐而纪纲有法，使民知所遵守而不敢相侵陵也。曾谓天下之广，生齿之繁，无人君以主之，其能自安自全者乎？昔者元运既去，群雄鼎沸，荼毒生灵，民心厌乱思治，若大旱之望云霓也。所以天命有德，以妥黔黎。我皇上应天顺人，泛扫乱略，宗主天下，遐方异域罔不臣顺，天下治平三十年于兹，混一之盛，旷古未闻。安南内附，盖亦有年，地之相去不及万里，朝贡之士往来如家，朝廷威德，闻之熟矣，不必缕言。迩来思明府土官黄广成以安南侵疆之事入奏于朝廷。盖朝廷者，四方之所取正，万民之所视瞻者也。彼以狱来质，此以断往应，岂可因循而不理，坐视而不辩哉！假使朝廷因循而不理，置之度外，思明衔情且已，虽安南谓我朝廷何何政令之为也，（按：此句疑有缺误。）乃稽典册、究舆图，侵疆之事，实为显然。朝廷所以遣使赍咨。俾退还所侵土地人民，以止争衅之端，此诚安南之利事也。诚到国之日，将咨文事意——宣布，志书所载，亦岂虚言！是非既明，而王心故昧，庸可已乎！姑略撼前代之载籍、疆场之利害以为执事者告。虑重译弗详，故笔诸书志云。

交址乃古交州之地，历代列为郡县，置守不绝。后汉交址女子征侧僭号称王，马援率兵讨平之，遂立铜柱以为限焉。非所以限内外也，将以止后人侵陵之患也。在唐则为五管之一，有为都护之称，皆中国所置，此固无所议矣。下迨赵宋有李乾德寇边，郭逵出师，而伪天子洪真成擒，寇虏俘获者无算。乾德震惧，献广源、门州、思浪、苏茂、机榔之地，诣军门请降。当时此五处尚归中原，况铜柱以北丘温等地又何言耶？前元世祖之时，乃祖炳纳款称臣。日烜嗣立，臣子之节，中忽改图。于是时有问罪之师。日烜蒙荆棘、伏草莽，奔走窜海之不暇，生灵殆尽，社稷几墟。

日熑嗣立，祈哀请罪，世祖下温诏，遣信使令嗣王躬亲入朝。当时信使往来，亦有还疆之语。而日熑复书有云："向者天使累造小国，迎送于盖州。小国惧其侵越之罪，往往辞之，但止丘温而止。"观此，除丘温以南，乾德所归之地姑已，则当时自丘温左右以北之地，属思明而非安南亦明矣。此皆昭著简册，在人耳目，有不可掩。今乃越渊脱逾，如鳌过、庆远而尽为所有，岂非当元末扰攘之秋，乘时侥幸侵窃得之，何以致耶！前日授咨之初，王之君臣皆曰旧属安南，而不知侵占之由。此皆昧理之言，甚不可信也。日者陈黎二国相同，何执政造公馆乃固执前说，以为祖宗之地，未审何所据耶？若然，则志书之所载、咨文之所言，皆为虚文，而王之凭虚无据之言反以为实，此又执一不通之论也！侵越之罪，将谁咎乎？然侵疆之咎，固在往时，改祖之过，政在今日。我皇上天锡勇智，表正万方，革弊政、新制度，不循旧习，不行姑息。敢有包藏祸心、怙终不悛者，穷源痛治，虽轻不赦；有能敷露衷情、幡然改过者，许其自新，虽重亦释。此诚转祸为福之幸际也。古人云：过而能改，则复于无过。自改过者致祥，往岁龙州是已。当赵宗寿父没之后，听信左右奸谋，将为不臣。未几谋泄，朝廷中外皆曰可伐。皇上念有生之民皆国赤子，不忍遽尔加兵。乃先遣信使开导招谕，使之来陈。复虑禽兽之心变诈猖狂，继出十万之师以便宜行诛，以除元恶，以靖我边。既而宗寿乃能幡然改过，率溪洞耆民诣阙待罪。皇上好生之心，滔天之罪一切勿问。此宗寿悔过自新，已然明效也。今而幸遇天日开明，洗心涤虑，弃恶迎祥，还其疆场，复其人民，陈既往之愆，遣亲信之臣，率五处土官赴阙，俯伏谢罪。圣天子在上，仁齐覆载，或者嘉其忠顺，宠及陪臣，礼而归之，岂惟王宗庙社稷之安，抑一国生灵获安之大幸也。释此不图，而欲文过饰非，展转支吾，是乃益祖宗之过而贻后日之忧，非善于谋国者也。

古人云：过而不改，是为过矣。且吝过者招殃，往岁南丹奉议是矣。当诸处土官逞禽兽无厌之欲，争寻常之橐，延及无辜，互相仇杀，连年弗靖。所以大军一临，蛮贼席卷，何异摧枯折朽之易尔！我朝廷一视同仁，初岂不欲活之，彼自不用命，故罹天诛。是自绝于天而天灭之也，匪人为也何也！当其出师之际，皇上念军旅之兴，远涉瘴疠，故重其事而遣人告诸岳镇海渎之神，明其可伐之罪，祈以清凉之气。已而天戈所临，曾不雨雪之地，而一旦六出呈祥，人马神清气爽，十万之众，无一之有染瘴疠者。遂使溪洞妖氛之积，扫除无余。以此观之，非天如何？此皆自取之祸，终于灭亡而后已，又谁咎乎？斯亦怙终不悛，已然之明验也。

顾兹疆场之事，鹬蚌相持，浸淫边衅，抑亦得无与此相类者乎？且争而不让，仁者不为，虞、芮质成，卒为闲田。况所利不能药其所伤，所获不能补其所亡。故修德者矜细行，图治者忧未然。善为国者，每谨于微而已。安南诗书之国，逆顺祸福之理，素已了然。祖宗侵越，亦岂不知其肯蹈此覆辙耶？怙终自祸，王必断然不为，还疆之利，幸其早图，毋疑毋忽。不具。

洪武三十年三月二十一日奉使行人陈诚书。

(2)

安南国王复书：

安南国王陈日焜端肃拜书天使相公节下：昨辱惠书，谆谕不少。所据某复书有云：天使累造小国，迎送于禄州。小国惧其侵越之罪，往往辞之，但止丘温而已。执事据此而断之曰：除丘温以南则姑已，丘温左右以北属思明明矣。此盖执事未之思而不审其说者欤？设有此书云尔，亦说迎送之事，非疆界之事也。夫迎送者，文有官僚大夫把盏说话，武有领兵将校管军护卫，此旧例也。当时所说但止丘温者，盖言领军至境，恐思明诬之以有侵占之事，故但止丘温。此说迎送之事，非疆界之事明矣。盖丘温当其要冲，往时自思明而入禄州道，近时自凭祥而入洞登道，此皆小国地面。然林野之地不便立站，故皆站丘温而为迎送接待处。又以丘温当县之中，有县官管待故也。至于交割夫骑，则各于疆界，如今之坡罗唯关是已。领（兵）将校与官僚大夫迎送止于丘温，天使所亲见也。当时之事，亦有何异于今日而取以为据耶？又况当时乃元之国初，而丘温为小国地面已端的矣。奈何思明人之奏，乃谓曩年扰乱，始越过铜柱二百余里而前来侵占本府所属丘温等五处？观此则思明人之诬罔明矣。丘温大县，且有站馆迎送之地而言及之，四处小而无事，乃不言及尔。丘温之见诬若此，其他可知，又奚以论哉！

又所据志册以参订证，汉唐以来，迁变不一，其可以往昔之事而质之今日耶？且《诗》《书》上古之经也，其人正大，其辞典雅，而犹有"血流漂杵而靡有孑遗"之言，信而实之，其有是事者欤？况末世之记载，其人倾佞，其辞浮夸，隐讳而回互者有之，张皇而颠倒者有之，难明而臆度者有之，易采而妄谬者有之，如此之类，不可胜数。传云："尽信书不如无书。"此之谓也。上古之《诗》《书》犹不当信，至于末世之记载，其将信耶？又况拣其所欲者，断文取义，岂不甚哉！舍目前之实迹而取彼荒昧之虚文，非日焜之所知也。余其在回咨，不敢赘复。尊书有曰："乃祖某"，盖礼然欤？天使之书而直斥若是，至于天子之诏则将何以呼之？日焜窃有自惑而不胜惭愧，故未能即以裁答，岂所谕之事有何思虑而稽于复也。不宣。

洪武三十年三月二十三日安南国王陈日焜书。

(3)

又复安南国王书：

朝廷奉使行人陈诚再拜奉书：昨者辱赐回书，辩析所事，似乎甚明，然皆无稽之言，恐出己私，故未敢辄听信也。诚所见固陋矣，然皆质诸载籍，非敢执其私也。今谓既不足信，又复何言！夫缴纷争言而竞后息，不能无害于君子，诚等不为也。执事以志书记载为茫昧之虚文，上古之《诗》《书》犹不当信，吁，何其不思之甚而发言之易也！且古志所载皆历代名臣边功疆界之实事，与史书相为表里，若为虚文则史书亦为无用之空言，虽焚之可也，毁之可也，何后世又传而诵之！《诗》《书》所载，皆二帝三皇嘉言善行，治天下之大经大法，可效可师，乃孔氏之所删定而垂宪万世者也。今执事独以为不当信，岂圣人妄言以欺后世欤？抑无乃非圣人者欤？且非圣人者无法，非诚之所敢知也！日者王之老臣黎国相惠诗有"肝胆胡越"之句，诚味之再三，且喜且惧，不能无疑。初欲应和而卒不敢也，拆而异之，岂圣人之心哉！皇上一视同仁，有生之民皆国赤子，何内外之分，何彼此之异！安南密迩天朝，又非他国之比。借使邻境有当前代窥伺间隙，侵窃王之土地，不知则已，知则必诉于天朝，理之可乎？不理可乎？理之则彼有肝胆胡越之谤，不理则此有衔情无诉之非。然则如之何而可焉？虽圣人至公无私，固无彼此之异，可无善恶是非之分乎？苟为不然，专行姑息之政而取悦于人，别人人乐于妄诞而行险侥幸者多，循规蹈矩而竭忠守分者天下无几人，将见强凌弱众暴寡而梗吾治化者有矣，乌得而不理，乌得而不辩哉！执事又谓思明人诬罔，此言殆未可信也。且人必贪财而后疑其盗，人必好色而后疑其滛。思明不讼他而只讼安南，岂与王有世仇乎？况有古志可考，又何怪焉！王虽不信，天下耳目安可掩也？诚仗节万里，书日倾吐忠言而王终不之听，比诚势屈于王人矣，何益于言！王果坚执不还，诚亦当便回，但恐边衅由是而生，异日之悔有不可追者矣！不宣。

　　　　　　　　　　　洪武三十年三月二十五日奉使行人陈诚书。

　　（4）

　　交人自揆书意难复，惟遣人拜谢而已。翌日乃馈黄金二锭、白银二锭、檀香沉香笺香各二裹，至馆驿，以为赆行之礼。次日致书复送还之：

　　朝廷奉使行人陈诚再拜奉书安南国王兹辱专人馈以厚赆，王之爱敬之心至矣，诚何以当之。且士君子之处己也，当洁如冰玉，不磷不淄，则庶几无愧乎古人矣。昔者曾子以敝裘无补而辞鲁君之惠者，守此道也。古人于无官守言责之际操存如此，况诚有官守者乎？苟小有所瓀，岂惟有辱君命而贻后人羞，抑且为曾子之罪人耳，又乌用此哉！礼意已笃，与受赐同。封题如初，敬用反璧，区区鄙见，幸无怪焉。不宣。

　　　　　　　　　　　洪武三十年三月二十六日奉使行人陈诚书。

（5）

安南国王复奉书：

安南国王陈日焜端书再拜，申奉天使相公节下：昨闻回轺日近，敢奉菲礼以伸敬心之万一。辱赐手札，却而不纳，惭愧良多。盖君子之至于是邦也，其为钦慕可胜言哉！虽千金之装不能写其情款也。然窃见清高节操，凛乎莹若冰霜，金玉之不如，恐未尽情而行，则难逃点染之见怪，乃以鸿毛之至轻而表此山岳之大敬。静言思之，见斥宜也，怀惭负罪，夫复何言。倘或不然，果以丝毫之薄礼而为金玉之磷淄，则日焜窃有不取。昔陆生之装值千金于赵王也，当时后世亦见其贤，何辱命贻羞之有！此存其大而不恤其小也。何则？陆生上体汉天子宽大包含之德，而不忍拒斥赵佗之礼，以成上下之美，致四海之安，区区橐金，又何足论！今至微若此而犹见辞拒，虽高标蔑视于陆生，奈敬礼不申于赵氏。忧思曷已，惶惧实深。谨此代面以致大贤，俯垂矜纳，岂惟日焜之至幸，亦一国生灵之幸也。不宣。

洪武三十年三月二十七日安南国王陈日焜书。

（6）

再送还安南馈赆书：

朝廷奉使行人陈诚奉书安南国王：尝闻行者以赆礼或宜，然辞受不同，人各有志。诚辞之再三者，本心也，岂有他意而劳执事之多疑哉！且杨震畏四知却故人金，至今未闻何所怪也。观古人之立心，亦各有主，况其公平正大可为后世法乎？若方之陆贾故事，则恐非诚所敢及也。顾亦在乎自信乎，倘不自信而惑于古人之权变，其不流于仪秦游说取利之辈者几希！若谓物赆之辞受，系乎一国之安危，则岂有是理哉！且将以诚为是非毁誉之人，虽天地鬼神亦有所不容矣。昔齐威王以即墨大夫被毁而卒封之，以阿大夫见誉而卒烹之，其视当时之毁誉者为何如哉！而今而后，惟忠惟顺恪守臣节，效赤心以奉事天朝。圣天子明睿洞彻，虽有毁誉者，亦何自而入焉。鄙见如此，幸毋多疑。所有上件已尝面谢，不容嚅嚅。兹敬奉还，勿罪，幸甚。不宣。

洪武三十年三月二十九日奉使行人陈诚书。

（7）

安南国王又复书：

安南国王陈日焜再拜奉书天使相公节下：昨辱手札，不胜拜嘉，敬天之心，无不至极。临行奉赆，盖亦伸其敬之一端而成礼也。不得伸敬成礼，不能以自安耳。至于毁誉之惑，日焜虽愚昧，岂有是哉！所愧惧而不自安者，以不能尽敬而已。今执事高明，灼知尽敬，何幸如之。所论正大，所教确当，敢不奉书以伸草草。不具。

洪武三十年四月初一日安南国王陈日焜书。

——《竹山文集》内篇卷一

5. 历官事迹

大明洪武二十四年岁次辛未四月初三日吉安府学举充生员游艺斋。

洪武二十六年应癸酉江西乡试，以《礼记》经中十二名。

洪武二十七年申戌礼部会试中八十六名。三月初一日殿试中六十二名，赐同进士出身。初四日赐恩荣宴。初六日赴国子临行释菜礼，于太学立石题名。初九日选除行人司行人正八品，特命翰林院讲习礼俄。五月初九日为考究经书事往北平布政司征聘老儒赴京。十月初四日为月蚀事往西川布政司公干回京。

洪武二十八年三月十七日为迎接事往西川布政司传旨回京。六月十二日为书籍事，往浙江福建布政司给散回京。九月初五日为秋粮事往山东开读诏书。十月初五日往凤阳祭祀信国公。

洪武二十九年三月二十四日往外夷撒马畏兀儿地面招抚鞑靼赴京。十一月十九日为思明府奏安南国侵占地方事差往安南公干，与安南王有往复书辩论地方及却所赠金银币帛。

洪武三十年四月还京奏进辩论地方书七道，钦蒙赏赐罗衣一套，夏布十四。六月初三日升除翰林院检讨职事从七品，入翰林院管事。

洪武三十一年闰五月初十日亥时，不幸太祖高皇帝宾天，丧礼皆翰林典故行事，例赏纻丝表里钞锭。

洪武三十二年二月初九日赏罗衣一套。

洪武三十三年领受诰命一道赠父玉章从仕郎翰林检讨，母罗氏封方孺人，妻郭氏皆有封赠。八月初一日给假回家省亲焚黄。九月初五日到家监造。

至洪武三十四年二月十三日到京，复任场翰院管事。五月初九日又往迤北塔滩里地面招抚夷人，当赐银十两钞十锭衣服一套。十月十六日回京，十一月十二日升除广东等处承宣布政使司左参议。寻蒙推恩赠父玉章中顺大夫广东等处承宣布政使司左参议，母罗氏封大恭人。十二月十二日之任，顺便到家。

洪武三十五年岁壬午二月十三日到广东任所管事。七月初间江西乡民作乱，杀害大家，焚烧屋宇，本家与人无怨，幸新旧二居获存，事定始归诚于任所。以太宗皇帝登位改元永乐，诏贺赴京，顺道过家，乡间扰扰，即日起程。

永乐元年正月留京，先为内官下番，回至广东遭风破船。三司官不曾封艚获罪。正月廿五日谪居北京兴州种田。彼时往来上下盘缠颇艰，家中收拾不及，只得将拨补出仕水田若干出卖顾人应役及供盘缠、北京屯所用度。元年冬，至良乡地面屯成。

二年居此，颇涉艰辛。

永乐三年乙酉秋九月，钦蒙取回赴京。冬十一月十六日除授吏部验封清吏司主事。

永乐四年夏四月赴内府文渊阁修《永乐大典》，节次赏钞五十锭西洋布四匹。

永乐九年十月，书定奏进，共该一万九百五十本，送赴文渊阁收。复回吏部管事。

永乐十年十月十二日升除吏部验封清吏司员外郎从五品散官奉训大夫。

永乐十一年二月十五日扈从太宗皇帝驾幸北京。八月初一日，差往西域撒马儿罕哈烈等国公干，蒙赏织金纻丝衣服一套，钞五十锭，一去三载。

永乐十三年冬回至北京，实经由西域诸国一十六处，皆西番畏兀儿回回鞑靼各色人氏，约经行之路二万余里有三百程。回朝之日，奏进《西域记》一本，《狮子赋》一本、《行程记》一本、西马七匹。蒙赏织金纻丝衣服一套。十二月初十日升除吏部验封司郎中正五品散官奉议大夫，又赐钱钞四万七千贯、纻丝二表里。

永乐十四年仍往西域等国公干。再赐纻丝衣服一套、钞五百锭。

永乐十六年四月十一日回至北京，又进马十五匹，赐钞五万五千贯。五月十一日升除广东布政司右参议，从四品散官朝列大夫俸仍在吏部关支。再赐纻丝衣服二套、纻丝三表里、钞五十锭。闻母罗氏太恭人于戊戌年三月十九日丧，赐站夫铺马回家安葬。八月初五日抵家，廿七日祔葬罗氏恭人于先茔之次，通行甃砌祖坟事毕，十月初二日起程，仍往西域诸番国公干。

永乐十八年庚子岁十一月初一日又回北京，进马三十五匹。十二月初十升除广东布政司右参政从三品散官亚中大夫，仍给马钱钞十万二千贯赏纻丝三表里。复拟西域之行，听候间。

永乐十九年辛丑岁正月十五北京宫殿新完始御正殿。四月八日夜火灾，延烧奉天、华盖、谨身三殿。十一日大赦天下，停止四夷差使。蒙恩旨记名放回原籍听候取用。六月离北京。由南京搬移家小。九月十八至家。因见所居屋宇未曾完结，乃命匠烧造砖瓦。

永乐二十年壬寅岁，甃砌粉饰各项完结。十一月初四不幸妻贺氏病故，附葬新淦虎湾祖茔之右，用银一十六两作一大冢。

永乐二十一年癸卯岁正月初九，行在吏部差人材杨昱驰驿起取至急，十一即行，二月初一至北京。复命之后，一向听候一年。十二月间再娶刘氏，癸酉生，汴梁开封府祥符县人。

永乐二十二年甲辰岁四月初四日，又往西域诸番公干，赐盘缠钞五千一百贯。五月出京，行至陕西甘肃。将出塞间，九月初十日闻太宗文皇帝宾天，遗诏仁宗皇帝即位，复诏赦天下，停止四夷差使，取回。十一月终到京。

洪熙元年乙巳岁二月初十日吏部尚书蹇义题奏仍行记名放回原籍，听候取用。

诚仰荷圣恩，三使异域，皆幸不辱君命，无负厥职。今蒙赐归田里居休林下，将历官略节事迹逐一开记，以示后之子孙俾知。诗曰："夙夜匪懈，以事一人。"又曰："无念尔祖，聿修厥德。"尚其识之云尔。

大明宣德八年岁在癸丑五月朔日赐进士第亚中大夫广东等处承宣布政使司右参政陈诚书。

——《竹山文集》内篇卷二

二、陈诚李暹传略

1.《明史稿·陈诚传》

诚字子实，吉水人，洪武中举进士，以行人使沙里畏兀儿，立安定、曲先、阿端五卫。又使塔滩里招谕夷人。寻偕同官吕让使安南，命还所侵思明地，却其赆。还，擢翰林检讨，历吏部员外郎。永乐十一年，哈烈入贡，诏诚偕中官李达、户部主事李暹等送其使臣还，遂颁赐西域诸国。诚等乃遍历哈烈、撒马儿罕、俺都淮、八答黑商、迭里迷、沙鹿海牙、达失干、卜花儿、赛蓝、渴石、养夷、别失八里、火州、柳城、土鲁番、盐泽、哈密，凡十七国，谕以天子神圣、中国广大，所以招怀之意。其君长欣然咸欲自达，于是各遣使者随诚等入朝贡。诚辄图其山川城郭，志其风俗物产，为《西域记》以献。帝悦，褒赍甚渥，擢诚郎中，余进秩有差。十四年，哈烈、撒马儿罕、俺都淮与失剌诸国复遣使入贡。帝嘉其诚，诏诚偕中官鲁安等送使者归。所过州郡置宴，并颁赐俺的干、亦思弗罕诸部。其明年，诸国复各遣使随诚入贡。帝以诚奉使劳，擢广东参议。十八年，哈烈、撒马儿罕、八答黑商及于阗复遣使贡名马。诏进诚右参政，偕中官郭敬等往诸国报聘。使还，累官右通政，卒。诚数奉使，辄述遍西土，所至酋长服其威信，多归附者。

——王鸿绪《明史稿》列传二三

2.《吉安府志·陈诚传》

陈诚字子鲁，吉水人。洪武甲戌进士，授行人，诏往北平求贤、山东蠲租、安南谕夷，皆能不辱命。还升翰林检讨，署院事。永乐初，除吏部验封主事，寻升员外郎，扈从北征。升广东参议。时西域撒马儿罕诸番国皆遣使入贡，诏诚报之。跋涉险阻，期年乃至，宣布朝廷威德。还，以《西域志》进，赐予甚厚，擢广东参政，遂乞致仕。诚居官畏慎守职，不妄与人交。居闲三十余年，绝口不挂外事，徜徉泉石，超然世外，时人高之。

——《吉安府志·列传》

3. 《明史稿·李暹传》

李暹，长安人，起家乡举，以主事使西域，凡五奉使。积官至户部侍郎，亦以吏能闻。

——王鸿绪《明史稿》列传卷二三《周让传》附

4. 杨溥《正议大夫资治尹户部左侍郎李公暹神道碑》

公讳暹，字宾阳，长安人。洪武己卯领乡荐，入太学。永乐癸未，授北京行部户曹主事。十年，以事左迁苑马寺清河监副。以荐使西域，五往返。宣德初，大臣以公正廉能，荐提督京仓。正统初，擢政使，辛酉升今官。正统十年九月癸巳卒，年七十。

——焦竑《国朝献征录》卷三〇

5. 过庭训《本朝分省人物考·李暹传》

李暹，字宾旸，长安人。生而丰伟，成童，端重如成人。及就外傅，即知向学守礼，祁寒甚暑，未尝求便。居近阛阓，未尝入茶酒肆。甫冠，入乡校，祇事先生长者，日留心经史。洪武己卯，领乡荐，入太学，友天下英杰，日诣高明。永乐癸未，授北京行部户曹主事。十年，以事左迁苑马寺清河监副。以荐，使西域，凡五往返，不辱国命。每回朝，辄蒙恩赐。宣德初，大臣以公正廉能，荐提督京仓。正统初，擢通政使。母忧去任，以孝闻。服阕还职，兼理通州直沽仓及象马草蒭。历升侍郎，筮仕户曹。及调户部，文移精核，会稽明白，受知于大司徒，尝称其公勤明慎，以厉官属。在清河监上言更牧地，为法司所核，严法鞫之，终不易辞。卒如所言，孳牧有效。提督京仓，夙夜在公，未尝以风雪寒暑少懈。严以制下，不容请托，官属敬惮，不敢为欺弊。于是输粟者无留难，受廪者皆精完，蒙其惠者以得赡威望为喜。年七十，方欲请老，章未上，会陕右计议军储屯田久无实效，特命之经理。受命之日，跃然自喜，促期而行。忽遭疾，遂不救。疾革，连呼曰："粮储！粮储！"无一言及家事。讣闻，诏遣礼官谕祭，命有司营葬。

——过庭训《本朝分省人物考》卷一〇三《李暹传》

三、有关序跋、书录资料

1. 王直《西域行程记》序

西域之国，哈烈差盛强，其次则撒马儿罕。盖自肃州嘉峪关西行九千余里，至撒马儿罕。又二千八百余里，乃至哈烈。所经城郭诸国凡十五六。其人物生聚有可观者盖无几。唯此二国物产之饶，风俗之豪侈，远近宾旅之所辐凑，大略相似。然无旧志可考，不知于汉唐为何国，此夷之所以陋也。我太祖皇帝受命有天下，四夷君长，莫不奉贡。惟西域远国不能自达，仰声明文物之盛，而兴其讴歌朝觐之心久矣。太宗皇帝入正大统，仁恩义泽，靡不沾被。其诸君长则皆稽首向南曰："圣人之德犹天也，庶几其抚我乎！"上知之，择廷臣之贤者往焉，而陈公子鲁实当其选。公忠厚乐易，恭己爱人，敬慎之心久而弥笃。遍历诸国，宣布明天子德意，未尝鄙夷其人，是以其人不问大小贵贱，皆向风慕义，尊事朝廷，奔走送迎，惟恐或后。既而各遣使者来谢恩阙下，贡水土物。公则以其所历山川之险易，人民之多寡，土壤之肥瘠，赀畜之饶乏，与其饮食衣服言语好尚之不同，备录成书上之。盖一举目之间，可以想见万里之外，公之用心亦至矣。予读"皇皇者华"之诗，而知君之所以遣使与使之所以事君。盖君在上，不与远人接也，故遣使以宣己意达下情。为使者欲副君之意而广其聪明，则咨谋度询，其可以缓哉！公之上其书，正此意也。此孔子所谓不辱君命者也。公所上书，诏付之史官，而藏其副于家。后之君子欲征西域之事，而于此考览焉，其亦亮公之意哉！

——王直《王文端公文集》卷一七

2. 杨士奇《西域记》跋

右《西域记》一册，吏部郎中吾郡陈诚子鲁著。子鲁永乐十一年奉使西域，所历哈密、火州、别室八里、哈烈、撒马儿罕诸番之地，凡往复逾二岁，而留哈烈最久，故特记之详焉。子鲁又为余言，诸番风俗，大抵与哈烈相似。

——杨士奇《东里续集》卷一七

3. 沈德符《西域记》

中官李达、吏部员郎陈诚等使西域还。西域诸国，哈烈、撒马儿罕、火州、土鲁番、失剌思、俺都淮等处，各遣使贡文豹西马方物。诚上《使西域记》，所历凡十七国，山川风俗物产悉备焉。（按：其下为西域各国，兹从略。）

——沈德符《万历野获编》卷三〇

4. 沈德符《使西域之赏》

文皇初平内难，即使给事中胡濙以访仙为名，潜行人间。又遣内臣郑和等将兵航海使东南诸夷。最后则中使李达、吏部郎陈诚使西域，得其风俗程顿纪之以陆亦不同程也。陈诚以永乐十一年十月返命，偕哈密等国使臣来朝贡，上厚礼之。次年六月遣归，又命诚及中使鲁安赍敕伴送。及诚还朝，仅得转布政使参议以出，后亦不显。文皇初，以逊国伏戎为虑，以故轺车四出，几于"上穷碧落下黄泉"矣。其后胡濙此穷极荣宠，而陈诚所得止此，是必有说。先是洪武末年，给事中傅安等使哈烈、撒马儿罕诸国，留十余年，至永乐七年还朝，并带各国贡使至，得西马五百五十匹。上仍命安伴送诸使还国，亦无褒赏，仅以工科改礼而已。后安终此官。

——沈德符《万历野获编》卷三○

5. 黄虞稷《千顷堂书目》

陈诚《西域行程记》三卷

永乐十三年十月癸巳，中官李达、吏部员外郎陈诚使西域还，上《使西域记》，所历凡十七国，山川风俗物产悉备。

——黄虞稷《千顷堂书目》卷八

6. 吴骞《拜经楼藏书题跋记》

《奉使西域行程记》

古三卷，题行在吏部验封清吏司员外郎陈诚、北京苑马寺清河监李暹谨进。前有正统十二年国史总裁王直序，后附胡广、周孟简、邹缉送行诗序。

——吴骞《拜经楼藏书题跋记》卷二

7. 《学海类编》本《使西域记》叙略

永乐间，中书李达、吏部员外郎陈诚等使西域还。西域诸国哈烈、撒马儿罕、火州、土鲁番、失剌思、俺都淮等处各遣使贡文豹西马方物。诚上《使西域记》，所历凡十七国，山川风俗物产悉备焉。

——《学海类编》本《使西域记》，亦见《明史·西域传》

8. 《四库总目提要·使西域记》一卷

明陈诚撰。诚吉水人，洪武甲戌进士，永乐中官吏部员外郎。诚尝与副使李达使西域诸国，所历哈烈、撒马儿罕等凡十七国，述其山川风俗物产，撰成此书。永乐十一年返，命上之。《明史·艺文志》载有陈诚《西域行程记》，即此书也。末有秀水沈德符跋。其所载音译，既多讹舛，且所历之地不过涉嘉峪关外一二千里而止。见闻未广，大都传述失真，不足征信。

——纪昀《四库全书总目提要》卷六四《史部·传记类存目六》

9. 《四库总目提要·陈竹山文集》四卷

明陈诚撰。诚有《使西域记》，已著录。是集分内外二篇。内篇二卷，皆其奉使时所撰述，仅文十余首，诗一百三十余首。外篇二卷，则皆当时投赠诗文并其先世诸状也。

——纪昀《四库全书总目提要》卷一七五《集部·别集类存目》

四、西行送行诗文

1. 王直《赠李郎中使西域序》

太宗文皇帝在位时，西域诸国皆入贡愿臣属，请遣使镇抚焉。于是择可为使者。而长安李暹宾旸以户部主事往副之。宾旸姿仪秀整，志气不凡。所至宣布天子德意，嘉赉其部长，安慰其民人，莫不忻悦爱戴奔走送迎，复遣其酋从入谢。凡三往还。及录劳序迁，宾旸遂进位郎中。然未尝衿炫其能。今天子承大统，西域复相率朝贡益勤。诏复择使往抚之，众皆以宾旸为宜。于是宾旸复辅行。或者曰："西域诸国，远者去京师数万里，道途之险阻，山川之限隔四时气候之不同，诚非易事也。宾旸数往还其间，盖备尝之矣。今复毅然上马以往，无几微厌怠意，何哉？"予曰：古者男子之生，以桑弧蓬矢射上下四方，盖示其所有事也。则天地之间，苟人力可通，皆志士所宜经营而致力者，何远近之择哉！夏商之世，裂地而君之，百里之外有不得而通者，况夷狄乎！及周之衰，猃狁内侵，至于泾阳，去镐京甚迩也。斯时也，士欲有事于远可得耶！我朝圣圣相承，恩德广被，凡天覆日临之地，皆称臣奉贡，不烦干戈，服远之效，前古所无者。宾旸之去西域，虽有车马之劳，然从容往来，比之内地，皆圣德所及也。天下之土，盖有愿行而不得者，宜宾旸之不怠也，彼有惮劳烦就鄙近，局促苟安，若斥鹖之于藩离，乌足以语鲲鹏之高举哉！然观《皇华》之诗，而知使臣欲有以副君之意，则怀思常若有所不及，然后能咨谋度询，以尽其职，宾旸诚加意焉，归而以闻乎！上圣仁如天，益有以绥抚而化诲之，使其人益安乐而仰戴焉，则使职尽矣。将行，其友礼科给事中仪君铭等求予文以赠行，故序其说如此以送之。

——王直《王文端公文集》卷一五

2. 胡广《送陈员外使西域序》

西域见于中国，其来尚矣。禹平水土而西戎即叙。武王克商而西旅底贡。要皆德化之所感通，非威驱势迫而使之来也。汉武帝开西域以断匈奴右臂，班超领都护以定西域，大抵挟威凌势，是以叛服不常，羁縻而已。至晋，中原隔越，贡使不通，元魏虽有使往来，方南北战争，亦未遑怀远。及隋炀帝睹《西域图记》，侈心淫荡，遂亲出玉门，置伊吾、且末镇，而流沙骚然矣。唐初以次修贡，后置四镇，控制西域。方其盛时，税胡商以给之。末年，伊西北庭既陷，而西方之戎之削迹矣。宋为西夏所遮迥，虽尝有回纥来朝，不过高昌楼兰之近者，非若汉唐极数万里之外而来。因循二三百年之间，西域诸国泯其旧名，不复可考矣。元太祖起自沙漠，即位三十二年，破金入关，即征西域诸国，至十七年始平之，分地以王诸子而还。今之撒马儿罕盖其一也，其地在西域为最远，其民俗之殷，物产之富，甲于他国。顺帝末年，元氏子孙既微，有驸马帖木儿据人民土地而有之。帖木儿者，颇桀黠有智数，能通天文，识兴衰之运，闻太祖高皇帝平定天下，即遣使上表奉贡。自是频年不绝。帖木儿死，诸子分裂。今上即位，皆能恪修职贡，使者相续于道上，亦常遣使报赉之。盖非有所逼逐而使之，实感慕德化所致耳，与禹之西戎即叙，武王之西旅底贡同一揆也，超越汉唐远矣。乃永乐十一年秋，上遣中使劳来之，择庭臣之能者以佐其行。众推吏部验封员外郎陈诚子鲁，才可当之。子鲁在洪武间以名进士为行人，辙迹遍四方，尝使于沙里畏吾儿，立安定、曲先、阿端五卫，又使塔滩里，招携胡虏，最后使安南取侵地，以书反覆晓其王，厥声甚彰。然则是行也，舍子鲁其谁欤？昔之使于外国者非择果勇之士则必智术之人，冀侥幸成功于数万里外鲜有不取败辱者。国家以德绥万方，遐邦异域，不令而化，无所用乎果勇智术，故独取忠厚笃实之士而使之，盖示之以诚信，俾益知所尊向。不然，则所择者傅介子、班超之徒又恶用夫章缝之流哉！吾知子鲁之将命，必能使远人益化于欢感之间，则必不负于所择矣。今之行，由玉门、阳关，历伊吾、鄯善、车师之地，而逾瀚海、龙堆之外，此近燉煌、酒泉地名犹可考见，逾此而往盖邈然无故名可征。予尝问经西域者，过别失八里至塞蓝城，又十余程始至撒马儿罕，考之于史，大月氏国治蓝氏城，后为蓝氏，最后为剩蓝氏，岂即今之塞蓝乎？而萨末鞬者，即康居国也，元魏谓之悉万斤，岂萨末鞬讹而为撒马儿罕乎？若然则为大月氏、康居之地并大宛而有之。子鲁宜考其山川著其风俗，察其好尚，详其居处，观其服食，归日征诸史传，求有合焉者，则予言为不妄也。他日国家修纂志书，稽诸西域以见声教之达，其有待于子鲁之是行乎？诸交游者咸赋诗以赠之，故书此于卷端云。

永乐十一年秋八月既望翰林学士兼左春坊大学士奉政大夫胡广序。

——《竹山文集》外篇卷一

3. 周孟简《送陈员外使西域序并诗》

司封员外郎陈公子鲁，邑之贤者也。尝为郡庠生，以明经登进士第，已而列官于朝，屡使蕃夷，克举厥职。一时士大夫咸推其贤，由是子鲁之名晔如也。永乐初始拜擢今官。今年秋，皇上欲遣儒臣中能文武长才者，远使西域。左右大臣咸以子鲁荐。命下之日，子鲁蹰然喜动颜色，告诸寮友曰：士生明时，得委身于朝，苟可效涓埃之忱，虽冒寒暑，历艰险，固当鞠躬瘁力，无所逊避。况西域虽远，圣天子声教所暨之方乎？于是即治装告行，抗乎就道。噫！子鲁其贤矣哉！夫忠义慷慨，从古希有，今子鲁视去万里若出门户，虽殷大夫何以过之。予于子鲁，居同乡，学同志，复得相与宦游两京，是行也，欲已于言，得乎？遂赋诗歌以识其别。歌曰：

金台八月惊寒早，一夜清霜飞白草。故人别我出都门，西风万里交河道。怜君本自一书生，曾是高皇知姓名。挥毫每视金銮早，乘传屡入南交城。只今又作南宫客，天语传宣到番国。郎官不减旧声华，圣主非常赐颜色。腰间宝剑霜雪光，鸣珂拥盖何辉煌。华夷共喜舆图广，边塞宁辞道路长。男女誓欲全忠烈，白首丹心在旄节。博望心勤向月氏，大夫慷慨轻回鹘。新赐貂裘不惮寒，宦游谁道别离难。流沙只合吟边度，葱岭惟应马上看。看山对水多行乐，高风伟迹今犹昨。盛世当图卫霍功，丹青好画麒麟阁。

永乐十一年秋八月廿九日翰林编修文林郎同邑周孟简书。

——《竹山文集》外篇卷一

4. 邹缉《送陈员外重使西域序并诗》

西域自汉始通使，由是其名获见于中国。其国之多以百数，皆远绝万里，阅岁逾时而后始得至。其道之所出，则自玉门阳关而西为两道，一自鄯善至莎车，一由车师前王庭至疏勒，皆逾葱岭以出大月支、安息、宛、康居、奄蔡。汉既破大宛，遂起亭障，自燉煌以西至盐泽。唐亦西取高昌、龟兹、于阗、疏勒、碎叶，置四镇，开远门，揭候署，曰西极，道九千九百里，而西域诸国无不通贡入朝矣。汉唐服远之功至于如此，亦可谓盛哉！国家受命，四夷咸宾，殊方异域之君长重译通使而来朝贡者，海浮陆走常在数万里之外。前代宾贡之有所不及者悉皆奉其奇宝珍货，稽首阙庭，岁无虚日。撒马儿罕国在西域为绝远，昔太祖皇帝时常遣使来通贡，而哈烈国又在其西南三千里。今上皇帝恩威诞布，被及遐壤，贡使来宾。上嘉其诚款，永乐十一年秋九月诏遣使往报之。而吾陈君子鲁以吏部员外郎实被命在行。自酒泉至玉门，道燉煌西，涉流沙逾高昌，度塞蓝城阿木河，凡经十六国万七千余里，逾年而后至。其王既礼遇甚厚，即以其善马、狮子及诸珍奇等物随使者贡谢于京师。

呜呼！此岂非圣朝威德远被治化洋溢之所致也哉！皇上念惟远人荐来怀之不可以不加厚也，诏复遣前使者往绥赉之焉。子鲁于是进秩郎中，复治装以往。予因与之言曰：大丈夫建功立业名垂于久远固不当在一室之内也。今君载币马走万里重使绝域，而不以为难，其志亦可谓壮哉！昔郑吉降车师置屯田，班超斩虏使詟鄯善，威行绝漠，西域震怖，其为功诚足以高于一时，然不若服之以德之为盛美也。圣天子怀柔之恩既已极其至，吾知蕃夷诸国之在哈烈之外者，自将向风慕义骈踵而奉朝贡矣，则是行也，又岂非来远之先机者乎！子鲁勉之！异时使还予将重候之于都门外，贺使事之有成而知定远侯之功不独见称于古也。

永乐十四年丙申岁正月八日翰林侍讲承德郎兼左春坊左中允邹缉序。

郎官奉使出皇都，驿骑西行万里余。朝拥雕鞍离玉塞，夜鸣金铎卧毡庐。黄云戍接流沙远，白草寒深断岸虚。总道远人归圣化，不须绝域久踟蹰。

——《竹山文集》外篇卷一

5. 曾棨送行诗

汉家郎官头未白，扈从初为两京客。忽逢天边五色书，万里翩翩向西域。
腰间宝剑七星文，连旌大旆何缤纷。解鞍夜卧回中月，揽辔朝看陇上云。
黄沙断碛千回转，玉关渐近长安远。轮台霜重角声寒，蒲海风高弓力健。
知君此去历诸蕃，毡帐依微绝漠间。残烟古戍羌夷聚，远火空林猎骑还。
蕃酋出迎通汉语，穹庐蒲萄酒如乳。舞女争呈于阗妆，歌辞尽按龟兹谱。
当年半醉看吴钩，上马便着金貂裘。山川遥认月支窟，部落能知博望侯。
草上风沙乱萧屑，边头日暮悲笳咽。行穷天尽始回辕，坐对雪深还仗节。
归来杂沓宛马群，立谈可以收奇勋。却笑古来征战苦，边人空说李将军。

旌旆翩翩拂晓霞，远传天语度流沙。据鞍马援心犹壮，投笔班超鬓未华。
路出玉关朝仗节，水通银汉夜乘槎。西行正值葡萄熟，醉卧凉州第几家。

星轺此去远人欢，新赐貂裘不畏寒。万里喜瞻周译史，诸番争识汉郎官。
南天音信凭鸿寄，西域山河驻马看。圣代遐方同辇毂，临岐莫道路漫漫。

曾驱宛马入神京，持节重为万里行。河陇壶浆还出候，伊西部落总知名。
天连白草寒沙远，路绕黄云古碛平。欲忆汉家劳战伐，道傍空策贰师城。

龙文御敕紫泥封，玉节光华出九重。三译惯谙胡语熟，诸番争荷圣恩浓。

雪消烟火连青海，月炤寒沙绕白龙。此去定知葱岭道，马头遥指最高峰。

雕轮华毂拥鸣驼，几度停鞭记旧游。赤岭晓云连雪积，黄河春水带冰流。
旌麾行处经诸部，金帛颁时列众酋。却笑虎头班定远，身经百战觅封侯。

玉关迢递塞云黄，西涉流沙道路长。山绕高昌遗碣在，草遮姑墨废城荒。
闲听羌笛多乘月，暗卷戎衣半带霜。不用殷勤通译语，相逢总是旧番王。

重宣恩诏向穷边，番落依稀似昔年。酋长拜迎张绣幄，羌姬歌舞散金钱。
葡萄夜醉氍毹月，騕褭嘶苜蓿烟。百宝篏刀珠饰靶，部人知是汉张骞。

西戎城郭枕龙荒，一望平川百里长。汉使旌旗千骑拥，番儿冠剑万金装。
锦帏灿烂芙蓉毯，宝石玲珑翡翠房。归日更陈《西域记》，千年国史有辉光。

　　　　　　　　　　　　——《竹山文集》外篇卷一

6. 吴均送行诗

不学终军独请缨，又衔纶命下神京。草迷青冢依毡帐，路入黄纱出塞城。
野膳日餐兼潼乳，前驱晓导肃旗旌。诸番喜识天朝节，万里曾穷绝域程。
惯见羌儿调騕褭，醉看胡旋舞娉婷。龙庭大播恩威遍，雁塞争传信令行。
重译来王随去旆，群酋入贡觐明廷。他年有待还朝日，细话夷戎悦服情。

　　　　　　　　　　　　——《竹山文集》外篇卷一

7. 王英送行诗

乘轺西去度河源，望尽蒲山接塞垣，诸部讴歌迎使节，一时雨露降天恩。
黄沙白草烽烟静，斜日寒云鼓角喧，知有番王随入侍，远将龙马贡中原。
使节重临玉塞秋，马头冲雪过伊州。押营中贵横金带，护橐诸军着豹裘。
夜闻羌笛行沙碛，晓渡冰河望戍楼。总为圣皇宣德化，无劳归饮月支头。

　　　　　　　　　　　　——《竹山文集》外篇卷一

8. 王洪送行诗

剑气翩翩出武威，关河秋色照戎衣。轮台雪满逢人少，蒲海霜空见雁稀。
番部牛羊沙际漫，羌民烟火碛中微。兹行总为宣恩德，不带葡萄苜蓿归。
万里河流入马蹄，鸣镳暂出玉门西。三边驿路通青海，五色天书降紫泥。

大漠有山连碛远，古城无树入云低。应知帐幕宣恩处，东向倾心拜舞齐。

——《竹山文集》外篇卷一

9. 王直送行诗

皇帝承天统，洪恩洽远人。古来荒服外，今作内轻臣。玉帛来重译，衣裳会九宾。
炎荒收瘴疠，绝域静风尘。覆载乾坤大，涵濡雨露新。四门沾舜德，一视见尧仁。
夫子江南秀，明时席上珍。銮坡经载笔，薇省缓垂绅。所向才猷著，偏蒙宠渥频。
为郎方峻擢，奉使欸甄伸。晓殿丝纶出，晴原羽卫陈。星流占过昂，槎泛远知津。
冉冉三秋暮，飘飘万里身。玉关凌险阻，苔岭度嶙峋。前部交河北，条支白海频。
荒葵倾早日，寒草候余春。圣德凭宣伏，遗氓赖抚循。疲癃期得所，习俗要归淳。
奉世才难敌，班超志绝伦。声华还不泯，事业拟相亲。野回葡萄熟，沙平苜蓿□。
酒倾笳鼓夕，裘拥雪霜晨。剑抚心逾壮，诗吟兴有神。森罗联地纪，磊落示天真。

玉节回西极，丹心倚北辰。使归膺显爵，不数书麒麟。

翩翩旌旆出皇州，瀚海昆仑是昔游。塞外风云随使节，天涯霜雪敝征裘。还家
不论千金橐，佩印须为万户侯。想见番夷归圣德，自西河水亦（"水亦"原作"河
大"，据《明诗纪事》改。）东流。

——《竹山文集》外篇卷一

10. 陈彝训送行诗

前旌遥度玉门西，万里山河入马蹄。紫塞寒沙云漠漠，赤亭斜日草萋萋。
晨吹笔栗霜华重，夜醉葡萄月影低。宛马归时秋正早，西风苜蓿满郊齐。

——《竹山文集》外篇卷一

11. 曾鼎送行诗

歌罢皇华曙色开，西行万里过轮台。穹庐渐觉羌民聚，部落争迎汉使来。
葱岭雪深持节去，银河星动泛槎回。壮年意气如君少，不惮清霜鬓里催。

——《竹山文集》外篇卷一

12. 卢翰送行诗

步出玉门关，寒云带霞陬。万里何迢递，去去行未休。远望龟兹国，未至月氏头。
葱岭山突兀，轮台地绸缪。旷望烟尘绝，渺茫川路遥。昨过乌孙城，不见瀚海流。

客程犹未至，岁月忽已周。甘口饥酥酪，适体宜狐裘。时时一见山，林木深且幽。
露宿空野静，日落寒沙愁。终当系番王，归来拜冕旒。

——《竹山文集》外篇卷一

13. 许鸣鹤送行诗

奉使永持节，宣威在抚戎。趋辞金阙下，遥度玉关中。受分才何忝，临行气独雄。
旌旆摇朔吹，鞍马照晴空。烽火边庭静，云沙塞路通。驱驰宁惮远，慷慨必输忠。
不但敷王化，须令识圣功。乾坤一统盛，雨露万方同。臣伏元无外，怀柔讵有中。
直惟尊国体，庶叮副宸衷。蒲海春应冬，阴山雪未融。羌歌多向月，氐种自殊风。
肯为葡萄醉，宜防薏苡蒙。归来光事业，看奏未央宫。

——《竹山文集》外篇卷一

14. 庞叔送行诗

皇华初出使，共喜沐恩荣。奉诏辞天阙，临边谕圣情。
西风开祖帐，朔雪照行旌。回首交河道，黄云万里平。

——《竹山文集》外篇卷一

15. 胡俨送行诗

旌旆西征逸气雄，玉关春早听鸣（《明诗纪事》作"归"）鸿。紫驼夜度交河日
（《明诗纪事》作"月"），骢马晨嘶瀚海风。古碛黄沙行处见（《明诗纪事》作："黄
沙古迹行行见"。），寒烟白草几村同《明诗记事》作"白草寒云处处同"）。莫言万国
昆仑外，总在皇仁覆育中。

——《竹山文集》外篇卷一

16. 金幼孜送行诗

东风轻骑去翩翩，王事驱驰念独贤。奉诏昔曾烦陆贾，寻源今喜得张骞。
晓经房部云连塞，夜卧穹庐雪满毡。两度玉门今始惯，殷勤德意在敷宣。

——《竹山文集》外篇卷一

17. 胡广送行诗

使节重持出玉门，西行万里访河源。水泉泛处经疏勒，冰雪消时过大宛。
马上看山逢汉使，帐前切字学番言。朝廷重在敷声教，好尽忠贞报国恩。

古西域行记十一种

短帽貂裘白雪鞯，快骑番马度胡天。山经葱岭昆仑外，路绕龙堆瀚海边。
梦隔塞垣三载别，行看关月几回圆。独羡张骞为汉使，节旄归日尚依然。
沙碛茫茫不计程，偶因水草即为营。黄尘赤谷乌孙国，落日寒云白棘城。
歌舞多逢胡旋女，语言偏晓秋鞬声。归时远使应同至，狮子龙驹贡两京。

——《竹山文集》外篇卷一

18. 陈敬宗送行诗

使节初从万里还，东风又度玉门关。重承凤诏安番落，曾是龙媒进御闲。
海上晓看天际月，帐前春对雪山中。应知绝域沾皇化，遥拜金门碧汉间。

——《竹山文集》外篇卷一

19. 周述送行诗

使君昔年别京国，旄节遥持向西域。奉持三秋独辛苦，却羡还家头未白。
羌酋东度玉门关，万里相从谒圣君。锦鞯鞚入画名马，彤墀贡献皆奇珍。
以兹雄略沐恩遇，满橐黄金总称富。长春新赐白鹇袍，未央又献《青狮赋》。
拜官复领尚书郎，更传天诏至遐荒。班超自分勋能建，马援正夸身尚强。
轮台城头夜飞雪，交河千尺层冰结。独雁遥随胡地云，匹马还瞻汉庭月。
大旆连旗亘虏庭，番王杂沓欢相迎。衣冠复睹皇华使，恩诏重宣圣主情。
穹庐夜宴貂裘暖，琵琶声中杂笙管。酒酣拂剑四座惊，歌舞却嫌更漏短。
丈夫功业当早收，羡君所历皆胜游。古来青史谁足拟，千载惟闻博望侯。

20. 钱习礼送行诗

故人旧作皇华使，笑出都门轻万里，欣同壮士属橐鞬，耻学儒生只书史。
绝漠穷荒至西天，前旄后骑去经年。霜干白草寒无路，日薄黄云晴满川。
有时犯雪经番落，毡车蔽野无城郭。沙口朝行信马蹄，帐巾夜饮醝羊酪。
金函诏出动龙光，亲传天语抚夷王。入贡奇珍多结绿，来献名马是飞黄。
归朝却得天颜喜，想见班超亦如此。遗子应无陆贾金，逢人细话张骞事。
拜官却领尚书郎，敕赐宫袍云饰章。要令戎羯沾神化，重被丝纶怀远方。
黄金台前春草碧，对酒高歌壮行色。丈夫生世重横行，关吏逢时定相识。
好从绝域树奇勋，知尔封章入奏频。交河若有南飞雁，早寄音书报故人。

——《竹山文集》外篇卷一

21. 周忱送行诗

故人好文仍好武，早岁出身事明主。载笔曾经直书堂，分理还勘佐藩府。

前年复拜汉仙郎，远传天语向殊方。辞家不作儿女态，上马宁忧道路长。

驱车晓出萧关北，莽莽黄云望空碛。锦帐迎风夜宿迟，朱旗卷云军行疾。

扬鞭迢递过伊西，部落多因水草移。楼烦城郭居人少，铁勒沙场烟火稀。

手持龙节经诸国，横行直欲穷西极。昼角寒吹月色残，昊钧醉拂霜花白。

番王幸睹汉仪型，毡裘夹道多欢声。拜迎不但设供帐，职贡还随朝王京。

五色狻猊目光动，百群天马皆龙种。归来同献白玉墀，天子非常赐恩宠。

粉署迁官半月余，乘轺又复出皇都。山川遥忆经行处，番部重迎使者车。

蓟城官舍春开宴，金樽绿酒欢相饯。英雄漫说李将军，意气宁惭班定远。

问君此去来何时，辛勤三载定还期。半酣箫鼓发征骑，飞斾悠悠空在思。

——《竹山文集》外篇卷一

22. 钱幹送行诗

和曾侍讲送陈郎中重使西域

归朝名马贡飞黄，再抚羌夷出塞长。才到交河南部识，重经瀚海旧营荒。

客程春半时逢雨，虏地寒多夏亦霜。从此番酋俱款附，不须生致左贤王。

——陈田辑《明诗纪事》卷一〇乙签

23. 李祯送行诗

两回持虎节，（李祯《运甓漫稿》作九重辞凤阙），千骑度龙荒。宝剑悬秋水，珠袍照雪霜。泉源随地少，沙碛亘天长。人羡皇华使，谁知粉署郎。

天使下边州，青丝控紫骝。风云随节旆，雨露到毡裘，斜日荒（《运甓漫稿》作羌）城晚，微风塞草秋。壮心知未已，万里快重游。

逐水安营晚，鸣箫渡碛迟。穹庐无旧馆，行卷有新诗。骏骨天生马，奇毛地产狮。番酋迎候处，唱得汉歌（《运甓漫稿》作"家"）词。

叠鼓杂鸣箫，天风送使槎。内臣金缕带，壮士铁为挝。去路沿青海，行营驻白沙。单于争慕义，不用李轻车。

骊马紫金环，行行出玉关。悬河三寸舌，积雪万重山，旗影连云卷，弓弦向月弯。封侯儒者事，天子待君还。

大漠连川远，行人去国遥。乌孙遗种在，狼望旧名消。夜雪戎王帐，秋风使者辂。悬知专对好，谈笑款天骄。

宝带悬鱼服，雕弧挂马鞯。皇恩覃万国，虏气静三边。瀚海寒生月，崖城暝锁烟。欲穷西域事，定远（《运甓漫稿》作班范）有遗篇。

地势王城远，河源二水分。火山稀好雨，盐泽足寒云。雕漫平沙少，驼鸣古涧濆。凭高逼极目（《运甓漫稿》作时引睇），何处是中原。

出塞春乘传，投鞭晚下营。羌姬能走马，番将惯呼鹰（《运甓漫稿》此二句作"旋风胡马疾，掣电皂雕轻"）。浩荡穷源志，迢遥奉使程。支机如得石，持往问君平。

过尽伊吾道，胡天气候殊。神僧留蜕（《运甓漫稿》作白）骨，毒草隐玄蛛。近水多行帐，穷边越绝书。伫看归觐日，玉勒控宛驹。

——《竹山文集》外篇卷一

24. 梁潜送行诗

青春乘诏发神京，远过伊西万里程。拂拭弓刀驰六辔，指挥吏土拥双旌。
曾经瀚海冰成碛，惯度交河雪满营。兵气时连天影出，笳声遥激月华清。
问知都护当年府，不识于阗何处城。只仰皇威方远被，应从异域事横行。
貂裘绂绶名王送，绣勒银鞍属国迎。博望未封仍秉节，兰台妙擢旧知名。
酒慎候馆葡萄熟，盘出行厨码磁颊。为致宸衷深慰劳，要令夷虏向忠贞。
龙华重译来天语，虎帐三呼荷圣情。塞下云霞同灿烂，边头草木倍光荣。
欢腾昧谷行相度，望属扶桑意欲倾。效献神狮双目绀，贡来龙马四蹄轻。
真知汉武无中策，谩说周宣纪颂声。风土遐方书大史，勋名盛世在儒生。
玉关此日重题字，葱岭如今更勒名。帝德巍巍千万载，诸番歌舞乐升平。

——《竹山文集》外篇卷一

25. 陈循送行诗

西去流沙几月程，羡君持节两经行。殊方部落皆谙俗，绝域山川总识名。
万里风云随去马，三春花柳送行旌。遥知西极沾恩后，长仰中原乐太平。

——《竹山文集》外篇卷一